교육심리학

이건인 · 이해춘 공저

학지사

| 머 • 리 • 말 |

좋은 교사가 되기 위해서는 교육심리학에서 핵심과제로 다루는 학습자와 학습이론 등에 대한 이해가 필수적이다. 그러나 일반적으로 교육심리학이라는 학문은 그 범위가 광범위하고, 매우 어렵다고 한다.

따라서 그동안 교육심리학을 강의하면서도 '어떻게 하면 학생들이 좀 더 이해하기 쉽게 가르칠 수 있을까?' 하고 늘 고민하고, 많은 내용을 다루려고 노력을 하였지만, 항상 시간에 쫓길 뿐만 아니라 필자의 능력 부족으로 인하여 미흡한 부분이 너무나 많다는 것을 느끼고 있었다.

이렇게 강의에서 다루지 못한 미흡한 부분을 조금이라도 보충하고, 학생들이 쉽고 부담 없이 접근할 수 있는 교재를 만들어야겠다는 생각은 늘 가지고 있었지만 여러 가지 부담감 때문에 망설이고 있다가 그동안 모아 놓은 강의 자료와 새로 수집한 자료, 그리고 기존 교육심리학 저서들을 토대로 몇 년간 한 줄 한 줄 쓰기 시작한 것이 책으로 출간되어 2007년 신학기부터 강의 교재로 사용하게 되었다.

처음 의도는 나름대로 교육학이나 심리학적 기초지식 없이 교직과목을 이수하는 학생들도 이해하기 쉽도록 평이하게 쓰고, 어려운 이론들에 대해서는 가능한 예를 많이 들면서 자세하게 설명을 하려고 하였으며, 또한 교사 임용시험 등 각종 시험에서 최근의 이론들이 많이 출제되고 있는 점을 감안하여 가능한 한 새로운 내용을 많이 다루려고 하였다.

그러나 처음의 의도와는 달리 많은 부분에서 부족한 점을 많이 느꼈고, 또한 급하게 잡은 일정 때문에 빠진 부분이나 잘못되고 미흡한 부분도 많았다. 그럼에도 불구하고 비교적 좋은 평가를 해 주시고 격려해 주신 분들께 감사를 드린다. 이에 용기를 내어 이번에 다시 수정 보완하여 출간하게 되었다. 수정 보완한다고 하였으나 부끄럽고 아쉬움만 남는다. 잘못되고 미흡한 부분은 기탄없이 지적해 주시기 바란다.

이 책의 내용은 모두 10장으로 구성되어 있다.

제1장에서는 교육심리학에 관한 기초적인 내용으로서 교육심리학의 개념, 발전 과정, 연구영역, 연구방법 등을 다루었다.

제2장에서는 학습자의 인지발달로서 Piaget의 인지발달이론, Vygotsky의 인지발달이론, 그리고 최근 새롭게 부각되고 있는 정보처리적 인지발달이론을 다루었고, 제3장에서는 지능과 창의력을, 제4장에서는 학습능력이나 성격, 행동 등에서 다양한 특성을 보이는 특수한 학습자들에 대해서 다루었다.

제5장에서는 정의적 특성인 성격과 도덕성 발달을 다루었고, 제6장에서는 교육심리학의 핵심적인 영역으로서 학습이 일어나는 과정 또는 현상을 설명하는 다양한 학습이론에 대해서 다루었다.

제7장에서는 학습을 촉진하고 유지하는 학습과 동기에 대해서 다루었고, 제8장에서는 학습에 영향을 미치는 다양한 변인들에 대해서 다루었다. 제9장에서는 학습이론과 함께 교육심리학의 핵심적 관심사인 수업이론을 다루었고, 마지막으로 제10장에서는 생활지도와 상담을 다루었다.

이 책이 나오기까지 많은 분들이 도와주셨다. 그 분들께 진심으로 감사드린다. 그리고 이 책의 출간을 위해 힘써 주신 학지사의 김진환 사장님을 비롯한 임직원들께도 감사를 드린다.

아무쪼록 이 책이 독자들에게 조금이라도 도움이 되었으면 하는 마음 간절하다.

2008. 3.

공저자 씀

| 차 • 례 |

제 1 장

교육심리학의 이해

1. 교육심리학의 개념
2. 교육심리학의 발전과정
3. 교육심리학의 영역
4. 교육심리학의 연구방법

학습개요

교육심리학이란 어떤 학문인가? 교육심리학의 성립 배경은 무엇이며, 어떤 과정을 거쳐 발전하였는가? 그리고 교육심리학의 연구영역은 시대에 따라 많은 변화를 보여 주고 있는데, 최근의 교육심리학은 어떤 영역에 관심을 가지고 있는가? 또한 교육심리학의 연구방법으로는 어떠한 것이 있는가?

이 장에서는 이러한 교육심리학에 관한 기초적인 물음들에 대해서 설명하고자 한다.

1. 교육심리학의 개념

교육심리학(educational psychology)은 교육의 효과를 극대화시키기 위하여 심리학의 이론과 연구들을 적용하여 형성되었기 때문에 교육심리학의 개념을 파악하기 위해서는 먼저 교육과 심리학의 의미를 살펴볼 필요가 있다.

1) 교육과 심리학

(1) 교육의 개념

Kant는 "인간은 교육에 의하여서만 인간이 될 수 있다."라고 하였고, 또한 "인간은 교육을 받지 않으면 안 될 유일한 피조물(被造物)이다."라고 하여 교육의 중요성을 강조하였다. 그러나 교육의 의미에 대해서는 시대 또는 사회적 상황에 따라 다르고, 또한 교육을 보는 관점에 따라서도 다양한 해석이 이루어지고 있다.

따라서 교육의 개념에 대해서는 학자마다 다양하게 정의를 내리고 있는데, 지금까지 내려진 교육에 대한 정의들을 분류하면 일반적으로 교육의 기능에 중점을 둔 기능적 정의, 교육의 궁극적 목적에 중점을 둔 규범적 또는 목적론적 정의, 교육의 실제적인 현상이나 과정에 중점을 둔 조작적 또는 기술적 정의로 대별할 수 있다.

교육의 기능적 측면을 강조하는 입장에서는 교육이 문화나 지식의 전수 기능이 있다는 점에 착안하여 '교육은 사회 문화의 계승과 발전의 수단' 또는 '역사적으로 축적된 인간의 문화적 경험과 전통을 계승 발전시켜, 후세대에 전수하는 활동' 이라고 정의하고 있다.

문화는 유전되는 것이 아니고 교육을 통하여 생후 습득하는 과정이 필요하다. 즉, 교육은 가치 있는 문화를 계승하고, 다음 세대에 전달함으로써 학습자들로 하여금 기존 문화를 전수받고 새로운 문화의 창조에 참가할 수 있도록 조성해 주는 작용이라는 것이다.

이러한 기능적 정의는 교육이 봉사하는 대상을 문화의 계승과 발전에 중점을 두느냐, 개인의 개발에 중점을 두느냐, 사회나 국가의 발전에 중점을 두느냐에 따라 매우 다양하게 내려진다.

교육을 그 궁극적 목적에 결부시키는 입장에서는 개인이나 국가, 사회적 차원에서 모두 인격완성이나 자아실현이라는 내재적 가치의 실현 또는 영원한 진리나 가치를 추구하는 것을 교육의 중요한 목적으로 보고 있다.

규범적 또는 목적론적 정의의 대표적인 예로는 "교육은 인간을 인간답게 형성하는 작용이다." "교육은 영원한 진리나 가치로의 접근과정이다." "교육은 민주적 시민이 갖추어야 할 자질을 함양하는 과정이다." 등을 들 수 있다.

교육의 실제적인 현상이나 과정을 고려하여 조작적 또는 기술적으로 정의하려는 입장에서는 "교육은 인간행동의 계획적인 변화작용"이라고 정의하고 있다. 이러한 조작적 정의는 교육의 실제나 기본적 현상과 과정을 포함하고 있다고 보고 널리 수용되고 있다.

이 정의의 특징은 인간의 행동을 교육의 대상으로 명시하고 있고, 또한 교육의 실제적인 과정으로서 변화성과 계획성을 강조하고 있다는 점이다. 교육에서 관심을 갖는 행동은 밖으로 표출되는 외현적인 행동뿐만 아니라 지식, 사고력, 가치관, 자아개념 등의 내면적인 행동특성을 포함한다.

Bloom(1956)은 교육에서 중요시하는 행동특성을 지적 차원(지능, 지식, 사고력, 창의력 등), 정의적 차원(흥미, 태도, 가치관, 자아개념, 도덕성 등), 심리 운동적 차원(기능, 지각속도 등)으로 분류하고 있다.

교육의 변화성이란 교육은 인간 행동을 가치 있고 바람직한 방향으로 변화시키는 데 주된 관심을 갖는다는 것이다. 교육은 인간 행동이 변화될 수 있다는 전제하에서 출발한다. 아무리 행동을 변화시키고자 하여도 변화되지 않는다면 교육은 불가능할 것이다. 따라서 교육은 변화 가능성이 있는 행동특성을 그 대상으로 한다.

한편, 계획성이란 첫째, 명확한 교육의 목적, 즉 인간 행동의 변화에 대한 명확한 설정과 의도가 있다는 말이고, 둘째, 이론과 실증이 뒷받침되는 교육과정(프로그램)이 있다는 것을 의미한다. 교육은 어떠한 인간으로 변화시키고 형성하겠다는 분명한 의도가 내포된 행위다. 인간의 행동은 생득적인 성장과 발달에 의해서 변화될 수 있고, 대중매체(TV, 라디오, 신문)나 독서 등과 같은 무의도적인 학습을 통해서도 행동의 변화를 초래할 수 있다. 그러나 교육이라는 개념 속에는 변화시키고자 하는 명확한 의도와 목적의식이 포함되어 있어야 한다. 즉, 교육에는 교육과정을 통하여 지향하고자 하는 행동특성에 대한 구체적인 목적이 있어야 한다.

따라서 자연발생적으로 일어나는 행동변화나, 우연히 이루어지는 행동의 형성 등과 같이 인간의 적극적인 의도나 목적이 개입되어 있지 않은 변화는 교육으로 보지 않는다.

또한 교육은 이론과 실증적 토대 위에서 이루어져야 한다. 이론과 실증의 뒷받침이 없는 교육은 한갓 추측이나 관례, 개인적 경험을 토대로 하는 무계획적인 노력밖에 되지 않는다.

(2) 심리학의 개념

자연을 연구대상으로 하는 학문이 자연과학이라면 인간을 연구대상으로 하는 학문이 심리학이다. 그러나 심리학이 무엇인지를 한마디로 정의하기는 어렵다. 심리학의 정의는 심리학자에 따라서 다양하게 주장되고 있고, 또 시대에 따라서도 그 정의가 다양하게 변천해 오고 있다.

인간(人間, human being)은 육체를 가진 생물학적 존재일 뿐만 아니라 정신활동을 하는 정신적 존재이고, 한편으로는 사회적 존재로서 사회를 형성하고 문화를 창조해 가는 존재이기도 하며, 또한 질적으로도 인간은 상호 이질적인 특성을 가지고 있다. 이러한 인간의 복잡한 특성 때문에 인간을 연구대상으로 하는 심리학의 개념과 정의는 다양한 측면에서 이루어지고 있다.

심리학이 성립할 당시 Wundt, James, Angell 등의 초기 심리학자들은 인간의 정신활동에 의한 내적인 의식 연구를 강조하여 심리학을 정신생활에 관한 내적인 감각, 감정, 사고, 의욕 등을 포함하는 의식을 연구하는 학문이라고 정의하기도 하였다. 20세기 초 행동주의가 발달하고, 과학이 강조되면서는 객관적으로 관찰 가능한 외현적인 행동을 연구하는 학문이라고 심리학을 재정의하게 되었다. 특히 Watson(1919) 같은 심리학자는 심리학이란 인간행동을 주제로 삼는 자연과학의 일부라고 주장하기도 하였다.

이러한 심리학의 다양한 정의 가운데서도 종래 비교적 널리 인정되어 오고 있었던 견해로는 Morgan과 King 그리고 Robinson(1981)이 주장한 정의를 들 수 있다. 그들은 "심리학은 인간과 동물의 행동을 연구하는 과학이며, 이러한 순수한 연구 측면 외에 인간문제의 해결을 위한 과학적 연구결과를 응용하는 학문이다."라고 정의하고 있다.

이 정의의 특징을 분석해 보면, 첫째, 심리학은 인간뿐만 아니라 동물을 대상으로 한다는 점, 둘째, 심리학은 인간 행동을 다루는 학문이라는 점, 셋째, 심리학은 과학이라는 점, 넷째, 심리학은 이론적인 측면뿐만 아니라 응용과학이라는 점을 강조하고 있다.

심리학에서 인간뿐만 아니라 동물도 대상으로 하는 것은 보다 간단한 기제를 가진 동물의 행동을 연구함으로써 복잡한 기제를 가진 인간 행동을 이해하는 데 중요한 단서를 얻을 수 있기 때문이다. 또한 환경통제라는 관점에서도 인간을 직접 연구하는 것보다 훨씬 유리하기 때문이다.

또 심리학에서 인간 행동을 연구대상으로 하는 이유는 관찰 가능한 객관적인 행동에 대한 연구를 통하여 인간을 이해하기 위해서다. 여기서의 행동은 직접 관찰할 수 있는 언어, 표정, 제스처 등 외현적인 행동만을 지칭하는 것이 아니고, 감정이나 태도, 사고, 기억 등 내재적 행동인 정신과정까지 포함된다.

과학으로서 심리학은 과학적 방법에 의해 인간 행동에 대한 객관적인 관찰이나 측정, 실험 등을 통하여 인과관계(因果關係)를 분석하고 체계화함으로써, 인간심리의 일반법칙이나 원리를 구성하며, 이를 토대로 인간의 행동을 이해하고 설명하며, 예언하고 통제하는 데 목적을 둔다.

그러나 오늘날 인지심리학과 현상학적 심리학의 발전과 더불어 심리학은 행동뿐만 아니라 초기 심리학자들의 연구대상이었던 정신과정도 또다시 연구대상에 포함되면서 최근에 와서는 Mayer(1981)의 정의가 널리 받아들여지고 있다.

Mayer는 "심리학은 인간의 행동을 이해하기 위해서 인간의 정신과정과 기억구조를 과학적으로 분석하는 학문이다."라고 정의하였다. 이는 인간 행동 자체보다는 기억 및 사고와 같은 내면적인 정신과정, 즉 인지과정(認知過程)을 연구해야 한다는 주장을 뜻한다. 이를 토대로 심리학을 간단히 정의하면 "심리학이란 인간 행동과 심리과정을 과학적으로 연구하는 학문이다."라고 말할 수 있을 것이다.

2) 교육심리학의 개념

앞에서 설명한 바와 같이 교육심리학은 인간 행동과 심리과정을 과학적으로 연구하는 심리학의 이론들을 교육에 접목시킴으로써 형성된 학문영역이다.

이와 같이 교육심리학은 교육과 심리학 이론들을 기초로 형성되었기 때문에 그 학문적 성격에 대해서도 여러 가지 입장으로 나누어지고 있다. 즉, 첫째는 심리학의 이론과 연구들을 교육현상에 응용하는 응용심리학의 하나로 보는 입장, 둘째는 교육심리학을 효율적인 교육을 위한 보조과학으로 보는 입장, 그리고 셋째는 교육심리학을 교육학이나 심리학의 한 분야로 보지 않고 독립적인 학문으로 취급하는 입장 등 세 가지로 대별된다.

따라서 교육심리학의 개념에 대해서도 어느 입장에서 보느냐에 따라 다양한 견해가 있고, 또한 같은 입장에서도 학자에 따라서 그 표현이 달라진다(신용일, 1994).

교육심리학을 교육에 관련되는 일반심리학의 한 분야인 응용심리학의 하나로 보는 견해로는 Jordan, Crow, Trow, Guthrie 등의 정의를 들 수 있다.

Jordan(1942)은 "교육심리학이란 교육에 적용되는 개인심리학 내지 사회심리학이다."라고 하였고, Crow(1948)는 "교육심리학이란 개체의 탄생에서 노년에 이르기까지의 교육적 발달 가운데서 진행되는 학습경험을 서술하며 설명하는 심리학이다."라고 하였다. Trow(1950)는 "교육심리학이란 교수와 학습을 취급하는 심리학의 한 분과다."라고 하였다. 또한 Guthrie(1950)는 "교육심리학이란 학교에서 아동에게 적용되는 심리학이다."라고 하였다.

효율적인 교육을 보조하기 위한 보조과학으로 교육심리학을 보는 견해로는 Good과 Skinner 등의 정의를 들 수 있다. Good(1959)은 "교육심리학이란 교육의 심리학적 문제의 연구와 함께 교육에 있어 심리적 원리의 실제적 적용이다."라고 하였고, Skinner(1947)는 "교육심리학이란 교육적인 사태에 대해서 반응을 보여 주는 인간의 경험과 행동만을 다루는 것이다."라고 하였다.

그러나 오늘날 교육심리학은 그동안 꾸준히 발전해 오면서 단순히 교육을 보조하거나 심리학을 응용하는 단계를 지나 자체의 이론과 연구방법, 그리고 기술을 가진 독립적인 학문영역을 구축해 가고 있다.

Woolfolk(1992)도 "교육심리학은 심리학의 원리를 단순히 교육에 적용하는 수준을 넘어 교육현장에서의 인간 행동을 기술하고 이해하며 예언하고 통제하려는 다양한 노력을 시도하고 있다."라고 주장한다.

교육심리학을 독자적인 학문분야로 보는 견해는 다음과 같다.

Glover와 Ronning(1987)은 "교육심리학의 학문분야는 학습과 인지, 사회적 행동, 인간발달, 개인차, 그리고 측정과 통계 등의 다섯 가지 영역에서 고유한 이론적 체계를 확고히 구성하고 있다."라고 주장하였다. Eggen과 Kauchak(1992)은 "교육심리학의 내용이 학교상황과 관련된 지식과 경험을 체계화시키는 연구와 이론의 지식체계로 구성되며, 교육심리학은 이러한 지식체계의 내용을 실제 수업상황에 적용시킴으로써 학습자와 학교에 대한 이해와 교사의 효과적인 의사결정에 도움을 줄 수 있다."라고 주장하였다.

Goetz, Alexander 그리고 Ash(1992)는 "교육심리학이 학습과 교수 그리고 그와 관련된 요인들을 연구하는 학문이며, 이와 같은 교육심리학은 학생들의 심리적 발달에 대한 이해와 학습과정 그리고 학생들이 익혀야 할 지식과 측정에 유용한 기초를 제공한다."라고 주장하였다.

또한 임규혁(1999)은 "교육심리학자들에 의해서 이루어진 학습과 전이에 관한 연구(Thorndike, 1921), 유의미 학습이론(Ausubel, 1968), 발견학습(Bruner, 1959, 1961), 사고과정과 사고훈련에 관한 연구(Sternberg, 1987), 귀인이론(Weiner, 1985) 등 많은 연구들은 오히려 일반심리학에 영향을 주고 있는데, 이 같은 결과는 교육심리학이 심리학을 응용하는 단계를 거쳐 교육현장에 내재하는 모든 심리적 과정을 과학적으로 연구하는 독립된 학문으로서 그 기반을 구축하고 있음을 의미하는 것이다."라고 주장한다.

지금까지 교육심리학에 대한 다양한 정의들을 살펴보았다. 이러한 견해들을 종합해 보면 결국 교육심리학이란 교육과 관련된 인간의 행동을 의미 있는 방향으로 변화시키는 데 필요한 이론과 실천적 방법을 연구하는 과학적인 학문이라고 정의할 수 있을 것이다.

2. 교육심리학의 발전과정

1) 교육심리학의 태동

교육심리학은 교육학과 심리학의 학문적 이론에 근거하여 성립되었지만, 이미 19세기 전반기부터 다양한 분야에서 수행된 학문적 연구들로부터 영향을 받아 태동하기 시작하였다.

독일의 교육사상가인 Herbart는 처음으로 심리학을 교육에 응용하려고 시도하였다. 그는 1806년에 출판한 『일반 교육학(Allgemeine Pedagogik)』이라는 저서에서 윤리학과 심리학을 교육의 기초학과라고 주장하고 윤리학에서 교육의 목적을, 심리학에서 교육방법의 원리를 구하였다.

Herbart 시대에는 근대 심리학이 성립하기 이전이었으나 그는 교육이 아동심성의 발달법칙에 따르지 않으면 순조로운 교육을 할 수 없다고 생각하고 교육은 어디까지나 심리학에 기초를 두지 않으면 안 된다고 주장하였다.

이러한 Herbart의 교육사상을 이어받은 Herbart학파는 교육사상의 과학적 연구에 심리학적 방법을 끌어들였다. 특히 Herbart의 제자인 Strümpell은 1880년에 교육심리학에 대한 최초의 문헌으로 불리고 있는 『심리학적 교육학(Psychologyische Pedagogik)』이라는 저서를 통하여 교육에 대한 사실적 연구와 실증적인 연구를 강조하기도 하였다.

19세기 영국의 연합주의를 대표하는 J. Mill은 1829년에 출간된 『The Analysis of the Phenomina of the Human Mind』라는 저서에서 의식, 개념, 분류, 기억, 추상화, 신념, 추론, 증거, 영향력, 기쁨, 고통, 의지 등을 논함으로써 현대 심리학에 영향을 주었다. 또 제임스 밀의 아들인 J. S. Mill도 인간의 사고는 간단한 생각들이 상호작용함으로써 복잡한 이해로 재구성된다고 주장하여 인간의 사고에 새로운 시각을 제시하였다(Walberg & Haertel, 1992).

한편, 독일의 철학자 Kant는 감각정보를 조직하고 해석하는 목적을 가진 선험적 범주(priori categories)가 인간의 정신에 내재되어 있다고 믿었으며, 기억은 단순한 감각적 경험의 복사가 아니라 이러한 선험적 범주에 부과된 해석과 변형의 결과라고 생각했다. 이와 같은 그의 입장은 Piaget와 Kohlberg 등과 같은 발달심리학자들의 이론에 초석이 되었으며, 현대 인지심리학의 기초를 제공하였다(Walberg & Haertel, 1992).

최초의 실험 심리학자로서 구성주의 심리학을 탄생시킨 Wundt는 1879년에 라이프치히 대학에 의식 연구를 위한 심리학 실험실을 개설하여 변별반응, 반응시간, 감정적 반응 등을 정확히 측정하는 연구를 실시하였다. 또한 심리학 강좌를 개설함으로써 과학적인 현대 심리학이 하나의 독립된 새로운 학문으로 성립하는 계기를 마련하였다.

특히 그는 당시 화학자, 생물학자, 물리학자들에 의해 물질을 세포 · 분자 · 원자 등으로 분석하는 분석적 연구 방식에 영향을 받아 인간 의식의 내용을 구성하는 요소도 분석해 낼 수 있다고 믿고, 이를 체계적이고 과학적으로 분석해 낼 수 있는 내성법(內省法: introspective method)을 고안하였다. 여기서 내성법이란 자신의 의식 경험을 내적으로 체계적이고 엄밀하게 스스로 관찰 · 기록하는 방법을 말한다.

예를 들면, 음악적 리듬을 며칠간 들으면서 "어떤 리듬이 가장 좋은가?", "빠른 리듬은 흥분을 일으키고, 느린 리듬은 편안하게 하는가?" 등을 관찰하고, 또 이러한 과정에서 분(分) 단위로 심장 박동이나 호흡 반응 등을 포함한 자신의 신체 반응을 면밀히 관찰하며 기록해 나가는 방법이다. 이러한 Wundt의 연구는 교육심리학의 발전에 지대한 공헌을 한 Hall, Cattell, Judd 등과 같은 미국의 심리학자들에게 큰 영향을 끼치게 되었다.

그러나 교육심리학의 태동에 직접적으로 기여한 사람은 Galton이다. Darwin의 사촌 동생인 Galton은 1859년에 Darwin이 『종(種)의 기원』이라는 저서에서 자연도태설에 근거한 진화론을 주장하자, 이에 자극을 받아 유전학에 깊은 관심을 갖고, 1869년에 「유전성의 천재와 그 법칙(Hereditary Genius)」이라는 논문을 발표하여 인간에게 유전적 특질에 따른 개인차(지능, 성격, 특성 등)가 있다고 주장하였으며, 뛰어난 사람을 낳기 위해서는 환경보다 유전이 중요하다고 주장하였다. 또한 1889년 『자연의 유전』이라는 책을 써서 유전의 통계적 방법을 논하였다.

이러한 그의 인간의 특성에 대한 연구들은 개인차 심리학 분야의 초석이 되었고, 그가 개발한 개인의 특성을 측정할 수 있는 도구들은 오늘날 지능검사와 성격검사의 기초가 되었으며, Cattell과 Thorndike를 통하여 교육심리학의 발전에 영향을 주었다.

2) 교육심리학의 성립

1900년대를 전후하여 미국을 중심으로 교육심리학이라는 강의가 개설되고 교재가 출판되기 시작하면서 교육심리학의 발전에 크게 기여하게 된다. 교육심리학의 강의는 1886년 뉴욕 주립대와 아이오와 대학의 Normal School Department, 인디

애나 대학의 교육학과 등에서 실시되었으며, 교육심리학이라는 이름의 교재가 처음 출판된 것은 Hopkins(1886)에 의해서였다(Charles, 1987).

교육심리학이 독립된 학문으로서의 기반을 형성하는 데는 James, Hall, Cattell 등 세 명의 심리학자가 큰 공헌을 하였다.

James의 기능주의 심리학은 교육심리학의 발전에 많은 영향을 주었다. James는 독일에서 Wundt가 심리학 실험실을 창설하고, 심리학 연구를 활발하게 진행할 때와 비슷한 시기에 미국에서 실험실을 창설하고 심리학 강의와 많은 저술 활동을 하면서 Wundt의 구성주의 심리학에 대한 반작용으로 기능주의 심리학을 주장하였다. 기능주의 심리학파에 의하면 사람의 의식의 구성요소를 분석하여 그 내용을 아는 것만으로는 인간을 이해하는 데 아무런 도움이 되지 못한다고 구성주의 학파를 비판하였다. 그들은 심리학은 사람이 보고, 느끼고, 생각하고, 목표를 추구하는 전체적인 기능을 연구대상으로 삼아야 한다고 주장하였다.

특히 James는 인간의 의식이 실제 조류의 흐름과 같이 하나의 흐름으로 이루어져 있기 때문에 그것을 별개의 조각들로 나눌 수 없다고 주장한다. 따라서 그는 구성주의 학자들이 선호했던 분석적 연구방법은 의식의 흐름을 연구하는 데 부적합하다고 보았다.

그리고 James가 1890년에 발간한 『심리학 원리(The Principles of Psychology)』라는 저서는 현대 심리학의 발전에 지대한 공헌을 한 것으로 평가받고 있다. 이 저서에는 뇌기능, 습관, 감각, 지각, 주의, 기억, 지능, 상상력, 정서, 최면 등 현대 교육심리학자들에게도 친숙한 주제들을 많이 담고 있다.

또한 James(1899)는 「Talks to Teachers on Psychology and to Students on Some of Life's Ideals」라는 제목의 강의 모음집을 통하여 교사들에게 실제적인 도움을 주고자 노력하였다.

Wundt의 Leipzig 실험실에서 연구하였던 Hall(1880)은 미국 최초로 과학적인 아동연구를 실시하여 아동연구운동을 주도하면서 교육심리학의 발달에 크게 공헌하였다. Hall은 아동의 지식, 믿음, 태도 등 아동에 대한 다양한 연구주제를 다루었다.

Galton과 함께 연구를 수행하며 영향을 받은 Cattell은 개인차 심리학을 미국에 처음 소개하여 교육심리학의 발전에 공헌하였다. 특히 그는 다양한 측정방법과 통계적 도구를 사용하여 개인차 연구에 크게 기여하였고, 1890년에는 시각, 청각, 물리적 기술 등 다양한 검사를 기술하는 데 사용된 정신검사라는 단어를 만들어 내기도 하였다.

그 밖에도 프랑스 심리학자 Binet와 실험교육학의 대표자로 알려진 Meumann 또한 교육심리학의 발전에 많은 공헌을 하였다. Binet는 그의 동료 Simon과 함께 1905년에 최초로 개인용 지능검사를 개발하여 개인차와 학습능력의 객관적 측정을 가능하게 하였고, 성격과 성격이론의 연구에 크게 기여하였다.

Wundt의 제자인 독일의 Meumann은 1912년에 『실험교육학 입문강의』라는 저서에서 교육을 실험과학으로 보고 귀납적 · 실험적 · 통계적 방법을 이용한 교육연구를 제창하는 등 교육심리학의 과학적 연구에 지대한 공헌을 하였다.

그러나 교육심리학을 독립적 학문으로 발전시키는 데는 Thorndike가 크게 기여하였다. 이런 점에서 Thorndike를 최초의 교육심리학자로 부르고 있다. 그는 James의 지도를 받으며 동물의 학습에 관한 연구를 하였다. 또한 Cattell의 영향을 받아 교육과 심리학에서 통계적 방법을 사용하였으며, 실험심리학에 기초한 학습이론과 심리검사(교육측정 · 평가)를 발전시키는 등 교육심리학을 종합적으로 연구하여 현대 교육심리학의 체제를 정립시키고 과학화하는 데 크게 공헌하였다.

Thorndike는 1899년에 「동물의 지능(Animal intelligence, an experimental study of associative process in animals)」이라는 논문을 발표하여 학계의 주목을 받은 이후 1903년에는 학습에 관한 실험결과들을 설명하는 『교육심리학(Educational Psychology)』을 출간하였으며, 1913년에는 교육심리학을 과학적 학문으로 정립시키는 데 바탕이 된 세 권의 저서를 출간하였다. 그는 제1권에서 『인간의 선천적 소질(The Original Nature of Man)』, 제2권에서는 『학습심리의 문제(The Psychology of Learning)』, 제3권에서는 『개인차와 그 원인(Individual Differences and Their Causes)』을 다루며 교육심리학의 체계를 세웠다.

그는 『교육심리학』에서 교육심리학을 지성, 도덕성 및 기능의 생득적 기초를 실험 측정하고, 정신기능의 향상을 지향하며 개인차와 그 원인을 밝히는 기초과학으로 보았다. 그는 과학적 접근 방법을 교육문제에 적용하려 하였고, 사변적 의견이나 정확한 양적 처리가 불가능한 자료는 전적으로 무시하는 태도를 보였다.

이러한 Thorndike의 주장은 그 당시에도 많은 비판을 받았다. 대표적으로 초기 교육심리학의 발전에 크게 공헌한 Judd의 비판을 들 수 있다.

그는 학교에서 일어나고 있는 학교학습에 직접적으로 적용하는 데 객관적 측정을 강조하는 Thorndike의 연구는 한계가 있다고 신랄하게 비판하였다.

따라서 Judd는 학교교육 자체(교육의 내용, 학교조직, 학교방침, 교육실제 등)의 변형을 주장하고, 학교현장에 실제 적용할 수 있는 이론을 강조하면서 학습이론, 동물실험, 자료의 계량화에 몰두했던 Thorndike와는 다른 방향에서 교육심리학을 전개하였다.

Judd의 주요 저서로는 1918년에 출간한 『과학적 교육연구 입문(Introduction to the Scientific Study of Education)』과 1939년에 출간한 『교육심리학(Educational Psychology)』 등이 있다.

이와 같은 교육심리학은 두 방향, 즉 학습이론과 자료의 개관적 측정을 강조하는 Thorndike류의 입장과 교육의 실제와 학교현장을 강조하는 Judd류의 입장이 서로 대치되면서 발전해 오고 있다. 이러한 현상은 교육심리학이 고유한 이론으로 구성 발전하기보다는 심리학을 교육에 적용하는 과정에서 비롯된 것으로 볼 수 있다.

그 외에도 Thorndike가 강조하는 교육심리학의 내용에는 인성, 적응, 정서, 정신위생 등을 소홀히 다루고 있다는 비판을 받았다. 따라서 Trow는 교육심리학에 적응문제를, Monroe는 정신위생문제를 다루어 교육심리학의 영역을 확대하는 데 기여하기도 하였다.

한편, 구조주의와 기능주의에 반기를 들고 행동주의 심리학을 창시한 Watson은 1910년에 소련의 생리학자인 Pavlov가 발표한 조건반사를 아동연구에 적용하여 어린이의 정서발달에 관한 연구를 하였다. 또한 조건형성에 의하여 모든 행동이 형성된다는 사실을 입증함으로써 교육심리학의 발전에 기여하였다.

행동주의(Behaviorism) 심리학자들은 모든 인간의 행동은 어떤 의식이나 이성이 작용한 것이 아니라 환경 내의 자극에 대한 반응의 결과로 나타난다고 보았고, 따라서 그들은 심리학은 의식 대신에 과학적으로 객관적인 관찰이 가능하고 측정할 수 있는 외현적인 행동만을 연구대상으로 삼아야 한다고 주장하였다.

이러한 행동주의 심리학자들이 주장하는 자극-반응 관계는 동물의 행동에서는 그 관계가 성립될 수 있으나 인간의 행동에서는 성립되지 않는 경우가 많다는 점을 비판하면서 1930년 무렵부터 Tolman, Hull, Skinner 등에 의하여 초기 행동주의와는 구별되는 신행동주의 학파가 형성되었다. 이들은 자극-반응 공식 사이에는 인간의 정신과정(마음)이 개입되어 반응을 최종적으로 결정한다고 주장한다. 신행동주의 학파는 행동주의의 전통을 이어받고 있으나 그동안 심리학의 관심밖에 있던 인간의 정신과정(마음)도 심리학의 연구대상에 포함시키고 있는 것이 특징이다.

Guthrie, Tolman, Hull, Spence, Mowrer, Skinner 등은 행동주의에 근거하여 다양한 학습이론을 연구하여 발표하게 된다. 행동주의 학습이론은 1960년대 학습에 대한 인지론적 접근법이 등장하기 전까지 20세기 전반기에 학습과 기억, 사고과정에 관한 연구영역을 거의 주도해 왔고, 교육심리학의 이론과 실제에 많은 영향을 주었으며, 그 영향은 현재까지도 지속되고 있다(나동진, 2001).

특히 Skinner는 교육심리학의 발전에 많은 공헌을 하였다. 그는 인간 행동의 일반적 원리와 법칙을 찾아 교육에 적용하는 데 공헌하였다. 그는 1930년대에 동물실험에 의한 기초연구로부터 실험적 행동분석을 확립하였고, Pavlov의 고전적 조건화 원리에 영향을 받아 조작적 조건형성 이론을 체계화했으며, 인간의 학습 행동과 언어 조건화 등에 관해 연구를 진행시키는 등 교육심리학의 종합적 체계화를 위해 많은 노력을 하였다.

3) 최근의 교육심리학

최근의 교육심리학은 오랜 행동주의 시대를 지나 1912년 독일을 중심으로 발달한 형태주의(形態主義, Gestalt) 심리학자들에 의해 주장된 인지심리학이 주요한 이론적 지주가 되어 오고 있다.

형태주의(形態主義) 심리학이란 인간의 의식(마음)은 Wundt가 주장하는 바와 같이 일정한 구성요소의 단순한 조합으로 인식하는 것이 아니라 통합된 전체의 형태로 인식하는 존재라고 주장한다.

형태주의 심리학을 게슈탈트 심리학(Gestalt Psychology)이라고도 한다. 여기서 게슈탈트(Gestalt)란 전체, 형상, 형태, 모습 등의 뜻을 지닌 독일어로 영어의 form 혹은 shape에 해당되는 말로서 개체가 자신의 욕구나 감정을 하나의 의미 있는 전체로 조직화하여 지각하는 것을 뜻한다. 게슈탈트 심리학자들에 의하면 개체는 대상을 지각할 때 그것들을 단순한 부분들의 집합이 아니라 하나의 의미 있는 전체, 즉 '게슈탈트'로 만들어 지각한다고 주장한다.

인간은 환경의 자극을 받아 반응하고 행동하는 수동적인 반응자라고 파악한 행동주의자들의 주장은, 1960년에 들어오면서 인간은 환경을 이해하고 적응하는 능동적인 존재라고 보는 인지론적 접근법이 강조되면서 점차 쇠퇴하게 된다. 인지론적 접근법은 형태주의 심리학자의 한 사람인 Lewin이 최초로 인간 행동을 인지구조로 설명하는 등 새로운 관점에서 교육심리학의 연구를 시작한 이후 Piaget, Bruner, Sternberg, Anderson 등에 의해 더욱 발전되었다. 오늘날 학습과 기억에 관한 모든 영역은 인지론적 접근법이 주도하고 있다.

이러한 인지론적 접근법은 들어오는 자극(정보)을 여러 가지 방법으로 선택하고, 비교하며, 기억 속에 저장되어 있는 다른 정보와 결합하고 전환되면서 재배열되는 등으로 처리하는 컴퓨터와 같은 정보처리적 모형으로 인간을 이해하려는 입장이다. 따라서 인지심리학은 인간이 자극을 어떻게 자각하고, 해석하며, 저장하며, 사용하는가를 중심 주제로 다룬다. 여기서 인지(認知)란 어떤 자극을 받아들이고, 반응하며 처리하고, 기억 속에 저장하고, 이를 필요할 때 적절히 사용할 수 있는 정신과정을 말한다.

그러나 최근 교육심리학의 연구를 주도하고 있는 인지론적 접근법도 학습과 기억에 관한 설명에서 그 한계를 보이고 있다. 인간의 학습은 논리체계만으로는 설명할 수 없는 부분이 많고, 또한 특수영역에서의 문제해결과 고급기술 그리고 인지원리를 실제적으로 적용하는 방법의 개발 등에서도 해결해야 할 많은 문제들을 가지고 있다(임규혁, 1999).

3. 교육심리학의 영역

1) 교육심리학 연구영역의 확대

교육심리학의 연구영역은 교육활동과 관련되는 인간 행동의 전 영역이라고 할 수 있다. 그러나 현대 교육심리학의 체제를 정립시키는 데 크게 공헌한 Thorndike가 인간의 선천적 소질, 학습심리의 문제, 개인차와 그 원인을 중점적으로 다루어 교육심리학의 체계를 세운 이후 교육심리학의 연구영역은 시대에 따라 많은 변화를 보이고 있다.

교육심리학이 독립적인 학문으로 성립하는 시기인 1900년대 초에는 선천적 소질, 학습, 개인차, 발달, 교수법 등의 영역에 주로 관심을 가졌으나 그 후 1920년부터 1950년대까지 그 연구영역은 교육환경, 성격과 적응, 정신위생, 지도와 상담, 측정과 평가 등으로까지 크게 확대되어 갔다.

한편, 교육심리학의 연구영역은 학자에 따라서도 많은 차이를 보인다.

Gates(1947)는 교육심리학의 영역을 ① 지적, 정서적, 신체적 발달, ② 학습과정, 사고 및 추리, 교수법, 교육과정 구성의 문제, ③ 인성 적응과 발달, 부적응의 진단과 치료, 결함 있는 아동의 문제, 아동 및 교사의 정신위생, ④ 지능 및 특수능력의 측정, 능력 결함의 진단, 학습 진전의 평가 등으로 분류하였다.

Skinner(1957)는 교육심리학의 연구영역을 성장과 발달, 학습, 인성과 적응, 측정과 평가, 교수(敎授)와 지도 등으로 분류하여 다루었다.

그리고 1967년 미국심리학회(APA)의 교육심리학 분과에서 보고한 교육심리학의 영역은 다음과 같다.

① 성장과 발달

유전과 환경, 일반적 성장과 발달, 사회적 정서발달, 동기유발의 기초이론, 지능과 태도, 흥미, 개인차 등

② 학습

학습의 일반적 성격, 학습에 영향을 미치는 요소, 학습지도에 있어서 동기유발, 문제해결 태도, 특수교과의 학습, 연습과 전이를 포함한 학습 등

③ 성격과 적응

정신건강, 특수아 적성, 사회적 관계를 포함한 인성과 적응 등

④ 측정과 평가

측정의 기초 원리, 지능 및 태도의 측정, 학습의 측정, 적응의 측정, 측정결과의 응용 등

⑤ 교육심리학의 기술과 방법

교육문제의 과학적 연구와 통계기술, 학급교사를 위한 연구 적용 등

이와 같이 교육심리학의 영역이 시대에 따라 크게 확대되고 학자에 따라서도 다소 차이를 보임에도 불구하고 그 기본적인 구조에서는 크게 성장과 발달, 학습과 수업, 성격과 적응, 평가 등을 중심 영역으로 하여 발전해 왔다.

2) 최근 교육심리학의 연구영역

최근의 교육심리학에서 다루고 있는 주제들도 부분적으로는 변화를 많이 보이고 있지만 그 중심 주제는 과거와 대동소이한 것으로 보인다.

Slavin(1994)이 그의 『교육심리학』에서 다루고 있는 주제도 발달, 학습자의 다양성, 학습이론, 수업이론, 학습동기, 교실관리, 특수한 학습자, 학습평가 등의 영역을 중심 주제로 다루고 있고, Sternberg와 Williams(2002)도 교육심리학의 영역을 인간의 다양성(지능 · 창의력 · 인지양식 · 개인차 등), 학습이론, 동기유발, 교수-학습, 교실관리, 평가 등으로 분류하고 있다.

우리나라에서 최근 출간된 교육심리학에서 다루고 있는 영역도 대부분 학습자의 발달, 학습자의 다양성, 학습이론, 학습동기, 수업이론, 평가, 적응, 생활지도와 상담을 주된 내용으로 취급하고 있다.

각 영역의 주요 구성 내용을 살펴보면, 모든 교육심리학에서는 먼저 교육의 대상인 학습자의 발달과 다양성 영역을 다루고 있다. 교육은 학습자의 행동을 바람직한 방향으로 변화시키고자 하는 활동이나 학습자의 행동변화는 학습자의 발달 정도와 특성에 제약을 받는다. 따라서 효과적인 교육의 목적을 달성하기 위해서는 학습자에 대한 이해가 선행되어야 한다.

발달영역에서는 주로 인지발달, 성격과 도덕성 발달을 다루고, 학습자의 다양한 특성을 다루는 다양성 영역에서는 지능과 창의력, 개인차(사회경제적 지위, 성차 등), 특수한 학습자 등을 다루고 있다.

교육심리학의 가장 핵심적인 분야인 학습이론 영역에서는 주로 행동주의적 접근, 인지주의적 접근으로 구분하여 다루고, 특별히 인지주의 학습이론에서는 최근

인지주의 학습이론의 중심을 이루고 있는 정보처리이론과 메타인지를 중요하게 다루고 있다.

학습동기 영역에서는 행동의 방향과 강도를 결정하는 의욕, 흥미, 호기심, 자아존중감, 기대, 보상과 처벌 등의 동기요인과 동기에 관한 다양한 이론, 그리고 학습동기 유발 방법에 관하여 다루고, 기타 학습에 영향을 미치는 여러 가지 요인들인 자아개념, 기대 수준, 불안 등에 대해서도 다루고 있다.

학습이론과 함께 교육현장과 가장 밀접한 관계를 맺고 있는 수업이론 영역에서는 여러 가지 수업이론과 효과적인 수업방법을 중심 주제로 다루고 있다.

그러나 평가, 적응, 생활지도와 상담의 영역은 거의 대부분의 교육심리학에서 다루고 있지만 이를 깊이 있게 다루지 않는 경향이 있는데, 그 이유는 별도의 교과목에서 심도 있게 다루고 있기 때문인 것으로 보인다.

본서에서도 이러한 교육심리학의 분류 경향에 맞추어 그 영역을 크게 학습자의 발달, 학습자의 다양성, 학습이론, 학습동기, 수업이론, 생활지도와 상담으로 분류하여 다루었다. 그리고 기타 학습에 영향을 미치는 중요한 요인들로써 중요하게 다루어지는 자아개념, 기대 수준, 불안, 학습된 무력감, 연습 등에 대해서는 별도의 장을 마련하여 함께 다루었다.

대부분의 교육심리학 교과서에서 다루고 있는 평가와 적응에 대해서는 별도의 교과목에서 중점적으로 다루고 있기 때문에 본서에서는 제외하였다.

다만, 생활지도와 상담은 현대 사회에서 학생들이 극심한 경쟁 관계 속에서 적응과 선택의 문제로 많은 고민과 갈등을 겪고 있고, 또한 오늘날 정보통신기술의 혁신적인 발전에 따라 도래된 정보사회에서 많은 학생들이 부적응 등으로 심각한 위기감을 겪고 있기 때문에 학교 현장에서 생활지도와 상담의 중요성이 크게 부각되고 있는 점을 감안하여 본서 마지막 부분에서 다루었다.

4. 교육심리학의 연구방법

교육심리학의 정의를 "교육과 관련된 인간의 행동을 의미 있는 방향으로 변화시키는 데 필요한 이론과 실천적 방법을 연구하는 과학적인 학문"이라고 한 바와 같이 교육심리학이 과학인 이상, 그 연구방법도 과학적인 방법을 필요로 한다.

교육심리학이 과학적 학문이라고 할 때 과학적이라는 의미는 연구대상에 대한 자료를 수집 · 분석 · 정리하고, 이론을 체계화하는 방법이 과학적이라는 의미이다. 교육현상에 관한 단순한 추측이나 막연한 상식은 과학적 방법으로 검증되지 않으면 교육심리학적 지식이 될 수 없는 것이다.

1) 과학적 연구방법

과학적 방법이란 현실세계에 존재하는 현상이나 사실들로부터 객관적으로 인정된 방법으로 자료를 얻어 내어 현상에 대한 지식을 제공하고, 예측하는 방법이라 할 수 있다. 우리가 어떤 사실의 진실성 여부를 판단할 때, 개인의 주관성이 지나치게 개입될 수 있다. 그러나 과학은 객관적 지식, 즉 적절한 실험이나 관찰에 의해서 얻을 수 있는 자료를 기초로 하여 증명 가능하고 독립된 지식을 획득하는 방법이다.

이러한 과학적 방법의 특성을 요약하면, 첫째, 논리적(logical)이고 합리적(rational)이어야 하고, 둘째, 경험적(empirical)이어야 한다는 것이다. 연구대상에 대한 과학적 탐구는 논리적이고 합리적으로 전개되어야 하고 우리가 실제로 관찰하는 바와 일치해야 하는 것이다.

일반적으로 이론(theory)은 과학의 논리적 측면과 관련되고, 연구(research)는 경험적 관찰과 관련된다. 즉, 이론은 현상에 내재하는 변인들 사이의 관계를 묘사하는 것이고, 연구는 그 관계가 실제로 존재하는지 혹은 어떤 현상에 대한 경험적 관찰로부터 단계적으로 추상화하여 이론을 형성해 가는 수단이다.

(1) 과학적 방법의 유용성

우리가 어떤 교육현상을 설명하고 이해하는 데 과학적 접근방법만이 유일한 것은 아니다. 추측이나 상식으로도 이해할 수 있다. 그러나 어떤 문제에 대해 과학적 접근을 하게 되면 다음과 같은 효과가 있다.

첫째, 그 내용이 분명하고 간결하며 객관적이기 때문에 다른 사람과의 의사소통에 혼란이 없게 된다. 만약 어떤 교육현상을 상식적으로 이해하면 우리는 여러 문제에 봉착하게 된다.

예를 들어, "될성부른 나무는 떡잎부터 알아본다."라는 속담을 생각해 보자. 이 속담을 모든 아이의 교육에 일반화할 수 있는가? 될성부른 아이는 선천적으로 태어나는가? 그렇다면 후천적으로 교육을 통하여 변화시킬 수 없단 말인가? 아니면 될성부른 아이는 교육을 통하여 더 훌륭하게 된다는 말인가? 어떤 아이를 될성부른 아이로 보아야 하는가? 등등의 다양한 의문을 제기할 수 있다. 또한 이 속담을 듣는 사람마다 그 의미를 다르게 느낄 수 있다. 그러나 과학적 접근을 시도하면 문제가 무엇이고, 무엇을 이야기하고 있는지가 분명하고 간결하며 객관성을 확보할 수 있다.

둘째, 과학적 접근을 시도하면 여러 오류를 계속해서 검증해 나갈 수 있다. 어떤 연구 결과물이 곧 진리라고 단정할 수 없고, 또한 연구결과란 그 당시의 기법과 지식 수준의 결과이며 결코 영원한 것도 아니다. 따라서 계속적인 재검증이 필요한바, 과학적 방법은 이러한 연구결과에 대해 재검증을 가능하게 한다.

(2) 과학적 연구의 목적

과학적 연구의 궁극적인 목적은 관심의 대상이 되는 현상이나 사건을 정확하게 기술하고, 그것의 원인들을 추적함으로써 설명하고, 특정한 현상이나 사건을 이해함으로써 신뢰성 있는 예언을 가능하게 할 뿐만 아니라 그것을 감소시키거나 제거하기 위한 통제 방법을 강구하는 데 있다고 할 수 있다. 즉, 과학적 연구의 궁극적인 목적은 기술과 측정, 설명과 예언, 통제와 응용을 하는 데 있다.

① 기술과 측정

연구자가 관심을 두고 있는 현상을 설명하기 위해서는 먼저 그 현상을 정확하게 기술해야 한다. 여기서 기술(記述)이란 알고자 하는 대상이나 과정의 내용과 특징, 현상 등을 주의 깊게 관찰하고 그 결과를 있는 그대로 열거하거나 기록하여 서술하는 것을 말한다. 새로운 영역의 연구를 시작하기 위해서는 그 영역에 포함된 변인들에 관해 우선 자세히 알아야 하기 때문에 기술의 단계를 거치게 된다.

예를 들면, 학교의 불량서클에 대한 연구를 할 경우 가장 먼저 해야 할 일은 불량서클에 가입한 학생의 수, 그 학생들의 특징, 불량서클의 목적 등의 사항을 기술하는 것이다(이성진, 2004).

또한 현상을 정확하게 기술하기 위해서는 대상을 정확하게 측정해야 한다. 어떤 연구방법을 사용하든 간에 이를 양적으로 측정하는 것이 필요하다. 여기서 측정(測

定, measurement)이란 측정하고자 하는 연구대상을 일정한 척도(尺度, scale)를 가지고 객관적 · 표준적으로 수량화하는 과정이라 말하고, 측정에 의해 얻어지는 수치를 측정치라 한다. 따라서 모든 연구의 시발점은 어떤 현상을 정확하고 간결하게 기술할 수 있는 측정방법의 개발에 있다. 예컨대, 지능이 연구대상이라면 이를 먼저 정확하게 측정하기 위한 방법을 고안해야 하는 것이다.

측정절차에는 타당성, 신뢰성, 표준화라는 세 가지의 요건이 갖추어져야 한다. 타당성(validity)은 측정절차에 의해 측정하고자 하는 대상을 실제로 측정하고 있는가의 문제이고, 신뢰성(reliability)은 측정절차의 정확성 또는 안정도에 관한 문제로서 측정의 결과는 측정도구의 정확도와 관련이 깊다. 표준화(standardized)란 측정조건이 항상 일정하게 유지되어야 한다는 것을 말하는데, 측정조건이 일정하지 않고 변한다면 측정결과는 다르게 도출될 것이다.

② 설명과 예언

과학적 연구의 다음 목표는 어떤 현상에 대한 설명이다. 우리는 어떤 현상이 나타난 이유를 설명할 수 있을 때 그 현상에 대해 이해했다고 말한다. 설명은 단순한 기술에서 더 나아가 어떤 현상이나 사선을 인과관계로 풀어 가는 것이다. 인과관계의 메커니즘이 파악되면 설명뿐만이 아니라 현상이나 사건의 전개방향에 대한 어느 정도의 예언을 할 수 있게 된다.

예언이란 어떤 현상이 실제로 일어나기 전에 예측하는 것을 말한다. 예건내, 불량서클을 형성하는 데 영향을 주는 주요 변인들을 정확히 이해하고 있다면 어떤 학생들이 어떤 방식으로 불량서클을 형성할 것인지를 예언할 수 있을 것이다.

그리고 변인(variable)이란 연구에 영향을 주는 요소로서 연구대상의 속성에서 서로 구별할 수 있는 것을 말하며, 연구자가 연구하거나 통제하려는 측정 가능한 조건, 사상, 특성 또는 행동 등이다. 실험연구에서는 변인을 독립변인과 종속변인으로 구분한다. 일반적으로 다른 변인에 영향을 주는 변인을 독립변인이라 하고, 선행조건인 독립변인에 의해서 영향 받는 변인을 종속변인이라고 말한다.

독립변인은 다시 실험에서 의도적으로 변화시키는 조작변인과 일정하게 유지시키는 통제변인으로 구분한다.

③ 통제와 응용

과학적 연구를 하는 최종적인 목적은 통제와 응용에 있다고 할 수 있다. 어떤 한 현상을 이해하면 그 현상을 보다 잘 통제할 수 있게 된다. 만약 어떤 현상이나 사건의 전개방향이 바람직하지 않을 때에는 인과관계의 메커니즘을 통제하여 그것을 감소시키거나 제거하는 등 특정한 방향으로 유도해 나갈 수도 있으며, 또한 연구자들은 실제적인 문제를 해결하기 위해 연구하고 그 결과를 적용한다.

예컨대, 교육심리학자들은 수학에 대한 학생들의 공포를 완화시키는 프로그램을 개발하기 위해 수학에 대한 불안의 원인을 연구하여 그 결과를 적용하려고 한다.

(3) 과학적 연구의 단계

과학적 연구는 체계적이고 일정한 단계를 거쳐 진행된다. 즉, 가설설정, 연구설계, 자료수집, 자료분석 및 결론도출, 보고서 작성과 같은 단계로 연구를 수행한다.

① 단계 1: 가설설정

어떤 현상을 과학적으로 연구하기 위해서 우선 이론적 지식이나 직관적 아이디어에 근거해서 가설을 설정한다.

가설(hypothesis)이란 두 가지 또는 그 이상의 변인들 간의 관계에 대한 검증 가능한 형태의 진술일 뿐 아니라 변인 간의 관계를 예언하기 위한 진술이다. 다시 말하면, 가설은 사실로서 증명은 안 되었지만 연구해 볼 만한 가치가 있는 조건을 가진 추측이라고 말할 수 있다.

가설을 과학적으로 검증하기 위해서는 변인들 간의 관계를 분명하고 정확하게 기술해야 하고, 변인들을 측정 가능한 형태로 진술해야 한다.

② 단계 2: 연구방법과 설계 확정

두 번째 단계는 가설을 검증하기 위해서 적절한 연구방법을 선정하고 실험을 설계하는 것이다.

과학적 연구방법에는 실험법, 관찰법, 조사법, 검사법, 사례연구법 등이 있다. 연구자들은 각 연구방법의 장단점을 잘 이해하고 연구문제에 가장 적절한 연구방법을 선택하여야 한다. 연구방법을 결정한 다음 단계는 피험자의 수와 피험자의 선정, 그리고 자료수집 방법 등에 대한 세부적인 실험이나 조사 계획을 구체적으로 세워야 한다.

③ 단계 3: 자료수집

세 번째 단계는 선정한 피험자를 대상으로 실험을 실시하거나 조사하는 일이다.

연구에 필요한 자료를 수집하는 방법은 다양하나 실제로 자료수집 방법은 연구문제의 성격에 달려 있다. 예컨대, 태도 연구에서는 질문지를, 성격 연구에서는 심리검사를, 뇌기능 연구에서는 의학적 검사방법을 주로 사용한다. 자료를 수집하는 과정에는 상당한 노력과 시간이 소요된다. 실험을 하는 경우에는 변인을 처치하고 반응을 관찰하는 데 많은 시간을 들이게 마련이다.

④ 단계 4: 자료분석 및 결론도출

자료수집 절차를 통해 얻은 결과는 대개 수치로 제시하는 데 이를 원자료라 한다. 원자료에서 의미 있는 결과를 도출하기 위해서 그 자료를 요약하고 사전에 계획된 설계에 따라 분석을 해야 한다. 주어진 원자료를 분석하고 설정한 가설을 검증하기 위해서는 적절한 통계적인 절차를 사용해야 한다. 즉, 통계적 분석을 통하여 가설을 검증하게 된다. 통계적 분석은 얻어진 점수를 조직, 요약, 해석하기 위해 수학적 방법을 적용하는 과정이다. 이 단계에서는 다음과 같이 기술통계, 통계적 추론, 연구결과의 평가과정을 거치게 된다.

㉠ 기술통계

주어진 자료를 조직하고 요약하기 위해 기술통계를 사용하는데, 기술통계치들은 자료의 개요를 파악하는 데 도움이 된다. 이런 기술통계치에는 집중경향을 나타내어 주는 중앙치, 평균, 최빈치 그리고 변산을 나타내 주는 편차, 상관계수 등이 있다. 연구자들은 수치를 요약할 때 전체적인 경향을 가장 잘 나타내어 주는 집중경향치를 주로 사용한다. 일련의 점수 분포에서 집중경향을 나타내는 수치로 많이 사용하는 것은 중앙치, 평균 및 최빈치이다.

중앙치는 점수 분포에서 정확하게 중간의 값으로, 모든 점수가 중앙치를 중심으로 해서 반은 중앙치 위에, 나머지 반은 중앙치 아래에 속하게 된다. 평균은 분포상의 모든 점수를 합해서 총수로 나눈 점수이고, 최빈치는 분포상에서 빈도가 가장 높은 점수를 말한다. 일반적으로 가장 많이 사용되는 집중경향치는 평균이다. 그러나 평균은 극단치의 영향을 받는다는 점에서 분포의 집중경향을 왜곡할 수 있다.

예컨대, 어떤 학생의 성적이 수학 20점, 영어 20점, 국어 25점, 과학 30점, 미술 100점을 받았다고 가정해 보자. 이 학생의 평균은 39점으로 분석되고 있으나 평균 39점은 미술 100점이라는 극단치의 영향을 받았기 때문에 이 학생의 평균 성적이라고 하기에는 너무 과장되어 있다. 이럴 경우 학생의 평균 성적을 가장 잘 대표하는 수치는 평균치가 아니라 최빈치나 중앙치가 될 것이다. 결국 어떤 집중경향치를 사용할 것인가 하는 문제는 연구목적이나 점수 분포에 따라 다를 수 있다.

㉡ 통계적 추론

연구자들이 기술통계를 사용하여 자료를 요약했다고 해서 가설을 검증할 수 있는 것은 아니다. 요약된 자료를 해석해서 결론을 도출할 때 적용하는 통계를 추리통계라 한다.

확률론적으로 주어진 결과가 우연적인 것인지 아니면 실제 실험처치의 효과인지를 평가하기 위해 추리통계를 사용한다. 주어진 결과를 가지고 설정한 가설을 검증하기 위해서 먼저 다음과 같은 의문을 고려해 보아야 한다.

두 집단 간에 관찰된 차이가 실제로 가설을 지지할 정도로 충분히 큰가? 아니면 두 집단 간의 차이는 우연적 차이에 불과한가? 만약 그 차이가 우연적이라면 가설을 수용할 수 없다.

이런 의문을 검증하기 위해 추리의 과정을 거치게 되는데, 통계적 검증 결과 어떤 결론에 도달할 때 두 집단의 차이가 통계적으로 유의미하다는 결론을 내리게 된다.

통계적 유의미성이란 실제로 관찰된 차이가 우연적일 가능성 또는 확률이 아주 낮다는 뜻이다. 예컨대, 유의수준이 5%라고 할 때 동일한 실험을 100번 반복했을 때 관찰된 차이가 거짓일 확률이 5% 미만이라는 뜻이고 우연일 가능성이 5% 미만이라는 의미다. 물론 통계적으로 유의미하다고 해서 실제적으로 유의미하다는 말은 아니다. 다만, 우연일 확률이 몇 %에 불과하다는 뜻이다.

㉢ 연구결과의 평가

과학적 연구결과는 일시적인 관찰이나 상식보다는 더 믿을 수 있는 정보다. 그러나 보고되고 발표된 모든 연구결과들도 오류가 나타날 가능성이 있다. 따라서 학자들은 같은 실험을 반복(replication)한다. 반복연구란 동일한 실험절차를 사용해서 반복 실험하여 동일한 결과가 나오는지를 확인해 보는 것이다.

이러한 반복과정을 거치게 되면 잘못 유도된 결과들을 바로잡을 수 있다. 때로는 실험을 반복한 결과, 이전의 연구결과와 다른 결론에 도달하기도 한다. 반복 실험한 결과, 이전의 연구결과와 일치하지 않는다면 다음과 같은 점들을 고려해 보아야 한다.

• 표집의 편향

경험적 연구를 위해 연구대상이 되고 있는 전체 모집단을 가장 잘 대표할 수 있는 표집(sample)을 대상으로 연구하게 된다.

이처럼 표집을 사용해서 전체 모집단의 특성을 추론하는 것은 전체 모집단을 대상으로 연구할 수 없을 뿐만 아니라 할 수 있다고 하더라도 막대한 시간과 돈이 들기 때문이다. 그러나 만약 표집이 모집단을 대표하지 못한다면 연구결과를 모집단에 일반화시킬 수 없다. 이러한 잘못된 표집을 표집편향이라고 한다.

• 자기보고에 의한 자료의 왜곡

질문지법, 면접법, 성격검사 등은 형태는 다르지만 모두 피험자의 자기보고에 의존하고 있다. 이러한 자기보고법을 사용하면 피험자에게 자신을 충분히 관찰할 수 있는 독특한 기회를 제공해 주기는 하지만 몇 가지 문제 때문에 자료 자체가 상당히 왜곡될 수 있다.

자료를 왜곡시키는 원인 중 하나는 사회적 바람직성에 의한 편향이다. 사회적 바람직성에 의한 편향이란 사람들이 사회적으로 인정받을 수 있는 방향으로 대답하는 경향을 말한다. 이는 대부분의 사람들이 다른 사람의 시선을 의식하고, 가능하다면 좋은 인상을 남기려고 노력하기 때문이다. 뿐만 아니라 피험자들이 질문지에 들어 있는 문항을 잘못 이해한 경우도 자기보고 자료는 왜곡된다.

따라서 연구자들은 이러한 문제들 때문에 생기는 효과를 줄일 수 있는 방법을 고안해야 할 뿐 아니라 자기보고에 의해 수집된 자료의 결과를 해석할 때 아주 신중해야 한다.

• 실험자의 편향

실험자 편향이란 연구자의 기대가 실험결과에 영향을 미치는 것을 말한다. 실험자 편향은 연구결과에 심각한 영향을 줄 수 있다. 실제로 대부분의 연구자들은 연구결과가 자신이 바라는 대로 되기를 기대하고 있다. 즉, 자신이 설정한 가설이 지지되기를 기대한다. 이런 요인을 실험자 편향이라고 하고 이러한 편향이 중요한 실험적 오류를 야기할 수 있다. 연구자의 생각이 실험결과에 영향을 주지 않도록 하기 위해서 편향되지 않는 객관적 방법을 사용하려고 노력하여야 한다.

⑤ 단계 5: 연구결과 보고

연구자가 자신의 연구결과를 다른 연구자와 교류하고 일반 대중에게 알릴 때 의미 있고 과학적인 진전이 이루어진다. 따라서 과학적 연구의 마지막 단계는 연구결과를 간추려서 요약하고 결론을 보고하는 일이다.

일반적으로 연구자들은 학회나 잡지에 자신의 연구결과를 보고하기 위해 보고서를 작성한다. 학회나 잡지를 통해서 연구결과를 발표하면 그 주제에 관심이 있는 다른 연구자들이 평가하고 비판한다. 흔히 이러한 비판적인 평가과정에서 연구의 결점이 밝혀지고 보충되는 일종의 자기 교정적 과정을 거치게 된다.

2) 연구방법의 종류

과학적 연구는 그 연구 목적이 무엇인가에 따라 자료의 종류, 자료의 수집방법 및 분석기법 등이 달라질 수 있다. 따라서 연구자가 여러 가지 연구방법의 특징에 대해서 이해하고 있으면 연구계획의 수립에서부터 자료수집에 이르기까지 적절한 방법을 선택하여 연구를 수행할 수 있다. 또한 어느 한 가지 방법보다는 여러 가지 방법을 혼용하는 것도 연구문제를 해결하는 데 적절한 방법이 될 수 있다.

교육심리학에 가장 많이 쓰이는 연구방법은 기술적 연구, 실험적 연구, 그리고 임상적 접근법을 들 수 있다. 그러나 임상적 방법은 현장에서 진단과 치료를 목적으로 연구하는 방법을 말하기 때문에, 이 경우 연구의 성질이나 목적에 따라 기술적 연구 또는 실험적 연구의 어느 유형이든 될 수도 있고, 두 방법을 병행할 수도 있다.

따라서 여기서는 기술적 연구와 실험적 연구에 대해서만 설명하고, 끝으로 여러 방법으로 수집한 자료들을 통계적으로 분석하고 해석하는 연구방법인 상관연구에 대해서 설명하려 한다.

(1) 기술적 연구

기술적 연구란 객관적으로 관찰되거나 측정된 사실을 주관적인 해석을 가하지 않고 있는 그대로를 파악하여 사실대로 기술(記述)하고 해석하는 연구방법이다. 관심 있는 모든 현상을 실험적으로 연구할 수는 없다. 특히 사람을 대상으로 연구하는 경우, 변인들을 연구자가 인위적으로 통제하거나 조작할 수 없기 때문에 실험적 연구가 불가능하다.

이와 같이 기술적 연구는 실험적 연구가 불가능한 측면을 연구할 수 있고 행동을 보다 정확하게 이해하는 데 유용한 방법이다. 또한 기술연구에서는 변인을 통제하거나 조작하는 것이 아니기 때문에 인과관계를 밝힐 수는 없다. 예컨대, 남아가 여아보다 위험한 행동을 더 많이 하는 것을 관찰했다고 해서, 성 차이가 위험행동을 일으킨다고만 할 수는 없다. 이러한 성차는 나이나 성장배경과 같은 다른 요인들의 영향일 수도 있기 때문이다. 이러한 기술연구에는 조사연구법, 관찰연구법, 사례연구법, 발달연구법, 검사연구법 등이 있다.

① 조사연구법

조사연구법은 직접 관찰하기 어려운 연구에서 면담이나 설문지, 전화 등에 의해 간접적으로 조사연구하는 방법으로 기술적 연구방법의 대표적인 연구방법이다. 조사연구법은 사람을 대상으로 하는 연구에서 많이 사용되는데, 특히 성행동처럼 공개적으로 밝히기를 꺼려 하는 개인의 사생활에 관한 정보나 정치적 입장 등에 대한 문제는 조사법이 유용한 방법이다.

조사연구법은 다른 어떤 연구방법보다도 일시에 많은 양의 정보를 손쉽게 수집할 수 있고, 비교적 쉽게 수행할 수 있는 장점을 가지고 있다. 그러나 자기보고적인 자료에 의존하기 때문에 자칫하면 응답자의 고의나 무성의로 거짓 정보나 피상적인 정보를 얻게 될 수 있고, 사회적 바람직성과 같은 요인의 영향을 받을 수 있으며, 또한 표집에 따른 오차를 수반하게 된다는 단점이 있다.

따라서 조사연구 방법에 의한 연구결과가 객관적이고 타당하기 위해서는 조사에 응한 표집의 대표성과 설문지 작성, 자료의 해석 및 분석이 적절하여야 하고, 외부로 공개되었을 때 사생활 침해 등의 문제가 발생할 수 있는 경우에는 성실한 답변을 유도하기 위해서 개인의 신상을 밝히지 않는 조건 등을 제시하여야 할 것이다.

조사연구 방법으로는 주로 질문지조사와 면접조사 방법이 사용된다.

㉠ 질문지조사 방법

질문지조사란 조사하고자 하는 일련의 질문에 대해 응답자로 하여금 스스로 응답을 기입하도록 하는 조사연구의 한 방법이다. 질문지의 문항 형식을 대별하면 개방식 질문과 폐쇄식 질문으로 나눌 수 있다. 개방식 질문은 주어진 질문에 대한 반응 양식이 일정하게 정해져 있지 않고 응답자로 하여금 자유롭게 자신의 생각을 서술하도록 하는 형식으로 자유기술 형식이라고도 한다. 반면에 폐쇄식 질문은 연구자가 제시하는 몇 개의 반응 범주 중에서 하나 또는 그 이상의 응답을 선택하게 함으로써 반응하는 형식이다.

질문지에 대한 답을 응답자에게 스스로 기입하도록 하여 자료를 수집하는 방법에는 대체로 두 가지가 있다. 즉, 응답자에게 자료를 개별적으로 우송하여 회수하는 우송조사와 학교 교실이나 기관 등에 집단으로 모아 놓고 배부한 후 수집하는 집합조사다.

이러한 질문지조사의 장점은 조사대상이 다수이고 조사결과를 빨리 알고자 할 때 유용하고 시간과 비용이 적게 든다는 것이다. 그러나 대상의 수준에 따라 질문을 바꾸거나 첨가할 수 있는 융통성이 부족하고, 응답자의 태도와 감정, 정서 등을 참작할 수 없으며, 응답자의 고의적인 거짓 답변이나 불확실한 판단에 의한 답변의 경우 신뢰성이 결여되며, 낮은 응답회수율 등이 단점으로 지적되고 있다. 따라서 질문지를 제작할 경우, 질문지 내용은 응답자들의 이해 정도를 충분히 고려하여 쉽고 간단하게 제작하여야 하고, 질문지에 사용되는 용어들은 응답자의 심리상태를 충분히 고려해서 선택하여야 한다.

㉡ 면접조사 방법

면접법은 연구자가 직접 피면접자인 상대방과 언어적 수단에 의해서 대화하는 형식으로, 알고자 하는 내용을 관찰한다든가 또는 필요한 질문을 하여 응답을 구하는 방법이다. 이 연구법은 문장 해독력이 없는 사람을 대상으로 할 수 있고, 응답의 진실성 여부를 알 수 있다는 장점이 있는 반면에, 시간과 경비가 많이 들고, 전문적인 소양이 필요하다.

면접법을 사용할 때 유의할 점으로는 면접법은 면접자와 피면접자의 친화관계가 중요한 역할을 하기 때문에 면접자와 피면접자 사이에 친화감이 조성되어야 하고, 면접자는 피면접자에게 연구목적을 충분히 이해할 수 있도록 설명하여 이해를 구해야 하며, 피면접자의 정서, 심리상태를 잘 파악하면서 면접을 하여야 하고, 면접 중 대화뿐 아니라 태도, 정서 등도 기록한다.

그리고 면접절차와 내용을 사전에 철저히 계획하고 검토하여야 하며, 피면접자에 대한 편견이나 선입관을 갖지 않아야 하고, 피면접자의 의사를 존중하며 끝까지 들어 주는 자세를 취해야 한다.

② 관찰연구법

관찰법은 연구대상에 대해 아무런 인위적 조작을 가하지 않고 직접 관찰하여 필요한 정보와 자료를 수집하고 분석하는 방법이다. 관찰법은 자연관찰법과 실험관찰법으로 구분할 수 있는데, 일반적으로 관찰이라고 하면, 인위적인 통제 없이 자연적인 상태에서 발생하는 행동이나 현상을 직접 관찰하는 자연관찰법을 말한다. 실험관찰법은 일상에서 잘 일어나지 않는 행동을 인위적으로 유발하여 조직적 · 의도적으로 관찰하는 것으로 이를 실험법이라고도 한다.

관찰은 대체로 두 단계의 과정을 거쳐서 진행된다. 첫 번째 단계는 행동을 기록하는 과정이고, 두 번째 단계는 기록을 분석하는 과정이다.

그러나 이 같은 두 가지 과정에 들어가기에 앞서 연구자는 연구문제에 적합한 관찰계획을 세워야 한다. 관찰계획을 세울 때에는 반드시 표집, 관찰 장면의 선택, 기록방법 등의 사항이 결정되어야 한다.

관찰법의 장점은 아무런 기구를 사용하지 않고도 언제 어디서나, 그리고 어떤 대상에게나 용이하게 활용할 수 있다는 점이다. 그러나 관찰자의 주관이 개입될 가능성이 많고, 관찰자의 편견이나 희망 등이 투사되어 객관적인 연구결과를 얻지 못할 우려가 있다.

또 나타난 현상을 있는 그대로 기술하는 것이 곤란할 때가 많으며, 동일한 현상에 대해 관찰자마다 해석이 각기 다를 수 있기 때문에 표준화가 곤란하다는 점이 단점으로 지적되고 있다.

따라서 관찰법을 사용할 때에는 편견이나 선입관 등 개인적인 감정이 개입되지 않도록 유의하고 객관적인 태도로 관찰하여야 한다. 관찰자는 이러한 위험성을 피하기 위하여 정확히 관찰하고 기록하는 훈련이 필요하며, 또한 연구목적에 따라 무엇을, 언제, 어떻게 관찰할 것인가에 대한 세밀한 계획을 세워야 한다. 그리고 행동의 인과관계에 대해서도 충분히 기록하여야 한다.

③ 사례연구법

사례연구법은 개인이나 집단 등을 하나의 단위로 선정하여 사례사를 중심으로 다방면에 걸친 자료를 집중적으로 추적하여 조사 수집하고, 이러한 자료들을 기초로 하여 연구대상이 가지고 있는 특성이나 문제점을 가능한 모든 각도에서 종합적으로 진단하고 기술하는 연구방법이다.

대부분의 사례연구는 개인이 기억하고 있는 사건과 기록된 자료에 근거해서 한 사람에 대한 전기를 재구성하는 과정으로 볼 수 있다.

사례사는 주로 생활사, 자서전, 일기, 전기 등이다. 이러한 사례사는 개인을 집중적으로 연구하는 데 중요한 자료가 된다. 이 연구법은 특정한 개인에 관한 사항을 조사해서 문제가 되는 원인을 진단하고 교육적으로 혹은 심리적으로 적절한 치료방법을 모색하는 데 유용한 방법이다. 따라서 이 연구법은 문제행동을 가진 학생들을 교정 지도하기 위한 방법으로 실시되는 경우가 많다.

사례연구법은 한 대상을 깊이 있게 연구하고 변인들이 어떻게 작용하는지 그 과정을 정확하게 밝혀낼 수 있는 장점이 있으나, 사례가 제한되어 있기 때문에 결론을 일반화하는 데 한계가 있다. 또한 사례연구자 자신의 주관적 기대와 이론적 입장에 부합되는 정보들만 선택적으로 취합할 가능성이 있기 때문에 연구자의 주관성이 개입될 소지가 있다.

④ 발달연구법

인간 발달의 변화를 추적하여 그 과정을 기술하고 발달에 영향을 주는 요소를 확인하는 작업이 바로 발달연구다. 시간 경과에 따른 양적, 질적 변화과정을 단순히 기술하거나 단순한 기술을 넘어서서 왜 그 같은 변화가 이루어지는지에 관한 인과관계를 밝히기 위해 진행되고 있다.

발달연구법은 크게 횡단적 연구법과 종단적 연구법, 그리고 이 두 방법의 장단점을 보완하기 위한 연구방법인 혼합형 연구법으로 나눈다.

종단적 연구법은 동일한 대상에 대하여 장기간에 걸쳐 추적하여 반복적 · 계속적으로 관찰 측정하는 방법이다. 종단적 방법의 가장 큰 장점은 횡단적 접근이 개인 간 변량(inter-individual variability)에 대해서만 기술할 수 있는 반면, 종단적 방법은 개인 내의 변화(intra-individual change)까지도 강조하고 있다는 점이다.

즉, 대부분의 종단적 방법은 개인 간 변량뿐 아니라 개인 내 변화의 분석도 수용하고 있다는 것이다. 종단적 방법의 문제점으로는 기술되는 연령에 따른 변화가 다른 연령대와의 차이를 밝히지 못하고 있으며, 또한 시대의 특정한 환경적 조건을 반영하지 못하고 있다는 점이다(이성진, 2004). 그리고 연구기간이 장기간 소요된다.

횡단적 연구법은 발달의 변화과정을 둘 또는 그 이상의 시점으로 구분하여 각 연령단계별로 단기간에 자료를 수집하고, 각 집단의 평균치를 구하여 비교하면서 여러 연령 간의 발달적 변화를 알아보는 방법이다.

횡단적 연구법은 시간 및 비용이 적게 든다는 경제적인 장점을 가지고 있으나, 각 연령별로 적용되는 도구가 다를 경우 연구의 타당성이 떨어질 가능성이 있고, 또한 동시에 한 사람을 여러 연령대별로 구분할 수 없으므로 어쩔 수 없이 연령대별로 이질적인 집단이 선택될 수밖에 없기 때문에 여기서 나타나는 차이가 연령에 의한 변화인지 집단의 이질성(예를 들어, 출생 시 환경의 차이) 때문인지 구분이 불가능하다. 이것이 횡단적 연구방법의 최대 약점이다(이성진, 2004).

⑤ 검사연구법

검사연구법은 어떤 조건하에서 일정하게 제작된 자료를 제시해 주고 그에 대한 대상자들의 반응을 검사하는 방법이다. 이 연구법의 특징으로는 개인이나 집단의 평균적 특성을 알 수 있으며 그 결과로 개인 간의 비교, 개인과 집단평균과의 비교, 그리고 집단 간의 비교가 가능하다는 것이다.

검사연구법은 다양한 방법으로 분류될 수 있다. 검사의 내용에 따라 지능검사, 적성검사, 학력검사, 흥미검사, 성격검사 등으로 분류할 수 있고, 검사를 실시하는 방법에 따라서는 혼자 검사를 받는 개인검사와 여러 명이 집단으로 동시에 받게 되는 집단검사로 분류되며, 또한 어떤 도구를 사용하는가에 따라서 종이와 연필을 사용하여 검사를 받는 지필검사와 도구나 소품을 이용하여 검사를 받는 기구검사(또는 수행검사) 등으로 분류할 수 있다.

그리고 표준화 여부에 따라서 표준화 검사, 비표준화 검사로 분류할 수 있다. 여기서 표준화 검사란 지능검사, 적성검사 등과 같이 전문가에 의하여 어떤 특정한 특성에 대해 표준화의 단계를 거쳐 타당도를 검증하여 만들어진 검사를 말한다.

(2) 실험적 연구

실험적 연구는 인위적으로 통제된 조건하에서 연구하고자 하는 변인만을 계획적으로 조작하여 그 효과가 어떻게 나타나는가를 측정하여 인과관계를 추론하는 연구로 연구자들이 가장 많이 사용하고 있다.

여기서 어떤 실험 효과를 연구하기 위해 조작하는 변인을 독립변인이라고 하고, 그 독립변인의 처치에 의해 측정되는 효과를 종속변인이라고 한다. 또 종속변인에 영향을 줄 수 있는 모든 변인들은 일정하게 통제되어야 하는데, 이 변인을 과외변인(또는 중개변인)이라고 한다.

예를 들면, 10명의 학생 집단을 대상으로 진정제가 기억에 미치는 효과를 실험한다고 하자. 이러한 집단을 실험집단이라고 하는데, 실험집단에 계획된 양의 진정제(독립변인)가 함유된 피자를 먹이고 난 후, 일정량의 단어를 암기(종속변인)하도록 하고, 잠시 후 회상시킴으로써 진정제의 효과를 측정할 수 있다.

그러나 실험집단의 단어 암기량이 진정제의 효과인지를 비교하기 위해서는 진정제를 투여하지 않은 피자를 먹고 단어를 암기하는 비교집단이 필요하고, 또한 피험자들이 자신이 속한 집단의 성격을 알면 실험 결과에 영향을 줄 수 있기 때문에 피험자들은 자신이 어느 집단에 속했는지를 모르게 할 필요가 있다.

실험적 연구는 실험에 동원되는 집단의 수나 검사 실시의 횟수에 따라 다양하게 이루어진다. 이를 실험설계라고 하는데 가장 전형적인 실험설계는 사전 · 사후 검사와 통제집단 설계다.

이는 대체로 다음과 같은 절차를 밟게 된다.

- 가능한 한 무작위로 피험자를 표집한다.
- 피험자들을 실험집단과 통제집단에 무선적으로 배치한다.
- 실험집단과 통제집단에 각각 사전검사를 실시한다.
- 실험집단에 실험처치를 가하고, 통제집단에는 실험처치를 주지 않는다. 이 밖의 모든 조건에서는 두 집단이 동일하도록 조건을 통제한다.

- 실험처치를 끝마친 다음 실험집단과 통제집단에 각각 사후검사를 실시한다.
- 알맞은 통계적 방법을 사용하여 두 집단을 비교하면서 실험처치의 효과를 평가한다.

실제로 실험을 수행하는 장면에서는 예기치 않은 과외변인들의 효과가 혼합되기 때문에 연구결과를 파기하는 경우가 많다. 따라서 실험을 계획하고 실시할 때에는 여러 요인들에 대해 관심을 가지고 통제해야 한다. 과외변인이 종속변인에 영향을 주어 종속변인의 변화가 독립변인만의 효과라고 가정할 수 없을 때 실험이 혼입(confounding)되었다고 한다.

예컨대, 특정 약물이 미로(maze) 수행에 미치는 효과를 연구하고자 할 때 약물의 종류가 독립변인이고, 약물 이외에 실험시간, 습도, 온도, 실험자 등 실험에 체계적으로 영향을 미칠 수 있는 변인이 과외변인이다.

좋은 실험 또는 훌륭한 실험이란 효과를 보고자 하는 변인 이외의 모든 과외변인들을 예견해서 적절히 통제한 실험을 말한다. 실험자들은 과외변인들을 통제하기 위해서 여러 방법을 사용한다. 과외변인을 통제하기 위한 가장 기본적인 방법은 피험자들을 무선적으로 선발해서 실험집단과 통제집단에 배치하는 일이다.

무선 배치한다는 것은 선발된 피험자들이 각 집단 또는 조건에 배치될 확률이 동일하다는 것을 의미한다. 확률이 동일하다고 해서 실제로 피험자들이 동일한 것은 아니지만 모집단에서 피험자를 무선적으로 선발하고 집단이나 조건에 무선 배치함으로써 집단이 동일할 것이라고 가정하는 것이다

이러한 실험적 연구는 여러 가지 과학적인 연구방법들 중에서 가장 체계적인 방법의 하나로서 자연과학의 실험실 연구가 가지는 장점을 빌려 복잡한 인과관계를 논리적으로 밝힐 수 있도록 고안된 것이다. 실험적 연구의 가장 중요한 장점은 무엇보다도 실증적인 자료를 통하여 연구의 객관성을 최대한 확보한 다음 변인들 간의 인과관계를 정확히 밝힐 수 있다는 것이다.

또한 실험연구는 관찰 횟수를 높이고, 누구나 반복할 수 있다. 실험을 반복할 수 있게 하려면 실험한 절차를 자세히 기록하고 독립변인과 종속변인의 조작적 정의를 밝혀 두어야 한다.

그러나 실험적 연구의 가장 큰 단점은 인위적이라는 것이다. 즉, 독립변인 이외

의 모든 변인들을 통제하려고 하기 때문에 실제 자연 상황과는 판이한 다른 상황이 조성될 수 있다. 또한 실험적 연구는 윤리적 및 실제적인 문제 때문에 독립변인을 의도적으로 조작할 수 없는 경우가 많기 때문에 관심 있는 모든 문제를 연구할 수 없다는 점이 지적되고 있다.

실험적 연구는 실험실 안에서 수행하는 실험실 실험과 실험실 밖에서 수행하는 현장 실험으로 분류된다. 이 두 실험은 차이가 없으나, 조건의 통제를 얼마나 엄격히 하느냐에서는 현격한 차이를 나타낸다. 윤리적으로 또는 다른 이유로 변인의 조작을 임의로 할 수 없는 경우에 현장 실험을 많이 하게 된다.

현장 실험에서는 그 결과를 현장에서 적용하기는 용이하나, 조건의 통제가 엄격히 이루어지지 못하기 때문에 변인 간의 관계를 정확히 규명할 수 없다는 단점이 있다. 반면에 실험실 실험의 경우는 통제가 용이하고, 특정한 실험장비 및 도구 등을 쉽게 이용할 수 있다는 장점 때문에 대부분의 실험은 실험실 내에서 이루어진다. 그러나 실험실 실험은 실험 상황이 너무 인위적이라서 실제 적용에 제한을 받는다는 단점을 지니고 있다.

(3) 상관연구

상관연구는 독립된 하나의 연구방법이라기보다는 여러 연구방법에 의해 수집한 자료들을 통계적으로 분석하고 해석하는 데 초점을 두는 연구다. 상관연구는 두 변인들 간의 상관관계를 관찰 · 분석하여 과학적인 예언을 할 수 있게 해 주는 방법인데, 특히 이 방법은 사람을 대상으로 하는 연구와 같이 엄격한 실험을 할 수 없는 경우에 그 대안으로써 많이 사용한다.

예컨대, 대학 논술시험 성적과 대학의 학점과의 사이에는 어떤 관계가 있는가를 분석한다고 하자. 만약 이 두 변인의 상관이 아주 높게 나타난다면 논술 성적이 높은 학생이 대학에서 학점을 잘 받을 것이라고 비교적 정확하게 예측할 수 있는 것이다. 그러나 두 변인의 상관이 아주 낮다면 논술 성적만으로는 대학의 학점을 제대로 예측할 수 없게 될 것이다. 따라서 이 경우 대학의 학점을 예언하기 위해서는 수능과 내신 성적 등 다른 요인을 고려해야 한다.

상관관계(相關關係, correlation)란 두 변인 사이에 한쪽이 증가하면 다른 쪽도 증가(또는 감소)하는 경향이 있을 때, 이 두 변인 사이에는 상관관계가 있다고 한다. 상관이란 둘 혹은 그 이상의 변인들 간에 서로 관련 있는 정도를 말한다.

상관관계 분석에서 두 변인의 값이 함께 증가하거나 함께 감소한다면 정적(또는 양의) 상관이 있는 것이고, 반대로 한 변인의 값이 감소할 때 증가하거나 혹은 그 반대일 때 부적(또는 음의) 상관이 있다고 말한다. 부적 상관이 있는 경우, 두 변인의 관계는 반대관계가 있게 된다.

또 두 변인 사이의 상관관계를 표로 나타낸 것을 상관표라 하며 그림으로 나타낸 것을 상관도라고 한다. 상관도에서는 한 변인의 값(수능 성적)을 X축에, 다른 변인의 값(대학의 학점)을 Y축에 sampling된 대학생 수만큼 점으로 표시한다. 표시된 점들이 직선에 가깝게 분포되면, 거의 일차함수의 관계를 나타내는 것으로서 이 경우에는 정적 상관관계가 있다고 말한다.

한편, 두 변인 사이의 상관관계의 정도를 나타내는 수치를 상관계수(相關係數)라 하고, r로 표시한다. 상관계수 r은 항상 부등식 $-1 \leq r \leq 1$을 만족시킨다. $r=1.00$라는 것은 최대의 정적 상관을 가리킨다.

예를 들어, 허리둘레를 알면 정확히 체중을 예측할 수 있는 경우, 두 변인은 최대의 상관이 있는 것이다. 즉, $r=1.00$인 경우는 어떠한 예외도 있을 수 없고, 허리둘레가 큰 모든 사람은 반드시 체중도 더 나가게 된다.

반면에 $r=-1.00$인 경우는 상관이 있되, 완전히 반대로 나타나는 경우로 최대의 부적 상관을 가리킨다. 예컨대, 학교 성적과 결석일수 간의 상관계수 r이 -1.00이라면 학교 성적이 높은 모든 학생의 결석일수는 예외 없이 다른 모든 학생의 결석일수보다 적다는 것을 의미한다. 그리고 $r=0$인 경우는, 예를 들어 주근깨의 수와 성적과의 관계와 같이 두 변인들 사이에는 아무런 관계도 없다는 것을 가리킨다.

이와 같이 상관관계에서 정적(+), 부적(−)이 상관의 방향을 나타낸다면, +와 − 기호 다음의 수치는 상관의 정도를 나타낸다. 상관계수는 +1에서 -1의 범위에 속하는 값을 취하고 방향에 관계없이 절대값이 클수록 상관이 높고, 예언의 정확도는 높아진다. 즉, $r=-.60$과 $r=+.58$ 중에서 $r=-.60$의 상관이 높다는 의미를 갖는다.

일반적으로 상관연구에서 상관계수 r이 .60 이상인 경우는 상관관계가 매우 높은 것이고, .20～.60 사이는 예언에 도움을 줄 정도로 유의성이 있다고 보며, .20 이하인 경우는 별로 유용하지 못한 것으로 본다.

상관관계의 분석에서 유의할 점은 두 변인이 서로 관련이 있다는 것을 과학적으로 예언할 수 있을 뿐 인과관계(因果關係)는 알 수 없다는 것이다. 즉, 상관이란 관계의 유무와 그 정도를 나타낼 뿐, 그 관계가 인과관계에 있다는 것은 아니다. 왜냐하면, 두 변인 간에 상관이 있다고 하더라도 제3의 요인이나 우연적 요인이 영향을 줄 수 있기 때문이다.

예를 들어, 초등학교의 도서관의 장서 수와 학생들의 성적 사이에 상관관계가 높게 나타날 경우 초등학교의 도서관의 장서 수를 안다면 학생들의 성적을 어느 정도 정확히 예언할 수 있지만, 도서관의 장서가 많기 때문에 그 결과로 학생들의 성적이 높게 나타났다고 말할 수 없다. 즉, 도서관의 장서 수와 학생들의 성적 간에 어떤 인과관계가 있다고는 볼 수 없는 것이다.

이와 같이 두 변인 간에 상관이 있는 경우, 어느 한 변인의 변화는 다른 변인의 변화의 직접적인 원인이 될 수도 있겠지만, 인과관계는 실험 등을 통하여 확실한 증거를 찾아내거나 더 많은 변인들을 추출하여 상관을 연구함으로써 유추해 내기까지 그러한 결론은 정당화될 수 없다. 학생들의 성적은 학생들의 지능과 학습동기 수준, 교사의 효과적인 수업방법, 학부모의 교육열 등 다양한 변인에 의해서 영향을 받기 때문이다.

학습과제

1_ 교육심리학의 학문적 성격에 대하여 설명하시오.

2_ 교육에서 교육심리학이 필요한 이유에 대하여 설명하시오.

3_ 교육심리학의 발전과정을 약술하시오.

4_ 교육심리학의 연구방법을 열거하고, 각각의 특징에 대하여 설명하시오.

제 2 장

학습자의 인지발달

1. Piaget의 인지발달이론
2. Vygotsky의 인지발달이론
3. 정보처리적 접근의 인지발달이론

학습개요

일반적으로 우리가 알고 생각하는 지적(知的) 또는 사고(思考) 능력을 인지(認知, cognition)라고 말한다. 인지에는 지각, 지능, 기억, 사고, 언어, 의식, 창의력, 판단력, 이해력, 추리력, 상상력 등 인간 정신과정에 속하는 다양한 영역들이 포함된다.

이와 같이 인지에는 인간의 다양한 지적 영역들이 포함되어 있기 때문에 그 개념에 대해서도 학자마다 다양하게 정의하고 있다. 이를 간단히 정의하면 "인지란 우리가 알고 생각하는 지적인 정신과정"이라 할 수 있을 것이다. 따라서 우리가 어떻게 느끼는가 하는 정서반응과는 구별된다.

이 장에서는 먼저 인지발달에 대한 대표적인 이론인 Piaget의 이론에 대해서 설명한 다음, Piaget 이론과 대립되고 있는 Vygotsky의 인지발달이론을 설명하고, 또한 신 피아제학파(neo-Piagetian)에 의해 주도되고 있는 정보처리적 인지발달이론에 관해서도 간단히 설명하고자 한다.

1. Piaget의 인지발달이론

1) Piaget 이론의 기본 개념

Piaget(1896~1980)는 생물학을 연구하면서 어떤 유기체든 환경변화에 따라 그 생체구조를 변화시키고, 환경과 상호작용하며 적응해 나갈 수 있는 능력을 갖고 태어난다는 점을 발견하게 된다. 그는 유기체가 환경변화에 적응하기 위해 그 구조를 변화시키며 발달해 가는 능력을 갖고 있는 것과 마찬가지로, 인간도 태어나 성장하면서 부딪히는 새로운 환경에 적응하기 위해 그 인지구조(cognitive structure)를 끊임없이 변화시키고 재구성하며 발달해 가는 능력을 갖고 있다고 주장한다.

이러한 관점에서 Piaget는 인간의 인지발달 과정을 규명하고자 하였다. 즉, Piaget는 유기체가 환경변화에 따라 그 구조를 변화시키며 적응하는 것은 조직(組織, organization)과 적응(適應, adaptation)이라는 두 가지 기본적인 기능이 유전되기 때문이라고 보고, 이 두 가지 생물학적 개념을 가지고 인지발달을 설명하고 있다.

생물학에서 조직이란 유기체가 환경에 맞게 그 생체구조를 일관성 있는 체계로 통합하는 기능을 의미한다. 예를 들면, 어류는 지느러미로 운동하고, 아가미로 물속의 산소를 호흡할 수 있으며, 부레로 물속에서 몸의 비중을 효과적으로 조절하는 등 각 기관이 물속의 환경에 적응할 수 있도록 조직화되어 있다.

Piaget는 인간도 인지구조 속에 사고과정을 능동적으로 조직할 수 있는 능력을 가지고 태어난다고 믿었다. 인지발달 과정에서 조직은 행동과 사고를 결합하고 조절하여 일관성 있는 체계를 형성하도록 묶어지는 것을 의미한다. 조직화된 인지구조는 환경변화에 따라 단순한 구조가 변형되고 재구성됨으로써 더 높은 단계로 발달해 가면서 환경에 적응한다.

Piaget는 이러한 인지구조를 도식(schema)이라는 용어를 사용하여 설명한다. 예를 들면, 어린 유아들은 어떤 물체를 보는 것과 잡는 것의 두 가지 분리된 행동의 도식을 획득하고 있지만, 처음에는 이를 조직화하지 못한 상태에 있기 때문에 그것을 동시에 수행하지 못한다. 그러나 유아는 점차 성장 발달하면서 이 두 가지 행동도식을 조직화하여 물체를 보고 동시에 잡을 수 있는 더 높은 행동 수준의 도식을 획득하게 된다.

적응은 외부환경에 적응하려는 선천적인 본능으로서 여기에는 동화(assimilation)와 조절(accommodation)이라는 상호 보완적인 기능이 포함된다. 일반적으로 동화란 외부환경을 유기체에 맞도록 적응시키는 과정을 말하고, 조절이란 유기체가 외부환경에 적응할 수 있도록 스스로 변화하는 과정을 말한다. 그리고 동화와 조절에 의해서 환경에 적응된 상태를 평형이라고 한다.

Piaget에 의하면 동화와 조절 과정을 통하여 균형을 추구하려는 평형화(equilibration)에 의해서 인지발달은 일어난다고 본다. 따라서 Piaget가 제안한 인지발달 과정을 이해하려면 도식, 동화, 조절, 평형화란 네 가지 개념을 이해하여야 한다.

피아제(Jean Piaget: 1896~1980)

Jean Piaget

아동의 인지발달에 대해 가장 방대한 연구를 수행한 Piaget는 1896년 스위스 뇌샤텔(Neuchatel)이라는 작은 마을에서 태어났다.

그는 11세 때 색소결핍증 참새에 관한 짧은 논문으로 주목을 받기 시작했다. 22세인 1918년 연체동물에 관한 연구로 Neuchatel 대학에서 박사학위를 받은 후, 취리히 대학에서 한 학기를 보내면서 새로운 분야인 심리학에 관심을 갖게 되었다. 그 이듬해 Piaget는 스위스를 떠나 파리에 있는 Binet 연구소에서 일하면서 아동용 지능검사 제작을 도왔는데, 여기서 그는 지능검사 점수 자체보다는 오히려 아동들이 검사문항에 대해 오답을 하는 이유를 알아보는 데 관심을 가지게 되었다.

그는 아동들의 오답과 실수가 일정한 유형을 지니고 있음을 발견하고, 아동들의 사고체계는 어른들과 전적으로 다르다는 사실을 확인하였다. 이러한 발견은 아동의 정신세계의 독특성과 사고의 질적 변화를 전제로 하는 그의 인지발달 단계 이론을 형성하는 계기가 되었다.

1923년에 Piaget는 발렌타인 샤트니와 결혼하여 자끄랭, 루신, 로랑 세 자녀를 두었는데, 그의 첫 번째 아이 자끄랭의 출생은 지능의 기원과 유아의 인지발달에 관한 중요한 연구를 시작하는 계기가 되었다. 또한 자신의 세 자녀가 성장하는 과정을 주의 깊게 관찰함으로써 아동의 독특한 언어와 행동에 관한 연구에서 초기의 감각 운동적 동작과 후기의 인지능력 발달의 관계를 알 수 있는 중요한 실마리를 발견했다.

Piaget는 아동심리학 분야에서만 40권 이상의 저서와 100편 이상의 논문을 발표하였다. Piaget의 이론은 1960년대까지만 해도 미국 등에 알려지지 않다가 미국의 교육학자 Bruner 등을 통하여 미국에 소개되면서 널리 알려지게 되었다.

Piaget의 이론이 미국의 심리학자들의 관심을 끌지 못한 가장 큰 이유는 그의 연구방법이 1960년대까지 미국 등의 심리학계를 지배하고 있던 통계적 처리를 바탕으로 하는 실험심리학의 전통과 어긋나는 관찰과 면접 방식에 의해서 주로 이루어졌고, 또한 이 방법은 주관적이며 비과학적이라는 비판을 받고 있었기 때문이었다.

그러나 그의 연구는 1960년 이후 인지심리학의 활발한 대두와 함께 크게 주목을 받아 수많은 연구를 자극하였다. 최근에 와서 그의 이론이 다소 비판을 받고 있지만, Piaget의 인지발달이론은 현대 심리학과 교육학에 지대한 영향을 주었다.

(1) 도식

사람들이 외부환경으로부터 사물이나 현상을 받아들이고, 해석하고, 전환하고, 조직하는 일련의 정신구조를 인지구조라고 한다. 개인이 특수한 상황에서 사고하고 행동하는 양식은 그 사람의 인지구조에 의하여 결정된다. 개인의 인지구조는 성장하면서 매우 느리게 발달한다.

Piaget는 이러한 인지구조를 설명하기 위해 스키마(schema)라는 용어를 사용했다. 스키마는 그리스어로부터 유래하는 말로써 약도, 개요, 형식 등을 뜻하는 데, 우리말로는 도식(圖式)이라 부르고 있다.

도식은 경험이나 학습을 통하여 인간의 기억 속에 축적된 사고 또는 지식의 기본구조로서, 어떤 사물에 대한 일반화된 개념적인 정보를 담고 있다. 따라서 사람들은 생활 속에서 어떤 사물이나 현상을 접할 때 사전지식으로 형성된 도식의 틀에 맞추어 사물이나 현상을 이해하려 한다.

이런 의미에서 도식은 지식체계의 개념 또는 범주(category)의 일종으로 볼 수 있을 것이다. 사람들이 성장하면서 사고과정이 더 조직화되고 새로운 도식들이 발달함으로써 행동은 더 복잡하게 되고 환경에 더 적합하게 된다(김남순, 1998).

Piaget는 도식을 감각-운동 도식, 상징 도식, 조작적 도식의 세 가지 유형으로 크게 분류한다(나동진, 2001).

0～2세의 유아들은 거의 감각-운동 도식을 가지고 대상을 이해하려 하지만, 점

차 성장하면서 정신적인 도식을 형성하게 된다. 감각-운동 도식이란 던지기, 받기 등과 같이 자신의 감각-운동을 통해서만 대상을 이해하고 조직하는 도식이다. 상징 도식은 어떤 추상적인 대상을 구체화시켜서 해석하고 이해하려는 도식으로써 언어나 수 등은 전형적인 상징 도식에 속한다. 조작적 도식은 논리적이고 체계적인 사고를 통하여 사물이나 현상을 해석하고 이해하려는 고도의 정신적인 인지구조다.

(2) 동화

동화(同化, assimilation)는 경험이나 학습에 의해 이미 우리의 뇌에 조직화되어 있는 기존 도식에 새로운 사물이나 현상을 적용시킴으로써 그것을 이해하고 적응하려는 인지과정을 말한다. 사람들은 새로운 사물이나 현상을 접하면 그것을 이미 획득하고 있는 유사한 기존 도식에 맞추어 이해함으로써 환경에 적응하려는 경향을 가지고 있다.

동화의 예를 들면, 많은 아동들이 처음에는 나방을 보고 나비라고 부른다. 이것은 나비의 특성만을 알고 있는 아동들이 나비를 통하여 형성된 기존 도식에 그것과 유사한 나방을 동화시켜서 표현한 것이다.

동화는 특정 도식의 질적 변화(인지구조의 발달)를 가져오는 것이 아니고 양적 성장에 관련된다. 예를 들어, 고무풍선을 하나의 도식에 비유하고 풍선에 공기를 주입하는 것을 동화라고 한다면, 공기가 들어감으로써 고무풍선의 크기는 달라지지만 풍선 그 자체의 성질은 변하지 않는 것을 알 수 있다(김경중 외, 2002). 즉, 공기의 주입으로 풍선이 커지면서 도식의 양적 성장은 일어나지만, 도식인 고무풍선의 질적 변화는 일어나지 않기 때문에 인지발달에 직접적인 영향을 미치지 않는다.

(3) 조절

조절(調節, accommodation)은 기존 도식으로 새로운 사물이나 현상을 동화하는데 적합하지 않을 경우, 이미 획득한 기존 도식을 변경하거나 새로운 도식을 만드는 인지과정을 말한다. 우리는 성장과정에서 새로운 사물이나 현상을 접할 때 이를 적절히 동화시켜서 이해할 수 있는 특정 도식을 형성하고 있지 않는 경우가 대부분이다.

이럴 경우 새로운 사물이나 현상을 이해하고 환경에 적응할 수 있도록 기존 도식을 변형하거나 아니면 새로운 도식을 만들거나 하는 과정이 필요한데 이것이 바로 조절과정이다. 이 조절을 통하여 도식의 질적 변화, 즉 인지의 발달을 가져오는 것이다.

조절에 대한 예를 들면, 나방을 보고 나비라고 부른 아동들에게 나비와 나방의 차이점, 즉 나비는 주로 낮에 활동하고 나방은 주로 밤에 활동한다는 점, 앉을 때 나비는 날개를 세우고 앉는 반면 나방은 날개를 펴고 앉는다는 점, 나비의 더듬이는 곤봉같이 생겼지만, 나방의 더듬이는 낙엽처럼 생겼다는 점 등을 설명하여 준다.

그러면 그 아동은 기존의 나비에 대한 도식 외에 나방에 대한 새로운 도식을 획득하게 됨으로써 이전보다 더 높은 단계의 인지적 수준에 이르게 되고, 다음에는 나비와 나방을 구분하게 된다.

(4) 평형화

평형화(平衡化, equilibration)란 동화와 조절의 상호보완적 작용에 의해 인지구조가 평형상태를 유지하는 것을 말한다. Piaget는 유기체가 생리적으로 항상 균형을 유지하려는 본능적인 욕구가 있는 것과 마찬가지로, 인지적 과정에서도 동화와 조절을 통하여 균형을 취하려는 생득적인 경향성을 가지고 있다고 한다.

Piaget는 아동의 발달요인으로 일반적으로 알려진 성숙, 물리적 환경의 경험, 사회적 환경 등도 들고 있지만, 평형화를 무엇보다도 중요한 개념으로 부각시키고 있다(이성진, 2004).

Piaget에 의하면, 인지구조의 실제적 변화는 사고체계의 균형을 추구하려는 행동인 평형화에 의해서 일어난다는 것이다.

우리가 어떤 사물이나 현상을 접할 때, 이것이 이미 사고체계로 조직화된 기존 도식과 부합되어 이해할 수 있을 경우에는 평형 상태가 된다. 그러나 만일 이를 기존 도식에 적용하여 이해할 수 없을 경우에는 인지적 갈등이 일어나고 불평형 상태가 발생하여 우리는 불편하게 된다.

이와 같은 불평형 상태가 되면 사람들은 인지적 균형을 추구하려는 욕구에 의해서 자신의 인지구조를 발달시킴으로써 평형을 달성하려고 노력한다. Piaget는 이러한 동화와 조절의 상호작용에 의한 평형화 과정을 통하여 도식의 발달, 즉 인지발달이 이루어진다고 말한다.

2) 인지발달 단계

Piaget는 인지발달은 크게 감각-운동기, 전조작기, 구체적 조작기, 형식적 조작기의 네 가지 단계를 거치면서 이루어진다고 보았다. 각 발달 단계의 순서는 모든 아동들이 거쳐야 하는 연속적인 발달과정이다.

즉, 모든 아동들의 인지발달은 어느 한 단계를 거치지 않고 다음 단계로 뛰어넘어 발달할 수 없고, 이후 단계로 발달하기 위해서는 반드시 바로 이전 단계를 연속적으로 거쳐야 한다는 것이다.

그리고 네 가지 발달과정은 일정한 연령별로 나누고 있지만, 각 단계에서의 발달 연령이나 속도는 개인에 따라 그 성숙도나 사회 · 문화적 환경 등의 영향에 의해서 다르게 나타날 수 있다.

(1) 감각-운동기(0~2세경)

아기가 처음 출생하여 2세까지는 감각과 운동적인 행동을 통하여 대상을 파악하기 때문에 이 시기를 감각-운동기(sensorimotor period)라 한다. 감각-운동기 발달의 특징은 단순한 반사행동에서 점차 목적이 있는 행동으로 발달하고, 시행착오 학습과 생각을 한 다음 행동하는 능력이 발달하기 시작하며, 대상영속성 개념을 획득하게 된다.

감각-운동기는 다음과 같이 연령에 따라 6단계를 거치면서 발달한다.

① 감각-운동기의 하위단계

㉠ 생후 0~1개월

신생아들이 가지는 최초의 도식은 빨기, 잡기 등 생득적인 반사행동에 의해서 이루어진다. 신생아들은 자연스럽게 젖꼭지 등 입에 닿는 물체는 빨고, 손에 닿는 물건은 무조건 잡는 행동을 통하여 물건의 실체를 파악하려 한다. 이러한 단순한 도식은 아기가 성장하면서 좀 더 다양하고 복잡한 감각-운동적인 도식으로 발달해 간다.

㉡ 생후 1~4개월

이 시기의 아기들은 어떤 목적을 가지고 행동을 하는 것은 아니지만 우연한 행동이 흥미를 일으키는 경우 그 행동을 반복적으로 계속 행하려 한다. 예컨대, 입 속에 우연히 손가락을 넣고 빨면서 흥미를 느낀 아기는 빨기 행위를 계속하려 한다.

이 시기에는 특히 단순한 도식들(예: 빨기, 잡기, 보기 등)을 결합할 수 있게 되어 좀 더 복잡한 단계로 인지능력이 발달된다. 아기들은 자신의 손에 잡히는 물건은 무엇이든 입으로 가져가 빨려고 하고(빨기-잡기 도식 결합), 눈앞에 보이는 물건은 손으로 만지고 잡아 보는 행동(보기-잡기 도식 결합)을 지속적으로 하면서 자신의 감각-운동 도식을 발달시켜 간다.

ⓒ 생후 4~8개월

이 시기가 되면, 이제는 생득적인 반사행동이 아니라 학습을 통하여 습득한 행동을 할 수 있게 된다. 예를 들면, 아기가 우연히 딸랑이를 잡고 흔들다 소리가 나는 것을 들으면 아기는 흥미를 느끼고, 다시 한 번 딸랑이를 흔들어 보며 그 소리를 확인하게 된다. 이후에 아기는 의도적으로 딸랑이를 흔들며 놀 수 있게 된다.

ⓓ 생후 8~12개월

이 단계에서는 이미 획득한 두세 가지 도식을 결합하여 어떤 목적을 달성하기 위해 적극적으로 노력하는 것을 볼 수 있다. 예를 들면, 잡는 도식과 치우는 도식을 결합하여 어떤 물건을 잡는 데 방해물이 있을 경우 이를 치우고 목표물을 잡는다. Piaget는 자신의 어린 딸이 성냥갑을 잡으려고 하는 것을 보고 손으로 성냥갑을 가려 보았다. 처음에는 이를 무시하거나 넘어서 돌아가려고 노력하였으나 며칠이 지난 후에는 손을 치우고 성냥갑을 잡는 데 성공하는 것을 관찰하고 이 시기에는 특정한 목적달성을 위해 이미 학습한 도식들을 결합하여 사용한다는 것을 확인하였다.

ⓔ 생후 12~18개월

이 시기가 되면 시행착오 학습이 나타난다. 이 시기에 이르면 어떤 목적을 달성하기 위해 한 가지 방법만을 사용하지 않고 다른 방법을 강구하는 등 능동적으로 행동을 다양하게 변화시키며 시행한다. 예를 들어, 담요 위에 놓인 공을 잡으려고 몇 번 시도하다가 곧 포기했던 어린아이들도 이 단계에서는 손이 닿지 않으면 담요를 잡아당김으로써 공을 잡을 수 있게 된다.

ⓕ 생후 18~24개월

이 시기에 이르면, 아기들은 정신적으로 생각한 후에 행동할 수 있고 행동을 계획적으로 할 수 있는 능력이 생기게 된다. 즉, 이 단계에서는 어떤 목적을 달성하기 위해 즉각 행동하기보다는 여러 가지 가능한 방법을 생각해 본 후에 행동하게 된다.

② 대상영속성

감각-운동기의 가장 중요한 변화는 대상영속성(object permanence)의 개념을 완전하게 형성한다는 점이다.

대상영속성이란 어떤 대상을 숨기거나 다른 곳으로 이동시켜서 시야에서 사라지게 하더라도 그것이 완전히 없어진 것이 아니고 그 대상이 여전히 존재한다는 사실을 인지하는 것을 말한다.

대상영속성 개념도 연령에 따라 몇 단계를 거치면서 발달하게 된다. 만약 아기들이 보고 있는 장난감을 담요 속에 숨기면, 4개월 미만의 유아들은 곧 다른 것을 쳐다보거나 장난감이 있던 곳을 잠시 응시하기만 한다. 그러나 4~8개월이 되면 부분적으로 가려진 장난감을 찾을 수 있는 능력이 생기고, 8~12개월이 되면 완전히 감춰진 장난감을 찾을 수 있지만, 여러 번 위치를 이동하면서 숨기면 잘 찾지 못한다. 그러다가 생후 12~18개월이 되면 물건을 여러 번 이동하며 숨겨도 찾을 수 있는 능력이 발달하지만, 그 이동하는 경로를 계속 지켜보고 있을 경우에만 가능하다. 이 시기의 유아들은 물건이 시야에서 없어진 후에 일어나는 위치 변화를 상상하거나 표상할 수 없기 때문이다.

이와 같이 불완전하게 형성된 대상영속성 개념은 아기들이 18~24개월 정도 자라면 비로소 완전하게 형성되어 어떤 물건이 시야에서 사라지더라도 여전히 존재한다는 것을 알며, 장난감의 위치를 여러 번 이동하며 숨기는 경우 그 숨기는 경로를 계속 보고 있지 않더라도 찾을 수 있게 된다.

(2) 전조작기(2~7세경)

전조작기(preoperational period)란 감각-운동기에서 내적인 정신활동이 가능한 조작기로 넘어가기 이전의 단계로써 취학 전(2~7세경)의 아동들이 이에 해당된다. 이 시기의 중요한 특징은 상징적 사고와 언어 능력이 급속히 발달하는 점이다.

그 외 전조작기에 나타나는 다른 특징으로는 자기중심성, 중심화, 직관적 사고, 비가역성, 보존개념의 결여, 물활론적 사고 등 비논리적이고 불완전한 사고를 형성한다는 점을 들 수 있다.

① 상징적 사고

전조작 단계에서 아동은 어떤 대상에 대해 내재적으로 형성된 표상을 여러 형태의 상징, 언어, 기호 등으로 표현하는 상징적 사고를 하기 시작한다.

Piaget는 내재적으로 형성된 표상을 여러 형태로 표현하는 표출형태를 상징적 기능이라 부른다. 가상놀이(make-believe play), 그림, 언어는 이 시기 아동의 대표적인 상징적 기능이다(김동일 외 2000).

이 시기 아동들의 가상놀이로는 소꿉놀이, 자동차놀이, 병원놀이, 학교놀이 등을 들 수 있는데, 베개를 아기처럼 업고 다니고, 인형을 안고 우유를 먹이는 흉내를 내며, 의사나 선생님 흉내를 내는 등 유아의 심상에 형성된 사물이나 상황을 상징적으로 재현할 수 있다.

이러한 가상놀이는 아동들의 상상력과 창의력을 기르고 사회성 발달을 촉진하는 수단이 되기 때문에 유아의 인지발달에 중요한 의미를 지닌다.

② 언어발달

전조작기 아동에게서 나타나는 또 다른 중요한 특징은 언어발달을 들 수 있다. 이 시기의 언어발달은 이후 지적 능력의 발달에 지대한 영향을 미친다. 전조작기의 아동들은 텔레비전, 장난감, 인형, 집, 책 등 다양한 개념을 습득하면서 언어가 발달해 간다.

그러나 이 시기에 습득한 개념들은 비논리적이고 매우 불완전하기 때문에 성인들과 같은 수준의 개념으로 언어를 사용하지 못한다. 현존하는 물건이나 현재 상황과 직결된 구체적인 개념들은 비교적 쉽게 습득하지만, 추상적인 것에 대해서는 개념화를 하지 못한다. 또한 여러 종류의 유목들 사이의 유사성이나 차이점도 체계적으로 분류하지 못하기 때문에 비논리적이고 불완전한 언어를 사용할 수밖에 없는 것이다.

③ 사고의 중심화

전조작기 아동들에게서 나타나는 또 하나의 특징은 사고의 중심화 경향으로 인하여 다양한 관점에서 사고할 수 없다는 것이다.

중심화(centreation)란 대상을 한 가지 관점에서만 바라보고 여러 관점에서 보지 못하는 경향을 말한다. 사고의 중심화 경향은 전조작기 인지발달의 거의 모든 특징들에서 나타나지만, 특히 직관적 사고와 보존성 개념, 자기중심성과 깊은 관련이 있다.

④ 직관적 사고

직관적 사고(intuitive thinking)란 대상의 가장 현저한 지각적인 특성에만 초점을 맞추고, 지각을 집중함으로써 대상을 이해하며, 대상의 다른 측면은 무시하는 사고의 특성을 의미한다.

전조작기의 아동들은 이러한 직관적 사고에 의존하기 때문에 대상들을 여러 관점에서 보지 못하고 사물이 시각적으로 보이는 대로 보고 한 가지 측면에서만 사고하게 된다.

⑤ 보존개념의 결여

보존개념(conservation)이란 어떤 물질의 길이, 양, 수, 부피 등은 더하거나 빼지 않는다면 그 모양이나 위치가 어떻게 변하더라도 그 길이, 양, 수, 부피는 변하지 않고 항상 동일하게 보존된다는 원리를 아는 것을 말한다. 그러나 전조작기의 아동들은 보존개념이 결여되어 있다. 위에서 설명한 중심화와 직관적 사고는 보존실험에서 확인할 수 있다.

보존실험에 대한 예를 들어 보자.

4살 된 아동에게 [그림 2-1]과 같이 길이가 짧고 넓은 두 개의 유리컵에 우유를 똑같은 높이까지 붓고 어느 컵의 우유가 많은지를 물어보면, 대부분 두 컵의 모양이

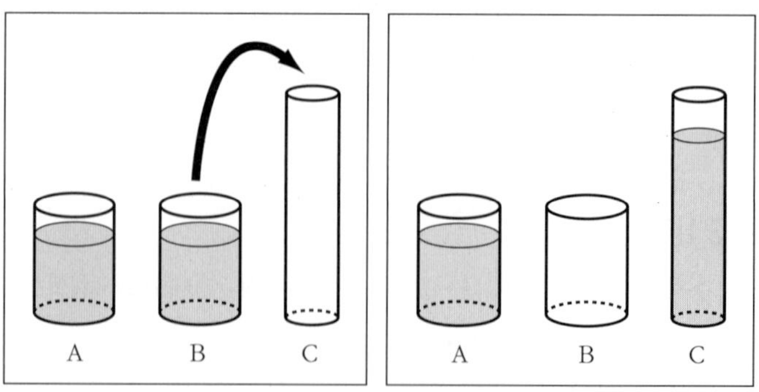

(a) (b)

[그림 2-1] 보존실험

똑같고 우유의 높이가 동일하기 때문에 같다고 말할 것이다.

다음에는 그중 한쪽 유리컵의 우유를 더 길고 좁은 다른 유리컵에 옮겨 붓고 어느 컵의 우유가 더 많은가 하고 물어보자. 그러면 대부분 아동들은 더 길고 좁은 유리컵의 우유 높이가 올라가서 많게 보이기 때문에 후자라고 대답할 것이다.

이러한 현상은 전조작기 아동들이 우유의 높이라는 시각적인 특성에만 주목하고 넓이 변화 등 다른 특성은 고려할 수 없는 사고의 한계 때문이다.

⑥ 자아중심성

전조작 단계에 있는 아동의 또 하나의 특징은 사고의 중심화 경향 때문에 자아중심성을 나타낸다는 것이다.

자아중심성(ego-centrism)이란 오직 아동 자신의 관점에서만 대상이나 현상을 이해하고 자신의 관점과 차이가 있는 다른 사람의 관점이 존재한다는 사실을 알지 못하는 것을 말한다.

따라서 전조작기 아동들은 모든 사람들이 자신과 같은 관점에서 생각한다고 믿을 뿐이고, 다른 사람들이 자신과 다르게 생각할 수 있다는 점을 전혀 고려하지 않는다.

성인들에게서 나타나는 자아중심적인 성격은 다른 사람의 견해가 존재한다는 사실을 알고 있지만, 그 견해가 옳더라도 받아들이지 않고 자기 견해만을 주장하는 것을 말하는 반면, 전조작기 아동들의 자아중심성은 다른 사람의 견해는 결코 존재하지 않는 것으로 믿고 행동한다는 점에서 차이가 있다.

이 단계의 아동들은 대화에서도 자아중심성이 나타난다. 이들의 대화를 들어 보면 상대방이 듣고, 반응하는 것과는 상관없이 자신들의 생각만을 계속 이야기하는 자아중심적인 언어를 사용하는 것을 볼 수 있다.

예컨대, 한 아이는 고양이 이야기를 하는데 다른 아이는 인형 이야기를 하는 것과 같이 서로 상대방의 이야기는 전혀 듣지 않고 자기 이야기만 하는 것을 흔히 볼 수 있다. 이와 같이 서로 의사소통이 되지 않는 자아중심적인 대화를 Piaget는 집단 독백(collective monologue)이라고 칭했다. 그러나 전조작기가 끝날 무렵에는 점차 자아중심적인 대화로부터 탈피하여 상호 정보교환이 이루어질 수 있는 사회적인 대화가 가능하게 된다.

Piaget는 전조작기 아동들이 가지는 자아중심성을 밝히기 위해 세 개의 산 모형을 가지고 실험을 실시하였다. [그림 2-2]와 같이 크기와 풍경이 다른 3차원으로 된 세 개의 산 모형을 책상 위에 놓고 아동과 인형을 마주 앉게 한 후, 그 산 모형을 여러 위치에서 찍은 사진들을 보여 주고 현재 아동이 보고 있는 풍경에 해당하는 사진을 고르게 하면 대부분의 아동들은 잘 해낸다.

그러나 인형이 앉아 있는 위치에서 보이는 풍경의 사진을 고르게 하면 많은 아동들은 자신이 보고 있는 풍경의 사진을 그대로 고른다. 이것은 전조작기 아동들이 자신의 관점에서만 대상을 바라보고, 다른 위치에서 보이는 장면을 추론하지 못하는 자아중심적인 사고를 한다는 것을 보여 준다.

이러한 자아중심성은 전조작기의 마지막 단계에 이르면 다른 사람의 위치에서 보이는 장면을 추론할 수 있는 능력을 가지게 됨으로써 다른 사람의 위치에서 보이는 산의 풍경이 다르다는 것을 알게 된다.

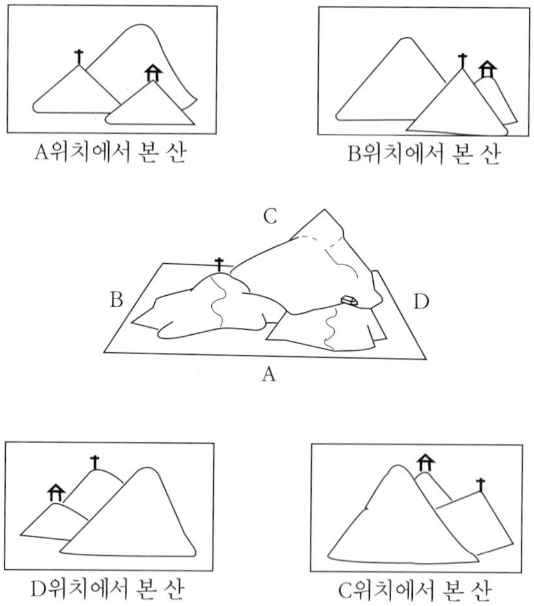

[그림 2-2] Piaget의 세 산 모형실험

⑦ 비가역성

전조작기 아동의 또 하나의 중요한 특징은 가역성이라는 논리적 사고가 불가능하다는 것이다. 가역성(reversibility)이란 어떤 물질의 상태가 변한 후에도 원래의 상태인 역방향으로 되돌아가서 사고할 수 있는 능력을 의미한다.

이러한 가역적인 정신과정을 조작(operation)이라고 부른다. 논리적이고 체계적인 사고는 정신적 조작 기능인 가역성의 개념을 획득하면서 가능하게 된다.

그러나 Piaget가 전조작기라고 칭한 것처럼 이 시기에는 매우 단순한 수준의 정신적 조작만을 할 수 있고 가역적인 조작은 하지 못한다. 전조작기 아동들이 직관적 사고에 지배되고, 보존성 과제를 수행하지 못하는 것은 가역성이라는 논리적 조작을 획득하지 못했기 때문이다.

앞의 보존성 실험과 같이 길이가 짧고 넓은 두 개의 유리컵에 똑같은 양의 우유를 반쯤 채운 후, 그중 한쪽 유리컵의 우유를 더 길고 좁은 다른 유리컵에 옮겨 붓는 경우, 전조작기에 있는 아동들은 정신적으로 우유를 붓는 과정을 역방향으로 가역할 수 없기 때문에 이를 다시 원래의 유리컵에 부으면 그 양이 동일하다는 것을 알지 못한다. 따라서 그들은 시각적인 우유의 높이에 의존하여 판단하게 되는 것이다.

⑧ 유목화 능력의 결여

전조작기 아동의 또 하나의 특징으로는 유목화 또는 유목포함의 능력이 없다는 것을 들 수 있다. 유목화(classification) 또는 유목포함(class-inclusion)의 개념은 부분과 전체의 논리적 관계 및 상위유목과 하위유목의 위계적 관계를 이해함으로써 전체는 부분보다, 상위유목은 하위유목보다 그 수가 많다는 것을 아는 것을 말한다(김동일 외, 2000).

예를 들면, 전조작기의 아동들이 꽃에는 장미꽃 외에도 다른 꽃이 여러 가지 있다는 사실을 알지만, 상위유목과 하위유목 간의 논리적 관계까지 이해하지 못하기 때문에 장미꽃이 꽃이라는 더 큰 상위유목에 포함되고, 그 수도 꽃 전체보다 적다는 사실을 알지 못한다.

Piaget에 의하면, 이러한 유목화 능력은 7세 이후 구체적 조작기에 달하면 획득하게 된다고 한다.

⑨ 물활론적 사고

전조작기 아동의 또 하나의 특징은 물활론적인 사고를 한다는 것이다. 물활론(物活論, animism)이란 세상의 모든 물질은 생명과 영혼을 가졌다고 생각하는 것을 말한다. 전조작기에서는 생명이 없는 모든 사물에 대해서도 생명과 감정을 부여하지만, 구체적 조작기에 들어가서는 움직이는 사물(예: 돌멩이, 자전거, 태양, 구름 등)에 한해서 생명이 있다고 생각하고, 구체적 조작기가 끝날 무렵에는 스스로 움직이는 사물(예: 바람, 태양, 구름 등)에 한해서 생명을 부여한다. 생명체를 제대로 구별하는 능력은 구체적 조작기 이후에 발달된다.

(3) 구체적 조작기(7～12세경)

구체적 조작기(concrete operational period)는 7～12세까지로 일반적으로 초등학교 학령기의 아동들이 이 시기에 해당된다. 구체적 조작기의 아동들에게서 나타나는 중요한 특징은 전조작기 아동들과 달리 인지능력이 급격히 발달하면서 논리적인 사고력을 갖게 된다는 것이다.

그러나 그들의 사고체계는 아직도 추상적 사고는 하기 어렵고 구체적 사실에만 한정되어 논리적인 조작을 할 수 있기 때문에 이 시기를 구체적 조작기라고 칭한 것이다. 또한 구체적 조작기에 접어들면 중심화와 자아중심성에서 벗어나게 되고, 가역성과 보존개념을 획득하게 되며, 서열화와 유목화 능력이 발달하게 된다.

① 탈중심화

구체적 조작기에서는 사고의 탈중심화(decentration)가 가능하여 대상의 현저한 지각적 특성에만 주목하지 않고 다양한 관점에서 모든 특성을 파악할 수 있게 된다. Piaget에 의하면, 탈중심화는 또래와의 사회적 상호작용에 의해서 형성된다고 한다(김경중 외, 2002).

이와 같이 구체적 조작기에서는 사회화를 통하여 타인의 관점을 인식하게 됨으로써 언어에서도 자아중심적인 경향에서 벗어나게 되고 사회 지향적인 특성이 나타나게 된다.

② 가역성과 보존개념의 획득

구체적 조작기의 또 하나의 특징은 가역성의 개념을 획득하여 논리적 조작이 가능하고, 따라서 그들은 전조작기의 아동과 달리 보존 과제를 잘 해결할 수 있다는 것이다.

예를 들면, 위의 양의 보존실험에서 구체적 조작기의 아동들은 가역적 사고가 가능하기 때문에 길이가 더 길고 좁은 다른 유리컵에 옮겨 부었던 우유를 역으로 원래의 길이가 짧고 넓은 유리컵에 다시 부으면 그 양이 동일하다는 것을 알게 된다. 그러나 수, 양, 무게, 부피 등에 대한 여러 가지 보존개념은 동일한 시기에 획득되지 않는다.

일반적으로 수에 대한 보존개념은 가장 먼저 6~7세에 획득되고, 다음에 길이, 액체량, 질량, 면적과 같은 물질량에 대한 보존개념은 7~9세에 획득된다. 그리고 무게는 10~11세에, 부피에 대한 보존개념은 11~12세에 획득되는 것으로 알려져 있다.

Piaget는 이와 같이 보존개념이 획득되는 시기가 과제의 형태에 따라 다르게 나타나는 현상을 수평적 격차(horizontal decalage)라고 하였다.

③ 서열화와 이행성의 발달

구체적 조작기에 나타나는 또 하나의 특징은 사물을 여러 특성에 따라 순서대로 배열하는 서열화 능력이 발달한다는 것이다. 서열화(seriation)는 사물을 크기, 길이, 무게 등과 같은 하나의 속성에 따라 작은 것에서부터 큰 것으로, 또는 큰 것에서부터 작은 것으로 차례대로 계열화하는 능력을 말한다.

이 시기의 아동은 사물들의 관련 정보를 이해하고 상호 비교할 수 있는 능력이 있기 때문에 하나의 척도에 따라 분리하여 차례대로 배열할 수 있다.

Piaget에 의하면, 일반적으로 길이의 서열화는 7~8세경에, 무게의 서열화는 9세경에, 부피의 서열화는 12세경에 획득된다고 한다(김동일 외, 2000). 한편, 서열화 능력이 획득되면 이행성(移行性, transitivity)이라는 논리적 추리 능력이 또한 발달하게 된다. 예를 들면, A가 B보다 크고, B가 C보다 크다고 할 경우 A가 C보다 크다는 것을 전조작기 아동들은 알지 못하지만 7~8세경의 구체적 조작기에 도달하면 이들 관계를 추리하여 알게 된다. 이러한 논리적 추리 능력은 수학이나 과학과 같은 과목을 학습하는 데 중요한 역할을 한다.

④ 유목화 능력의 획득

구체적 조작기의 아동의 또 하나의 중요한 특징을 들면, 전조작기에는 불가능하였던 유목화, 유목포함의 능력이 발달한다는 것이다.

예를 들면, 갈색인 나무 구슬 18개와 흰색인 나무 구슬 2개를 아동에게 보여 주고 이 나무 구슬들은 2개가 흰색이고 대부분은 갈색이지만 전부 나무로 만든 구슬이라는 점을 이해시킨 다음, 갈색 구슬이 더 많은지 나무 구슬이 더 많은지를 물어보면, 전조작기의 아동은 갈색 구슬이 더 많다고 대답하는 반면, 구체적 조작기의 아동은 나무 구슬이 더 많다고 대답한다.

이것은 구체적 조작기의 아동들이 이제 유목들 간의 공통점과 차이점 및 관련성 등 그 논리적 관계를 이해할 수 있기 때문에 갈색 구슬과 흰색 구슬이라는 하위유목과 이를 포함하는 상위유목인 나무 구슬을 비교하여 분류할 수 있게 된 것이다.

(4) 형식적 조작기(12세～성인 초기)

형식적 조작기(formal operational period)는 Piaget가 분류한 인지발달의 마지막 단계로서 12세경부터 성인기 초기까지 지속된다. 이 단계에서 발달하는 형식적 조작 사고는 내용(content)과 형식(formal)을 분리하기 위해 추상적이거나 가설적인 상황을 다루는 능력을 말한다.

이 시기의 청소년들은 성인들과 같은 사고의 특징이 나타나는데, 이들은 사고의 과정을 스스로 조작할 수 있을 만큼 인지구조가 매우 성숙되었다고 볼 수 있다. 특히 이들은 구체적 조작기의 아동들과는 달리 이전의 구체적인 경험 세계에서 벗어나 추상적이고, 상징적인 개념을 가지고 논리적 사고를 할 수 있고, 현실과 반대되는 가설적인 상황을 추리할 수 있다. 내용이 달라도 형식이 같다는 점을 유추해 낼 수 있고, 과학적 사고를 할 수 있으며, 또한 비유와 풍자, 은유 등과 같은 복잡한 언어형식을 이해할 수 있다.

한편, 이 시기의 청소년들은 문제해결을 위해 다양한 방법을 시도하기 때문에 현실과 동떨어진 이상주의자가 되기도 하고, 때로는 문제를 일으키기도 한다.

형식적 조작기에 발달하는 주요한 사고능력으로는 추상적 사고, 가설적 상황의 이해, 연역적 사고, 조합적 사고 등을 들 수 있다.

① 추상적 사고

형식적 조작기에서는 추상적 개념을 사용하여 논리적 사고를 할 수 있다. 추상적 사고(abstract thinking)는 구체적인 일정한 형태와 성질을 갖추고 있지 않은 형식논리에 근거하여 사고하는 것을 말한다.

따라서 이 시기의 청소년들은 진 · 선 · 미 · 성 등에 대한 관심이 높아지고, 자신의 사고에 대해 인식할 수 있는 메타인지가 발달하여 자신의 사고를 조절하고 통제할 수 있는 능력을 가지게 된다.

메타인지(metacognition)는 인지에 대한 인지, 또는 사고에 대한 사고라고 하여 초인지라고도 한다. 인지과정은 잘못 인식한 것을 사실로 간주할 수도 있기 때문에 이러한 인지과정에 대해 사고하고 반성하며 조절 · 통제하는 메타인지가 필요하다. 오늘날 메타인지는 인지전략과 함께 학습전략에서 중요하게 다루어지고 있다.

② 가설적 상황의 이해

형식적 조작기에는 추상적 · 관념적인 것에 대해서도 사고할 수 있을 뿐만 아니라 현실과 다른 가설적인 상황도 이해할 수 있는 능력이 발달한다.

예를 들이, 교사가 "사람에게 만일 눈이 하나가 너 있다면 어디에 있으면 좋겠는가?" 라는 가설적인 상황을 제시하고 그림으로 그려 보라고 한다면, 구체적 조작기의 아동들은 구체적 사실에서 벗어난 가설적 상황을 설정할 수 있는 능력이 미숙하기 때문에 사람에게는 눈이 세 개가 있을 수 없다고 주장하거나 아니면 현실적 수준에서 두 눈 사이에 새로운 눈을 그려 넣는 경우가 대부분일 것이다.

그러나 형식적 조작기의 청소년들은 구체적 사실과 반대되는 가설적 상황을 이해할 수 있기 때문에 손가락, 이마, 머리 뒤 등 다양한 신체 부위에 그려 넣으면서 그와 같은 가상적 상황을 상상하면서 즐길 수 있을 것이다.

③ 연역적 사고

이 시기에 발달하는 또 하나의 중요한 특징은 연역적 사고(deductive thinking) 능력이 발달한다는 것이다. 구체적 조작기의 아동들은 어떤 문제에 직면할 경우, 가설을 설정하는 단계 없이 개개의 특수한 사실들을 관찰하여 과거의 경험을 토대로 일반적인 원리나 법칙을 귀납적 방법으로 이끌어 내는 반면에, 형식적 조작기에 접어들면 가설적 상황을 이해할 수 있기 때문에 다양한 현상에 대해 먼저 여러 가지 가설을 설정할 수 있고, 설정된 가설의 진위를 체계적으로 검증함으로써 일반적인 결론(원리나 법칙)을 연역적으로 도출하며 문제를 해결할 수 있는 능력이 형성된다.

④ 조합적 사고

형식적 조작기에 발달하는 또 다른 사고의 특징으로는 조합적 사고(combinational thinking) 능력을 들 수 있다. 조합적 사고란 어떤 문제에 직면했을 경우, 가능한 모든 해결책을 논리적으로 궁리하여 문제의 바람직한 해결책을 찾아가는 사고를 말한다.

즉, 이 시기의 청소년들은 문제의 개별적인 요인들을 분리할 수 있고 문제해결에 필요한 요인들을 체계적으로 구성하여 여러 가지 방법으로 조합함으로써 해결 가능한 다양한 방법을 강구할 수 있다.

Piaget와 Inhelder는 아동들의 조합적 사고능력을 알아보기 위해 5개의 병 중 4개의 병에 1번부터 4번까지 번호를 적고 차례로 황산, 물, 과산화수소, 디오황산 순으로 무색무취의 약품을, 나머지 1개의 병에는 시약을 넣은 다음 하나의 비커에 황산(1번)과 과산화수소(3번)를 넣고 시약(5번)을 떨어뜨려 액체가 노란색으로 변하는 것을 보여 주었다. 이제는 아동에게 이들 약품을 사용하여 노란색의 액체를 만들어 보도록 하였다.

이 실험에서 구체적 조작기의 아동들은 무조건 두 가지 액체를 섞어 보다가 실험을 중도에 포기해 버리지만, 형식적 조작기의 아동들은 두세 가지 액체를 섞어 가며 노란색이 얻어질 때까지 가능한 모든 조합을 구성해 가며 체계적으로 계속 실험하는 것을 볼 수 있었다.

3) Piaget 이론의 문제점과 한계

Piaget의 인지발달이론은 심리학과 교육학에 많은 영향을 미치고 있지만, 그의 이론은 오늘날 몇 가지 문제점과 한계를 드러내면서 많은 학자들에 의해 비판이 가해지고 있다.

① 인지발달은 실제 명확하게 구분되어 발달하지 않는다.

Piaget는 인지발달 단계를 4단계로 구분하고 있다. 하지만 많은 학자들은 실제 인지발달이 Piaget가 구분한 것처럼 그렇게 명확하게 구분되어 발달하지 않는다고 주장한다. 그들에 의하면, 인지발달은 전 단계에서 다음 단계로 갑자기 도약하는 것이 아니라 성장과정에서 지적 능력들이 축적되어 가며 점진적으로 발달해 가는 것이기 때문에 각 단계를 명확하게 구분할 수 없다고 주장한다.

또한 감각-운동 단계도 연령별로 너무 많게 세분화되어 있으며 중요한 인지발달이 나타나는 연령도 너무 높게 설정하고 있다는 비판이 제기되고 있다.

② 취학 전 아동의 인지능력에 대해 과소평가하고 있다.

Piaget는 전조작기에 해당하는 취학 전 아동들은 직관적이고 자기중심적이며 비가역적이며 보존성이 결여되는 등 비논리적인 사고에 지배된다고 주장한다.

그러나 Piaget 이론을 재검증한 최근의 신 피아제학파(neo-piagetian)의 많은 연구자들은 취학 전 아동의 인지발달을 Piaget가 과소평가했다고 주장한다. 그들에 의하면, 취학 전 아동들도 수에 관한 이해 능력을 가지고 있는 등 추상적, 논리적 사고를 어느 정도 할 수 있다는 것이다.

예를 들면, Gellman, Meck 그리고 Merkin(1986)은 취학 전 아동들이 수에 관한 두 가지 중요한 기능을 획득하고 있는 것을 확인하였는데, 그것은 수에 관한 추상적 기능과 수의 추리에 관한 원리를 획득하고 있다는 것이다. 수에 관한 추상적 기능은 수를 어떻게 세야 하고, 무엇을 세야 하며, 수를 세는 것이 무엇을 의미하는지를 아는 것으로 2~3세의 어린이들도 종종 실수를 하거나 혼동을 하는 경우도 있지만, 아주 체계적으로 확실하게 이러한 원리를 이해하고 있다는 것이다. 수의 추리에 관한 원리는 더하고 빼는 것과 같은 간단한 수의 조작에 관해 추리하거나 예언할 수 있는 기능을 말한다.

또 다른 비판은 Piaget가 추상적 언어와 지나치게 어려운 과제를 사용하여 아동들을 혼동시킴으로써 그들의 능력을 과소평가했다는 것이다. 몇몇 연구자들은 같은 기능이 요구되는 것일지라도 Piaget가 제시했던 과제를 더 간단한 형태로 만들 경우, 아동들도 그 과제를 잘 해결하는 것을 발견하였다.

예를 들면, Gellman(1979)은 아동들에게 더 간단한 용어를 사용하고, 좀 더 간단한 방법으로 보존과제를 제시하자 이를 잘 수행하는 것을 발견하였다(김남순, 1998). 또 다른 예를 들면, 전조작기 아동들의 특성인 자기중심성을 밝히기 위한 세 개의 산 모형실험에서 산의 모형 대신에 아동들에게 친숙한 장난감 자동차를 놓아두고 질문한 경우 많은 아동들이 다른 위치에서 보이는 장면에 대해 잘 말하는 것을 발견하였다.

③ 청소년기의 형식적 조작 단계를 과대평가하고 있다.

Piaget가 주장하는 것과는 달리, 형식적 조작기의 사고능력은 청소년기나 성인들에게서도 나타나지 않는 경우가 많다는 것이다(Papalia, 1972; Robin et al., 1973). Kuhn과 그 동료들의 조사에서도 단지 30%의 청소년과 성인들이 형식적 조작능력을 획득하고 있는 것으로 보고하고 있다(송인섭 외, 2004). 또한 대학생들을 대상으로 한 연구에서는 그들의 전공에 관계되는 과제에서는 형식적 조작능력을 잘 발휘하지만, 다른 영역의 과제에 대해서는 형식적 조작이 불가능한 경우가 많다는 것을 발견하였다(DeLisi & Staudt, 1980).

Piaget 자신도 이러한 형식적 조작 단계가 일반적이지 못하고 원래 자신이 생각했던 것보다 사회적 영향이 더 중요하다는 점을 인정했다(김남순, 1998).

④ 발달이 학습에 선행하지 않는다.

Piaget 인지발달이론의 핵심적인 내용 중의 하나는 인지발달 단계가 고정되어 있으며, 보존개념과 같은 과제는 가르칠 수 없다는 것이다.

이에 대해 많은 비평가들은 아동들의 인지능력은 다양한 과제에 대해 다양한 방법으로 발달하며, 학교 또는 그 외에서의 직접적인 경험이 인지발달의 속도에 강한 영향을 미칠 수 있다고 주장한다(Byrnes, 1988; Overton, 1984).

인지발달에서 경험이나 학습의 중요성은 실제 생활에서도 많이 보게 된다. 예를 들어, 항해술을 처음 배우고 있는 성인을 상상해 보자. 그가 아무리 지적 능력이 있는 성인이라고 하더라도 바람과 방향에 의해 키의 손잡이를 조정하여 항해를 하는 형식적 조작 사고에 의한 체계적인 항해술을 습득하기 전까지는 혼돈된 순서에 의해 키를 조작하는 등 구체적 조작기의 행동을 많이 하게 될 것이다(김남순, 1998). 또 다른 한 연구에 의해서도 Piaget가 제시한 과제 중 어떤 것들은 그 과제를 해결할 수 있는 단계보다 더 어린 나이의 아동들에게도 가르칠 수 있었다고 한다(Gardner &

Price, 1982).

⑤ 인지발달에 미치는 문화적 영향을 간과하고 있다.

문화는 아동들의 경험을 형성해 주고, 그러한 경험을 갖게 하는 사건을 만들어 준다. 많은 연구들은 아동을 둘러싸고 있는 사회 문화적 특성이 아동의 인지발달에 중요한 영향을 미친다는 것을 보여 준다(Rogff & Moreiji, 1989).

예를 들면, 서구문화 속의 아동들은 학교에서 과학적 사고와 형식적 조작이 요구되기 때문에 그러한 사고를 발달시킬 것이고, 분류와 같이 기본적인 구체적 조작조차도 다른 문화권의 사람에게는 그렇게 기본적인 것이 아닐 것이다(김동일 외, 2000).

오늘날 심리학자들은 문화적 요인이 인지발달에 매우 중요한 영향을 미친다는 점을 인정하고 있다.

4) Piaget 이론의 교육적 시사점

Piaget 이론은 여러 가지 비판을 받고 있기도 하지만, 교육에 다음과 같은 시사점을 제공해 주고 있다.

① 학습과제는 아동의 인지발달 수준에 적합하여야 한다.

Piaget는 아동들의 인지발달 단계마다 사고의 특성이 다르게 나타난다고 보고 있는데, 그러한 발달 수준에 맞도록 적정 수준의 난이도를 갖는 학습과제를 제시하여야 가장 효율적인 학습이 될 것이다. Piaget는 아동의 인지발달 수준과 과제의 난이도가 부합될 때 이상적인 학습상황이 된다고 하였다.

적정 수준의 학습과제는 동화와 조절을 통하여 새로운 지식을 습득할 수 있도록 하기 위하여 현재의 발달 수준과 너무 차이가 나면 안 될 것이다. 아동들이 현재의 발달 수준에서 다양한 방식으로 도전하며 해결할 수 있는 과제이어야 한다.

만약, 아동의 인지적 발달을 가속시키기 위하여 현재의 발달 수준과 너무 차이가 나는 고난도의 학습과제를 가지고 선행학습을 하는 경우 동화와 조절에 실패하고 인지구조에 혼란이 일어나 오히려 역효과를 가져올 수 있다.

예를 들면, 초등학교 1학년 학생들에게 세계지도를 가르치는 것은 별 의미가 없을 것이다. 초등학교 1학년 학생들은 국가, 도시 등과 같은 개념을 획득하지 못하고 있기 때문에 세계지도를 가르치기보다는 인근 지역의 지리를 가르치는 것이 효과적일 것이다.

② 학습에 능동적으로 참여할 수 있도록 교육과정을 구성해야 한다.

Piaget는 아동들이 능동적이고 적극적인 사고를 한다고 주장한다.

이는 아동이 교사의 말을 수동적으로 받아들여 지식을 흡수하게 하기보다는 학습과정에 적극적으로 참여할 수 있도록 학교의 교육과정을 구성해야 한다는 것을 의미한다(송인섭 외, 2004).

학습에서 학생들의 능동적 참여를 강조하는 발견학습(discovery learning)은 Piaget의 이론을 적용한 것이다.

따라서 교사들은 아동에게 직접 지식을 주입시키려 하지 말고 아동에게 흥미 있는 자료와 실험기회를 제공함으로써 스스로 발견하고, 직접 다양한 경험을 해볼 수 있도록 환경을 조성해 주는 조력자 역할을 해야 한다.

③ 취학 전의 아동과 초등학생들은 가능한 한 구체적 소품과 시각적 자료를 사용하여 가르쳐야 한다.

전조작기에 있는 아동이나 구체적 조작 단계에 있는 초등학생들은 아직 추상적인 사고기능이 발달하지 못했기 때문에 구체적인 자료를 제시하며 과제를 설명해야 한다.

예를 들면, 5에서 2를 빼면 몇이 되겠는가와 같은 수학의 뺄셈을 가르칠 경우 이를 추상적인 숫자만으로 가르칠 것이 아니라 사과 등의 소품을 가지고 5개의 사과 중에 2개를 치우는 장면을 구체적으로 보여 주며 뺄셈의 개념을 설명하여야 한다.

2. Vygotsky의 인지발달이론

1) Vygotsky 이론의 기본 개념

러시아의 심리학자 Vygotsky(1896~1934)는 사회-문화적 요인이 인지발달에 중요한 역할을 한다고 주장한다. 이러한 Vygotsky의 관점은 인간의 사고기능이 개인 내부 차원에서 독립적으로 발달하는 것으로 보고 있는 Piaget 이론과는 근본적인 차이가 있다.

Vygotsky는 인간은 타인과의 관계 속에서 서로 영향을 주고받으며 살아가는 사회적 존재임을 강조하며, 인간의 사고기능의 발달도 독립적인 활동이 아닌 한 문화권에 속한 다른 사람, 즉 성인이나 혹은 자신보다 더 유능한 또래들과 상호작용하며 발달하는 사회학습의 결과라고 주장한다.

이와 같이 아동이 속한 문화권에서 보다 성숙한 사람들과의 상호작용 과정에서 인지가 발달한다는 것이 Vygotsky 이론의 기본 가정이다. 이러한 사회적 상호작용은 언어를 비롯한 여러 가지 기호체계를 통하여 매개된다는 것이다. 오늘날 Vygotsky 이론은 발달심리학계에 Piaget 이론의 대안으로 높이 평가받고 있다.

그러면 사회적 작용이 어떤 과정을 통하여 개인의 사고기능으로 내면화되는가? Vygotsky는 이러한 내면화 과정을 설명하기 위하여 다음과 같은 예를 들고 있다(나동진, 2001).

어린아이가 혼자서 잡을 수 없는 곳에 놓여 있는 물건을 잡기 위하여 팔을 뻗을 때, 이것을 보고 있던 어른은 그 동작을 아이가 원하는 행동으로 이해하고 그 물건을 집어 주었다고 하자.

지금까지 팔을 뻗는 동작은 아무런 기호도 아니었으나 점진적으로 아동은 그 동작에 대해 성인과 같은 의미를 부여하게 되고, 이후부터는 의도적으로 그 동작을 어떤 것을 가리키는 기호로 사용하게 될 것이다.

이와 같은 아동과 성인 간의 상호작용에 의한 사고과정을 몇 차례 경험한 후부터는 혼자서도 그 문제를 해결할 수 있게 될 것이다. 이것은 한때 개인과 개인 간의 사고과정이 개인 내의 사고과정으로 내면화된 것을 의미한다.

Vygotsky의 인지발달이론을 이해하기 위해서는 개인적 언어, 발판화, 근접발달영역이라는 개념을 이해하여야 한다.

비고츠키(Lev S. Vygotsky: 1896~1934)

Lev Vygotsky

러시아의 심리학자 Vygotsky는 Piaget가 태어난 해인 1896년 11월에 백러시아의 민스크 북동쪽에 위치한 오르샤라는 도시에서 아버지가 은행지점장인 유태인 가정에서 태어났다. 어린 시절 Vygotsky는 학교에 다니지 않고 가정교사에게 소크라테스의 문답법에 기초한 교육방법으로 지도를 받았다. 이 교육방법은 그의 직관적 사고를 일깨우는 데 큰 영향을 끼쳤고, 유태인 학교에서 중등교육을 받은 그는 문학, 철학, 역사, 예술 과목의 주제들에 대한 지적 토론을 즐겼으며 '꼬마 교수' 로 불리기도 하였다.

그는 모스크바대학의 의과대학에 입학하였으나 곧 전공을 법학으로 바꾸었고, 또한 비공식 교육기관인 Shaniavsky People' s University에서 그의 관심분야인 문학, 철학, 예술, 심리학을 공부하였다.

두 대학을 동시에 졸업한 후 백러시아의 고멜 주(州) 사범대학에서 심리학과 교육학을 가르치고 심리학 연구소를 개설하여 연구에 몰두하였으며 자신의 심리학 논문들을 학술잡지와 신문에 발표하기 시작하였다.

그는 1924년 모스크바에서 개최된 신경심리학회에서 Pavlov의 조건반사이론을 비판하는 논문을 발표하여 관심을 끌기 시작하였다.

Vygotsky는 심리학자로서의 공식적인 교육을 받지 않아 이방인으로 취급받기도 하였으나 1934년에 결핵에 걸려 38세의 젊은 나이로 세상을 떠날 때까지 10년 동안 약 180편이 넘는 논문, 저서 및 연구물을 출판하였다. 1960년대 후반에 가서야 그의 저서인 『사고와 언어』가 영어로 번역되면서 그의 이론이 서방 세계에 알려지게 되었고, 그 후 교육학과 심리학의 영역에 많은 영향을 미치게 되었다.

아동의 지적 발달이 사회적 · 문화적인 영향을 크게 받는다는 그의 발달이론은 그 당시 학자들의 이론들과는 판이하게 다르고 특이했으며, 흔히 문화적 · 역사적 이론으로 불리기도 하였다.

그의 주요 저서로는 『교육심리학』(1926), 『장애아동의 발달과 교육진단』(1931), 『고등정신기능의 발달사』(1931), 『심리학의 강의』(1932), 『학령기의 인지발달과 교수 문제』(1934), 『정신분열증 환자의 사고』(1934), 『사고와 언어』(1934) 등이 있다.

2) 개인적 언어

Vygotsky는 언어를 사회적 상호작용을 매개하는 가장 중요한 요소로 보고, 언어와 사고가 상호 교차하면서 발달하는 과정을 분석함으로써 아동의 인지발달을 설명하고자 하였다.

그는 언어의 유형을 외적 언어와 내적 언어로 분류하고, 전자는 소리 내어 하는 말이고, 후자는 자기에게 소리 없이 하는 말, 즉 사고라고 보았다.

아동의 언어발달 과정에서는 먼저 사고의 내면화를 위한 첫 단계인 외적 언어가 발달한 후에 내적 언어가 발달한다. 언어의 최종 발달단계는 내적 언어의 발달이며, 이 단계에서는 언어와 사고가 상호 교차되면서 발달하게 된다. 즉, 다른 사람과 상호작용을 하기 위해서는 외적 언어의 발달이 필수적이지만 나중에는 내적인 언어로 전환되어 내적인 사고과정을 조직화하는 데 중요한 역할을 한다는 것이다.

Piaget가 강조한 자기중심적 언어는 외적 언어에서 내적 언어로 발달하는 과도기적 현상에서 나타난다. 예를 들면, 취학 전의 아동들이 무엇을 하는 것을 보면, "나는~을 할 거야." "가위는 어디 있지?" "나비 모양을 만들어야지." 등과 같은 자신의 생각을 스스로에게 계속 중얼거리는 모습을 자주 볼 수 있다. 그는 이러한 자기중심적인 언어는 아동의 사고가 미성숙한 것에 대한 하나의 표시라고 보고, 아동이 점차 성숙해 감에 따라 상호 정보교환이 가능한 사회화된 언어로 발달된다고 한다.

그러나 Vygotsky는 이러한 아동의 중얼거림을 개인적 언어 또는 사적 언어(private speech)라고 칭하면서 이는 인지적 미성숙의 표시라기보다는 인지발달에 핵심적인 역할을 하는 사고의 도구로 보았다. 이러한 개인적 언어는 아동의 생각과 행동에 영향을 주기 시작한다. 그는 개인적 언어에서부터 내적인 언어까지의 변화를 인지발달의 기본적인 과정이라고 설명한다(김동일 외, 2000).

Vygotsky는 실험을 통하여 아동들은 과제가 어렵거나 혼동되는 등 과제를 수행하는 데 장애가 있을 경우, 이러한 장애가 없는 경우보다 개인적 언어의 사용이 훨씬 더 증가한다는 점을 규명하였다. 이와 같은 현상은 개인적 언어 사용이 문제 해결을 도울 뿐만 아니라 행동도 조절하는 것을 의미한다.

따라서 아동들이 어려운 과제를 수행하고 있을 경우 침묵을 강요하는 것은 오히려 문제 해결을 더 어렵게 할 수 있기 때문에 학습에 개인적 언어를 사용하고 격려하는 것은 큰 의미가 있을 것이다.

3) 발판화

Vygotsky는 인지발달에 미치는 영향을 발판화 또는 비계설정(scaffolding)이라는 개념을 사용하여 또 다른 측면에서 분석하고 있다.

Vygotsky에 의하면, 아동의 인지능력은 자기문화 속의 성인들이나 또는 더 유능한 또래들과의 상호작용을 통해 도움을 받아 가며 자기능력 이상의 과제를 해결하는 과정에서 발달한다는 것이다. 따라서 보존개념이나 서열화 능력 등 인지적 조작능력은 아동이 성장하면서 홀로 발달하는 것이 아니라 부모나 교사 또는 유능한 또래들의 지도를 받아서 획득된다는 것이다.

이와 같이 아동들이 자신의 능력보다 높은 수준의 과제를 해결할 수 있도록 도와주는 역할을 하는 것을 Vygotsky는 발판화(또는 비계설정)라는 개념으로 설명하고 있다. 여기서 비계(飛階)란 높은 건축물을 건축할 때 현장 근로자들이 디디고 서서 일할 수 있도록 나무나 철판 등을 사용하여 다리처럼 걸쳐 놓은 것으로서 건축이 완료되면 철거되는 시설물을 말한다.

이러한 발판화 과정에서 중요한 것은 아동들이 혼자서 할 수 없는 높은 수준의 과제의 해결을 위해 처음에는 많은 도움을 제공하지만 아동들의 능력이 향상되어 감에 따라 차츰 도움을 감소시켜 가야 한다는 것이다. 즉, 도움을 감소시켜 가면서 아동들의 책임감을 가능한 한 빨리 증가하도록 하여 결국에는 자신의 능력 안에서 그러한 과제들을 스스로 해결할 수 있도록 하는 것이 중요하다. 이것은 건축의 초기단계에서는 충분한 비계를 세우지만 건물이 완성되어 감에 따라 비계를 단계적으로 철거해 가는 과정과 같은 논리다.

발판화 또는 비계설정의 교육방법은 우리 주변에서 흔히 볼 수 있다.

예를 들면, 부모들이 어린아이들에게 칫솔질이나 젓가락질 하는 방법을 가르칠 경우 발판화를 사용하여 처음에는 부모가 시범을 보이며 그 방법을 잘 설명해 주고, 아동이 실수하는 부분을 부모가 다시 교정해 주는 과정이 계속되면 얼마 후 혼자서도 할 수 있는 단계에 도달하는 것을 볼 수 있다.

4) 근접발달영역

Vygotsky는 발달수준을 실제 발달수준(actual developmental level)과 잠재적 발달 수준(potential developmental level)으로 나누었다. 실제 발달수준은 남의 도움 없이 아동 혼자서 어떤 과제를 수행할 수 있는 능력 수준으로 현재 발달이 완료된 수준을 의미한다. 잠재적 발달수준은 혼자서는 할 수 없으나 교사나 더 유능한 또래의 도움을 받으면 과제를 해결할 수 있는 능력 수준으로 인지발달에서 매우 중요하게 생각한다. 실제 발달수준과 잠재적 발달수준 사이의 구간을 근접발달영역(zone of proximal development: ZPD)이라고 한다. 즉, 근접발달영역이란 아동이 혼자서는 어떤 과제를 해결할 수 없으나 성인이나 더 유능한 타인의 도움을 받으면 과제를 해결할 수 있는 발달 구간을 말한다([그림 2-3] 참조).

인지발달은 부모나 교사 등 더 성숙하고 더 유능한 사람과의 상호작용을 통해 보다 수준 높은 과제를 해결함으로써 근접발달영역 내에서 촉진되기 때문에 수업도 이 영역에서 진행되어야 한다. 때때로 가장 유능한 교사는 그 문제를 막 이해한 다른 또래 학생일 수도 있다. 그러한 학생은 학습자의 근접발달영역에서 작용하고 있기 때문이다(김동일 외, 2000).

따라서 가능한 한 학생들이 소집단을 이루어 서로 협력하는 협동학습의 기회가 주어져야 하고, 그것도 좀 더 우수한 다른 학생들과 함께 학습하도록 하는 것이 바람직할 것이다. 한 연구에 의해서도 두 명의 학생이 함께 공부할 경우 보존개념을 먼저 습득한 한 학생은 그렇지 못한 다른 학생에게 영향을 주거나, 혹은 보존개념

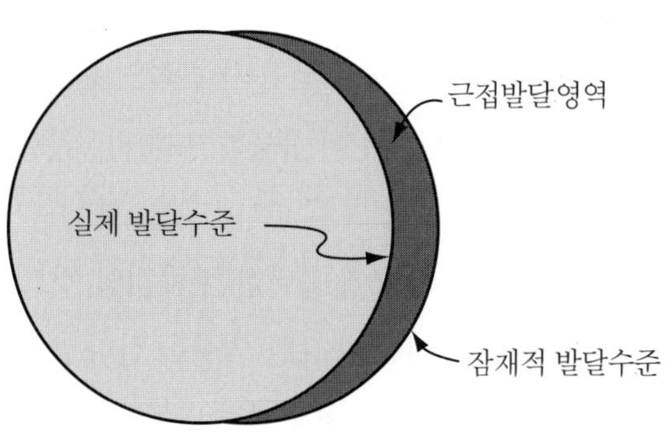

[그림 2-3] 근접발달영역(김태련 외, 2006)

에 숙달하지 못한 두 학생이 함께 공부하면서 보존개념을 습득하는 것을 발견했다 (Murray, 1982).

또한 Vygotsky는 아동들의 발달수준이 현재 동일하더라도 더 유능한 다른 사람의 도움을 받아서 복잡한 문제를 해결할 수 있는 근접발달영역은 개인에 따라 차이가 날 수 있다고 한다. 따라서 실제 발달수준이 같은 아동들이라 해도 교사로부터 동일한 도움을 받았을 때 어떤 아동이 다른 아동보다 더 높은 성취를 보인다면 그 아동은 잠재적 발달수준이 더 높다고 말할 수 있다.

Vygotsky의 관점에서 보면, 개인의 인지발달을 이루기 위해서는 각 개인의 근접발달영역을 찾아내어 그 영역에서 해결 가능한 보다 높은 수준의 수업을 함으로써 아동의 잠재적인 능력을 발달시키는 것이 바람직할 것이다. 앞에서 설명한 발판화 또는 비계설정법은 이와 같은 근접발달영역을 적용한 학습방법이다.

5) Piaget 이론과의 비교

Vygotsky 이론은 Piaget 이론과 같이 아동을 능동적인 유기체로 보고, 환경과 상호작용을 통하여 인지발달이 일어나는 것으로 보는 점에서는 유사하다. 하지만 두 이론은 다음과 같은 점에서 차이점을 가지고 있다.

① Piaget는 인지발달이 환경에 적응하기 위해 그 인지구조를 끊임없이 변화시키고 재구성하며 개인 내부 차원에서 독립적으로 발달하는 것으로 보고 사회 문화적 요인의 영향을 간과하고 있는 반면, Vygotsky는 사회 문화적 요인이 인지발달에 중요한 역할을 한다고 강조한다.

즉, Vygotsky는 인간의 사고기능 발달은 독립적인 활동이 아닌 한 문화권에 속한 다른 사람들(성인이나 혹은 자신보다 더 유능한 또래)과 상호작용을 통하여 발달하는 사회학습의 결과라고 본다.

② Piaget는 언어를 사고의 징표에 불과한 부차적인 것으로 보는 반면, Vygotsky는 언어가 발달과 학습을 매개하는 중요한 역할을 한다고 주장한다.

다시 말하면, Vygotsky는 언어가 처음에는 다른 사람들과의 상호작용을 하기 위하여 필요하지만 나중에는 내적인 언어로 전환되어 내적인 사고과정을 형성함으로써 아동의 사고를 조직화하는 데 중요한 역할을 한다는 것이다.

③ 학습과 발달의 관계에 있어서도 Piaget는 발달이 학습에 선행한다고 보는 반면에 Vygotsky는 학습이 발달에 선행하는 것으로 본다.

Piaget는 개인의 발달수준이 사고의 질과 학습능력을 결정하기 때문에 아동의 발달수준을 벗어난 과제에 대한 학습은 효과가 없다고 주장한다. 그러나 Vygotsky는 학습이 발달에 앞서는 것으로 보고, 아동이 혼자서는 어떤 과제를 해결할 수 없으나 성인이나 더 유능한 타인의 도움을 받아 보다 수준 높은 과제를 해결함으로써 인지가 발달하게 된다고 주장한다.

④ Piaget는 발달수준의 개인차에 대해서는 별로 관심을 두지 않았으나 Vygotsky는 발달수준이 개인에 따라 차이가 있을 수 있다고 보았다.

6) Vygotsky 이론의 교육적 시사점

Vygotsky의 인지발달이론은 Piaget 이론의 대안으로서 교육에 중요한 몇 가지 시사점을 제공하고 있다.

① Vygotsky는 학습이 발달을 선행하는 것으로 보고 인지발달에서 학습의 중요성을 강조하고 있다. 즉, 혼자서는 해결할 수 없는 문제도 교사 등의 도움을 받아 해결하는 학습과정을 통하여 사고가 발달하게 된다.

② Vygotsky에 의하면, 어떤 일에 열중할 경우 혼자 중얼거리는 개인적 언어는 어려운 과제를 해결하는 데 도움을 준다는 것이다. 이런 관점에서 교사는 어려운 학습에 임하는 학생들에게 개인적 언어 사용을 격려해야 할 것이다.

③ Vygotsky는 학습에서 언어를 통한 사회적 상호작용을 강조하고, 또한 성인이나 좀 더 우수한 또래들의 조력을 발판 삼아 어려운 과제를 해결하는 것이 바람직하다고 한다. 따라서 학교 수업에서 교사는 학생들에게 좀 더 우수한 학생들과 소집단을 이루어 서로 협력하며 문제를 해결하는 협동학습의 기회를 자주 제공해야 할 것이다.

④ 학습을 촉진하기 위해서는 교사나 우수한 다른 급우들의 도움을 받아 과제를 해결할 수 있는 근접발달영역 내에서 학습이 이루어져야 한다는 것이다. 따라서 수

업은 학생이 혼자 해결할 수 없지만, 다른 사람의 도움을 받으면 해결할 수 있는 새로운 영역으로 조금씩 넓혀 가는 방향으로 이루어져야 효과적일 것이다.

⑤ 교사의 역할은 일방적인 지식의 전달자가 되어서는 안 되고, 일정한 학습목표에 도달할 수 있도록 옆에서 조력하는 안내자 역할로 끝나야 할 것이다. Vygotsky가 주장하는 발판화의 중요한 목적은 궁극적으로 학생들의 능력을 향상시켜서 어려운 과제를 혼자 해결할 수 있도록 한다는 데 있다. 따라서 교사는 학습의 초기 단계에서는 시범을 보이는 등 적절한 도움을 제공하지만, 점차적으로 학생들이 자신의 힘으로 문제를 해결해 나갈 수 있도록 도움을 감소시켜 나가는 것이 중요하다.

3. 정보처리적 접근의 인지발달이론

인간의 인지를 컴퓨터가 정보를 처리하는 과정, 즉 외부에서 들어오는 정보를 표상하고, 저장하며, 시간의 흐름에 따라 저장된 정보를 변용하며, 효율적으로 인출하는 과정을 주요 연구대상으로 하는 것을 정보처리적(Information Processing) 접근이라고 한다.

인지발달에 대한 정보처리적 접근은 1970년대 후반에 들어와 Pascual-Leone (1979), Case(1984, 1985) 등을 중심으로 하는 신 피아제학파(neo-Piagetian)에 의해 주도되었다. 이들은 Piaget 이론에 정보처리모형을 적용하여 인지발달 과정을 설명하고 있다. 즉, 신 피아제 이론가들은 인지발달에 대한 Piaget의 단계이론을 인정하면서도 인지발달을 조작 가능성 수준의 발달로 보는 Piaget의 견해와는 달리 아동이 동시에 정보를 처리해 나갈 수 있는 정보처리 역량(information processing capacity)의 변화로 설명하고 있다.

다음에서는 대표적인 신 피아제 이론가인 Pascual-Leone과 Case의 이론을 간략히 설명하고자 한다.

1) Pascual-Leone 이론

Pascual-Leone 등(1978)은 인지발달을 기억용량의 변화로 본다. 즉, 그들은 인지발달이란 아동들이 특정과제를 해결하기 위해 동시에 적용할 수 있는 스키마(schema)의 수를 증가시켜 가는 것이라고 주장한다.

다음 [그림 2-4]와 같은 행렬과제를 예로 들어 보자.

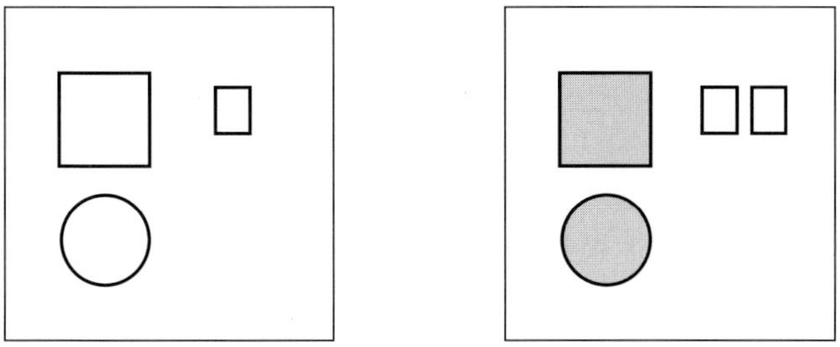

(A: 2 요인과제) (B: 4 요인과제)

[그림 2-4] 행렬과제(송명자, 2003)

아동이 과제 A를 해결하기 위해서는 모양과 크기라는 두 개의 형상적 스키마를 고려하면 된다. 그러나 과제 B의 해결을 위해서는 모양, 크기, 색깔, 수에 대한 네 개의 스키마를 동시에 적용시켜야 하기 때문에 스키마 수가 증가되어야 하고, 이것이 바로 인지발달이라는 것이다.

Pascual-Leone은 특정 연령 단계에서 아동이 동시에 처리할 수 있는 최대 스키마의 수를 최대 지적 역량(M-power)이라고 부르고, 〈표 2-1〉에서 보는 바와 같이 최대 지적 역량의 양적 변화에 따른 인지발달 단계를 제시했다.

〈표 2-1〉 **최대 지적 역량의 발달적 변화**

예상되는 최대 역량	Piaget 단계	평균연령(세)
e+1	전조작 초기	3~4
e+2	전조작 후기	5~6
e+3	구체적 조작 초기	7~8
e+4	구체적 조작 후기	9~10
e+5	형식적 조작 도입기	11~12
e+6	형식적 조작 초기	13~14
e+7	형식적 조작 후기	15~성인

(Pascual-Leone et al., 1978)

2) Case 이론

Case(1985)는 인지발달이 아동의 작업기억 역량(capacity)이 점진적으로 증가하면서 일어난다고 본다. 그는 정보를 처리, 저장할 수 있는 작업기억 공간의 총량은 연령이 증가해도 변화되지 않는다고 본다. 작업기억은 후술하는 학습이론에서 설명하는 바와 같이 단기기억 혹은 작동기억이라고도 부른다.

작업기억에서는 정신적 작업이 실제로 일어나는 곳으로 그 처리용량이 매우 적다. 3, 4세 아동들은 2~3개 항목, 5세 아동은 4개 항목, 7세 아동은 5개 항목을 기억할 수 있고, 성인이 되면 7개 항목으로 발달한다(Ornstein & Naus, 1988).

Case는 [그림 2-5]에서 보는 바와 같이, 작업기억이 조작공간과 저장공간으로 구성된 것으로 본다. 조작공간은 정보를 조작(물건의 이름을 회상하는 것, 숫자를 세는 것, 물건을 잡는 방법 등)하는 공간으로서 실제 작업을 할 때 정보처리에 필요한 기억량을 의미하고, 저장공간은 처리된 정보를 인출할 수 있도록 저장해 두는 공간을 의미한다.

Case는 정보를 처리하는 작업기억의 전체 공간은 한정되어 있기 때문에 조작공간이 감소하는 비율만큼 저장공간이 증가될 것이고, 저장공간이 커질수록 아동의 인지능력은 발달한다고 믿는다. 즉, 아동들이 기초적인 조작을 반복적인 연습과 숙달을 통하여 더 빠르고 자동적으로 처리하는 능력을 형성하면 정보처리 속도가 더욱 증가되면서 조작의 효율성이 증대될 것이다.

그러한 결과로 조작공간의 사용이 감소하는 대신에 정보를 저장할 수 있는 저장공간이 증가되면서 전체적인 작업기억의 역량이 증가됨으로써 인지발달을 일으킨다는 것이 Case의 생각이다.

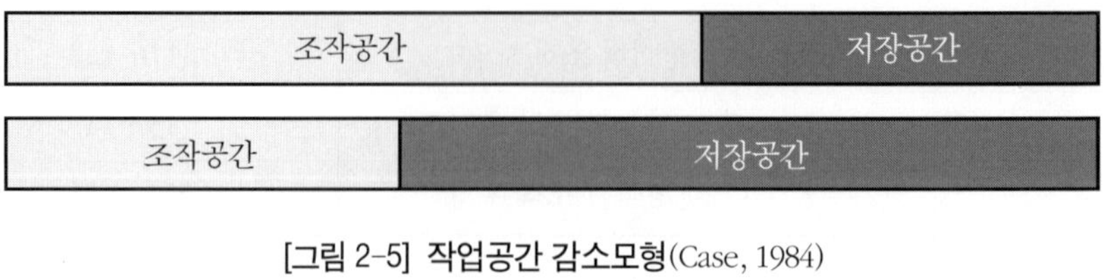

[그림 2-5] 작업공간 감소모형(Case, 1984)

아동의 나이가 어릴수록 기초적인 조작을 수행할 때 그들이 가진 모든 기억용량을 활용해야 할 것이다. 그러나 아동이 성장함에 따라 기초적인 조작을 자동으로 처리할 수 있는 능력이 발달하면, 조작공간에서 정보를 처리하는 동안에도 새로운 정보를 저장할 수 있게 될 것이다.

우리가 어떤 과제의 해결방법에 대해 계속 연습을 하고 숙달이 되면 작업기억은 관련된 과제를 쉽게 자동적으로 조작할 수 있는 자동화 단계로 발전하게 되어 정보처리 속도가 빨라지게 된다. 이와 같은 자동화 단계가 되면 그 과제의 해결방법은 더 이상 작업기억에 부담을 주지 않고, 효율성이 증가되기 때문에 기억용량이 더 적게 사용되며, 따라서 활용할 수 있는 정보를 더 많이 저장할 수 있게 된다.

예를 들어, 초등학교 저학년 때 더하기와 빼기를 집중적으로 연습하면 나중에는 기본적인 계산 과정을 거치지 않더라도 빠르게 계산을 할 수 있기 때문에 좀 더 복잡한 새로운 수학공식을 배울 수 있게 되는 것과 같다.

한편, Case는 이러한 인지발달에 대해 Piaget와 같이 네 가지의 단계를 거친다고 주장하였다. 그러나 Piaget의 단계와 다른 점은 단계마다 전적으로 새로운 사고의 형태나 유형을 포함하는 것이 아니라 각 단계에서는 동일한 기본적인 과정들이 보다 복잡한 수준으로 통합된다는 것이다. 따라서 어떤 시기라도 유아나 아동들은 보다 높은 수준의 영역에 적용할 기초적인 전략과 방법을 배울 수 있다는 것이다.

Case가 제시한 인지발달 단계는 감각-운동기-관계기-차원기-벡터기이며, 각 단계에는 하위단계(착생기-일차협응기-정교화 협응기)를 상정하고 있다.

감각-운동기(0~18개월)는 Piaget가 제시한 감각운동 단계와 같다.

관계기(18개월~5세)는 유아들이 일상생활에서 관찰한 현상 사이의 관련성을 이해하는 시기다. 이 시기의 아동들은 서로 다른 동물이라도 서로 비슷한 점과 차이점을 알게 된다.

차원기(5~11세)는 크다-작다, 넓다-좁다, 길다-짧다 등과 같은 차원에 따라 자연현상을 정신적으로 조작할 수 있는 시기다.

벡터기(11세 이상)는 두 개 이상의 차원들의 상호작용 결과를 예측하고 설명할 수 있는 단계다.

신 피아제 이론의 교육적 시사점은 새로운 과제에 대한 학습의 초기단계에서는 학습자의 작업기억에 부담이 최소화되는 수준에서 이루어져야 한다는 것이다.

Case에 의하면, 학습의 초기단계에서는 학습자가 이해하고 수행할 수 있도록 과제가 작업기억에 부담이 되지 않는 수준에서부터 출발하여 단계적으로 과제의 수준을 높여 나가되, 그러한 과제를 자동적으로 수행할 수 있는 단계까지 연습을 해야 한다는 것이다. 그러므로 교사의 역할도 새로운 과제를 학습하는 초기 단계에서는 많은 도움을 주지만, 아동의 능력이 향상되어 감에 따라 교사는 도움을 점차 감소시켜 나가야 할 것이다.

학습과제

1_ Piaget의 인지발달이론에 대한 기본 개념을 설명하시오.

2_ Piaget가 제시한 인지발달 단계 중 다음의 단계에서 나타나는 특징들을 열거하고, 약술하시오.
① 감각-운동기 ② 전조작기 ③ 구체적 조작기 ④ 형식적 조작기

3_ Piaget의 인지발달이론의 교육적 시사점에 대하여 설명하시오.

4_ Vygotsky의 인지발달이론에 대한 기본 개념을 설명하시오.

5_ Vygotsky와 Piaget 이론의 차이점에 대하여 설명하시오.

6_ Vygotsky 인지발달이론의 교육적 시사점에 대하여 설명하시오.

제 3 장

학습자의 지능과 창의력

1 지능

2 창의력

학습개요

이 장에서는 인간의 지적 능력을 나타내는 대표적인 심리학적 개념인 지능과 함께 최근 높은 관심을 끌고 있는 창의력에 관하여 살펴보려고 한다.

지능은 학생들의 학업성취도와 밀접한 관련을 맺고 있는 것으로 알려져 있다. 일반적으로 학습성과에 개인차가 생기는 가장 큰 요인으로 지능의 개인차가 있기 때문이라고 생각한다.

이러한 지능에 관한 연구는 100여 년 동안 계속되어 왔지만, 지능의 본질은 무엇인가?, 지능은 유전에 의해 선천적으로 결정된 것인가 아니면 후천적으로 환경의 영향을 받아 발달하는 것인가?, 지능은 어떤 요인으로 구성되었는가? 등에 관한 논쟁은 지금도 계속되고 있다.

다음에서는 이러한 지능의 논쟁과 함께 지능검사의 발달과 문제점, 그리고 지능검사에 의해서 측정된 IQ의 의미에 대해서 살펴보려 한다.

한편, 최근 많은 연구들은 지능 이외에 창의력도 학업성취와 깊은 관련이 있다고 밝히고 있다. 창의력은 지능과는 다른 능력으로서 일반적으로 새롭고 독특한 것을 만들어 내는 능력이라 할 수 있다.

창의력은 오늘날과 같이 급변하는 고도산업사회에서 가장 중요한 인간의 능력으로 이해되면서 학교뿐만 아니라 산업현장에서도 창의력 계발에 관심이 집중되고 있다. 창의력에 대해서는 창의력의 본질은 무엇인가? 지능 및 학업성취도와는 어떤 관계가 있는가?, 창의적인 사람은 어떤 특성을 나타내는가? 창의력 검사는 무엇을 측정하는가? 창의력은 후천적으로 계발이 가능한가? 등에 관하여 알아본다.

1. 지능

1) 지능의 개념

지능(intelligence)이 무엇인가에 대해서는 수많은 연구자들에 의해서 연구되어 왔고, 학자들 간에 이론적 입장도 다르기 때문에 그 개념이 100여 개가 넘을 정도로 다양하게 정의되고 있다.

그러나 지능에 관한 이러한 다양한 정의들은 대체로 다음과 같이 크게 네 가지 관점으로 분류해 볼 수 있을 것이다.

첫째, 지능을 추상적 사고를 하는 능력으로 보는 관점이다. 이 입장을 취하는 대표적 학자로는 Terman, Thurstone, Spearman 등을 들 수 있다. Terman은 '지능이란 추상적 사고를 하는 능력으로서 다양한 문제를 해결하는 데 추상적 상징을 사용하는 능력' 이라고 규정하였다.

둘째, 지능을 학습능력으로 보는 관점이다. 이 입장을 취하는 대표적인 학자로는 Dearborn, Gates 등을 들 수 있다. Dearborn은 지능을 '경험에 의한 학습능력' 등으로 정의하고 있고, Gates는 지능은 '학습해 가는 능력 혹은 광범위한 제 사실을 파악하는 능력이 복합된 것' 이라고 하였다.

셋째, 지능을 개인이 환경에 적응하는 능력으로 보는 관점이다. 이 입장을 취하는 대표적인 학자로는 Stern, Pintner 등을 들 수 있다. Stern은 '지능이란 사고를 적용시켜 새로운 요구에 의식적으로 적응하는 일반적인 능력' 이라고 정의하였다. Pintner는 '지능이란 새로운 환경에 적응하게 하는 능력' 이라고 정의하였고, Colvin 또한 환경에 적응하는 능력과 학습능력을 강조하여 '지능이란 환경에 적응하는 방법을 학습하는 능력' 이라고 정의하고 있다.

넷째, 앞의 세 가지 관점을 종합하여 포괄적으로 지능을 정의하는 관점이다. 이러한 관점에서 Wechsler(1958)는 '지능이란 목적 지향적인 행동, 합리적 사고, 환경에 효과적으로 적응하는 능력들을 포함하는 종합적인 능력' 으로 정의하고 있다.

오늘날은 지능을 단일한 특성이나 능력이 아니라 여러 가지 다양한 정신능력의 복합체로 파악하고 있다는 점에서 Wechsler의 견해는 의미가 있다고 하겠다.

이러한 전통적인 지능개념은 1980년대 후반기에 들어와 새로운 관점에서 연구가 이루어지게 된다. 즉, 전통적인 지능 연구는 심리측정학적인 관점에서 이루어졌으나 1980년대는 정보처리적, 생물학적, 상황주의적인 관점에서 연구가 이루어졌고 또한 지능 연구가 보다 사회적이고 범문화적으로 광범위하게 이루어져야 한다는 점이 강조되었다.

그리고 전통적인 지능개념은 학교에서의 학습능력을 예언하는 데 주로 관심을 갖고 있기 때문에 학교 밖의 일상생활에서의 실제적인 지적 능력을 연구하는 데 한계가 있다는 점을 지적하고 이에 대한 연구의 중요성이 강조되기도 하였다.

이와 같은 지능 연구에 대한 새로운 동향을 반영한 최근의 지능이론으로는 후술하는 바와 같이 Gardner의 다중지능이론과 Sternberg의 삼위일체 지능이론을 들 수 있다.

2) 전통적 지능이론

(1) Spearman의 2요인설

Spearman(1927)은 여러 종류의 성취검사와 정신작업 검사 간의 상관계수에 관한 연구를 통해 인간의 지적 능력은 일반지능요인(general factor, g요인)과 특수한 과제 수행에 관여하는 능력인 특수요인(specific factor, s요인)으로 구성되었다고 주장하였는데, 이를 2요인설이라고 한다.

그러나 일반요인은 모든 지적 과제 수행에 관여하는 반면에 특수요인은 예능 등과 같은 특수한 분야의 과제 수행에 관여하기 때문에 일반 지능요인만이 심리학적 관심의 대상이 되었다. 따라서 Spearman 지능이론을 g요인설이라고도 한다.

Spearman은 일반요인의 본질에 대하여 다음과 같이 두 가지로 설명한다.

첫째, 일반요인의 개인차는 각 개인의 지적 과제 수행에 사용할 수 있는 정신에너지의 개인차와 관련해서 이해하여야 한다는 것이고, 둘째, 일반요인의 개인차는 경험의 포착, 관계의 유출, 상관인의 유출 등과 같은 세 가지의 '질적인 인지 원리'

를 사용하는 능력의 차와 관련해서 이해되어야 한다는 것이다(임규혁, 1999).

이러한 Spearman의 지능이론은 오늘날 지능의 요인분석적 연구의 기초가 되고 있다.

(2) Thurstone의 기본정신능력

Thurstone(1938)은 Spearman의 지능이론을 부정하고 지능이 단일요인으로 구성되기보다는 서로 독립적인 기능을 가지고 있는 다양한 요인으로 구성되었다고 주장한다. 그는 지능에 대한 다요인분석 이론을 개발하고, 이를 적용하여 인간의 지적 능력을 분석한 결과, 인간의 지능은 7개의 요인으로 구성되었다는 것을 확인하였다.

이 7개의 요인을 기본정신능력(Primary Mental Abilities, PMA)이라고 한다. Thurstone은 기본정신능력을 어휘력과 독해력 검사로 측정되는 언어이해요인(verbal comprehension factor, V), 단어의 신속한 산출력으로 측정되는 단어유창성요인(word fluency factor, W), 더하기 · 곱하기 등 기초적인 수학문제에 의해 측정되는 수요인(numerical factor, N), 각종 상징이나 기하학적 노형의 정신적 조작 능력으로 측정되는 공간시각요인(spatial visualization factor, S), 단순한 기억력 검사로 측정되는 기억요인(memory factor, M), 상징들의 신속한 재인식능력 검사로 측정되는 지각속도요인(perceptual speed factor, S), 그리고 주어진 자료를 통하여 귀납식으로 일반원칙을 찾아내어 적용하는 능력검사로 측정되는 추리요인(reasoning factor, R)으로 분류하였다.

이러한 Thurstone의 다요인분석법은 단일요인의 지능이론으로부터 다요인지능이론으로 발달하는 전환기가 되었다.

(3) Guilford의 지능구조모형

Guilford(1959)는 Thurstone의 기본정신능력을 확대 · 발전시킨 지능구조모형(structure of intellect model)을 제안하였다. 지능구조모형을 제안한 초기에는 지능이 120개의 독립적인 요인으로 구성되었다고 주장하였으나 1982년의 논문 「Cognitive psychology's ambiguities」에서 150개로 수정하였으며, 1988년에는 다시 180개의 요인으로 확장하였다.

그는 인간의 지능에 인지활동(cognitive operations), 내용(content), 결과(products)라는 세 개의 필수적인 차원이 존재한다고 주장하고, 이 세 개의 필수요소가 상호

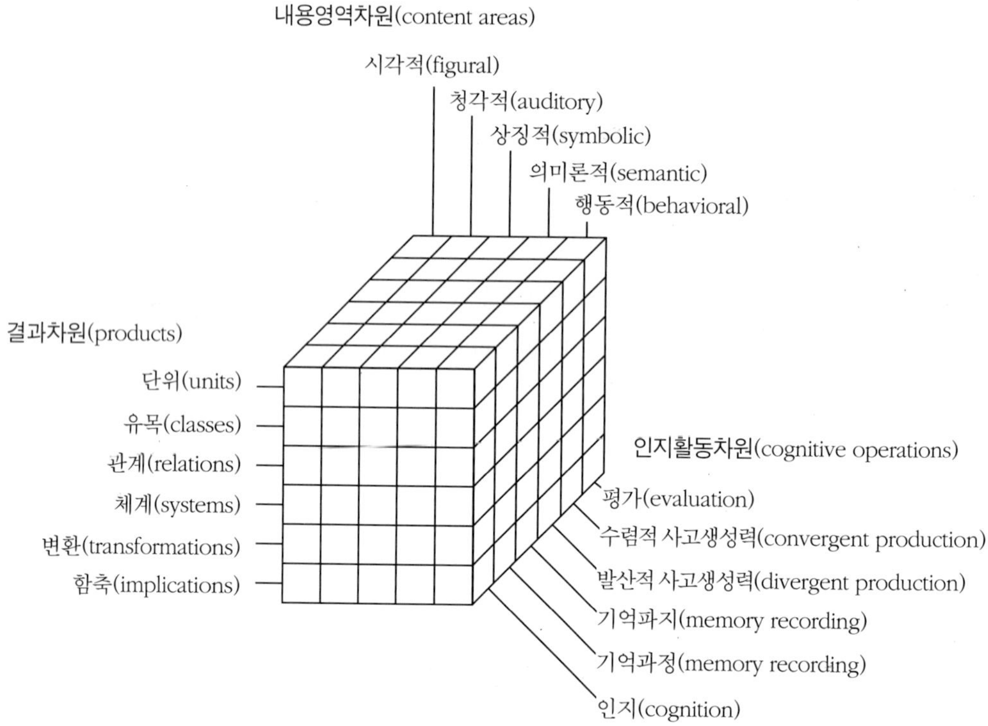

[그림 3-1] Guilford의 SOI 이론의 구조

조합하여 만들어진 180개의 독립적인 요인들로 지능은 구성된다고 제안하였다. Guilford는 자신이 제안한 180개의 요인을 설명하기 위해 [그림 3-1]과 같은 세 가지 요소를 축으로 하는 입방형의 지능구조모형(Structure of Intellect, SOI)을 제시하였다.

Guilford가 제안한 지능구조모형에서는 세 개의 차원을 다시 6개의 인지활동차원과 5개의 내용차원, 6개의 결과차원의 상호 독립적인 하위범주로 분류하고, 이들 하위요소들이 상호 조합함으로써 180개(6×5×6)의 상이한 정신능력이 만들어진다고 가정하였다.

Guilford의 지능구조모형 이론은 그 모델의 복잡성으로 인해 교실에서의 공식적인 적용을 매우 어렵게 한다는 한계를 가지고 있지만, 한편에서는 종래 지능검사에서만 측정되던 지능의 협소한 개념을 연구자나 교사들이 다양한 요인으로 확장시킬 수 있도록 하였다는 점에서는 매우 중요한 의미를 갖는다.

(4) Cattell의 유동적-결정적 지능이론

Cattell(1963)은 Spearman의 2요인설과 Thurstone의 기본정신능력 이론의 장점만을 결합하여 지능의 일반요인을 유동적 지능과 결정적 지능의 두 가지로 분류하였다. 이 이론은 지능 위계모형의 대표적인 것으로 최상위에 집단요인인 일반요인 g가 존재하고 그 아래에 하위요인인 유동적 지능과 결정적 지능이 있다는 것이다.

유동적 지능(流動的 知能, fluid intelligence/gf)이란 선천적·생물학적으로 결정화된 정신과정을 반영한 능력으로서 비언어적인 지각적 요인과 공간적 요인 등을 포함한다. 즉, 유동적 지능은 특정 문화권 또는 경험이나 학습에 영향을 받지 않는 선천적인 지적 능력으로서 사람들이 새로운 환경에 직면했을 때 발휘되는 능력이다. 이 지능이 높은 사람은 새로운 상황에 대한 적응력이나 새로운 문제를 해결하는 응용력 등이 높다.

유동성 지능은 정보처리 속도, 기계적 암기, 지각력, 일반적 추리력 등의 비교적 선천적인 능력에서 잘 나타난다. 유동적 지능의 발달은 선전석, 생물학직 영항에 의해 뇌와 중추신경계의 성숙과 비례한다. 따라서 유동적 지능은 생물학적 발달과정에 기초하여 14세경까지 발달하고, 14~20세까지는 안정상태를 유지하다가 22세 후부터 급격히 감소하는 경향이 있다.

결정적 지능(結晶的 知能, crystallized intelligence/gc)이란 후천적으로 살아가면서 축적되는 지식이나 경험을 통해 획득된 능력으로서 언어적 요인 등이 포함된다. 결정적 지능을 나타내는 능력으로는 언어능력, 문제해결력, 논리적 추리력, 일반상식 등을 들 수 있다.

결정적 지능은 본래 유동적인 지능을 바탕으로 하여 생겨나지만, 가정환경과 교육 정도 및 직업 등과 같은 환경적, 문화적 영향에 의해 발달하는 지능으로서 개인이 문화 속에서 습득하는 경험과 지식이 중요한 영향을 미친다. 결정적 지능은 유동적 지능과 달리 40세까지 발달하고, 환경에 따라서는 노인기까지 계속 발달한다. 그러나 결정적 지능의 발달은 지적 자극 등 환경의 질에 따라 개인차가 나타난다.

유동적 지능과 결정적 지능은 서로 상관되며, 대부분의 IQ검사는 두 가지 지능을 측정하고자 시도한다. 예를 들어, 후술하는 웩슬러 성인 지능검사(Wechsler Adult Intelligence Scale, WAIS)는 동작성 소검사에서 비언어적인 능력인 유동적 지능을 측정하고, 언어성 소검사에서는 언어적인 능력인 결정적 지능을 측정한다.

인생의 초기에는 유동적 지능이 중요하지만 인생의 후반에는 결정적 지능이 중요하다. 사람들이 살아가면서 겪는 인생의 경험과 학습의 양에 따라 결정적 지능은 높아진다. 일생 동안 축적된 지식과 경험들은 결정적 지능을 발달시키며, 나이가 들어갈수록 지혜롭게 한다. 그러므로 성인기 이후에도 많은 교육기회와 꾸준한 계속학습을 통하여 높은 지적 능력을 발휘하도록 하여야 할 것이다.

3) 새로운 지능이론

(1) Gardner의 다중지능이론

Gardner(1983, 1991)는 인간의 지능이 상호 독립적으로 구분되는 여러 유형으로 구성된다는 다중지능이론(theory of multiple intelligence, MI)을 주장하였다. 그는 뇌상해자에 대한 신경학적 연구, 신동, 자폐증 환자, 백치천재, 학습장애아 등 천재와 결손자에 대한 기술, 다양한 문화권의 다양한 종족과 그들의 생활 등에 관한 인류학적 보고, 기타 지능에 관한 문화적 기술 등 광범위한 자료를 종합하여 적어도 7가지의 비교적 독립적인 지능이 존재한다는 이론을 제시하였다(이성진, 2004).

이 지능들은 별개로 분리되어 독립적으로 존재하면서도 다른 지능들과 연결되어 상호작용하고 있다는 것이다.

Gardner가 제시한 7가지 지능을 간략히 살펴보면 다음과 같다.

① **언어적 지능**(linguistic intelligence)

- 말하기 · 읽기 · 작문 · 듣기 등에 관련된 지능
- 단어의 의미와 소리에 대한 민감성
- 문장 구성법의 숙련과 언어 사용법에 대한 이해력
- 어문분석력, 복잡한 어문자료와 은유의 이해력
- 언어적 지능과 관련된 직업유형: 시인 · 교사 · 정치가 등

② **논리-수학적 지능**(logical-mathematical intelligence)

- 논리적 · 추상적인 사고에 관련된 지능
- 복잡한 수학과 과학문제를 해결하는 능력

- 논리-수학적 지능과 관련된 직업유형: 수학자 · 과학자 등

③ **공간적 지능**(spatial intelligence)
- 물리적 공간 세계를 정확히 인식하는 데 필요한 지능
- 시각적 세계를 정확하게 지각하고, 지각된 것을 변형시킬 수 있는 능력
- 균형 · 구성에 대한 민감성, 유사한 양식을 감지하는 능력
- 공간적 지능과 관련된 직업유형: 예술가, 조종사, 항해사, 건축사, 운전기사 등

④ **신체-운동적 지능**(bodily-kinesthetic intelligence)
- 자신의 신체를 인식하고 조절하는 데 필요한 지능
- 신체를 숙련되게 사용하고, 사물을 능숙하게 다루는 능력
- 신체-운동적 지능과 관련된 직업유형: 운동선수, 무용가, 마술사, 외과의사 등

⑤ **음악적 지능**(musical intelligence)
- 노래하고, 악기를 연주하며, 작곡과 지휘하는 데 필요한 지능
- 개개의 음과 음절에 대한 민감성
- 여러 형태의 음악적 표현력
- 음과 음절들을 음악적 리듬이나 구조로 결합하는 방법에 대한 이해력
- 음악의 정서적 측면에 대한 이해력
- 음악적 지능과 관련된 직업유형: 음악가, 작곡가, 가수 등

⑥ **개인내적 지능**(intrapersonal intelligence)
- 자신을 인식하고, 이해하는 데 필요한 지능
- 자신의 감정의 폭을 이해하는 능력
- 사물에 대한 자신의 느낌을 정확히 인식하는 능력
- 자신의 행동방식에 대한 통찰력
- 자신의 욕구 · 목표 · 능력에 적합한 방식으로 행동하는 능력
- 개인내적 지능과 관련된 직업유형: 소설가, 임상가 등

⑦ **대인적 지능**(interpersonal intelligence)
- 대인관계에 필요한 사회적 지능

- 타인의 기분 · 동기 · 의도 · 성격 등을 파악하고, 적절히 대응할 수 있는 능력
- 타인에 대한 지식에 따라 행동할 수 있는 능력
- 대인적 지능과 관련된 직업유형: 정치가, 교사, 사업가, 종교인 등

Gardner는 이러한 7가지 지능 이외도 자연적 지능(natural intelligence), 실존적 지능(existential intelligence), 영적 지능(spiritual intelligence)이라는 세 가지 새로운 지능을 추가하여 제시하고 있다.

자연적 지능은 자연 관찰을 통하여 형태와 구조 등을 발견할 수 있는 지능으로서 생물학자, 진화론자 등에게서 높게 나타나고, 실존적 지능은 삶의 목적과 의미에 관심을 갖는 능력으로서 철학자, 신학자에게서 높게 나타나며, 영적 지능은 영혼이나 내세 문제에 관심을 갖게 하는 지능으로 목사, 스님, 수도사에게서 높게 나타난다. 그러나 이들 세 가지 지능은 아직 확실히 검증되거나 명확하게 구분되어 있지 못한 상태다(이경화 외, 2004).

한편, Gardner는 종래의 지능이론들은 언어적 지능과 논리-수학적 지능만을 지나치게 강조한 나머지, 학교나 가정에서 그 외의 지능이 우수한 아동들의 능력을 제대로 인정하거나 개발해 주지 못했다고 지적하고, 사회의 각 분야에서 성공한 사람들의 지능을 분석하여 이들이 언어적 또는 논리-수학적 지능이 아니라 그 직업이 요구하는 특정 지능을 우수하게 갖추고 있다는 경험적 자료들을 제시하고 있다(김남순, 1998).

Gardner의 다중지능이론은 인간의 지능을 정신능력과 같은 단일한 특성으로 보지 않고, 광범위한 자료를 토대로 다양한 측면에서 분석했다는 점에서 높이 평가받고 있지만, 다음과 같은 비판이 제기되기도 한다.

- Gardner의 다중지능이론은 지능에 관한 것이 아니라 재능(talent)에 관한 것이다.
- 다중지능이론은 지능에 내포된 것이 무엇이고, 어떤 범위의 내용인지 등에 대한 이론이라고 볼 수 없다.
- 다중지능이론에서는 설정된 지능의 수가 7개 이상 무한대로 확장될 수 있기 때문에 학문적 경제성이 없다.
- IQ검사와 같은 지능검사들은 정신측정 이론에 바탕을 두고 단일측정을 통해

지능을 검사하고 있기 때문에 Gardner가 제시한 다양한 지능들은 측정하기 어렵다는 것이다. Gardner와 그 동료들도 이러한 전통적인 지능검사 방법의 한계를 알고 이를 극복하기 위해 기계를 다루는 능력, 사회적 과제들, 그림을 그리거나 춤을 추는 방법 등을 통해서 개인의 다양한 지능을 평가할 수 있는 방법을 개발하기도 하였다.

(2) Sternberg의 삼원지능이론

Sternberg(1985, 1990)는 인간의 지능을 이해하기 위해서는 세 가지 요소, 즉 구성적 요소, 경험적 요소, 맥락적 요소와의 관련성을 이해하여야 한다고 제안하고, 이 같은 지능에 대한 세 가지 요소의 관련성 측면을 다루는 지능의 삼원이론(triarchic theory of intelligence)을 주장하였다. 삼원지능이론을 삼위일체 지능이론 또는 삼두이론이라고도 한다.

Sternberg가 제시한 지능의 세 가지 측면인 구성적 요소, 경험적 요소, 맥락적 요소에 대해서 살펴보면 다음과 같다.

① **구성적 요소**(componential components)

구성적 요소는 개인의 내부 세계와 관련하여 분석한 것으로서 지능을 구성하는 가장 기본적인 요소다.

Sternberg는 모든 지적 행동을 위한 기본적인 정보처리 과정을 설명하기 위해 세 가지 형태의 구성적 요소를 제시하고 있는데, 그 세 가지는 상위 요소, 수행 요소, 지식획득 요소다. 그는 이같이 지능의 구성 성분을 세 가지로 분류하고 그들에 대한 세부적인 분석을 기초로 지능발달 프로그램을 개발하여 적용하고 있다. 이들 세 가지 구성적 요소들은 상호작용하며 문제를 해결한다.

㉠ **상위 요소**(meta components)

상위 요소는 어떤 과제의 본질을 파악하고, 그 과제의 해결을 위한 계획을 세우며, 문제해결의 진행과정을 점검 평가하는 등 우리가 어떤 과제를 해결할 때 정신적, 신체적으로 행하는 모든 것을 조정 통제하는 고등정신과정이다. 이들은 다음의 수행 요소와 지식획득 요소들도 실제적으로 통제한다.

㉡ **수행 요소**(performance components)

수행 요소는 상위 구성의 계획(또는 명령)에 따라 과제를 실제적으로 수행하는 하위수준의 정신과정이다. 이 구성요소에는 정보를 지각하고 저장시키는 것, 정보들 사이의 관계에 대해 추리하는 것, 추리된 법칙을 다른 상황에 대입하는 것, 다양한 해결책을 비교하고 최선의 해결책을 찾는 것, 정보에 대해 반응하는 것 등이 포함된다.

㉢ **지식획득 요소**(knowledge-acquisition components)

지식획득 요소는 새로운 과제를 어떻게 해결할 것인가를 학습하는 데 사용하는 정신과정이다. 이 요소에는 학습과제를 해결하는 과정에서 관련 있는 정보와 관련 없는 정보를 구별하여 적절한 정보를 선택하고, 선택적으로 기호화된 정보들을 통합된 형식으로 조합하며, 이렇게 조합한 새로운 정보들을 기존 정보들과 비교하는 과정 등이 포함된다.

② 경험적 요소(experiential components)

Sternberg는 지능을 개인의 내부 세계와 외부 세계를 매개하는 경험과 관련시키고, 인간의 경험은 지능과 밀접한 관련이 있으며 지능을 결정하는 중요한 요소라고 주장한다. 그는 경험을 통하여 두 가지 지적 능력을 증진시킬 수 있다고 하였다.

첫째는 생소한 과제를 효과적으로 처리하는 능력 또는 통찰력(insight)이 증진된다는 것이다. 우리의 지능은 새로운 과제에 부딪혔을 경우, 기존의 낡은 지식으로 해결이 부적절하면 새로운 개념체계에 의해 주어진 과제를 처리해야 한다.

예를 들면, 처음 자동차 운전을 배우는 사람은 과거 자전거를 탄 경험만으로는 도로에서 운전할 수 없고 실제로 그것을 직접 운전해 보는 새로운 경험이 필요하다. 이것은 창의적 사고와 관련된다.

둘째는 정보처리를 자동적으로 할 수 있는 능력을 증진시킨다. 정보처리의 자동화 능력은 반복적인 경험을 통하여 점진적으로 이루어진다. 우리의 지능이 복잡한 과제를 효율적으로 해결하기 위해서는 정보처리가 자동적으로 될 수 있는 능력이 필요하다. 만약 그렇지 않다면 지적인 기능에 지장을 초래하게 된다는 것이다.

예를 들어, 책을 읽는 경우 단어의 의미와 문장 구조 등에 대해서는 자동적으로 처리되어야 하는데, 이것을 하나하나 분석하고 숙고하는 것은 문장의 의미를 파악하는 데 지장을 주게 될 것이다.

Sternberg의 삼원지능이론에서는 새로운 이론을 개발해 내는 통찰력 있는 학자, 창의적인 과학자나 예술가, 그리고 전문적인 경영인 등 많은 분야에서 탁월한 능력을 보이는 사람들을 경험적 능력이 우수한 사람이라 할 수 있다(김남순, 1998).

③ **맥락적 요소**(contextual components)

맥락적 요소는 지능을 외부 세계, 즉 외부환경에 적응하는 능력과 관련하여 분석한 것이다.

지능에 대한 맥락적 측면의 분석은 개인들이 실제생활에서 환경에 잘 적응하고, 만약 필요하다면 현재의 환경을 변화시키거나 보다 더 좋은 새로운 환경을 선택하는 것이 중요하다는 것을 강조한다. 대부분의 지적 사고는 개인이 환경에 잘 적응하기 위한 것으로 볼 수 있다.

그러나 맥락적 요소는 한 사회의 문화적인 측면을 고려하여야 한다. 즉, 개인이 속한 사회의 문화나 가치관이 무엇인가에 따라 성공적인 환경의 적응과 지적 능력을 판단하는 기준이 달라질 수 있다는 것이다.

예를 들면, 한국 문화 속에서는 잘 적응하고 지적 능력을 발휘하여 성공한 사람일지라도 미국의 문화에는 잘 적응하지 못하고 지적으로 열등한 사람으로 취급받을 수 있다. 또한 같은 나라 안에서도 농촌문화에는 잘 적응하고 우수한 능력을 인정받는 사람이라 할지라도 도시문화에는 적응에 실패하고 능력 발휘를 하지 못할 수 있다.

Sternberg는 맥락적 요소를 전통적인 지능검사로 측정한 IQ나 학업성적과는 무관한 능력으로 보고 있다. 이 능력은 정규적인 학교교육을 통하여 길러지는 것이 아니고 일상의 경험에 의해 획득되고 발달하는 능력이다. 맥락적 능력은 최근에 실용적 지능의 개념으로 지능발달 분야에서 크게 각광받고 있다.

Sternberg는 실제적 지능이 일상의 문제해결 능력, 실제적인 적용 능력 및 사회적 유용성을 포괄하는 것으로 보고 있다(김남순, 1998; Sternberg et al., 1981).

4) 지능검사

(1) 지능검사의 발달

프랑스 심리학자 Binet는 1905년에 최초의 지능검사를 그의 동료인 Simon과 함께 개발하였다. 이들은 프랑스 파리에 있는 공교육부로부터 학습부진아를 판별할 수 있는 학습능력의 객관적 측정방법의 개발을 의뢰받아 개인용 지능검사를 개발하게 된 것이다.

프랑스 공교육부에 의해 제기된 문제는 특수지도가 필요한 학습부진아들이 정규 학급에서 뒤처지고, 차별당하며, 학교를 중도 포기하도록 강요당하는 등 여러 가지 교육적 문제가 대두되면서 이들을 학교에 입학하기 전에 발견하여 그들의 필요에 맞게 설계된 학급에서 공부하도록 하는 것이었다.

Binet와 그의 동료인 Simon은 우선 지능이 연령이 증가함에 따라 점진적으로 증가하는 것으로 가정하고, 같은 연령층의 학생들 중에서 공부를 잘하는 학생과 못하는 학생을 구분할 수 있도록 각 연령층에 적합할 것으로 생각되는 검사 문항을 6개씩 만들었다. 각 연령층에 적합한 문항에 대해 해당 연령층의 아동들이 50% 이상 정답을 맞히면 그 문항을 검사 문항으로 채택하였다.

예를 들어, 어떤 검사 문항에 대해 7세 아동들의 정답률이 절반 정도가 되면 그 문항은 7세 아동에 적합한 문항으로 채택하였다. 또한 그는 문항을 만드는 데 있어서 학교에서 배우는 특수한 지식은 배제시키고, 어떤 문화나 환경에서 성장한 아동이라도 같은 연령이면 해결할 수 있는 객관적인 문항을 만들고자 하였다.

Binet의 지능검사에서는 지능의 상대적 비교를 위하여 정신연령(mental age)이라는 개념을 도입하고, 각 연령층에 따라 점수를 표준화하였다. 즉, 7세 된 아동이 10세 수준의 점수를 얻었다면 그 아동의 정신연령은 10세에 해당되는 것이다.

이러한 Binet의 지능검사는 그 후 계속 발전했고, 특히 세계 여러 나라에서 그 문화에 맞게 수정 보완되어 표준화함으로써 오늘날 개인지능검사로 가장 널리 활용되고 있다.

Binet의 지능검사는 1908년에 Goddard가 미국에 소개하여 1916년에 스탠퍼드 대학의 Terman 교수에 의해 처음으로 미국의 문화에 맞게 대폭 개정되어 표준화되었는데, 이것이 그 유명한 스탠퍼드-비네 지능검사다. 그는 Binet의 지능검사에서 피검사자의 정신연령은 서로 생활연령이 다른 아동들의 지능을 함께 비교할 경우에는 문제가 발생할 수 있다고 보고 지능을 점수가 아닌 지능지수(intelligence quotient, IQ)라는 개념을 도입하여 표현하였다. 즉, 정신연령(mental age, MA)과 실제의 생활연령(chronological age, CA)을 대비시키고, 그 비율을 구하여 지능지수라고 명명하였다.

따라서 IQ = MA/CA × 100이라는 공식에 의해서 지능지수를 계산한다. 예를 들어, 10세 아동의 정신연령(MA)이 8세라면 IQ는 80(8/10 × 100)이 되고, 6세 아동의 정신연령(MA)이 8세라면 그 아동의 IQ는 133(8/6 × 100)이 된다. 각 연령층에 기대되는 평균 IQ는 100이기 때문에 IQ 80은 평균보다 느린 정신적 성숙도를 나타내고, IQ 133은 평균보다 정신적으로 빨리 성숙한 것을 나타낸다. 스탠퍼드-비네 지능검사는 지능검사를 실용화하는 계기가 되었으며, 이후 계속되는 연구를 통해 1986년까지 모두 네 번에 걸쳐 개정되었다.

Binet의 지능검사는 추리력, 판단력, 상상력을 재는 문항으로 구성되어 있었으나 스탠퍼드-비네 지능검사는 추상력, 어휘력, 수 개념, 기억력, 문장 해석력 등을 포함시켰다. 오늘날 여러 문화권에서 개정된 대부분의 비네 검사는 스탠퍼드-비네 지능검사를 원형으로 해서 그 문화에 맞게 표준화한 것이다(김남순, 1998).

그러나 위와 같은 IQ 산출방식도 다음과 같은 문제점이 노출되었다.

첫째는 아동의 연령이 증가함에 따라 정신연령도 변하기 때문에 정신연령을 기초로 산출된 IQ는 각 연령에서 동일한 의미를 갖지 않는다는 것이다. 즉, 각 아동의 정신연령이 실제의 생활연령과 동일한 경우는 지능지수가 항상 일정하게 100이 되어 실제의 연령과의 관계를 잘 나타내 주지만, 일반적으로 정신연령이 15세 이후에는 생활연령에 맞추어 계속 증가하지 않기 때문에 지능지수는 15세 이후에는 점점 낮아질 수밖에 없고, 따라서 이 방식에 의한 지능검사는 아동에게 적용했을 때만 유용하다는 비판이 제기되었다.

둘째는 동일한 연령집단의 아동들의 IQ를 상호 비교하여 자신의 IQ가 어느 수준에 속하는지를 판단할 수 없다는 문제도 대두되었다. 예를 들어, 어떤 아동의 IQ 110이 같은 연령집단의 다른 아동들과의 상대적 위치를 비교하여 어느 수준에 있는가를 판단할 때 문제가 발생할 수 있다.

이러한 문제점을 극복하기 위하여 미국의 심리학자 Wechsler(1949)는 편차 지능지수(deviation IQ)라는 개념을 제안하였다. 편차 지능지수는 일정한 시점에서 한 아동의 IQ를 같은 연령집단 내에서 상대적 위치를 비교하여, 평균보다 얼마나 더 위에 혹은 아래에 있는가를 정확히 표시해 준다. 오늘날의 IQ는 대부분 다음과 같은 편차 IQ의 계산공식에 의해서 산출된다(나동진, 2001).

IQ = 100 + 15(16) × 표준 점수(Z)

Z = (X−M)/SD (단, X는 개별 점수, M과 SD는 기준단위의 평균과 표준편차)

이러한 공식에 의해서 산출된 편차 IQ는 평균이 100이고, 표준편차가 15 또는 16인 분포를 이룬다. 따라서 어떤 아동이 지능검사에서 평균보다 표준편차 1 위의 점수를 얻었다면 이 아동의 지능지수는 115 또는 116이 되는 셈이다. 또한 이 방식은 전국 규모의 IQ분포가 어느 정도 정상분포곡선을 이루는 것으로 가정하였기 때문에 평균과 표준편차를 이용하여 각 IQ에 해당하는 인구 비율을 추정할 수 있게 된다([그림 3-2]).

그러나 이 방식도 동일한 지능검사지에 의해서 표준편차를 같게 사용하는 등 동일한 조건하에서 지능지수를 측정하였다면 문제가 없으나, 표준편차에 차이가 있는 다른 지능검사지를 통해 지능지수를 얻은 경우에는 그 해석에 주의해야 할 것이다. 예를 들어, 만약 A 지능검사의 경우 표준편차 10을 사용하고, B 지능검사의 경우에는 표준편차 20을 사용했다면, A 검사의 경우에는 68%의 아동이 90～110의

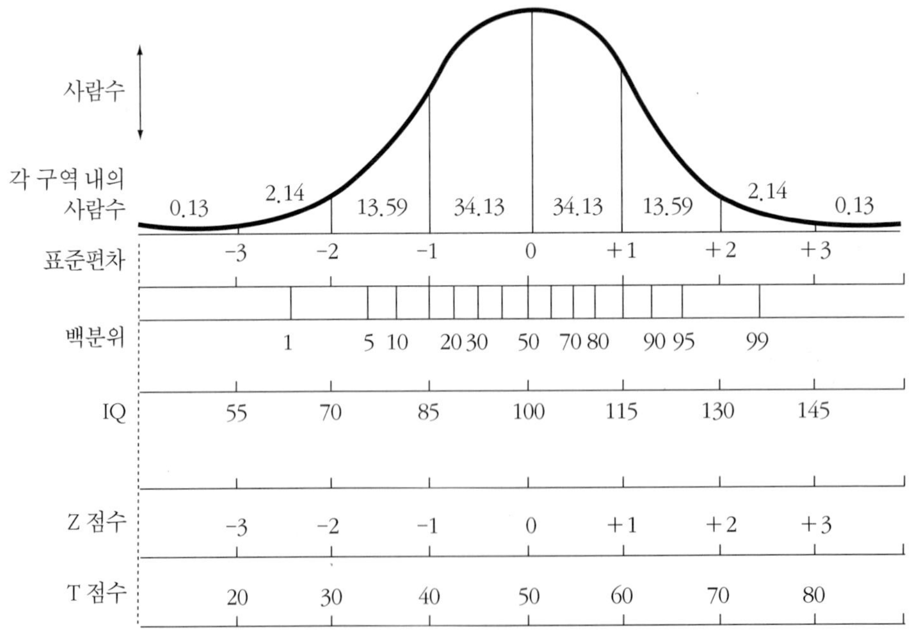

[그림 3-2] 정상분포곡선(이성진, 2004)

점수를 얻을 것으로 기대되는 반면에 B 검사의 경우는 68%의 아동이 80~120의 점수를 얻을 것으로 기대되기 때문에 A 지능검사에서 110을 받은 아동이라도 B 지능검사에서는 120에 상관되는 점수가 될 것이다(신명희 외 3인, 2004).

Wechsler(1939)는 아동과 성인에게 널리 실시되는 지능검사들을 개발하기도 하였다. 그가 개발한 지능검사에는 WISC검사와 WAIS검사, WPPSI검사가 있다.

WISC검사는 아동용 웩슬러 지능검사(Wechsler Intelligence Scale for Children, WISC)로서 1949년에 발표되었고, 1974년에 WISC-R로 개정된 후 1991년에는 개정 증보판인 WISC-Ⅲ가 개발되어 사용되고 있다. WAIS검사는 웩슬러 성인 지능검사(Wechsler Adult Intelligence Scale, WAIS)로써 1955년에 개발되어 1981년에 다시 WAIS-R로 개정되었다. 한편, 그의 마지막 지능검사인 WPPSI(Wechsler Primary and Preschool Scale of Intelligence)는 유아용으로서 1967년에 제작되었다.

지능검사는 그 규준이 세월이 지남에 따라 시대에 뒤떨어지게 된다. 시대에 뒤떨어진 규준이 사용되었을 때 아동들의 IQ는 현재의 규준보다 더 높은 점수를 보이게 된다. 이는 언어성 척도에서보다 동작성 척도에서 더 크게 나타난다. 따라서 지능검사는 시대에 맞게 계속 새로운 규준을 개발하여 사용하고 있다.

한편, WAIS검사와 WISC검사는 거의 언어적 검사로 이루어져 있는 스탠퍼드-비네 지능검사와는 달리 언어적 검사(6개 문항)와 비언어적인 동작검사(7개 문항)의 두 부분으로 이루어져 있다. WAIS검사와 WISC검사는 스탠퍼드-비네 지능검사보다 아동의 지능에 대한 정보를 더 많이 제공하지만, 학업성취도 예측에서는 스탠퍼드-비네 지능검사가 더 예언력이 높은 것으로 알려져 있다(이성진, 2004).

Wechsler 지능검사는 우리나라에서도 문화적 차이를 고려하여 우리 실정에 맞게 수정, 보완하여 널리 사용되고 있다. 여기에는 한국 유아용(만 3~7세) 웩슬러 지능검사(K-WPPSI, Korean-Wechsler Preschool and Primary Scale of Intelligence), 한국 아동용(만 6~16세) 웩슬러 지능검사(K-WISC-Ⅲ), 한국 성인용 웩슬러 지능검사(K-WAIS)가 있다.

K-WISC는 1974년에 WISC를 표준화하여 제작된 후 2001년에는 개정판 WISC-Ⅲ를 표준화하여 K-WISC-Ⅲ가 제작되어 널리 사용되고 있다. K-WISC-Ⅲ는 13개의 언어성 소검사와 동작성 소검사들로 구성되어 있다. 이 두 소검사의 점수를 합하여 전체 IQ점수를 산출한다.

K-WISC-III는 다음과 같은 검사에 적용되고 있다.

- 일반적인 지적 능력 평가
- 교육적인 계획과 배치를 위한 심리교육 평가
- 특수아동 판별 및 진단
- 영재아동 판별 및 진단
- 학령기 아동의 특수성 진단
- 임상적, 신경심리학적 평가 및 연구

K-WAIS는 개정판 WAIS-R(1981)를 표준화하여 1992년에 제작한 것이다. K-WAIS는 11개의 언어성 및 동작성 소검사들로 구성되어 있다. IQ는 K-WISC-III와 마찬가지로 언어성 IQ와 동작성 IQ를 합하여 산출한다.

앞에서 설명한 개인지능검사는 한 학생에게 어떤 교육적 문제나 정서적 문제 등이 예상되는 경우에 그 원인을 파악하고자 할 때 주로 전문가에 의해 실시된다.

이에 반하여 학급 전체나 학교 전교생 등 집단을 대상으로 실시할 수 있는 집단지능검사는 개인검사에 비해 시간과 비용 면에서 경제적이고 능률적이기 때문에 학교, 기업체, 정부기관 등에서 널리 사용되고 있다.

집단지능검사는 제1차세계대전 때 유능한 병사들을 집단으로 신속하게 선발하기 위하여 미국심리학회에서 개발한 언어적 검사인 육군알파검사(army α test)와 비언어적 검사인 육군베타검사(army β test)로부터 시작되었다.

집단지능검사는 이후 표준화와 타당화에 대한 많은 연구들이 이루어지고, 다양한 집단에 실시할 수 있는 여러 가지 형태의 집단지능검사가 개발되었다. 현재 가장 대표적인 집단검사로는 Henmon-Nelson 검사(1973)가 있다.

학교에서는 주로 집단지능검사를 사용하고 있는데, 집단지능검사는 개인지능검사에 비해 어떤 한 학생의 지적 능력을 정확하게 나타내지 못하는 경우가 많다.

즉, 개인검사에서는 읽고 쓰는 지필식 검사를 하지 않고 대부분 질문이 말로 묻고 대답하는 형식으로 이루어지며, 또한 교사나 전문가와 함께 검사가 실시되기 때문에 더 주의 집중하고 더 잘하려고 동기화되는 경향이 있다.

반면에 학생들이 집단으로 검사를 받을 때는 검사 지침서를 이해하지 못했기 때문에, 지필식 검사에 익숙하지 못해서, 외부의 방해를 받아서, 연필이 부러져서, 건강이 좋지 않아서 등 여러 가지 원인으로 검사를 제대로 못 받을 수 있다. 따라서 집단검사에 기초한 IQ점수에 매우 신중해야 한다.

우리나라에서 개발된 최초의 지능검사는 1954년 정범모가 제작하여 보급한 간편지능검사다. 이 검사는 우리나라 초등학생을 모집단으로 하여 최초로 표준화한 집단지능검사로서 이후 많은 집단지능검사들이 개발, 보급되었다.

가장 최근에 표준화한 집단지능검사로는 한국행동과학연구소가 1984년에 제작한 후 여러 번에 걸쳐 개정하여 보급한 KIT-S 지능검사가 있다.

(2) 지능지수(IQ)의 의미

지능검사에 대한 핵심적인 질문은 어떻게 측정할 것인가의 방법적 차원과 무엇을 측정할 것인가의 이론적 차원으로 분류할 수 있는데, 이 양자는 함께 발전한다. 그러나 아무리 훌륭한 이론이라고 하더라도 그 이론에서 주장하는 다양한 정신능력을 측정할 수 없다면, 그러한 이론은 타당성에 심각한 도전을 받게 될 것이다.

그런데 현재 사용되고 있는 지능검사들은 무엇을 측정하고 있는가가 불분명하다는 약점을 가지고 있다. 따라서 IQ가 개인의 어떤 능력을 재고 있는가에 대해서는 논쟁 중의 하나다.

이러한 결과는 불완전하고 제한된 정의로부터 기인되기도 하고, 이론으로부터 지능검사가 도출되지 못하고 지능검사로부터 이론이 도출되는 현상 때문이기도 하며(Sternberg, 1985, 1990), 지나치게 개인 내부적인 측면에만 초점을 맞추고 지능의 구성요소를 분석하고자 하기 때문이기도 하다(Davidson, 1990).

지능검사가 무엇을 재고 있는가를 알 수 있는 한 가지 방법은 그 IQ점수가 무엇과 상관관계를 맺고 있는가를 밝혀내는 것이다.

여기서는 IQ가 학업성취나 장래의 직업적 성공과 어떤 상관관계가 있는지에 대해서 살펴보고자 한다.

사람들은 종종 'IQ가 높으면 공부를 잘한다.'고 생각한다. 많은 학부모나 교사들도 IQ가 우수한 학생이 학업성취도가 높을 것으로 기대하고 특별한 관심을 보이고 있다. 사실 지능검사들은 학업성취를 예측하기 위해 제작되었기 때문에 IQ는 학습능력을 예측해 주는 가장 훌륭한 지표로 활용된다.

그러면 IQ는 학업성취도와 어느 정도의 상관관계를 맺고 있을까? Wechsler의 개정판 아동용 지능검사(WISC-Ⅲ)로 측정한 IQ와 학업성취 간의 상관관계는 약 .65로 나타나고 있다(Sattler, 1992). 또한 한국아동의 종단적 연구 19와 20차 연구에서 일반지능검사(집단검사)로 IQ와 학업성취도 간의 상관관계를 분석한 결과에 의하면, IQ와 학업성취도는 .50～.60 정도의 상관관계를 보이고 있다(이성진, 2004).

이와 같이 IQ와 학업성취도 사이의 상관계수는 높게 나타나고 있으나 상관계수가 완벽한 1.00으로 나타나지 않는다는 것은 학업성취에는 IQ 이외에도 다른 요인이 영향을 미치고 있다는 것을 의미하고, 또한 학년이 낮을수록 IQ와 학업성취도는 밀접한 관련이 있고, 학년이 증가할수록 상관관계가 낮게 나타나는데, 이것도 IQ 이외의 요인이 학업성취에 관여하기 때문이라고 볼 수 있다.

학업성취도에 영향을 미치는 다른 요인으로는 창의력, 학습에 대한 동기, 가정환경 등을 들 수 있을 것이다. 이러한 IQ와 학업성취의 관계는 개개의 교과목에 따라서는 특징적인 차이가 나타나고 있다. 즉, Burt의 연구에 의하면 읽기, 독해력, 작문, 산수 등의 지적 교과나 추상적 교과는 IQ와 상관이 높은 반면에 쓰기, 미술, 공작 등의 기술적 교과는 상관이 낮은 것으로 조사되었다.

한편, IQ를 장래의 직업적 성공 여부를 예측해 주는 지표로도 활용하는 경향이 있다. 과연 IQ는 실제 생활에서의 성공과 밀접한 관련이 있는가? 일반적으로 높은 IQ를 가진 사람들은 더 높은 학년까지 마치고 고위 직업을 갖는 경향이 있지만, 교육기간이 동일할 때 IQ는 장래의 삶에서 수입과 성공 간에 높은 상관관계를 보이지 않았다(Woolfolk, 1997).

대학을 졸업한 후, 같은 학과 급우들과 비교하여 자신이 직장에서 성공할 확률을 IQ점수로 정확하게 예측할 수는 없다(McClelland, 1973, 1993). 주어진 직종에서의 성공은 IQ와 관련이 있어 보이지 않고, 동기, 사회적 기술, 운과 같은 다른 요인들이 작용하는 것 같다(Sternberg & Wager, 1993).

앞에서 설명한 바와 같이 IQ는 절대적이고 불변하는 특성이 아닌데도 우리는 지능검사 결과를 절대시하고 맹신하는 경향이 있다. 이성진(2004)은 이러한 IQ점수를 절대시하는 풍토를 비판하고, 그 해석상 유의할 점 몇 가지를 다음과 같이 열거하고 있다.

① IQ를 개인의 지적 기능의 한 가지 지표로 생각할 것

영수가 수리력 하위검사에서 X점을 획득했다면 그가 그 정도의 수리력을 가지고 있다는 것일 뿐, 그가 그러한 수준을 가지고 있는 이유는 알 수 없다. 평소에 수에 대한 관심이 높거나 숫자를 다루는 경험을 많이 했거나, 타고난 재질이 있었거나, 또는 단순히 운수가 좋아서 높은 점수를 획득할 수도 있다.

교사로서는 학생이 수리력 검사에서 높은 점수를 획득했다면 격려해 주고, 낮은 점수를 획득했다면 특별한 지도를 해 주면 될 것이다.

② 과잉해석을 피할 것

IQ 125라면 높은 점수이지만, 이 학생이 모든 교과목이나 학교활동에서 우수하리라는 기대는 할 수 없다. IQ점수는 유용하지만 완벽하지 않다는 것을 명심해야 한다.

③ 지능검사의 하위요인의 변산에 특별히 유의할 것

하위검사는 항상 오차가 크고, 신뢰노와 타당도가 낮기 때문에 해석할 때에 상당한 주의가 필요하다.

④ IQ점수를 점수대(띠)로 생각할 것

IQ점수가 고정된 것이 아니고 또 정밀하지도 않기 때문에, IQ점수는 하나의 '띠' 또는 점수 범위로 생각할 필요가 있다. 영수의 IQ를 115라고 하기보다는 111～119라고 한다면, 그리고 창수의 IQ를 113이라고 하기보다는 109～117이라고 한다면, 결국 영수와 창수는 같은 수준의 IQ를 가졌다고 말할 수 있다. 영수의 IQ는 115, 창수의 IQ는 113이라고 한다면, 영수가 창수보다 2점만큼 머리가 좋다는 과잉해석이 나온다.

⑤ 합리적이되 융통성을 가질 것

한 시간 남짓 걸리는 지능검사가 학생에 관한 모든 것을 알려 주리라는 생각은 비현실적이며 경직된 사고방식이다. 지능검사와 같은 심리검사에서 완벽한 신뢰성과 타당성이란 기대하기 어렵다. 지능검사는 무수한 이유로 부정확할 수 있다는 '건전한 회의'를 가져야 한다.

⑥ IQ를 다른 예측 요소와 함께 사용할 것

IQ점수가 학교성적의 유일한 예측자가 되리라는 기대는 절대로 해서는 안 된다. 과거의 성적, 정서적 성숙도, 적응 정도, 흥미, 건강 등 학생에 관한 다양한 정보를 함께 사용했을 때, 사실에 가장 가까운 예측을 할 수 있다.

⑦ IQ점수만을 학습자 이해의 근거로 사용하지 말 것

흔히들 IQ점수를 근거로 어떤 아이를 저능아라고 한다든지 천재라고 하는 라벨을 붙이는 것은 지능지수의 측정 오차가 크다는 사실로 미루어 보아 대단히 위험하므로 절대로 피해야 한다. 이 밖에도 IQ점수만으로 학급 편성을 한다든가, 부모에게 자녀 IQ의 상세한 해설(IQ점수의 취약점과 의미) 없이 알려 주는 일 등은 삼가야 한다.

5) 지능의 발달

(1) 유전 대 환경

지능이란 유전에 의해서 전적으로 결정된 것인가, 아니면 경험이나 교육 등 후천적인 환경에 의해서 영향을 받는가? 이러한 지능발달에 대한 유전 대 환경의 논쟁이 심하게 대립되어 왔다. 그러나 오늘날 대부분의 교육심리학자들은 지능이 유전과 환경의 상호작용에 의해서 결정된다고 결론짓고 있다.

이와 같이 지능은 유전적인 요인과 환경적인 요인에 의해서 결정되는 것으로 의견이 통일되고 있지만, 두 요인이 각각 어느 정도씩 영향을 미치고 있는가에 대해서는 의견이 분분하다.

지능에 대한 유전의 영향은 대부분 유전관계가 다른 사람들 사이의 지능을 비교함으로써 연구되었다.

Galton(1869)은 가계사(family history)를 통하여 최초로 지능과 유전의 상관관계에 대한 연구를 시도하였다. 그는 300가계 999명에 대한 연구결과를 토대로 천재적 재능을 가진 가계에서 여러 세대에 걸쳐 천재적 재능을 가진 사람들이 집중적으로 출생한다는 결론에 도달하고, 지능은 유전에 의해서 영향을 받는다는 유전론을 주장하였다.

Galton의 연구 이후 지능에 대한 유전의 중요성을 강조한 연구가 많이 이루어졌다. 그러나 지능발달에 유전의 영향뿐만 아니라 환경의 영향을 입증하는 연구들이 계속 발표되면서 유전과 환경의 상대적 영향도에 대한 논쟁이 오늘날 가장 큰 쟁점이 되고 있다.

Newman, Freeman 그리고 Holzinger(1937)는 유전적 차이가 없는 일란성 쌍생아가 다른 환경에서 양육된 경우, 그들의 IQ와 환경 차이 간의 상관관계를 연구하여 지능 발달에서 환경의 중요성을 발견하였다. 그들이 19쌍의 쌍생아를 대상으로 연구한 결과에 의하면, 교육적 · 문화적 환경 차이와 IQ 및 학교성적의 차이 간의 상관계수는 0.90으로서 매우 높게 나타난 반면에, IQ 및 학교성적의 차이와 가정의 물리적 조건의 차이 간의 상관계수는 매우 낮게 나타났다. 즉, 그들은 유전적 요인뿐만 아니라 가정의 문화적 수준 등 환경적 요인이 지능 발달에 중요한 영향을 미치고 있다는 점을 입증하였다.

지능발달에서 특히 초기의 풍요한 환경의 중요성을 강조한 Hunt(1961)는 지능을 결정하는 데 유전적 요인 외에 환경적 요인이 중요한 작용을 한다고 주장하였다. 특히 아동의 초기 경험을 중요시하고, 초기의 풍요한 환경이 IQ의 차이를 결정한다고 강조하였다.

Bloom(1964)은 발달 초기의 환경의 질이 지능발달에 얼마나 중요한가에 대하여 본격적으로 연구하였다. 그는 인간의 특성과 변화성에 관한 연구에 관한 방대한 문헌을 분석하여 어릴 때의 문화적 결핍이 성장 후 결핍보다 지능발달에 지대한 악영향을 미친다고 주장하였다.

〈표 3-1〉은 환경 차이가 지능발달에 미치는 가설적 영향을 제시한 자료다. 이 자료를 분석해 보면, 지능발달의 절반이 생후 4년 동안에 발달하고, 생후 4년 동안의 환경결핍이 8세부터 17세까지의 10년 동안의 환경결핍보다 지능발달에 훨씬 더 나쁜 영향을 주고 있다는 것을 알 수 있다. 그리고 풍요한 환경과 결핍된 환경의 차이로부터 지능은 20점의 차이가 발생하고 있다. 이러한 연구결과를 토대로 Bloom은 지능의 발달을 위해서는 풍요한 초기의 경험이 매우 중요함을 강조하였다.

이와 같이 지능발달에 있어서 환경의 중요성을 강조하는 연구들이 많이 발표되는 가운데, 캘리포니아 대학의 Jensen(1969)이 지능발달에 있어서 유전의 중요성을 강조하면서 유전 대 환경의 논쟁에 다시 불을 지폈다. Jensen은 관련 분야의 문헌

〈표 3-1〉 세 연령 단계에서 환경 차이가 지능발달에 미치는 가설적 영향

연령 단계	지능 성숙 백분율	결핍	평균	풍요	풍요-결핍
출생~4세	50	−5	0	5	10
4~8세	30	−3	0	3	6
8~17세	20	−2	0	2	4
계	100	−10	0	10	20

들을 분석하여 지능이란 80%가 유전에 의해서 결정되고 나머지 20%만이 환경에 의한 것이라고 주장하며, 유전은 지능 수준을 결정하는 기본요인으로써 비록 교육이나 좋은 환경이 IQ점수를 올릴 수 있기는 하지만, 유전적으로 결정된 한계를 벗어날 수 없다고 하였다.

Jensen의 이러한 주장은 다음과 같은 두 가지 사실에 근거를 두고 있다.

첫째, 일란성 쌍생아가 비록 다른 환경에서 양육된 경우에도 IQ점수가 매우 높은 유사성을 보이고, 유전적 거리가 멀어질수록 IQ의 상관계수가 낮아진다는 많은 쌍생아 연구의 자료들을 제시하며 지능에 유전적 영향을 강조하였다.

둘째, 사회계층이 같은 집단이라도 미국 흑인들은 백인이나 동양계보다 지능검사에서 IQ점수가 일반적으로 낮게 나타난다는 사실을 근거로 지능에 유전적 영향을 주장하였다. 그는 물론 개개의 흑인들이 개인차가 있기 때문에 예외적으로 개인에 따라서는 높은 IQ점수를 받을 수도 있을 것이고, 백인이나 동양인도 개인에 따라서는 낮은 점수를 받을 수도 있겠지만, 집단의 평균치는 분명히 다른 인종보다 낮게 나타나고 있는데, 이것은 유전적 요인이 개입되어 있다는 증거라고 주장하였다.

그러나 Jensen의 이러한 주장은 커다란 논란을 일으키며, 많은 학자들로부터 비판이 제기되었다. 그 주요 비판을 간추려 보면 다음과 같다.

첫째, 아동의 초기 경험이 지능발달에 큰 영향을 미치고 있다는 것에 대한 증거가 여러 연구에서 밝혀졌다는 것이다.

둘째, Jensen은 주로 C. Burt의 쌍생아 연구 자료에 근거하여 지능의 유전요인을

과대하게 평가한 경향이 있다는 것이다. 즉, 연구에서 취급한 환경이 런던 주변이라는 지역적 제한으로 환경의 차이가 크지 않기 때문에 환경의 효과는 작게 나온 반면에, 유전요인은 과대하게 나타났다는 것이다.

셋째, 대부분의 흑인 아동들이 영양결핍 등 부적절한 환경상태에 노출됨으로써 지능에 영향을 받고 있다는 점도 고려되어야 하는데, 이 점을 간과했다는 것이다.

생후의 환경자극이 지능의 발달에 어느 정도 영향을 미치는가에 대해 주목을 끄는 연구가 있는데, Herber(1970)와 그의 동료들은 미국 미네소타 주의 밀워키 시의 결핍된 환경에서 살고 있는 IQ 75 이하의 흑인 여자의 자녀들을 대상으로 지능발달에 대한 환경자극의 영향 정도를 알아보기 위해 실험을 실시했다.

우선 그 아동들을 무작위로 실험집단과 통제집단으로 분류하고, 통제집단의 아동들에게는 아무런 자극을 주지 않되, 실험집단의 아동들에게만 학교에 입학할 때까지 1주일에 5일간씩 하루에 7~8시간 집중적으로 언어자극과 지적 자극을 주었다. 이와 같은 실험을 실시한 결과, 2세 때 벌써 실험집단은 통제집단에 비해 IQ가 25점이나 높게 나타나는 것을 발견하였다. 이러한 현상은 5세 반이 될 때까지 계속적으로 조금씩 높아졌으며, 실험집단의 아동들은 자기 어머니보다도 IQ가 50점 정도가 더 높게 나타났다(이성진, 2004).

이러한 연구결과는 취학 전 아동들에 대한 다양한 경험과 교육 등 환경자극이 지능발달에 얼마나 중요한지를 밝힌 것으로서 앞에서 언급한 발달 초기의 환경의 질이 지능발달에 지대한 영향을 미친다는 Bloom의 주장을 지지해 주고 있다.

최근 가족 간 지능의 상관관계를 통하여 그 유전적 영향을 밝히기 위해 Bouchard와 Mcgue(1981)는 동일 가계 내의 가족 간의 지능지수의 상관관계에 관한 전 세계 111편의 연구를 종합하여 다음과 같은 〈표 3-2〉를 작성하였다. 〈표 3-2〉에서 보면, 상관계수가 높으면 높을수록 지능에 유전의 영향이 크게 개입된 것으로 나타난다.

이 연구결과에 의하면 상관계수가 친부모와 자식 간은 .40이고, 양부모와 양자 간에는 .31로서 친부모와 자식 간이 보다 높게 나타나고 있는데, 이는 지능에 유전적인 영향이 있음을 시사한 것으로 볼 수 있다. 그러나 한편, 일란성 쌍생아나 형제라도 다른 환경에서 양육된 경우에는 동일 환경에서 양육된 경우보다 상관이 더 낮

〈표 3-2〉 동일 가계 내의 가족 간의 지능지수의 상관관계

관계	상관계수
• 일란성 쌍생아 1. 동일 환경에서 양육 2. 다른 환경에서 양육	 .86 .72
• 이란성 쌍생아 1. 동일 환경에서 양육	 .60
• 형제 1. 동일 환경에서 양육 2. 다른 환경에서 양육	 .47 .24
• 친부모와 자식	.40
• 양부모와 양자	.31
• 사촌	.15

은 것으로 조사되었다. 이러한 상반된 결과는 지능이 유전요인에 의해서 영향을 받지만, 생후 환경적인 요인에 의해서도 영향을 받고 있는 것으로 해석할 수 있다.

이상에서 살펴본 지능의 발달에 대한 여러 가지 연구들은 유전적인 측면과 환경적인 측면이 모두 지능에 영향을 미친다는 점에 대해서는 부인하지 않는다. 다만, 유전을 강조한 입장에서는 환경적인 영향도가 낮다고 보는 반면에, 환경을 강조하는 입장에서는 지능의 발달에 환경이 크게 작용한다고 보는 점에서 차이가 있다. 지능발달에 환경이 매우 중요하다는 것은 명백하다. 그러나 그 영향도가 어느 정도인지에 대해서 분명하지 않다.

일찍이 Anastasi(1958)는 지능의 발달에 유전과 환경 중 어느 것이 더 영향을 미치며, 각각 두 요인이 어느 정도의 영향을 미치고 있는가 하는 식의 유전 대 환경의 논쟁에 대한 그 한계성을 지적하고, 유전과 환경의 관계를 보는 시각은 두 요인이 어떻게 상호작용하는가에 초점이 맞추어져야 한다고 주장하였다.

그러면 유전적 요인과 환경적 요인은 지능의 발달에 어떻게 작용하는가? 두 요인은 각각 별도로 작용하는가, 아니면 상호작용하며 지능발달에 영향을 주는가?

앞에서 언급한 바와 같이 지능은 유전과 환경의 상호작용에 의해서 결정된다는 것이 오늘날 대부분의 교육심리학자들의 견해다. 즉, 출생 시에 이미 유전에 의해

개인의 잠재적인 지능의 발달 범위가 결정되지만, 출생 후에는 개인의 지능발달 범위 내에서 다양한 환경자극의 영향을 받으며, 유전적 요인과 환경적 요인이 상호작용하면서 발달한다는 것이다.

이와 같이 두 요인의 상호작용에 의하여 어떤 아동이 비록 유전적으로 높은 지능을 타고났다고 할지라도 환경자극이 결핍된다면 지능은 낮게 나타날 가능성이 있고, 환경자극이 풍부할수록 지능은 높아질 것이다.

지능발달에서 유전과 환경의 상호작용 관계를 잘 설명해 주고 있는 연구로는 Gottesman(1963)의 연구를 들 수 있다. Gottesman은 결핍된 환경, 보통 환경, 풍요한 환경에서 각기 성장한 사람들 중에서 유전된 지적 잠재력이 다른 네 유형의 사람, 즉 정신박약(정신결함), 정신지체(저능), 보통지능, 우수지능을 가진 사람들의 가상적인 지능의 변화 범위를 제시하였는데, 어느 경우든 풍요한 환경은 IQ를 높게 하고 결핍된 환경은 IQ를 저하시키고, 또한 지적 잠재력에 따라서 지능의 변화 범위는 각기 다르게 나타난다고 주장하였다.

즉, 보통 또는 우수한 지능의 유전자를 가진 사람이 동일 환경에서 성장할 경우 정신박약이나 정신지체를 가진 사람보다 지능 변화의 상하 폭이 더 넓은 범위에서 변화한다는 것이다. 다시 말하면, 지능의 잠재력이 우수한 유전자를 가진 사람은 풍요한 환경을 최대한 이용할 줄 아는 능력을 가지고 있기 때문에 지능점수가 가장 높게 발달할 것이고, 반면에 결핍된 환경에서 그의 지능점수는 다른 유형의 사람보다 감소율이 가장 높을 것이다.

예를 들면, 정신지체자의 IQ는 결핍된 환경에서 IQ 30으로 저하되지만, 풍요한 환경에서는 IQ 70까지 높아질 수 있기 때문에 IQ의 변화 범위는 40이다. 그러나 우수한 IQ 유전자를 가진 사람은 결핍된 환경에서는 IQ가 65까지 저하되고, 풍요한 환경에서는 IQ가 150 이상까지 높아질 수 있기 때문에 IQ의 변화 범위가 더 넓게 나타난다는 것이다.

(2) 지능발달에 영향을 주는 환경요인

앞에서 살펴본 것처럼 지능은 유전요인과 환경요인의 상호작용에 의하여 발달하며, 특히 초기의 풍요한 환경이 지능발달에 큰 영향을 미친다. 그러나 유전요인은 후천적으로 변화시킬 수 없는 것이기 때문에 교육현장에서 관심을 갖는 것은 환경의 영향이다.

지능발달의 경향은 일반적으로 신체적 발달과 유사하여 아동기까지 가속적으로 발달하다가 15세 정도에 이르면 성인의 90% 수준에 달하게 되고, 20세 정도에서 정점을 이루고 그 이후에는 거의 정지 상태를 유지하다가 오히려 낮아지는 것으로 알려져 있다. 이러한 지능발달에 어떤 환경요인들이 영향을 미치는가에 대해서 살펴보자.

지능에 대한 환경의 영향은 태아 때부터 시작되는 것으로 보인다. 많은 연구들은 임신 기간 중의 태교뿐만 아니라 태아의 영양상태, 모체의 건강 등도 지능에 영향을 미친다고 주장한다. 오래전부터 우리나라에서는 임산부의 언행이 태아 발달에 영향을 미친다고 하여 태교를 중요시하였다.

Mora(1974)는 태아의 영양상태가 지능발달에 크게 작용한다고 주장하였다. 그는 영양상태가 적절한 아동과 상태가 좋지 않은 아동 400명의 지능을 비교한 결과, 영양이 적절한 집단의 지능 평균은 98점인 데 비하여 영양상태가 좋지 않은 집단은 83점으로 집단 간의 지능 평균이 15점 정도 차이가 발생하는 것을 발견하고 태내환경에 영양공급의 중요성을 강조하였다.

이에 대해 Thomson과 Pollitt(1977)는 영양부족보다도 단백질 결핍이 지능의 결손에 더 심각한 영향을 준다고 주장한다.

Terman(1937)은 환경 중에서 교육적 환경효과가 지능발달에 큰 영향을 준다고 주장하였다. 그는 도시 아동과 비도시 아동의 비교연구에서 도시 아동들이 비도시 아동들보다 IQ가 평균 6.5점이나 높게 나타나는 연구결과를 제시하면서 그러한 원인은 학교제도, 시설, 교육내용 등이 비도시 지역보다 우수하기 때문이라고 설명하고 있다.

지능발달에 가정환경도 중요한데, Wolf(1964)는 지능과 가정환경의 관계에 관한 연구에서 지능발달에 영향을 미치는 요인들로 가정의 성취동기에 대한 압력(지적 능력에 대한 기대, 지능계발에 대한 지식과 적절한 보상 등), 아동의 언어발달에 대한 압력(상황에 맞는 적절한 언어 사용 지도, 어휘력 확장의 기회 제공, 부모의 모델링), 학습기회 제공(책, 정기간행물, 기타 학습조장물) 등의 환경요인을 제시하였으며, 그는 또한 부모와 자녀 간의 지능의 상관계수는 .50 정도이지만, 가정환경의 요인과 아동들의 지능의 상관계수는 .76으로 나타난 점을 들어 부모로부터 유전되는 지능보다 가정

환경이 지능에 더 많은 영향을 미친다고 주장하였다.

Kagan과 Freeman(1963)도 집중적인 종단 연구를 통하여 가정의 양육방법, 분위기 등과 같은 환경 차이가 지능에 크게 영향을 미친다고 주장하였다. 아동의 지능발달에는 어머니의 교육 정도도 크게 영향을 미친다는 연구도 있는데, 이는 가정환경에 포함된 것으로 볼 수 있다. Yarrow(1975)는 어머니의 교육 정도가 지능발달에 필요한 자극의 질을 결정할 뿐만 아니라 아동의 반응을 더 많이 유발하고, 아동의 관심을 더 많이 불러일으키는 자극물을 마련하고 격려를 더 많이 하기 때문이라고 주장한다.

최근에는 소음공해가 지능발달에 크게 작용한다는 연구들이 발표되고 있다. Cohen, Glass 그리고 Singer(1973)는 맨해튼 고속도로 옆에 위치하여 자동차 소음이 심한 32층 아파트에 거주하는 아동들을 대상으로 지적 발달과 소음과의 관계를 분석하였다. 그들은 초등학생 중 남자 29명, 여자 25명을 대상으로 듣기검사, 어휘검사, 이해력검사 등을 실시한 결과, 소음의 크기만이 아니라 소음에 노출된 기간이 지적 능력과 상관이 높은 것을 발견하였다.

또 Cohen 등(1981)은 LA공항 활주로 인근의 초등학교와 이와 대조되는 조용한 초등학교의 학생들을 대상으로 인지능력검사를 실시하고 비교한 결과, 공항 인근 학교의 학생들의 혈압이 높았고, 주어진 검사를 쉽게 포기하고, 주의 집중을 잘못하며, 지적으로도 잘 순응하지 못하는 것으로 밝혀졌다.

Washas와 Gruen(1982)은 특히 5세 이전 아동들의 지적 발달에 소음공해가 크게 영향을 미친다고 주장하고 있다.

이 밖에도 놀이기구나 장난감이 지능발달에 영향을 미친다는 연구가 있는데, Yarrow, Rubenstein 그리고 Pederson(1975)은 놀이기구와 지능, 문제해결력, 탐구성이 높은 상관관계가 있음을 밝혔으며, Steward(1982), Munichin과 Shapiro (1983)는 이러한 놀이기구가 지적 발달뿐만 아니라 종류에 따라서는 사회적 상호작용까지도 영향을 주고 있다고 주장한다.

이와 같이 인간의 지능발달은 여러 가지 환경자극에 의해서 촉진되지만, 너무 과중한 환경자극은 오히려 지능발달에 나쁜 영향을 미칠 수 있다. 따라서 지능발달에는 자발적인 흥미를 끌 수 있는 환경자극이 요구될 것이다.

Hunt(1964)에 의하면, 지능발달을 위해서는 다양한 환경자극이 필요하지만 아동들이 갑작스럽게 다양한 자극들에 압도당하지 않도록 현재의 발달 수준에 맞게 적정 수준에서 이루어져야 한다고 경고하고 있다.

2. 창의력

1) 정의

최근 창의적 사고가 사회의 발전에 크게 기여할 수 있는 특성으로 간주되면서 학교에서도 창의적 교육에 대한 관심이 높고, 기업체에서도 새로운 아이디어 창출이나 창의적인 제품의 개발 등을 기대하고 창의적 사고의 촉진을 중요시하고 있다.

그러나 창의력이란 용어는 광범위한 분야에서 다양하게 사용되고 있기 때문에 그 개념에 대해서는 학자에 따라 다양하게 정의하고 있다.

창의력에 대해서는 크게 개인의 특성으로 보는 견해와 창의적 결과물을 산출해 내는 기술이나 과정이라고 보는 견해로 분류할 수 있을 것이다. 개인의 특성으로 보는 견해는 다시 지적인 능력으로 보는 입장과 정의적인 특성으로 보는 입장으로 나뉘고, 창의력을 지적 능력의 한 특성으로 보는 견해에서도 창의력을 지능의 한 측면, 사고유형, 사고전략의 하나로 파악하는 입장으로 분류된다.

창의력을 정의적 특성으로 보는 입장에서는 창의력을 일종의 태도나 성격으로 간주한다. 창의적 결과물을 산출해 내는 기술이나 과정으로 보는 견해는 결과에 초점을 두는 입장과 과정에 초점을 두는 입장으로 나눌 수 있다.

창의력에 대한 학자들의 다양한 정의 몇 가지를 간단히 소개하면 다음과 같다.

창의력을 지적 능력으로 본 대표적 학자인 Guilford(1959)는 창의력 연구의 필요성을 최초로 역설하였다. 그는 지능구조모형을 소개하면서 그 모형의 한 부분인 확산적 사고(divergent thinking)를 창의력의 기본이 되는 사고유형으로 보고, "창의력이란 새롭고 신기한 것을 낳는 힘"이라고 정의하였다. 한국행동과학연구소에서도 "창의력이란 기존하는 요소들로부터 적어도 자기 자신에게는 새롭고 유용한 결합을 이루어 내는 능력"으로 정의하고 있다(윤종건, 1994).

이성진(2004)은 "창의력이란 자기 나름대로의 아이디어나 작품을 독창적으로 생각해 내고 추리의 규칙에 얽매이지 않고, 때로는 엉뚱한 생각을 하며, 상궤(常軌)라고 하는 관습적 사고에서 벗어나서 유용한 아이디어를 생산하는 능력이며 태도"라고 하면서 창의력은 지적 요소와 정의적 요소를 모두 포함하는 개념으로 정의하고 있다.

창의적 결과물을 산출해 내는 기술이나 과정으로 보는 견해로는 Torrance, Olsan, Gallagher 등의 정의를 들 수 있는데, Torrance(1977)는 "창의력이란 곤란한 문제를 인식하고 그것을 해결하기 위하여 아이디어를 내고, 가설을 세우고 검증하며, 그 결과를 전달하는 과정"이라고 정의하면서 그의 저서 『창의력과 사토리를 찾아서(The Search for Satori and Creativity)』(1979)에서 "창의력이란 더 깊게 파고, 두 번 보고, 실수를 감수하고, 고양이에게 말을 걸어 보고, 깊은 물속에 들어가고, 잠긴 문 밖으로 나오고, 태양에 플러그를 꽂는 것"이라고 표현하고 있다.

Olsan(1988)은 "창의력이란 어떤 개인의 독특성에서 나오는 내부의 힘으로서 그 사람에게 가치가 있는 새로운 생각이나 참신한 통찰력들을 산출하는 것"으로 정의하였고, Gallagher(1985)는 창의력을 "새로운 아이디어나 산물을 창출해 내거나, 기존의 아이디어나 산물을 참신한 방법으로 재결합하는 정신과정"으로 정의한다.

Taylor(1961)는 창의력에 관한 100여 가지의 정의들을 3가지로 분류하여 정리하였는데, 그 첫째는 표현적 창의력으로 예술이나 문화적 측면이고, 둘째는 발명적 창의력으로 과학 기술적 측면이며, 셋째는 혁신적 창의력으로 조직이나 경영 측면이다. 그는 이러한 틀 안에서 생산적 사고와 창의적 사고를 포함하는 복잡한 심리적 과정으로 창의력을 파악하고 있다.

이처럼 창의력이 무엇인가에 대해서는 다양한 정의가 있지만, 이를 간단히 정의한다면, 창의력은 자신의 지식이나 경험을 바탕으로 자신에게 유용한 새로운 것을 생각하고 만들어 내는 능력이라 할 수 있다. 그리고 창의력은 지능과 같은 능력으로서 지적인 개념이지만, 지능과는 별로 상관관계가 높지 않은 것으로 밝혀지고 있다.

2) 창의력의 본질에 관한 학설

창의력이란 무엇인가? 그 본질을 규명하기 위한 대표적인 학설로는 Guilford의 창의적 사고 요인설, Ghiselin과 Rogers 등의 과정론, Wallas의 문제해결론, Freud와 Maslow 등의 성격특성론이 있다(윤종건, 1994).

(1) Guilford의 창의적 사고 요인설

Guilford(1959)는 창의력을 단순히 여러 가지 지능의 구성요인 중의 하나로 보고 있다. Guilford는 자신이 제안한 180개의 지능 구성요인을 설명하기 위해 세 가지 필수요소, 즉 인지활동, 내용, 결과를 세 축으로 하는 입방형의 지능구조모형을 제시하였는데, 이러한 다양한 지능의 구성요소 중에서 인지활동 영역에 포함된 확산적 사고력이 창의력과 관련되는 능력으로 보고 그 하위요인을 다시 분석하여 여러 가지 요인을 추출하였다.

Guilford는 이러한 창의력과 관련된 요인들 중에서 특히 창의적인 사람은 문제에 대한 감수성(sensitivity), 사고활동의 유창성(fluency), 사고의 융통성(flexibility), 사고와 행동의 독창성(originality) 등이 높다고 주장하였다.

문제에 대한 감수성은 넓은 시야와 탐구심을 가지고 문제를 잘 인식하는 능력을 말하고, 유창성은 문제 상황에서 짧은 시간에 가능한 많은 양의 아이디어를 산출해 내는 능력으로서 언어의 유창성, 연상의 유창성, 표현의 유창성, 아이디어 유창성 등이 포함된다. 융통성은 사고의 넓이로서 경직되고 고정적인 사고의 틀을 깨고 발상의 전환과 유연한 사고를 통하여 다양한 해결책을 찾아내는 능력을 말한다. 그리고 독창성은 기존 지식과 경험을 조작하여 참신하고 독특한 새로운 것을 만들어 내는 능력을 의미한다.

(2) 과정론

과정론은 창의력을 하나의 심리적 과정으로 보는 입장이다.

Ghiselin(1952)은 창의력을 자기의 주관적 생활을 조직해 나가는 데서 보이는 변화와 발전, 그리고 진화를 추구하는 하나의 과정으로 보고 있다. 그 과정은 기존 질서에 대한 불만으로부터 시작하여 새로운 질서의 발견 또는 완성에서 끝나게 된다는 것이다.

한편, Rogers(1959)는 창의력에 대해 문제-사람-환경의 관계로 보고, 창의력이란 하나의 새로운 결과를 야기하는 행동의 출현이며, 그것은 그 개인의 독특성과 그 개인을 둘러싼 사건, 사람, 정보, 자기의 생활상의 어떤 사정 등에서 생성되는 과정으로 파악하고 있다. 그리고 이러한 과정을 찾는 동기를 가리켜 Rogers는 자기 실현 또는 자기표현의 경향성이라고 불렀다.

Rogers는 창의력을 발휘하기 위한 심리적 조건으로 심리적 안정과 자유를 들고 있다. 창의력은 창의자의 심리적 안정과 심리적 자유의 기초 위에서 발휘될 수 있을 것이다. 즉, 신기하고 이상한 것에 대해 관용하고 격려하는 사회적 분위기가 조성되어야 창의력은 자유롭게 발휘될 수 있을 것이고, 창의자가 외부의 평가를 두려워하는 불안정한 심리상태에서는 창의력이 제대로 발휘될 수 없을 것이다.

(3) 문제해결론

문제해결론의 입장에서는 창의력을 문제해결력으로 보는데, Wallas는 창의적인 문제해결은 준비기, 배양기, 영감기, 검증기의 4단계를 거친다는 것이다.

① 준비기

주어진 문제를 여러 각도에서 지각하고 이해하는 단계를 말한다.

② 배양기

지각되고 이해된 문제의 해결책을 찾아야 할 필요와 의욕은 있지만, 문제해결의 아이디어가 머리에 떠오르지 않으면 며칠 또는 몇 년 동안이라도 그 문제를 제쳐 두는 단계를 말한다.

이러한 배양기는 다시 두 단계로 나누어진다. 첫 번째는 의식적으로 그 문제를 생각하지 않고 잊으려는 단계이고, 두 번째는 의식적으로 다른 일에 몰두함으로써 자연스럽게 먼저의 문제를 잊게 되는 단계다. 이 두 번째 단계가 의미 있는 단계인데, 여러 가지의 서로 다른 문제들을 벌여 놓고 미완성인 상태에서 정신적으로 휴식하고 있는 동안 문제해결에 대한 기발한 아이디어가 떠오르게 된다는 것이다.

Freud와 같은 심층심리학자들은 이와 같은 사고과정이 무의식 수준에서 일어나는 것으로 본다.

③ 영감기

문제해결의 아이디어가 어느 날 갑자기 섬광처럼 번쩍 떠오르는 단계를 말한다. 이러한 아이디어 출현의 직전과 직후에 일어나는 심리적 과정은 문제의식이 무의식에서 의식에 가까운 부분으로 옮겨지는 현상인데, 이것은 사람에 따라 관찰되지 못하는 경우가 있다. 이러한 경우를 영감(illumination)이라고 한다.

Nierenberg(1982)에 의하면, 논리적 · 순차적 사고로부터 벗어나 의미를 인식할 수 있을 때까지 새로운 치환이나 병렬을 시도하면서 지식이 모인 저장소를 자유롭게 배회하다가 어느 순간 영감의 형태로 의식 표면에 나타나게 된다는 것이다.

④ 검증기

영감기에서 떠오른 아이디어가 문제해결책으로 적절하고 타당한 것인지에 대해 검증하고, 그 검증결과에 따라 완전한 해결책으로 정리하게 되는 단계를 말한다.

(4) 성격특성론

성격특성론은 창의력을 성격특성의 하나로 보는 입장이다. 정신분석학자들은 창의력을 창의적 상상과 동일시하고, 이 창의적 상상은 개인이 갖는 갈등에 연유한다고 한다. 즉, 인간은 어렸을 때의 즐거웠던 유희나 다른 경험을 계속시키려는 상상, 백일몽과 같은 대치(代置)현상을 가짐으로써 현실에서의 갈등을 해소하려는 본능을 가지고 있는데, 대부분의 창의적 소산은 이러한 과정에서 자유스럽게 나타나는 공상이 구체화된 것이라는 것이다. 따라서 갈등 또는 억압된 정서의 누적을 해소하는 과정에서 나타나는 공상을 어떻게 받아들이느냐에 따라 인간은 창의적인 사람이 될 수도 있고, 그렇지 못할 수도 있다는 것이다.

한편, Maslow는 인간의 기본적인 욕구 단계를 최하위의 생리적 욕구에서부터 최상위 단계인 자아실현의 욕구까지 다섯 단계로 나누고 있는데, 이러한 욕구들은 단계를 이루고 하위 단계의 욕구가 충족되지 않으면 상위 단계의 욕구는 위축되고 속박을 받게 된다는 것이다. 따라서 창의적인 인간이 되려면 최상위 욕구인 자아실현의 욕구가 충족되어야 한다고 주장하였다.

3) 창의적인 사람의 특징

Guilford는 창의력의 요인으로 문제에 대한 감수성, 사고활동의 유창성, 사고의 융통성, 사고와 행동의 독창성 등을 제시하고 있는데, 이러한 요인들은 창의적인 사람들이 공통적으로 갖고 있는 특징으로 볼 수 있을 것이다.

창의력을 성격특성으로 설명하려는 성격특성론자들은 창의적인 사람들의 특성을 다음과 같이 들고 있다(윤종건, 1994).

- 창의적인 사람은 사회적 문제보다 아이디어나 사물에 보다 깊은 관심과 흥미를 갖고 있으며, 그러한 문제를 해결하는 데에 보다 높은 가치를 부여하고 있다.
- 판단과 사고에서 독립성을 보다 많이 보인다.
- 자기표현에 강한 의욕이 보이고, 타인의 통제를 거부하는 태도가 강하며, 지배욕이 강하다.
- 다방면에 걸친 새로운 경험영역에 자기 자신을 개방한다(즐겨 빠진다).
- 복잡하고 모호한 문제에 관용하며, 그러한 문제에 오히려 더 도전하려는 경향을 보인다.
- 창의적인 사람은 대다수 사람의 생각 혹은 행동상의 표준에서 용감하게 이탈하며, 그러한 태도를 굽히지 않는 끈기와 용기를 보이고 있다. 심미적 · 이론적 가치를 가장 많이 선호한다.
- 성취 · 지배 · 자율 · 독립 · 무질서 · 변화 · 공격의 욕구가 보다 강하다.

한편, 고등학생을 대상으로 Goyal(1972)이 시행한 연구결과에 의하면, 창의적인 학생들은 보다 정열적이고 내향적 성향을 가지고 있으며, 독립적인 사고와 활동성, 개방적이며 관대하여 자신과 반대되는 가치도 수용하는 것으로 나타났다.

이 밖에도 McKinnon(1962, 1978)에 의하면, 창의적인 사람은 독립적이고 개성적이고 타인의 요구나 기대에 구애받지 않는 경향이 뚜렷하며, 자신의 감정과 정서에 개방적이고 민감한 지력을 가지고 있으며, 판단보다는 지각과 경험에 더 몰두하며 개방적이고 불완전하거나 모호한 상황을 잘 견디고 그것을 완성하고자 한다고 밝히고 있다.

또한 Sternberg(1988)는 창의적인 사람들의 인성 특성으로 모호한 것에 대한 인내, 장애물을 극복하려는 의지, 성장하고자 하는 의지, 내적 동기, 적절한 모험심, 인정받고자 하는 욕구, 인정받기 위해서 일을 하고자 하는 의지 등을 지적하였다.

4) 창의력과 지능과의 관계

많은 학자들이 창의력과 지능과의 상관관계를 밝힌 바 있으나 그 관계는 다양하게 나타나고 있다. 즉, Andrew의 연구에서는 .02 ~ .03으로, Mayer는 .22로, Welch는 .27로 그 상관관계를 분석하였고, 과학자들을 대상으로 한 Meer와 Stein의 연구에서는 .48 ~ .36으로, 초등학교 6학년을 대상으로 한 Torrance의 연구에서는 .32로 나타나는 등 연구결과들 사이에 큰 차이를 보이고 있다.

그러나 어느 연구에서나 공통적으로 창의력과 지능은 아주 낮은 상관관계를 보이고 있다는 것이다(임승권, 1994). 따라서 지능이 높다고 해서 모두 창의적이지도 않고, 창의적인 사람이라고 해서 모두 지능이 높지도 않다. 그러나 창의적이기 위해서는 어느 정도의 지능이 필요할 것이다.

한편, 창의력과 학업성취도 사이에는 어떤 관계가 있을까? 앞에서 우리는 지능과 학업성취도 사이의 상관계수는 높게 나타나고 있어서 지능지수는 학습능력을 예측해 주는 가장 훌륭한 지표로 활용된다는 것을 설명한 바 있다. 창의력과 학업성취의 상관에 대한 많은 연구들은 창의력과 지능이 전혀 별개의 지적 능력이면서도 지능과는 별도로 학업성취도에 영향을 미치는 요인으로 지적하고 있다.

대표적으로 Getzels와 Jackson(1962)은 창의력과 학교학습과의 관계를 지능과 대비하여 밝히기 위하여 연구하였는데, 그들은 창의력 검사를 제작하여 지적으로나 학업적으로 우수한 중상류층 가정 출신으로 구성된 사립학교를 대상으로 창의력은 상위 20%에 포함되나 지능 수준은 낮은 학생집단(고창의력 집단)과 지능은 상위 20%에 포함되나 반대로 창의력은 낮은 집단(고지능 집단)을 분류하고, 그들의 학업성취와 행동특성을 비교한 결과 〈표 3-3〉을 얻었다. 특히 그들은 창의력과 지능의 관계를 분명히 하기 위하여 창의력과 지능이 동시에 높은 학생은 제외하였다.

〈표 3-3〉을 분석해 보면, 고지능 집단과 고창의력 집단 간의 IQ 차이는 매우 현저하나 학업성취도에 있어서는 고창의력 집단이 약간 높게 나타나고, 전체 평균보다는 IQ점수가 5점이나 낮지만 학업성취도는 매우 높게 나타나고 있다. 이 결과를 통하여 학업성취도는 지능만이 아니라 창의력과도 깊은 상관을 맺고 있다는 점을 시사한다고 볼 수 있다.

또 한 가지 주목할 사항은 고창의력 집단이 고지능 집단에 비하여 성취동기가 약

〈표 3-3〉 고지능 집단과 고창의력 집단 간의 측정치 비교

측정치	전체학생 N=449	지능이 높은 집단 N=28	창의력이 높은 집단 N=24
IQ	132	150.00***	127.00
학업성취	50.00	55.00***	56.27***
성취동기	50.00	49.00	50.04
교사평가	10.23	11.2**	10.54

*** P<.001 수준에서 전체집단과 유의한 차가 있음
** P<.01 수준에서 전체집단과 유의한 차가 있음

간 높게 나타났으며, 또한 교사들은 학업성취도에 의해서만이 아니라 지능이 높다는 사실만을 가지고 바람직한 학생으로 평가하는 경향이 있다는 점에 유의해야 할 것이다.

이와 같이 고창의력 집단은 고지능 집단이나 전체학생 평균보다도 IQ점수가 낮지만 학업성취도는 제일 높게 나타나고, 또한 교사들로부터도 고지능 집단에 비해 긍정적인 평가를 받지 못하면서도 학업성취도가 높게 나타내는 사실에서 창의력의 중요성을 인식할 수 있을 것이다.

5) 창의력 검사

창의력 검사는 다른 영역의 심리검사에 비해 아직 연구의 초기 단계에 머물러 있으며, 개발된 검사 또한 소수에 불과한 실정이다. 창의력을 측정하는 가장 대표적인 검사로는 Torrance의 창의적 사고검사(Torrance tests of creative thinking)와 Mednick의 원격연합검사(Remote Associates Test)가 있다. Torrance의 창의적 사고검사는 Guilford의 확산적 사고에 기반을 두고서 유창성, 융통성, 독창성 등을 측정하는데, 이것은 언어검사와 도형검사로 구분된다.

언어검사는 다음의 7가지 활동으로 구성되어 있다(문정화 외, 1999).

- 생각할 수 있는 모든 것을 질문하기
- 가능한 모든 원인 상상하기

- 가능한 모든 결과 상상하기
- 코끼리나 원숭이 인형을 가지고 좀 더 재미있게 개선해 보기
- 종이 상자나 빈 깡통의 다른 용도 찾기
- 일반 사물에 대한 특이한 질문하기
- 사실과 다른 상황에서 상상해 보기

또한 도형검사는 다음 3가지 활동으로 구성되어 있다.

- 그림 구성하기
- 그림 완성하기
- 동그라미 또는 선으로 그림 그리기

Mednick에 의해 개발된 원격연합검사(Remote Associates Test)는 두 개 이상의 대상을 연합하는 능력을 창의성으로 보고 비교적 관련성이 없어 보이는 대상의 연합을 쉽게 할 수 있는 능력의 정도에 따라 창의성을 측정한다. 이 검사는 겉으로 보기에 별로 관계가 없을 것 같은 세 개의 단어들을 주고 그 단어들 간에 효과적으로 연합을 할 수 있는 네 번째의 단어를 찾도록 하는 방식이다.

Torrance(1984)는 창의력 검사를 받은 사람들이 성인이 되었을 경우, 그들의 창의력 성취 수준을 예측하는 데 타당도 측면에서는 지능검사보다 더 우월한 것으로 밝히고 있다. 그러나 창의력 검사는 일반적으로 검사의 신뢰도나 타당도에 의문이 제기되고 있고, 창의력 검사도구들이 진정으로 창의력을 측정하고 있는지에 대해서도 의문이 제기되고 있다.

짧은 시간 동안 제한된 공간에서 시행된 검사로 다양한 상황에서의 창의적 능력을 정확히 평가한다는 것은 어려울 것이다. 배양기간이 충분하지 못하기 때문에 검사가 끝난 후에 창의적인 아이디어가 떠오를 수 있다. 또한 반응의 개별성을 강조하기 때문에 지능검사에 비해 표준화 작업에 어려움이 있다는 점도 문제점으로 지적되고 있다. 따라서 창의적인 능력을 판별하기 위해서는 창의력 검사결과에만 의존하지 말고 교사의 관찰이 병행되어야 할 것이다

여러 학자들이 제작한 창의력 검사 문항의 예를 『현대 심리학개론』(이훈구, 1984)

에서 인용하여 소개하면 다음과 같다.

1. 독창성(Flanagan, 1973)

A) 아주 드문 폭풍이 작은 도시의 TV방송국의 송신탑을 파괴했다. 그 방송국은 높은 건물들이 전혀 없는 평지의 대초원에 있는 한 도시에 소재하고 있었다. 300피트의 그 탑으로 그 방송국은 농촌지역에 커다란 도움을 줄 수 있었다. 그리고 그 방송국 경영자는 새 탑이 건설되는 동안에도 계속 서비스를 제공하고 싶었다. 그 문제는 ____________ 을 사용함으로써 당분간 해결되었다.

B) 제조과정의 일부로써 긴 컵 모형의 주물의 안쪽 모서리에 기계로 찍은 가는 줄이 나 있었다. 그 회사는 줄 내는 공정으로 생긴 금속 조각들은 양쪽을 긁어 내지 않고는 제거하기가 어렵다는 것을 알아냈다. 설계기술자는 그 공정을 _________ 하게(로) 수정함으로써 이 문제를 해결할 수 있었다.

2. 특이한 용도(Guilford, 1954)

생각할 수 있는 한 용도를 많이 들어라.

A) 이쑤시개

B) 벽돌

C) 종이철(a paper clip)

3. 결과(Guilford, 1954)

국가법과 지방법 모두가 갑자기 폐지된다면 일어날 법한 것을 모두 상상해 보라.

4. 우화의 결말(Getzels and Jackson, 1962)

다음 우화에 대한 세 가지 결말(도덕적인, 유머러스한, 슬픈)을 써 보시오.

〈장난을 좋아하는 개〉

장난꾸러기 개 한 마리가 지나가는 사람마다 살짝 달려가서 경고도 없이 물어 버렸다. 그래서 주인은 그가 어디에 가든 알 수 있도록 그 개의 목에 방울을 매달지 않을 수 없었다. 이것이 정말 멋지다고 그 개도 생각했다. 그리고는 온 시내를 이리저리 돌아다니며 방울을 딸랑거렸다. 그러나 늙은 사냥개 한 마리가 말하길…….

5. 생산품 개선(Torrance, 1966)

피험자에게 어린이 장난감이나 특수직에 사용되는 도구와 같은 일련의 물건을 제시하고 나서 그것들을 개선할 수 있는 제안을 해 보라고 부탁한다.

6. 형태의 미(Wallach and Kogan, 1965)
   여러 모양의 기하학적 도형들을(아래에 주어진 보기와 같은) 피험자에게 제시하고 각 모양들이 될 수 있는 사물들을 모두 상상해 보라고 부탁한다.

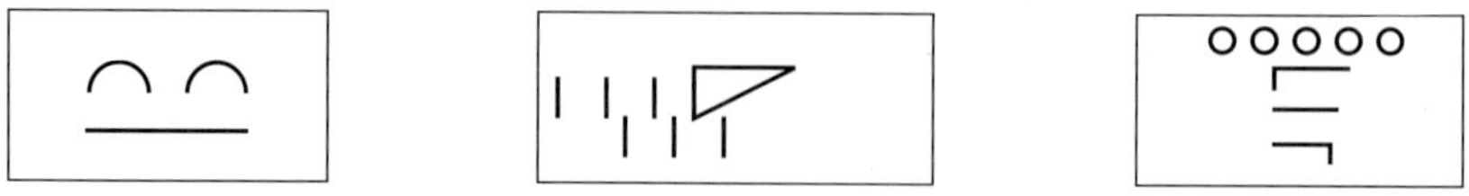

7. 단어연상(Getzels and Jackson, 1962)
   다음 단어들 각각에 대해 가능한 한 많은 뜻을 써 보시오.
   A) 오리　　B) 포대　　C) 정상　　D) 시장

6) 창의력 계발

창의력은 개인적 능력의 차이는 있지만 누구나 선천적으로 가지고 태어난다. 그러나 그것을 후천적으로 계발 · 육성하지 않기 때문에 제대로 발휘하지 못하고 있다.

일반적으로 지능은 아동기까지 가속적으로 발달하다가 15세 정도에 이르면 성인의 90% 수준에 달하게 되고, 20세 정도에서 정점을 이루고 그 이후에는 완만한 하향곡선을 그린다. 반면에, 창의력은 30세 이후까지 서서히 발달하다가 점차 하향곡선을 그리며, 70세 이후에는 다시 증가하는 경향이 있는 것으로 알려져 있다. 세계적으로 유명한 발명가 1000명을 대상으로 그들이 창의력을 발휘한 평균연령을 분석해 본 한 연구결과에서도 그들의 평균연령이 74세로 나타났다.

따라서 창의력은 지능보다도 후천적으로 계발 가능성이 더 높다고 하겠다. 그동안 많은 연구결과들도 창의력은 후천적 경험이나 훈련에 의해서 학습되는 능력이라고 밝히고 있어 그 계발 가능성을 말해 주고 있다(임승권, 1994).

Malzman(1960)은 일차적으로 훈련을 통하여 창의적 반응을 강화시켜 창의적 행동을 보다 많이 유발할 수 있다고 주장하였고, Torrance(1988)도 창의력은 타고난 것보다도 교육과 훈련을 통하여 계발될 수 있다는 점을 강조하였다.

Meadow와 Parnes는 창의력이 훈련을 통하여 향상될 수 있는가에 대하여 과학적 검증을 실시하였다. 그들은 버펄로 대학생 330명을 대상으로 해서 한 학기 동안 창의력 코스를 받은 학생과 그렇지 않은 학생을 비교해 본 결과, 학생들의 능력 수준은 비슷하면서도 아이디어를 생각해 내는 능력에서 94%(약 2배) 이상 차이가 났다고 발표하였다(Osborn, 1963).

다음에서는 창의력을 계발하는 방법으로 창의력 계발을 위한 가정과 교사의 역할과 훈련기법을 통하여 계획적으로 계발하는 방법에 대해서 살펴본다.

(1) 창의력 계발을 위한 부모와 교사의 역할

창의력은 부모와 교사들이 학생들을 어떻게 대하느냐에 따라 그 계발 가능성에 중요한 영향을 미친다. 따라서 창의력 향상을 위해서 부모나 교사들은 학생들의 창의적 잠재력을 강화시켜 주고, 계발해 주며, 동기를 지속적으로 유발시켜 주어야 할 것이다(임승권 1994).

McKinnon(1962)은 창의적 건축가들에 관한 연구를 통하여 그들이 창의적인 사고를 갖게 된 것은 공통적으로 가정에서의 교육효과 또는 부모의 자녀에 대한 태도에서 비롯된 것을 발견하였다. McKinnon은 창의적 건축가들의 부모들이 공통적으로 자녀들이 어렸을 때 항상 존중해 주고, 장차 적절한 일을 해낼 수 있는 능력의 소유자임을 확신하고 있었으며, 항상 일관되고 확실한 지도를 하면서 성실성, 재능, 시직인 노력, 성공, 야심 등을 강조하고 있었다는 점을 밝혔다.

Wallach(1970)는 창의적인 성인의 경우 일반적으로 어린 시절에 풍부하고 다양한 경험에 노출되었고 질문을 하도록 조장되었으며, 자신들의 생각을 적극적으로 실험으로 검증하며 자신들의 관심을 취미와 특별한 재능과 기술 계발을 통해 추구해 나가도록 조장되는 환경을 가졌음을 발견하였다.

Torrance(1988)도 22년 동안의 종단적 연구를 통하여 창의력 계발에는 교사의 역할이 중요함을 발견하였다.

이와 같이 창의력의 향상을 위해서는 부모와 교사들의 역할이 중요한데, 부모와 교사들은 학생들에게 확산적 사고와 상상력이 조장되고 보상될 수 있는 환경을 조성해 주는 것이 무엇보다 중요하다 할 것이다.

창의력 계발과 향상을 위한 Yelon과 Weinstein(1977)이 제시한 10가지 제안은 부모나 교사들에게 유용한 지침이 될 수 있을 것이다. 이를 소개하면 다음과 같다.

• 학생들이 경험할 수 있는 것에 제한을 두지 않는다. 즉, 경험을 잘 배합해 주고

개방성을 조장해 주며 여러 가지 지적 경험에 접하게 한다.

- 어떤 원리를 새로운 장면에 적용할 수 있도록 도와준다. 학생들에게 언제, 누가, 무엇을, 어디서, 어떻게 등등의 질문을 함으로써 새로운 현상을 설명할 수 있도록 지식을 확대시켜 준다.
- 비범한 질문이나 아이디어가 귀중한 것임을 보여 준다. 보편적이고 이미 알려진 것보다는 불완전하나마 주어진 사실에서 탐색한 것, 자기 나름대로 별견한 것이 더 소중하고 값진 것임을 자극하여 준다.
- 솔선하여 스스로 행할 수 있는 기회를 마련해 준다. 독자성은 창의력의 중요한 하나의 특성이기에 그 독자성을 길러 주는 것은 중요한 의미를 갖는다.
- 압력을 줄이도록 한다. 학생들은 자기의 관심거리를 자유롭게 탐색하고 평가받지 않고 학습하려 하기 때문에 비판을 줄이고 자유로운 사고를 진행시키도록 도와준다. 억압하거나 억제할 때 반응은 일어나지 않는다.
- 반추하여 생각할 시간을 마련해 준다. 능동적으로 사고하고 문제해결의 실마리를 찾는 것은 쉬운 일이 아니다. 때문에 다시 생각하고 재삼 생각하게 시간적 여유를 마련해 주어야 하며, 즉각적인 반응을 기대하는 것은 무리다.
- 개인차를 늘 존중해 준다. Torrance와 Meyers(1970)의 지적에 따르면, 학생들은 동년배로부터 동조의 압력을 받으며 특히 초등학교 4학년 전후에 그러한 압력은 뚜렷한데, 그러한 압력으로부터 독자성을 지탱할 수 있도록 도와주어야 한다.
- 창의적 사고를 진행하는 동안은 무질서를 인정해 준다. 정숙하고 정돈된 분위기는 창의적 활동에 도움이 되지 못하기 때문에 사고가 끝날 때까지는 마음대로 사고를 진행할 수 있도록 방해하지 않는다.
- 학생들이 원하는 아이디어를 설명해 준다. 암시적으로 시사해 주면 창의적 사고가 조장된다는 Zimmerman(1973)의 연구나 창의력을 보다 강조할 때 사고가 증가한다는 Johnson(1974)의 연구는 학생들이 원하는 것을 명확히 시사해 주는 일은 창의적 사고를 향상시키는 것이 된다고 밝히고 있다.
- 창의적 행동모형을 제시해 준다. 부모의 시범이나 영상매체를 통한 시범들은 긍정적 영향을 주는 것으로 밝혀지고 있어서 그러한 시범을 통하여 창의적 사고를 자극한다.

(2) 창의력계발을 위한 훈련기법

창의적인 사고를 증진하기 위한 여러 가지 훈련방법들이 많이 개발되고 있다. 다음에서는 브레인스토밍 방법과 체크리스트법, 속성열거법에 대하여 설명하고, 그 밖의 다양한 방법에 대해서도 간단히 설명하고자 한다.

① 브레인스토밍 방법

브레인스토밍(brainstorming)이란 두뇌폭풍 또는 영감법이라고 불리는 것으로서 문제해결을 위한 회의식 방법으로 널리 사용되고 있다. 이 방법은 10명 내외의 소수의 사람들이 모여서 집단회의를 열고 집단의 리더가 제기한 문제에 대하여 참가자 각자가 생각나는 유용한 아이디어를 자연스럽게 자발적으로 가능한 한 많이 제시하도록 하여 직관적인 창의성을 촉진하고 창의적인 발상을 찾아내려는 것이다.

브레인스토밍은 일종의 자유연상법이라고도 할 수 있다. 자유연상법이란 사고의 자유로운 흐름을 보장하여 창의력을 발휘하는 훈련을 쌓게 하고 그 과정에서 나올 수 있는 해결안을 이용하는 훈련과 문제해결을 겸하는 기법을 말한다.

브레인스토밍은 미국의 광고회사 부사장 Osborn(1953)이 제창한 것으로 그의 저서 『독창력을 신장하라』에서 널리 소개되었다. 그 원리는 다음과 같이 세 가지를 가정하고 있다. 첫째, 한 사람보다 다수인 쪽이 제기하는 아이디어가 많다. 둘째, 아이디어 수가 많을수록 질적으로 우수한 아이디어가 나올 가능성이 많다. 셋째, 일반적으로 아이디어는 비판이 가해지지 않으면 많아진다.

따라서 브레인스토밍 과정에서는 어떠한 내용의 발언이라도 생각나는 대로 말하고, 아무리 무모하고 부적절한 제안이더라도 그에 대한 비판을 해서는 안 되며, 오히려 자유분방하고 엉뚱하기까지 한 의견을 출발점으로 해서 창의적인 아이디어를 전개시켜 나가도록 하여야 한다. 가끔 어려운 문제들이 이런 방식을 통하여 해결될 수 있으며, 참여자들은 다른 사람들의 발언을 통하여 창의적인 아이디어에 대한 영감을 얻을 수 있다.

〈브레인스토밍의 진행규칙〉

- 참가인원은 5～10명 이내가 바람직하다.
- 제시된 아이디어에 대한 비판은 절대 금지된다.

• 가능한 많은 양의 아이디어가 제시되도록 한다.
• 타인의 아이디어를 변형한 아이디어를 제시하는 것도 적극 권장한다.
• 참가자는 발언에 대한 허가 없이 자유스럽게 의견을 제시할 수 있어야 한다.
• 문제점이 명확해야 하고 너무 광범위해서는 안 된다.
• 참여자들이 용이하게 의사소통할 수 있는 원형탁자 등이 필요하다
• 시간은 1시간 정도가 적당하나, 2~3시간 동안 지속될 수 있다.
• 회합이 있기 전에 의제가 공개되어서는 안 된다.
• 회의의 내용은 철저하게 기록한다.

② 체크리스트법

체크리스트(checklist)법은 자기 행동이나 업무를 검토하고 분석하기 위한 목적으로 많이 사용되는 방법이다. 이 방법은 아이디어 산출을 위한 사고의 출발점 또는 문제해결의 착안점을 미리 정해 놓고 그에 따라 다각적인 사고를 전개함으로써 아이디어를 얻는 방법이다. 즉, 문제를 생각할 때 닥치는 대로 생각하면 아이디어가 나오지 않으며 또 효과도 없다. 따라서 미리 어떤 기준을 세워 놓고 이에 따라 생각해 보는 것이 곧 체크리스트법이다. 이 기법은 발명과 발견뿐만 아니라 신문기사 작성, 조직개선, 사무개선, 운영관리, 판매전략 등 수많은 곳에 활용되고 있다.

이 기법의 핵심은 5W 1H(what, why, where, who, when, how)다.

체크리스트법 중 가장 대표적인 것은 다음과 같은 SCAMPER 기법과 MIT의 체크리스트가 있다.

㉠ SCAMPER 기법

SCAMPER 기법은 Eberle(1971)가 Osborn의 아이디어 창출을 위한 체크리스트 기법을 재구성해서 고안한 것이다. 원래 Osborn은 아이디어를 향상시키는 약 75가지의 질문을 제시하고 이들을 9개로 압축한 체크리스트 기법을 개발하였다. 이것을 다시 Eberle가 재구성하여 7가지 질문 내용으로 고안한 것이 SCAMPER 기법이다.

이 기법은 체크리스트 중에서 가장 널리 알려진 것으로 다음과 같은 7가지 질문 내용에 있는 핵심 단어들의 첫 철자를 따서 기억하기 편리하도록 만든 것이다. SCAMPER의 구체적인 체크리스트 내용은 다음과 같다.

- S: Substitute(대치하기) – 문제되는 부분을 무엇으로 대치할 수 있을까?
- C: Combine(결합하기) – 다른 것과 결합해서 문제점을 해결할 수 있을까?
- A: Adapt(적용, 응용하기) – 다른 곳에서 아이디어를 차용하여 적용, 응용할 수 없을까?
- M: Modify, Magnify(수정, 확대하기) – 어떤 부분을 수정하거나 확대하면 어떨까?
- P: Put to other uses(다른 용도 찾기) – 이것을 다른 용도로 사용할 수 없을까?
- E: Eliminate or minimize(제거, 축소하기) – 어떤 부분을 작게 하거나 제거하면 어떨까?
- R: rearrange–reverse(재배열, 뒤집기) – 재배열하거나 순서를 바꿔 보면 어떨까?

ⓛ MIT의 체크리스트

이는 매사추세츠 공과대학의 Anord 교수가 아이디어를 생각할 경우 반드시 생각하지 않으면 안 될 분야를 강조한 것으로서 다음과 같이 4가지 원칙으로 구성된다.

- 기능의 증가 – 무엇인가 새로운 발명품은 그 이전의 것보다 좋은 기능을 낼 수 있도록 설계해야 한다.
- 성능의 향상 – 제품의 수명을 길게 하고, 좀 더 유용하게 하여 정확, 안전, 편리하게 사용할 수 있는 방법을 생각해야 한다.
- 경비 절감 – 불필요한 부품을 제거하고, 값싼 재료로 바꾸어 제조방법을 능률화하고, 부품을 표준화하며, 수작업을 줄여서 생산비를 낮출 수 없는가를 생각해야 한다.
- 매력의 증가 – 제품의 포장 등을 개선하여 더욱 사람들의 관심을 끌도록 하며, 많은 사람이 결정하는 바를 이해하여 더욱 잘 팔리게 할 수는 없을까를 생각하여야 한다.

③ 속성 열거법

속성열거법(attribute listing)은 근본적으로 체크리스트법의 일종으로, 어떤 물체 작용 시스템 등의 개량과 수정에 관하여 창의력을 계발할 수 있도록 하는 방법이다. 이 방법의 특징은 〈표 3-4〉와 같이 어떤 대상이나 아이디어의 주요 속성들의 목록

〈표 3-4〉 학교 운동장의 특성 및 이의 개선방안

구성요소	특성 및 속성	개선방안
1. 운동장 표면	잔디, 아스팔트 혹은 콘크리트포장	더 많은 잔디 필요, 인공잔디 사용
2. 놀이기구의 배치	일렬로 너무 밀집되어 있음	다양한 배치, 충분한 간격유지
3. 야구장	너무 구석에 위치, 진흙땅	잔디 입히고, 고정 진흙땅 베이스를 만들기
4. 그네	너무 높음, 쇠사슬, 나무의자	낮은 것 필요, 가죽의자 대체
5. 분수	콘크리트로 만든 것 1개	더 많은 연못 필요, 계단 필요
6. 분수대 울타리	너무 높음, 사슬 연결 폐쇄적 분위기	높이 낮추고, 보다 개방적 분위기 조성

* llagher, Teaching the Gifted(1985), 나동진(2004).

을 모두 나열하고 나서 그 세분된 속성에 주의를 집중하고, 각각의 속성을 분석하여 그것의 질적 개량, 수정 등을 위해 가능한 모든 방안을 제시해 보도록 하는 것이다(Crawford, 1951).

④ 기타 창의력 계발방법

창의력 계발을 위한 방법으로는 앞에서 설명한 것 이외에도 다양한 방법이 있다. 다음에는 De Bono가 인지사고(Cognitive Research Trust, CoRT) 프로그램을 인용하여 개발한 여섯 가지 사고모자(six hat) 기법과 PMI 기법, Gordon의 발견적 문제해결법(synectics), Covington이 개발한 생산적 사고 프로그램(productive thinking program, PTP)에 대해 간단히 설명하고자 한다.

㉠ 여섯 가지 사고모자(six hat) 기법

이 방법은 여섯 가지 색깔의 모자를 바꾸어 쓰면서 자신의 모자 색깔이 표상하는 유형의 각각 다른 사고자의 역할을 통해 한 번에 한 가지만의 사고만을 하도록 함으로써 창의력을 촉진하려는 것이다. 이 사고방법은 여섯 가지 다른 색깔의 모자를 쓰면서 스스로 또는 다른 사람들에게 어떤 특정한 양식의 사고를 하도록 요청할 수 있는 형식과 편리성을 갖는다. De Bono(1985)는 창의적인 사고를 방해하는 것이 여러 가지 사고(감정, 정보, 논리, 희망, 창의적 사고 등)를 동시에 고려하기 때문인 것으로 보았다. 따라서 한 번에 한 가지씩만 사고하게 하면 사고를 단순화시킬 수 있고, 다양한 측면에서 사고할 수 있기 때문에 창의적인 사고를 할 수 있다는 것이다.

모자의 색깔에 따른 사고의 특징은 다음과 같다.

- 백색모자－중립적이고 객관적인 사실, 자료, 정보
- 적색모자－감정, 느낌, 직관
- 흑색모자－부정적인 판단
- 황색모자－낙관적이고 긍정적인 측면
- 녹색모자－창의적이고 다각적인 해결방안
- 청색모자－요약, 결론, 사고에 대한 강조

ⓛ PMI(Plus, Minus, Interesting) 기법

PMI는 De Bono(1973)가 고안한 기법으로서 제시된 아이디어에 대하여 좋은 점(Plus), 나쁜 점(Minus), 흥미로운 점(Interesting)을 찾아 생각하고 기록하는 활동으로 감정에 의한 문제의 처리를 지양하고 열린 마음의 태도를 가지고 객관적으로 사고를 전개시키며 아이디어를 결정하는 방법이다. 이 기법으로서 미국뿐만 아니라 국제적으로도 널리 알려져 있고 우리나라에서도 많이 사용되고 있다.

PMI 기법에서 구체적인 아이디어를 처리하는 순서는 먼저 아이디어의 장점이나 강점을 고려하고, 다음으로 나쁜 점이나 단점, 개선이 필요한 영역을 찾아낸다. 마지막으로는 각 대안들이 가지고 있는 흥미로운 점이나 독특한 특성을 확인 한다.

PMI는 아이디어에 대해 다양한 관점에서 생각을 집중하며 사고를 전개해 보도록 유도하고 냉철하게 판단하는 태도를 길러 줌으로써 판단의 오류를 사전에 예방하는데 효과가 있다. 즉 실제로는 가치 있는 아이디어인데도 잘못 판단하여 폐기되는 경우도 많고, 또 대부분의 판단은 아이디어 자체의 가치보다는 자신의 감정이 개입되어 결정되기 쉽기 때문에 PMI는 이러한 판단의 오류를 예방할 수 있도록 한다.

PMI 기법의 구체적인 내용은 다음과 같다.

- P(Plus): 제시된 아이디어의 좋은 점(자신이 좋아하는 이유)
- M(Minus): 제시된 아이디어의 나쁜 점(자신이 싫어하는 이유)
- I(Interesting): 제시된 아이디어와 관련하여 흥미롭다고 생각하는 점

De Bono는 학교에서 초등학생(10~11세) 30명을 대상으로 PMI를 실행한 결과, 대부분의 학생들이 스스로 PMI를 통해 사고의 폭을 넓혀 자신의 처음 결정을 바꾼 것을 발견하였다. 즉, 30명 가운데 29명의 학생들이 자신이 처음 좋게 평가했던 아이디어를 PMI를 실행한 후 나쁘다고 결정한 것이다.

De Bono는 '학교에 가면 매주 5$를 받는다.' 라는 아이디어를 실천했을 때 발생되는 장점과 단점 그리고 흥미로운 점이나 독특한 특성에 대하여 생각해 보도록 하였다. PMI를 실행하기 전 30명 모두 이 아이디어를 매우 좋아했고, 그 돈을 어디에 쓸 것인가를 얘기했다. 30명의 학생을 5명씩 6개의 집단으로 나누고 PMI를 해 보도록 하였다. 4분 후에 아이들의 의견을 물었을 때, 그 아이디어의 장점은 바뀌지 않았지만 처음에 없었던 단점이 나타났고, 또한 '힘센 아이가 약한 아이의 돈을 뺏을 것이다.', '학교의 점심 값이 오를 것이다.', '아이들에게 줄 돈은 어디서 구하나?', '선생님을 위한 돈이 줄어들 것이다.' 등등 흥미로운 점도 있었다. 그러나 결국 PMI를 한 후에는 30명 가운데 29명의 아이들이 그 아이디어는 나쁘다고 결정했다.

ⓒ 발견적 문제해결법(synectics)

이 기법은 여러 가지 유추로부터 아이디어나 힌트를 얻는 방법으로서 Gordon이 계발한 것이다. synectics의 어원은 '관련이 없는 요소들 간의 결합' 을 의미하는 희랍어의 synectios로부터 유래한다.

Gordon은 발명가들을 대상으로 심리적 연구를 실시한 결과, 이들은 발명 과정에서 대부분 유추(analogy)사고를 한다는 공통적인 현상을 발견했다. 유추사고란 어떤 사물과 현상을 관찰하여 다른 사상을 추측하거나 연상하는 심리현상이다. Gordon은 이러한 유추사고가 새로운 창작물을 만들어 내는 데 관여한다고 보았다.

구체적으로 이 기법은 개인이 처한 주위 상황에서 낯익은 것(친숙한 것)으로 받아들이던 대상이나 요소를 낯선 것(이상한 것)으로 파악해 본다거나, 낯선 것으로 받아들이던 것을 낯익은 것으로 받아들이는 경험을 통해서 사고의 민감성을 증진시키는 창의적 문제해결 방법이다.

유추를 기본으로 하는 발상법인 시넥틱스는 다음과 같은 네 가지 유형이 있다.

- 직접적 유추(direct analogy): 주위에 있는 사상과 사물을 과제와 연결시켜서 유추하는 방법이다. 벌레의 유충을 관찰하고 무한궤도(caterpillar)와 탱크를 만든 것은 그 좋은 예다.
- 의인적 유추(person analogy): 자신이 실제로 문제에서 다루고 있는 대상이 되었다고 생각하고 유추해 내는 것이다. 예를 들어, 기계가 고장 났을 때 자신이 기계의 부품이 되어 가상적으로 작동해 보며 기계의 문제를 해결하는 것이다.
- 상징적 유추(symbolic analogy): 두 대상물 간의 관계를 기술하는 과정에서 상징을 활용하는 유추다. 예를 들어, 파랑새 증후군이라는 말은 동화 파랑새로부터 나온 발상이다. 그 외에 피터팬 신드롬, 신데렐라 콤플렉스 등도 있다.
- 환상적 유추(fantastic analogy): 현실적인 유추를 통해서는 문제가 해결될 수 없을 때 활용하는 환상적이고 신화적인 유추다. 예를 들어, 해리포터 시리즈는 신화적 환상을 통하여 아이디어를 얻었다.

㉣ **생산적 사고 프로그램**(productive thinking program)

이 방법은 초등학교 고학년생들이 불일치를 인지하고 가설을 세우는 방법을 만화식으로 구성하여 프로그램화한 것이다. 학생들은 프로그램을 읽는 동안 만화에서 제공되는 다양한 정보를 이용하고, 또한 규칙적으로 피드백을 받으면서 문제를 해결해 간다.

이 프로그램은 영재 학생에게는 심화학습 프로그램으로 사용되고, 능력이 부족한 학생들에게는 보충 프로그램으로 사용할 수 있다.

학습과제

1_ 다음 지능이론의 특징과 교육적 시사점에 대하여 약술하시오.

① Guilford의 지능구조모형

② Cattell의 유동적-결정적 지능이론

③ Gardner의 다중지능이론(MI)

④ Sternberg의 삼원지능이론

2_ 지능검사의 종류를 열거하고 그 특징을 약술하시오.

3_ 지능지수(IQ)의 의미와 해석상 유의할 점을 설명하시오.

4_ 지능의 발달에 유전과 환경 중 어느 것이 더 영향을 미치는가에 대하여 주요 연구를 근거로 들면서 설명하시오.

5_ 창의력과 지능과의 관계를 설명하시오.

6_ 창의력 계발을 위한 교사의 역할에 대하여 설명하시오.

7_ 다음의 창의력 계발을 위한 훈련기법에 대하여 약술하시오.

① brainstorming

② SCAMPER

③ PMI(Plus, Minus, Interesting)

제 4 장

특수한 학습자

1. 영재아
2. 학습장애아
3. 학습부진아
4. 정신지체아
5. 행동장애아

학습개요

일반적으로 학급에는 학습능력이나 성격, 행동 등에서 다양한 특성을 보이는 학습자들이 모여 있다. 그러나 대개의 교육과정이나 수업방법들은 보통 능력의 학생들에게 초점을 맞추어 진행되고 있다. 이러한 교육 현실은 특별히 능력이 매우 뛰어나거나 혹은 현저하게 낮은 특수한 학습자들에게는 적합하지 않은 학습문제를 초래하게 된다.

학교교육의 중요한 목적은 모든 학생에게 공정하고 평등한 교육기회를 제공하고, 그들의 잠재능력을 최대한 계발시키는 것이다. 따라서 교사들은 특수한 학습자들에 대해 충분히 이해하고 그들의 능력을 계발시키기 위한 노력을 기울여야 할 것이다. 또한 최근에는 특수한 학습자들을 일반학생들과 분리하여 특수학급에서 교육하는 것보다는 일반학급에서 정상적인 학생들과 함께 수업을 받으며 생활하는 통합교육이 주로 실행되면서 일반학교 교사들도 특수한 학습자에 대한 이해와 지도 방법을 습득할 필요가 있게 되었다.

특수한 학습자는 전체 학생의 4~5%를 차지하는데, 평균보다 능력이 현저하게 높은 상위 2~3%에 속한 학습자들을 영재아(gifted student)라고 하며, 반대로 낮은 능력을 지닌 하위 2~3%에 속한 학습자들을 특수아(special student)라고 한다.

특히 특수아는 그 원인에 따라 학습장애아, 학습부진아, 정신지체아, 행동장애아 등으로 분류된다. 다음에서는 영재아를 비롯한 특수아에 대해서 설명하고자 한다.

1. 영재아

1) 영재아의 정의

영재아(gifted student)란 간단히 지적 능력이 탁월하고 자신의 능력을 매우 집중력 있게 그리고 창의적으로 사용하는 아동이라 할 수 있다. 영재아를 학자에 따라서는 천재, 수재, 재능아, 우수아 등 여러 가지로 표현하고 있다.

영재에 대한 초기의 연구들은 지능검사에서 측정된 IQ가 높은 아동들을 영재로 정의하는 경향이었다. Terman(1925)은 IQ가 140 이상인 아동 또는 동일 연령집단에서 상위 1%에 속하는 아동을 영재아로 분류하기도 하였다.

그러나 최근에는 영재성을 구성하는 능력이 이러한 지적 능력(IQ)뿐만 아니라 다양한 영역의 능력으로 이루어진 것으로 보고 영재아를 연구하는 학자들은 다양한 시각에서 접근하고 있다. 따라서 영재아의 개념에 대해서도 학자에 따라 그 의미를 약간씩 다르게 정의하고 있는데, 그중 대표적인 정의를 소개하면 다음과 같다.

1978년 미국에서 제정된 영재아에 대한 법률(미국 공법 95-561, 902절)에 의하면, 영재아 또는 재능아란 지적, 창의적, 특정 학문 영역, 지도성 등의 영역에서 혹은 수행능력이나 시각예술 등에서 높은 능력을 보이는 외현적 능력이나 잠재적 능력을 소유하고 있는 아동을 말한다고 정의함으로써 보다 포괄적인 영역들을 포함시켜 영재의 개념을 정의하고 있다.

Renzulli와 Reiss(1991)는 영재성을 구성하는 능력으로 평균 이상의 일반 능력, 높은 성취동기와 높은 과제 수행능력, 높은 수준의 창의력 등의 세 가지 기본능력들을 제시하고, 이러한 세 가지 기본능력의 조화를 강조하고 있다.

2) 영재아의 특성

영재아들이 가진 특성에 대한 최초의 연구는 Terman(1925)에 의해서 시작되었다. Terman은 전 인구의 상위 1%에 속한 IQ점수(스탠퍼드-비네 개인지능검사에 의해 140 이상)를 가진 1,528명의 남여 영재 아동들을 교사와 IQ 검사에 의하여 선발하여 성년까지 50년 이상 계속 추적하며 천재의 유전적 연구(Genetic Studies of Genius)를 하였는데, 그는 영재성을 가진 사람들의 특성을 다음과 같이 목록화하여 제시하고 있다(송인섭 외, 2004).

- 연령에 비해 기민하다.
- 관찰력이 예민하다.
- 학습에의 열정이 있다.
- 부단히 질문을 제기한다.
- 어느 것에나 광범위한 질문을 나타낸다.
- 자기 발전에 대한 열망이 있다.
- 학교 성적이 우수하다.
- 언어 구사력이 뛰어나다.
- 독서력이 좋다.
- 사태 판단을 할 때 자신의 주관을 나타내 보인다.
- 독창적인 사고를 한다.
- 핵심적인 답변을 한다.
- 특출한 유머감각이 있다.
- 주의 집중력이 강하다.
- 나이 또래보다 연상의 친구를 사귄다.
- 자아의식이 강하다.

이러한 Terman이 제시한 영재아의 특성은 영재아를 정상적인 범주에서 이해할 수 있는 길을 열었다는 평가를 받고 있다.

영재아의 연구가 과학적으로 이루어지기 전에는 영재아를 비정상적인 관점에서 파악하였고, 영재 또는 천재라고 일컬어지는 일부 인물들의 기이한 행동을 통해 그들은 몸이 허약하고, 성격이 괴팍하며, 이기적이라는 등의 비정상적인 특성들에 대한 언급이 많았다.

한편, 한국행동과학연구소(1979)에서는 서울 시내 중 · 고등학생 중 지적 우수아들을 대상으로 우리나라 영재아의 특성에 관한 연구를 하였는데, 그 연구결과를 소개하면 다음과 같다(송인섭 외, 2004).

- 영재아는 인지능력의 제 능력이 전반적으로 우수하며, 특히 언어능력과 수리능력이 탁월하다.
- 영재아는 정신적으로 건강하고 정상적이며 자신과 가정 및 사회에 대하여 긍정적인 태도를 지니고 있다.
- 영재아는 신체 및 정신의 발달 면에서 조숙한 경향이 있으며, 일반적으로 지적 자극이 풍부한 교육적 환경에서 성장한다.
- 영재아는 어학 과목과 수학 또는 과학 과목을 좋아하며, 희망하는 교육 수준이 매우 높고 독서의 폭이 넓으며 교사로부터 긍정적인 평가를 얻는다.

이와 같이 영재아에 대한 특성들을 분석해 보면 상당히 긍정적인 면이 발견되는 반면, 영재아들도 많은 문제에 직면하게 된다. 흥미와 관심, 능력의 차이 때문에 친구들로부터 따돌림을 당할 수 있고, 학습이 너무 쉬워 싫증이나 권태감을 느낄 수 있으며, 부모나 교사 등 주변 사람들이 너무 많은 것을 기대하기 때문에 심리적 압박감과 부담감을 느끼기도 한다.

3) 영재아의 판별

영재아의 판별은 영재 교육에 앞서 그 대상을 선발하는 가장 중요한 작업이다. 과거에는 단순한 지능검사 결과인 IQ점수와 학업성적을 가지고 영재아의 판단 기준으로 삼는 것이 보통이었다.

그러나 최근에는 지능의 개념이 다양한 영역으로 확장되었고, 또한 영재성을 구성하는 능력이나 영재아의 특성들도 다양하게 분류되고 있기 때문에 영재아를 판단하는 방법에서도 여러 가지 도구들이 사용되고 있다. 영재아의 판별방법은 일반적으로 다음과 같은 순서로 진행된다(임규혁, 1999).

제1단계: 교사, 학부모, 동료 또는 자기 자신에 의한 추천
제2단계: 지능검사, 성취검사, 창의성검사, 인성검사 등의 표준화 검사의 실시

제3단계: 실험 실습, 연주 등의 수행검사

제4단계: 교육 프로그램에 배치하여 관찰과정을 거치면서 점차적으로 학생선발 감소

영재의 판별은 주로 교사나 부모의 관찰과 추천에 의해서 이루어지는데, 이 방법은 두드러지게 나타나지 않는 영재들의 특성을 확인하는 데는 효과적이다. 그러나 교사나 부모의 주관이 개입될 여지가 많기 때문에 관찰에 필요한 구체적인 행동특성을 기술해 주고 평정하도록 하면 객관성을 확보할 수 있을 것이다.

한편, 영재의 판별에 필수적으로 고려되어야 할 기본 전제 및 원칙은 다음과 같다(이재신, 1996).

- 영재의 판별은 가능한 한 조기에 시작되어야 하고, 일회적인 판별보다는 지속적인 판별을 해야 한다.
- 영재의 판별은 판별 대상이 되는 아동과 학생의 연령 또는 학교 수준에 따라 구체적인 절차와 방법을 달리해야 한다.
- 영재의 판별 절차와 방법은 영재를 위하여 제공하는 교육 프로그램의 목표와 성격 또는 영재 교육의 제도적 운영 방법 여하에 따라 달라야 한다.
- 영재의 판별은 판별에 이용될 수 있는 여러 가지 방법을 종합적으로 활용하는 다면적 접근방법에 근거하여야 한다.
- 영재의 판별 과정은 어떠한 형태의 영재 교육을 계획하든지 간에 다양한 판별 도구를 이용하여 다단계에 걸쳐 이루어져야 하며, 그 결과를 종합하여 판단하여야 한다.

4) 영재아의 교육

영재아들의 교육효과가 극대화되도록 하기 위해서는 일반학생들과는 다른 특별한 교육내용과 교육방법이 요구되는데, 일반적으로 학교에서 이루어지는 영재학생을 위한 교육 프로그램은 다음과 같이 세 가지가 있다(Goetz, Alexander, & Ash, 1992).

(1) 속진 프로그램

속진 프로그램(acceleration program)은 정규 교육과정을 빠른 속도로 이수하는 것을 말한다. 영재아들은 일반학생들보다 학습속도가 빠르고 특별한 능력의 소유자들이기 때문에 이러한 속진 프로그램을 통하여 그들의 뛰어난 능력이 발휘되고 신장될 수 있도록 교육기회가 제공되어야 할 것이다.

속진 프로그램의 형태로는 월반, 조기입학, 조기졸업 등으로 크게 분류할 수 있는데, 이외에도 특정 과목만을 상급반에서 학습하는 과목별 속진과 고등학생이 대학수업을 이수할 수 있는 협력 프로그램 등도 가능하다.

(2) 심화 프로그램

심화 프로그램(enrichment program)은 정규 교과시간에 특별히 영재아의 능력을 고려하여 교육과정을 광범위하고 깊이 있게 마련하여 일반학생들보다 더 다양하고 깊이 있는 학습이 이루어지도록 하는 프로그램이다. 이러한 프로그램을 운영하기 위해서는 교과지도에 필요한 유능한 교사가 확보되어야 한다.

심화 프로그램의 기본원리는 내용의 추상성과 정교성, 창의적 사고력의 강조, 기본적 개념과 원리 강조, 학년보다 학력 수준에 입각한 지도, 학습자에 의한 내용 선정, 비판적 사고력 강조 등에 유의해야 한다(송인섭, 2005).

(3) 집단편성

집단편성(grouping)은 영재학생들을 집단으로 모아 심도 있는 교육을 하기 위하여 별도로 특별학급이나 특수학교를 설립하는 방법이다. 우리나라의 과학고, 예술고등학교 등을 그 예로 들 수 있을 것이다.

이 방법의 장점은 비슷한 수준의 인지능력을 가진 학생들에게 상호작용할 수 있는 기회가 많고, 또한 영재학생들의 전담교사를 배치하여 전문적인 지도를 받을 수 있다는 점이다.

Dunlap(1975)에 의하면, 영재아들은 자기 수준에 맞는 집단 내에서는 상호작용이 잘 이루어지고 바람직한 습관과 태도를 발달시키며 그들의 재능도 충분히 발휘한다고 한다. 그러나 엘리트주의나 차별성의 문제가 제기될 수 있다는 단점이 있다.

2. 학습장애아

1) 학습장애의 정의

학습장애란 특정 학습 분야에서 한 가지 이상 장애를 나타내는 것을 말한다. 이러한 학습장애아에 대한 교육과 연구는 비교적 최근에 인식되고 분류되기 시작한 영역이다.

학습장애아에 대한 교육적 관심은 1963년에 이루어진 장애아 부모와 전문가 모임에서 비롯되었고, 학습장애(learning disabilities, LD)라는 용어도 Kirk가 이 모임에서 처음 제안하였다. 이 제안으로 이때까지 다양하게 사용되어 온 인지장애, 뇌손상아, 신경학적 장애아 등의 명칭들이 학습장애로 통일되는 계기가 되었다(Hallahan, Kauffman, & Lloyd, 1999).

학습장애는 일반학교 현장에서 많이 인식되고 있는 문제이면서도 장애의 정도가 다른 장애에 비해 미약하고, 때로는 눈에 잘 띄지 않는 이유 등으로 인해 장애영역으로서는 다소 소홀하게 다루어져 왔다.

그러나 학습장애아들은 정상적인 지능을 가졌고 신체적인 장애나 이상이 없으면서도 특정 분야의 학습에 어려움을 보이고, 또한 이들이 보이는 학습장애에 대한 특성이나 형태도 다양하며, 뚜렷한 원인도 발견할 수 없는 등 기존 장애영역과는 다른 측면에서 다루어야 할 필요성을 느끼고 부모들과 교사들은 그들의 교육문제에 대해 여러 분야의 전문가들에게 도움을 요청하게 되면서 부각되게 되었다.

이러한 학습장애아들을 지원하기 위하여 1963년에 미국의 시카고에서는 전국단위의 부모와 전문가들로 구성된 협의회가 개최되었다. 이 협의회에서 Kirk는 이들을 위하여 학습장애라는 용어를 제안하였고, 부모들과 전문가들로 구성된 학습장애아협회를 발족하여 학습장애아 교육이 공식적으로 시작되었다.

이로 인하여 학습장애는 하나의 장애영역으로 확립되었고, 1975년에는 미국 장애아교육법(P. L. 94-142)에 장애영역 중의 하나로 학습장애를 포함시키게 되었으며, 또한 학습장애에 대한 진단 및 여러 가지 교육 프로그램들이 개발되었다.

학습장애는 여러 가지 형태로 나타나기 때문에 아직 일치된 정의는 없고, 다양하게 정의되고 있다. 미국 연방정부는 1977년에 이러한 다양한 정의들을 참고로 미국의 장애인교육법(IDEA)에 학습장애를 다음과 같이 규정하였다. 이 규정은 학습장애 분야의 법적 근거로 이용되면서 세계 특수교육에 많은 영향을 미치게 되었다.

> "특정학습장애(specific learning disabilities)란 언어, 즉 구어 및 문어의 이해와 사용에 포함되는 기초심리과정의 한 가지 혹은 그 이상의 장애를 의미하며, 그것은 듣기, 생각하기, 말하기, 읽기, 쓰기, 철자 또는 수학계산 등에서 불완전한 능력을 나타낸다. 이 용어는 지각장애, 뇌손상, 미세뇌기능장애, 난독증(dyslexia) 및 발달성 실어증과 같은 상태를 포함한다. 이 용어는 일차적으로 시각, 청각, 운동장애, 정신지체, 정서장애, 환경, 문화 혹은 경제적 불리에서 기인된 학습문제를 가진 아동들은 포함하지 않는다." (U. S. Office of Education, 1977).

이러한 미국 연방정부의 정의에 대한 불만은 6개의 전문가 협회로 구성된 전국학습장애연합협회(NJCLD)의 결성을 초래하였고, 이 협회에서는 1981년에 학습장애에 대한 새로운 정의를 합의하여 발표하였는데, 그 내용은 다음과 같다.

> "학습장애란 듣기, 말하기, 읽기, 쓰기, 추리 혹은 수학계산능력에 심한 곤란을 나타내는 여러 종류의 장애집단을 총칭하는 용어다. 이러한 장애는 선천적이며 중추신경계 장애 때문인 것으로 추정된다. 학습장애가 다른 장애조건(감각장애, 정신지체, 사회 및 정서장애)이나 환경적 영향(문화적 차이, 불충분하거나 부적절한 지도, 정신발달상의 요인)과 함께 일어난다고 하더라도 이러한 조건이나 영향에 의한 직접적인 결과는 아니다." (Hammill, Leigh, McNutt, & Larsen, 1981).

이 정의는 학습장애와 기초 심리적 과정에 대한 관련성을 생략하고, 학습장애의 의학적 혹은 내재적인 측면을 강조하였으며, 모든 연령층에 학습장애가 존재할 수 있음을 제시하였다.

우리나라에서는 1994년 특수교육진흥법을 개정하여 학습장애를 포함시켰고, 점차 학습장애에 대한 관심이 증대되고 있다. 그러나 아직 일치된 정의는 없고, 용어도 학습지진아, 학습부진아 등과 같은 용어와 종종 혼용하여 사용되기도 한다.

우리나라 특수교육진흥법 시행령(별표) 특수교육대상자의 진단 평가 심사 및 선정의 기준 제7호에서는 "셈하기, 말하기, 읽기, 쓰기 등 특정한 분야에서 학습상 장애를 지니는 자"를 학습장애아로 비교적 간단하게 정의하고 있어, 발달적 측면에서 내적 과정에 의해 파생되는 학습장애 유형을 포괄하고 있지 못하고 있다.

한편, 교육학 용어사전에서는 학습장애에 대한 정의 및 준거, 특징, 원인 등에 대해서 비교적 자세하게 규정하고 있는데, 그 내용은 다음과 같다.

> "학습장애란 정신지체, 정서장애, 환경 및 문화적 결핍과는 관계없이 듣기, 말하기, 쓰기, 읽기 및 산수 능력을 습득하거나 활용하는 데 한 분야 이상에서 어려움을 보이는 장애다. 이러한 장애는 개인에 내재하는 지각장애, 지각-운동장애, 신경체계의 역기능 및 뇌손상과 같은 기본적인 정보처리 과정의 장애로 인하여 나타난다. 일반적으로 학습장애는 개인 내에서의 차이, 즉 개인의 능력발달에서 분야별 불균형이 나타나는 특징이 있다. 학습장애를 발달적 학습장애와 학업적 학습장애로 나누기도 한다. 전자는 학생이 교과를 학습하기 전에 갖추어야 하는 신체적 기능(주의 집중력, 기억력, 인지기능, 사고기능, 구어기능)을 포함하고, 후자는 학교에서 습득하는 학습기능(읽기, 쓰기, 셈하기, 작문)을 포함한다."(서울대학교 교육연구소, 1994).

이러한 학습장애는 비교적 지능이 낮지 않으면서도 읽기, 쓰기, 듣기, 말하기, 맞춤법, 계산 등과 같은 특정 학습 분야에서 한 가지 이상의 장애를 보이는 것이라고 정의할 수 있는데, 여기에는 지각장애, 뇌손상, 뇌기능저하, 난독증, 발달상 실어증 등이 포함된다.

최근 다양한 장애증상 중에서 학습장애로 진단받는 학생의 비율이 가장 높으며 계속 증가 추세에 있다(Haynes & Jenkins, 1986).

2) 학습장애의 특징

학습장애아들은 개인에 따라 다양한 특성들을 나타내는데, 학습장애자들 중에는 자신의 장애를 극복하고 각 분야에서 성공한 저명인사들이 많다. 이들은 개인에 따라 다양한 학습장애를 가지고 있었다. 그 대표적인 저명인사로는 미국의 뉴욕 주의 주지사와 부통령을 지낸 록펠러, 미국의 유명한 발명가인 에디슨, 조각가인 로댕, 미국 28대 대통령이었던 윌슨, 유명한 물리학자인 아인슈타인 등을 들 수 있다.

록펠러는 심한 난독증(dyslexia)으로 읽기장애를 가지고 있었다. 그는 읽기장애 때문에 학교 성적도 열등하였으며, 정치생활 중에도 연설문을 모두 암기해야만 하는 어려움을 겪었다. 에디슨도 한때 비정상아, 우둔아, 정신지체아라고 불리어졌으며, 로댕은 학교에서 교사들로부터 가장 성적이 나쁜 학생으로서 교육할 수 없는 학생으로 평가받고 학교는 부모에게 그를 학교에 보내지 말고 일터로 보내라고 권고까지 하였다.

그 밖에도 미국 대통령이었던 윌슨은 9세까지 문자를 학습하지 못했으며 11세까지도 읽을 수가 없는 학습장애아였다. 아인슈타인도 구어장애를 가지고 말을 잘하지 못했고, 자신의 생각을 문자로서는 거의 표현할 수 없었으며 자신의 생각을 글을 통해서 표현하게 된 것은 훨씬 후의 일이었다고 한다.

최근 미국 조지워싱턴 대학교 의과대학 정신과 교수인 Frank(2005)가 분석한 『부시의 정신분석』이란 저서에 의하면, 세계 최고 권력자인 부시는 명문가에서 태어났으나 어릴 적부터 학습장애로 주의력 결핍과 행동장애, 난독증, 사고장애 증세를 보였다고 기술하고 있다.

학습장애아는 특정 학습 분야에서 장애를 가지고 있을 뿐 겉으로는 지극히 정상적인 모습을 나타낸다. 이들은 정신지체나 신체장애를 가지고 있지도 않다. 학습장애와 유사한 것으로 논의되는 용어에는 학습부진이 있는데, 학습장애와 학습부진은 모두 정상적인 지능을 가지고 있다는 점에서는 같으나 학습부진 집단은 학업영역 전반에서 낮은 성취도를 보이는 반면, 학습장애 집단은 어느 한 개 혹은 그 이상의 특정한 학습 영역에서만 낮은 학업성취도를 보이고, 개인 내 차가 심하다는 점에서 차이가 있다. 또한 학습부진은 정서적 요인과 환경적 요인 등으로 인하여 학습성취가 부진한 것과는 달리 학습장애는 다양한 특성을 가지고 여러 가지 형태로 나타난다.

학습장애아들은 대개 그들 자신의 능력에서도 다양한 개인 내 차(intra-individual differences)를 나타낸다. 예를 들면, 한 학생은 읽기에서는 3년 정도 지체되어 있지만, 철자법은 또래와 같은 학년이고, 수학은 또래보다 한 학년 높은 수준으로 나타날 수도 있고, 또 어떤 학습장애아들은 단지 한 영역 또는 몇 부분에서만 결함을 가질 수 있다.

이와 같이 학습장애는 여러 가지 형태로 나타나기 때문에 그 특징도 다양하다. Eggen과 Kauchak(1992)은 학습장애아들의 일반적 특징으로 다음과 같은 사항을 들고 있다.

- 과민한 행동과 마음을 졸이는 모습
- 조화와 균형의 결핍
- 집중성 결여
- 산만함과 비조직성
- 수행력과 과제 완성력의 결여
- 과목 간의 불균등한 수행

학습장애아들은 사회 정서적인 영역에서도 특성을 나타내는데, 정서적 불안정, 강박, 충동성, 사회적 위축, 과잉행동, 공격성, 부정적 자아개념, 낮은 좌절극복 의지, 사회적 거절, 과제의 회피, 낮은 자기조절 능력 등과 같은 문제들을 나타낸다.

학습장애로 인해 욕구가 좌절되면 많은 학습장애 학생들은 사회적 상황에서 혼란스럽고 부정적인 감정을 갖게 되며, 또한 다른 사람의 감정을 지각하고 그에 대해 민첩하게 반응하지 못해 또래 집단 속에서도 상호작용을 하는 데 어려움을 보인다.

한편, Kirk(1984)는 학습장애를 발달상 학습장애와 학업상 학습장애로 크게 분류한 후, 이를 다시 여러 가지 하위영역으로 분류하고 있다. 발달상 학습장애는 유아기부터 취학 전기까지의 발달기간 동안 일어나는 학습장애로서, 이는 다시 1차 장애(주의집중장애, 기억장애, 지각장애)와 2차 장애(사고장애, 구어장애)로 분류된다. 학업상 학습장애와 발달상 학습장애는 서로 상관이 높고 조기에 발달상 학습장애에 대한 중재가 이루어지지 못하면 학업상 학습장애로 이어지게 된다.

다음에서는 Kirk가 분류한 바에 따라 학습장애의 특성을 발달상 학습장애와 학업상 학습장애로 나누어 살펴보고자 한다.

(1) 발달상 학습장애

발달상 학습장애는 앞으로 이루어질 학습활동에 필수적인 기능들이 발달과정에서 장애가 발생함으로서 학습에 지장을 초래하는 것을 말한다. 여기에는 주의집중장애, 기억장애, 지각장애, 사고장애, 구어장애 등이 포함된다.

① 주의집중장애

주의집중장애는 내/외적 의식을 집중하는 인지활동 능력으로서 다양한 감각 통로를 통해서 유기체 내로 들어오는 무수한 정보자극들 중에서 적절한 자극을 선택할 수 없는 능력을 말한다. 주의집중은 학습을 효율적으로 하는 데 필수적인 조건이지만 많은 학습장애아들은 주의집중에 어려움을 나타낸다. 즉, 이들은 언제나 움직이며, 산만하고 학습하기에 충분할 만큼 오랫동안 주의를 지속하지 못하여 학업성취에 어려움을 보이는 경우가 많다.

이러한 주의집중에 장애를 보이는 아동들은 어떤 과제를 끝까지 완수할 정도로 그 과제에 주의를 집중하지 못하는 주의집중의 폭이 매우 짧은 모습을 보인다. 또한 이들은 학습에 관련된 것과 관련되지 않은 자극을 잘 구별하지 못하여 학습과제 수행의 효율성이 낮고, 한 가지 자극에서 다른 자극으로 주의를 이동시키는 데도 어려움을 갖고 있다. 따라서 일련의 연속된 학습과제에 주의를 균등하게 지속적으로 기울이지 못하여 학습과제를 끝까지 수행하지 못하는 경우도 많다.

주의집중장애에는 과잉행동을 수반하는 유형과 수반하지 않는 유형이 있다. 과잉행동을 수반하는 주의집중장애에는 주의력결핍 및 과잉행동장애(Attention Deficit and Hyperactivity Disorder, ADHD)라고 부른다. 최근에는 학습장애아들 중 주의력결핍 및 과잉행동장애를 보이는 아동들이 점차 증가하는 추세에 있다.

미국의 경우 학습장애 학생의 14~20%가 주의력결핍 및 과잉행동장애로 나타나고 있다(Brandenburg, Freedman, & Silver, 1990). 주의력결핍 및 과잉행동장애아들은 과잉행동, 충동성, 산만함의 세 가지 기본적인 행동특성을 보인다. 즉, 이들은 주의집중이 부족하고, 주의가 산만하며, 손과 발을 가만두지 못하고 안절부절못하며, 자리에서 발버둥을 치며, 충동적인 행동 양태를 보이며, 말이 많고 큰소리로 떠드는 등 교실수업을 진행하는 데 어려움을 초래한다.

② 기억장애

기억은 학습과정에서 중요한 부분인데, 많은 학습장애아들은 어떠한 유형이든 기억문제에 장애를 가지고 있는 것으로 알려져 있다.

기억장애는 단기기억, 장기기억, 인지기억, 시기억, 청기억 등의 여러 가지 기억활동에 장애가 발생하여 학습에 어려움을 겪는 것을 말한다.

특히, 시기억은 문자, 수, 어휘 등을 인지하고 회상하는 능력으로서 시기억의 장애는 학습장애아의 읽기 학습이 곤란하게 할 수 있으며, 듣고 기억하는 청각적 기억에서의 어려움은 학습장애아의 구어발달을 저해하는 원인이 되기도 한다.

③ 지각장애

지각장애는 시각이나 청각 자극을 받아들이고 이를 정리하며 해석하는 기능에 장애가 있어서 학습하는 데 문제가 있는 경우다. 즉, 지각장애아들은 단어나 그림 등을 인지하고 변별하고 해석하는 데 어려움을 갖는다.

따라서 이러한 문제들은 맹아나 농아 등에게서 나타나는 시각적 혹은 청각적 예민도 문제와는 다르다. 지각장애는 보통 시지각과 청지각이 필요한 학습과제의 수행에 영향을 준다. 그리고 어떤 지각장애 아동들은 운동기능을 포함하는 신체 행동을 하는 데 곤란을 겪으며, 또한 시각 및 운동체제의 협응에 문제를 지닌 경우도 있다.

④ 사고장애

일반적으로 사고능력이 지능을 결정한다고 보기 때문에 정상적 지능을 가진 학습장애 문제와는 별로 관계가 없는 것으로 생각되었다.

그러나 사고에는 판단, 추리, 평가, 비판적 사고, 문제해결 및 의사결정 등의 활동이 포함되며, 사고과정은 개념과 단편적인 지식들을 조직하여 목표를 달성하거나 새로운 이해 수준에 도달하기 위하여 그 같은 요소들을 각기 관련시킬 수 있는 능력을 필요로 한다.

따라서 이러한 사고능력을 제대로 발휘하지 못할 때 사고장애로 간주된다. 특히 사고장애아들은 학습의지가 부족하기 때문에 학습과정에서 성취에 필요한 기능을 습득하지 못하고 이미 학습한 기능을 효율적으로 적용할 줄 모른다.

⑤ 구어장애

구어란 사람들의 생각을 단어나 문장으로 표현하고 서로 의사를 소통하기 위하여 사용하는 언어적 의사소통 수단이다.

인간은 언어적이거나 비언어적 방법을 통하여 대상, 사건, 관계, 사고 등을 서로 표현하는데, 구어를 도구로 하여 다른 사람의 의사를 수용하거나 통합하지 못하며,

자신을 표현할 수 없을 때 구어장애라고 한다.

(2) 학업상 학습장애

학업상 학습장애는 같은 학년 수준에 비해 학업성취 수준이나 과제수행능력이 크게 떨어지는 경우를 말하는데, 이는 다시 읽기, 쓰기, 철자 및 문어표현, 수학 등의 장애영역으로 분류된다.

읽기장애는 학습장애 영역 중에서 가장 많이 차지하고 있는 하위 장애로서 대개 학습장애의 60～70%가 읽기장애로 판별되고 있다. 읽기장애의 특성은 문자매체를 읽고 의미를 파악하는 데 곤란을 겪는 것을 말하는데, 읽기습관, 단어재인(단어인식, Word Recognition), 이해(독해), 부적절한 어법 등에서 나타난다. 즉, 읽기장애아들은 책을 제대로 읽지 못하고, 읽던 곳을 모르며, 단어를 빠뜨리고 단어의 발음도 잘 못하며, 이야기의 줄거리를 이해하거나 상기할 수 없으며, 사고 단위로 단어를 읽지 않고 한마디씩 읽으며, 단어를 부적절하게 묶어 읽는다.

쓰기는 자신의 생각을 표현하는 도구인 동시에 읽기와 철자연습을 위한 선수기능인데, 쓰기장애아들은 쓰기가 곤란하고, 다른 사람이 읽을 수 없을 정도의 난필로 글자를 쓰며, 맞춤법을 자주 틀리고, 글씨를 줄에 맞추어 제대로 쓰지 못하며, 글자를 보고 적는 데도 어려움을 느낀다.

또한 학습장애아들은 읽기와 밀접하게 관련되어 있는 문어표현에 장애를 가지고 있어 자신의 생각을 글로서 표현하기(일기문, 기타 작문 등), 받아쓰기 등에서 어려움을 나타낸다.

어떤 학습장애아는 읽기와 언어 영역은 잘하지만, 덧셈, 뺄셈, 곱셈, 나눗셈 등의 기본적인 계산 기능 학습과 추리력, 언어력을 요하는 수학교과 영역의 학습에서 장애를 겪기도 한다. 이러한 수학장애는 언어문제, 주의집중 문제, 시 · 공간변별 및 가감통합 문제 등이 장애를 야기하는 요인이 될 수 있다.

이러한 학업상 학습장애로 인하여 지나치게 낮은 학업성취를 보이는 학생들은 스스로 행동을 조절하는 능력이 낮아지고, 자신을 낮게 평가함으로써 부정적인 자아개념을 형성할 가능성이 크다.

3) 학습장애의 원인

학습장애의 원인에 대한 가설로는 뇌손상이나 뇌기능 저하, 뇌의 성숙지연, 유전적 요인, 빈약한 환경적 요인, 임산부의 감염이나 약물중독 등 다양한 요인이 논해지고 있는데, 아직까지 정확하게 밝혀지지 않고 있다.

그동안 많은 전문가들은 뇌손상으로 특수한 뇌기능에 이상이 생겨 학습장애가 주로 나타나는 것으로 보았다. 그러나 학습장애아의 70% 이상이 뇌파검사, 컴퓨터 단층 촬영, 자기공명 촬영이나 생화학검사 등 신경학적 검사에서도 뇌손상이 나타나지 않고, 뇌손상으로 진단된 모든 아동들이 학습장애를 가진 것도 아니기 때문에 뇌손상이 학습장애의 주원인이라고 보는 데는 무리가 있다.

따라서 이러한 주장을 수정하여 학습장애 아동들은 아주 경미한 뇌손상을 입었을 것이라는 주장이 제기되었다. 즉, 학습장애 아동들은 외관상 뚜렷한 뇌손상의 증거가 발견되지 않지만, 신경학적 검사에 의해서도 발견되지 않을 정도로 미세한 손상이 있기 때문에 특정 학습에 장애가 나타난다는 것이다.

그 외에도 학습장애와 뇌기능과의 관련성을 주장하는 견해로는 학습장애아들이 뇌손상보다는 뇌기능 저하 때문에 뇌기능이 정상적으로 작동하지 못한다는 견해, 뇌의 좌우 반구가 다양한 인지과정에 정상적으로 관계하지 못한다는 견해, 그리고 학습장애아의 뇌의 일부분이 느리게 성숙함으로써 그 부분의 기능이 정상적으로 발달하지 못한다는 주장 등이 있다. 일부 심리학자들은 중추신경계의 다양한 감각기관의 장애, 특히 학습에 필수적인 요인으로 작용하는 시지각과 청지각의 기능장애 때문에 정보처리 과정에 문제가 나타난다고 주장하기도 한다.

또한 Cruickshank와 Hallahan(1973)은 영양실조와 학습장애 간에 일정한 관계가 있다고 보기는 어렵지만 생후 초기의 극심한 영양실조는 중추신경계통에 영향을 미쳐 학습과 발달에 지장을 초래할 수 있다고 한다. 그러나 이러한 요인들이 학습장애의 직접적인 원인으로 얼마나 작용하고 있는지에 대해 입증할 만한 증거들은 극히 부족하다고 할 수 있다.

한편, 학습장애가 유전되는가에 대해 알아보기 위하여 많은 연구가 이루어졌는데, 유전적인 요인이 학습장애에 영향을 미칠 수 있다는 증거들은 어느 정도 나타나 있다. Pennington(1995)에 의하면, 심한 읽기장애의 경우에 읽기장애를 가진 친척들이 있는 경우가 많이 발견된다는 것이다.

Hermann(1958)은 쌍생아 연구를 통하여 학습장애의 유전요인을 분석하였다. 그는 일란성 쌍생아 중 한 아동이 읽기장애를 가진 일란성 쌍생아 12쌍과 이란성 쌍생아 중 한 아동이 읽기장애를 가진 이란성 쌍생아 33쌍을 비교한 결과, 일란성 쌍생아의 나머지 아동들이 읽기장애를 더 많이 가지고 있다는 것을 발견하고 읽기장애가 유전된다는 가정을 부분적으로 입증하였다.

그리고 난독증과 가족력과의 관계에 대한 연구에서도 난독증 또는 읽기장애에서 가족력이 발견되었으며, 이러한 장애의 발생에는 유전적 원인이 있다는 결론을 내리고 있다(DePries & Decker, 1982).

그러나 학습장애에 대한 선천적인 유전요인과 후천적인 환경요인의 영향을 서로 분리하기가 어렵기 때문에 유전요인이 학습장애의 원인과 얼마나 관련이 있는지는 불확실하다. 따라서 일부 학자들은 유전적인 요인보다 열악한 학습환경에서 학습장애의 원인을 찾기도 한다.

매우 열악한 환경이 아동의 발달에 부정적인 영향을 미치는 것과 마찬가지로 학습에서도 불우한 환경이 장애요인으로 나타날 수 있다는 보고들이 많이 있다.

가정환경적 요인으로는 부적절한 사회환경적 요인, 문화적 결손, 가족 내의 상호작용 정도 등에 의한 초기 경험의 부족을 들 수 있다. 이러한 환경적 영향은 발달과정 중에 있는 아동의 학습과 관련된 뇌의 기능에 장애를 초래하게 된다.

많은 교육학자들도 부적절한 학습환경이 많은 학습장애아들의 학습과 행동문제에 영향을 주는 요인이라고 주장하면서 그 증거로 대부분의 학습장애아들의 학습문제가 직접적이고 체계적인 교육 프로그램에 의해 교정되는 사례들을 제시하고 있다.

그 외에도 아동의 정서적 특성, 학업에 대한 동기와 기대, 학습습관과 행동패턴들도 학습의 문제에 크게 작용하고 있다. 그러나 이러한 환경요인만이 학습장애의 직접적인 요인이라고 보기는 어렵고 개인에 따라 다양한 요인들이 작용하는 것으로 보인다.

이 밖에 학습장애에 의한 과잉행동을 보이는 아동의 일부가 편식을 좋아하는 경향이 있다는 극소수의 연구가 있고, 산모의 건강상태, 산모의 흡연, 음주, 코카인과 중금속 중독, 그리고 아동의 뇌감염, 당뇨병, 심장병 등도 학습장애를 유발하는 신경학적 문제들을 초래한다는 주장도 있다.

이와 같이 학습장애의 원인에 대해 다양한 요인들이 제시되고 있지만, 이러한 학습장애가 뇌손상 또는 뇌기능장애 때문인지 아니면 유전 때문인지, 부적절한 환경 때문인지는 아직까지 확인되지 않고 있다.

4) 학습장애아의 교육

앞에서 소개한 바와 같이 다양한 학습장애를 경험한 유명 인사들도 적절한 학습방법을 통하여 그들의 장애를 성공적으로 극복하고 성공적인 삶을 영위할 수 있었던 것처럼 학습장애는 적절한 교육을 통하여 극복될 수 있을 것이다.

오늘날 학습장애아의 교육방법으로서 부각되고 있는 것으로는 통합교육과 전략훈련을 들 수 있다.

① 통합교육

통합교육(mainstreaming)은 장애아동들이 자신이 처한 조건 때문에 사회로부터 분리되거나 차별받아서는 안 된다는 전제 아래, 일반학급에서 정상적인 학생들과 함께 수업을 받으며 생활하는 것을 의미한다.

물론 장애가 심해 일반학급에서 정상아들과 수업할 수 없는 중도 · 중복장애아동들은 특수학급이나 특수학교에서 생활하면서 최상의 서비스를 받아야 하지만 이들도 가급적 일반학교에서 교육을 받을 수 있는 체제를 갖추어야 할 것이다. 이들을 일반학급처럼 실제 생활과 같은 환경에서 교육받게 함으로써 이들의 발달을 도모할 뿐만 아니라, 이들이 성인이 되었을 때 더욱 자립하여 생활할 수 있는 가능성을 높여 줄 수 있을 것이다.

통합교육의 효과로는 다음과 같은 것을 들 수 있다.

- 일반아동의 행동을 관찰하고 모방하며 일반아동들과의 바람직한 상호작용을 통해 바람직하지 못한 행동을 감소시키고 사회적으로 수용될 수 있는 다양한 행동을 배울 수 있기 때문에 사회성이 향상된다.
- 정상적인 아동들로부터 다양한 어휘와 바른 언어표현 방식을 배울 수 있기 때문에 언어적 능력이 향상된다.

- 일반학급에서 일반아동과 정상적인 생활을 하면서 장애아동의 숨겨진 잠재능력을 발견하고 이를 발휘할 기회를 가질 수 있다.
- 정상적인 친구와 함께 공부한다는 자긍심을 가짐으로써 자아존중감 발달에 긍정적인 영향을 끼치게 된다.
- 장애아동들이 자라서 살아야 할 곳은 일반학급과 같은 실제 사회환경이기 때문에 교육도 실제 생활환경에서 제공하는 것이 효과적일 것이다.

한편, 통합교육은 일반아동에게 주는 효과도 간과할 수 없는데, 그 내용을 열거하면 다음과 같다.

- 인간의 다양성과 존엄성을 장애아동을 통해 생각해 볼 수 있다.
- 다른 사람을 배려하는 마음과 태도 발달에 도움이 된다.
- 장애인에 대한 두려움이나 오해가 감소되어 장애인을 자연스럽게 대할 수 있게 된다.
- 자신의 건강함에 대해 감사하는 마음을 가지게 된다.
- 다른 사람을 도울 기회를 가져 다양한 사회적 행동을 배우게 된다.
- 장애아동을 이해하고 함께 어울리는 것 자체가 일반아동에게는 효과적인 인성교육이 될 수 있다.

학습장애아에게 특별한 교육 프로그램을 제공하는 특수교사들과 일반학급 교사 간에 상호 협력체제가 구축되어야 통합교육이 보다 효과적으로 이루어지는데, 일반학급에 투입되는 특수교사의 역할을 살펴보면 다음과 같다.

- 적절한 개별화 교육 프로그램을 개발 · 적용한다.
- 학생의 학급행동을 관찰한다.
- 통합학급에서 장애아동이 학급 구성원으로 받아들여져 생활할 수 있도록 지원한다.
- 통합학급에서 장애아동이 수업에 의미 있게 참여할 수 있도록 지원한다.
- 장애아동과 일반아동의 상호작용이 잘 이루어질 수 있도록 지원한다.

• 일반아동이 장애아동에 대한 올바른 인식과 태도로 대할 수 있도록 지도한다.
• 담당 학급교사와 장애아동의 특성, 지도방법 등에 대해 지속적으로 협력한다.

② 전략훈련

학습장애아들에게 유용한 또 하나의 학습방법으로는 전략훈련이 있다.

전략훈련(strategy training)이란 학습장애아에게 가장 적절한 학습방법을 가르치는 것으로서 예를 들면, 암기가 필요한 학습과제를 보다 효과적으로 이해하고 암기할 수 있도록 하기 위하여 기억전략(그룹화, 암송, 시연 등)의 활용 방법에 대해 지도하는 것이다.

이러한 교수방법은 효율적인 학습이 되도록 하는 데 필수적인 메타인지(meta-cognition)를 발달시키는 데 영향을 미치게 된다. 메타인지는 자신의 사고과정에 대해 인식하고, 그것을 토대로 자신의 사고과정을 조정하는 것을 의미하는데, 이는 기억, 이해, 주의집중, 의사소통 및 문제해결 과정에서 중요한 역할을 한다. 학습장애아들은 특별히 메타인지 능력이 결여되어 있기 때문에 학습에 어려움이 있다. 특히 학습내용을 충분히 기억하고 이해했는지 또는 충분한 학습을 했는지 여부 등을 계속적으로 점검하여 불충분하게 학습되었다고 판단되는 내용에 대해서 학습시간을 더 배정하는 능력과 학습전략을 수립하는 기술이 부족하다.

이러한 학습장애를 겪고 있는 학생 개인에 맞게 적절한 학습방법과 학습전략을 가르치는 것은 학습장애를 극복하는 데 많은 도움이 된다. 이때 학습방법과 학습전략은 학습자 개인의 특성 및 요구 등을 잘 파악하여 적용하는 것이 중요할 것이다.

3. 학습부진아

1) 학습부진의 정의

학습부진(underachievement)은 지적 능력은 정상인데 해당 연령층에서 기대하는 학습 결과를 나타내지 못하고, 학업성취도가 정규학년 수준에 크게 미달되거나 학습속도가 부진한 것을 말한다.

학습부진에 대해서는 학자에 따라 다양하게 정의되는데, Kirk(1973)는 "학습부진이란 지적 결함보다는 학교의 교육과정에 적응하는 데 곤란을 겪는 것"으로 정의하고 있고, Ingram(1953)은 "학년 진급에 있어 만족할 만한 성과를 내지 못하여 자신의 연령집단 수준의 학업성적을 내는 데 장애를 보이는 것"으로 정의하고 있다.

황정규(1979)는 "개인의 내적 혹은 외적 원인에 의해 그 개인의 발달 수준 및 교육단계에서 요구하는 학습과제에서 수락할 수 있는 최저 성취 수준에 도달하지 못한 학습자"를 학습부진아로 정의하였다.

또한 한국교육개발원(1989)에서는 "정상적인 학교학습을 할 수 있는 능력이 있으면서도 선수학습 요소의 결손으로 인하여, 설정된 교육목표에 비추어 볼 때 수락할 수 있는 최저 학업성취 수준에 도달하지 못한 학습자"를 학습부진아로 정의하고 있다.

이와 같이 학습부진은 지적 능력이 비교적 정상인데도 불구하고 여러 가지 이유로 학교공부에 실패하거나 학습속도가 부진하며, 기대되는 학업성취 수준에 이르지 못하는 것으로 정의된다. 그러나 낮은 학업성취의 원인이 저지능이나 행동장애, 정서장애 등이 분명할 때는 낮은 학업성취가 자연스러운 일이며, 이러한 아동들은 학습부진아에서 제외된다.

그리고 학습부진은 학습장애와 구별하여 설명되지만 중복되는 부분도 있다. 학습부진과 학습장애 집단이 모두 정상 범위의 지능을 지녔고, 학업성취가 부진하다는 점에서 유사한 특징을 보인다. 그러나 학습부진은 학업영역 전반에서 낮은 성취도를 보이고, 학교학습의 과정에서 모든 학습자에게 일어날 수 있다.

반면에, 학습장애 집단은 어느 한 영역 혹은 그 이상의 특정 영역에서만 낮은 학업성취도를 보이고, 특정인에게서 나타나며, 개인 내 차가 심하다는 점에서 차이가 있다.

또한 학습부진의 경우 일반학급에서 다루어지는 교육내용을 느리고 쉽게 재구성하여 보충교육을 제공하였을 때 학습이 점차 향상되는 경향을 보이는 반면, 학습장애인 경우에는 교육내용과 교수방법을 그 개별 학생의 요구에 맞춘 개별화 교육 프로그램을 작성하는 특수교육을 제공하였을 때 비로소 학습 향상을 보이게 된다.

이와 같은 차이점이 있지만 학습부진과 학습장애를 정확히 판별해 내기란 쉬운 일이 아니다. 그러나 교수 프로그램을 제공하기 전에 단기간의 진단과정을 통해 판별해 내야 하는 것이 교육 현장에서의 현실적인 문제이기 때문에, 이 두 집단을 판별하는 것과 관련하여서는 아직도 연구되어야 할 과제가 많이 남아 있다(Kavale, 1995; Kavale & Forness, 1995; Stanovich, 1993).

2) 학습부진의 특징

학습부진아의 특징에 대해 Kauffman과 Hullahan(1976)은 과잉행동, 지각-운동장애, 정서불안정, 방향감각 및 편측장애(laterality defects), 주의집중장애, 충동성, 기억 및 개념적 사고장애, 특정 학습장애 등을 제시하고 있다. 또한 Myers와 Hammil(1976)은 운동활동장애, 정서불안장애, 지각장애, 기호화장애, 주의집중장애, 기억장애 등을 그 특징으로 제시하고 있다.

그러나 이러한 특징들은 학습장애와 같은 다른 장애아들에게서도 나타나며, 학습부진아라고 하더라도 제시된 특징을 모두 가지고 있는 것은 아니기 때문에 학습부진아의 판별에는 신중을 기해야 할 것이다.

교사들이 학교 현장에서 학습부진아를 어느 정도 구별할 수 있는 특징을 들면 다음과 같다.

- 지능은 정상이지만 성적이 들쑥날쑥하거나 전반적으로 학업성적이 낮고, 공부하는 데 흥미가 없으며 공부하는 요령이나 방법을 잘 모른다.
- 주의집중력이 떨어지고, 어떤 것을 정해 집중하기가 어려워 중요한 학습 요소에 집중하기보다는 기타의 부수적인 것에 더 큰 관심을 보이므로 학습을 정상적으로 수행하기가 어렵다.
- 이들은 다른 아이들에 비해 학습속도가 매우 느리고, 쉬운 과제도 질질 끄는 편으로, 새로운 것을 배우는 데 시간이 오래 걸리고 상황 판단이 부적절하거나 부족하다는 말을 자주 듣는다.
- 행동이 느리고, 하고자 하는 의욕이 별로 없는 아이처럼 보인다.

3) 학습부진의 원인

학습부진의 원인으로는 개인적 요인과 환경적 요인이 주로 논의되고 있다.

학습자 개인 내적 요인들의 부조화, 우발적인 사고나 질병, 시각이나 청각의 미성숙, 영양부족, 기타 건강 조건 등의 개인적인 결함으로 학습부진이 초래될 수 있고, 불안정한 가정환경이나 사회 경제적 여건 등도 학습에 흥미를 잃게 하고, 학교생활에 대한 부적응을 초래하면서 학습부진의 원인이 되고 있다.

또한 잘못된 학습방법이나 습관, 교육적 압력이나 부적합한 학습지도, 흥미 없는 수업 등에서 비롯되는 학습자의 학습동기 약화 등이 학습자들의 출석을 저하시키고 학습자의 학습부진의 원인이 된다.

4) 학습부진아의 교육

학습부진아는 출현빈도가 높기 때문에 교사들이 학교 현장에서 관심을 기울여야 할 대상이다. 서울시 교육청에 따르면 2004년 3월 현재 서울 시내 초등학교 4~6학년 전체 36만여 명 중 3.9%인 1만 4,421명이 한글 읽기나 쓰기, 덧셈, 뺄셈 등 기초학습이 부진한 것으로 조사되었다.

이 중 국어 부진학생은 8,735명(2.39%), 수학 부진학생은 5,686명(1.56%)에 이르는 것으로 집계되었다. 또한 초등학교 고학년인 4~6학년과 중학생이 되어서도 한글 읽기나 덧셈, 뺄셈 등을 제대로 하지 못하는 기초학습 부진학생 비율은 1.5%로 조사되었다.

한편, 경기도 교육청에 따르면 2004년 12월 말 현재 도내 초등학교 4학년부터 고교 1학년까지 107만 5천여 명을 대상으로 한국교육과정평가원이 개발한 진단평가 문항을 활용해 기초학습능력을 검사한 결과 0.34%인 3,678명이 초등학교 1~3학년 수준의 쓰기와 읽기, 기초수학을 제대로 하지 못하는 기초학력 미달로 조사되었다.

기초학습 부진학생 비율을 각급 학교별로 보면 초등학교가 0.4%(2,000명), 중학교 0.8%(1,215명), 고교 0.17%(234명) 등이었으며 과목별로는 더하기, 빼기, 기초수학이 1,572명으로 가장 많고 다음이 쓰기(1,059명)와 읽기(1,047명) 순이었다.

이와 같이 학습부진 학생 비율이 비교적 높게 나타나고 있기 때문에 교육 현장에서도 이들에 대한 교육이 강화되고 있다. 따라서 제7차 교육과정에서는 학생들의 개인차를 고려한 단계형 및 심화보충형 수준별 교과과정을 도입하도록 하고 있다.

학습부진아들에 대하여 학교 현장에서 교사들이 유용하게 사용할 수 있는 수업 전략으로는 적응수업 전략과 교정수업 전략을 들 수 있다.

① 적응수업 전략

적응수업 전략(accommodation teaching strategy)은 학습자의 학습을 증진시키기 위하여 어떤 요소나 전체적인 학습환경을 변화시키는 과정으로 설명될 수 있다(임규혁, 1999).

Gearheart(1976)가 제시한 적응수업의 방법은 학교 내 외적 요인과 수업사태에서 일어나는 과정변인을 제조직하고 재구성하는 것으로, 그중에서 수업사태에서 고려해야 할 점을 다음과 같이 요약하고 있다.

- 학습부진 학생이 이해할 수 있는 수준으로 각 수업시간에 도달해야 할 학습목표를 제시한다.
- 수업진행에 대한 안내를 위하여 각 단원별 또는 차시별 수업개요를 제시한다.
- 전문적인 어휘의 목록이나 추상적인 개념에 대한 해설자료 등을 제공한다.
- 학습부진 학생의 수준에 맞는 적절한 가정 학습과제를 제공한다.
- 특별교재 또는 학습자료를 활용한다.
- 학습계획서를 작성해 주고 계속 점검한다.
- 정보의 확인, 분석, 저장, 기억방법, 독서방법, 시험 준비, 노트 필기방법과 같은 학습기술을 지도한다.

② 교정학습 전략

교정학습 전략(remedial teaching strategy)은 학습을 방해하거나 장애가 되는 결함과 약점 등을 제거하는 데 중점을 둔다. 이 전략은 학습부진 학생의 잘못된 학습 습관을 확인할 수 있고, 이를 수정할 수 있다는 가정 하에 학습자를 변화시키는 데 관심을 갖는다. 따라서 교정학습 전략에서는 학습부진아에 대한 개인별 진단이 중요하며, 이러한 진단결과에 따라 학습과제 및 적절한 프로그램을 제시하는 것이 특징이다(임규혁, 1999).

교정학습 전략에서 설명하고 있는 기본 아이디어를 살펴보면 다음과 같다(김선 외, 2001).

㉠ 학습자를 진단하고 분석하는 일이 교정수업 전략의 최우선 과제다.

이 전략에는 인지과정 접근, 발달단계에 따른 접근, 각종 검사에 의한 접근 등이 있다. 인지과정 접근은 학습자의 인지과정 또는 정보처리과정에서 나타나는 결함을 치료하려는 수업전략이다. 이 접근은 학습부진아의 시각기능, 청각기능, 기억기능, 언어능력 등을 조사하고, 그 결과에 기초하여 학습자 정보처리 양식의 강점과 약점을 분석한다. 따라서 학습자가 가지고 있는 강점을 통해 수업을 하고 약점을 보완하는 방향으로 수업전략을 구성한다. 발달단계에 따른 접근은 발달단계의 과정을 감각, 지각, 기억, 상징화 및 개념화로 구분하고 해당 연령 수준의 발달단계에서 미처 완수하지 못한 발달과업을 확인하고 이를 보충할 수 있도록 돕는다. 각종 검사에 의한 접근은 진단도구(표준화 검사 등)에 의해 치료해야 할 학습 결함을 확인하고 그 결과의 정도에 따라 치료 절차와 프로그램을 제공하는 것이다.

㉡ 학습과제를 위계적으로 분석한다

이는 교과영역의 기초학습기능을 위계적으로 분석하여 학습자로 하여금 주어진 학습과제를 수행하는 데 필요한 학습기능을 습득하도록 하는 방법이다. 따라서 학습부진아의 기초학습기능의 수준이 어떠한지를 확인하고 부족한 기능을 계발시키는 데 초점을 둔다.

㉢ 학습환경을 분석한다.

학습환경은 시설적 환경과 인적 환경으로 크게 구분할 수 있다. 시설적 환경은 학습을 방해하는 여러 가지 요인들, 즉 소음, 채광, 책상과 의자의 크기, 교실의 규모 등을 말하고, 인적 환경은 교사와의 관계, 교사의 교수능력, 또래집단과의 관계 등을 들 수 있다. 이러한 학습환경 중에서 가장 강력한 요소는 역시 교사의 교수능력일 것이다. 교사의 잘못된 교수방법은 학습부진의 수를 증가시키는 결과를 가져올 수 있다.

한편, 학습부진 학생을 위한 프로그램은 제시되는 내용에 따라 다음과 같이 분류할 수 있다(Deshler, Lowery, & Allerg, 1972).

• 기초학습기능형

읽기, 쓰기 등 기초학습기능에 초점을 둔 프로그램

• 교과 개별 지도형

학생들이 직접적으로 관련 없는 내용으로 인해 흥미를 느끼지 못할 경우, 교과과정 영역에서 지원, 보충적인 역할을 하는 프로그램(Lerner, 1976)

• 직업프로그램

학습자의 흥미와 능력에 맞는 직업을 탐색, 준비시키는 과정

• 학습전략형

공부기술을 가르치는 프로그램. 이 프로그램은 학습부진아의 공부 방법을 발전시키고 수업활동을 개선시키는 데 그 목적이 있음

• 심리치료형

학생에 대한 압력의 감소, 교사-학생 및 학생-학생의 인간관계 개선, 동기 양식이나 수준의 변화, 자아개념의 긍정적 변화 등을 목적으로 하는 프로그램

이러한 학습부진 학생을 위한 프로그램은 대상 학생의 연령, 결함 정도와 유형, 학교 형편 등을 충분히 고려하여 실시하여야 한다.

4. 정신지체아

정신지체(mental retardation)는 지적 능력의 발달이 지체되어 지능이 평균보다 낮은 것을 의미한다. 과거에는 정신지체를 불치병으로 생각하여 정신박약(feeble-mindedness), 백치(idiocy), 저능(subintelligence) 등으로 불렀으나 오늘날은 이를 질병으로 생각하지 않고 하나의 증상으로 간주하고, 호칭도 이같은 부정적인 호칭 대신에 정신지체로 바꾸게 되었다.

정신지체에 대해서는 다양하게 정의되고 있지만 오늘날 가장 널리 받아들여지고 있는 미국정신지체협회(AAMD)의 정의를 살펴보면, 정신지체란 일반적 지적 능력

이 유의미하게 평균 이하이고, 또한 적응적 행동에 결함을 나타내는 상태로써 이러한 상태가 발달기간(18세 이전) 동안에 나타나는 것을 말한다. 일반적으로 IQ 70 이하로서 가정생활이나 학교생활, 대인관계 등에서 적응을 잘 못하는 상태인 경우 정신지체로 판단하는데, 이러한 생활에 적응을 잘하는 아동은 지능이 낮더라도 정신지체로 보지 않는다.

정신지체아들은 언어활동이나 지적인 활동, 운동기능에 장애를 나타내며, 심한 경우에는 신체적인 성숙이나 발달이 이루어지지 못한 아동도 있다. 이들은 지체의 등급에 따라 다양한 특성을 나타내는데, 일반적으로 여러 환경이나 상황에 적응하는 능력이 떨어지고, 생각과 반응의 속도가 느리며, 과제를 학습하고 문제를 해결하는 데 어려움을 느끼는 등 여러 가지 활동에 심한 결함을 나타낸다.

정신지체의 원인으로는 일반적으로 유전적인 영향이 많이 거론되고 있다. 그러나 심리학자들 사이에서는 유전이 지능에 어느 정도 영향을 미치는가에 대해서 의견이 분분하다. 이러한 유전적 요인 이외에도 유아기의 질병, 부모의 정서적 문제, 방사능에의 노출, 뇌손상, 염색체의 이상, 산모의 연령 등 환경적인 영향에 의해서도 발생할 수 있다.

정신지체아를 위한 교육내용은 장애의 정도에 따라 달라진다. 미국 정신지체협회에서는 정신지체를 경도(mild), 중등도(moderate), 고도(severe), 최고도(profound) 정신지체로 분류하고 있다. 이 가운데 경도 정신지체아는 IQ 50~70으로 전체 정신지체아의 약 75%를 차지한다.

이들은 읽기, 쓰기, 셈하기와 같은 기본 기술과 사회적응 기술을 습득할 수 있기 때문에 교육을 통하여 직업을 갖고 사회생활을 할 수 있도록 도울 수 있다. 이들은 정상적인 학생들과 통합교육이 가능하고, 전략훈련을 통하여 학업성취를 지원할 수 있다. 교사나 부모들은 지능이 불변하는 것이 아니라 아동기를 거치면서 30~40점은 변할 수 있다는 점을 깊이 인식하여야 할 것이다.

중등도 정신지체아는 IQ 35~50으로서 전체 정신지체아의 약 29%를 차지하고 있다. 이들은 단순한 생활기술과 직업기술을 습득할 수 있기 때문에 훈련 가능급이라고도 한다. 따라서 이들에게는 특수학교나 특수학급에서 직업교육 등 사회적응 훈련을 실시하는 것이 바람직할 것이다.

고도나 최고도의 정신지체아는 독립적인 생활을 못하고 평생보호를 받아야 하기 때문에 별도로 특수시설이나 가정과 같은 통제된 환경에서 어느 정도의 자기관리 및 사회적응이 가능하도록 환경지도를 해야 할 것이다.

5. 행동장애아

행동장애(behavior disorders)는 다양한 정서적 요인으로 인하여 특수한 행동상의 문제를 드러내는 것을 말한다. 행동장애는 정서장애, 사회부적응, 심리장애 등과 같은 다양한 용어와 혼용하여 사용되기도 하지만 전문가들은 행동상의 장애에 관심이 많기 때문에 행동장애라고 부르고 있다.

Kirk와 Gallagher(1990)는 행동장애에 대해 사회적 갈등, 개인적 불만, 학교 성적 부진 등을 지속적으로 나타내는 장애를 의미하는 것으로 정의하고 있고, Graubard (1973)는 행동장애를 상대가 바라지 않는 부적절하고 충동적이며 공격적 행위나 언어, 그리고 우울증, 좌절을 나타내는 과도하고, 만성적이며, 이탈된 행동이라고 정의하고 있다.

행동장애아는 과잉행동, 비협조, 반항, 적개심, 잔인성, 악의성 등의 특성을 나타내며, 학습에 지장이 많고 학교 규칙을 어기며 행동 결과에 대해 아무런 반응을 보이지 않는 특성이 있다(Eggen & Kauchak, 1992). 또한 이들은 부끄러움, 자신감 결여, 우울 등의 특성을 보이며 교사의 주의 깊은 관찰이 없으면 판별하기 어렵다(임규혁, 1999).

행동장애아들은 불복종적이고, 공격적인 행동 등과 같은 밖으로 드러나는 행동을 보이거나, 미성숙하여 열등감, 좌절, 불만, 죄의식, 불행감 등과 같은 내적으로 위축된 행동을 보이는 등 다양한 사회적, 정서적 특성을 나타낸다. 특히 이들의 가장 보편적인 문제 중의 하나로 품행장애를 들 수 있는데, 품행장애(conduct disorder)는 청소년 비행과 같은 공격적이고 난폭한 반사회적인 행동특성을 나타내는 것을 말한다.

품행장애아들은 시비를 잘 걸고, 반항적이며, 남을 협박하고 괴롭히며, 거짓말과 도둑질 등과 같은 비행이 나타난다.

또한 행동장애아들 중에는 자폐행동을 나타내는 아동이 있다. 자폐장애아는 보통 다른 사람에 대한 반응이 없고, 특이한 말과 언어패턴을 가지거나 언어장애를 보이며, 변화를 싫어하고, 다른 사람과 시선 마주치기를 극히 싫어하며, 안면표정이 단조로운 특성을 나타낸다. 이 밖에도 주의력결핍과 과잉행동, 의미 없이 동일한 행동을 반복하는 상동행동, 자해행동 등의 특성을 보인다.

행동장애의 원인으로는 갈등과 긴장 등의 심리적 요인, 뇌손상, 영양실조, 질병, 신경조직 이상 등의 생물학적 요인, 정신역동적 문제 등 다양한 요인이 지적되고 있다. 이외에도 유아기에 특정한 애착대상이 없었다든가 적절한 행동훈련이 이루어지지 않는 경우, 부모의 과잉보호, 그리고 일관성 없는 양육방식 등이 행동장애의 원인으로 보고되고 있다.

행동장애아는 전반적으로 학습에 장애를 나타내는데, 이들도 정상적인 학생들과 통합교육이 가능하다. 그러나 이들에 대한 교육효과는 학습환경보다 교사의 자질이 더 중요하다 할 것이다. 따라서 교사들은 이들에 대한 이해, 솔직한 의사소통, 일관성 있고 즉각적인 칭찬과 보상, 그리고 학생에 대한 현실적 기대와 유지해야 할 행동 범주의 설정 등을 통하여 지도할 필요가 있다. 또한 학생과 교사 사이에 신뢰 관계가 형성되어 바람직하지 않은 행동이 표출되지 않도록 해야 할 것이다(송인섭 외, 2005).

학습과제

1_ 영재아에 대한 정의와 판별방법에 대해서 설명하시오.

2_ 영재아의 교육을 위한 속진 프로그램(acceleration program), 심화 프로그램 (enrichment program), 집단편성(grouping)의 장단점을 설명하시오.

3_ 학습장애를 정의하고, 그 특성을 발달상 학습장애와 학업상 학습장애로 나누어 약술하시오.

4_ 다음 학습장애아의 교육방법을 설명하시오.
① 통합교육(mainstreaming)
② 전략훈련(strategy training)

5_ 학습부진과 학습장애의 유사점과 차이점을 설명하시오.

6_ 다음 학습부진아의 수업전략을 설명하시오.
① 적응수업 전략(accommodation teaching strategy)
② 교정학습 전략((remedial teaching strategy)

7_ 학습장애아의 교육에서는 교사의 자질이 무엇보다 중요하다고 한다. 학습장애아의 효과적인 교육을 위해서는 교사의 어떤 자질이 요구되는가?

제 5 장

학습자의 성격과 도덕성 발달

1. 성격발달
2. 도덕성 발달

학습개요

이 장에서는 인지발달과 밀접하게 상호작용하면서 학습에 크게 영향을 미치고 있는 정의적 특성인 성격 및 도덕성 발달이론을 다룬다. 아동들은 인지적 특성의 발달과 함께 성격 및 도덕성 등 정의적 특성 등도 발달한다.

일반적으로 성격이란 한 개인을 다른 사람과 일관되게 구별지어 주는 개인의 독특한 심리적 특징이라고 할 수 있고, 도덕성이란 인간으로서 마땅히 지켜야 할 도리나 규범에 맞게 행동하려고 하는 도덕적 의식이라고 말할 수 있다. 이러한 한 개인의 성격과 도덕성 발달은 그 개인의 행동에 중요한 영향을 미치고 있다.

학습자의 정의적 특성으로는 그 밖에도 동기, 자아개념, 불안, 포부수준 등이 있다. 이러한 특성들은 학습에서 중요하게 다루어지고 있기 때문에 이 책의 뒷부분에서 설명하는 학습에 영향을 미치는 변인에서 살펴보기로 한다.

다음에서는 성격발달이론과 도덕성발달이론에 대해서 알아본다.

1. 성격발달

1) 성격의 정의

성격이란 무엇인가? 성격은 일상적으로 가장 빈번하게 사용하는 용어이지만, 성격을 객관적으로 정확히 정의하기는 상당히 어려울 것이다. Hall과 Lindzey(1957)도 "성격에 대한 보편적인 정의는 존재하지 않는다."라고 말한 바 있다.

이처럼 성격에는 너무나 많은 측면들이 포함되어 있고, 학자에 따라 그 구성이나 발달에 대한 관점이 다르기 때문에 학자들에 따라서 다양하게 정의되고 있다. 다만, 성격은 선천적으로 타고난 생물학적인 바탕과 성장과정에서의 환경적 요인이 상호 복합적으로 작용하여 형성된다는 점에서는 견해가 일치되고 있다.

성격에 대한 몇 가지 정의를 살펴보면, 성격에 관한 연구로 일생을 보낸 Allport(1937)는 "성격이란 특징적 행동과 감추어진 행동을 결정하며 한 개인을 다른 개인들과 지속적으로 구별 지워 주는 개인의 독특한 심리적 특징"으로 정의하였고, Sullivan(1953)은 인간관계에 중점을 두고, "성격이란 인간 상호관계 속에서 비교적 지속적으로 개인의 행동을 특정지어 주는 심리적인 특징"이라고 정의하였으며, Fromm(1956)은 "성격이란 한 개인의 특징이 되며 독자성을 꾸며 주는 선천적 · 후천적인 정신적 특질의 총체"라고 규정하였다.

이와 같이 성격의 정의에 대해서는 학자에 따라 다양한 견해가 존재하지만, 다음과 같은 사실에 대해서는 공통적으로 인정하고 있다(정채기, 2004).

첫째, 사람마다 생리적 · 환경적 요소가 다르기 때문에 성격에서도 차이가 난다.
둘째, 성격은 일관성과 지속성이 있어 성격적 특성에 따라서 고유하고 일관된 반응양식을 나타낸다.
셋째, 성격적 특징은 대인관계에서 나타나는 개인의 인상이다.
넷째, 성격은 환경에 적응하는 반응양식을 결정해 주는 생리적 · 정신적 측면이 있다.
다섯째, 성격은 성장함에 따라 형성되며, 환경이나 학습 등의 조건에 따라서 변화될 수 있다.

2) 성격발달이론

아동기의 성격발달을 설명하는 대표적인 이론으로는 Freud의 성격발달이론과 Erikson의 심리사회적 성격발달이론을 들 수 있다. 따라서 다음에서는 이들 이론에 대해서 설명하고, 마지막에는 Marcia의 자아정체성 이론에 대해서도 간단히 언급하고자 한다.

(1) Freud의 성격발달이론

Freud(1856~1936)는 정신분석이론이라는 성격이론을 처음 제창하였다. 그는 정신분석이론에서 무의식을 강조하면서 인간의 행동에는 반드시 동기적 요인이 있고, 또한 인간의 행동은 자신이 의식하지 못하는 본능적 충동에 의해 지배된다고 주장하고 있다. 이 같은 정신분석이론은 다양한 학문영역에 크게 영향을 주었는데, 특히 그의 중요한 공헌은 성격의 구조와 성격의 발달단계를 체계적으로 설명한 것으로 인정받고 있다는 것이다.

다음에서는 Freud가 주장한 성격의 구조와 성격의 발달단계에 대해서 살펴본다.

Freud(1856-1936)

Sigmund Freud

프로이트(Sigmund Freud)는 1856년에 지금은 체코에 속하지만 당시에는 오스트리아-헝가리 제국에 속해 있던 모라비아 지방의 프라이베르그에서 유태인계 모피상인 야콥의 7남매 중 장남으로 태어났다. 그의 부모는 Freud의 명석한 지적 능력을 키워 주기 위해 모든 노력을 다 기울였고, 기대가 매우 컸다고 한다. 훗날 프로이트는 "내가 위대한 인물이 되려고 열망한 것은 어머니와 가족들의 기대 때문일지도 모른다."라고 했다. 그는 1873년 빈 대학 의학부에 입학하여 생리학자인 브뤼케(Brucke) 교수의 지도하에 생리학을 공부하였고, 1881년에 의학 박사 학위를 받았다. Freud는 하루에 18시간을 일할 정도로 생산적이고 창조적인 사람이었다. 그는 40대 초반에 죽음에 대한 과도한 공포증뿐만 아니라 여러 가지 정신병적 장애를 겪기도 하였다.

그는 자유연상법(free association)을 사용하여 히스테리를 치료하고, 1896년 이 치료법에 '정신분석'이라는 이름을 붙였다. 당시의 심리학자들은 의식의 분석에만 초점을 맞추고 있었으나 프로이트는 그들과는 달리 '무의식(unconsciousness)'을 강조하면서 대부분의 심리장애는 무의식에 자리 잡고 있는 갈등 때문에 생긴다고 주장하였다.

무의식 속의 성적(性的) 및 공격적 충동들이 인간행동의 동기적 요인이 된다는 것과, 특히 아동기의 성적 충동이 중요하다는 것을 주장하면서 출생 이후에 나타나는 성적 충동이 구강과 항문 활동으로부터 나오며 성(性)의 발달단계도 구강과 항문의 단계를 거쳐 간다고 보았다.

이와 같이 Freud는 무의식을 집중적으로 분석하고 이를 근거로 하여 정신분석이론의 기초를 이루는 개념들을 발전시켰고, 1900년에 그의 이론에 관한 최초의 업적인 『꿈의 해석』을 출간하였다.

그는 83세에 후두암으로 사망할 때까지 24권의 책을 저술하였고, 인간행동을 이해할 수 있는 정신분석이론을 정교히 이론화하고 확정하는 데 전 생애를 바쳤다. 그의 정신분석이론은 심리학과 정신의학뿐 아니라 문학과 예술, 종교에 이르기까지 20세기의 인류 문명에 광범위하게 영향을 미치게 되었다. 이 이론은 후에 신 프로이트학파(Neo-Freudian)라고 불리는 융(C. G. Jung), 아들러(A. Adler), 안나 프로이트(Anna Freud), 에릭 프롬(E. Fromm), 그리고 에릭슨(E. H. Erikson) 등에 의해 더욱 발전되었다. 주요 저서로는 『히스테리의 연구』(1895), 『꿈의 해석』(1900), 『일상생활의 정신병리』(1904), 『성(性) 이론에 관한 세 가지 논문』(1905), 『토템과 터부』(1913), 『정신분석입문』(1917), 『쾌감원칙의 피안(彼岸)』(1920), 『자아와 이드』(1923) 등이 있다.

① 성격의 구조

Freud의 초기이론에서는 인간의 정신생활을 의식, 전의식, 무의식의 세 가지 의식 수준으로 분류하여 인간의 성격을 설명하고 있다. 그는 이 세 가지 의식 수준을 빙산에 비유하여 설명하고 있다. 즉, 물 위에 떠 있는 작은 부분이 의식이고, 물속에 잠겨 있는 훨씬 더 큰 부분이 무의식이며, 파도에 의해 물 표면으로 나타나기도 하고 잠기기도 하는 부분이 전의식이라고 보았다. 그는 또한 빙산의 대부분이 물속에 잠겨 있듯이 성격의 대부분은 의식 수준의 아래에 존재한다고 믿는다.

여기서 의식(意識, consciousness)은 한 개인이 현실생활에서 알거나 느끼고 있는 모든 경험과 감각들을 포함하는데, 프로이트는 정신생활의 극히 일부분만이 의식의 범위 안에 포함된다고 주장하였다. 의식의 내용을 단지 잠시 동안 의식할 뿐 주의를 다른 곳으로 옮기면 전의식이나 무의식으로 사라지게 된다는 것이다.

무의식(無意識, unconsciousness)은 전적으로 의식 밖에 있기 때문에 전혀 의식하지 못하는 영역으로서 자신이나 사회에서 용납될 수 없는 과거의 경험이나 생각, 충동들이 억압되어 있는 부분이다.

전의식(前意識, preconsciousness)은 의식과 무의식 사이에 존재하면서 무의식과 의식을 연결해 주는 것으로서 무의식과는 달리 비교적 쉽게 의식화되고 주의를 집중하면 의식 속으로 떠올릴 수 있는 과거의 경험들을 말한다.

억압(抑壓)이란 수치스러운 생각, 죄의식, 괴롭거나 불쾌한 경험 그리고 싫증나는 일들을 의식에서 무의식으로 밀어내는 것을 말한다.

Freud는 인간행동의 대부분이 무의식으로부터 기원하기 때문에 무의식을 가장 중요한 의식 수준이라고 보았으며, 이를 토대로 그는 단계적인 성격이론을 발전시켰다. 그러나 이 개념만으로 성격구조를 충분히 설명할 수 없었기 때문에 1920년대에 이를 수정하여 원욕(id), 자아(ego), 초자아(superego)라는 역동적인 개념을 도입하여 삼차원의 기본적 성격구조이론을 제시하였다. 이 세 요소는 그 자체의 기능 특성 작용원리를 가지고 있으나 개별적으로 작용하는 경우는 드물고, 서로 상호작용하면서 개인의 행동과 사고를 제어한다는 것이다.

Freud가 인간의 정신을 의식, 전의식, 무의식으로 구분한 것을 정신에 대한 이차원적인 평면적인 분석이라고 한다면, 원욕, 자아, 초자아로 나누어 인간의 정신을 분석한 것은 정신을 3차원의 입체적인 구조물로 보고 분석한 것이라 할 수 있다.

Freud이론에서 가정한 성격구조의 관계를 그림으로 표현하면 [그림 5-1]과 같다.

Freud는 현재 신경해부학의 발달 수준으로는 이들이 중추신경 내의 어디에 위치해 있는지에 대해 밝힐 수 없기 때문에 이러한 성격구조모형이 성격에 대한 어떤 구체적인 구조를 나타내기보다는 가설적인 구조로 이해되어야 한다고 주장하였다.

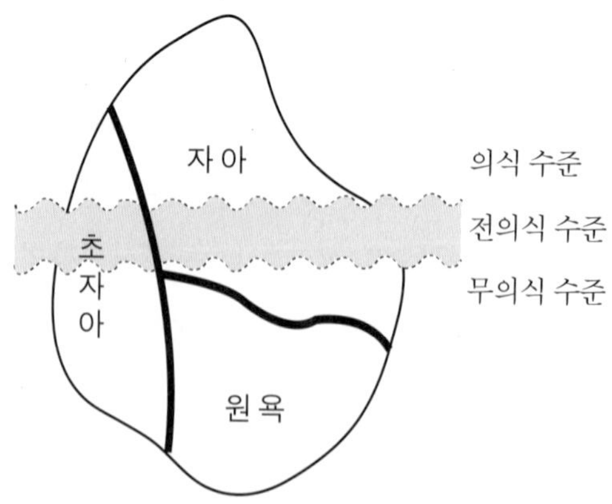

[그림 5-1] 성격구조모형

㉠ **원욕**(原慾, id)

원욕(또는 원초아)은 Freud가 초기에 무의식에 부여했던 특성과 기능을 대부분 이어받은 것으로 심리적 에너지의 저장소이며 본능적인 욕구들이 자리 잡고 있는 영역이다. 원욕은 유전되어 출생 때 이미 존재하는 성적, 공격적 본능과 같은 모든 본능적 충동으로 구성된다.

그는 원욕이 성격을 형성하는 에너지의 원천이라고 보고, 자아나 초자아에 에너지를 공급한다고 믿었다. 원욕은 본능에 따라 움직이기 때문에 모든 억압을 무시한다. 원욕은 본능적 욕구를 충족시키기 위하여 비논리적이고 충동적이며 맹목적으로 작용한다. 이런 행동이 다른 사람이나 자신의 보존에 미치는 영향을 전혀 도외시한다. 그러나 이러한 행동들은 현실적 제약이나 사회적 규제를 받아 욕구를 충족할 수 없기 때문에 성격 체제에 고통이나 긴장을 가져오게 된다. 긴장 수준이 증대하면 원욕은 견디지 못하고 즉각 고통과 긴장을 해소시켜 유기체를 편안하고 안정된 상태로 돌아가도록 작용한다. 이같이 즉각적으로 고통이나 긴장을 해소하려는 원리를 쾌락의 원리(pleasure principle)라고 하는데, 원욕은 이 쾌락의 원리에 따라 움직인다는 것이다.

Freud는 원욕이 이러한 고통이나 긴장을 해소하고 쾌락을 얻기 위한 방법으로 두 가지 기제를 제시하였는데, 그것은 반사작용(reflex actions)과 1차과정(primary process)이다.

유기체는 비교적 간단한 긴장을 즉각적으로 해소시키기 위해서 재채기, 기침, 눈 깜박임 등과 같은 여러 가지 반사를 갖추고 있다. 원욕은 이러한 반사작용을 통해 긴장을 일으키는 자극에 반응하며 긴장을 해소한다.

반면에 1차과정은 좀 더 복잡한 심리적 반응을 내포하는데, 이는 과거에 긴장을 해소시켜 준 적이 있는 대상이나 상황에 대한 시각적인 이미지를 떠올림으로써 긴장을 해소시키는 것을 말한다. 예를 들어, 배고픈 사람이 맛있는 밥이나 라면을 먹는 것을 상상하면 배고픈 고통을 잠시 잊을 수 있을 것이다. 또 다른 1차과정의 예로는 꿈과 정신병 환자의 환각이나 환상에서 찾아볼 수 있다.

그러나 이 같은 1차과정을 통한 정신적 이미지는 일시적인 만족감을 줄 수는 있지만, 본능을 근본적으로 충족시킬 수는 없다. 욕구의 충족은 궁극적으로 현실과 접촉하여야 해소될 수 있다.

따라서 Freud는 유아가 반드시 배워야 할 과업이 일차적인 욕구의 만족을 지연시키는 방법이라고 하였다. 유아가 자신의 욕구를 충족시키는 것은 외부 세계에 있다는 것을 처음으로 배움으로써 욕구 만족을 지연시키는 능력이 발달하며, 이러한 인식이 발달할 때 성격의 2차 체계인 자아 구조가 형성되기 시작한다는 것이다.

ⓛ 자아(ego)

자아란 의식적으로 조종할 수 있는 마음의 부분으로서 원욕에서 파생되어 발달하며 원욕에서 에너지를 얻는다. 우리는 쾌락의 원리에 따른 욕구 충족만으로는 살아갈 수 없으므로 현실을 고려해야 한다. 자아는 실상과 허상을 구별할 수 있고, 원욕의 욕망을 현실에 맞추어 억제하고 조정하여 주는 기능을 한다. 자아는 마음속의 시각적 이미지와 외부의 현실에 실제 존재하는 것을 식별하는 법을 학습해야 한다.

예를 들어, 배고픈 사람이 배고픈 고통을 해소하기 위해서는 음식을 구하고 이를 발견하여 실제로 먹어야 하기 때문에 허상과 실상을 식별할 수 있어야 한다는 것이다. 이와 같은 식별을 효과적으로 하기 위해서 유기체는 사고하고 지각하는 인지적, 지각적 기술을 발달시킨다.

또한 자아는 현실의 원리(reality principle)에 따라 현실적이고 논리적인 사고를 하며 환경에 적응한다. 즉, 자아는 욕망을 즉각적으로 만족시키는 것이 아니라 대상을 바꾸기도 하고 일시적으로 참기도 하여 사회적으로 수용할 수 있는 행동을 취하게 만든다.

현실원리의 목적은 욕구 충족을 위해서 적당한 대상이나 환경조건이 이루어질 때까지 쾌락원리에 따른 본능적 만족을 지연시킴으로써 무분별한 만족 추구로부터 야기될 수 있는 위험으로부터 개체를 안전하게 보호하는 데 있다. 예를 들어, 성적인 욕구는 적당한 대상과 적절한 조건이 성숙될 때까지 지연되었다가 그 대상과 조건이 갖추어지면 그때는 쾌락원리가 적용된다.

Freud는 이러한 유형의 현실적 사고를 2차과정(secondary process)이라고 불렀다. 자아는 2차과정에 의해서 욕구 충족을 위한 계획을 짜고, 그 계획이 효과적인지를 알기 위하여 행동으로 검토해 본다. 즉, 배고픈 사람은 어느 곳에서 음식을 발견할 수 있는가를 생각하고 나서 그곳으로 찾으러 간다. 이것을 현실검증이라고 부른다. 자아는 이러한 역할을 효과적으로 수행하기 위하여 인지적, 지적인 모든 기능을 통제한다(이상노 외, 1985).

그러나 이러한 자아와 원욕으로만 형성된 성격은 이기적이고 비도덕적인 행동으로 나타날 수 있다. 따라서 자아는 원욕의 욕구 충족을 위해 현실을 고려할 뿐만 아니라 초자아가 침해를 받지 않도록 도덕적 감시를 받는다. 이와 같이 자아는 원욕의 욕구와 초자아의 감시 사이에서 현실에 맞도록 조정하여 개체를 적절히 유지시키는 기능을 한다.

ⓒ **초자아**(superego)

초자아는 인간의 마음속에 있는 윤리적, 도덕적, 이상적인 면을 말하는데, 개개인이 무엇이 옳고 그른가를 판단하는 데 관여하며 도덕적 감시자 역할을 한다. 초자아의 기능은 도덕에 위반되는 원욕의 충동을 억제하며 자아의 현실적 목표를 도덕적이며 이상적인 목표로 유도하려 한다.

인간은 바람직한 사회생활을 하기 위해서 그 사회의 질서체계인 가치, 도덕, 윤리체계를 습득해야 한다. 이것들은 사회화과정을 통해 이루어진다.

Freud에 의하면, 초자아는 출생 시에는 나타나지 않고, 자아로부터 발달하며, 성장과정에서 부모나 선생님, 또는 다른 사람들과의 상호작용을 통해서 사회규범이나 가치관을 자기 내부에 내면화함으로써 발달한다는 것이다.

즉, 초자아는 아동이 옳고 그름, 선과 악, 그리고 도덕과 비도덕을 분별할 수 있게 될 때 비로소 나타나며, 처음에는 부모의 기대에 부응하는 행동을 함으로써 도덕적 규범을 습득하다가 아동의 생활범주가 점차 유치원, 학교 등으로 확대됨에 따라 그들 집단이 요구하는 적절한 행동규범을 추가하면서 초자아가 발달되어 간다.

Freud는 초자아를 양심(conscience)과 자아이상(ego ideal)이라는 두 개의 하위체계로 나누었다. 양심은 부모의 야단이나 처벌을 통해 생긴다. 양심은 개인으로 하여금 죄의식을 갖게 함으로써 행동을 통제한다. 반면, 자아이상은 아동이 긍정적인 일을 했을 때 부모로부터 받는 보상이나 칭찬으로부터 발달하며 아동이 목표나 포부를 갖게 하고 그가 이것을 달성하면 자아존중감과 긍지를 느끼게 해 준다.

부모들은 아동들에게 그 사회의 도덕률이나 가치관을 가르친다. 자녀들이 옳은 일을 했을 때는 보상을 해 주고, 옳지 못한 일을 했을 때는 벌을 주는 방법으로 이를 가르친다. 칭찬을 하거나 머리를 쓰다듬어 주거나 또는 사탕을 주거나 하는 등의 보상은 긴장을 해소시켜 줄 것이고, 야단을 치거나 때리거나 화난 표정으로 쳐다보거나 하는 등의 벌은 긴장을 증가시킨다. 자녀들이 부모의 이상대로 행동함으로써 자아이상이 발달되고, 부모가 설정한 제재나 금지에 자기 행동을 맞추어 나가면서 양심이 발달된다는 것이다.

이와 같이 자아이상과 양심의 발달로 초자아가 형성되면 부모의 통제로부터 벗어나 자율적으로 도덕적 고려를 할 수 있는 자기통제 단계로 전환되게 된다. 그러나 양심이 지나치게 발달하면 자아를 도덕적 결박으로 붙들어 매어 놓아 아무 일도 못하게 하고, 자아이상이 너무 높게 설정되면 욕구가 계속 좌절되어 마침내 우울한 실패감에 빠지게 될 것이다.

이상에서 Freud가 말한 성격을 구성하는 세 가지 요소인 원욕, 자아, 초자아에 대해서 살펴보았다. 일반적으로 볼 때 원욕은 성격의 생물학적인 요소이고, 자아는 심리학적 구성요소이며, 또 초자아는 사회적 구성요소로 생각할 수 있다. 이 세 가지 요소는 서로 분리되어 작용하지 않고, 하나의 전체로서 조화와 균형을 유지하면서 작용한다.

Freud는 이러한 요소들이 조화롭게 기능하지 못하면 여러 가지 부적응 증상을 경험하게 된다고 보았다. 원욕과 초자아는 서로 상반된 목적을 추구하기 때문에 본능적 원욕의 욕구와 이를 억제하려는 초자아 간에 긴장과 갈등이 발생한다.

이때 자아가 조정자 역할을 하며 한 개인의 성격을 형성하게 된다. 만약 자아가 조정자 역할을 조화롭게 하지 못하고, 원욕이 지배적일 때는 개인의 정서가 공격적, 충동적이 될 것이며, 반면에 초자아가 지배적일 때는 개인의 행동이 현실을 무시하고 지나치게 도덕성을 추구하며 융통성이 결여될 것이다.

② 성격의 발달단계

Freud는 성격발달에 특히 성적 에너지가 가장 결정적인 역할을 하는 것으로 보고 있다. 그는 유아기부터 청소년기까지 성적 에너지가 집중되는 부위의 변화에 따라서 구강기, 항문기, 남근기, 잠복기, 생식기 등 5단계의 보편적인 심리성적인 발달단계를 가정하고, 이러한 단계들을 거치면서 성격이 발달해 간다고 하였다. 따라서 Freud의 성격발달단계이론을 심리성적 발달단계이론이라고 부른다.

이러한 성적 에너지를 리비도(libido)라 하며 이것은 순전히 성적 행동을 통해서 만족을 얻고자 하는 정신에너지의 일부분으로 간주된다. Freud는 이 같은 발달단계에서 처음의 세 단계가 특히 개인의 기본 성격을 결정하는 바탕이 된다고 주장하였다. 이 시기에 리비도는 신체의 특정 부위에 자리 잡고 이 신체 부위에서 만족을 추구한다. 만족을 추구하는 특정 부위는 연령에 따라 구강, 항문, 남근 등의 순으로 변화한다.

이러한 성격발달의 각 단계에서 각 개인이 어떤 경험을 하느냐에 따라 개인의 성격형성에 중요한 영향을 미치게 된다. 그러나 심리성적 발달단계가 모두 성공적으로 진행되는 것은 아니다. 어떤 한 단계에서 갈등문제가 잘 해결되지 못하면 다음 단계로의 발달이 저해되어 특정 단계에 주저앉는 고착(fixation)이 일어날 수 있다. 예를 들면, 8세의 아동이 계속해서 손가락을 물어뜯는 것은 구강기에 고착되어 있다는 것을 나타낸다. Freud는 이 고착이 성인기 성격에도 직접적 영향을 미친다고 보고 이를 좌절과 방임이라는 두 가지 요소로 설명하였다. 좌절은 아동의 심리성적 욕구(젖을 빠는 것, 씹는 것 등)를 양육자가 적절하게 충족시키지 못한 것을 의미하며, 방임은 욕구를 과잉으로 만족시켜 양육자가 아동에게 내적으로 극복하는 훈련을 제대로 시키지 않아 의존성과 열등감이 심한 것을 뜻한다.

이러한 아동기 때의 고착 경험은 나중에 성인기에 퇴행으로 진행되는 등 여러 가지 성격적 결함이 나타난다. 퇴행은 개인이 심히 불안한 상태에 처했을 때 좀 더 안전하고 즐거웠던 초기의 발달단계로 후퇴하거나 이 시기에 적합한 미성숙한 행동을 나타내는 것을 말한다. 퇴행의 예로는 심히 불안한 상태에 있는 성인이 눈물을 흘리거나, 손가락을 빨거나, 지나친 흡연을 하는 것 등을 들 수 있다. 각 발달단계를 설명하면 다음과 같다.

㉠ 구강기(oral stage)

구강기는 출생에서 1세까지로 유아는 입을 통해 쾌락을 얻는 시기다. 즉, 이 시기 유아들은 입, 혀, 입술 등 구강부위에 리비도가 집중되어 있으므로 구강을 자극하는 데서 만족과 쾌감을 얻는다. 따라서 구강기의 유아들은 구강부위가 모든 활동과 관심의 초점이 되고 손에 잡히는 것은 무엇이든 빨고, 삼키고, 깨물면서 욕구를 충족하려 한다.

치아가 나오는 구강기의 마지막 후반기를 구강 공격적 또는 구강 가학적 단계라고 하는데, 이 시기에는 물어뜯거나 씹음으로써 어머니의 부재나 불만족으로 생긴 욕구 불만을 해소하려 한다. 이러한 빨고, 삼키고, 물어뜯는 등의 구강기 활동은 나중에 발달되는 많은 성격특성의 원형이 된다.

구강기는 유아의 생존을 전적으로 어머니에게 의존하여 본능적 만족을 얻는 의존 시기다. 이 시기 유아의 중심과업은 타인과 관련하여 의존, 신뢰, 신용, 독립심 등의 일반적 태도를 확립하는 것이다. 이 시기에 어머니로부터 적절한 보살핌을 받고 수유 등으로 충분히 욕구를 충족하는 경우에는 유아가 안정 상태에서 구강기를 거치게 될 것이다.

그러나 이 시기에 구강기적인 욕구 충족이 불충분하거나 지나치게 과잉 충족되면 구강 수동적 성격이 되며, 이러한 성격의 소유자들은 세상일에 대하여 낙관적이고, 의타심이 강하며, 잘 속고, 모든 것을 희생해서라도 인정받고 싶어 하는 경향을 갖는다.

그리고 구강기의 활동으로 얻는 쾌락은 나중에 지식습득이나 소유로부터 얻어지는 쾌락과 같은 다른 여러 가지 형태의 활동으로 대치될 수 있고, 또한 후반기 구강 공격적 단계에서의 고착은 논쟁적이고 비꼬길 잘하며, 타인을 이용하거나 지배하려는 등 미숙한 성격특성을 나타낸다.

ⓛ **항문기**(anal stage)

항문기란 대소변을 가리는 훈련이 시작되는 1세에서 3세까지로 리비도의 초점이 구강에서 항문으로 옮겨가 항문에 집중하는 시기를 말한다. 이 시기의 유아는 배설과 보유를 통한 항문적 활동을 통해 쾌락을 얻는다.

항문기에 유아는 배변훈련이 시작되는데, 이때 유아는 생후 처음으로 본능적 충동을 외부, 즉 부모에 의해 통제받는 경험을 하게 되고, 또한 배출 욕구를 해소하는 데서 오는 쾌감을 연기하고 조절하는 방법을 배워 나간다. 유아는 자신이 원하는 때에 배변을 하기 원하지만, 부모는 사회적 관행을 따르도록 하기 때문에 유아는 배변 시기를 조정하기 위해 갈등하며 욕구의 만족을 늦추어야 한다.

배변훈련을 시킬 때 부모가 보이는 감정 태도와 훈련방법이 유아의 성격특성과 가치관 형성에 큰 영향을 미친다. 이러한 배변훈련이 제대로 되면 유아는 사회적 승인을 얻는 쾌감을 경험하게 된다. 그러나 만약 부모가 대변에 혐오감을 보이며 유아에게 수치감을 느끼도록 하는 것은, 유아의 자아존중감을 낮추는 결과를 초래하며, 그 반동으로 유아는 완고한 주장성이나 자신에게 일어나는 일은 무엇이나 통제하려는 결단력으로 반응할 수도 있다.

또한 지나치게 엄격한 배변훈련은 아동을 강박적이고 의존적인 성격으로 만드는데, 유아들은 대변을 참게 되고, 이러한 억제 경향이 심해지면 유아는 자제하는 데 가치를 두게 되어 고집이 세고 인색하며, 지나치게 청결한 성격특성으로 발달하게 된다. 특히 이 단계의 발달이 저해되어 고착되면 나중에 잔인하고 파괴적이며, 난폭하고 적개심이 강한 성격으로 발달할 가능성이 있다.

ⓒ **남근기**(phallic stage)

남근기는 3세에서 6세로 리비도가 아동의 성기로 집중되는 때이며, 아동은 자신의 성기를 만지고 자극하는 데서 쾌감을 느끼는 시기다. 이 시기의 아동은 자신의 육체에 호기심을 갖게 되고, 자위행위를 하며, 이성과의 차이점을 발견하려고 한다. 이 시기에 심리적 변화가 크게 일어나는데, 남아는 오이디푸스 콤플렉스(oedipus complex)를 경험하게 되고 여아는 일렉트라 콤플렉스(electra complex)를 무의식 속에서 겪게 된다.

이것은 이성부모에게 느끼는 성적 애착으로 인한 동성부모와의 갈등으로서, 이 상황을 어떻게 원만하게 해결하느냐 하는 것이 나중의 발달단계에 매우 중요하다. 이 갈등에 대한 하나의 해결책이 동성부모와의 동일시이고, 이 동일시에 의해서 초자아와 성역할이 습득된다. 남아는 어머니에 애착을 느껴 아버지를 경쟁자로 생각하고 적대감을 느끼지만, 아버지의 보복에 대한 두려움 때문에 거세불안(castration anxiety)을 느끼게 된다. 이 거세불안 때문에 어머니에 대한 성적 욕망을 억압하고 아버지와 동일시하기 시작함으로써 오이디푸스 콤플렉스 문제를 해결해 나간다.

남아는 아버지와의 동일시를 통해 가치관, 태도, 성에 관련된 행동 등에서 남성다움을 배우고 남자답게 행동하려고 애쓴다. 반면에 여아는 아버지에게 애착을 갖고 어머니를 경쟁자로 생각하고 적개심을 품게 되며, 남근을 선망(penis envy)하게 된다. 그러나 이러한 아버지에 대한 애착과 어머니에 대한 적개심은 점점 변화되어 어머니와 동일시함으로써 여자다움을 배우려고 애쓴다.

Freud는 일렉트라 콤플렉스의 해결책에 대해서는 확실하게 설명하지 않고 있다. 그 이유 중의 하나는 어머니가 아버지와 같이 가족 내에서 막강한 힘을 가지고 있지 못하기 때문에 위협적인 존재가 되지 못한다는 것이고, 또 다른 이유로는 여아는 본래 남근을 가지고 있지 않기 때문에 남아가 느끼는 거세불안만큼 두려움을 느끼지 못하기 때문이라는 것이다.

Freud는 오이디푸스와 일렉트라 콤플렉스 문제가 미해결된 경우 나중에 신경증의 근원이 될 뿐만 아니라 남성의 무기력과 여성의 불감증의 원인도 된다고 주장하였다.

남근기에 고착된 성인 남성은 경솔하고, 과장이 심하며, 야심과 성취욕이 강한 특징을 갖는다. 반면에 여성의 경우는 대부분 경박하고 유혹적인 성격을 나타내지만, 어떤 여성은 이런 기질 대신 자기주장이 강하고, 남성을 능가하기 위해서 노력한다고 Freud는 보았다.

㉣ **잠복기**(latency period)

잠복기는 6세에서 약 12세까지의 초등학생 시기로 리비도가 잠시 잠복상태에 들어가고, 비교적 평온한 시기다. 이 시기는 새로운 성감대가 발달하지 않고, 성적 본능이 수면상태에 있고, 성적 관심이 저하되어 이성과의 친밀한 접촉을 피하게 된다. 이 시기에는 오이디푸스 콤플렉스를 극복하고 난 후의 고요한 시기로 성적 욕구가 철저히 억압되어 있지만, 이전 단계의 성적인 기억들은 무의식 속에 계속 남아 있다.

Freud는 성적 본능이 휴식상태에 있기 때문에 잠재기에 일어나는 발달과정에 별로 관심을 쏟지 않았다. 그러나 비록 성적 욕구가 일시적으로 억압되어 있지만, 이 시기 아동은 중요한 사회적, 도덕적 가치를 습득하는 데 매우 활동적인 모습을 나타낸다. 특히 잠복기 동안에는 지적 활동, 운동, 동성의 친구와의 우정 등으로 리비도가 집중되며, 동일시 대상도 주로 친구가 된다. 잠복기에 고착된 성인은 이성에 대한 정상적인 친밀감을 갖지 못하고 이성과의 관계를 회피하거나 정서적 감정 없이 단지 공격적인 방식으로 성적 행동을 한다.

㉤ **생식기**(genital stage)

생식기는 12세 전후의 사춘기부터 성적으로 성숙되는 성인기 이전까지의 시기로

앞 단계에 잠복되어 있던 성 에너지가 무의식에서 의식의 세계로 나오는 시기다.

Freud는 이 기간이 사춘기로부터 노인기까지 연장되는 것으로 보았다. 이 시기는 생리적 변화가 크게 일어나면서 이성과의 성욕 충족을 추구하고, 부모에 대한 관심이 사라지고 가족 밖에서 친교를 맺으려는 경향이 특징으로 나타난다.

이 시기의 청소년은 생식기관이 성숙하고, 내분비기관이 호르몬을 분비함으로써 2차 성징(남성은 턱수염, 여성은 가슴발달) 등이 나타나면서 잠복기 동안 억제되었던 성적 감정들이 크게 강화된다.

생식기 전반기인 사춘기에는 자애적, 이기적, 자기도취적인 특성이 나타나는데, 자기신체를 자극함으로써 만족을 얻고, 또한 타인도 단지 자애적, 이기적인 이유에서 쾌락을 추구하는 대상으로 생각하는 경향이 있다.

그러나 이 시기를 지나 청년기에 도달하면 타인을 자애적, 이기적인 쾌락의 대상이 아니라 이타적 동기에 의해서 진정한 사랑의 대상으로 생각하기 시작하고, 또한 성적 매력, 사회화, 집단활동, 직업적 계획, 결혼과 가족부양에 대한 준비 등이 이 시기에 나타나게 된다.

한편, 이 시기에는 부모에 대한 애착이 약화되는데, Freud에 의하면 이 시기의 청소년은 사율성을 확립하고 정서직 독립을 획득하기 위하여 부모에 대해 적대적이고 거부적인 태도를 취한다는 것이다. 부모에 대한 애착의 약화나 탈애착은 또래 집단이나 이성에 대한 애착을 증가시킨다.

대부분의 청소년들은 부모와 탈애착을 경험한 후에 부모와의 유대를 재형성할 수 있다. 이 시기에 건전한 성격발달을 위해서는 근면과 책임감, 그리고 즉각적인 만족을 지연시키는 법을 배워야 한다. 이 시기를 순조롭게 넘긴 청소년은 이타적이고 사회화된 성인으로 성장하게 된다.

③ Freud 이론에 대한 비판

Freud의 정신분석이론은 인간의 본성과 정신에 대한 최초의 종합이론으로서 심리학은 물론 의학, 문학, 사회학, 예술 등의 다양한 분야에 지대한 영향을 미쳤다. 특히 심리학 분야에서는 현대 심리학의 토대를 제공하였고, 성격심리학과 발달심리학의 발달에 많은 영향을 미쳤다.

그러나 정신분석이론을 비판하는 학자들은 정신분석이론이 죽어 버린 이론으로 역사적 가치만 있을 뿐 현대의 성격심리학에 아무런 정보를 제공해 주지 못하고 있다고 비판하고 있으며, 그 외에도 여러 가지 비판의 대상이 되고 있다.

Freud의 정신분석이론에 대한 비판을 요약하면 다음과 같다(권대훈, 2006).

- 정신분석이론은 실험과 같은 과학적 방법으로 그 타당성을 검증할 수 없으므로 과학적 사실이 아니라 신념에 가깝다.
- 일부 사례에 대한 제한된 관찰에 근거하여 인간 본성에 관한 보편적인 이론으로 구축했다.
- 성적 욕구를 지나치게 강조하고 있다.
- 성격발달이 5세경에 완성된다고 주장한다. 이에 대해 많은 학자들은 성격이 청소년기와 성인기에도 발달한다고 주장한다.
- 인간의 본성을 부정적으로 기술하고 있다. Freud에 따르면, 인간의 본성은 자기중심적이고 충동적이며 격렬하다고 한다. 그는 초자아가 그러한 본성을 금지하지 않으면 인간은 자기와 타인을 파괴한다고 본다.
- Freud는 여성에 대해 편견을 갖고, 여성을 남성보다 열등한 존재로 보고 있다.

(2) Erikson의 심리사회적 성격발달이론

Erikson은 초기에는 Freud의 영향을 많이 받았으나 성격발달에 성적 에너지가 결정적 영향을 미친다는 Freud 이론과는 달리 사회적 영향을 강조하는 등 다른 측면에서 성격발달을 해석하려 하였다.

Erikson의 성격발달이론의 주요한 특징 몇 가지를 살펴보면 다음과 같다.

첫째, 성격발달은 개인의 생리적, 심리적 성숙요인과 사회 문화적 요인의 상호작용의 결과로서 이루어진다고 본다. 따라서 그의 이론을 심리사회적 성격발달이론이라고 부른다.

둘째, 성격발달은 일생을 통하여 죽을 때까지 계속되는 과정으로서 생애주기는 문화권에 따라 다소간의 차이는 있지만, 보편적으로 8단계를 거치면서 발달한다고 보고, 각 단계에서 나타나는 자아의 특성에 초점을 맞추어 성격발달을 설명하고 있다.

셋째, Erikson 이론에서는 각 단계에서 형성되는 성격특성에 대해 긍정적인 요소와 부정적인 요소로 구분하여 대비적으로 설명하고 있다. 즉, 각 단계에는 그 단계에 따른 생리적인 성숙과 개인에게 부과된 사회적 요구로부터 긴장과 갈등이 발생하는 심리사회적 위기(psychosocial crisis)가 수반된다. 이 위기를 만족스럽게 해결하면 긍정적인 성격이 형성되는 반면, 그렇지 못할 경우에는 부정적 성격이 형성될 수 있다는 것이다.

그러나 Erikson은 건강한 성격 형성을 위해서는 적절한 비율의 부정적 요소의 역할이 필요하기 때문에 부정적 요소들을 무조건 배척하는 것은 바람직하지 못하다고 한다.

넷째, Erikson은 성격발달이 점성원리(epigenetic principle)에 따라 이루어진다고 본다. 이 원리는 생물학적 원칙에서 유래된 것인데, 성장하는 모든 생물은 기본계획을 갖고 있고, 그 기본계획으로부터 여러 부분들이 발생하고 발달하며, 이 과정에서 각 부분이 우세하게 나타나는 특정한 시점이 있으며, 이 모든 부분이 통합하여 하나의 기능적인 전체를 이루게 된다는 것이다.

이와 같은 점성원리에 따라 인간의 성격도 발달단계에 따라 결정적인 시기에 나타나며 일생에 걸쳐 통합되는 과정이다. 또한 각 단계의 발달은 그 단계에서 완전히 끝나는 것이 아니고 이후의 단계에 영향을 미치게 되므로 각 단계는 이전 단계의 위기가 어떻게 해결되었는가에 따라 달라진다고 보는 것이다.

Erikson(1902~1994)

Erik Erikson

에릭슨(E. H. Erikson)은 1902년 독일 프랑크푸르트에서 덴마크 계와 유태계 부모 사이에 태어났다. 얼마 후 아버지가 사망하자 어머니는 그곳에서 혼자 에릭슨을 키우다 그가 세 살 때에 유태인 소아과 의사와 재혼하였다. 그는 성장과정에서 유태인과는 다른 외모 때문에 이방인으로 취급받고 왕따를 당하기도 하였다.

에릭슨은 소년 시절 아주 뛰어난 학생이었다. 그는 특히 고대의 역사와 미술을 좋아했고, 틀에 박힌 학교 분위기를 싫어하였다. 그는 고등학교를 졸업한 후 대학에 진학하지 않고 유럽 일대를 1년간 유랑하다가 예술학교에 등록하지만, 곧 흥미를 잃고 목적 없이 이탈리아 전역을 다시 유랑했다. 당시 독일 사회는 청년들이 자아를 찾아 방황하고 노력하는 것을 허용하는 분위기였다.

에릭슨은 1927년에 비엔나에서 프로이트의 막내딸 안나 프로이트를 만나 아동심리에 관심을 갖게 되었고, 그녀로부터 교육분석 등에 대한 훈련을 받고, 아동정신분석 분야의 자격증도 얻었으며, 안나 프로이트가 운영하던 특수학교에서 어린 학생들에게 미술과 사회 분야의 과목들을 가르치기도 했다. 그리고 1929년 27세에 미국의 미술가 겸 작가인 조안 서슨과 결혼하였다. 그 후 히틀러의 반 유태 정책으로 인하여 31세 때인 1933년에 유럽을 떠나 미국 보스턴으로 이주하였다. 그는 고졸 학력으로서 아무런 공식적 학위가 없음에도 불구하고 하버드 의과대학에서 아동정신분석을 연구하였고, 그 후 1936년에는 예일 대학으로 옮겨 3년간 인간관계연구소에서 연구했으며, 2년 후에는 사우스다코타의 인디언 보호구역에서 삭스족과 함께 살면서 연구활동을 계속하였다. 그 후 샌프란시스코로 이사하여 아동의 놀이요법 연구와 오로크 인디언 어족에 관한 문화인류학적 연구를 하였다.

그는 1994년에 92세로 사망할 때까지 프로이트 이후의 정신분석학적 자아심리학을 비약적으로 발전시켰다. 주요 저서로는 발달의 사회성을 주창하는 『유아기(幼兒期)와 사회』(1950), 『정체성과 생활주기』(1959), 『청년 루터』(1958), 『간디의 진리』(1969) 등이 있다.

① Erikson의 성격발달단계

Erikson이 제시한 성격발달의 8단계를 정리하면 다음과 같다

㉠ 제1단계: 기본적 신뢰감 대 불신감

이 단계는 Freud 이론에서는 구강기에 해당하는 시기로서, 출생에서 약 1세까지를 가리킨다. 출생 후 1년 동안 유아는 타인과 사회에 대한 신뢰감을 형성할지 혹은 불신감을 형성할지 결정짓는 심리사회적 위기를 겪는다. Erikson은 생의 초기인 이 시기를 가장 중요한 시기라고 주장하였는데, 그 이유는 이 단계에서 형성된 기본적인 신뢰감은 장래의 모든 사회관계에서의 적응에 결정적인 영향을 미치는 것으로 보았기 때문이다.

이 시기 동안에 유아가 맺게 되는 사회적 관계는 주로 보살펴 주는 어머니와의 관계다. 유아가 필요할 때 어머니의 적절한 보살핌이 제공되면 신뢰감이 형성된다. 즉, 유아가 생의 초기에 처음으로 맺게 되는 사회관계에서 어머니가 유아의 생리적, 심리적 욕구와 필요를 적절히 충족시켜 주고, 애정을 주고, 안전을 제공하며, 그를 일관

성 있게 돌보아 주면 유아는 어머니에 대하여 기본적인 신뢰감을 형성하게 된다.

이와 같이 유아가 일단 어머니에 대한 기본적 신뢰감을 형성하게 되면, 다른 사람과 외부세계에 대해서도 신뢰감이 형성될 뿐만 아니라 자신에 대해서도 확신과 신뢰감을 발달시키게 된다.

Erikson은 기본적 신뢰감을 자기 자신이 신뢰할 만한 가치가 있는 존재로 인식하는 것은 물론 다른 사람에 대한 본질적인 신뢰감이라고 정의하였다. 특히 신뢰감은 심리적으로 건강한 사람을 만드는 초석이 되며 다른 사람과의 유대감과 애착을 형성하는 데 필수적이다. 그러나 어머니가 거부적이거나, 주의를 기울이지 않거나, 유아의 요구와 필요에 잘 응해 주지 못하거나, 안전감을 주지 못하고 유아를 다루는 방식에 일관성이 없으면 유아는 불신감을 발달시킨다.

Erikson은 불신감이란 어머니의 관심이 유아로부터 임신 중 또는 출산 초기에 보류해 놓았던 다른 일(예: 직장, 재임신 등)에 쏟을 때 증가된다고 한다. 이러한 불신감은 타인과 외부세계에 공포와 의심 등을 초래하는데, Erikson은 기본적인 신뢰감 발달에 심한 결함이 있을 때 유아에게는 급성 우울증이, 성인에게는 편집증(paranoia)이 나타난다고 한다.

그러나 Erikson은 건전한 성장이 전적으로 신뢰감만으로 이루어지는 것은 아니고 신뢰와 불신의 적절한 비율로부터 형성된다고 주장한다. 즉, 긍정적인 성격발달을 위해서는 불신감도 경험해야 하는데, 다만 기본적 신뢰감을 보다 많이 경험해야 한다는 것이 그의 주장이다.

환경에 적응하고 효과적인 삶을 영위하기 위해서는 타인과 외부세계에 대해 신뢰하는 것도 중요하지만, 신뢰하지 않아야 하는 것들을 아는 것도 중요하기 때문이다.

ⓛ 제2단계: 자율성 대 수치심과 회의감

이 단계는 Freud 이론에서는 항문기에 해당하는 시기로서 1세부터 3세까지 지속된다. 이 시기에 경험하는 심리 사회적 위기는 자율성 대 수치심과 회의감이다. 앞 단계에서 기본적 신뢰감이 성공적으로 획득되면 유아는 자율성을 발달시킨다. 그러나 이 단계의 사회 심리적 위기를 만족스럽게 극복하지 못하면 수치심과 회의감을 형성하게 된다.

이 단계의 유아는 모든 것을 스스로 하려는 경향을 갖는다. 즉, 그들은 근육발달로 인하여 대소변의 통제가 가능하게 되고, 자기 발로 서서 걷게 되면서부터 자기 주위를 독립적으로 열심히 탐색하게 되고, 음식도 남의 도움을 받지 않고 스스로 먹으려고 한다. 또한 그들은 언어를 배우게 되면서 '나', '내 것', '내가 할 거야.', '싫어!' 등의 말을 자주 씀으로써 자기주장을 표현한다.

이와 같이 유아가 다른 사람에게 의존하지 않고 자신의 의지대로 행동하려고 하면 부모들은 유아로 하여금 사회적으로 적합한 행동을 하도록 훈련시키게 된다. 이 시기에 부모가 유아의 활동이나 의사를 묵살하지 않고 자유롭게 조절하도록 점차 허용하면서 사회적으로 기대되는 행동을 배우게 하면, 유아는 자율성을 발달시키면서 사회적 규범에 잘 적응하게 된다. 자율성은 유아에게 무제한의 자유를 허용하는 것을 의미하는 것이 아니라 사회규범의 범위 내에서 허용되는 것이다.

따라서 Erikson은 부모는 잠재적으로나 실제적으로 유아 자신뿐만 아니라 타인에게 해가 될 수 있는 행동에 대해서 합리적이고 엄격한 제한을 유지해야 한다고 주장한다.

만약 이 단계에서 유아를 너무 엄격하게 통제하고 억압하거나 또는 과잉보호할 경우에는 유아의 자율성을 손상시키고 수치심과 회의감을 발달시킨다. 즉, 유아가 스스로 할 수 있는 것을 부모가 대신해 주려고 고집하거나 또는 유아가 스스로 할 수 없는 것을 부모가 지나치게 기대하고 강요한다면, 타인에 대해 수치심을 갖게 되고 또한 유아는 자신의 능력에 대해 회의감을 느끼게 된다.

이러한 유아는 외부 환경에 효과적으로 대처하려는 자신의 능력에 자신감을 잃게 되고 오히려 남의 평가를 의식하거나 무력감을 갖게 된다.

ⓒ 제3단계: 주도성 대 죄책감

이 단계는 Freud 이론에서 남근기에 해당하는 시기로서 4세부터 5세까지 지속된다. 이 시기에 경험하는 심리사회적 위기는 주도성 대 죄책감이다. 자율성을 획득한 아동들은 스스로 계획을 세우고 목표를 설정하며 이를 달성하려고 노력하는 주도성을 갖게 된다. Erikson은 주도성을 자율성 위에 활동하고 움직이기 위해 어떤 과제를 수행하고 계획하고 처리하는 능력을 덧붙인 것으로 본다.

이 시기의 아동들은 무엇을 탐구하고 표현하고자 하는 강한 충동에 의해서 자기주도적이고 경쟁적인 활동을 많이 하게 된다. 특히 자신이 한 인간으로 간주되고,

목적의식을 갖고 목적 지향적인 활동을 하기 시작하고, 또한 '나는 할 수 있다.'는 주도성이 발달하는 때다.

즉, 어떤 목적을 가지고 계획을 세우고 이를 성취하기 위하여 열심히 노력할 뿐만 아니라 또한 언어능력과 다양한 신체활동 능력의 발달로 아동은 가정 밖에서 다른 아이들과의 사교가 가능하여 사회적 놀이에 활발하게 참여하고, 책임의식을 가지기 시작하며, 다른 사람의 일과 새로운 것에 많은 호기심을 갖고 새로운 과제와 다양한 역할을 배우는 데 관심을 보이는 등 활발하게 활동한다.

만일 이때 아동들에게 탐구하고 실험할 수 있는 자유를 부여해 주는 등 자기주도적인 활동을 최대한 허용해 준다면 주도성이 발달될 것이나 아동의 활동을 지나치게 간섭하고, 귀찮게 여기며, 처벌하는 등 과도하게 억압하면 아동은 자신의 행동에 자신감을 잃고 죄책감을 갖게 될 것이다.

죄책감이 지배적인 아동은 체념하거나 스스로 무가치하다는 감정을 가지게 된다. 이런 아동들은 가능한 목표를 세우고 추구하려는 목적의식이나 용기가 없고 의존적으로 된다. Erikson은 지속적인 죄책감이 성인기의 소극적 성격, 성적 무기력, 불감증, 정신병리적 행동 등 여러 가지 정신병리로 발전된다고 보았다.

한편, 이 시기에는 지나치게 목적을 추구하므로 이를 성취하는 과정에서 매우 공격적이 되고, 질투심이 발생하게 될 가능성이 높다. 그것을 방지하는 한 가지 방법은 서로의 능력을 공개적으로 비교하지 말고, 또한 다른 아동이 하는 일에 관여하지 말고 자신의 일만 계속하도록 격려하는 것이 필요할 것이다.

㉣ 제4단계: 근면성 대 열등감

이 단계는 6세부터 11세까지 학령기로써 Freud 이론에서는 잠복기에 해당된다. 이 시기에 경험하는 심리사회적 위기는 근면성 대 열등감이다. Erikson은 이 단계를 자아성장의 결정적인 시기라고 보았다.

이 시기의 아동들은 배우려는 의욕이 강하게 나타나고, 사물이 만들어지고 조작되는 방법에 몰두하게 되며, 동료들과 협동하고 어울리는 능력과 연역적 추리능력이 발달하며, 차례 지키기와 같은 규칙에 순응하는 능력 등이 발달하게 된다. 따라서 아동들이 처음으로 동료들과 함께 체계적인 교육을 받게 되고, 세상을 살아가는데 필요한 인지적 기술(읽기, 쓰기, 셈하기 등)과 사회적 기술을 학습하며, 동료들과 같이 놀고 협력하며 일하는 것을 배우게 된다.

이러한 학습과 놀이를 통한 아동들의 성취경험은 근면성을 발달시키나 실패는 열등감을 야기한다. 즉, 아동에게 다양한 기회를 제공하여 주고 이를 성실하게 해결할 수 있도록 격려하며 성취감을 경험할 수 있도록 칭찬을 해 준다면 근면성을 발달시키게 될 것이다.

그러나 어떤 과업을 성취할 기회를 갖지 못하거나 학습이나 과업을 완수하는 데 거듭 실패하거나 또는 성취결과에 대해서도 격려나 칭찬을 받지 못하고 귀찮은 존재로 취급당하면 열등감이 형성될 것이다. 이렇게 열등감이 형성된 아동들은 자기 동료들에 비해 열등한 존재로 비하하게 되며, 성취욕과 자신감이 없고, 학습의욕도 잃게 된다. 따라서 부모나 교사들은 아동 자신의 속도에 따라 과제를 완수하며 성취감을 경험할 수 있도록 적절한 과제를 제공하여 주고 많은 격려를 해 주어야 한다.

ⓜ 제5단계: 자아정체성 대 정체성 혼미

이 단계는 약 12세부터 20세까지로 아동기가 끝나는 시점부터 성인기가 시작되기 직전까지의 청소년 시기를 말하는데, Freud 이론에서는 생식기에 해당된다. 이 단계의 심리사회적 위기는 자아정체성 확립 대 정체성 혼미다. 정체성이라는 용어는 학자에 따라서 정체감이라고 표현하기도 한다.

Erikson은 이 단계의 청소년들은 자아정체성을 확립하는 것이 중심과제라고 했다. 자아정체성이란 자신을 타인과 구별되는 독특한 개인으로 자각하며, 항상 자기 연속성과 자기 동일성을 유지하는 것이라 할 수 있다.

따라서 자아정체성이 강한 사람은 자기를 다른 사람과 분리된 고유한 존재로 자각하며, 다른 사람과 다른 여러 가지 개인적 특성들도 자기다운 독특한 방식으로 조정 · 통합함으로써 자기 일관성을 유지하고자 한다.

Erikson은 그의 저서에서 정체성을 객관적 측면과 주관적 측면으로 나누고 전자를 심리적, 사회적 정체성이라 하고, 후자를 개별적 정체성이라 불렀다. 그에 의하면 심리적, 사회적 정체성이란 개인이 속한 집단에 대한 귀속감 내지는 일체감을 의미한다고 정의하고 있는데, 이는 집단 정체성을 지칭한 것으로 볼 수 있다.

반면에 개별적 정체성이란 것은 개인이 집단 내에서 타인과 구별되는 독립된 고유한 존재로서 갖게 되는 정체의식으로써 이것을 다시 개인적 정체성과 자아정체성으로 나누고 있다. 여기서 개인적 정체성(personal identity)이란 시간이 흐르거나 상황이 바뀌어도 자기 자신이 여전히 동일한 존재로서의 자기 자신임을 인식하는 것이라 했다. 자아정체성(self identity)이란 개인적 정체성보다 더 포괄적인 개념으로서, 즉 개인의 자아가 그의 인격체계(id, ego, superego)를 통합하는 방식에서 동질성과 연속성이 유지되고 있다는 사실을 아는 동시에 자신의 자아통합화 방식이 자기가 타인에게 주는 개인적 의미의 동질성과 연속성을 견지해 나가는 데 유효하다는 것을 또한 아는 것이다(Erikson, 1956).

이전 단계를 거치면서도 미숙한 형태지만 그들 나름대로의 자기상(self image)을 형성한다. 그러나 이 단계에 접어들면 특히 청소년들은 급격한 신체적 · 생리적 변화와 더불어 새로운 사회적 압력과 요구에 부딪치게 되면서 더욱 자기존재에 대해 심각한 의문을 갖고 몰두하기 시작한다. '나는 누구인가?', '나는 무엇을 할 수 있는가?', '나는 어떤 역할을 어떻게 수행할 것인가?' 등의 물음에 대한 해답을 얻기 위해 심각하게 고뇌하고 갈등한다.

이 시기의 청소년들은 개인적 · 사회적 측면에서 부딪치는 고민과 갈등문제들로 인하여 자아정체성 위기를 겪게 되는데, 개인적 측면에서 자기를 다른 사람과 구별 짓는 일차적인 준거를 제공해 주는 신체적 특성(외모, 신체적 강약, 감각적 특이성)에 많은 관심을 갖게 되고, 또한 청소년들의 내부에서 끓어오르는 성적 · 공격적 충동과 같은 본능적 충동에 압도당하면서 고통을 경험하게 된다.

그리고 사회적 측면에서 이 시기의 청소년들은 자신 앞에 펼쳐져 있는 무수히 많은 선택 가능성에 압도되어 무력감을 느끼고, 다른 사람들이 자신을 어떻게 평가할지에 대해서도 두려움을 가지며, 또 자신의 능력과 역할에 대해 불안감을 갖는 것은 물론 자신의 미래에 대한 불확실성 때문에 고민하기도 한다.

이와 같이 청소년기에 부딪치는 개인적 · 사회적 측면의 문제들이 자아정체성 형성에 많은 영향을 미치게 된다. 한편, 개인이 획득한 성취들도 정체감 형성에 깊이 관여하는데, 개인이 유아기 · 아동기를 거쳐 청소년기에 이르는 과정에서 획득한 다양한 성취들은 자신을 '이러 이러한 일을 할 수 있는 사람'으로 인식할 수 있게 한다. 신체적 · 생리적으로 큰 변화를 경험하는 청소년들이 사회적 역할을 강화하려고 시도하면서 직면하게 되는 과제는 새로운 자아정체성을 확립하는 것이다.

이 시기에 긍정적인 자아정체성을 확립하면 이후의 단계에서 부딪치는 심리적 위기를 무난히 넘길 수 있게 되지만, 그렇지 못하면 고민과 방황이 계속되고 때로는 일정 기간 정지된 상태로 지내는 심리사회적 유예기간(psychological moratorium)을 갖기도 한다.

심리사회적 유예기간 동안에 청소년들은 사회적 · 직업적 역할과 능력 등을 탐색하기 위하여 다양한 역할을 모색하고 실험해 보려고 시도하는데, 때로는 소외감 · 무력감 · 허무감을 경험하면서 휴학을 하거나 학업을 포기하기도 하며 혹은 여행을 떠나기도 한다.

만일 이때에도 이러한 갈등들을 효과적으로 극복하지 못하고 자신의 존재와 추구하는 가치에 대해 방향타를 잃고 표류할 때는 심각한 정체성 혼미(identity confusion) 상태에 빠지게 되고, 이런 상태가 더욱 심화되면 가정이나 사회에서 기대하는 것과는 전혀 반대의 정체감인 부정적인 정체감을 형성하고, 비행 또는 범죄에 빠지고 마는 경우도 있다.

ⓗ 제6단계: 친밀감 대 고립감

이 단계는 약 20세로부터 30세 정도까지의 성인 초기에 해당되는 기간으로서 다른 사람과 친밀한 관계를 맺는 능력이 발달한다. 따라서 이 시기에는 친구관계, 이성관계, 가족관계, 직장관계, 기타 사회관계 등 다양한 사람들과 친밀한 관계를 형성하고 친밀감을 획득한다. 그러나 진정한 상호관계를 이룩하지 못한 사람들은 고립감에 빠진다. 따라서 이 단계의 심리사회적 위기는 친밀감 대 고립감이다.

Erikson은 이 단계의 성인들은 정력적으로 일하고, 정착을 지향하며, 타인과 함께 성적 친밀감과 사회적 친밀감을 갖게 된다고 주장한다. 청소년기에는 주로 자기 존재 문제에 골몰하였으나, 성인 초기에 이르게 되면 결혼하고, 직장생활을 하는 등 사회활동이 시작되는 시기이므로 이 단계에서는 다른 사람과 친밀한 관계를 맺는 일이 중요 과업이 된다.

Erikson에 의하면, 진정한 친밀감은 미리 통합된 정체감을 확립하지 않으면 획득할 수 없다고 주장한다. 정체감을 확립하지 못한 사람은 자기 자신에 대하여 자신감을 가지지 못하므로, 타인과의 관계에서 친밀감을 형성하지 못하고 고립하여 자기 자신에게만 몰두하게 된다.

이 단계의 주요한 위험은 자기도취에 빠지거나 친밀감과 사회적 관여를 맺게 해 주는 사람들과의 관계를 피하는 것이다. 자기도취(self absorption)에 빠지면 형식적이고 피상적인 인간관계만을 추구하는 경향이 있다. 따뜻하고 친밀한 인간관계를 맺을 수 없으면 사회적 공허감이나 소외감을 느끼며 고립감에 빠지게 된다.

㉦ 제7단계: 생산성 대 침체성

이 단계는 인생의 중반기에 해당하는 약 40세에서 65세까지의 시기로서 전 단계에서 친밀감을 획득한 사람들은 이제 두 사람 사이의 친밀감을 넘어서 생산성이 발달하게 된다. 그러나 생산성을 획득하지 못한 사람들은 자기 자신에게만 몰입하는 자기침체에 빠진다. 따라서 이 시기의 심리사회적 위기는 생산성 대 침체성이다. 생산성은 개인이 후세대에 대한 복지뿐만 아니라 후세대가 살아갈 미래에 대해 관심을 갖는 것으로부터 발달한다.

Erikson은 자녀를 낳고 양육하는 것에 중점을 두고 생산성을 설명하였지만, 생산성은 자녀를 낳고 양육하는 것뿐만 아니라 작업을 통해 생산품을 만들고 사상을 전수하는 등 후세대의 미래를 위한 구세대의 돌봄을 뜻한다.

따라서 이 시기의 성인들은 가정적으로는 자녀를 낳아 잘 키우고 교육하며, 사회적으로는 후세대의 행복과 복리를 위해 기여하는 데에 관심과 노력을 기울이고, 또한 필요한 사람을 돌보고 그들에게 지식과 경험을 전수함으로써 생산성을 성취한다. 한편, 직업을 통해서나 자신의 특별한 재능을 발휘함으로써 또는 학문적, 예술적 업적을 통해서도 생산성을 발휘한다.

이 단계에서 생산성을 성취한 사람은 다른 사람을 돌보고 배려할 줄 안다. 그러나 만일 생산성을 제대로 획득하지 못하게 되면 침체감이 형성된다. 이 경우에는 타인들에 대한 관심보다는 자기도취에 빠지고 이기주의에 사로잡히게 되어 다른 사람에 대한 관대함이 결여된다.

㉧ 제8단계: 자아통합성 대 절망감

이 단계는 65세 이후의 황혼기로 심리사회적 발달과정의 마지막에 해당된다. Erikson에 의하면 이 단계에서는 새로운 심리사회적 위기의 출현보다는 오히려 지금까지 성취한 발달단계 전 과정의 통합, 그리고 평가로 나타난다는 것이다. 이 단계의 심리사회적 위기는 자아통합성 대 절망감이다.

이 시기에는 신체적 · 사회적 상실감에 직면하면서 여러 가지 심리적 갈등을 겪게 된다. 신체적 노쇠와 건강악화, 퇴직과 수입의 감소, 배우자와 친구들의 죽음 등을 경험하며 개인의 관심이 미래보다는 과거에 대한 회상으로 옮겨간다. 인생의 말년에 자신의 인생을 되돌아보고 겸허하게 그의 생애가 의미 있었다고 자족할 수 있는 사람은 자아통합을 이룰 수 있다. 반면에 지나온 생애를 후회하고 무의미하다고 생각하는 사람은 절망감을 경험한다.

이러한 자아통합성과 절망감 속에서 인생에 대한 참다운 지혜가 생겨나고, 지혜를 획득한 사람은 보다 더 높은 차원의 자아통합을 이루어 나가게 된다.

이 단계에서 자아통합성을 획득한 사람들은 자신의 생애에 대해 나름대로 의미를 부여하고 만족감과 성취감을 느끼며, 또한 자신의 존재가 후손이나 창조적 업적에 의해서 계속된다는 것을 깨닫고 이제 더 이상 죽음을 두려워하지 않고 초연할 수 있게 된다.

그러나 자아통합성을 이룩하지 못한 사람들은 죽음에 대한 두려움, 성취하지 못한 것들에 대한 미련, 되돌아갈 수도 없고 다른 생활양식을 선택할 수도 없기 때문에 느끼는 절망감에 빠지게 된다. 절망감이 심한 경우 노인성 정신병이나 우울증에 걸리게 되며, 이러한 노인들은 매우 심술궂고, 과대망상의 증상을 나타낸다고 한다.

② Erikson 이론에 대한 비판

Erikson은 성격발달에 성적 에너지가 결정적 영향을 미친다는 Freud 이론과는 달리, 사회적 영향을 강조하는 등 다른 측면에서 성격발달을 설명하고 있으나 그의 이론도 다음과 같은 비판의 대상이 되고 있다.

- Erikson 이론은 대부분 개인적이고 주관적인 해석에 근거하여 일반화시키고 있기 때문에 그의 이론은 검증하기가 매우 어렵다.
- Erikson의 성격발달단계는 여성보다 남성의 성격발달을 더 정확하게 나타낸다.
- 성격발달의 초기단계들(1~11세까지)은 기본적으로 동일한 특성을 강조하 고 있다. 즉, 자율성, 주도성, 근면성의 발달에 대해서는 모두 아동들에게 스스로 어떤 일을 하기를 허용하고 격려하는 것이 필요하다고 강조하고 있으며, 의심, 죄악감, 열등감의 발달에 대해서는 모두 보모와 교사의 배려를 필요로 한다는 점을 강조하고 있다.

(3) 성격발달이론의 교육적 시사점

Freud는 성격발달에 성적 에너지인 리비도(libido)가 가장 결정적인 역할을 하는 것으로 보고, 유아기부터 청소년기까지 성적 에너지가 집중되는 부위의 변화에 따라 5단계를 거치면서 성격이 발달해 간다고 주장한다. 반면에 Erikson은 이러한 Freud의 이론을 수정·발전시켜서 성격은 개인의 생리적, 심리적 성숙요인과 사회문화적 요인의 상호작용에 의해서 8단계를 거치면서 발달된다고 주장한다.

이러한 성격발달이론들이 교육심리학에 주는 시사점을 살펴보면, Freud는 발달단계 중 처음의 세 단계가 특히 개인의 기본 성격을 결정하는 바탕이 된다고 주장함으로써 유아교육의 중요성을 부각시켰다는 점이다. 오늘날 유·아동기의 초기 경험이 성격발달에 어느 정도 결정적인 영향을 미치는가에 대해서는 논란이 되고 있지만, 초기 경험의 중요성을 부정하는 사람은 없다.

한편, Erikson은 성격이 유아기부터 청소년기까지 한정되어 발달하는 것이 아니라 전 생애에 걸쳐 이루어진다고 주장한다. 이러한 Erikson의 시각은 가정과 학교교육뿐만 아니라 평생교육이나 사회교육의 필요성을 부각시켰다는 점에서 그 의의가 크다고 하겠다.

처음 3단계까지는 주로 가정에서 부모나 가족 구성원과의 상호작용에 의해서 이루어지지만, 주도성 대 죄책감의 제3단계에서는 어린이집이나 유치원에서도 또래들이나 교사들과 상호작용으로 이루어진다.

근면성 대 열등감의 제4단계와 자아정체성 대 정체성 혼미의 제5단계에서는 초등학교와 중·고등학교가 그 중심이 되고, 그 이후의 단계부터는 성인으로서 대학생활이나 사회생활을 통하여 성격이 발달하게 될 것이다.

제3단계 주도성 대 죄책감의 위기에 있는 4～5세의 아동들은 언어능력과 다양한 신체활동 능력이 발달하고 또한 새로운 것에 많은 호기심을 갖고 활발하게 활동하는 시기다. 따라서 이들을 가르치는 유아원 교사들은 아동의 활동을 지나치게 간섭하면 아동은 자신의 행동에 자신감을 잃고 죄책감을 갖게 될 것이기 때문에 아동들에게 자기주도적인 활동을 최대한 인정해 주고 포용해 주어야 할 것이다.

초등학생 시기인 제4단계는 자아성장의 중요한 시기로서 자신이 유능하고 가치 있는 개인이라는 생각과 같은 명확한 자아개념을 내세우기 위해 무엇이든 열심히 배우려는 의욕이 강하게 나타나고, 또한 그들은 대체로 학교에서 공부를 잘할 수 있다고 기대한다.

그러나 그들은 곧 학교에서 성공과 실패를 경험한다. 나쁜 성적을 받고, 성적이 열등한 집단으로 분류된 학생은 공부를 잘할 것이라는 처음의 생각을 포기하게 될 것이다. 이것은 하향하는 나선형 교육의 원인이 된다. 즉, 교사의 부정적인 평가는 학습자로써 열등한 자아상을 갖게 하고, 그것은 곧 더 낮은 성취로 이어지며, 이는 더욱 부정적인 평가를 유도하게 된다. 이러한 열등감을 경험한 학생들은 사춘기에 가까워질수록 자신의 자아개념을 보완하기 위해 스포츠나 인터넷 게임 등 학교 외적 활동에 의지하게 되고, 심한 경우 비행 청소년이 되기도 한다.

Erikson은 학교란 학생들이 사회에 참여하는 데 필요한 도구를 제공하는 역할을 한다고 주장한다. 만약 학생들이 학교생활에 참여하는 데 실패한다면 그들에게는 적절한 도구가 결여되었기 때문에 성인이 되어서도 정상적으로 사회참여를 하지 못하게 될 것이다. 교사들은 학생들을 향한 행동과 학습평가 그리고 학급을 운영하는 방법 등을 통하여 열등감을 극복하고 근면성을 발달시킬 수 있도록 도와야 한다.

교사들은 학생들이 성공적으로 완성할 수 있는 과제를 자주 제시함으로써 성취감을 경험하게 하고, 학생들을 학습의 성적 순위로 구별하지 말고 다양한 기능을 인정하며, 능력 수준보다는 진보나 노력을 격려하고 칭찬하여야 할 것이며, 다른 학생과의 비교를 피하고 자신과의 경쟁을 강조하여야 할 것이다.

제5단계인 자아정체성 대 정체성 혼미의 위기 단계는 중 · 고등학교 시기인데, 이 시기의 중심과제는 자아정체성의 확립이다. 이 단계에 있는 청소년들의 가장 중요한 특징은 성인으로 대우받기를 원한다는 것이다. 만약 그들을 성인으로 대우한다면 그들은 성인 같은 행동을 보일 것이다.

따라서 중 · 고등학교 교사들은 다른 사람 앞에서 그들을 얕잡아 보거나 모욕해서는 안 될 것이다. 또한 교사들은 학생들을 권위적으로 대해서는 안 되며 학생들의 학습성취를 위해 공정하고 확실한 규칙을 제시함으로써 학생 스스로 책임감을 가지고 그 규칙에 맞추어 학습을 성취할 수 있도록 하는 것이 바람직할 것이다.

이 시기의 학생들은 책임감을 가지려고 노력하기 때문에 자신이 성취한 과업에 대해 교사들이 제시한 공정하고 확실한 학습성취에 대한 규칙을 토대로 스스로 평가하게 함으로써 책임감을 느끼도록 한다면, 교사가 좋고 나쁜 성적을 주는 권위적인 인물이라는 생각을 하지 않게 될 것이다.

(4) Marcia의 자아정체성이론

Marcia(1966, 1980, 1991)는 Erikson의 자아정체성 형성에 대한 연구를 정교화하여 자아정체성의 수준에 따라 성취지위(status)를 네 가지 상태로 분류하였다. 그는 Erikson이 자아정체성의 형성기를 직업적, 이념적 관여가 발달하는 시기로 보고 있는 것에 근거하여 대학생들을 대상으로 면접을 실시하고 직업에 대한 가치관, 삶의 철학, 성적 태도, 종교적·정치적 신념 등에 대해 질문하였다.

Marcia는 각 질문 내용에 대해 두 가지 변인, 즉 위기의 경험과 참여(또는 관여) 여부를 준거로 그들의 정체성 상태를 수준별로 분류하였다. 여기서 위기란 개인이 직업을 선택하고 이념적 신념을 확립하는 데 의문을 제기하고, 다른 대안을 찾아가는 투쟁의 시기를 말한다. 참여란 직업선택, 이념적·종교적 신념에서 확고하고 동요되지 않는 의사결정을 하고 적절한 활동에 능동적으로 참여하는 정도를 의미한다.

Marcia는 위기와 참여의 정도에 따라 자아정체성 성취지위를 다음과 같이 그 수준에 따라 정체적 혼미, 정체성 유실, 정체성 유예, 정체성 성취의 네 가지로 나누었다.

① 정체성 혼미

정체성 혼미(identity confusion)의 상태는 가장 낮은 성취지위로서 자신의 직업, 성역할, 삶의 목표와 가치관 등에 대해 진지하게 생각해 보지 않고 있고, 아무런 위기를 경험하지 않고 있을 때 발생한다. 이 상태는 인생을 설계하려는 욕구가 부족하고, 인생에 대한 방향감각도 없다.

따라서 정체성 혼미 상태에 있는 청소년들은 확고한 방향도 잡지 못하고, 사고과정이 비조직적·충동적이며, 자존감이 낮고, 부모에 대한 존경심이 낮으며, 혼돈과 공허감에 빠져 있으며, 대인관계도 회피적이다.

② 정체성 유실

정체성 유실(identity foreclosure)의 상태는 정체성 위기를 경험하지 않고, 부모나 기타 권위 있는 사람들의 삶에 대한 목표, 가치관, 직업관, 생활방식 등을 그대로 받아들여 거기에 동조하고 있을 때 발생한다.

이 상태에 있는 청소년들은 사회적 인정을 받으려는 욕구가 강하고, 부모의 목표와 기대를 벗어나지 않으며 원만한 관계를 유지한다. 정체성 유실의 상태는 외견상 정체성이 확립된 것으로 보인다. 그러나 자신이 정체성의 위기를 경험하고, 이를 스스로 극복한 후에 획득한 것이 아니기 때문에 진정한 정체성과는 다르다.

따라서 부모 등으로부터 물려받은 가치관에 맞지 않는 환경에 처하면 당황하게 되고, 외견상 유지되던 정체성이 붕괴되어 뒤늦게 성인기에 정체성 위기를 경험하게 되는 경우가 있다.

③ 정체성 유예

정체성 유예(identity moratorium)는 정체성의 확립을 위해 여러 가지 활동에 참여하면서 노력하고 있지만 아직 만족하지 못하고 위기를 경험하고 있는 상태다. 이 상태에 있는 청소년들은 부모의 기대, 사회적 요구, 자신의 능력 등을 모두 고려하여 다양한 역할과 정체성을 실험하며 자신에게 맞는 최선의 방법을 탐색한다.

그들은 학과나 학교에 만족하지 못하고 휴학하기도 하고, 열정적으로 대인관계에 몰입하기도 하지만 곧 식어 버린다. 또한 그들은 부모세대의 가치관에 동조하기도 하고 반발하기도 하는 대립되는 욕구에 의한 갈등상태에 놓이기도 하며 일시적으로 반항하기도 한다. 이 상태는 정체성 성취에 이르는 과도기적 단계로서 대부분 시간이 지나면 위기 상태를 극복하고 정체성을 확립하게 된다.

Marcia는 유예가 정체성 형성을 위한 위기 상태이지만 능동적인 탐색을 강조하고 있는 데 반하여 Erikson의 심리사회적 유예는 역할실험에 대한 참여의 지연을 강조하고 있다.

④ 정체성 성취

정체성 성취(identity achievement)의 상태는 이미 정체성 위기를 경험한 후 현실적으로 자신이 선택할 수 있는 것을 선택하고 그것을 추구하기 위한 활동에 적극적으로 참여하는 수준을 말한다. 정체성 성취는 성취지위 중 가장 높은 수준으로서 안정된 참여를 하고 상황변화에 동요 없이 비교적 성숙한 정체성을 소유하게 된다.

정체성 성취는 대개 발달의 마지막 단계에서 나타나며, 직업선택에서 두드러진다.

이 상태에 있는 청년들은 사려 깊은 결정을 하고, 자존감이 높으며, 긴밀한 대인관계를 형성하며, 스트레스에 대한 저항력도 높다.

Marcia는 앞에서 설명한 네 가지 정체성 성취지위는 순서가 있는 발달단계가 아니나 유예 상태만은 정체성 확립에 필요불가결한 선행조건이라고 주장한다. 즉, 유예 상태를 거치지 않는 사람은 정체성을 성취한 것처럼 보이더라도 어떤 외적인 충격이 오면 쉽게 정체성 혼미에 빠지게 된다는 것이다.

Marcia의 정체성에 대한 성취지위는 미국 청소년들을 대상으로 연구한 결과물이기 때문에 문화적 배경이 다른 외국의 청소년들에게도 적용될 수 있는가에 대해 의문을 제기할 수 있다. 그러나 한국을 비롯한 많은 나라의 연구자들이 연구한 바에 의하면, 정체성의 성취지위 이론은 다른 나라 청소년들에게도 일어나는 보편적인 현상이라고 보고되고 있다.

한편, Marcia의 정체성 성취지위 상태는 정치적 신념, 가족과 직업의 중요성, 성역할 등의 영역에서 성별에 따라 차이를 나타낸다. 정치적 신념에서 남성들은 대부분 유실 상태를 나타내는 반면에 여성들은 혼미 상태를 나타낸다. 가족과 직업의 중요성, 성역할에서 남성들은 혼미 또는 유실 상태를 보이나 여성들은 성취나 유예 상태를 보인다(Archer, 1991).

2. 도덕성 발달

1) 도덕성의 정의

도덕이란 인간으로서 마땅히 지켜야 할 도리나 규범을 말한다. 그리고 이러한 도리나 규범에 맞게 행동하려고 하는 성품 혹은 도덕의식을 도덕성(morality)이라 한다.

Piaget(1965)는 "도덕성을 옳고 그름에 대한 판단, 즉 어떤 규범을 근거로 행동을 결정하고 판단하는 도덕적 판단 능력"이라고 하였다. 아동은 성장하면서 옳고 그름을 판단하는 능력, 자신의 잘못된 행동에 대해 죄의식과 수치심을 갖는 것, 타인을 도와주는 행위, 자신이 속한 사회의 규범 등을 학습하면서 도덕성이 발달되어 간다. 이러한 도덕성의 발달은 사회적 관계를 맺으며 살아가는 인간에게서는 매우 중요한 과업 중의 하나다.

도덕 이외에도 사회규범 중에는 윤리, 양심, 관습, 법률 등이 있는데, 이들과 도덕은 어떤 관계가 있는가에 대해서 알아본다.

(1) 윤리와의 관계

도덕은 윤리와 어떤 차이가 있는가? 학자들 가운데는 도덕이 인간 행위의 실천상의 준칙, 즉 규범을 말하는 반면에, 윤리는 도덕생활에 관한 비판적 사고의 훈련을 하도록 함으로써 인간의 도덕적 본능이 새롭고 복잡한 상황에서 혼란스러움을 느낄 때 사람들이 마땅히 해야 할 바를 결정하도록 하는 이론적 기준을 제시해 준다고 하여 양자를 구별하기도 한다.

그러나 도덕이나 윤리 모두 인간의 외현적 · 내면적 행위를 자율적으로 규제한다는 점에서 차이가 없고, 또한 윤리도 도덕과 마찬가지로 이론적인 측면만이 아니라 실천적인 측면도 함께 가지고 있으며, 일상생활에서도 서로 통용하여 사용하고 있기 때문에 도덕과 윤리를 특별히 구별하지 않고 혼용하여 사용하는 것이 일반적이다.

(2) 양심과의 관계

양심은 개인의 행동을 내적으로 규율하는 마음속의 재판관이다. 이러한 양심은 행동의 옳고 그름을 가려 주고, 사람들을 바른 길로 인도하는 등대 역할을 함으로써 도덕의 기초가 되고 도덕적 생활을 하게 한다. 따라서 도덕적으로 잘못된 행동을 하려고 하거나 그런 행동을 하고 있을 때, 그런 행동을 그만 두도록 끊임없이 명령을 내린다. 양심의 명령을 어기는 행동을 했을 때는 죄의식과 수치심을 느껴 우리의 행동을 통제하게 한다.

과거에는 양심이 본성적 능력으로서 선천적으로 타고난다고 믿었으나 오늘날은 학습을 통하여 양심이 점차 발달되어 간다고 본다. 따라서 도덕성의 바탕을 이루는 양심의 발달은 아동기의 발달과업 중에서 매우 중요하게 다루어지고 있다.

(3) 관습과의 관계

관습이란 어떤 행동양식이 사회에서 오랜 전통을 이루고 행해져 내려왔다는 이유 때문에 습관적으로 답습하는 전통적 사회규범을 말한다. 이러한 관습은 대체로 사회생활에서 외양이나 취향, 편의 등을 고려하여 자연발생적으로 형성되며 문화나 지역에 따라 다르게 나타난다.

관습은 사회의 유대를 강화하고 동료 의식을 심어 주며, 사회 환경에 적응하는 방법으로서 도움이 되지만 규제력이 약하다는 특징이 있다. 관습의 구속력은 도덕이나 법률만큼 엄하지는 않고, 이를 위배하면 사회적으로 따돌림을 당하거나 눈총 또는 비난을 받는 정도다. 일반적으로 관습은 폐쇄적인 성격과 보수적인 경향 때문에 보수적인 사회를 만들고, 변화에 저항한다. 따라서 사회가 변화하는 경우 관습은 정체되고 자연도태하게 된다.

관습이 변화하는 사회에 이바지하는 경우에는 그대로 존속하게 되고, 나아가 이러한 관습의 체계가 분화하여 일부는 법적 확신을 얻게 되어 관습법(불문법)이 되며, 일부는 도덕 또는 윤리가 된다. 관습 중에서도 역사적으로 오랫동안 지속되고, 구성원이 자신을 사회의 자랑으로 여기고 가치를 소중히 지켜 나가려고 하는 것을 전통(傳統, tradition)이라고 한다. 인습(因襲, convention)은 이전부터 전하여 내려오는 습관, 풍습, 예절 등의 규범을 비판 없이 그대로 지키는 것을 말한다.

(4) 법률과의 관계

법률은 주로 외현적 행위를 타율적으로 규제하는 것임에 비하여 도덕은 법률과 달리 인간의 외현적 · 내면적 행위까지도 자율적으로 규제한다는 점에서 차이가 있다. 따라서 법은 자율성을 핵심으로 하는 인간의 존엄성에 위배되는 강제적인 성격을 띠고 있어 인간관계를 경직시킬 수 있고, 또한 법률은 본질적으로 사후에 느리게 반응하는 반면에 도덕은 사전에 즉각적인 반응을 한다.

도덕과 법률과의 관계를 간단히 정리하면 다음과 같다.

- 법률은 도덕에 반해서는 안 된다. 비도덕적 법률은 그 정당성을 확보할 수 없다. 흔히 악법이라고 불리는 법의 대부분은 비도덕적인 법이라고 할 수 있다. 법이 공정의 기준들과 절차적 정의에 따른 도덕적 원칙들을 구현하는 경우가 많지만, 항상 그러한 것은 아니기 때문에 역사적으로 수많은 비도덕적인 법들에 대한 사례가 많다. 그중 가장 심각한 비도덕적인 법으로는 나치 독일의 인종 차별법, 미국의 노예법 등을 들 수 있다.
- 법률의 목적이 단지 인간을 도덕화하는 데 있는 것은 아니지만, 법에는 경우에 따라서 도덕화하는 기능도 있다. 법률에 모든 도덕적 · 윤리적 요청들을 빈틈

없이 반영할 수는 없지만, 어느 시대, 어느 국가를 막론하고 그 사회의 지배적인 가치체계인 도덕적 · 윤리적 요구가 반영된 경우가 적지 않다. 특히 헌법이나 민법, 형법의 규정 내용에는 도덕과 윤리가 요청하는 내용이 많이 포함되고 있다. 예컨대, 인간의 존엄성과 가치, 행복추구권, 자유권, 평등권, 생존권 등의 인권 내지 기본권 보장, 선량한 풍속, 기타 사회질서에 반하는 사항을 내용으로 하는 법률행위는 무효, 계약의 준수, 타인의 재산이나 권리에 대한 존중, 타인을 해하지 않는 것 등이 모두 그러한 것이다.

- 법률로 벌하지 않거나 위법이 아니라고 하여 그것이 반드시 도덕적으로 행해도 좋다는 것은 아니다. 예를 들어, 우리나라의 법률이 동성연애를 처벌하지 않는다고 하여 도덕적 · 윤리적으로 동성연애가 좋다는 것을 의미하는 것은 아니다.
- 비도덕적인 행위라고 하더라도 전적으로 처벌되지 않고, 반사회적인 것만이 법으로 처벌할 수 있으며, 개인적인 문제는 처벌되지 않는 경향이 있다.

2) 도덕성발달이론

도덕성의 발달에 관한 심리학적 연구들은 크게 정신분석이론, 학습이론, 인지발달 이론의 세 가지 관점에서 접근하고 있다.

정신분석이론에서는 부모에 대한 동일시 결과로 부모의 도덕적 기준을 내면화함으로써 양심과 초자아가 발달해 간다고 보고, 학습이론에서는 보상과 처벌에 의한 조건화와 특정한 모델을 관찰함으로써 도덕적 행동을 학습한다고 본다.

인지발달 이론에서는 도덕적 추론능력, 즉 도덕적 사고와 판단능력이 연령에 따라 어떤 양상으로 발달해 가는가에 관심을 두고 인지발달단계에 따라 도덕성 발달도 일련의 단계를 거치면서 진행된다고 보았다.

도덕성발달이론 중에서 가장 영향력이 크고 연구가 활발하게 진행되고 있는 이론은 인지발달 이론이다. 이 분야의 가장 대표적인 심리학자로는 Piaget와 Piaget의 이론을 확장 · 발달시킨 Kohlberg가 있다. 따라서 다음에서는 Piaget와 Kohlberg의 도덕성발달이론에 대해서 알아본다.

(1) Piaget의 도덕성발달이론

Piaget는 어린 아동들이 각기 다른 규칙들을 서로 분별하지 못하고 모두 동일한 것으로 생각하는 경향이 있기 때문에 도덕적 규칙과 게임 규칙에 대한 발달의 양상은 서로 같다고 보고, 아동들이 공기놀이의 규칙에 대해 내리는 판단을 통해서 도덕성 발달과정을 분석하였다.

즉, 그는 4~13세 남아 20명을 대상으로 일정한 규칙에 따라 공기놀이를 하게 한 다음, 아동들이 게임 규칙을 어떻게 이해하고 준수하는지 등 여러 가지 질문을 하며 아동의 도덕성 판단을 조사해 본 결과, 아동의 도덕성 발달은 다음과 같이 타율적 도덕성의 단계에서 자율적 도덕성의 단계로 2단계를 거치며 진행된다는 결론에 도달하였다. 아동의 이러한 도덕성 발달 경향은 과실로 물건을 파손한 경우, 물건 훔치기, 거짓말 등 도덕적 딜레마 상황에서 아동이 도덕적 판단을 어떻게 하는지를 조사한 연구에서도 동일하게 나타났다.

Piaget는 이러한 게임 규칙에 대한 개념과 함께 정의에 대한 판단도 도덕성 발달의 한 요소라고 보았다.

과실과 훔치기에 대한 도덕적 딜레마 상황

과실로 물건을 파손하는 경우와 훔치기에 대해서 아동들이 어떻게 판단하는가를 알아보기 위해서 Piaget는 한 쌍의 대비되는 이야기들을 제시하였다.

1. 식당문 뒤의 의자 위에 컵이 놓인 쟁반이 있는지를 모르고 밥을 먹으러 식당문을 열자 의자에 부딪혀 컵 15개를 깬 아이와, 엄마 몰래 의자를 딛고 찬장에 있는 잼을 꺼내 먹으려다 부딪혀 컵 하나를 깬 아이의 이야기.
2. 저녁을 굶은 가난한 친구를 위해 빵집에서 빵을 훔쳐와 친구에게 준 아이와, 자기 옷에 달려고 가게에서 리본을 훔친 아이 이야기

도덕성 발달의 첫 번째 단계인 타율적 도덕성(heteronomous morality)의 단계는 5~7세경의 아동들에게서 나타난다. 이 단계에서는 행위의 옳고 그름이 외적인 준거와 관찰 가능한 행위의 결과에 의해 판단되는 타율적 한계를 갖고 있다. 즉, 어떤 행동에 대한 의도나 동기를 고려하기보다는 그 행동으로 인한 결과(예: 컵을 15개나 깼으니까, 빵이 리본보다 크니까)가 얼마나 나쁜가에 따라서 그 행동의 옳고 그름을

판단하는 타율적 도덕성에 지배된다.

또한 이 시기의 아동들은 규칙을 반드시 지켜야 하고 바꿀 수도 없는 절대적인 것으로 인식하고 있는데, 이러한 절대주의적 도덕적 사고를 도덕적 실재론(moral realism)이라고 한다. 즉, 이 단계의 아동들은 부모나 그 밖의 권위 있는 성인들을 전지전능한 절대자로 여기며, 규칙은 그러한 절대자들이 만들었기 때문에 그것의 정당성에 대해 전혀 의심하지 않고 무조건 복종해야 하는 것으로 생각한다. 따라서 이 단계를 도덕적 절대주의(moral absolutism) 단계라고도 부른다.

이와 같이 타율적 도덕성의 단계에서는 사고가 현실적이고, 규칙을 해석하는 데 융통성이 없으므로 사태마다 특수한 규칙이 필요하며, 규칙을 위반하면 그에 상응한 벌을 받게 된다는 인과응보적인 생각을 갖고 있다.

도덕성 발달의 두 번째 단계인 자율적 도덕성(autonomous morality)의 단계는 보통 7～8세경에 나타난다. 이 단계에 도달한 아동들은 규칙을 상호 협의에 의해서 만들어지고 서로 동의하면 변경할 수도 있다고 생각하게 된다. 이 단계를 도덕적 상대주의(moral relativism) 단계라고도 한다. 이 단계에서의 특징은 행위의 결과보다는 그 이면에 놓여 있는 행위자의 동기나 의도를 고려하여 행위의 옳고 그름을 판단하게 된다.

이와 같은 타율적 도덕성의 단계에서 자율적 도덕성의 단계로 이행하는 데는 평등한 관계에서 또래들과의 접촉이 중요한 역할을 한다고 Piaget는 주장하였다. 그 이유는 또래들과의 접촉을 통하여 어른들의 권위에 대한 일방적인 존중이 줄어들고, 자신과 또래에 대한 존중이 늘어나며, 규칙이란 임의로 합의된 것으로 상호 협의에 의해서 고칠 수 있다는 것을 알게 되기 때문이라는 것이다.

또한 부모와 자녀와의 사이에 평등한 관계를 확립하는 것도 타율적 도덕성의 단계에서 자율적 도덕성의 단계로 이행하는 데 도움이 된다고 하였다.

(2) Kohlberg의 도덕성 발달단계설

Kohlberg는 도덕성 발달에 관하여 주로 아동을 연구대상으로 하였던 Piaget의 이론을 발전시켜서 청소년 및 성인기까지 확대하여 도덕성 발달단계를 더욱 체계화하였다.

Kohlberg는 도덕적 판단능력에 의해 도덕적 행위가 결정된다고 보고 도덕성 발달을 도덕적 행위보다는 도덕적 판단능력의 발달로 보았다. 그는 도덕적 판단능력이 연령에 따라 질적으로 다른 몇 개의 단계로 구분되어 발달한다고 주장하였다. Kohlberg는 10세부터 28세까지의 미국 남성들을 대상으로 다음의 하인츠의 딜레마를 포함한 아홉 가지의 도덕적 딜레마 상황을 제시하면서 각 상황에 대한 옳고 그름과 그 이유 등 도덕적 판단을 내리게 하고, 그것을 토대로 도덕적 판단능력을 측정한 결과 개인의 도덕성은 인습 이전 수준, 인습 수준, 인습 이후 수준의 3단계로 발달한다는 결론을 내렸다. 그리고 이러한 세 수준은 각각 두 개의 하위단계로 구분되어 총 6단계로 발달한다고 주장하였다.

Kohlberg는 각 단계를 특정 연령대로 구분하지 않았지만, 그 발달 순서는 일정하고 보편적이며 어느 한 단계를 건너뛰어 다음 단계로 발달할 수 없다고 본다. 그러나 모든 사람이 최종단계에 도달하는 것은 아니고 대부분의 사람들은 중간단계인 인습 수준에 머물고 만다고 주장하였다.

도덕적 딜레마 상황

유럽의 한 부인이 암에 걸려서 거의 죽어가고 있었다. 그 병을 치료하는 데에는 오직 같은 마을에 사는 약사가 최근 개발한 약이 특효약인 것으로 알려졌다. 남편인 하인츠는 암으로 죽어 가는 아내를 살리기 위해 약국을 찾아갔다. 그런데 약사는 약값으로 원가의 10배를 요구했다. 이에 하인츠는 아는 사람들을 찾아다녔으나, 겨우 약값의 절반 밖에 빌릴 수가 없었다. 하인츠는 약사에게 그동안의 사정을 얘기하고 약을 싸게 팔거나, 외상으로 주면 나중에 갚겠다고 간청했지만, 약사는 이를 거절했다. 절망에 빠진 하인츠는 결국 아내를 살리기 위해서 약국을 부수고 들어가서 약을 몰래 훔쳐 냈다. 하인츠가 한 일은 정당한 것인가? 정당하다면 왜 약을 훔친 것이 정당한가?

① 1수준: 인습 이전 수준의 도덕성(preconventional morality)

이 수준은 9세경까지의 아동들에게서 전형적으로 나타난다.

이 시기의 아동들은 사회의 인습이나 규칙을 실제로 인식하지 못하기 때문에 이 단계를 인습 이전 수준이라고 한다. 이 수준에 있는 사람은 단순히 권력이나 물리적인 힘과 같은 힘의 원리에 의해 도덕적 판단을 하게 된다.

이 수준은 다음과 같이 두 단계로 구분된다.

㉠ 1단계: 처벌과 복종 지향

이 단계에서의 복종이나 도덕적 판단기준은 단순한 신체적, 물리적 힘에 의해 결정된다. 따라서 자기보다 강한 사람에 의한 신체적 처벌을 피하기 위해서 복종하고 행동한다.

어떤 행동의 결과가 어떤 의미와 가치를 가지는가 하는 것은 전혀 인식하지 않은 채 그 행위에 대한 물리적, 신체적 결과가 도덕적 판단의 기준이 된다. 처벌을 피하는 것이나 권력에 복종하는 것은 그 자체로서 가치를 지니며, 처벌이나 권력에 내재되어 있는 도덕적 원리를 중요하게 생각하지 않는다.

하인츠의 경우에 대해서 이 단계의 아동들은 하인츠의 의도는 생각하지 않고 물리적, 신체적 결과에 의해서 그 행동을 판단할 것이다. 약을 훔치는 행위의 결과를 크게 확대하는 아동은 비싼 약을 훔치는 행위는 커다란 범죄이고, 엄한 처벌을 받을 것이기 때문에 훔쳐서는 안 된다고 대답할 것이다.

반대로 약을 훔치는 행위의 결과를 가능한 축소 해석하는 아동은 약을 훔친 것은 그렇게 나쁘지 않다고 판단할 것이다. 즉, 하인츠는 처음에 적지만 돈을 지불하려고 했고, 그 밖의 다른 어떤 것은 가져가지 않았으며, 약값도 겨우 200불에 불과하고, 2,000불짜리가 아니기 때문에 약을 훔치는 행위는 옳다고 대답할 것이다.

㉡ 2단계: 개인적 욕구 충족 지향

이 단계에서는 자기중심적이고 이기적인 판단이 중심을 이루면서 자신의 개인적 욕구(또는 드물게 타인의 욕구)를 충족시키는 행위를 옳은 것으로 판단한다.

따라서 이 단계에서는 물질적 이해타산에 집착하며 자신에게 이익이 되는 방향으로 행동하기 때문에 아무리 나쁜 행위라도 자신에게 이익이 되고 발각되지 않을 수만 있다면 그것은 정당하다고 생각한다. 그리고 대인관계에서도 공평성, 상호성 등이 나타나지만 그것은 어디까지나 실용적인 수준에서 이해되기 때문에 '남이 나에게 잘해 주면 나도 남에게 그만큼 잘 해줄 수 있다.' 는 식의 상호 이익을 주고받는 교환 관계로 나타나고, 또한 진정한 감정이입을 할 수 있는 능력이 없으며 신의를 지킨다거나 감사를 느낀다거나 하는 것도 할 수 없다.

2단계는 1단계보다 약간 진보된 형태라고 볼 수 있는데, 1단계에서는 신체적 위험여부가 모든 행동의 기준이 되는 반면에 2단계에서는 자신에게 이익이 되는 방향에서 행동을 결정한다.

그러나 두 단계는 인습 이전 수준으로서 힘의 원리가 지배하고 있다. 하인츠의 경우에 대해서 이 단계에 있는 사람들은 하인츠나 약사의 욕구(이익)를 만족시키려는 행위는 옳다고 판단할 것이다. 즉, 하인츠의 이익을 고려하는 입장에서는 자기 부인의 생명을 구하는 방법은 그 약밖에 없는 상황에서 어쩔 수 없이 약을 훔쳤고, 또 앞으로 약값을 지불하면 되기 때문에 약을 훔치는 것은 괜찮다고 대답할 것이다.

반면에 약사의 이익을 고려하는 입장에서는 다른 상인들과 마찬가지로 약사도 단지 이익을 남기려 했을 뿐이기 때문에 약사의 행위는 나쁘지 않다고 판단할 것이고, 따라서 약을 훔쳐서는 안 된다고 대답할 것이다.

② 2수준: 인습 수준의 도덕성(conventional morality)

이 수준은 9~12세경의 아동들에게서 나타나는데, 대부분의 청년이나 성인들은 이 수준에 머물게 된다.

이 시기에는 자신이 속한 집단이나 사회를 중요하게 여기고, 그 사회 인습이나 법질서에 맞추어 행동하려고 한다. 이들은 사회적 질서에 동조할 뿐만 아니라 사회질서를 적극적으로 유지하고 정당화하는 데 관심을 가지며, 또한 그 사회에서 힘 있는 지위에 있는 사람(부모, 선생님 등)과 자신을 동일시하려고 노력한다. 이 수준도 다음과 같이 두 단계로 구분된다.

㉠ 3단계: 대인관계와 사회적 역할 지향

이 단계에서의 도덕적 판단은 자기 주변의 대다수 사람들의 공통된 생각, 즉 사회적 인습을 기초로 한다. 따라서 이 단계에서는 다른 사람을 기쁘게 하고 도와주는 행위와 같이 주변 사람으로부터 칭찬과 인정을 받을 수 있는 행동을 도덕적으로 옳은 행동이라고 판단하고, 또한 주변 사람들의 역할기대에 부합하기 위하여 착한 행동을 하려고 노력한다. Kohlberg는 이 단계를 착한 소년소녀 지향이라고도 지칭한다.

이 단계에서는 2단계의 자기중심적인 사고에서 벗어나 감정 이입할 수 있는 능력을 가질 수 있게 됨으로써 다른 사람이 느끼는 것을 같이 느낄 수 있게 되고, 다른 사람을 배려하려는 의식이 강하게 나타난다.

그리고 이 단계에서 비로소 행위에 대한 물리적, 신체적 결과를 넘어서 행위자의 동기나 내적 특성을 고려할 수 있게 된다. 그러나 3단계의 도덕적 사고는 자기가 살고 있는 사회의 고정된 인습에 엄격하게 따르기 때문에 융통성이 없고, 어떤 행위를 하는 데 자신이 독립적으로 결정을 내릴 수 있는 자율성이 없다.

하인츠의 예를 들면, 찬성자나 반대자 모두 일반 사회에서 어떻게 평가될 것인가에 의해 갈등을 해결하려 할 것이다. 즉, 일반 사회에서 대체로 훔치는 것은 나쁘지만 하인츠의 행동이 좋은 남편이면 당연히 해야 할 일을 했을 뿐이라고 평가받고, 만약 그런 상황에서 사랑하는 아내를 구하지 않아서 그가 나쁜 사람이라는 비난을 받게 될 것으로 판단된다면 약을 훔치는 것이 옳다고 대답할 것이다.

한편, 하인츠가 만약 약을 훔치지 않아서 아내가 사망했다고 하더라도 일반 사회에서 그를 비난하지 않고, 오히려 그가 몰인정하거나 아내를 사랑하지 않아서 죽은 것이 아니라 그가 할 수 있는 일을 다 했으며, 약사가 이기적이고 몰인정하여 사랑하는 아내가 죽어 가는 것을 지켜볼 수밖에 없었다고 판단한다면 약을 훔쳐서는 안 된다고 대답할 것이다.

ⓛ 4단계: 법과 질서 지향

이 단계에서의 도덕적 판단은 법이나 사회질서 유지에 기초한다. 이 시기에는 사회적 인습보다는 법률 준수와 사회질서 유지에 대해 거의 절대적인 태도를 보인다. 따라서 자신의 의무를 다하고, 권위를 존중하며, 법과 질서를 따르는 것이 도덕적으로 옳은 행위라고 판단하게 된다. 사회적 인습은 지역적이고 국지적인 것인 반면에 법과 질서는 보편적인 것으로 사회의 모든 사람들에게 적용될 수 있는 행동의 표준을 제공한다.

이 단계의 사람들은 이러한 법질서가 절대적인 것이기 때문에 예외 없이 철저하게 지켜져야 하며, 그 법이 잘못될 수 있다는 것은 생각할 수 없다.

하인츠의 경우에 대해서 법질서를 무엇보다 강조하는 사람들은 남편이 아내를 구하려는 것은 너무나 당연한 것이라고 하더라도 도둑질은 어떤 경우에도 옳지 못한 것이며, 어떤 특수한 상황에 관계없이 법질서는 준수되어야 하기 때문에 약을 훔쳐서는 안 된다고 대답할 것이다. 반면에 법질서 준수를 강조하면서도 생명의 존엄성에 보다 더 높은 가치를 두는 입장에서는 만일 약을 구하지 못하면 아내를 죽게 내버려 두는 것이 되고, 약사도 잘못한 것이지만 아내가 죽게 되면 전적으로 남편

책임이다. 따라서 좋은 의도에서 부득이 약을 훔치는 것이므로 옳은 일이며, 다만 언제라도 약사에게 약값을 지불해야 하며, 법을 어긴 것에 대한 처벌도 받아야 한다고 대답할 것이다.

③ 3수준: 인습 이후 수준의 도덕성(postconventional morality)

이 수준은 자율적 도덕의 원리에 따르는 수준이다. 이 수준에서는 자신이 속한 집단이나 사회의 인습이나 법률에서 벗어나 오로지 개인의 가치관과 양심에 근거하여 도덕적 판단을 하게 된다.

즉, 모든 상황적 문제와 동기 그리고 일반원리 등을 포괄적으로 동시에 고려하여 자율적으로 도덕적 판단을 하게 된다.

이 수준에 도달하는 시기는 개인에 따라 차이가 있어서 빠른 경우에는 13세경에, 좀 더 늦은 경우에는 성인 전기에 와서 도달하기도 하지만, 상당수의 사람들은 인습 수준에 머물고, 이 수준에 도달하는 성인은 소수에 불과하다.

㉠ 5단계: 사회적 계약 지향

이 단계에서는 사회 전체가 합의한 기준에 따르는 것이 올바른 행위라고 판단한다.

이 단계의 사람들은 가치란 상대적인 것이며 여러 가지 다른 가치들도 동시에 존재할 수 있다는 것을 알고, 또한 합리적인 사람들이 모여서 합의를 이루는 절차와 과정을 중요하게 여긴다. 따라서 사회적 합의로서 법과 제도를 중요하게 여기면서도 사회적 유용성이나 합리성에 따라 그 법과 제도는 바뀔 수 있다고 생각한다. 이 단계에서는 도덕적 범주를 벗어나지 않는다면 때로는 일탈된 행동도 허용될 수 있다.

이 단계의 사람들은 이분법적으로 판단하지 않고, 반대편 입장도 고려하는 등 전체적인 상황을 고려하여 선악을 판단할 것이다. 즉, 하인츠의 행위가 옳다고 대답하는 입장에서는 법률은 물건을 훔치는 일반적인 행위에 대해서만 규정하고, 이러한 특수한 상황에까지 적합한 법률은 규정되어 있지 않기 때문에 약을 훔치는 것은 옳지 않지만, 이러한 특수한 상황에서는 약을 훔치는 것이 정당화될 수 있다고 판단할 것이다.

한편, 하인츠의 행위를 반대하는 입장에서는 특수한 상황에서 하인츠의 행위를 무조건 비난할 수는 없지만, 아무리 결과가 좋더라도 그 결과가 수단을 정당화할 수 없기 때문에 법을 위반한 하인츠의 행위는 옳은 행동이 아니라고 판단할 것이다.

ⓛ 6단계: 보편적 도덕 원리 지향

이 단계에서의 올바른 행위란 다른 사람들의 생각이나 법률과 관계없이 자신이 스스로 선택한 도덕 원리에 따른 양심의 결단을 말한다. 그들은 자신이 선택한 양심에 따른 결정에 대해 더 이상 의심하지 않고 확고한 신념을 갖는다.

여기서의 도덕 원리에는 인간에 대한 존엄성, 정의, 평등과 같은 보다 높은 차원의 원리들이 포함되고, 또한 논리적으로 포괄적이고, 보편적이며, 일관성이 있어야 한다. 이러한 보편적인 도덕 원리는 어떤 상황에서도 적용될 수 있는 추상적이고 원리적인 것으로서 "무엇이든지 남에게 대접을 받고자 하는 대로 너희도 남을 대접하라."와 "네 자신에게 행해지기를 원치 않는 것을 남에게 행치 말라." 등과 같은 명언들이 이러한 원리에 해당된다.

하인츠의 경우 도둑질하지 말라는 가치보다 인간의 생명을 존중하는 가치를 높게 보는 입장에서는 약을 훔친 하인츠의 행위를 도덕적으로 옳다고 대답할 것이다. 한편, 또 다른 입장에서는 암환자는 많고 약은 귀해서, 하인츠가 약을 훔쳐 감으로 인하여 이 약을 필요로 하는 다른 응급환자의 생명에 지장을 줄 수 있기 때문에 하인츠는 자신의 아내에 대한 애정이나 법률에 따라서만 행동해서는 안 될 것이며, 그 외의 모든 사람들의 생명도 귀중하다는 것을 동시에 고려해야 한다고 대답할 것이다.

(3) 도덕성발달이론에 대한 비판

인지발달 이론가인 Piaget와 Kohlberg는 아동이 자라면서 인지능력 발달의 지적 변화에 병행하여 도덕성 발달도 그 인지 수준에 따라 단계별로 발달한다고 생각한다. 즉, 아동이 도덕적 판단을 올바르게 하기 위해서는 인지 수준이 올바른 판단을 할 수 있는 수준에 도달하여야 한다는 것이다.

이와 같이 도덕성 발달이 인지발달에 의해서 가속화된다는 Piaget와 Kohlberg의 도덕성 발달이론은 많은 연구들에 의해서 지지받고 있으나 다음과 같은 몇 가지 점에서 비판의 대상이 되고 있다.

① Piaget 이론에 대한 비판

Piaget의 도덕성발달이론에 대한 비판을 살펴보면 다음과 같다.

㉠ **아동의 규칙 개념 발달을 잘못 분석했다.**

Piaget에 의하면, 어린 아동들은 여러 가지 다른 규칙 간의 차이점을 구분하지 못하고 모든 규칙이 동일한 것으로 생각한다는 것이다. 따라서 Piaget는 도덕적 규칙과 게임 규칙에 대한 발달의 양상이 서로 같다고 보고, 공기놀이 게임 규칙에 대한 아동들의 판단을 통해서 아동의 도덕성 판단을 분석하였는데, 이러한 Piaget의 이론이 완전한가의 문제다.

이에 대한 Smetana(1981)의 연구에 의하면, 개인의 권리와 특권에 관련된 도덕 규칙 위반행위(예: 폭력행위, 도둑질, 거짓말 등)와 특정 사회에서 인간 상호 간의 행동에 관련되는 사회 인습적 규칙 위반행위(예: 손가락으로 음식 집어 먹기, 어른에게 인사 안하기, 어른 앞에서 담배 피우기, 교실 내에서 신발장에 신발 정돈해 놓지 않기 등)에 대해서 3～4세 아동들로 하여금 평가하게 한 결과, 어린 아동들은 두 규칙 간의 차이점을 인식하였고 도덕적 위반행위를 사회 인습적 위반행위보다 더 나쁜 것으로 판단하였다.

Smetana와 Braeger(1990)의 연구에서는 34개월 된 아동들이 도덕적 위반행위와 사회 인습 위반행위를 구별하지 못하였으나, 42개월 된 아이들은 구별하는 것으로 조사되었다.

㉡ **타율적 도덕성의 단계를 과소평가하고 있다.**

Piaget는 타율적 도덕성의 단계에 있는 어린 아동들은 행위의 의도보다는 결과를 중시하여 도덕성을 판단한다고 주장한다. 그러나 이러한 비판에 대해서 의견을 달리하는 연구들이 많이 있다.

Nelson(1980)의 연구에 의하면, 행위자의 행동에 대한 정보가 분명한 경우에는 3세 아동이라도 결과에 관계없이 좋은 의도를 가진 행위를 나쁜 의도를 가진 행위보다 훨씬 좋게 평가하는 것으로 조사되었다.

또 다른 연구에 의하면, 어린 아동들이 행위자의 의도 자체를 구분하지 못하는 것이 아니라 물건의 손상된 결과가 항상 의도보다 뒤에 제시되고, 또 그 결과가 현저하게 보이기 때문에 물건의 손상 자체에만 주의함으로써 의도를 고려하지 못했을 뿐, 손상의 정도가 동일한 경우에는 5세 아동들도 행위자의 의도를 고려하여 판단하는 것으로 나타났다(Armsby, 1971; Rule, Nrsdale, & McAra, 1974).

② Kohlberg 이론에 대한 비판

Piaget 이론을 수정한 Kohlberg의 도덕성발달이론에 대해서도 다음과 같은 비판이 제기되고 있다.

㉠ 연구방법의 타당성이 부족하다.

Kohlberg는 도덕적 딜레마 상황을 제시하고 면접 방법을 사용하여 분석하였 다. 그 실시방법은 표준화되어 있지 못하기 때문에 Kohlberg로부터 훈련받은 전 문가가 아니면 적절히 실시하기 어렵고, 채점방법도 주관이 개입될 여지가 많고 객관적이지 못하는 등 그 신뢰성과 타당성이 충분하지 못하다는 비판이 제기되고 있다. 또한 도덕적 딜레마의 종류와 내용도 가상적이고 실제적이지 못하며, 가치가 편향된 면접질문을 사용했다는 비판을 받고 있다.

Kohlberg가 제시한 도덕적 딜레마는 모두 두 가지 대비되는 가치 사이에서 갈등을 일으키는 가상적 상황을 다루고 있을 뿐, 생명의 위협을 무릅쓰고 다른 사람의 위기를 구해 주는 이타주의적 행동과 같은 일방적인 상황 등은 다루지 않고 있다.

㉡ 문화적 보편성이 부족하다.

Kohlberg의 이론은 미국 중상류층의 도덕적 가치를 반영한 것이므로 이것을 다른 문화나 국가에 그대로 적용하기는 무리가 있다는 비판이 제기되고 있다. 그는 문화에 따라 다른 가치관을 형성한다는 점을 인정하면서도 도덕성 발달에서는 모든 문화권에서 동일한 순서로 단계를 밟는다고 주장한다.

많은 연구자들에 의해서 이러한 도덕성 발달단계에 대한 문화적 보편성을 검증하기 위한 연구가 이루어졌는데, Snarey(1985)는 27개 문화권의 45개 연구들을 분석한 결과 연구된 모든 문화권에서 Kohlberg가 주장한 발달단계를 따라 도덕성이 발달하는 것으로 조사되었다.

그럼에도 불구하고 서구 사회의 영향을 전혀 받지 않는 전통적 토속사회나 동구의 비자본주의, 전통적 가치를 존중하는 동양의 유교사회 등에 대한 연구가 부족하다는 점에서 문화적 보편성에 의문을 제기하고 있다.

㉢ 단계가 반드시 불변적인 것만은 아니다.

Kohlberg가 주장한 도덕성 발달단계가 진정한 도덕성발달이론으로 성립하기 위해서는 불변적인 단계라는 점이 증명되어야 한다. 즉, 도덕성 발달은 일관성 있게 단계적으로 진행되어야 하고, 발달단계 중 어느 하나를 건너뛰거나 전단계로 후퇴하는 일이 없어야 하고, 한 단계보다 더 윗단계의 도덕적 추론은 이해할 수 없어야 한다.

그러나 Walker(1982)의 연구에서는 Kohlberg의 도덕성 발달단계 중 2단계에 있는 아동들이 자신의 단계보다 2단계 위의 도덕적 추론을 이해하는 것으로 나타났고, 또한 Holstein(1976)의 연구에서는 청소년 자녀와 그 부모 등의 가족을 3년간 종단적으로 연구한 결과 도덕성 발달이 하나의 하위단계에서 그 다음의 상위단계로 발달해 가는 것이 아니라 오히려 하나의 하위 수준에서 그 다음의 상위 수준으로 발달해 가는 경향이 발견되었고, 인습 이후의 수준과 같은 보다 높은 수준에서는 오히려 퇴행하는 경우도 발견되었다는 것이다.

한편, 문화가 다른 환경에서 Kohlberg의 도덕성 발달단계의 불변성을 검증한 연구들이 있다. Harkness 등(1981)에 따르면, 케냐의 전통적인 사회에서는 Kohlberg의 도덕성 발달 4단계에 이른 것이 가장 높은 단계에 도달한 것이고 5～6단계의 도덕적 단계는 나타나지 않는 것으로 보아서 5～6단계는 특별한 문화적 환경에서만 나타날 수 있는 것으로 주장하고 있다.

바하마 제노의 아동과 청소년(8～17세) 476명을 대상으로 한 White 등(1978)의 연구에 의하면, 도덕적 판단능력은 연령이나 단계에 따라 발달하는 측면도 있지만, 개인이 속한 문화적 환경과 그 시대적 배경이 가장 큰 영향을 미치는 것으로 조사되었다.

ⓔ 여성들의 도덕적 판단 수준을 낮게 평가하고 있다.

Kohlberg의 도덕성 판단의 관점이 남성적 특성에 치우쳤고, 여성적 특성이 고려되지 않고 있기 때문에 여성들의 도덕적 판단 수준이 낮게 평가되고 있다는 비판이다. Kohlberg의 도덕성 판단에 대한 남녀 간의 성차를 분석하기 위한 Holstein (1976), Parikh(1980) 등의 연구에 의하면, 남성들은 보통 4단계에 있는 반면 여성들은 3단계에 있는 것으로 조사되었다.

이러한 남녀 간의 도덕성 발달단계의 성차에 대해서 Gilligan(1988)과 그 동료들은 여성이 남성보다 도덕적으로 덜 성숙하기 때문이 아니라 높은 단계의 도덕성 판단 내용이 정의, 공정성 등에 치우쳐 있고, 이 내용들은 여성들에게는 부적절한 것이기 때문에 발생한 것이라고 주장한다.

즉, 일반적으로 남성들은 어릴 때부터 독립적이고 자신의 권리 주장이 분명하며, 정의와 공정성 등과 같은 추상적인 원리에 더 가치를 두도록 사회화된다. 반면에 여성들은 사회관계에 더 관심이 많으며, 보살핌, 이해심, 관계유지 등 타인을 배려하는 데 더 가치를 두도록 사회화되고, 또한 정의, 공정성 등과 같은 추상적인 원리에는 관심을 덜 갖기 때문에 여성들은 정의, 공정성 등에 의한 도덕적 판단을 하기보다는 배려 등에 의한 도덕적 판단을 하게 된다는 것이다.

따라서 Kohlberg의 도덕성 발달단계 중 비교적 높은 단계의 도덕성 판단은 정의, 공정성 등 남성적 특성에 기반을 둔 것들이고 여성적인 특성인 보살핌, 이해심, 관계유지 등 배려에 기반을 둔 도덕적 판단은 3단계에 해당되기 때문에 여성이 남성보다 도덕성 발달단계가 낮게 평가될 수밖에 없다는 것이다.

Gilligan(1982)은 이러한 Kohlberg의 도덕성발달이론에 대한 문제점을 보완하기 위하여 새로운 도덕이론을 제안하였다. 그는 여성의 도덕적 결정은 배려의 윤리에 기초한다고 주장하고, 여성의 도덕성 발달을 3단계로 분류하였다. 즉, Gilligan은 여성의 도덕성은 이기적 단계, 다른 사람에 대한 책임을 인식하 는 단계, 자기와 다른 사람을 평등하게 다루는 단계로 발달한다는 것이다.

⑪ 도덕적 행동 발달의 중요성을 간과하고 있다.

Kohlberg는 도덕적 판단능력에 의해 도덕적 행위가 결정된다고 보고 올바른 도덕적 행동을 하기 위해서는 인지적으로 올바른 도덕적 판단능력이 발달해야 한다고 주장한다.

이에 대해서 Kohlberg의 이론은 도덕적 판단 또는 사고에 관한 것이지 도덕적 행동에 관한 것이 아니기 때문에 도덕적 판단 또는 사고와 도덕적 행동 간의 일치성이 나타날 것인가에 대해 비판이 제기되고 있다.

(4) 도덕성발달이론의 교육적 시사점

Piaget와 Kohlberg의 도덕성발달이론에 대해서 몇 가지 비판이 제기되고 있음에도 불구하고 우리나라 도덕교육에 대해 새로운 시각을 제공해 주고 있다. 즉, 현재 학교에서 이루어지고 있는 도덕교육은 주로 우리의 전통과 문화에서 강조되어 온 덕목(예: 생명존중, 성실, 정직, 효도, 준법, 예절 등)의 주입에 편중되고 있는 실정이다. 이러한 덕목을 학생들에게 가르치는 것도 매우 중요하지만, 도덕교육의 질적 개선을 위해서는 덕목의 교육과 병행하여 도덕적 판단능력을 신장시키는 교육이 보강되어야 올바른 도덕적 행동이 나타날 것이다.

또한 Piaget와 Kohlberg의 도덕성발달이론은 도덕성 발달 수준에 따라 어떻게 도덕교육을 할 것인가에 대한 구체적인 행동유형을 제시해 주고 있다. 예를 들어, Piaget가 주장한 타율적 도덕성의 단계나 Kohlberg가 주장한 처벌과 복종 지향의 단계에 있는 어린 유아들은 즉각적인 벌칙이 도덕교육에 필요하다는 점을 알려 주고 있고, 반면에 보다 더 성숙한 어린이나 청소년에게는 개인의 가치관과 양심에 근거한 도덕교육이 효과적인 방법이 될 것이다.

Kohlberg의 이론은 특별히 교육 현장에 중요한 시사점을 던져 주고 있다. 그는 도덕성 발달이 도덕적 사태에 대한 경험을 토대로 이루어진다고 보고, 학교에서 도덕적 추론능력 또는 도덕적 판단능력을 신장시키기 위한 방법으로 토론식 수업을 제안하였다.

그가 제시한 도덕교육의 모형을 살펴보면, 학생들에게 가설적인 도덕적 딜레마를 제시하여 집단토론을 하도록 하고, 교사들은 다만 토론 진행자로서 학생들의 토론을 도와주는 역할만을 하여야 한다는 것이다. 이때 학생들은 자신의 해석과 행동방침을 분명히 하여 자신의 판단을 정당화하고, 또한 자신의 의견과 다른 의견을 비교 · 평가하고 논의하는 경험이 필요하다. 이러한 토론식 수업은 도덕교육 방법에 큰 변화를 가져오고 그 효과도 여러 연구를 통하여 입증되었다.

이러한 토론식 수업을 통하여 자신의 도덕적 사고를 시험해 보고 다른 학생들의 다양한 도덕적 사고와 비교 · 평가함으로써 도덕적 판단능력이 신장될 수 있을 것이다. 그러나 이때 가상적 딜레마 상황보다는 실제 생활에서 직면할 수 있는 도덕적 딜레마 상황들을 학생들이 경험해 볼 수 있도록 학습자료를 구성하여 제공하는 것이 보다 효과적인 수업방법이 될 것이다.

학습과제

1_ 원욕(id) · 자아(ego) · 초자아(superego)의 특성과 상호 관련성을 설명하시오.

2_ Freud의 성격발달에서 각 단계의 특징을 약술하시오.

3_ Erikson의 성격발달이론의 특징을 Freud의 성격발달이론과 비교 설명하시오.

4_ 교사가 자아성장의 결정적 시기에 있는 초등학생과 자아정체성 확립기에 있는 중 · 고등학생을 지도하는 데 유의할 점을 Erikson의 성격발달이론을 토대로 설명하시오.

5_ Marcia가 제시한 자아정체성의 성취지위(status)에 대한 네 가지 상태의 특징을 약술하시오.

6_ 도덕성 발달에 관한 Piaget와 Kohlberg 이론의 차이점을 약술하시오.

7_ Kohlberg의 도덕성발달이론의 교육적 시사점을 설명하시오.

제 6 장

학습이론

학습개요

학습이란 무엇이며, 어떻게 일어나는가? 학습이론은 이러한 질문에 대답하기 위해 형성된 것이다. 즉, 학습이란 경험의 결과로 인하여 행동에 변화를 초래하는 과정이라고 말할 수 있다. 학습이론(theories of learning)은 이러한 학습이 일어나는 과정 또는 현상을 설명하기 위한 법칙이나 원리를 말한다.

학습은 다양한 장면에서 평생 동안 이루어지는 매우 복잡한 활동이다. 학습은 학교 현장에서뿐만 아니라 사회, 직장, 사이버공간, 테니스장, 군사훈련장 등 우리가 활동하는 모든 장면에서 일어난다. 학습은 의도적으로 일어나기도 하지만, 우연히 일어나기도 한다. 또한 학습은 단순한 지식, 기능, 기술의 습득에서부터 매우 복잡한 고도의 지식과 기술의 습득에 이르기까지 다양한 영역을 망라한다.

학습이론들은 이러한 복잡한 학습에 대한 신념, 가정, 관점에 따라 크게 행동주의적 관점, 인지주의적 관점, 사회학습이론적 관점 등 다양한 관점에서 논해지고 있다.

행동주의 학습이론가들은 인간의 행동은 특정한 자극과 반응의 연합에 의해서 학습되는 것으로 보고 있다. 이에 비해서 인지주의 학습이론가들은 지각, 기억, 사고 등과 같은 다양한 인간의 인지과정의 변화가 학습과 행동에 영향을 미친다고 보고, 이 과정에 관심을 갖고 연구한다. 또한 사회학습 이론가들은 학습자와 사회 문화적 환경 간의 상호작용 속에서 다른 사람의 행동이나 어떤 주어진 상황을 관찰하고 모방함으로써 학습이 이루어진다고 믿는다.

이 장에서는 먼저 무엇을 학습이라고 하는가에 대해서 살펴본 후 학습이 일어나는 현상에 관한 세 가지 학습이론에 대해서 설명하고자 한다. 특히 인지주의 학습이론에서는 최근 인지주의 학습이론의 중심을 이루고 있는 정보처리이론과, 그리고 정보처리이론에 대한 새로운 접근인 처리수준이론과 연결주의이론에 대해서도 살펴본다. 마지막으로는 학습이론에서 중요하게 다루어지고 있는 메타인지와 학습의 전이에 대해서도 설명한다.

1. 학습의 개념

학습(learning)이란 일반적으로 배우고 익혀서 모르던 것을 알게 되는 것을 말한다. 그러나 실제 학습에 대한 정확한 개념에 대해서는 심리학자들의 견해에 따라 복잡하고 다양하게 정의되고 있다.

그중에서도 Morgan과 King(1971)의 정의가 비교적 널리 인용되고 있다. Morgan과 King은 "학습이란 경험 또는 연습의 결과 생기는 비교적 영속적인 행동의 변화"라고 정의하였다.

이러한 학습에 대한 정의는 다음과 같은 세 가지 측면에서 분석해 볼 수 있다.

첫째, 학습이 추구하는 것은 행동의 변화다.

교육이란 인간행동의 계획적인 변화라고 정의할 수 있다. 이러한 인간행동의 변화는 학습을 통해 이루어진다. 따라서 학습은 교육에서 가장 중요하게 다루어진다. 학습을 통한 행동변화는 의도적이거나 비의도적일 수도 있고, 긍정적인 변화일 수도 있고 부정적인 변화일 수도 있다. 행동변화에 대해 행동주의 이론가들은 외현적으로 관찰 가능한 행동만의 변화를 말하는 데 반하여, 인지주의 이론가들은 지식의 습득이나 인지구조의 변화와 같은 정신적인 변화를 주장하고 있다.

둘째, 학습은 경험 또는 연습을 통해 일어나는 행동의 변화다.

학습은 유기체가 환경과의 상호작용을 통한 경험에 의해서 야기되어야 한다. 따라서 성장이나 성숙과 같은 생득적인 발달 또는 신체에 대한 상해 등으로 일어난 변화는 학습에서 제외된다. 또한 반사적 행동이나 본능적 행동은 유전적으로 결정된 것으로써 경험을 통해 학습된 것이 아니다. 따라서 이러한 행동은 학습에서 제외된다. 한 자극에 항상 동일한 반응을 유발하는 반사적 행동의 예로는 무릎을 두드리면 다리가 올라가는 행동, 외부자극에 눈을 깜박이는 행동, 코를 간질이면 재채기하는 행동, 뜨거운 물건에 손이 닿으면 손을 재빨리 떼는 행동 등과 같은 것을 들 수 있다. 본능적 행동의 예로는 새가 둥지를 짓는 행동, 동면하는 행동, 짝짓기 행동 등을 들 수 있다.

셋째, 학습을 통한 행동의 변화는 비교적 영속성을 지녀야 한다.

이 정의는 피로, 질병, 배고픔, 약물 등에 의해 일시적으로 일어나는 행동변화와 구별하기 위한 것이다. 이러한 요인에 의한 행동변화는 일시적인 것으로 그 요인이 제거되면 즉시 회복된다. 반면에 학습된 행동은 망각될 때까지 오랫동안 지속된다.

〈학습에 대한 다양한 정의〉

- 학습이란 강화받은 훈련의 결과로써 일어나는 행동 잠재력의 비교적 영속적인 변화다(Kimble, 1961).
- 학습(learning)이란 경험 또는 연습의 결과 생기는 비교적 영속적인 행동의 변화다(Morgan & King, 1971).
- 학습이란 어떤 특수한 상황에서 경험의 결과로 생기는 행동 또는 행동성향의 체계적 변화다(Estes, 1975).
- 학습이란 연습의 결과로써 비교적 영속성이 있는 행동변화의 과정이나 작용이다(Klausmeier & Goodwin, 1975).
- 학습이란 질병, 피로 또는 약물에 의한 일시적인 신체적 상태에 원인을 돌릴 수 없는 경험으로부터 오는 행동 또는 행동 잠재력의 영속적인 변화다(Hergenhahan, 1976).
- 학습이란 실제 또는 연습에 의한 행동 또는 지식의 비교적 영속적인 변화다(Wingfield, 1979).
- 학습이란 새로운 행동이 일어나거나 어떤 행동이 변용되는 과정이다(Hilgard & Bower, 1981).
- 학습이란 일정기간 이상 인간의 성향이나 능력에 변화를 가져오는 현상을 말하며, 이에는 단순한 성장과정에 기인하는 변화는 포함되지 않는다(Gagne, 1985).
- 학습이란 환경 사건과의 경험으로부터 생기는 행동에서의 비교적 영속적인 변화다(Domjan & Burkhard 1986).
- 학습이란 경험이나 공부를 통해서 지식, 이해 또는 완전습득을 얻게 되는 것이다(American Heritage Dictionary).

2. 행동주의 학습이론

행동주의 학습이론(behaviorism learning theory)들은 각기 강조점이 다르지만 기본적으로 모든 인간의 행동은 자극(stimulus)과 반응(response)의 연합에 의해 학습되는 것으로 보고 있다. 따라서 행동주의 학습이론을 연합이론(association theory) 또는 S – R이론이라고도 한다.

이러한 행동주의 학습이론은 외현적인 행동만을 연구대상으로 삼는 행동주의 심리학을 주창한 미국의 심리학자 Watson(1878～1958)의 영향을 받아 발전되었다. 그는 모든 인간의 행동은 환경의 자극을 받아 반응하며 학습된 것으로 보고, 학습자의 외적 환경을 적절히 변화시킴으로써 바람직한 행동을 학습시킬 수 있다고 주장하였다.

행동주의 학습이론의 대표적인 예로는 Pavlov의 고전적 조건형성설, Thorndike의 도구적 조건형성설, Skinner 조작적 조건형성설이 있다. 이러한 행동주의 이론은 1960년대 정보처리모형이 등장하기 전까지 교육의 실제에 많은 영향을 미쳤다. 그 영향은 실로 지대한 것으로써 현재까지도 많은 교육 프로그램이나 교수–학습 자료들은 행동주의 이론을 그대로 반영하여 개발되고 있다.

1) Pavlov의 고전적 조건형성

고전적 조건형성(classical conditioning)이란 인간의 행동을 조건적 반응으로 설명하는 이론으로 원래는 반응을 일으킬 수 없었던 자극이 반응을 일으킬 수 있는 자극과 계속적으로 짝지어짐으로써 반응을 유도하는 기능을 갖게 되는 것을 말한다. 소화생리에 관한 연구로서 노벨상을 받은 Russia의 생리학자 Pavlov에 의해 연구된 조건반사(conditioned reflex) 이론이 미국에 건너가서 행동주의와 결합되어 학습이론으로 발전된 것이다. 처음에는 조건반사설로 알려졌으나 후에 Skinner의 조작적 조건형성이론과 구별하기 위하여 고전적 조건형성이라 명명하였다. 고전적 조건형성이론은 학습주체가 수동적인 학습을 통해 특정 행동반응을 나타내는 과정을 설명하는 데 초점을 맞추고 있기 때문에 이를 수동적 조건형성이라고도 한다.

(1) Pavlov의 조건반사 실험

Pavlov는 소화액의 분비에 관한 연구과정에서 침은 단지 음식을 먹거나 시큼한 것을 입에 넣었을 때에만 분비되는 것이 아니라, 실험용의 개가 주인의 발자국 소리만 들어도 침을 분비하는 것을 우연히 발견하였다.

이에 흥미를 느낀 Pavlov는 소화기능과는 전혀 다른 방향으로 연구방향을 바꾸고 조건반사에 대해 체계적인 연구를 시작하여 인간의 행동을 이해하는 데 많은 도움을 주었다.

Pavlov는 방 안의 온도와 소음이 개의 행동에 영향을 미치지 않게 하기 위하여 온도와 조명이 일정한 방음실에 개가 움직이지 못하도록 묶어 두고 창문을 통하여 관찰하였다. 이런 상태에서 그는 굶긴 개에게 종소리를 들려 주면서 음식물을 주는 실험을 되풀이한 결과, 나중에는 종소리만 듣고서도 개가 침을 흘리게 되는 현상을 관찰하였다. 이것은 음식물에 대한 반사반응인 침의 분비가 무관했던 종소리에 연합되었음을 의미한다. 이러한 연합이 형성된 것을 고전적 조건형성이라 한다.

(2) 고전적 조건형성의 기본원리

고전적 조건형성의 기본원리는 원래 반응을 유발시키지 못하는 중립자극과 반응을 유발시키는 무조건자극의 반복적인 짝짓기, 즉 연합에 의해 조건화된 조건자극에 의해서도 무조건반응과 같거나 유사한 반응이 일어나게 하는 것이다. 이와 같이 고전적 조건형성에 의해서 처음에는 아무런 반응을 일으키지 못하는 자극이 특정한 반응을 유발시키는 능력을 갖게 되는 것이다.

Pavlov의 실험에 의하면 배고픈 개에게 종소리를 들려 주면서 고기를 주는 실험을 반복한 결과 나중에는 종소리만 듣고도 침을 분비하는 것을 관찰할 수 있었다. 즉, 종소리라는 중립자극과 고기라는 무조건자극이 연합되면서 개는 이제 조건화된 종소리가 들리면 먹이가 나온다는 사실을 학습하게 되어 침을 흘리게 된 것이다.

이러한 Pavlov의 고전적 조건형성의 과정을 이해하기 위해서는 그 구성요소인 중립자극, 무조건자극과 무조건반응, 조건자극과 조건반응 등에 대해서 먼저 이해할 필요가 있다.

중립자극(Neutral Stimulus, NS)이란 아무런 반응을 일으킬 수 없는 조건화되지 않은 자연 상태의 자극을 말하고, 무조건자극(Uncoditioned Stimulus, UCS)은 어떤 자극에 관하여 이전의 학습이 없어도 반응을 유발하는 것으로 보통 강화물로 쓰인다. 무조건반응(Unconditioned Response, UCR)은 눈 깜빡임이나 무릎반사 등과 같이 어떤 학습도 포함되지 않은 자연 상태에서 무조건자극에 의해 선천적이고 생리적으로 나타나는 무조건적인 반응을 말한다. 그리고 조건자극(Conditioned Stimulus, CS)은 중립자극이 무조건자극과 함께 체계적으로 연합되어 반응을 일으키는 자극을 말한다. 이와 같이 중립자극이 무조건자극과의 연합에 의해 형성된 조건자극에 의해 유발되는 반응을 조건반응(Conditioned Response, CR)이라 한다.

고전적 조건형성의 과정에서는 우선 중립자극과 무조건자극을 찾아야 한다. Pavlov는 배고픈 개에게 종소리를 들려 주면서 고기를 주는 실험을 하였다. 이 실험에서 종소리는 중립자극으로 간주된다. 조건화가 형성되기 이전의 종소리만으로는 개가 침을 분비하지 않기 때문에 고기라는 무조건자극과 연합되지 않는 종소리는 중립자극이 되는 것이다. 반면에 고기에 반응하여 개가 자연적으로 침을 흘리기 때문에 Pavlov의 실험에서 고기는 무조건자극이 된다. 또한 고기라는 무조건자극에 의해서 유발되는 침의 분비는 무조건반응에 해당된다.

고전적 조건형성의 과정의 다음 단계는 중립자극(NS)과 반응을 유발시키는 무조건자극(UCS)을 서로 연합시켜서 여러 번 반복적으로 제시하는 과정이다.

Pavlov는 종소리를 들려 주면서 고기를 주는 실험을 반복적으로 실시하였다. 초기에는 아무런 반응을 일으킬 수 없었던 중립자극인 종소리가 무조건자극인 고기와 계속 결합되어 여러 번 제시된 결과, 나중에는 고기라는 무조건자극이 없어도 중립자극인 종소리만으로도 무조건반응이 일어날 수 있었다. 이때부터 고기라는 무조건자극과 연합된 종소리는 조건자극이 된다. 그리고 조건자극인 종소리만을 듣고 침을 분비하는 반응을 조건반응이라 한다.

〈Pavlov의 고전적 조건형성 과정〉

	무조건자극(UCS)		무조건반응(UCR)	조건반응(CR)
1ST:	고기(UCS)	→	침분비	
	종소리(NS)	→	무반응	
2ND:	종소리(NS)와 고기(UCS)의 반복적 연합제시	→	침분비(UCR)	

3RD: 종소리(CS) → 침분비(CR)

(3) 고전적 조건형성의 주요개념

① 습득과 소거

고전적 조건형성에서 중립자극(NS)과 무조건자극(UCS)을 연합하여 제시하는 것을 시행(trial)이라 한다. 그리고 중립자극(NS)과 무조건자극(UCS) 사이의 연합을 학습하는 것을 습득이라고 하고, 이 기간을 습득기간이라고 한다.

Pavlov는 조건반응의 습득과정에서 반응강도(침분비량)는 중립자극(NS)과 무조건자극(US)이 연합되어 제시되는 시행 횟수와 두 자극이 제시되는 시차적 관계, 즉 시간적 근접성이 중요하다고 보았다. 고전적 조건형성에서 일반적으로 조건반응은 중립자극과 무조건자극이 연합하여 제시하는 시행 횟수가 증가할수록 조건반응의 강도가 증가한다. 그러나 그 횟수가 일정 수준을 넘어서면 증가 속도가 점차 줄고 어느 수준에 이르면 조건반응의 강도가 더 이상 증가하지 않게 된다. 이러한 경향에도 불구하고 유기체의 생명에 중요한 영향을 미치는 자극의 경우에는 단 1~2회만 연합되어도 조건반응의 강도가 높게 나타난다. 예를 들면, 어떤 아동이 닭고기를 먹고 복통이나 피부병 등의 질병에 걸리는 상황을 1~2회만 경험하여도 닭고기에 대해 곧바로 강한 혐오감을 나타낼 것이다. 이것을 가르시아 효과(Garcia effect)라고 한다.

또한 중립자극(NS)과 무조건자극(US)을 연합하여 제시할 때 중립자극이 무조건자극보다 먼저 제시되어야 효과가 있고, 반면에 두 자극을 동시에 제시하거나 무조건자극을 먼저 제시하면 효과적이지 못한 것으로 알려져 있다. 특히 중립자극을 제시한 후 0.5초 뒤에 무조건자극을 제시할 때 조건형성이 가장 잘 이루어지는 것으로 밝혀지고 있다.

그러나 고전적 조건형성이 이루어졌다고 하더라도 조건자극이 계속적으로 조건반응을 일으킬 수 있는 것은 아니다. 고전적 조건형성이 이루어진 후에 조건자극만 반복해서 제시하고 가끔씩 무조건자극을 주지 않는다면 조건반응이 점차 약해져서 마침내 반응 자체가 일어나지 않게 된다. 이와 같이 조건자극이 가끔씩 무조건자극과 연합되지 않은 채 계속 단독으로 제시되는 경우 조건반응이 점차 약화되어 결국은 사라져 버리게 되는 현상을 소거(extinction)라고 한다.

예를 들어, Pavlov의 실험에서 조건반응이 형성된 후 음식물을 전혀 주지 않고 종소리만을 계속 들려 주면 시간이 지나면서 침의 분비량이 점점 줄어들어 마침내 종소리만으로는 침을 분비하지 않게 된다. 대부분의 조건반응은 비교적 쉽게 소거되지만 여러 가지 정서적 반응들은 쉽게 소거되지 않는 경향이 있다.

소거는 조건자극이 무조건자극을 예측할 수 없을 때 일어난다고 볼 수 있다. 즉, 조건자극과 무조건자극 간의 예측적 관계가 깨지는 경우 조건반응이 사라진다.

따라서 조건반응에 대한 이러한 소거현상을 방지하고 학습된 조건자극의 효과를 계속 유지하기 위해서는 가끔씩 무조건자극과 연합하여 예측할 수 있게 하는 과정이 필요하다.

② 자극 일반화와 변별

어떤 자극이 조건반응을 일으키는 조건자극으로서 형성된 경우에는 이 조건자극과 어느 정도 유사한 다른 자극들에 대해서도 동일한 조건반응이 나타나게 된다. 이러한 현상을 자극 일반화(stimulus generalization)라고 한다.

예를 들어, Pavlov의 실험에서 종소리에 침을 분비하도록 학습된 개는 종소리와 유사한 징소리 등에도 침을 분비할 수 있을 것이다. 우리나라 속담 중 '자라 보고 놀란 가슴 솥뚜껑 보고 놀란다.' 라는 속담은 자극 일반화의 좋은 예가 될 것이다. 일반적으로 유사한 자극이 원래의 조건자극과 비슷하면 할수록 일반화가 잘 일어나고, 다를수록 일반화가 약하게 일어난다.

유사한 자극을 식별하지 못하고 동일하게 반응하는 현상인 자극 일반화와는 달리, 비슷한 자극의 차이점을 식별하여 반응하는 현상을 변별(discrimination)이라 한다. 변별이 이루어지면 학습된 내용을 일반화하지 않고 특정 자극에 대해서만 반응하게 된다. 이러한 변별 과정은 두 개의 비슷한 자극 중 어느 하나는 무조건자극과 연합시키고 다른 하나는 연합시키지 않는 시행을 반복할 때, 즉 선택적 강화에 의해서 형성된다. 이를 변별 조건형성이라고 한다. 다시 말하면, 특정 조건자극에는 강화물이 주어지는 반면, 변별해야 할 자극에는 강화물을 주지 않음으로써 두 개의 자극을 구별하도록 하는 것이다. Pavlov의 실험을 예로 들면, 특정한 종소리 후에는 반드시 음식물이 제공되지만 다른 유사한 종소리에는 음식물이 제공되지 않으면 두 종소리를 변별하여 조건반응을 나타낼 것이다. 변별은 학습에서 중요한 과정이다. 학습한 내용을 특수한 상황에까지 일반화시켜서 적용하면 행동에 문제가 발생할 수 있기 때문에 두 자극을 변별하도록 하는 변별 조건형성이 필요하다. 이러한 변별은 두 자극 간의 차이가 적으면 적을수록 어려워진다. 두 자극이 매우 유사해서 어떤 자극에 반응해야 할지 몰라 쩔쩔매는 개를 보고 Pavlov는 실험신경증(experimental neurosis) 상태에 있다고 하였다.

③ 자발적 회복과 재조건 형성

조건반응이 소거된 후 조건자극과 무조건자극을 전혀 제시하지 않다가 조건자극을 다시 제시하면 소거되었던 것으로 보였던 조건반응이 다시 회복된다. 이와 같이 일단 학습되었다가 소거된 반응이 재훈련 없이 조건자극을 다시 제시하기만 해도 스스로 다시 나타나는 현상을 자발적 회복(spontaneous recovery)이라 한다.

이렇게 회복된 조건반응의 강도는 원래의 반응강도보다 매우 약하며, 다시 소거과정에 들어가면 이전보다 훨씬 빨리 소거된다.

그리고 자발적 회복이 생긴 이후 계속해서 조건자극과 무조건자극을 짝지어 제시하면 조건반응이 원래의 강도를 되찾게 되는데, 이를 재조건형성(reconditioning)이라고 한다. 재조건형성은 처음 조건형성 때보다 시간이 단축되는 경향이 있다. 이런 경향은 소거 후에도 원래의 조건형성이 어느 정도 남아 있기 때문이다. 예를 들어, 테니스를 상당기간 수련한 학생이 오랫동안 중단하면 동작이 둔하게 되지만 다시 수련하면 처음 배울 때보다 훨씬 빨리 회복하는 경우와 같다.

이처럼 조건반응이 소거된 후에도 자발적 회복과 재조건형성이 나타나는 것을 볼 때, 소거는 시간의 흐름에 따라 학습된 내용이 사라지는 망각과는 달리 일시적 억압현상으로 볼 수 있다. 이러한 사실은 학습이란 영원히 상실되는 것이 아님을 시사한다.

④ 고차적 조건형성

어떤 중립자극(NS)이 고전적 조건형성의 과정을 통하여 조건반응을 일으키는 조건자극(CS)이 되었을 경우, 이 제1의 조건자극을 또 다른 제2의 중립자극과 반복적으로 연합시켜 제시하게 되면 그 새로운 중립자극도 조건반응을 일으킬 수 있는 제2의 조건자극이 될 수 있다.

이와 같이 새로운 제2의 중립자극이 본래의 무조건자극과 연합한 적은 없지만 무조건자극의 기능을 하는 제1의 조건자극과 연합함으로써 새로운 제2의 조건자극이 될 수 있는데, 이를 제2차적 조건형성이라고 한다. 일반적으로 제2차적 조건형성에서는 본래의 조건자극인 종소리보다 반응강도(침분비량)가 낮게 나타나는 경향이 있다. 이런 방식으로 제3, 제4의 조건자극을 만들어 낼 수 있으며, 제2차적 조건형성 이상을 총칭하여 고차적 조건형성이라 한다.

예를 들면, Pavlov 실험에서 개에게 침을 분비하도록 조건화된 종소리와 새로운 중립자극인 전기 불빛을 반복적으로 연합시킨 후에는 전기 불빛만을 비추어 주어도 침을 분비할 수 있게 된다. 이것을 제2차적 조건형성이라고 하며, 이 전기 불빛을 또 다른 제3의 중립자극과 연합시켜 제3차적 조건형성을 만드는 것도 가능하다.

(4) 고전적 조건형성의 적용

고전적 조건형성의 원리는 비교적 간단한 학습이론이지만 아래와 같이 인간의 학습된 행동을 설명하는 데 유용하게 활용되고 있다.

① 조건반응의 습득

Pavlov의 조건형성의 원리는 정서적 반응을 습득하는 과정을 설명하는 데 많이 적용된다. 특히 공포증, 시험불안 등과 같은 정서적 반응은 주로 고전적 조건형성에 의해 학습된 것으로 볼 수 있다.

예를 들면, 학교에서 교사에게 반복적으로 심한 야단을 맞거나 교사가 수업을 지나치게 강압적이고 긴장된 분위기 속에서 진행하는 경우 이를 감당하지 못하는 학생들은 고전적 조건형성을 통해 해당 교사나 담당 과목에 대한 불쾌한 감정을 만들어 내고 심한 경우에는 학교에 대한 공포감을 형성하게 될 것이다.

여기서 교사의 야단이나 강압적인 학습 분위기는 불쾌한 정서를 만들어 내는 무조건자극이라 할 수 있다. 이 무조건자극이 교사의 얼굴, 교과목, 학교의 특성 등과 같은 중립자극과 반복적으로 연합되어 조건자극을 형성하고 다양한 부정적인 정서 반응을 만들어 낸다.

즉, 불쾌한 무조건자극이 교사의 얼굴과 반복적으로 연합한 경우에는 교사를 싫어할 것이고, 교사를 싫어하는 경우 제2차적 조건형성에 의하여 담당 과목까지도 싫어하게 될 것이다. 그리고 학교의 특징들과 연합된 경우에는 학교에 가는 것까지 싫어하게 될 것이다.

반대로 즐겁고 부드러운 학습 분위기를 조성하는 교사의 행동이나 태도는 학생들로 하여금 긍정적인 반응을 나타내도록 조건화할 수 있을 것이다. 우리는 주변에서 어떤 특정 교사가 좋아서 그 교사의 담당 과목을 열심히 공부하고, 반면에 특정 교사를 싫어하는 경우 그 교사의 담당 과목까지도 싫어하는 학생들을 쉽게 발견할 수 있다.

이와 같이 교사의 행동이나 태도에 의해서 학생들이 교사뿐만 아니라 담당 과목까지 좋아하거나 싫어하는 정서적 반응을 나타내고 학업성취에도 큰 영향을 미치기 때문에 고전적 조건형성의 원리는 학습과정에서 매우 중요한 의미를 가진다.

학교에서 학생들이 갖고 있는 대표적인 정서적 반응 중의 하나인 시험불안(test anxiety)도 고전적 조건형성에 의하여 학습된 것으로 볼 수 있다. 예컨대, 시험성적이 낮아 교사나 부모님으로부터 야단을 자주 맞은 학생들은 이러한 불쾌한 감정이 시험자극과 자주 연합됨으로써 시험을 볼 때마다 '좋은 성적을 받아야 한다.' 는 심리적 압박감과 불안감을 갖는 등 여러 가지 불쾌한 정서적 반응을 만들어 낼 것이다.

이와 같이 시험불안에 시달리는 학생들은 자신의 능력을 평가받는 시험상황을 자꾸 회피하려 할 것이다. 시험불안은 시험을 보는 단계에서 주로 나타나는데, 심한 경우에는 시험을 준비하는 단계뿐 아니라 시험 후에도 한동안 불안이 지속되기도 하는 등 학습활동에 많은 영향을 미치고 있다.

그리고 고전적 조건형성이론은 광고에도 많이 적용되고 있다. 특정반응을 유발시키는 무조건자극과 중립자극인 자사제품을 연합하여 두 자극 요인 간의 연상관계를 소비자에게 반복적으로 학습시킴으로써 자사제품에 대한 이미지나 소비자의 태도를 무조건반응과 유사한 형태로 나타나게 하는 것이 광고의 효과다.

예를 들면, 광고에서 아름다운 모델이나 음악, 분위기, 경관 등과 같이 본능적으로 사람들로 하여금 호감을 가지게 만드는 무조건자극들을 중립자극인 자사제품이나 상표와 반복적으로 연합시킴으로써 소비자들로 하여금 자사제품에 대해 호감을 갖도록 한 것이다. 이러한 광고에 계속 노출된 소비자들은 실제 그 상품을 접해 보거나 사용해 본 적이 없어도 막상 그러한 제품의 구매나 선택의 시기에 그동안 광고에 의해 개인의 머릿속에 누적된 상품의 이미지가 큰 역할을 하게 되는 것이다.

② 소거의 적용

조건화된 반응도 무조건자극을 가끔 주지 않고 조건자극만을 계속 제시하면 결국 소거되고 만다. 이러한 조건자극이 가끔씩 무조건자극과 연합되지 않은 채 계속 단독으로 제시되는 경우 조건반응이 점차 약화되어 결국은 사라져 버리게 되는 현상을 소거라고 한다.

따라서 어떤 학생이 바람직하지 못한 행동을 계속적으로 하는 것은 그 행동을 강화하는 무조건자극이 주어지기 때문이라고 생각할 수 있다. 그러므로 바람직하지 못한 행동을 수정하기 위해서는 벌보다는 그 행동을 강화하는 무조건자극을 찾아서 제거해 주는 소거가 더 효과적일 수 있다.

실제 소거의 원리는 행동수정에 많이 이용되고 있다. 예를 들어, 초등학교에서 여학생들이 모여서 게임을 할 때면 꼭 찾아가서 방해하는 남학생이 있다고 하자. 이런 남학생의 경우 자신의 행동에 대해 여학생들이 우르르 도망가거나 화난 얼굴로 항의는 모습, 그리고 구경하고 있는 동료들이 재미있어 하고 웃어 주는 모습 등이 계속해서 방해하도록 강화하는 무조건자극의 역할을 할 수 있다.

이 남학생의 경우 선생님이 발견하고 야단을 친다고 해도 자신의 행동에 대한 강화작용을 하는 무조건자극이 계속 주어지는 한 그 행동을 중지하지 않을 것이다. 이런 경우는 소거의 원리를 적용하여 행동을 수정할 수 있다.

소거방법은 그 학생이 방해하더라도 여학생들이 전혀 반응을 하지 않고 무시해 버리고, 동료들도 그에게 관심을 보이지 않는 것이다. 이러한 무관심이 몇 번 반복되면 그는 곧 자신의 방해 행동에 대해 흥미를 잃고 중지하게 될 것이다.

③ 자극 일반화와 변별의 적용

자극 일반화란 조건자극과 유사한 다른 자극들에 대해서도 동일한 조건반응을 나타내는 현상을 말한다. 예를 들어, 고양이나 개 등 특정한 동물을 두려워하는 동물공포증은 대개 유아기에 시작된다. 유아기 때 개에게 물린 경험이 있거나 다른 사람이 물려 고통을 당하는 것을 본 경우 이 경험이 일반화되어 성인이 되어서도 모든 개를 무서워하게 되거나 심한 경우에는 네발 달린 동물들에게까지 일반화되어 두려워하게 된다.

반면에 변별은 자극 일반화와는 달리 유사한 두 자극의 독특한 차이점을 식별하여 서로 다르게 반응하는 현상을 말하는 것으로, 학습을 보다 정교하게 이루어지게 한다. 앞의 예와 같이 개에 대한 공포증이 네발 달린 다른 동물들에게까지 일반화된 경우는 변별의 과정을 통하여 개와 물지 않는 다른 동물을 구별하게 할 수 있다.

자극 일반화와 변별의 원리는 서로 반대되는 개념이지만 연속적인 개념으로 이해되어야 한다. 학습은 일반화가 진행된 다음에 변별의 과정을 거쳐 학습을 보다 더 정교하게 하는 것이 바람직하다.

학습이란 복잡하고 다양하게 구성되어 있으며 반드시 예외적인 경우가 존재한다. 따라서 학습과정에서 복잡하고 다양한 개념을 단순한 개념으로 일반화시켜서 가르친다는 것은 시간과 노력이 많이 소요된다. 또한 일반화된 반응을 유사하지만 예외적으로 특정한 자극이나 상황만을 허용하는 경우까지 적용하거나 또는 반대로 특정 자극이나 상황에서만 허용되는 반응을 일반화시켜서 유사한 자극이나 상황에까지 적용한다면 일반화를 잘못 적용한 것으로 학습된 행동에 문제를 초래하게 될 것이다.

예를 들면, 유치원에서 교사가 아동들에게 횡단보도에 대해 가르친다고 하자. 이때 횡단보도에는 신호등이 있는 것과 없는 것이 있는 등 다양하기 때문에 이를 동일한 것으로 가르칠 수 없다. 따라서 우선 차도에 흰색으로 표시한 곳이 사람이 건너편 인도로 건널 수 있는 횡단보도라는 것을 가르치면 아동들은 학습된 내용을 일반화시켜서 다른 장소에서도 횡단보도를 이용하게 될 것이다.

그러나 이렇게 학습된 내용을 신호등이 있는 횡단보도에까지 일반화시켜서 빨간불이 켜져 있는데도 무턱대고 횡단할 수 있기 때문에 일반 횡단보도와 신호등이 있는 황단보도를 변별하게 하는 학습이 필요하다. 이와 같이 변별 학습을 통하여 두 가지 횡단보도의 차이점을 식별하게 함으로써 신호등이 있는 곳에서는 녹색불일 때만 횡단하도록 한다.

이와 같이 일반화만으로는 학습된 행동에 문제를 야기할 수 있기 때문에 학습은 먼저 기본적인 원리를 잘 이해하고 자극 일반화를 통하여 그것을 유사한 자극이나 상황에 잘 적용하도록 한 다음, 보다 정교한 학습과정인 변별을 통하여 복잡하고 다양한 자극과 상황에 적용할 수 있는 과정이 필요하다. 이와 같이 학습에서 일반화와 변별은 중요한 과정이다.

2) Thorndike의 도구적 조건형성

도구적 조건형성(instrumental conditioning)은 Thorndike에 의해 제안된 학습이론인데, 이는 유기체가 보상을 받거나 벌을 피하기 위해 행동을 도구적으로 사용한다는 의미에서 붙여진 명칭이다.

고전적 조건형성에서는 자극이 반응을 유발한다고 한다. 따라서 학습은 유기체의 의도와는 상관없이 자극에 대해 수동적으로 반응하는 비교적 단순한 형태로 본다. 이러한 고전적 조건형성은 수동적이고 단순한 정서반응을 설명해 주는 데는 유용하다. 그러나 복잡하고 능동적인 속성을 갖고 있는 대부분의 인간행동을 설명하는 데는 한계를 보여 주고 있다.

Thorndike는 고전적 조건형성과는 다른 차원에서 자극과 반응이 어떻게 연결되어 학습되는지에 대해서 관심을 갖고 연구를 시작하였다. 그가 생각하는 학습은 자극이 반응을 촉진함으로써 이루어진다는 것이다. 즉, 유기체는 보상을 얻기 위해 의도적 · 능동적으로 행동하기 때문에 고전적 조건형성과는 달리 반응(행동) 뒤에 주어지는 자극(보상)이 학습에 영향을 준다는 것이다. 이를 다른 말로 표현한다면, 특정한 반응(행동) 뒤에 강화가 따르게 되면 그 반응(행동)은 다시 나타날 경향성이 증가된다는 것이다.

Thorndike는 이를 증명하기 위하여 배고픈 고양이를 상자 안에 넣고 발판(지렛대)을 눌러서 상자에서 빠져나오는 방법을 학습하는 과정을 실험하였다.

(1) Thorndike의 문제상자 실험

Thorndike는 고양이를 이용한 실험을 통하여 유기체가 다양한 반응을 해보면서 그중에서 문제를 성공적으로 해결한 반응을 학습한다는 것을 증명하였다. 얼마 동안 굶긴 고양이를 발판(지렛대)을 밟아야 문이 열리도록 고안된 문제상자(puzzle box) 안에 넣고 밖에는 고양이가 탈출하면 그 보상으로 좋아하는 생선을 먹을 수 있도록 하였다. 문제상자에 넣어진 고양이는 그곳에서 빠져나와 생선을 먹기 위해 다양한 행동을 보이며 시행착오를 거듭하다가 우연히 발판을 밟아 문을 열고 탈출하게 된다. 그러면 그 보상으로 약간의 생선을 주고 다시 상자에 넣는다. 그는 이 실험을 반복적으로 시행하면서 시행 횟수에 따라 고양이가 문제상자를 빠져나오는 데 소요되는 시간을 측정하였다.

이 실험을 반복 시행한 결과, 처음에는 시행착오를 거듭하던 고양이가 문제상자 안에서 탈출하는 시간이 점점 단축되어 갔다. 즉, 시행을 반복함에 따라 고양이는 문제상자의 문을 열고 먹이를 구하는 손쉬운 방법을 학습하게 된 것이다.

그는 이렇게 시행착오를 반복하면서 부적절한 행동은 줄어들고 적절한 행동을 점점 짧은 시간 내에 수행함으로써 문제를 해결하는 학습을 시행착오학습(trial and error learning)이라고 불렀다.

또한 이 실험을 통하여 Thorndike는 학습이 기본적으로 특정 자극(Stimulus)에 대한 시행착오적인 반응(response)이 결합되는 형식으로 이루어지는 것으로 보았다. 즉, 고양이가 문을 여는 방법을 습득한 것은 먹이라는 보상(자극)과 발판을 누르는 행동(반응)이 결합되어 학습된 것으로 본 것이다. 따라서 이를 자극-반응의 결합학습이라고도 한다. 그리고 고양이의 행동은 어떤 결과, 즉 보상을 얻기 위한 도구(道具) 역할을 하였기 때문에 이러한 학습과정을 도구적 조건형성이라고 부르고 있다.

(2) Thorndike의 효과의 법칙

도구적 조건형성에 의한 학습과정은 어떻게 이루어지는가? Thorndike는 문제상자의 실험을 통해 효과법칙을 제시하여 도구적 조건형성의 학습과정을 설명하였다. 효과의 법칙(law of effect)이란 만족스런 결과를 가져오게 하는 행동은 강해지고, 불만족스러운 결과를 가져오는 행동은 약해진다는 것을 의미한다. 다시 말하면 자극과 반응의 결합에 따르는 만족감이 클수록 그 결합은 강화되며, 반대로 불만족을 주는 상황이 계속된다면 그 결합은 약화될 것이다.

여기서 그 결합이 강해진다는 것은 그와 동일하거나 유사한 상황에서는 그때 행한 반응을 다시 행할 가능성이 높다는 것이고, 결합이 약해진다는 것은 그 가능성이 낮아진다는 것을 의미한다. 이것은 만족한 결과를 가져오는 반응은 학습되고 불만족스러운 결과를 가져온 반응은 점차 하지 않게 된다는 것을 말한다.

Thorndike의 실험에서 본다면 문제상자에서 탈출하기 위한 다양한 행동 중에서 문을 여는 열쇠인 발판을 밟는 행동은 강해졌고, 탈출하는 데 효과적이지 못한 행동은 약해졌다고 할 수 있다.

Thorndike가 제안한 효과의 법칙은 보상의 효과에 관한 중요한 원리로써 학습을 촉진하기 위해서는 바람직한 행동을 할 때는 보상을 주어야 하고, 바람직하지 못한 행동이 나타날 때는 불쾌감을 경험하게 하여야 한다는 점을 시사해 준다.

그러나 Thorndike의 계속된 연구결과에 의하면, 보상은 긍정적인 효과를 가져왔지만 벌의 효과는 예상했던 결과와는 아주 다르게 나타나는 등 예측할 수 없는 경우가 적지 않았다. 그리고 Thorndike는 보상효과에 대해 학습자가 바람직한 행동 뒤에 따르는 보상이 무엇인지를 알고 있을 때 나타난다고 하였고, 또한 보상은 빠를수록 효과가 좋다고 하였다. 동물실험의 경우에는 반응과 보상의 간격이 수 초만 늦어도 효과가 나타나지 않았다.

그러나 사람의 경우에는 반응의 결과가 무엇인지에 대해 지식을 가지고 있으므로 동물의 경우와는 다르게 나타날 것으로 추정된다. 그러나 사람은 동물의 경우와 다르다고 하더라도 보상이 늦는 것보다는 빠를수록 효과가 높을 것이다.

3) Skinner의 조작적 조건형성

조작적 조건형성(Operant Conditioning)이란 유기체가 어떤 행동을 한 뒤에 그 행동에 보상이 주어지면 다시 그와 같은 행동을 할 확률이 높아지고 보상되지 않으면 그 확률이 낮아진다는 것이다.

Skinner(1904~1990)는 Thorndike의 효과의 법칙을 믿고 이를 더욱 확대, 발전시켰기 때문에 조작적 조건형성과 Thorndike의 도구적 조건형성은 유사한 점이 많이 있다. 즉, Skinner도 Thorndike와 같이 유기체가 어떤 보상을 얻기 위해 능동적으로 행동한다고 보았고, 또 그 행동은 후에 따르는 보상에 의해서 더욱 강화되는 것으로 보았다.

그러나 Thorndike는 유기체가 문제를 해결하는 데 걸리는 시간에 관심을 가진 반면에, Skinner는 조작적 행동을 일어나게 하는 데 보상이 어떻게 영향을 미치는가에 더 관심을 갖고 연구하였다는 점에서 차이가 있다.

일부 학자들은 Thorndike의 실험에서 사용된 고양이와 마찬가지로 Skinner 상자 안에 갇힌 쥐의 행동도 보상을 얻기 위해 도구적으로 사용한다고 하여 두 이론을 합해서 도구적 조건형성이라고 부르고, 또 다른 학자들은 작동적 조건형성이라고 부르기도 한다.

(1) Skinner 상자 실험

Skinner는 조작적 조건형성을 연구하기 위하여 새장과 비슷한 Skinner 상자를 특별 제작하여 여기에 쥐·비둘기 등의 실험동물을 넣고 실험하였다. 전형적인 Skinner 상자는 외부의 자극을 차단하기 위하여 방음이 되고, 또 쥐가 지렛대를 누르거나 비둘기가 빨간 불이 켜진 원판(disk)을 쪼면 상자 안의 먹이통에 먹이가 떨어지도록 제작되었다. 그리고 누르거나 쪼는 데 걸리는 시간은 자동적인 전기장치에 기록된다. 따라서 Thorndike의 문제상자 실험에서처럼 밖으로 나온 실험동물을 다시 집어넣을 필요가 없기 때문에 동물의 행동이 단절되지 않고 실험이 연속될 수 있는 장점이 있다.

Skinner는 쥐를 이용한 첫 번째 실험에서 먹이를 강화물로 사용하기 위하여 실험 전날 쥐에게 먹이를 주지 않고 굶겼다. 굶긴 쥐를 상자에 넣자 처음에는 상자에서 쉬지 않고 이리저리 계속 움직이면서 새로운 환경을 탐색하는 다양한 행동을 보인다.

쥐의 이러한 행동은 스스로 선택한 자발적인 행동이다. 이렇게 다양한 행동을 보이다가 우연히 지렛대를 눌러 먹이통에 떨어지는 먹이를 먹게 된다. 이를 반복하여 경험하게 된 쥐는 다른 불필요한 행동이 점차 줄어들면서 지렛대를 누르는 반응시간이 점점 짧아진다. 즉, 지렛대를 누르는 것과 먹이가 떨어지는 것 사이에 연관성이 있다는 점을 학습하게 된다.

(2) 조작적 조건형성의 기본원리

Skinner의 조작적 조건형성은 조작적 행동(Operant behavior)을 기초로 한다.

Skinner는 유기체의 단순한 행동은 자극에 의해 수동적(受動的)으로 나타나기도 하지만, 대부분의 복잡한 행동은 자극이 없이 능동적(能動的)으로 나타난다고 보았다. 따라서 그는 특정 자극에 의해 수동적으로 유발된 반응적 행동(respondent behavior)과 능동적으로 방출되는 조작적 행동(Operant behavior)을 구별할 것을 제안하였다.

반응적 행동은 고전적 조건형성에서 다루어지는 반응이다. 이는 식별할 수 있는 자극에 의해 직접적으로 일어나는 비자발적(非自發的)이고 불수의적(不隨意的) 반사행동을 말한다. 반응적 행동의 대표적인 예로는 음식물에 의한 침분비, 최루탄 가스로 인한 재채기와 눈물, 어두운 곳에서의 동공확대 등을 들 수 있다. 이러한 반응적 행동은 대부분 자율신경의 활동에 의하여 자동적으로 일어나는 행동으로서 의도적 통제가 불가능하다.

반면에 조작적 행동은 특정한 자극이 없이 자발적(自發的)·수의적(隨意的)으로 일어나는 반응을 말한다. 여기에는 특정한 자극이 있더라도 그것이 무엇인지 분명하지 않아 식별하기 어려운 자극에 의해 유발되는 행동도 포함된다.

Skinner 상자 안에 들어간 배고픈 쥐는 주위를 빙빙 돌고, 어리저리 뛰어다니며, 바닥이나 벽을 발로 긁는 등 다양한 행동을 할 것이다. 이렇게 쥐가 보이는 하나하나의 행동들은 특정 자극에 대한 반응이 아니라 쥐가 갇혀 있는 Skinner 상자라는 환경에 반응했을 따름이다. 즉, 쥐가 보이는 다양한 행동들은 특정 자극 없이 자생적으로 나타나는 조작적 행동인 것이다.

이와 같이 유기체의 행동은 대부분 특정한 자극(보상)에 의해 유발되는 수동적(受動的)·비자발적(非自發的)·불수의적(不隨意的)인 반응이 아니라 주어진 환경을 조작해서 먹이라는 자극(보상)을 얻기 위한 능동적(能動的)·자발적(自發的)·수의적(隨意的)·목적지향적(目的指向的)인 행동이라는 것이다.

즉, 반응적 행동은 앞서 제시되는 무조건자극이나 조건자극에 의해 유발되는 반면에 조작적 행동은 부모의 관심을 끌기 위한 아동들의 행동과 같이 어떤 자극이 없더라도 조건형성 이전에 자발적으로 어떤 기저 수준에서 방출된다는 것이다.

이와 같이 Skinner는 인간의 행동은 대부분 환경에 능동적으로 작용하여 어떤 결과를 조작하기 위한 조작적 행동으로 보았다.

한편, 이런 조작적 행동은 그 행동 후에 주어지는 보상의 유무에 따라 강해지거나 약해진다는 것이다. 따라서 조작적 조건형성에서는 보상(補償)이 행동변화의 핵심적인 변수가 된다. 여러 가지 조작적 행동 중에서 문제를 해결할 수 있는 특정한 행동만을 반복해서 보상하면 그 행동은 강화되어 다시 나타날 가능성이 높게 되지만 보상받지 못한 행동은 점차 감소되고 마침내 소거될 것이다.

Skinner 상자 실험에서 상자 안에 갇힌 쥐는 여러 가지 행동을 하는 중에 우연히 지렛대를 누르자 먹이라는 보상을 받게 된다. 다시 지렛대를 누르면 또다시 먹이를 보상받는다. 이러한 시행을 반복하는 동안 쥐는 어떤 행동이 먹이를 얻을 수 있는가를 학습하게 된다. 즉, 그와 같거나 유사한 환경에서 먹이가 필요할 경우 지렛대를 누르도록 조건화된 것이다.

이와 같이 Skinner는 Pavlov의 고전적 조건형성과 달리 유기체가 외부 자극(환경)에 의하여 단순히 수동적으로 반응하는 것이 아니라 주어진 외부 자극(환경)을 자발적으로 조작함으로써 반응한다고 보았다. 그는 이렇게 주어진 환경을 자발적으로 조작하는 행동을 조작적 행동이라 부르고, 이러한 조작적인 행동을 통하여 학습되는 과정을 조작적 조건형성이라고 하였다.

(3) 조작적 조건형성의 주요개념

조작적 조건형성의 과정에는 다양한 현상이 포함되고 있는데, 그중에서 가장 중요한 개념이 보상에 의한 강화다. 따라서 조작적 조건형성이론을 강화이론이라고 부르기도 한다. 그리고 고전적 조건형성에는 없는 조작적 조건형성의 특징들 중의 하나는 조성을 들 수 있다. 그 외에 소거, 자극 일반화와 변별, 자발적 회복 등의 현상은 고전적 조건형성과 유사하다. 따라서 다음에서는 강화와 조성에 대해서만 설명하고자 한다.

① 강화

강화(reinforcement)란 어떤 행동의 발생빈도를 증가시키는 과정을 의미한다. 앞에서 설명한 바와 같이 고전적 조건형성에서는 유기체가 반응(행동)을 하든지 안 하든지 관계없이 반복해서 강화(UCS)가 주어지고, 도구적·조작적 조건형성에서는 유기체가 바람직한 반응(행동)을 했을 때에만 강화가 주어진다.

이와 같이 강화-반응관계는 절차상 서로 차이가 있지만 강화의 공통된 특징은 특정한 행동의 발생 가능성을 증가시킨다는 점이다.

㉠ 정적 강화와 부적 강화

강화에는 정적 강화와 부적 강화가 있다.

정적 강화(positive reinforcement)란 유기체가 바람직한 행동을 한 직후에 좋아하는 것을 보상해 줌으로써 이후에 그 행동의 발생빈도를 더욱 증가시키는 과정을 의미한다.

Skinner 상자 실험에서 먹이는 지렛대를 누르는 쥐에게 주는 정적 강화물이다. 정적 강화물은 때로는 보상과 같은 의미로 사용된다. 정적 강화의 예는 우리 주변에서 쉽게 찾을 수 있다. 예를 들어, 선행을 한 학생에게 주는 칭찬이나 상장, 장학금 등은 모두 이후에 더욱 선행을 증가시키는 정적 강화물이 될 수 있을 것이다.

부적 강화(negative reinforcement)는 유기체가 바람직한 행동을 한 직후에 고통과 같은 부정적인 자극을 제거하거나 감소시켜 줌으로써 이후에 그 행동의 발생빈도를 증가시키는 과정을 의미한다. 부적 강화도 정적 강화와 마찬가지로 특정 행동의 발생빈도를 증가시킨다는 면에서는 동일하다. 그러나 정적 강화는 행동의 결과에 대해 자극(보상)이 주어지는 반면에 부적 강화는 행동의 결과에 대해 자극을 제거하거나 감소시킨다는 점에서 차이가 있다.

예를 들면, 선행을 한 학생에게 수업이 끝난 후 힘든 교실청소를 면제해 줌으로써 다음에 선행을 할 가능성이 증가되었다면 청소의 면제는 부적 강화물이 될 것이다. 부적 강화의 경우 어떤 불쾌한 상태를 도피하거나 회피하기 위하여 학습하는 것이다. 도피행동은 어떤 불쾌한 자극이 있을 때 이를 제거하기 위한 행동을 일컫고, 회피행동은 어떤 불쾌한 자극이 현재는 존재하지 않지만 미리 특정 행동을 함으로써 불쾌한 상황이 발생하지 못하게 예방하는 행동을 말한다.

ⓛ 벌과의 구별

부적 강화는 벌(punishment)과 혼동하기 쉽지만, 벌은 어떤 특수한 행동의 발생빈도를 약화시키거나 제거시키는 절차로서 행동의 발생빈도를 증가시키는 부적 강화와는 차이가 있다. 이러한 벌에는 수여성 벌과 제거성 벌의 두 가지가 있다.

바람직하지 않은 행동을 할 경우, 이를 약화시키기 위해서 불쾌한 자극(예: 체벌, 꾸중 등)을 제공하는 것을 수여성 벌이라 하고, 유쾌한 자극을 제거하는 것(예: 하루 동안 인터넷 게임이나 TV 시청 금지 등)을 제거성 벌이라 한다. 수여성 벌은 효과가 즉각적이라는 이점이 있지만 여러 가지 문제점이 지적되고 있다. 특히 체벌은 많은 논란을 불러일으키고 있다. 체벌은 단기적으로는 학생들에게 모욕감, 고통, 두려움 등을 심어 주고, 장기적으로는 폭력행위에 대해 무감각해지고 공격성을 발달시킬 수 있다.

ⓒ 강화물의 종류

행동의 발생빈도를 증가시켜 주는 자극, 즉 강화를 일으키는 자극을 강화물 또는 강화인(reinforcer)이라 한다. 이러한 강화물은 여러 가지로 분류할 수 있다.

첫째, 강화물은 물질적인 것과 비물질적인 것으로 분류할 수 있다. 강화물로는 음식 · 돈 · 포상과 같은 물질적인 보상이 효과가 높을 것이다. 그러나 물질적인 것이 아닌 칭찬 등의 언어적 표현이나 좋아하는 일(예: 인터넷 게임, TV 보기 등)을 할 수 있는 기회를 제공하는 것 등 비물질적인 것도 강화물로써 행동의 증가를 가져오는데 유용하게 사용될 수 있다.

둘째, 강화물은 정적 강화물과 부적 강화물로 분류할 수 있다. 앞에서 설명한 바와 같이 강화물은 좋아하는 것을 보상해 주는 정적 강화물만이 행동의 증가를 가져오는 것이 아니고 숙제 면제나 청소 면제와 같이 어떤 고통스런 자극을 제거하거나 감소시켜 주는 것도 부적 강화물로써 행동의 증가를 가져올 수 있다.

셋째, 강화물은 일차적 강화물과 이차적 강화물로 분류할 수 있다. 일차적 강화물은 유기체가 학습(경험)한 적이 없어도 생물학적 욕구를 만족시켜 주면서 행동의 발생빈도를 증가시킬 수 있는 자극을 말한다. 일차적 강화물의 예로는 공복 시 음식이나 갈증 시 물과 같이 생물학적 생존에 필요한 자극이 여기에 속한다.

이차적 강화물은 사회생활을 통해 학습된 것으로 돈, 사이버 머니, 게임 아이템, 칭찬, 격려, 애정표현, 승진 등과 같은 사회적 강화물이 대부분을 차지한다. 고차적 조건형성으로 설명하면 이차적 강화물은 원래 중립자극이던 것이 일차적 강화물과 연합을 통해 일차적 강화물의 기능적 속성을 획득하는 것이다.

예를 들면, 돈의 가치를 경험하지 못한 아동들은 돈에 대해서 별로 관심이 없을 것이다. 그러나 성장하면서 다양한 일차적 강화물과 연합하여 학습됨으로써 돈의 가치를 경험한 아동들은 과거의 만족스런 경험을 연상시켜 좋은 결과를 기대하기 때문에 돈은 행동의 증가를 가져오는 이차적 강화물로서의 역할을 하게 된 것으로 볼 수 있다.

㉣ 강화계획

강화계획(reinforcement schedule)이란 강화의 시기와 방법 등에 대한 계획을 말한다. Skinner는 행동을 증가시키고 학습된 행동이 소거되는 현상을 방지하기 위해서 강화계획을 연구하였다. 이러한 강화계획이 어떤가에 따라 학습의 강도와 패턴, 그리고 지속성 등이 달라진다.

강화계획은 크게 계속적 강화계획과 간헐적 강화계획으로 분류되고, 간헐적 강화계획은 다시 여러 가지 하위 강화계획으로 분류된다.

●계속적 강화계획(continuous reinforcement schedule)

특정 행동을 할 때마다 매번 강화물을 제공하는 것으로, 계속적 강화는 학습속도가 빨라 행동을 빨리 변화시키기 때문에 학습의 초기 단계에 가장 효과적이다(이성진, 2004). 그러나 학습된 행동이 빨리 소거된다는 단점이 있다. 계속적 강화계획하에서 유기체는 매번 강화물을 기대하기 때문에 강화가 중단되면 신속하게 학습된 행동은 소거되고 만다.

●간헐적 강화계획(intermittent reinforcement schedule)

간헐적 강화계획은 계속적 강화계획과 달리 강화물을 가끔씩 제공하는 것을 의미한다. 이는 부분적 강화계획이라고도 한다. 일상생활에서 강화시키고자 하는 행동을 할 때마다 계속적으로 강화물을 제공하는 것은 불가능하기 때문에 간헐적 강화계획이 고안되었다.

간헐적 강화계획하에서 유기체는 매번 강화물을 기대하지 않기 때문에 강화가 중단되더라도 학습된 행동을 계속할 수 있다. 따라서 간헐적 상화세획이 계속적 강화계획보다 학습속도는 다소 늦지만 행동의 소거에 대한 저항이 강하기 때문에 학습된 행동을 지속시키는 데 유용하다.

간헐적 강화계획은 다시 시간간격에 기초를 두고 강화물을 제공한 후 일정한 시간이 경과되어야 강화물이 주어지는 간격 강화계획(interval reinforcement schedule)과 반응횟수에 기초를 두고 일정한 행동을 한 후에 강화물이 주어지는 비율 강화계획(ratio reinforcement schedule)으로 분류된다.

그리고 이 두 강화계획은 시간간격과 반응횟수가 고정적이냐 변동적이냐에 따라 다음과 같이 하위 계획으로 분류된다.

• 고정간격 강화계획(fixed-interval schedule, FI)

이는 반응을 고려하지 않고, 일정한 시간간격만을 정해 두고 강화물을 제공하는 방법이다. 즉, 일정한 시간이 지난 후에 일어난 첫 번째 행동에 대해 강화물을 제공하고, 그 강화물이 주어진 시점에서 다시 일정한 시간이 지난 후에 일어난 첫 번째 행동에 강화물을 제공하는 방법이다. 예를 들어, 30분의 고정간격 강화계획(FI 10분)이 있다면 바로 앞에서 강화물이 제공된 시점으로부터 30분이 경과할 때까지는 기대하는 행동을 하더라도 강화물을 제공하지 않다가 30분이 지난 시점에서 일어난 첫 번째 행동에 대해서 강화물을 제공하고, 이 시점에서 다시 30분이 지난 후에 일어난 첫 번째 행동에 강화물을 제공한다. 일정한 기간이 경과한 후에 받는 월급, 주급 등이 고정간격 강화계획의 대표적인 예가 될 것이다.

• 변동간격 강화계획(variable-interval schedule, VI)

이는 고정간격 강화계획과 같이 반응을 고려하지 않는다. 다만, 평균적인 일정한 시간 간격을 정해 놓고 강화물을 제공하는 방법이다. 따라서 강화를 제공하는 시간 간격은 변동적이다. 예를 들어, 10분의 변동간격 강화계획(VI 10분)이 있다면 이것은 평균적으로 10분에 1회씩 강화물을 제공하는 형식이다. 따라서 어떤 경우는 5분 후에, 어떤 경우는 15분 후에, 어떤 경우는 10분 후에 일어난 첫 번째 행동에 강화물을 제공하는 것과 같이 시간간격을 다양하게 변화시키며 강화물을 제공하였더라도 강화물을 제공한 총 시간간격의 합계를 강화물을 제공한 총횟수로 나누면 평균적으로 10분에 1회씩 강화물을 제공한 것이다. 그 대표적인 예로는 낚시하는 행동을 들 수 있는데, 낚시꾼이 강화물인 고기를 잡아 올리는 시간간격은 매번 일정하지 않지만 그 평균 시간간격은 일정하게 계산될 것이다.

• 고정비율 강화계획(fixed-ratio schedule, FR)

이는 강화받을 반응횟수를 미리 정해 놓고 그 정해진 횟수만큼 행동을 할 때마다 한 번씩 강화물을 제공하는 형식이다. 예를 들어, 3 : 1의 고정비율 강화계획(FR 3)이 있다면 이것은 특정 행동을 3번 할 때마다 1회씩 고정적으로 강화물을 제공하는 형식이다. 따라서 이 경우 유기체가 강화물을 한 번 제공받기 위해서는 특정한 행동을 3번 시행해야 한다. 고정비율 강화계획의 대표적인 예로는 아동에게 덧셈 문제를 5개 풀 때마다 사탕 한 개를 제공하는 경우를 들 수 있다.

• 변동비율 강화계획(variable-ratio schedule, VR)

이는 강화물을 제공하는 반응횟수를 고정하지 않고 매번 변동시키지만, 강화물을 제공하는 반응횟수는 평균적으로 일정하다. 예를 들어, 3 : 1의 변동비율 강화계획(VR 3)이 있다면 이것은 고정비율 강화계획과 같이 평균적으로 특정 행동을 3번 할 때마다 1회씩 강화물을 제공하는 형식이다. 그러나 실제로는 어떤 경우는 특정 행동을 2번 할 때, 어떤 경우는 4번 할 때, 어떤 경우는 3번 할 때마다 한 번씩 강화물을 제공하는 등 그 비율을 다양하게 변동시키며 시행한다. 슬롯머신 등 카지노 게임기는 변동비율 강화계획에 따라 이용객들의 행동을 강화시키기 때문에 카지노가 붐비게 된다. 또한 수년씩 한 가지 과제를 가지고 꾸준히 연구하는 과학자들도 계속된 실험을 통하여 문제해결에 필요한 성과물을 예측할 수는 없지만 단계적으로 가끔씩 얻어 가는 과정에서 강화를 받고 실험을 계속하는 것으로 이해할 수 있다.

앞에서 살펴본 4가지 강화계획은 반응패턴과 반응율(행동의 발생빈도)에 각각 특성이 있다. 우선 고정간격 강화계획과 고정비율 강화계획은 강화물을 제공하는 시간간격이나 반응횟수가 고정되어 있다. 따라서 강화물이 제공되는 시기에 대해 어느 정도 예측이 가능하기 때문에 강화물을 제공받은 직후의 행동에는 항상 일시적으로 반응이 중단되는 휴식기가 있다. 반면에 변동간격 강화계획과 변동비율 강화계획에서는 강화물의 제공시기가 불규칙하기 때문에 예측이 불가능하다. 따라서 강화물을 제공받은 직후에 반응이 거의 중단되지 않는다.

그리고 간격 강화계획과 비율 강화계획을 비교하면 일반적으로 비율 강화계획이 간격 강화계획보다 반응율이 매우 높게 나타난다. 이것은 직장에서 반드시 정해진 시간에 퇴근하도록 하는 경우와 하루 할당된 업무를 마친 즉시 퇴근하도록 하는 경우, 어느 경우에 업무를 빨리빨리 처리하게 될 것인가를 비교해 보면 알 것이다. 반응율을 비교하면, 변동비율 강화계획하에서 반응율이 제일 높고, 그 다음으로 고정비율 강화계획, 변동간격 강화계획, 고정간격 강화계획 순이다.

소거 현상에 대해서는 계속적 강화계획이 가장 빠르게 소거되고, 변동비율 강화계획과 변동간격 강화계획이 강화물이 제공되는 시기를 예측할 수 없기 때문에 가장 느리게 발생하며, 고정비율과 고정간격 계획이 그 중간이다.

각각의 강화계획에 대한 특징적 현상을 구체적으로 살펴보면, 고정간격 강화계획에서는 유기체가 강화물의 제공시기를 예측하기 때문에 강화 직후에는 유기체가 별로 반응을 보여 주지 않고 휴식(정지)하다가 시간간격이 끝날 무렵부터 다음 번 강화물이 주어질 때까지는 반응율이 급격이 증가하고, 강화물이 주어지는 때에 정점을 이룬다. 그리고 강화물을 제공받은 후에는 다시 반응을 거의 하지 않는다. 따라서 고정간격 강화계획의 반응패턴은 부채꼴 모양을 형성한다.

이러한 반응패턴은 시험일을 미리 알고 있는 학생들이 시험기간이 다가오면서 점점 시험공부를 더 열심히 하다가 시험 전날이나 당일에 정점을 이루고, 시험이 끝나면 휴식하는 것과 유사하다.

변동간격 강화계획에서는 시간간격이 일정하지 않기 때문에 학습자는 언제 강화받을지 모른다. 따라서 유기체는 강화물을 제공받기 위해 반응율을 증가시키고 상당히 꾸준하게 행동한다. 따라서 강화와 강화 사이에 반응율을 급격히 변동하지 않고 비교적 안정되어 있으며, 고정간격 강화계획보다 반응율이 높게 나타난다. 그리고 평균 시간간격이 길면 길수록 전체 반응율이 낮아지는 경향이 있다.

고정비율 강화계획에서는 각 강화물을 제공받은 직후에 비교적 짧은 기간 동안이지만, 반응이 전혀 혹은 거의 일어나지 않게 되는 휴식기가 나타난다. 그 휴식기는 반응의 비율이 커질수록 길어진다. 휴식 끝에는 급격히 높은 비율로 행동을 하며 다음 강화물이 주어질 때까지 계속된다. 이는 기대하는 행동을 빨리하면 할수록 강화물을 더 빨리 제공받기 때문이다. 이러한 반응패턴은 계단과 같은 모양이 될 것이다.

변동비율 강화계획에서는 강화물의 제공시기를 예측할 수 없기 때문에 강화물을 제공받은 직후 휴식기가 없고, 휴식을 하더라도 고정비율 강화계획보다 짧게 나타나며, 가장 높은 반응율을 나타낸다. 일반적으로 변동비율 강화계획의 비율(반응 대 강화 비율)이 높으면 높을수록 반응율은 높게 나타나는 경향이 있다. 즉, 한 번 강화물을 제공받기 위해 요구되는 행동이 많으면 많을수록 행동의 발생빈도는 높게 나타난다.

㉣ Premack 원리

강화물은 행동의 발생빈도를 증가시켜 주는 자극으로 정의되고 있으나 심리학자 Premack(1959)은 강화물을 유기체의 반응들 혹은 활동들로 간주하고 있다. 그는 Skinner 상자 실험에서 쥐의 지렛대 누르는 행동을 강화시키는 것은 먹이라는 자극이 아니라 먹이를 먹는 활동이라고 주장하였다.

그의 주장에 의하면 유기체의 활동은 선호도와 발생빈도에 의하여 강화위계가 이루어지고, 이 위계의 상위에 속하는 활동은 어느 것이든 하위에 속하는 활동을 강화시킬 수 있는 강화물이 될 수 있다고 하였다. 즉, 유기체가 할 수 있는 여러 가지 활동 중에서 선호도와 발생빈도가 높은 활동이 상대적으로 선호도와 발생빈도가 낮은 활동을 강화할 수 있다는 것이다. 이 원리를 Premack 원리라고 한다.

예를 들어, 아동이 선호하는 TV 만화 시청을 강화물로 사용하여 하기 싫은 숙제를 강화할 수 있다는 것이다. 따라서 숙제를 다 하면 좋아하는 TV 만화를 볼 수 있도록 허용한다면 아동은 숙제를 빨리 끝낼 수 있을 것이다.

강화물들의 공통된 특성은 모두 유기체가 선호하는 것이라는 점이다. 사람들은 대체적으로 자신이 선호하는 활동은 빈번히 하는 반면에, 별로 재미없고 귀찮으며 의무적으로 하는 활동은 되도록이면 기피하려는 경향이 있다. 즉, 선호하는 활동은 발생빈도가 높고 선호하지 않는 활동은 발생빈도가 낮게 나타난다. 따라서 유기체가 선호하지 않는 것은 강화물로써 효과를 발휘하지 못할 것이고 유기체가 가장 선호하는 것일수록 강화물로써 효과가 높을 것이다.

그러나 이러한 다양한 강화물에 대한 선호 순위는 개인에 따라 달라질 수 있다. 따라서 개인에 따라 그들이 가장 선호하는 것을 강화물로 사용하여야 할 것이다.

② 조성

조성(shaping)이란 복잡하거나 또는 새로운 행동을 단계적으로 학습하면서 목표 행동을 형성해 가는 것을 말한다. 조성은 고전적 조건형성에는 없는 조작적 조건형성의 중요한 특징들 중의 하나에 속한다. 학자에 따라서는 이를 조형이라고 부르기도 한다.

앞에서 설명한 강화의 원리는 비교적 발생빈도가 있는 단순한 행동을 학습시키고자 할 경우에 쉽게 적용할 수 있다. 그러나 복잡한 행동의 경우 일련의 행동과정을 한 번에 학습할 수 없고, 또한 한 번도 해보지 않는 새로운 행동에 대해서는 강화(보상)할 기회가 없기 때문에 그 적용에 한계가 있다. 즉, 강화의 원리는 바람직한 행동을 했을 때 보상하여 그 행동을 강화시키는 원리이므로 유기체가 전혀 하지 않는 새로운 행동은 강화시킬 수 없다.

따라서 이러한 복잡하거나 새로운 행동을 학습시키고자 할 경우에는 그 행동을 기초적인 것부터 여러 단계로 쪼개어 순차적으로 학습해 가며 최종적으로 목표행동에 이르도록 하는 과정이 필요하다.

예를 들면, 개가 앞발을 모두 들고 뒷발로만 서서 걷는 행동을 훈련시킨다고 하자. 이 경우 이를 하나의 행동으로 보고 훈련시키는 것은 곤란하기 때문에 이를 몇 단계의 행동으로 나누어 훈련시키게 된다. 먼저 개가 뒷발로 서는 행동을 할 때 보상하고, 서는 행동의 빈도가 증가하면 강화를 중단한다. 그리고 나서는 좌측 발을 한 발 내디딜 때 보상을 하고 이 행동의 빈도가 증가하면 다시 강화를 중단한다. 다시 좌측 발과 우측 발을 한 번씩 내디디면 보상을 주고, 이 행동이 증가되면 강화를 중단한다. 마지막으로 몇 발자국을 걸을 때 보상하는 등 그 과정을 몇 단계로 나누고 그 보상 기준을 높여 가며 훈련시키게 되면 개를 두 발로 걷도록 학습시킬 수 있을 것이다. 인간이 성장하면서 배우는 수많은 새로운 행동들은 대부분 이러한 조성과정을 통하여 학습된 것으로 볼 수 있다.

(4) 조작적 조건형성 원리의 적용

지금까지 살펴본 조작적 조건형성이론은 복잡하고 다양한 인간행동을 설명하고 수정하는 데 광범위하게 적용될 수 있다. Skinner는 여러 가지 사회문제를 조작적 조건화의 원리를 이용하여 상당 부분 해결할 수 있다고 주장하였다. 특히 Skinner는 조작적 조건화의 원리에 의한 낙원사회를 묘사한 『월던 투(Walden Two)』(1948)라는 소설을 써서 주목을 받았다. 그는 조작적 조건화의 원리를 이용하여 인간의 바람직한 특성은 강화하고, 질투와 같은 바람직하지 못한 특성은 제거시킬 수 있고, 또한 정적 강화를 통하여 고도로 성공적이고 창의적인 사람을 만들 수 있다고 주장하였다.

학교 현장에서도 조작적 조건화의 원리는 학생들의 그릇된 행동을 수정하고 학습성취도를 높이는 데 많이 사용되고 있다. 다음에서는 조작적 조건화의 여러 현상들의 적용과 그 주의할 점에 대해서 설명하고자 한다.

① 강화의 원리 적용

조작적 조건형성의 가장 핵심적인 이론인 강화의 원리는 학교학습에서 매우 중요하게 다루어지고 있다. 강화의 원리가 학습효과에 긍정적인 영향을 미친다는 점은 분명하지만 언제나 학습에 긍정적으로 작용하는 것은 아니다.

학교에서 강화의 원리를 적용했을 경우 상황에 따라서는 다른 결과를 가져올 수 있다는 점에 유의하여야 한다. 강화의 양이나 사용횟수가 학습효과에 영향을 미친다는 것은 누구나 인정할 것이다. 강화는 학습을 위해서 필요한 만큼 충분히 주어야 한다. 학생들이 바람직한 행동을 할 때마다 칭찬을 듬뿍 하는 것은 학습에 효과가 있다. 그러나 지나치게 의도적이거나 과장된 강화는 오히려 역효과를 유발할 수 있다.

Pfiffer, Rosen 그리고 O'Leary(1985)의 연구에 의하면 교사가 어떤 학생의 그릇된 행동을 제거하기 위해서 칭찬과 같은 형태의 정적 강화를 과도하게 사용할 경우, 그 학생의 그릇된 행동은 제거되었지만 오히려 지나친 강화가 다른 학생에게는 나쁘게 작용한 것으로 조사되었다.

그리고 강화의 효과는 개인의 욕구 수준에 따라서도 다르게 나타날 수 있다. 예를 들어, 학교공부에 별로 관심이 없는 학생보다는 공부에 대한 열의가 매우 강한 학생에게 주는 보상이 효과가 높을 것이고, 조건화되는 속도도 빠를 것이다. 또한 강화의 지연에 의해서도 학습은 영향을 받는다. 즉, 바람직한 행동을 할 때 얼마나 빨리 강화를 해 주느냐도 학습에 중요한 영향을 미친다.

일반적으로 학습의 효과는 강화가 빠를수록 높고 지연될수록 낮게 나타난다. 동물의 경우는 강화의 지연이 5초 이상만 되어도 학습이 일어나지 않는 것으로 보고되고 있다. 그러나 사람의 경우는 강화물의 제공시기를 어느 정도 예측할 수 있는 사고기능을 가지고 있기 때문에 동물과 달리 상당히 오랫동안 강화가 지연되는 경우에도 학습의 효과가 나타나지만 즉시 강화하는 것보다는 효과가 떨어진다.

Homme, Csanyi, Gonzales 그리고 Rechs(1970)는 강화를 시행하는 데 계약에 의한 방법을 제시하고, 이 방법을 적용하기 위한 요령으로 다음과 같은 9가지를 열거하고 있다(유기섭 외, 20004).

- 강화는 대상 행동이 나타난 직후에 주어야 한다. 특히 학습의 초기단계에서는 그렇게 하는 것이 매우 중요하다.
- 학습의 초기단계에서는 목표행동에 연결되는 반응이 매우 작은 것이라 할지라도 즉시 강화한다. 이는 점진적 접근에 의한 조성의 기본원리다. 대상 학생이 어떤 학생인가에 따라 적용에 차이가 있겠지만 수업태도가 불량한 학생의 경우라면 초기단계에서는 문제를 풀어 보려는 자세만 보여도 즉시 강화하고 다음에는 한 문제를 풀었을 때 강화하는 등 그 과정은 매우 작은 단계부터 밟아야 한다.
- 학습의 초기단계에서는 강화를 자주 주어야 한다. 강화물이 작은 것이라도 자주 주는 것이 큰 강화물을 띄엄띄엄 주는 것보다 효과적이다.

- 강화의 대상은 학생의 성취이어야 한다. 복종적 태도를 강화해서는 안 된다. 학습의 목표는 과제의 성취이어야 하고 교사에 대한 복종이어서는 안 된다.
- 강화는 바람직한 행동이 있은 후에 주어져야 한다. "10분만 TV보고 공부해라." 하는 경우는 보상이 기대하는 행동보다 먼저 주어지는 것으로 잘못된 것이다.
- 교사와 학생 또는 부모와 자녀 간의 약속은 공정한 것이어야 한다. 보상의 가치는 학생의 노력에 비례한 것이어야 한다. 학생의 노력에 비례하여 보상이 너무 적으면 효과가 반감될 것이다. 학생이 노력할 가치가 있다고 생각할 수 있는 것이 강화물로서 제시되어야 한다.
- 약속의 내용은 분명해야 한다. 무엇을 어느 정도하면 무엇을 얻을 수 있다는 것을 학생이 분명히 알도록 해야 한다.
- 약속은 반드시 그리고 신속하게 지켜져야 한다.
- 약속은 긍정적인 것이어야 한다. "숙제를 다 하면 잔소리를 하지 않겠다."는 것은 부적 강화의 일종이나 때로는 효과를 나타낼 수도 있다. 그러나 "숙제를 다 하면 게임을 할 수 있도록 해 주겠다."고 하는 것과 같이 정적 강화 방법을 택하는 것이 더 효과적일 것이다.

강화의 원리는 광고에도 적용되고 있다. 즉, 소비자들은 보상을 주는 메시지에 의해 광고를 보려는 행동과 구매 욕구가 강화된다. 예를 들면, 광고 내용에 특정 소비자들에게 감사의 말이나 칭찬의 말을 넣는다든가, 광고 후에 재미있는 프로가 이어지게 만든다든가, 혹은 광고의 내용에 따라 행동했을 때 할인권이나 상품교환권 등의 보상을 함으로써 소비자들로 하여금 광고를 보고 또 구매 욕구가 생기도록 만드는 것이다.

② 벌의 적용

벌은 행동의 발생빈도를 증가시키는 강화와는 달리 어떤 특수한 행동의 발생빈도를 약화시키거나 제거시키는 것으로서 효과가 즉각적이라는 장점 때문에 가정이나 학교 현장에서 강화와 함께 흔히 사용되고 있다. 이와 같이 벌의 효과가 즉각적이라는 장점이 있지만, 벌은 어떤 그릇된 행동을 못하게 할 뿐이고 어떤 대안적인 새로운 행동을 가르치지 못하는 등 여러 가지 문제점을 내포하고 있기 때문에 많은 부정적인 결과를 초래할 수 있다.

벌의 부정적인 효과를 들면 다음과 같다.

- 벌은 때때로 그릇된 행동뿐만 아니라 다른 모든 행동까지 일반적인 억압을 가져올 수 있다.
- 벌은 불안 · 분노 등과 같은 정서적인 문제를 야기할 수 있고, 공격적이며 파괴적인 성격을 형성할 수 있다.
- 강화를 주는 경우에는 행동의 감시가 필요하지 않으나, 벌을 줄 때는 행동의 계속적인 감시가 필요하다.
- 벌은 윤리적인 문제를 야기할 수 있다.

이러한 벌의 부정적인 효과 때문에 장기적으로는 벌보다는 강화의 방법을 사용하는 것이 바람직하고, 또한 관심을 보이지 않음으로써 그릇된 행동을 소거시키는 방법도 효과적인 것으로 제시되고 있다.

특히 최근에는 많은 논란을 불러일으키고 있는 체벌 등 수여성 벌 대신에 대상 학생을 복도에 나가 있게 하거나 학생이 좋아하는 것을 못하게 제한하는 것과 같은 제거성 벌이 많이 사용되고 있다. 실제로 미국의 학교나 가정에서는 잘못된 행동을 하는 학생을 일시적으로 다른 장소에 격리시켜 두는 Time-Out 기법을 많이 이용하고 있다.

그러나 이러한 제거성 벌이 상황에 따라서는 긍정적인 강화요인으로 작용할 수 있다는 점에 유의하여야 할 것이다. 예를 들어, 특정한 과목의 수업이 고통스럽게 느껴지는 학생의 경우, 이 같은 고통스러운 수업을 받는 것보다 오히려 복도에 나가 있는 것을 더 선호할 수 있기 때문이다.

벌은 부득이한 상황에서 제한적으로 사용되어야 하지만, 그러한 벌이 효과적이기 위해서는 아래와 같은 몇 가지 조건이 갖추어져야 한다.

- 벌은 그릇된 행동이 나타날 때마다 반드시 주어야 하고, 가능한 즉시 주어야 한다. 벌을 간헐적 · 불규칙적으로 주거나 시간이 지연될수록 효과가 감소된다.
- 벌을 줄 때는 벌을 받게 된 이유를 충분히 설명하고, 벌을 받지 않을 바람직한

행동이나 대안적인 행동을 제시해야 한다.

- 벌을 줄 때 벌을 피하는 상황이 제공되면 안 된다.
- 벌을 줄 때 오히려 그릇된 행동이 강화되는 일이 없도록 유의한다.
- 그릇된 행동에 대한 동기가 매우 강할 경우는 벌의 효과가 없기 때문에 그 행동을 유지시키는 강화물을 찾아 제거하는 것이 효과적이다.

③ 강화계획의 적용

강화는 현실적으로 바람직한 행동을 할 때마다 줄 수 없다. 따라서 강화를 언제 어떻게 주는 것이 효과적인가가 중요한 문제이기 때문에 강화의 시기와 방법 등에 대한 강화계획을 세우게 된다. 앞에서 설명한 바와 같이 여러 가지 강화계획에는 각각 특징과 장단점이 있기 때문에 이러한 특징과 장단점을 잘 파악하여 학습할 때 효과적으로 활용해야 할 것이다.

계속적 강화계획하에서는 강화가 중단되면 학습된 행동이 쉽게 소거되는 반면에 간헐적 강화계획하에서는 계속적 강화계획보다 소거에 대한 저항이 강하기 때문에 학습된 행동을 지속시키는 데 유용하다.

따라서 학습 초기에는 계속적 강화를 통해 학습하고, 일단 행동이 학습되면 간헐적 강화계획으로 유지시키는 것이 바람직할 것이다. 고정간격 강화계획과 고정비율 강화계획은 강화물을 제공하는 시기를 어느 정도 예측할 수 있기 때문에 강화물을 제공받은 직후의 행동에는 항상 일시적으로 반응이 중단된다. 반면에 변동간격과 변동비율 강화계획에서는 강화물의 제공시기를 예측하기 불가능하기 때문에 강화물을 제공받은 직후에 일시적으로 반응이 거의 중단되지 않는다.

따라서 일반적으로 학생들은 매주 또는 매월 정기적으로 시험을 보는 경우 시험일이 다가오면서 공부를 열심히 하기 시작하다가 시험 전날 밤에는 잠을 안 자고 공부를 한다. 그리고 시험이 끝나면 공부를 않고 노는 경향이 많다. 이런 학생들에게는 시간을 정하지 않고 불규칙적으로 시험을 보는 변동 강화계획이 보다 효과적일 것이다. 그러나 변동 강화계획은 학생들의 불안 심리를 유발할 수 있다는 점에 유의하여야 한다.

④ Premack 원리의 적용

Premack 원리를 적용하여 바람직한 행동을 강화시키고자 할 경우는 먼저 대상

학생을 일정 기간 주의 깊게 관찰하여 그들이 보이는 다양한 활동의 발생빈도표를 만들어 적용해야 할 것이다.

앞의 예에서 본 바와 같이 숙제하는 활동은 발생빈도가 낮고, TV 만화 시청은 발생빈도가 높은 활동이다. 흔히 아이들은 숙제를 하지 않고 TV 만화 시청을 계속하여 부모로부터 꾸중을 자주 듣는다. 이렇게 여러 가지 활동의 발생빈도를 관찰한 뒤에 발생빈도가 높은 활동을 가지고 발생빈도가 낮은 활동을 강화하면 효과적으로 행동을 통제할 수 있다.

Premack 원리를 가정이나 학교에서 적용하였을 때 성공적인 것으로 밝혀지고 있다. 보육원 아동을 대상으로 한 연구에 의하면, 보육원에 있는 아동들의 강화위계에서 상위에 속하는 것은 떠드는 것, 조각그림 맞추기 놀이, 방에서 뛰어노는 것이었다. 이러한 아동들에게 가만히 앉아서 선생님 말씀을 잘 들으면 떠들며 뛰어놀 수 있는 활동을 허용해 준다고 약속하자 아동들의 행동을 거의 완전히 통제할 수 있었다고 한다.

⑤ 조성의 적용

조련사들은 조성의 원리를 이용하여 돌고래나 물개 등을 훈련하여 묘기를 부리게 하고, 어떤 조련사들은 돼지를 조성의 원리에 의하여 훈련시킴으로써 TV에 출연하여 라디오를 켜고, 식탁에서 아침밥을 먹고, 빨래를 광주리에 넣고, 진공청소기로 청소를 하는 등의 묘기를 부리게 하였다.

사람들도 일생을 살아가면서 이와 같은 조성을 통하여 언어, 학교학습, 운동 등을 비롯한 수많은 새로운 행동을 학습하면서 환경에 적응한다.

조성의 원리를 적용할 때 처음부터 너무 많은 정적 강화를 제공하거나 너무 빨리 너무 많은 진보를 기대하는 것은 학습 의욕을 약화시키고, 적절한 반응을 감소시킬 수 있으며, 또한 적절한 강화의 시기에 강화를 하지 못하고 너무 오랫동안 강화가 지연될 경우 학습된 행동이 소거될 수 있기 때문에 유의하여야 한다.

학교학습에서 조성의 원리가 적용되는 대표적인 영역으로는 프로그램 수업과 교수기계에 의한 컴퓨터 보조수업, 그리고 학생들의 행동수정에도 많이 활용되고 있다. 행동수정에 대해서는 뒤에서 별도로 설명하려고 한다.

프로그램 수업(programmed instruction)이란 학습자가 달성해야 할 학습목표를 가능한 여러 단계로 세분화하고, 개인별 학습속도(능력)에 따라 한 단계씩 한 단계씩 점진적으로 달성할 수 있도록 고안된 학습방법이다. 즉, 프로그램 수업은 일종의 자율학습 방식으로 여러 단계로 세분화된 학습자료를 학습자 스스로 능동적으로 활동하여 진행하는 방법이다. Skinner는 조성에 의해서 학습이 이루어진다고 보고, 이러한 조성을 프로그램 수업이라는 새로운 학습방법으로 발달시켰다.

프로그램 수업은 작은 단계 · 자기 속도 · 적극적 반응 · 즉시 확인 · 자기검증의 5가지 원리에 바탕을 둔 것으로 다음과 같은 특징이 있다.

- 학습자가 가지고 있는 현재 능력을 기준으로 학습자의 개인적인 학습속도에 따라 학습하게 한다.
- 주어진 학습자료를 가지고 학습자 스스로 능동적, 적극적으로 학습함으로써 학습목표에 도달할 수 있도록 고안되었다.
- 학습자료는 학습목표를 일정한 계열에 따라 여러 단계의 학습 항목으로 세분화된 문제의 형식으로 구성되어 있다.
- 학습자가 능동적으로 빠르게 반응할 수 있도록 학습자료는 주로 선다형 또는 단답형의 문제형식으로 제시한다.
- 학습자가 스스로 검증하고, 오답을 수정하면서 숙달될 수 있도록 문제풀이와 정답 확인 과정을 여러 번 반복할 것을 요구한다.
- 정확한 반응에 대해서는 즉각적인 피드백, 즉 강화가 이루어진다.

초기 프로그램 자료는 학습자에게 책이나 단순한 기계장치인 교수기계 속에 들어 있는 형태로 제시되었다. 교수기계 속에는 프로그램이 설치되어 있는데, 화면에 문제가 제시되면 학습자가 해답을 적어 넣도록 빈칸이 있다. 학습자가 문제를 보고 답을 기록한 다음에 손잡이를 움직이면 그 정답 여부가 화면에 표시된다. 학습자가 정답 여부를 확인한 후에 다시 손잡이를 돌리게 되면 새로운 문제가 나타나게 되는 과정으로 구성되어 있다.

그러나 최근에는 컴퓨터의 발달과 보급으로 인하여 컴퓨터가 교수기계의 중요한 도구로 사용되고 있는데, 이를 컴퓨터 보조수업(computer-aided instruction, CAI)이라고 한다. 컴퓨터 보조수업의 장점을 들면 다음과 같다.

- 학습자에게 맞는 수준과 속도로 학습을 진행할 수 있도록 도와준다.
- 컴퓨터는 개개 학습자에게 충분한 상호작용의 기회를 제공한다. 컴퓨터와의 상호작용은 학생과 교사가 일대일로 대화하듯이 학습을 진행할 수 있고, 학습 진단과 처방에 도움을 준다. 즉, 학습자가 컴퓨터가 제시한 정보를 보고 이에 반응하면, 컴퓨터는 즉시 학습자의 반응을 판단하여 적절한 처방을 제시하며, 학습자는 컴퓨터의 처방에 따라 다음 행동을 결정할 수 있다.
- 다양한 영상이나 소리 등의 멀티미디어적인 자극으로 학습자에게 흥미 있는 학습경험을 제공할 수 있기 때문에 학습 의욕을 높일 수 있고, 학습자의 적극적인 참여를 촉진할 수 있다.
- 컴퓨터의 즉각적인 피드백은 다른 매체에 비해 학습자의 능동적 반응을 유도하는 데 효과적이고, 학습자가 학습과정에서 오답이나 실수에 대한 두려움을 덜 갖게 하고 새로운 것들을 시도해 볼 수 있게 한다.

(5) 행동수정

행동수정(behavior modification)은 문제행동을 바람직한 행동으로 수정시키는 것을 의미한다. 이는 사람이나 동물의 문제행동을 특별한 기법에 의하여 변화시킬 수 있다고 생각하는 행동주의 입장에 근거하고 있다. 특히 Skinner의 조작적 조건형성의 원리는 행동수정의 발달에 크게 공헌하였다.

행동수정에서 가장 널리 사용하는 기법은 강화방법이다. 강화방법에는 정적 강화와 부적 강화, 계속강화와 간헐강화 등이 있다. 앞에서 설명한 바와 같이 정적 강화는 바람직한 행동을 했을 때 보상을 하는 것이고, 부적 강화는 바람직한 행동을 했을 때 혐오자극을 제거해 주는 것이다. 계속강화는 바람직한 행동을 할 때마다 보상을 하는 것이고, 간헐강화는 부분적으로 띄엄띄엄 보상하는 것을 말한다.

그 외에도 행동수정의 기법은 많이 있는데, 대표적으로 행동을 강하게 하는 기법으로 행동조성, 토큰제도, 유관계약 등이 있고, 행동을 약하게 하는 기법으로 소거, 벌, Time-Out 등이 있다.

다른 기법에 대해서는 앞에서 설명하였기 때문에 아래에서는 행동조성, 차별강화, 토큰제도, 유관계약에 대해서만 간단히 설명하고자 한다.

① 행동조성

행동조성은 조성(Shaping)의 원리를 적용하여 문제행동을 수정하는 기법으로써 이를 점진적 접근법이라고도 한다. 이 기법은 복잡한 행동을 수정하거나 학습자가 한 번도 해보지 않는 새로운 행동을 학습시키는 데 매우 유용한 방법이다.

이 방법을 적용할 때는 먼저 목표행동을 쉬운 단계부터 점차적으로 달성할 수 있도록 여러 단계로 나누는 것이 중요하다. 그런 다음 학습자가 목표행동에 접근해 가는 단계마다 강화시킴으로써 점진적으로 목표행동에 도달하도록 유도하는 것이다.

예를 들어, 아동에게 젓가락질하는 방법을 가르칠 경우 이를 한 번에 습득한다는 것은 어렵기 때문에 여러 단계로 분석하여 단계별로 습득하는 것이 필요하다. 그 첫 단계는 젓가락을 잡는 방법부터 가르쳐야 할 것이다. 중간단계로는 젓가락을 잡고 젓가락을 오므렸다 폈다 하는 방법을 습득한 후에 젓가락질하기 쉬운 큰 반찬을 집는 방법과 작은 반찬을 집는 방법 등을 단계적으로 습득시키면서 최종적으로 젓가락질하는 방법을 완성하게 된다.

그리고 행동조성을 할 때는 각 단계를 잘 습득할 때마다 학습자가 좋아하는 강화물로 강화를 시켜 주어야 한다는 점을 잊어서는 안 된다. 또 하나 유의할 점은 강화를 할 때는 이미 강화를 받은 행동보다 하위단계에 속하는 행동을 강화해서는 안 되고 상위단계로 진행되는 행동에 대해서 강화를 실시하여야 한다는 것이다. 만일에 강화한 행동보다 하위단계에 속하는 행동을 한 번이라도 강화한다면 목표행동에 도달하는 것이 매우 어렵게 된다(유기섭, 2004).

② 차별강화

차별강화(differential reinforcement)는 학습자의 여러 행동 중에서 바람직한 행동 어느 하나에 대해서만 선택적으로 강화하고, 그 외의 행동에 대해서는 무관심함으로써 부적절한 행동을 수정하는 방법이다. 다시 말하면, 목표한 부적절한 행동 수정을 위하여 다른 적절한 행동을 선택적으로 강화하는 방법이다.

예를 들어, 수업 중 의자에 얌전히 앉아 있는 것과 같은 적절한 행동은 안절부절못하고, 교실을 이리저리 돌아다니는 것과 같은 부적절한 행동과 뒤섞여서 일어나기 때문에 의자에 얌전히 앉아 있는 행동에 대해서만 칭찬해 주는 등 선택적으로 강화시키면, 간접적으로 그 밖에 부적절한 행동들을 줄이는 결과가 된다는 원리다.

③ 토큰제도

토큰제도(token system)는 조작적 강화의 원리를 활용한 기법으로 특정 행동을 직접적 강화물을 사용하여 강화하는 대신에 토큰으로 보상하였다가 후에 학습자가 원하는 다양한 물건과 교환할 수 있도록 하는 기법이다.

토큰은 원래 가치를 가지지 않지만 조건화된 강화물로서 여러 가지 가치 있는 다른 강화물과 교환할 수 있다. 가장 일반적인 토큰으로는 돈을 들 수 있다. 돈은 그 자체로서는 생리적 욕구를 충족시키는 1차적 강화물이 되지 못한다. 그러나 돈은 다양한 1차적 강화물과 교환할 수 있는 가장 강력한 2차적 강화물이다.

이와 같이 어떤 특정 강화물에 국한되지 않고 다양한 강화물과 연합되어 조건화된 강화물을 일반화된 조건강화물(자극) 또는 일반화된 강화물(자극)이라고 한다. 돈 외에 일반화된 강화물로서의 토큰은 스티커 · 아이템 · 사이버머니 · 점수 등이 사용되는데, 이러한 토큰은 돈처럼 다양한 1차적 강화물과 교환할 수 있는 가치가 부여될 때 강화물로써 효과를 발휘한다.

예를 들면, 수업시간에 자주 떠드는 학생이 있다면, 수업을 열심히 들을 때마다 스티커를 1개씩 준다. 이 스티커는 몇 개를 모으면 그것으로 과자나 장난감 등 자기가 좋아하는 다양한 물건과 교환할 수 있고, 더 많이 모을수록 더 가치 있는 것으로 교환할 수 있도록 한다.

토큰강화제도는 다른 강화물보다는 행동수정에 많은 이점을 가지고 있다

㉠ 토큰강화는 강화효과의 상실을 방지할 수 있다.

일반적인 강화에서는 토큰강화와는 달리 특정 강화물을 가지고 보상한다. 따라서 일반적인 강화의 경우 특정 강화물에 대한 개인적인 선호에 따라 강화효과는 다르고, 또한 과자나 사탕과 같은 강화물은 수확체감의 법칙에 의하여 그것을 계속 받아먹으면 먹을수록 그 효과는 점점 감소될 것이다. 그러나 토큰강화에서는 받은 토큰으로 다양한 물건과 교환할 수 있다. 따라서 한 가지 물건에 싫증을 느끼면 다른 물건으로 교환할 수 있고, 또한 토큰을 장기간 많이 모으면 더 가치 있는 물건으로 교환할 수 있기 때문에 강화효과가 상실되지 않고 지속된다.

㉡ 토큰제도는 간편하게 강화할 수 있다.

과자나 사탕 등의 물건으로 보상하는 경우 그 봉지를 들고 다녀야 하는 불편이 있

고, 또 학생들이 수업 중에 그것을 받아먹으면 수업에 지장이 초래되는 등 그 사용에 여러 가지 제약이 많다. 그러나 토큰제도는 이러한 제약 없이 간편하게 강화시킬 수 있다.

ⓒ 토큰제도는 강화의 지연을 예방할 수 있다.

강화는 학습자가 바람직한 행동을 할 때 즉시 주어야 그 효과가 높다. 토큰은 장소와 시간에 구애받지 않고 다양한 상황에서 간편하게 사용할 수 있기 때문에 강화를 지연하지 않고 행동 후에 즉시 제공하여 강화시킬 수 있는 장점이 있다.

ⓔ 그 외에 성과 차이를 반영하여 토큰을 등급별로 정하여 줄 수 있다.

즉, 성과에 따라 등급을 정하여 토큰을 개수를 다르게 줄 수 있다.

또한 토큰 사용은 단점도 가지고 있다. 중요한 것은 일단 행동변화가 일어난 후에 토큰을 없애는 문제다. 이 과정에서 때때로 부적절한 행동이 재발될 수 있기 때문에 자연스럽게 없애야 할 것이다.

④ 유관계약

유관계약(contingency contracting)이란 어떤 바람직한 행위를 하면 그가 원하는 보상을 하겠다는 협정을 맺는다는 뜻에서 나온 말이다. 유관계약은 특히 현재의 행동을 수정하는 데 필요한 강화물의 제공이 지연되는 경우에 대단히 효과적인 도구일 수 있다.

가장 간단한 방법의 유관계약은 "만일 당신이 x하면 나는 y를 주겠다."라는 식으로 조건을 거는 약속을 하는 것이다. 이러한 약속의 형태는 우리가 우리 자신에게 보상하는 방법과 유사하다. 예컨대, 한 학생이 자신에게 '오늘 시험을 잘 보면, 나는 영화를 보러 갈 것이다.'라고 약속하는 것과 같다. 이 보상은 좋은 성적을 얻는 것과 유관(또는 의존)해 있다.

유관계약은 교사와 개인 또는 학급 전체 간의 협상의 결과물이므로 상호 간에 인정할 수 있는 방법으로 강화를 제공하여야 하며, 빈번하고 즉각적인 보상을 반드시 하여야 한다.

앞에서 설명한 다양한 행동수정 기법들은 가정이나 학교 현장에서 유용하게 사용되고 있고 그 효과도 증명되고 있다. 그러나 몇 가지 점에서 다음과 같은 비판이 제기되고 있다.

- 행동수정을 위해 계속 강화를 주다가 갑자기 강화가 주어지지 않으면 학습이 곧 중단될 것이고, 또한 학습된 행동도 오래 지속되지 못하고 소거될 것이다.
- 학습자들은 부모나 교사들이 원하는 행동을 할 때만 강화를 준다는 사실을 알게 될 것이고, 이것을 못마땅하게 생각한 어떤 학생들은 의도적으로 부정적인 행동을 더하게 되는 경우도 있을 것이다.
- 학습자들은 즉각적인 강화를 받기 위해서만 필요한 노력을 할 것이다.
- 유관계약과 같은 조건부 강화는 자발성, 창의성, 내적 동기 체제 등 인간의 바람직한 인성발달에 방해가 될 것이다.
- 행동수정 기법을 잘못 사용하는 경우 학생들을 너무 순종적이고 복종적으로만 드는 등 부정적인 결과를 초래할 수 있고, 또한 인간의 행동을 의도적으로 조징하고 통제하는 것은 비윤리적이다.

3. 사회학습이론

사회학습이론(Social learning theory)에서는 고전적 조건형성이나 조작적 조건형성에서와 같은 강화가 없어도, 단순히 다른 사람의 행동을 주의 깊게 관찰하고 모방함으로써 학습이 이루어질 수 있다고 주장하는데, 이를 관찰학습(observational learning)이라고 한다.

1940년 이후부터 많은 학습 연구자들은 학습에 대한 전통적 행동주의 관점이 비교적 정확하지만 불안전하고 인간행동을 전부 설명하지 못한다고 비판하면서 사회적 영향으로 인한 인간행동을 연구하는 데 열중하였다.

즉, 그들은 조작적 조건형성이론은 자연적 상황이 아닌 통제된 실험 상황에서 이루어졌고, 새로운 행동의 습득을 설명할 수가 없으며, 학습자가 직접 경험한 학습만 설명할 수 있다고 지적하면서 학습은 자신의 직접경험은 물론 사회생활을 통하여 다른 사람의 행동을 관찰함으로써 이루어질 수 있다고 주장하였다.

사회학습이론의 발전과 보급에 가장 커다란 영향을 미친 사람은 바로 신행동주의

자인 Bandura(1925～)이다. 그는 학습에서 강화가 반드시 필요한 것은 아니고 다른 사람을 단지 관찰하고 모방하는 것만으로도 충분히 이루어질 수 있다고 하였다.

인간은 사회적 존재로서 상호 간에 영향을 주고받으며 살아간다. 인간행동의 많은 부분이 이러한 사회적 상호작용 속에서 다른 사람의 행동이나 어떤 주어진 상황을 관찰하고 모방함으로써 학습된다고 보는 것이 사회학습이론의 기본적인 사고다.

사회학습이론은 처음에는 행동주의 학습이론에 기반을 두고 출발했지만, 나중에는 인간의 내면에서 일어나는 인지적 측면도 중시하는 이론으로 발전하였다. 따라서 사회학습이론에서는 외적인 요인뿐만 아니라 인간의 내면에서 일어나는 인지적 요인도 중시한다. 즉, 사회학습이론은 관찰 가능한 다른 사람의 외현적 행동을 단순히 관찰하고 모방하는 것만을 의미하는 것이 아니라 인간의 내적인 과정을 인정함으로써 인간행동의 인지적 과정을 함께 수용하고 있다. 따라서 일부 학자들은 사회학습이론을 인지주의 학습이론에 포함시켜 설명하기도 한다.

1) 관찰의 효과

관찰은 학습자에게 다음과 같은 4가지 측면에서 영향을 미친다.

(1) 학습

학습자가 다른 사람의 행동을 관찰함으로써 새로운 행동을 학습하는 것을 관찰학습이라고 한다. 관찰학습은 모델을 직접 관찰함으로써 이루어지는 경우가 많으나 최근에는 대중매체의 발전으로 TV · 영화 · 신문 · 잡지 등을 통한 상징적 모델을 모방하는 경우가 많다.

이와 같이 관찰학습은 모든 행동을 자신이 직접 해보지 않고서도 학습할 수 있게 해 줌으로써 시간을 절약하게 하고, 불필요한 노력과 수고를 하지 않게 하며, 또한 위험 부담을 감소시켜 준다. 그러나 관찰학습을 통해 바람직하지 못한 행동도 학습할 수 있다.

관찰학습에는 모방까지 포함된다. 모방(modeling)은 다른 사람이 행동하는 것을 보고 들으면서 그 행동을 따라서 하는 것을 말한다(Bandura, 1969).

Bandura의 실험적 연구에 따르면, 아동은 위대하다고 생각되는 사람의 행동을 위대하다고 생각하지 않는 사람의 행동보다 더 잘 모방하고, 자기와 동성인 모델의 행동을 이성인 모델의 행동보다 더 잘 모방하며, 돈, 명성, 높은 사회 경제적 지위 등을 지닌 모델을 더 잘 모방한다. 또한 벌을 받은 모델을 거의 모방하지 않으며, 연령이나 지위에서 자기와 비슷한 모델을 상이한 모델보다 더 잘 모방하는 것으로 조사되었다.

(2) 억제

학습자가 다른 사람의 행동을 관찰함으로써 그 행동을 따라 하지 않고 삼가는 것을 억제효과라고 한다. 즉, 관찰하는 모델이 어떤 행동을 함으로써 처벌받거나 의도하는 것과는 다른 결과를 나타내는 경우에 학습자는 그러한 행동을 모방하지 않고 오히려 억제하게 된다.

예를 들면, 교사들이 수업시간에 그릇된 행동을 하는 어떤 한 학생을 시범케이스로 엄하게 벌하면, 그것을 관찰한 다른 학생들은 그러한 행동을 하지 않게 되는 것이 억제다.

(3) 해지

학습자 자신뿐만 아니라 대부분의 사람들이 용인하지 않기 때문에 그동안 억제해 왔던 어떤 행동을 다른 사람이 무사히 하는 것을 관찰함으로써 그 행동을 모방하는 것을 해지효과라고 한다.

그 예로는 시험시간에 선생님에게 들키지 않고 부정행위를 하는 것을 관찰한 다른 학생들이 이 행동을 그대로 따라 하거나, 다른 사람이 빨간 신호등인데 횡단보도를 건너는 것을 관찰하고 따라 하는 것 등을 들 수 있다.

이러한 해지에 의한 모방행위는 즐거움 · 호기심 · 영웅심 등의 유발과 같은 심리적 강화나 물질적 강화가 있을 때 더욱 증가될 것이다.

(4) 촉진

관찰은 잘하지 않는 행동을 촉진하는 효과도 있다. 일반적으로 사람들은 어떤 행동을 할 줄 알면서도 잘하지 않다가 다른 사람들이 하는 것을 관찰하고 따라하는 경우가 많다.

촉진의 예로는 술을 먹을 줄 알지만 먹지 않던 사람이 다른 사람이 술 먹는 것을 보고 술을 먹게 되는 경우나 박수를 잘 치지 않는 사람이 유명가수 콘서트 장에서 다른 사람들이 박수 치는 것을 보고 따라서 박수를 치는 것 등을 들 수 있다.

2) 관찰학습의 과정

Bandura(1977)는 관찰에서 행동에 이르기까지의 관찰학습의 과정을 다음과 같이 주의집중단계, 파지단계, 재생단계, 동기유발단계의 4가지 단계로 분석하였다.

(1) 주의집중단계

주의집중단계는 모델의 행동을 주의 깊게 관찰하는 과정으로서 관찰을 통하여 학습이 이루어지기 위해서는 우선 다른 사람이 어떻게 행동하는지를 주의 깊게 살펴보아야 할 것이다. 주의집중은 모델의 특성뿐만 아니라 학습자 자신의 특성과 학습내용에 의해서도 영향을 받는다.

주의집중에 영향을 주는 요인 중 모델의 특성으로는 성별 · 연령 · 지위 · 능력 · 존경도 · 명성 · 매력 등을 들 수 있고, 학습자의 특성으로는 자신의 능력에 대한 자각 · 감각적 능력 · 각성 수준 등을 들 수 있다. 또한 학습내용이 특수하거나 복잡하여 이해하기 어렵고, 복잡한 문제가 빠른 속도로 제시되는 경우에도 주의집중에 영향을 미치게 된다.

(2) 파지단계

파지단계는 관찰을 통해 학습한 내용을 기억하는 과정이다. 여기서 파지란 학습으로 향상된 행동의 수행력을 오랫동안 기억(유지)할 수 있는 능력을 의미한다. 관찰한 내용을 기억하기 위해서는 모델의 행동에 주의를 집중하는 동시에 그 행동을 부호화(약호화, 기호화)하여 기억해야 한다.

행동의 부호화는 기억할 행동을 시각적으로 심상에 그리거나 언어로 바꾸어 표현하는 것이다. Bandura(1986)는 관찰한 행동을 장기간 기억할 수 있는 것은 관찰한 행동을 상징적 형태로 부호화해서 기억 속에 담고 있기 때문이라고 한다.

(3) 재생단계

재생단계는 저장된 기억을 재생하는 과정으로, 학습한 내용과 학습자의 행동이 일치하도록 실제 실행해 보는 단계다. 파지과정을 통해 심상 및 언어 등 상징적 형태로 부호화되어 기억된 학습내용을 즉시 외현적인 행동으로 실행해 보는 것은 관찰학습의 효과를 높이는 데 중요한 과정이다.

예를 들어, 복잡한 검도 동작 등을 배우는 데 단지 관찰하는 것만으로는 부족하기 때문에 실제 그 동작을 몇 번 연습해 보는 것이 중요할 것이다.

(4) 동기유발단계

사회학습이론에서는 학습을 할 수 있다고 하더라도 학습한 내용이 밖으로 나타나지 않을 수 있기 때문에 학습과 수행을 구별하고 있다.

예를 들면, 엎드려서 책을 읽는 버릇이 있는 초등학생이 책상에 앉아서 바르게 독서하는 다른 사람을 보고 학습을 했더라도 행동변화가 일어나지 않을 수 있다. 따라서 관찰을 통해서 학습한 내용을 행동에 옮기기 위해서는 그 행동을 수행할 수 있도록 하는 동기적 요인이 있어야 한다는 것이다. 이것이 동기유발단계다.

관찰학습에서 강화가 꼭 필요한 것은 아니지만 강화는 동기를 유발하여 학습한 행동을 수행할 가능성을 높인다. 즉, 관찰학습에서 강화는 학습한 행동의 수행 여부를 결정하는 데 중요한 역할을 하고 있다. 관찰을 통하여 학습된 행동은 강화를 받아 동기가 유발될 때만 지속적으로 일어나고, 만일 그 행동으로 인하여 처벌 등 부정적인 결과를 초래하게 된다면 그 행동은 일어나지 않게 될 것이다.

예를 들어, 학생들이 어떤 행동을 한 결과, 반응이 좋다거나 적절한 보상을 얻으면 더욱 강화가 될 것이고, 그러한 강화를 기대한 학생들은 그 행동을 더 자주 하게 될 것이다. 이런 측면에서 Bandura는 강화와 처벌의 역할에 대해 Skinner와 거의 유사한 견해를 가지고 있다고 볼 수 있다. 그러나 다음과 같은 점에서 두 사람의 견해는 차이가 있다.

첫째, Bandura는 Skinner와 달리 강화가 없어도 학습이 일어날 수 있으며, 강화는 단지 학습된 행동을 하도록 하는 동기적 요인일 뿐이라고 보았다.

둘째, Bandura는 강화를 Skinner보다 더 넓은 의미로 파악하여 직접 강화, 대리 강화, 자기 강화로 분류하고, 학습은 직접 강화뿐만 아니라 대리 강화, 자기 강화에 의해서도 이루어진다고 보았다.

여기서 직접 강화(direct reinforcement)란 모델의 행동을 관찰하여 모방한 학습자에게 직접 강화하는 것을 말한다. 예를 들어, 부모가 연필 잡는 방법에 대해 시범을 보이자 이를 관찰한 아동이 그대로 잘 따라 할 때 그 아동을 칭찬하는 것과 같이 학습자를 직접 강화하는 것을 직접 강화라고 한다.

반면에 대리 강화(vicarious reinforcement)란 다른 사람들이 특정 행동에 대해 보상받는 것을 관찰하고, 마치 자신이 직접 그 보상을 받는 것처럼 강화되는 것을 말한다. 예를 들어, 형이 심부름을 잘하여 부모에게 칭찬받는 것을 관찰한 동생은 이러한 칭찬에 강화되어 자기도 심부름을 잘하려고 하는 것과 같이 간접적으로 강화를 받는 것을 대리강화라고 한다. 처벌도 대리적일 수 있는데, 다른 사람의 특정 행동이 처벌받는 것을 본 학습자는 그 행동을 하지 않으려고 할 것이다.

자기 강화(self-reinforcement)란 다른 사람으로부터 강화를 받지 않더라도 자기 자신의 욕구나 필요를 충족시키기 위해 스스로 노력하는 것을 말한다. 우리가 자동차 운전을 배우는 것은 스스로의 필요에 의해서 하는 것이기 때문에 자기강화의 한 예로 볼 수 있을 것이다.

3) 사회학습이론의 교육적 시사점

사회학습이론을 교육 현장에 적용할 수 있는 시사점을 살펴보면 다음과 같다.

① 교사들은 바람직한 행동의 모델이 되도록 노력해야 한다.

학습자들은 타인의 행동에 대한 관찰을 통하여 새로운 행동을 학습하기 때문에 교사들은 항상 학습자의 관찰대상이 되어 모델링되고 있다는 사실을 기억하고 바람직한 행동의 모델이 되도록 노력해야 할 것이다.

② 교사들은 적절한 상벌로서 바람직한 행동을 촉진하고, 그릇된 행동을 억제시킨다.

관찰학습은 새로운 행동을 학습할 뿐만 아니라 학습한 행동을 촉진하기도 하고, 그릇된 행동을 억제하기도 하며, 또한 억제된 행동을 해지하는 역할을 하기도 한다.

따라서 교사들은 학생들이 바람직한 행동을 했을 때는 보상하고, 바람직하지 못한 행동을 하는 학생에 대해서는 적절히 벌을 줌으로써 그 학생뿐만 아니라 그것을 관찰한 학생들로 하여금 바람직한 행동을 촉진하고, 바람직하지 못한 행동을 억제하도록 해야 할 것이다.

③ 교사들은 적절한 강화를 통하여 바람직한 행동이 동기유발되도록 한다.

사회학습이론에서는 학습과 수행을 구분한다. 따라서 학습을 했더라도 행동변화가 일어나지 않을 수 있기 때문에 강화를 통하여 학습된 행동을 수행할 수 있도록 동기유발하는 것이 필요하다. 예를 들어, 학교에서 책상 정리에 대해서 배웠더라도 자기 책상을 잘 정리하지 않는 초등학생이 책상 정리를 잘하는 학급 동료가 선생님에게 칭찬받는 것을 거듭 지켜보면 자신도 책상 정리를 자주하게 될 것이다. 따라서 교사들은 적절한 강화를 통하여 바람직한 행동이 동기유발되도록 지도해야 할 것이다.

④ 교사들은 다양한 강화의 효과를 잘 이해하고 적절히 활용해야 한다.

사회학습이론에서는 강화를 직접 강화, 대리 강화, 자기 강화로 분류하고 있다. 교사들은 이러한 여러 가지 강화의 효과를 잘 이해하고 학습자의 동기유발을 위해 적절히 활용해야 할 것이다. 특히 대리 강화는 학교 현장에서 교사나 학생들이 의식하지 못한 사이에 학생들의 행동에 크게 영향을 미친다. 대리 강화와 마찬가지로 대리적 처벌도 중요한데, 다른 사람의 특정 행동이 처벌받는 것을 본 학습자는 그 행동을 억제하려고 할 것이나 그릇된 행동이 처벌되지 않는 것을 본 학생들은 그 행동을 삼가지 않을 것이다. 만약 처벌받지 않는 학생이 학급에서 인정받는 경우라면 그 영향이 학급에 미치는 파급효과는 매우 클 것이다.

4. 인지주의 학습이론

인지주의 학습이론(cognitive learning theory)은 형태심리학(Gestalt psychology)과 이를 토대로 발달한 인지주의 심리학에 기초를 두고 Köhler, Lewin 등에 의해 체계화된 학습이론이다.

인지주의 이론에서는 지각, 기억, 사고, 추론, 결정과 같은 다양한 인간의 인지과정 변화가 학습과 행동에 영향을 미친다고 보고, 이 과정에 관심을 갖고 연구한다. 여기서 인지(cognition)란 온갖 사물을 알아보고 그것을 기억하며 추리해서 결론을 얻고, 그로 인해 생긴 문제를 해결하는 등의 정신적인 과정을 말한다.

인지주의 학습이론은 앞에서 설명한 행동주의 학습이론과 다음과 같은 점에서 차이가 있다.

첫째, 행동주의적 관점에서는 자극과 반응의 단순한 연합에 의해 학습된다고 보는 반면에 인지주의적 관점에서는 기억과 주의와 같은 복잡한 인지과정들이 포함된다. 즉, 인지주의적 이론가들은 종소리가 처음 제시될 때 개들이 그 종소리에 주의를 기울여야 하고, 수초 후에 음식을 제공받을 때는 종소리가 제시되었던 것을 기억해야 한다는 것을 가정한다.

둘째, 행동주의적 관점에서는 관찰 가능한 행동의 변화를 학습이라고 보는 반면에, 인지주의적 관점에서는 내적 인지구조의 변화를 학습이라고 본다.

셋째, 행동주의적 관점에서는 새로운 행동 그 자체가 학습된다고 보는 반면에, 인지주의적 관점에서는 지식이 학습되고, 지식의 변화가 행동의 변화를 가능하게 해 준다고 본다.

넷째, 행동주의 이론가들은 강화를 매우 강조한다. 즉, 그들은 행동의 변화는 강화에 의해 크게 영향을 받는다고 본다. 따라서 학생들이 바람직한 행동을 할 때 적절한 보상을 주는 것을 교사들의 중요한 역할이라고 생각한다. 반면에 인지주의 이론가들은 강화란 같은 행동을 반복하면 어떤 일이 일어날 것인가를 알려 주는 신호 역할을 한다고 주장한다. 즉, 강화는 학습자가 목표달성을 위해 불필요한 행동을 반복하지 않게 함으로써 보다 목표달성을 쉽게 할 수 있게 하도록 인도한다는 것이 인지 이론가들의 생각이다.

다섯째, 인지주의 입장에서는 행동주의와 달리 새로운 지식의 기초가 되는 기존 지식의 중요성을 강조한다. 새로운 지식을 얼마나 배울 수 있느냐는 그와 연관된 기존지식을 얼마나 가지고 있느냐에 의해 결정된다는 것이 인지주의 관점이다. 따라서 인지주의 관점에서는 강화 없이도 학습이 일어날 수 있다고 본다.

여섯째, 행동주의 학습이론에 관한 대부분의 연구들은 통제된 실험실에서 동물을 대상으로 인간을 포함한 동물들에 적용된 몇 가지 학습원리를 밝혀냈다. 반면에, 인지주의 관점에서는 사람을 대상으로 다양한 학습상황을 연구하고, 인지의 개인차와 발달적 차이에 초점을 두고 있기 때문에 일반적인 학습원리를 추구하지 않는다.

다음에서는 인지주의 학습이론의 바탕이 된 형태주의 심리학과 초기의 인지학습이론으로 대표되는 Köhler의 통찰이론과 Lewin의 장(場)이론, 그리고 Tolman의 기호(記號)-형태 학습이론에 대해서 먼저 간략히 설명한 후에, 최근 몇 년간 인지주의 학습이론의 중심을 이루고 학습의 중요한 요인으로 부각되고 있는 기억과 주의과정에 대한 많은 연구를 이끌어 온 정보처리이론과 정보처리이론에 새롭게 접근하고 있는 처리수준이론 및 연결주의 이론에 대해서 다룬다. 또한 마지막에 가서는 메타인지와 학습의 전이에 대해서도 다루고자 한다.

1) 형태주의 심리학

인지주의 학습이론에 대한 기초를 제공한 형태주의(形態主義) 심리학은 1912년에 독일에서 베르트하이머(Wertheimer, 1880~1943)에 의해 주창되었다. 이를 게슈탈트 심리학(Gestalt Psychology)이라고도 한다.

Wertheimer는 Wundt에 의해 제기된 구성주의 심리학을 벽돌과 시멘트의 심리학이라고 비판하면서 인간이란 사물에 대한 개별적 부분의 조합을 인식하기보다는 Gestalt로서 인식하는 존재라고 주장하였다. Gestalt란 형태, 조직을 의미하는 독일어다. 즉, 사람들은 물건을 볼 때 색채의 선이나 조각들을 구분하여 보는 것이 아니라 조직된 전체의 형태를 지각한다는 것이다.

형태주의 심리학자들은 우리가 경험하는 것이 그것을 이루고 있는 부분들과는 다르다고 믿었다. 따라서 "전체는 부분의 총합 그 이상의 것이다."라는 말은 그들의 주장을 대변하는 구호가 되었다. 예를 들면, 우리가 어떤 초상화를 감상할 때 눈·코·입·귀·이마·목 등을 각 요소별로 분석하여 이를 조합하려 한다면 그 초상화의 예술성을 이해할 수 없을 것이다. 또한 합창단이 부르는 노래는 단원 각각의 노래 이상의 어떤 특성이 있다는 것이다. 이러한 형태주의 심리학은 후에 코프카(Koffka, 1886~1941), 쾰러(Köhler, 1887~1967), 레빈(Lewin, 1890~1947) 등에 의하여 더욱 발전하였다.

형태주의 심리학자들은 인간의 감각기관을 통해 들어오는 정보의 형태를 인지하고 해석하는 인간의 지각현상에 대해 가장 큰 관심을 가졌다. 그들은 사람들이 어떤 사물의 부분을 지각하는 것이 아니라 전체와의 관계 속에서 사물을 지각한다고 주장하였으며, 학습도 지각의 한 현상으로 접근하였다.

특히 Wertheimer는 이러한 인간의 지각 내용은 현상 그 자체이지, 현상을 구성하는 요소가 아님을 주장하였다. 즉, 인간이 경험하고 학습하는 것은 통합된 전체로서의 장면이며, 이를 자극-반응의 단위와 같이 개개의 요소로 분석하는 것은 무의미하다고 주장하였다.

또한 그는 지각의 장면이 어떤 종류의 통합된 전체의 형태로 조직되어 있지 않으면 이를 하나의 통합된 전체의 형태로 조직하는 것이 학습이며, 이러한 인간의 지각을 조직하는 능력은 보편적이고 생득적인 것이라고 하였다.

여기서 조직(prägnanz)이란 감각을 통하여 들어온 정보나 자극에 대해 의미를 부여하고 이해하기 위하여 어떠한 전체 형태 또는 상호 관계로 묶어 유기체적인 통일체로 만드는 것을 말하고, 지각(perception)이란 감각기관을 통하여 들어오는 정보 또는 자극에 의미를 부여하여 그것이 무엇인지를 알게 되는 것을 말한다. 따라서 그것에 의미를 부여하지 못하면 그것은 지각이 아닌 것이다.

형태주의자들은 이러한 감각을 통하여 들어오는 정보 또는 자극에 대한 의미부여는 들어오는 자극의 객관적 실제가 무엇인가에 따라서 그리고 그것을 어떻게 조직하느냐에 따라 영향을 받는다고 하였다.

예를 들어, 1O라는 글자가 주어졌을 때 사람에 따라 이것을 숫자 10으로 읽을 수 있고 알파벳 I, O로 읽을 수도 있을 것이다. 이와 같이 자극이 동일한 실제라도 이를 어떻게 조직하느냐에 따라 그 의미가 달라진다. 물론 숫자나 알파벳에 대한 지식이 없는 사람은 1O라는 글자에 대해 어떤 의미를 부여할 수 없기 때문에 이에 대한 지각이 불가능할 것이다.

이와 같이 지각의 장면을 통합된 전체의 형태로 조직하는 것은 여러 가지 지각의 법칙에 의하여 이루어지는데, 이러한 지각의 법칙을 포괄하고 있는 가장 기본적인 법칙은 간결과 의미의 법칙(law of prägnanz)이라 할 수 있다. 이 법칙은 사람들이 사물을 지각할 때 단순성, 완전성 및 유의미성으로 향하는 경향성을 가진다는 것으로 이를 함축성의 법칙이라고도 한다. 다시 말하면, 사람들은 사물을 지각할 때 원래 주어진 것보다 더 단순하고 완전하며 의미 있는 형태로 조직하여 지각하려는 경향이 있다는 것이다.

형태주의자들이 밝힌 몇 가지 대표적인 지각의 법칙으로는 다음과 같이 근접성의 법칙 · 유사성의 법칙 · 폐쇄성의 법칙 · 연속성의 법칙 등이 있다. Wertheimer는 이러한 지각의 법칙은 인간의 모든 행동에 적용될 수 있다고 믿었으며, 학습도 이러한 지각의 법칙에 따라 일어난다고 믿었다.

① 근접성의 법칙

근접성의 법칙이란 가까이 있는 요소들은 멀리 떨어져 있는 동일한 요소들보다 하나의 의미 있는 형태로 통합되어(묶여져) 지각되고, 또 가까이 있는 요소들은 서로 약간 상이한 점이 있더라도 통합되어 유사하게 지각되는 경향이 있다는 것을 말한다. 예를 들어, 밤하늘의 별을 볼 때 북두칠성처럼 근접한 별들은 의미 있는 형태로 통합되어 지각되는 경향이 있고, 닭 무리 속에 오리 몇 마리가 함께 섞여 있더라도 닭 무리에 통합되어 지각된다.

이 근접성은 공간뿐만 아니라 시간적인 근접성의 성질도 가지고 있어서 현재의 활동과정에 시간적으로 근접되어 있는 대상이나 자극이 더 학습이 잘 되는 경향이 있다. [그림 6-1]에서 보는 바와 같이 근접해 있는 점이나 선은 3개씩 한 묶음으로 지각하게 되는 것을 알 수 있을 것이다.

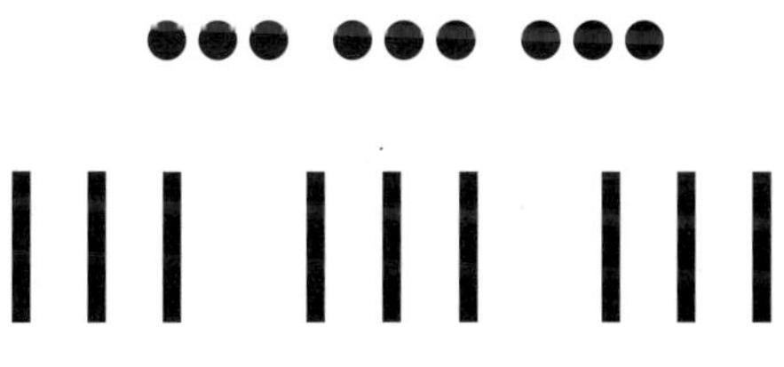

[그림 6-1] 근접성 법칙의 예

② 유사성의 법칙

유사성의 법칙이란 모양이나 색상, 크기와 같은 어떤 세부적인 특징이 유사한 것끼리 통합되어 지각되는 경향을 말한다. 따라서 유사한 동질의 한 쌍은 유사하지 않는 이질의 한 쌍보다 훨씬 쉽게 학습되는 경향이 있다. Bower(1972)는 실험을 통해서 대문자와 소문자가 섞여 있는 'WhFrEaLlThEtTeRs'의 글자는 대문자로만 형성된 "WHFREALLTHETTERS"의 글자보다 기억하기가 더 어려웠다는 것을 보여주었다. [그림 6-2]는 명도와 모양에 따른 유사성 법칙을 예시한 것이다.

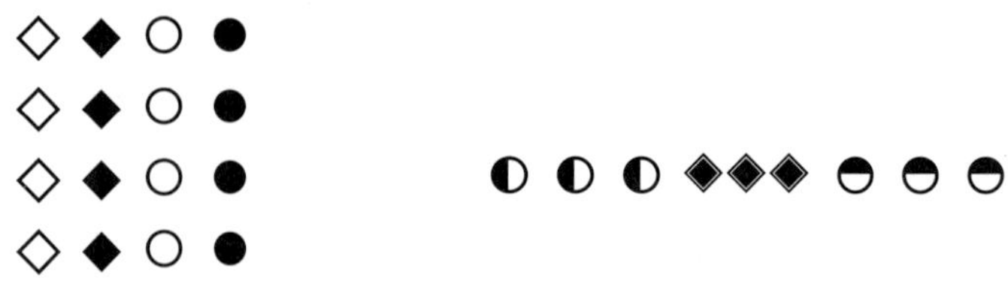

[그림 6-2] 유사성 법칙의 예

③ **폐쇄성의 법칙**

폐쇄성의 법칙이란 형태가 불완전하더라도 이를 보완하여 완전한 것으로 보려는 경향을 말한다. 즉, 어떤 형태에 공백이 있거나 결손된 부분이 있더라도 이를 보완하여 더 안정되고 의미 있게 완성된 형태로 지각하려는 경향이 있다.

예를 들어, 그림 일부가 미완성되었더라도 완성된 전체 형태로 지각하고, 또 원의 일부가 공백 상태인 경우에도 완성된 원으로 지각하는 경향이 있다. [그림 6-3]은 폐쇄성의 법칙을 예시한 것이다.

[그림 6-3] 폐쇄성 법칙의 예

④ **연속성의 법칙**

연속성의 법칙이란 어떤 형태의 구성요소가 연속적으로 연결되어 있지 않고 단절되어 있더라도 같은 유형으로 또는 같은 방향으로 진행되는 것으로 예상하거나 규칙적인 계열을 이루거나 하면, 이를 단절된 형태로 지각하기보다는 같은 유형이나 같은 방향으로 계속 연속된 형태로 지각하는 경향을 말한다. 따라서 이 법칙을 계속성의 법칙 또는 공동 방향성의 법칙이라고도 한다. 예를 들어, 물결 모양의 곡선 방향을 따라 그 위에 직선을 그어 곡선의 위와 아래를 단절시켰더라도 곡선은 곡

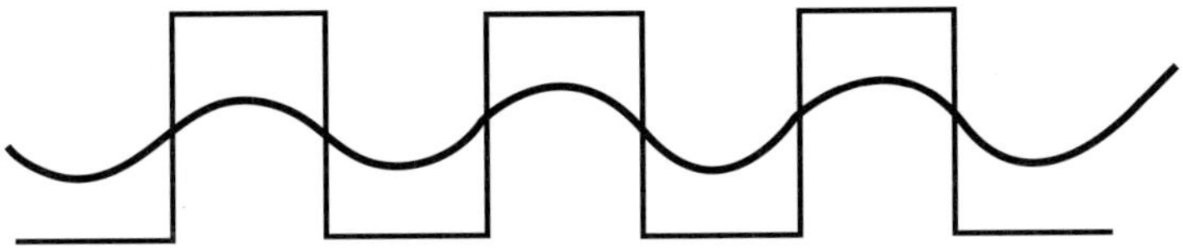

[그림 6-4] 연속성 법칙의 예

선으로, 직선은 직선의 방향으로 연속된 것으로 지각한다. [그림 6-4]는 연속성의 법칙을 예시한 것이다.

2) 초기의 인지학습이론

(1) Köhler의 통찰학습

초기 인지학습이론을 내표할 수 있는 것으로는 Köhler의 통찰학습이론을 들 수 있다. Köhler는 학습이 조건형성이나 시행착오가 아닌 전체와 부분 사이의 통합적인 관계를 통찰하는 식으로 이루어진다고 주장하였다.

통찰학습은 전체와 부분 사이의 구조적 관계를 파악하는 인지적 과정을 통해 문제해결의 어느 순간에 그 해결책을 갑자기 깨닫는 학습을 말한다. 여기서 통찰(insight)이란 정보의 인지적 조직을 통해 문제에 대한 해결책이 갑자기 머리에 섬광처럼 떠오르는 것을 의미한다.

통찰에 대한 대표적인 예를 들어 보자. 고대 그리스 과학자이며 수학자인 아르키메데스(Archimedes, BC 287?~BC 212)는 통찰에 의존하여 '아르키메데스의 원리'를 발견한 것으로 유명하다. 당시 히에론 왕은 왕관이 순금으로만 제작되었는지 아니면 합금이 들어갔는지를 아르키메데스에게 밝혀 달라고 하였다. 그는 이 복잡한 문제를 해결하기 위하여 여러 날 동안 골똘히 생각하던 중에 하루는 우연히 목욕탕에 갔다. 그는 물이 가득 찬 욕조에 들어갔을 때 물속에 몸을 가라앉힌 용적과 같은 양만큼의 물이 넘친다는 사실을 발견하고, 문제를 해결할 방안을 문득 깨닫게 되었다. 아르키메데스는 그 원리를 깨달은 순간 정신없이 벌떡 일어나 벌거벗은 채로 "유레카(발견했다는 뜻)! 유레카!" 라고 소리치면서 자기 집으로 달려갔다고 한다.

아르키메데스는 통찰에 의존하여 '액체 중에 있는 물체는 그 물체가 밀어낸 액체의 무게만큼 부력을 받는다.' 라는 유명한 아르키메데스의 원리(부력의 원리)를 발견하였던 것이다.

이러한 통찰이 일어나기 위해서는 문제에 대한 관련 정보가 전부 노출되어야 한다. 아르키메데스도 금속들은 모두 동일한 중량이라도 용적에서 차이가 난다는 사실을 선행지식으로 미리 알고 있었기 때문에 통찰이 가능했다. 예를 들면, 금덩이는 동일한 중량의 은덩이보다도 용적이 적다는 사실을 미리 알고 있어야 은덩이는 같은 중량의 금덩이보다 많은 양의 물이 넘친다는 원리를 깨닫게 되는 통찰이 일어날 수 있다는 것이다. 또한 통찰은 문제해결을 위해 집중하고 몰입했을 때 잘 일어난다.

도구적 조건형성을 주장한 Thorndike는 문제상자 실험을 통하여 고양이의 학습과정이 점진적으로 향상되는 것을 관찰함으로써 학습은 갑작스런 통찰에 의하여 비약적으로 일어나기보다 자극과 반응 간의 연합에 의하여 조금씩 체계적인 단계를 밟아 점진적으로 일어난다고 주장하였다. 특히 그는 인간을 비롯한 모든 포유동물의 학습은 동일한 법칙을 따른다고 보았다.

그러나 이 주장은 곧 Köhler에 의해 부정되었다. Köhler는 학습이 단순한 연합에 의하여 일어나는 것이 아니라 더 복잡한 지적인 인지과정이 포함된다고 주장하였다.

그는 Thorndike의 문제상자 실험에서 통찰학습이 이루어지지 않고 점진적 과정을 통하여 여러 번의 시행착오 끝에 학습이 이루어진 것은 발판 누르기와 문이 열리는 물리적 연결이 고양이에게는 보이지 않고 매우 어려웠기 때문이라고 주장하였다. 만약 고양이가 그 인과관계를 쉽게 지각할 수 있도록 문제상자를 고안했더라면 고양이는 좀 더 지적으로 행동하며 통찰학습이 이루어졌을 것이라는 것이 Köhler의 생각이다.

Köhler는 1916년 아프리카의 Tenerife 섬에서 수년을 보내면서 침팬지를 대상으로 통찰학습을 입증하기 위하여 여러 가지 실험을 하였다. 그는 침팬지의 우리 안에 몇 개의 상자를 넣어 주고 침팬지의 손이 닿지 않는 높은 천장에 바나나를 매달아 놓은 다음 침팬지가 어떻게 바나나를 따서 먹는지를 관찰하였다.

침팬지가 바나나를 따서 먹기 위해서는 밑에 있는 상자를 높이 쌓고 올라가야 한다. 처음에 침팬지는 바나나를 먹기 위해 손을 뻗치거나 뛰어 오르는 행동을 여러 번 하였지만 이런 시도가 실패하자 침팬지는 잠시 행동을 중단하고, 주위 상황을 탐색한 후에 흩어져 있는 상자들을 모아서 쌓고 올라가 바나나를 땄다. 또 다른 실험에서 Köhler는 창살로 된 우리 안에 있는 침팬지에게 직경이 다른 두 개의 파이프를 주고 우리 밖 멀리 바나나를 놔두면서 침팬지가 어떻게 바나나를 끌어다 먹는지를 관찰하였다. 처음에 침팬지는 막대기에 관심을 보이지 않고 창살 사이로 손을 뻗어 바나나를 잡으려는 행동에 열중하였으나 실패하자, 위의 실험에서와 같이 침팬지는 잠시 주위 상황을 탐색한 후에 막대기에 관심을 보이다가 어느 순간 가는 파이프를 굵은 파이프에 끼워서 길게 만들 수 있다는 것을 깨닫고 이를 연결하여 곧장 바나나를 끌어다 먹는 것이었다.

Köhler는 앞의 실험에서 챔팬지가 바나나를 먹기 위한 시도를 시행착오적으로 무작정 반복하는 것이 아니라 몇 번의 시도가 실패하자 잠시 행동을 중단하고 주변의 전체 상황을 잠시 생각하며 파악한 후에 바나나를 획득하기 위한 해결책을 찾은 것을 관찰하였다. 즉, 챔팬지의 급격한 행동변화는 문제에 대한 통찰을 보여 준 것으로 처음에 무관했던 부분적인 요소들(예: 상자와 바나나, 막대기와 바나나)을 유의미한 전체로 재구성하게 한 통찰을 통해 챔팬지가 문제를 해결한 것으로 Köhler는 판단하였다.

따라서 학습은 시행착오의 형태나 연합에 의한 조건형성으로부터 규칙적 · 연속적 · 점진적 방식으로 일어나지 않는다고 결론지었다. 그는 이러한 상황을 경험하여 보는 것이 곧 학습이라고 하였고, 학습은 이러한 통찰을 통해 이루어진다고 하여 통찰학습이라고 불렀다.

통찰학습은 통합적 이해를 통해 어느 순간 섬광처럼 갑자기 깨닫는 과정이기 때문에 이를 소위 '아하' 경험이라고도 한다.

이러한 통찰학습의 과정을 살펴보면, 먼저 학습자가 문제 장면에 직면하게 되면 인지적 불균형을 야기하고 이때 생기는 긴장은 인지평형을 찾을 때까지 지속됨으로서 학습에 대한 동기로 작용하게 된다. 학습자는 인지평형을 찾기 위하여 문제 장면을 탐색한다. 탐색은 시행착오적인 것이 아니라 목적과 수단, 요소와 요소 간의 간격, 부분과 전체 장면 간의 관계를 파악하고 이러한 관계를 이해하며 통찰학습이 일어난다.

통찰학습은 다음과 같은 4가지 특징이 있는 것으로 보고 있다(Hergenhahan & Olson, 2001).

- 문제의 미해결 상태에서 해결로 이행되는 과정이 갑자기 일어나며 완전하다.
- 통찰을 통한 수행은 보통 자연스럽고 오류가 없이 이루어진다.
- 통찰을 통하여 획득한 학습은 상당히 오랫동안 지속된다.
- 통찰을 통해 획득한 학습원리는 다른 새로운 문제에 적용되는 전이가 쉽게 일어난다.

(2) Lewin의 장(場)이론

Lewin(1942)은 "인간의 행동은 그 시점의 생활공간의 함수다."라는 장이론(field theory)을 제시하였다.

장(場, field)이란 일반적으로 어떤 활동이나 현상이 일어나는 장소, 영역을 가리키는 의미로 사용되는데, 심리학에서는 상호 의존적인 요인의 총체(總體)를 의미하는 용어로 사용되고 있다. 장의 개념은 Wertheimer와 Köhler 등 게슈탈트 심리학자들이 지각현상(知覺現象)의 형태성, 전체성을 설명하기 위하여 처음 도입하여 사용하였다. 즉, 그들은 어떤 사물의 형태 그 자체나 인지된 환경을 장으로 생각했다.

Lewin은 이러한 장의 개념을 확장하여, 환경 내에서의 인간의 행동을 설명하기 위하여 장이론을 제창하였다. Lewin이 생각한 장이란 한 사람의 전체적인 생활공간(life space)을 뜻하는 것으로써 생활공간 내에서 개인과 심리적 환경과의 관계는 상호 의존적이며, 이 상호작용에 의하여 행동이 발생한다는 것이다. 장이론에서 중요한 것은 환경 내의 어떤 부분이라도 다른 부분에 영향을 미치고, 어느 것도 분리해서 존재하지 않는다는 점이다.

여기서 생활공간이란 지리적 · 물리적 공간을 의미하는 것이 아니고 개인이 어느 시점에서 경험하는 모든 심리적 사실들로 이루어지는 주관적, 심리적 공간을 말한다. 즉, 어떤 일정한 시점에서 개인의 행동을 규정하는 심리적 사실의 총체를 생활공간이라고 한다.

Lewin에 의하면, 심리적 사실이란 행동에 긍정적, 부정적 영향을 미치는 모든 것을 말하는 것으로, 배가 고픈 것, 과거에 대한 기억, 어떤 물리적 위치에 있는 것, 어떤 다른 사람이 나타나 있는 것, 또는 일정 양의 돈을 가지고 있는 것과 같은 것들이 포함된다. 이러한 모든 심리적 사실들이 서로 관련을 맺고 상호작용하면서 인간의 생활공간을 이루며 인간의 행동을 결정한다는 것이다.

따라서 Lewin은 인간행동이 이 생활공간의 함수관계라고 보고, 독특한 행동의 공식인 B=f(L)로 표현하였다. 이러한 생활공간은 크게 개인(P, person)과 환경(E, Environment)으로 구성되어 있기 때문에 B=f(L)는 B=f(P, E)로 바꾸어 쓸 수 있다. 즉, 인간의 행동은 그 시점의 개인과 환경의 함수관계에 의해서 결정되는 것이다.

Lewin은 개인이 의식적으로 경험한 심리적 사실만이 행동에 영향을 미치기 때문에 과거에 경험한 심리적 사실들 중 현재 의식한 것만이 현재의 행동에 영향을 미친다고 한다. 어떠한 심리적 사실이라도 변화하면 전체의 생활공간에 재구조화(재배치)된다.

재구조화(restructualization)는 어느 시점의 생활공간의 의미를 자기 자신과 상호관계에 비추어 변경하여 재조직, 재구성하는 것을 의미한다. 인간은 특정한 목표를 추구하려는 내적 긴장에 의해 행동한다. 따라서 자신이 설정한 목표를 달성하는 데 유익한 쪽으로 재구조화한다.

Lewin에 의하면, 생활공간의 의미를 재조직, 재구성하는 것이 학습이며, 이러한 재구조화에 의하여 어떤 행동이 어떤 결과를 가져올 것이라는 것을 학습한다는 것이다. 다시 말하면, 개인이 지각하는 생활공간의 구조는 인지구조이며, 학습은 이러한 인지구조의 변화에 의하여 자기의 인지를 재구성하는 과정에서 일어난다는 것이다. 또한 인간의 행동에 영향을 미치는 요인들은 계속적으로 변화하며, 그들은 역동적이다. 이와 같이 인간이란 계속적으로 변화하는 장 속에 있으며 이들 중 어떠한 것의 변화도 모든 것에 영향을 미친다는 것이 Lewin의 장이론의 중심적인 내용이라 할 수 있다.

(3) Tolman의 기호-형태이론

Tolman은 최초의 인지행동주의자(cognitive behaviorist)로서 학습에서 기대와 주의 등과 같은 인지적 과정의 중요성을 강조하는 한편, 이런 상태들은 직접 관찰할 수 없기 때문에 외현적인 행동으로 추론되어야 한다고 주장하였다. 즉, 그는 자극과 반응(S-R)의 결합이 학습된다는 행동주의 학습이론을 비판하면서도 인지적 학습과정을 발견하기 위해서는 관찰 가능한 행동을 다루어야 한다고 강조하였다.

기호-형태이론에서는 학습이란 어떤 행동을 하면 어떤 목표를 달성할 수 있다는 사전인지 또는 기대의 형성과 같은 것으로 보았다. 즉, 학습이란 기호-형태-기대 또는 기호-의미체계의 형식으로 보았다. 따라서 Tolman은 학습의 목표를 의미체계라고 하고, 그것을 달성하는 수단이 되는 것을 기호라고 하며, 이 둘 사이의 관계를 기호-형태라고 칭하였다.

Tolman의 기호-형태이론에서는 유기체의 기대와 인지도의 개념이 가장 중요하다. 여기서 기대(expectation)란 경험에 비추어 어떤 방식으로 행동을 하면 어떤 결과가 뒤따를 것이라는 것을 예견하고 기다리는 행동의 준비상태를 말한다. Tolman에 따르면, 유기체는 특정한 동작이나 반응을 학습하는 것이 아니라 일반적인 기대를 학습한다. 다시 말하면, 학습은 본질적으로 환경 내에서 어떤 자극(또는 기호)이 나타나면 다른 자극(또는 기호)이 뒤따른다는 기대를 획득하는 것이라고 한다.

예를 들어, 우리는 예식장(S)에 가면 음식(S)이 제공될 것이라는 것을 학습을 통하여 기대하게 된다. 따라서 Tolman의 학습이론을 S-S 학습이론, 또는 기호-형태이론(sign-gestalt theory)이라고 부른다.

또한 Tolman은 새로운 환경에 노출된 유기체들이 그 환경의 여러 가지 세부특징의 위치와 그것들을 연결하는 경로 등을 표시하는 지도와 같은 표상을 뇌 속에 형성한다고 믿었는데, 심리학자들은 이런 표상을 인지도(cognitive map)라고 지칭하고 있다. 즉, 인지도란 학습과정을 통하여 점차 환경 내에서 유기체가 활동하는 데 이용할 수 있도록 환경의 구조를 총괄적으로 형태화한 심적인 그림을 말한다.

인지도의 발달에는 기대가 중요한 역할을 한다. 인지도의 발달과정을 보면 초기의 잠정적인 기대가 경험에 의해 점차 검증되어 가는 과정을 통해서 발달한다. 즉, 경험을 통하여 검증된 기대는 간직되어 인지도를 형성하고 검증되지 않은 기대는 기각된다.

이렇게 인지도가 발달되면 유기체는 인지도에 따라 행동하게 된다. 유기체가 문제 장면의 전체적인 형태인 인지도를 획득하는 경우 어떤 기호를 보면 어떤 기호가 나타날 것이라는 것을 사전에 인식하고, 기대할 수 있게 되고, 또한 인지도는 문제를 해결하는 데 조건이 달라져도 가장 효율적인 행동이면 무엇이든지 융통성 있게 선택하여 사용할 수 있기 때문에 다양한 방향에서 문제의 해결 방법을 찾을 수 있게 된다.

따라서 만약 하나의 방법으로 문제를 해결할 수 없을 경우에는 다른 방법을 사용하여 문제를 해결할 수 있게 된다. 그러나 유기체는 최소노력의 원리(principle of least effort)에 따라 항상 최단거리를 선택하거나 가장 노력이 적게 드는 해결 방법을 선택하게 된다는 것이 Tolman의 생각이다.

이와 같이 Tolman은 인지도의 형성과정을 학습이라고 보았다. 그는 학습을 통하여 환경에 대한 전체적인 인지도를 획득한다고 주장하였다. Tolman은 학습의 형태를 보수기대, 장소학습, 잠재학습으로 나누고 실험을 통하여 자신의 학습이론을 입증하였다.

① 보수기대 실험

Tolman은 보수기대를 입증하기 위해 바나나로 훈련받은 원숭이를 가지고 실험하였다. 그는 원숭이가 보는 앞에서 엎어 놓은 그릇 속에 바나나를 넣었다가 원숭이가 보지 않을 때 원숭이가 덜 좋아하는 야채로 바꾸어 놓자, 원숭이는 바나나만을 찾고 채소는 먹으려 하지 않았다. 그는 평소에 먹던 야채지만 원숭이는 바나나라는 보수를 기대하고 있었기 때문에 실망을 하고 야채를 먹지 않는 것으로 보았다.

따라서 학습이란 어떤 행동을 하면 어떤 결과가 나타날 것이라는 사전인지 혹은 기대를 갖게 되는 것을 의미한다고 보았다.

② 장소학습 실험

Tolman에 의하면 유기체는 목표물이 어디에 있는가에 대한 장소를 학습한다고 한다. 즉, 유기체는 특정자극에 대하여 특정반응을 학습(S-R이론)하는 것이 아니라 사물이 어디에 있는가 하는 것을 학습하는 장소학습자라는 것이다.

Tolman과 그의 동료들은 쥐가 장소학습자인지를 규명하기 위하여 [그림 6-5]와

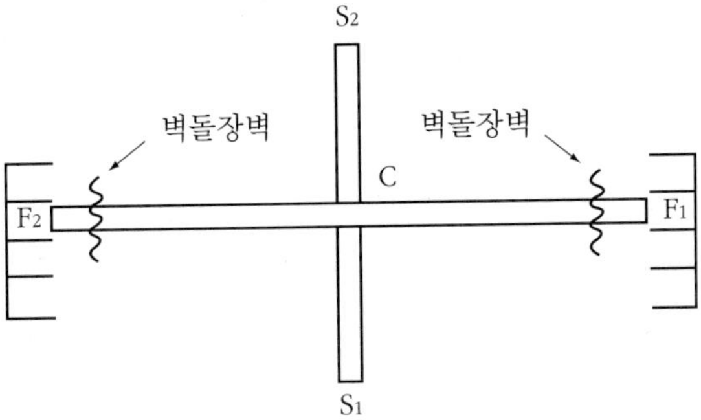

[그림 6-5] 장소학습과 반응학습의 실험 도구

같은 십자로 형태의 실험도구를 만들어 실험하였다. 실험은 쥐를 반응학습 집단과 장소학습 집단으로 구분하여 실시하였다. 실험도구의 S_1과 S_2 미로 끝은 출발점이고, F_1과 F_2 미로 끝에는 먹이상자가 놓여 있다. 반응학습 집단은 S_1과 S_2 미로 어느 곳에서 출발하더라도 강화받기 위해서는 항상 동일한 방향으로 돌도록 했다.

예를 들어, 오른쪽 미로로 도는 것을 학습하는 중이면 S_2미로에서 출발한 경우는 오른쪽인 F_2미로에서, S_1에서 출발하는 경우에는 역시 오른쪽인 F_1미로 끝에서 음식물로 강화를 받도록 했다. 반면에 장소학습 집단은 어느 쪽에서 출발하더라도 항상 동일한 장소(예: F_2미로 끝)에서만 강화를 받았다.

이 실험을 몇 번 시행한 결과, 장소학습자가 반응학습자보다 신속히 학습하였고, 학습한 내용을 훨씬 더 잘 수행한 것으로 나타났다.

Tolman은 이 같은 실험결과를 토대로 유기체는 사물이 어디에 있는가 하는 것, 즉 장소학습(place learning)을 한다는 것이 입증되었다고 보았다. 미로를 달리는 쥐는 오른쪽이나 왼쪽으로 돌아가는 순서를 학습하는 것이 아니라 미로의 구조에 대한 인지도를 발달시켜서 그 인지도에 나타난 공간구조에 근거하여 특정장소를 찾아가는 장소학습자인 것이다.

장소학습의 예로는 비둘기가 매일 먹이를 구하러 일정한 장소를 찾아가고, 또 철새들이 겨울이 되면 다시 우리나라의 일정한 지역을 찾아 수만 리를 날아서 찾아오는 것 등을 들 수 있다. 이러한 장소학습은 유기체가 어떤 장소에 가면 어떤 강화를 받을 것이라는 기대가 경험을 통하여 검증되면서 인지도가 형성되어 획득된 것으로 볼 수 있다.

③ 잠재학습 실험

잠재학습(latent learning)이란 학습된 것이 곧바로 행동으로 나타나지 않고 상당 기간 동안 잠재되어 있는 것을 말한다. Tolman은 학습된 것을 행동으로 전환시키는 것을 수행이라고 부르며 학습과 수행을 구분하였다. 따라서 학습된 것이 아직 수행으로 전환되지 않고 잠자고 있는 것을 잠재학습이라 할 수 있다.

잠재학습은 Tolman과 Honzik이 실시한 쥐의 미로학습실험에 의하여 입증되었다. 미로학습실험에서는 쥐를 세 집단으로 나누어 17일간 관찰하였다. 제1집단에는 미로를 정확하게 지나가도 결코 강화물을 주지 않았고, 제2집단에는 항상 강화물을 주었으며, 제3집단에는 강화물을 주지 않다가 실험 시작 11일째 되는 날에 비로소 강화물을 주었다. Tolman은 제3집단에 관심을 가지고 잠재학습을 관찰하였다.

실험결과에 의하면, 실험기간 동안 계속 강화를 받은 제2집단은 꾸준한 향상을 보였다. 그런데 강화를 받지 않는 제1집단도 수행상 약간의 향상이 있었고, 제3집단도 11일째에 강화물을 주었을 때에 수행이 크게 향상되었으며, 오히려 계속 강화를 받았던 제2집단보다도 수행을 훨씬 더 잘한 것으로 조사되었다.

Tolman은 제3집단에 대해 강화가 없는 경우에도 학습이 이루어져 미로에 대한 인지도가 발달하였으나 동기화될 때까지 상당기간 잠재되어 있다가 후에 강화물에 의해서 동기화시켰을 때에 잠재되었던 학습내용이 수행으로 전환된 것으로 보았다. 따라서 Tolman은 강화란 학습변인이 아니라 수행변인이라고 주장하였다.

3) 정보처리이론

정보처리이론(information processing theory)은 인간의 학습과정을 컴퓨터의 정보처리과정으로 이해하고 분석하려는 이론이다. 정보처리이론가들은 컴퓨터와 인간은 정보를 비슷한 방법으로 치리하고 기억한다고 가정함으로써 인간의 인지과정, 즉 학습과정을 이해하는 데 컴퓨터의 정보처리모형을 사용하고 있다.

정보처리모형의 대표적인 것으로는 기억저장고에 대한 중다저장고(multistore)와 정보처리과정에 대한 중다단계(multistage) 이론을 제안한 Atkinson과 Shiffrin (1968)의 모형이다. 이 모형은 이후에 개발된 다양한 정보처리모형의 바탕이 되고 있다.

일반적으로 제안된 정보처리모형의 가장 중요한 핵심은 기억저장고 단계와 한 단계의 기억저장고에서 다음 단계의 기억저장고로 정보가 이동하는 과정인 정보(기억)처리과정으로 구성되어 있다는 것이다.

기억저장고는 정보의 저장 기간과 의식 여부에 따라서 감각기억, 단기기억, 장기기억의 단계로 분류되고, 정보처리과정은 정보를 기억저장고 속에 입력하는 부호화(coding) 과정, 입력된 정보를 기억장치에 저장(storage)하는 과정, 저장된 정보를 필요할 때 인출(retrieval)하는 과정의 3단계로 구분된다.

부호화란 외부에서 들어오는 자극 내용을 정보화하여 기억에 넣는 과정이며, 저장이란 이렇게 기록된 정보를 보유하여 유지하는 과정이다. 저장된 정보는 영구히 보존될 수도 있고 망각될 수도 있다. 인출이란 필요한 정보를 저장고에서 찾아내어 우리가 의식하거나 반응할 수 있게 하는 과정이다. 그리고 정보처리과정에는 통제과정(control processes)이 있어서 정보가 전 기억체계에 걸쳐서 언제, 어떻게 이동할 것인가를 결정한다.

컴퓨터는 정보가 입력되면 일단 그 입력된 정보를 처리할 수 있도록 전기신호 형태로 변형하여 부호화한다. 그 다음 그 신호들은 컴퓨터의 메모리 칸에 저장되고, 이렇게 저장된 정보는 필요할 때마다 모니터나 프린터기로 인출하여 사용하게 된다.

인간의 학습과정도 이와 같은 컴퓨터의 정보처리과정을 거쳐서 이루어진다고 보는 것이 정보처리이론가들의 주장이다. 즉, 인간도 컴퓨터와 마찬가지로 외부 환경으로부터 정보를 받아들이고, 입력된 정보를 처리, 기억하며, 그리고 이들 정보를 활용하여 행동한다는 것이 정보처리이론가들의 생각이다.

[그림 6-6]은 각각의 기억저장고와 정보처리과정을 제시한 정보처리모형을 도식으로 나타낸 것이다.

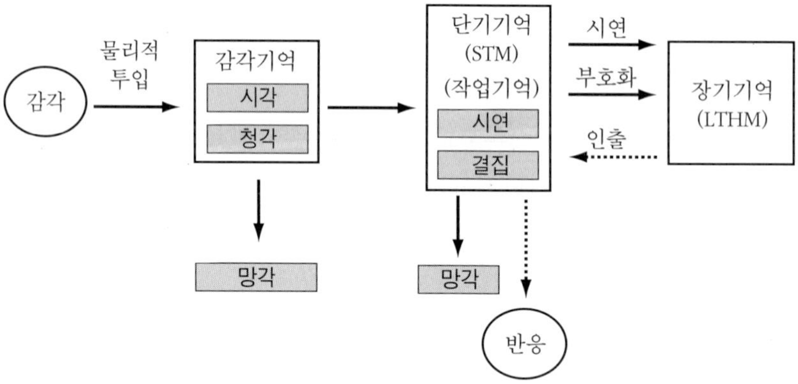

[그림 6-6] 기억의 정보처리모형

다음에서는 기억저장고의 3가지 단계인 감각기억, 단기기억, 장기기억에 대해서 살펴보고, 각 단계에서 정보가 어떻게 처리되고 기억되며 인출되는지 그 정보처리과정을 설명하고자 한다.

(1) 감각기억

감각기억(sensory memory)은 시각 · 청각 · 촉각 · 후각 · 미각 등의 감각수용기를 통해 최초로 들어온 정보를 기록하고 아주 짧은 순간 저장하는 기억저장고를 말한다. 감각기억은 감각등록기 또는 단기감각 저장고라고도 부른다.

감각기억에 저장되는 정보의 내용은 원래 정보 그대로 수용하여 순간적으로 기록된다. 즉, 시각정보는 사진처럼 이미지 형태로, 청각정보는 메아리와 같은 소리의 패턴으로 기록되는 등 각 감각기관을 통해 들어온 각각의 정보는 그 특유의 형태로 기록된다.

감각기억은 막대한 양의 정보를 저장할 수 있고 정확하게 저장할 수 있지만, 정보를 1～4초간의 매우 짧은 시간 동안 저장할 수 있다는 특징을 가지고 있다. 감각기억에 짧은 시간 동안 저장된 정보 중 시각적 정보를 잔상(殘像)이라고 하고, 청각적 정보를 잔향(殘響)이라고 부른다.

연구에 의하면, 잔상은 1초 정도, 잔향은 최고 4초까지 지속되는 것으로 밝혀지고 있다. 시각적 정보인 잔상의 예로는 TV 광고의 영상이 순간 바뀌었더라도 그 영상이 잠시 남아 있는 것처럼 느끼거나 어둡고 낯선 방안에서 전기불을 켰다가 순간 끄는 경우 그 방안의 모습이 잠시 동안 남아 있는 것 등을 들 수 있다.

이와 같이 감각기억에 들어오는 엄청난 양의 정보는 순식간에 망각되기 때문에 이를 더 기억하기 위해서는 즉시 주의와 같은 처리가 진행되어야 한다. 필요한 정보에 주의를 집중하면 단기기억으로 이동한다. 그러나 감각기억에 들어오는 정보의 처리과정에는 주의를 집중하는 것만으로 충분하지 못하고 지각과정이 필요하다.

① 주의

감각기억에 입력되는 수많은 정보들은 주의(attention)를 집중하지 않으면 곧장 사라지고 만다. 따라서 학습의 첫 단계는 주의를 집중하는 것이다. 학습자들이 학습과제에 주의를 집중하지 않으면 결코 학습이 일어날 수 없는 것이다. 그러나 주의의 용량은 제한되어 있다. 감각기관을 통하여 끊임없이 들어오는 막대한 정보들 모두에 주의를 집중한다는 것은 불가능한 일이고 사람들이 견딜 수도 없을 것이다. 따라서 학습자는 주의과정에 어떤 통제를 가하고, 효율적인 학습목표를 달성하기 위하여 선택적으로 주의를 기울이게 된다.

학습자는 이러한 선택적 주의(selective attention)를 통하여 어떤 정보에는 주의를 집중하고 다른 정보들은 무시함으로써 정보를 처리한다. 학습자들이 스스로 학습에 집중하고 학습의 중요한 내용에 선택적으로 주의를 기울이는 것은 학습효과에 중요한 영향을 미친다.

주의집중에는 많은 요인들이 영향을 미치고 있는데, 그중 몇 가지를 들면 다음과 같다.

㉠ 의미(meaning) 있는 정보

사람들은 의미 있는 정보에 주의를 집중한다. 예를 들어, 시끄러운 파티장에서 주변 사람들의 시끄러운 소리에 대해서는 거의 신경을 쓰지 않으면서 옆 자리에 앉은 친구와 대화를 할 수 있다.

그러나 주변의 시끄러운 대화 중에 자신의 이름이 들려오거나 자신이 관심을 갖고 있는 어떤 화제로 대화하는 것을 들으면 친구와의 대화보다는 그쪽의 대화로 주의가 기울게 된다. 자신의 이름과 관심 있는 화제 등은 자신에게 의미가 있기 때문에 주의를 집중하게 되는 것이다.

㉡ 과제의 복잡성과 곤란도

화분에 물 주기와 같은 단순한 과제는 주의를 거의 요구하지 않기 때문에 다른 사람과 대화를 하면서도 할 수 있다. 그러나 고난도의 인터넷게임을 한다거나 정밀한 손목시계를 고치는 것과 같이 복잡하고 곤란한 과제에 대해서는 많은 주의집중이 요구되기 때문에 하나의 과제에만 주의를 집중하게 된다.

㉢ 선행지식

학습자가 어떤 과제에 대해서 선행지식이 없는 경우는 주의가 더 요구된다. 예를 들어, 영어 원서를 읽을 경우 이미 알고 있는 단어에 대해서는 주의할 필요가 없지만, 어려운 낯선 단어가 나올 경우는 주의를 집중하며 해석해야 할 것이다.

한편, 어떤 과제가 반복학습을 통해 어느 정도 숙달되면 그 정보의 처리과정이 자동화(automatization)되어 이제는 주의가 거의 요구되지 않고 자동 처리된다. 예를 들면, 컴퓨터에서 한글타자를 처음 배울 때는 자판에 주의를 집중하면서 한 자 한 자 느리게 진행할 것이다. 그러나 타자연습이 숙달되면 이제는 자동화되어 자판에 주의를 기울이지 않고, 화면만 보고서도 문서를 작성할 수 있는 단계에 도달하게 될 것이다. 이 자동화 단계에서는 모든 것이 자동처리되기 때문에 주의를 거의 기울일 필요가 없게 된다.

그러나 자동화는 모든 과제에서 일어나지 않고, 또 자동화의 정도는 얼마나 많은 연습을 했느냐에 따라 차이가 있다. 연습을 많이 한 과제일수록 자동화의 정도가 높기 때문에 주의가 덜 요구된다. 자동처리를 설명하는 이론으로는 자원할당모형(resource allocation)이 있다.

자원할당모형에서는 주의를 집중하는 자원의 용량은 제한되어 있다고 가정하고, 연습을 통하여 주의를 분할해서 사용한다는 것이다. 연습을 많이 하여 숙달된, 즉 자동화된 과제는 주의라는 자원을 덜 요구하게 될 것이기 때문에 나머지 주의 자원은 다른 과제를 수행하는 데 사용할 수 있다는 것이다. 따라서 어떤 과제에 대해 자동화 단계에 도달한 사람은 다른 과제와 함께 처리할 수 있기 때문에 우리는 운전하면서 옆 사람과 대화할 수 있는 것이다.

이러한 자동처리와 반대로 통제처리는 학습자가 정보처리과정에 의식적인 통제를 행사하는 것을 말한다.

Shiffrin과 Schneider(1977)는 자동처리와 통제처리를 구별하는 대표적인 예로 자동차 운전을 들고 있다. 보통 초보 운전자는 운전을 하면서 동시에 라디오를 켜고 방송을 듣는다는 것은 어려울 것이다. 그러나 어느 정도 숙달된 후에는 자연스럽게 라디오 방송을 들으면서 운전을 할 수 있다. 이때에는 자동차 운전이 자동처리되는 상태다. 그러나 심한 교통체증이나 특별한 돌발사태가 발생하는 것과 같이 주의가 요구되는 상황에서 운전은 자동처리에서 통제처리로 바뀐다. 그러면 운전자는 운전에 더 주의를 기울여야 하고 라디오 방송은 듣기가 더 어려워진다.

LaBerge와 Samuels(1974)는 독서과정에 대해 예를 들면서 자동처리를 설명하고 있다. 자동적으로 독해를 할 수 있는 수준의 학생이 의미 파악이 어려운 낯선 정보에 직면하는 경우 그 학생은 낯선 단어 해독을 위해서 자동처리에서 통제처리로 전환하여야 한다.

학습자들의 주의를 집중시키는 방법에 대해서는 많은 방법들이 제시되고 있다. Good과 Brophy(1984)는 교사는 일반적인 신호(예: "자, 시작할까요.", "과제로 들어갑시다.", 전기를 껐다가 켜기 등)를 사용할 것을 제안하였다.

교실에서 교사들이 학생들의 주의를 끌기 위하여 일반적으로 사용할 수 있는 방법으로는 수업을 시작할 때 학습과제의 중요한 내용과 목차 등에 대해서 먼저 설명하거나 학습과 관련된 내용을 질문하는 방법, 깜짝 놀랄 만한 행동이나 물건을 보여 주며 학생들의 호기심을 자극하는 방법 등이 주의를 집중하는 데 유용하게 활용될 수 있을 것이고, 또한 수업을 시작할 때 휴대폰을 끄도록 하는 것도 주의를 집중하는 데 중요할 것이다.

수업 중에 학생들의 주의가 산만할 경우는 칠판이나 교탁을 두드리거나 목소리나 표정의 변화를 통하여 주의를 환기시킬 수 있고, 말을 잠시 중단하거나 학습한 내용을 질문한다든가 하면서 학생들의 주의를 끌 수 있다.

만약 학습과제 중 중요한 내용을 설명할 때는 그 내용에 밑줄을 긋거나 활자에 색깔을 칠하거나 대문자를 써서 강조할 수 있으며, 목소리를 변화시키거나 특별한 몸동작을 하면서 내용을 설명할 수도 있으며, "이 내용은 중요하다.", "시험에 나올 것이다." 등의 단서를 사용함으로써 주의를 집중하게 할 수도 있다.

② 지각

앞에서 형태주의 심리학을 살펴볼 때 설명한 바와 같이 지각(perception)이란 감각기관을 통하여 들어오는 원 정보에 의미를 부여하여 그것이 무엇인지를 알게 되는 것을 말한다.

감각기억에서 우리가 지각하는 정보는 우리가 보고, 듣고, 느끼는 것과는 정확히 일치하지 않는다. 즉, 감각기억을 통하여 들어오는 수많은 정보들은 원형 그대로 입력되지만, 우리가 지각하는 것은 여기에 의미를 부여한 다른 형태의 정보다.

예를 들어 감각기억에 어떤 글자가 입력되면 순간 그 글자의 의미는 처리되지 않고 흰 종이 위에 검은색 글씨들이 모아진 물리적인 형태로만 저장된다. 따라서 이 글자를 해석하기 위해서는 그 글자에 의미를 부여하는 처리과정이 필요하게 된다. 이와 같이 감각기억에 입력되는 원상태의 정보에 의미를 부여하는 과정을 형태재인이라고 한다. 형태재인(pattern recognition)이란 이미 알고 있는 기존지식을 바탕으로 하여 감각기억에 들어오는 정보의 의미를 확인하는 과정이다.

따라서 감각기억에 입력된 정보는 장기기억에 저장된 기존 정보 중에서 그 정보와 같거나 유사한 정보가 있을 때, 이 둘을 서로 연결하여 일치하는지를 확인하는 과정인 형태재인을 통하여 상호 형태가 일치되면 그 형태에 의미를 부여하고 지각하게 된다.

예를 들면, 글자 B가 감각기억에 입력되는 순간 알파벳에 대해 지식이 없는 사람에게는 알파벳 B로 지각되지 않고, 그저 아무런 의미가 없는 모양 B로 보일 뿐이다. 그러나 알파벳에 대해 지식이 있는 사람은 장기기억에 있는 정보 중에서 알파벳 B와 연결시켜 봄으로써 그 정보가 알파벳 B라는 것을 알게 된다. 즉, 알파벳 B라고 의미를 부여하는 것이다.

그러면 사람들은 감각을 통해 입력되는 정보를 어떤 방법으로 형태를 재인하고 의미를 부여하는가? 형태재인은 어려운 과정이기 때문에 이에 대해서는 다양한 이론이 제안되고 있다. 대표적인 이론으로는 특징분석이론(또는 모양분석이론)과 원형대조이론 등을 들 수 있다.

특징분석이론(feature analysis theory)에서는 구체적이고 특별한 특징이 장기기억에 저장된다고 가정한다. 따라서 감각기억에 입력되는 정보는 그 특징들을 세부적으로 분석한 후, 이들 특징들을 장기기억에 저장된 기존지식에 근거하여 확인하고 의미 있는 형태로 조립함으로써 그 정보의 의미가 파악된다는 것이다.

예를 들면, 알파벳 대문자 B의 특징을 하나의 수직선과 두 개의 ⊃로 구성된 것으로 분석한 후, 이러한 요소로 구성된 글자가 무엇인가를 장기기억에서 확인하여 B라는 글자의 의미를 파악한다는 것이다. 따라서 사람들은 B와 같이 그 형태가 같거나 비슷한 글자를 볼 때 마다 그 특징을 분석하여 그것이 알파벳 B라고 재인하게 된다. 사람들은 이러한 특징분석을 통하여 사람들마다 각기 다른 필체로 쓴 글씨를 알아보는 것이다.

특징분석을 흔히 상향정보처리(bottom-up processing)라고도 부르는데, 하부 감각기관에서 들어오는 정보를 대뇌에서 그 특징별로 분석하고 의미 있는 형태로 다시 조립하는 처리를 하기 때문이다.

원형대조이론(prototype matching theory)에서는 동일한 정보라고 하더라도 여러 가지 유사한 형태가 존재하는데, 장기기억에는 이러한 여러 가지 형태에 대해 완벽한 복사판이 모두 저장되어 있는 것이 아니라, 그 정보에 대한 기본적이고 추상적인 원형 모형(또는 원형의 개념)만이 저장된다고 가정한다.

따라서 감각기억에 들어오는 정보는 장기기억에 저장된 원형 모형과 대조하여 가장 근접한 일치가 일어나면 그 원형으로 그 형태를 재인하게 된다는 것이다, 예를 들면, b B와 같이 여러 가지 형태의 글자들은 장기기억에 저장된 기본적인 원형 모형들과 대조하여 가장 근접하게 일치하는 원형이 알파벳 B로 확인되면 알파벳 B로 형태를 재인하는 것이다.

특징분석이론과 원형대조이론은 형태재인의 여러 가지 사례를 잘 설명하여 주고 있으나 모든 형태재인 과정을 완벽하게 설명하여 주지는 못하고 있다. 즉, 다른 것과 매우 유사하여 거의 특징을 분석할 수 없는 경우(예: 한글 자음 O와 알파벳 O), 원형과 닮지 않는 경우(예: 묘비의 글자 중 심하게 마모되거나 희미한 글자)와 같이 형태가 불확실한 경우에도 어떤 형태가 재인되는 경우를 설명하여 주지 못하고 있다.

또한 감각기억을 통하여 들어오는 수많은 정보에 대해 일일이 특징을 분석하여 다시 조립하는 과정을 통하여 형태재인을 한다면 학습은 너무나 느리게 진행될 것이기 때문에 책 한 권을 읽는 데도 많은 시간이 소요될 것이다.

따라서 특징분석이론과 원형대조이론으로 쉽게 설명할 수 없는 여러 가지 사례를 설명하기 위하여 조직화, 문맥이나 전후관계, 과거 경험 또는 선행지식 등의 원리가 활용되고 있다.

조직화의 원리에 의하면, 어떤 정보에 의미를 부여하는 형태재인 과정은 그것을 어떻게 조직하느냐에 따라서 영향을 받는다는 것이다. 즉, 감각기억에 입력되는 동일한 정보라도 그 정보를 어떤 형태 또는 관계로 조직하느냐에 따라 다른 의미가 부여되어 지각된다.

예를 들어 여러분에게 O와 같은 글자를 보여 주고 이것이 한글 자음 중 어떤 글자이냐고 물으면 "이응"이라고 읽을 것이고, 이것이 어떤 알파벳이냐고 물으면 "오"라고 읽을 것이다. 이와 같이 정보의 형태는 동일한데도 그 의미는 한글 자음 또는 알파벳 철자를 보게 될 것이라는 기대에 따라 다르게 조직하기 때문에 다르게 인식되는 것이다. 앞에서 형태심리학을 설명할 때 언급한 바와 같이 조직화는 지각의 법칙에 의해서 지배된다. 즉, 사람들은 사물을 지각할 때 원래 주어진 것보다 더 단순하고 완전하며 의미 있는 형태로 조직하여 지각하려는 경향이 있다는 것이다.

과거경험 또는 선행지식은 형태재인 과정에 중요한 영향을 미치고 있다. 우리의 지각은 과거의 경험이나 선행지식에 의존한다. 우리가 어떤 것을 보았을 때 그것에 대한 경험이나 지식이 없을 경우에는 그것이 무엇인지를 지각할 수 없을 것이다. 즉, 우리는 아는 만큼 지각하는 것이다.

문맥이나 전후관계에 의한 형태재인은 예컨대, 묘비나 고서에서 글자 한 자가 심하게 마모되거나 훼손되어 그 글자 자체만으로는 해독이 안 되는 경우가 있다. 이 때는 문맥이나 전후관계를 미루어 봐서 그 글자를 지각하게 된다.

(2) 단기기억

감각기억에 들어온 정보에 주의를 기울여 정보가 소실되지 않고 지각되면 이 정보는 단기기억으로 이동한다. 단기기억(short-term memory)은 어느 순간에 사용되고 있는 정보, 즉 의식(또는 생각)하고 있는 정보를 단기간 저장하는 기억의 부분이다. 단기기억이란 명칭은 정보가 짧은 시간 동안 저장된다는 의미로 붙여진 것이다.

다시 말하면, 단기기억은 감각기억에서 이동한 정보와 장기기억에서 인출된 정보를 결합하는 정신적 작업을 실행하여 그 결과를 외현적 행동으로 나타내거나 다시 장기기억에 저장하게 하는 기억 부분이다.

이런 의미에서 단기기억을 작업기억(working memory)이라고 부르기도 하는데, 일부 학자들은 working memory를 작동기억 혹은 작용기억으로 번역하기도 한다. 작업기억의 명칭은 실제 정신적 작업이 이루어지는 작업대와 같다는 점을 강조하여 붙여진 것이고, 작동기억은 정보의 처리 및 저장을 동시에 작동하고 실행하는 기억의 기능적 측면을 강조하여 붙여진 명칭이다. 반면에 작용기억은 실제 의식작용이 일어나는 기억 부분이라는 점을 강조하여 붙여진 명칭이다.

그러나 학자에 따라서는 단기기억(short-term memory)과 작업기억(working memory)을 구분하기도 한다.

정보처리에 관한 대표적인 모형을 제안한 Atkinson과 Shiffrin(1968; 1971)은 단기기억을 일시적 작업기억으로서의 역할을 한다고 하여 이를 구분한다. 즉, 작업기억은 정보를 장기저장하거나 반응을 하기 위한 준비를 하도록 더 깊은 처리를 수행하는 단계라는 것이다.

이성진(2004)도 작업기억을 단기기억의 일부분으로 보고 이를 구분한다. 즉, 단기기억을 우리가 의식하는 기억이라고 한다면, 작업기억은 그 의식하는 기억을 유지하기 위하여 메모하는 것으로 생각할 수 있다는 것이다.

단기기억의 특징은 정보처리 용량이 매우 제한되어 있고, 지속시간이 짧다는 점이다. 밀러(Miller, 1956)는 숫자범위 검사를 통하여 단기기억이 약 7개 항목 내외(7

±2), 즉 약 5～9개 항목의 숫자를 기억할 수 있음을 증명하였다. 이와 같이 단기기억의 기억용량이 7개 항목 내외이기 때문에 전화번호부에서 한 개의 전화번호를 찾아 이를 기억하며 전화를 걸 수 있지만, 한 번에 두 개의 전화번호(14개 숫자)를 기억하며 전화를 걸기는 어렵다.

그러나 이러한 단기기억의 용량은 정보의 결집(chunking)이나 기능의 자동화를 통하여 증가시킬 수 있다. 정보의 결집(chunking)이란 다수의 정보를 의미 있거나 익숙한 것끼리 하나의 단위로 묶어서 기억하는 방법을 말한다.

예를 들면, FIFAWTOIMFAPECOECDIBRD는 22개의 철자로써 철자 하나 하나는 단기기억의 용량을 초과하기 때문에 한 번에 기억해서 사용하기 어렵다. 그러나 이를 FIFA, WTO, IMF, APEC, OECD, IBRD와 같이 의미 있는 단위로 분류해서 6개 묶음으로 결집하면 쉽게 기억할 수 있다.

이와 같이 기존지식을 이용하여 주어진 정보를 의미 있는 단위로 묶을 수 있는 능력 때문에 우리는 단기기억의 용량이 매우 제한되어 있음에도 불구하고 단기기억에서 많은 양의 정보를 기억하고 처리할 수 있는 것이다. 그러나 정보의 결집도 7개의 단위 내외로 하여야 한다.

또한 단기기억에서 정보를 처리할 때 어떤 기능이 자동화되어 있으면 단기기억의 처리 용량에 전혀 부담이 되지 않기 때문에 보다 많은 용량을 처리할 수 있다. 예를 들어, 우리는 휴대전화를 걸 때 전화를 거는 방법과 같은 일들은 이미 숙달되어 있기 때문에 주의를 기울일 필요가 없다. 단지 전화번호만 기억하고 누르면 된다. 그러나 휴대전화기를 처음 사용하는 초기단계에는 단기기억에서 전화번호와 전화기의 사용방법을 동시에 기억해서 작업을 수행하여야 하기 때문에 전화번호를 기억하는 데 어려움을 겪게 될 것이다.

단기기억의 또 하나의 특징은 그 지속시간이 개인차를 인정하더라도 대략 20～30초 정도로 매우 짧다는 것이다. 따라서 단기기억에 있는 정보는 반복해서 시연하지 않으면 빠르게 사라지고 만다.

단기기억에서 정보의 손실을 막고, 계속 활성화된 상태로 유지시키기 위해서는 두 가지 과정, 즉 시연과 부호화 과정이 필요하다.

① 시연

단기기억에 있는 정보는 쉽게 사라지기 때문에 이를 기억하기 위해서는 활성화된 상태를 유지시켜야 한다. 단기기억의 정보를 계속 활성화시켜 유지하려면 그 정보를 반복 시연하는 작업이 필요하다.

시연(rehearsal)이란 단기기억 속에 있는 어떤 정보를 계속 유지하고자 할 때 그 정보를 소리 내어 외우거나 마음속으로 되뇌면서 반복 연습하는 것을 말한다. 단기기억 속의 정보를 계속 유지하기 위한 시연은 장기기억 단계에서 필요한 정교화 시연과 구별하기 위하여 특별히 유지 시연(maintenance rehearsal)이라고도 한다.

예를 들면, 114 안내 전화에서 전화번호의 멘트가 나오면 그것을 되풀이해서 암송해야 전화번호를 기억하고 전화를 걸 수 있다. 이러한 유지 시연을 하지 않으면 전화를 걸기도 전에 그 번호를 잊어버리게 될 것이다.

이와 같이 단기기억에 들어온 정보는 유지 시연을 통하여 단기기억에 머물며 사용된다. 한편, 그 정보의 의미를 생각하며 시연을 위한 노력을 더 많이 할수록 장기기억으로 이동하여 저장되기가 쉽다.

② 부호화

부호화(encoding)란 기억체계에 들어온 정보를 보다 잘 기억될 수 있는 형태로 전환시키는 과정을 말한다. 이를 약호화 또는 기호화라고도 한다. 정보를 기억에 저장한다는 것은 외부에서 들어오는 자극 자체를 저장하는 것이 아니라 상징(象徵)의 형태로 부호화하여 저장하는 것이다. 각종 자극에 대한 정보들이 부호화되어 기억에 저장되는 것을 표상(表象, representation)이라 한다.

정보가 어떠한 양식으로 표상되어 저장되었는가에 따라 그것을 인출하는 양식과 인출의 용이성이 달라진다고 볼 수 있다.

부호화 과정은 정보를 단기기억이나 장기기억에 저장할 때 이루어진다. 단기기억에서는 정보를 기억할 때 청각적인 부호를 주로 사용한다. 다시 말하면, 단기기억에서는 정보에 따라 청각적, 시각적, 의미적으로 부호화하여 기억하고 처리하지만 주로 청각적인 부호가 지배적으로 사용된다는 것이다. 이러한 경향은 언어적 정보를 기억할 때 특히 높게 나타나는데, 연구에 의하면 시각적인 언어 정보도 청각적으로 부호화하여 저장한다는 것이다.

Conrad(1964)는 피험자들에게 알파벳 몇 글자를 시각적으로 보여 주고 나서 곧장 그 글자를 회상하여 보라고 하였다. 그 결과 피험자들은 시각적으로 유사한 글자와 혼동해서 회상하는 것이 아니라 청각적으로 발음이 유사한 글자와 혼동하여 잘못 회상하는 경우가 많았다. 예를 들어, V는 B로, Y는 I로, X는 S로 혼동하여 회상하는 것이었다.

③ 단기기억과 망각

단기기억에서의 정보는 시연 등의 의도적인 노력을 하지 않으면 빠르게 사라지고 만다. 이러한 망각현상은 간섭과 쇠퇴에 의해서 일어난다.

단기기억은 용량이 제한되어 있기 때문에 새로 들어온 정보가 기존 정보를 방해하여 사라지게 한다. 이를 간섭(interference)에 의한 망각이라 한다. 이와 같이 새로운 정보에 의해 기존 정보가 밀려나 상실되고 단기기억은 새로운 정보로 대치되기 때문에 간섭을 대치(displacement)라고도 부른다.

또 다른 단기기억의 망각은 기억이 시간의 흐름에 따라 점차 쇠퇴(decay)하여 완전히 사라지게 된다는 것이다. 정보에 계속 주의를 기울이지 않으면 활성화 수준은 점점 낮아져서 결국 단기기억의 정보는 영원히 사라지고 만다.

단기기억에서의 망각이 없다면 단기기억은 기존 정보로 꽉 차 있어서 새로운 정보를 학습을 할 수 없게 된다. 또한 우리가 이제까지 학습한 모든 정보를 영원히 주의를 집중하며 기억하고 있다면 심각한 문제가 발생할 뿐만 아니라 저장된 막대한 정보 중에서 특정 정보를 찾아내는 일도 불가능할 것이다.

④ 단기기억과 개인차

단기기억의 기억능력은 개인차가 있다. 단기기억의 용량은 제한되어 있지만, 성장함에 따라 기억하는 데 효과적인 전략들을 발달시킬 뿐만 아니라 정보의 결집(chunking)과 자동화의 습득 정도에 따라 단기기억의 기억능력이 증가되면서 개인차가 발생한다. 아동들은 성장함에 따라 시연, 조직화, 정교화와 같은 전략을 발달시키며 효과적으로 기억한다.

연구에 의하면, 시연은 연령에 따라 3단계를 거쳐서 발달하는 것으로 보고 있다(Mayer, 1987). 5세 이전의 아동들은 시연이 불가능하고, 6~7세의 아동들은 자발적인 시연은 하지 않지만 힌트를 주면 시연을 사용할 수 있는 단계다. 자발적 시연은 11～12세가 되어야 가능하고, 이 단계에서는 과제의 특성에 따라 시연방법을 적절하게 변경하며 사용하는 능력도 발달한다.

조직화도 시연과 같이 일정한 단계에 따라 발달한다. 보통 11세경이 되어야 조직화 전략을 사용하는 것으로 보고되고 있다. 정교화는 시연이나 조직화보다 더 늦게 발달되어 중학생 이상이 되어야 정교화가 발달하는 것으로 보고되고 있다. 그러나 중학생이 되더라도 정교화 전략은 드물게 사용되고, 청년기가 되어야 비로소 정교화를 능숙하게 사용할 수 있는 단계에 도달한다. 조직화, 정교화는 후술하는 장기기억에서 자세히 설명한다. 이와 같이 연령에 따라 효과적인 학습에 필요한 전략 사용의 능력에 차이가 있기 때문에 학습과제는 학생들의 발달 수준에 맞게 제시되어야 한다.

앞에서 언급한 바와 같이 단기기억의 용량은 정보의 결집(chunking)이나 기능의 자동화를 통하여 증가시킬 수 있기 때문에 이러한 능력의 차이에 따라 개인차가 발생한다. 정보의 결집(chunking)과 기능의 자동화를 촉진하기 위해서는 다양한 상황에서 다양한 시간에 다양한 목적을 가지고 그 정보와 기능을 사용할 수 있는 기회를 가져야 할 것이다(나동진, 2001).

(3) 장기기억

장기기억(long-term memory)은 단기기억을 통해 들어온 정보를 장기간 저장하고 후에 이를 인출하여 사용할 수 있는 기억이다.

감각기억과 단기기억에 있는 정보는 몇 초 동안만 유지되기 때문에 이를 계속 시연하지 않으면 우리 기억 속에서 빠르게 사라져 버린다. 그러나 장기기억에 있는 정보는 짧게는 몇 분에서 길게는 일생 동안 저장된다. 또한 장기기억은 단기기억과 달리 그 용량이 무제한적이기 때문에 과거에 학습한 막대한 지식을 저장하여 두고 계속 인출하여 사용할 수 있다.

단기기억의 정보를 장기기억에 저장하기 위해서는 단기기억과는 달리 좀 더 정밀한 시연과 부호화가 필요하다.

① 정교화 시연

단기기억에 있는 정보를 활성화된 상태로 유지시키기 위해서는 유지 시연이 필요하다. 그러나 이를 장기기억에 영구적으로 저장하기 위해서는 유지 시연만으로는 충분하지 않고, 더 많은 시간과 노력이 필요하다. 즉, 정보의 의미를 충분히 파악하며 반복적인 시연을 거듭해야 장기기억으로 이동한다. 이러한 시연을 정교화 시연(elaborative rehearsal)이라고 한다.

정보를 효과적으로 장기기억에 저장하는 방법으로는 다양한 방법이 제시되고 있는데, 대표적인 것으로는 정교화, 조직화, 심상, 자문자답 등을 들 수 있다.

정교화(elaboration)란 새로운 정보에 관련된 기존 지식을 연합함으로써 의미를 부가(추가, 확장)하며 기억하는 것을 말한다. 예를 들면, 처음 만난 사람의 이름이 유명 연예인과 같다면 그 이름을 기억하기 위해 반복해서 암송할 필요가 없이 유명 연예인과 연합하면 쉽게 기억될 것이다. 또한 새로운 정보에 기존 지식을 첨가하여 이야기식으로 문장을 만들어 기억하는 것도 정교화의 한 예가 된다.

이렇게 기존 지식과 연합하여 정교화된 정보는 쉽게 기억될 뿐만 아니라 인출도 쉽게 이루어진다. 하나의 정보가 기존의 많은 지식들과 연합하여 저장될수록 인출 단서가 많아져서 재생하기 쉽고, 또한 정교화가 정밀하고 의미 있는 것일수록 재생이 용이하다.

조직화(organization)란 정보를 기억하기 쉽게 여러 개의 범주로 분류하여 조리 있는 체계로 결합하고 재배열하는 것을 말한다. 사람들은 정보를 보다 잘 학습하고 기억하기 위해서 관련 있는 여러 정보를 범주별로 분류하여 조직한다(Bousfield, 1953). 심지어 관련이 없는 듯한 정보도 주관적으로 조직화하여 기억하는 경향이 있다(Tulving, 1962).

어떤 정보를 잘 조직하여 부호화한 것은 별개로 분리되어 있는 정보들보다 기억하기 쉽다. 특히 복잡하고 방대한 정보일수록 조직화는 기억에 중요한 영향을 미친다. 조직화의 예를 들면, 단기기억의 특성에 대해 용량, 지속시간, 내용 등과 같이 범주별로 분류하여 기억하는 것을 들 수 있다. 자료의 내용을 요약해서 기억하는 것도 조직화의 한 유형이라 할 수 있다.

정보를 효과적으로 저장하는 또 다른 방법으로는 심상(imagery)을 들 수 있다. 심상은 정보의 물리적 속성, 즉 시각적인 모습을 마음속에 상상하여 기억하는 것을 말한다. 학습을 촉진하는 데 시각적 심상을 시사하는 그림을 제공하거나 교재의 내용과 관련된 심상을 형성하도록 지시하는 것만으로도 효과가 있는 것으로 밝혀지고 있다.

학습자가 스스로 질문하고 대답하는 자문자답도 정보를 저장하는 데 효과적인 방법으로 제시되고 있다. 예를 들어, 어떤 학습내용에 대해 '왜 그런가?', '다른 것과 어떻게 다른가?' 등등 자문자답을 하면서 학습하면 그 내용을 더욱 확실히 이해하여 기억하기 쉽다. 자문자답은 새로운 정보와 기존 지식을 통합하는 데도 도움을 줄 수 있다.

② 이중부호화이론

장기기억에 들어온 정보는 대부분 시각적 심상과 언어적 의미로 부호화되어 저장된다. Paivio와 Foth(1970)를 비롯한 이중부호화이론(dual coding theory)을 주장하는 연구자들에 따르면, 장기기억에는 심상부호 체계와 의미부호 체계의 두 가지 기억체계가 존재한다고 주장한다.

또한 그들은 시각적이며 언어적 형태로 제시되는 정보가 한 가지 방법으로만 제시되는 정보보다 더 잘 기억된다고 주장한다. 예를 들면, 고양이를 기억할 때 고양이라는 언어적 의미뿐만 아니라 시각적 형태까지 같이 기억하는 경우 의미나 심상 중 하나만 인출해도 그 항목을 쉽게 재생할 수 있다.

따라서 진리, 사랑, 지능, 능력 등과 같은 청각적이고 추상적인 정보는 언어적 형태로 부화화되어 저장되고, 시각적이고 구체적인 형태를 갖는 정보는 심상정보로 부호화되어 저장될 것이다. 그러나 추상적인 속성과 구체적인 속성을 함께 가지고 있는 정보는 동시에 두 개의 부호화가 가능하다. 즉, 문장을 상징하는 장면은 심상부호 체계로 표상되고, 그 문장의 의미는 의미부호 체계로 표상된다.

예를 들어, '내가 대접 받고자 하는 대로 남에게 베풀어라.' 와 같이 그 문장을 구체적인 심상으로 표상할 수 없는 것은 언어적 의미만이 의미부호 체계에 표상될 것이다. 그러나 '텔레비전 왼쪽에 화분이 놓여 있었다.' 라는 문장을 읽고 기억할 경우 텔레비전 왼쪽에 화분이 놓여 있는 장면을 심상으로 기억하기도 하고, 텔레비전 옆에 화분이 놓여 있는 의미적 관계를 파악하여 기억하기도 한다.

장기기억에는 정보의 의미가 부호화되어 저장된다는 것을 실생활에서도 경험할 수 있다. 예를 들어, 학생들에게 '내가 대접받고자 하는 대로 남에게 베풀어라.' 는 경구를 설명하여 주고, 며칠 후에 그 문장을 다시 회상하라고 하면 원래 제시된 문장과 똑같은 문장으로 거의 기억해 내지 못할 것이다. 다만, '남에게 대접받고 싶은 대로 남을 대접하라.' 라고 기억하거나 '다른 사람에게 대접받고 싶으면 다른 사람에게 그대로 베풀어라.' 라는 식으로 그 의미에서는 동일한 내용을 기억해 낸다.

한편, 이러한 이중부호화이론을 부정하는 주장에 의하면 사람들은 그림의 속성보다는 그림의 의미를 기억한다는 것이다. 즉, 장기기억의 용량은 모든 정보의 이미지를 전부 저장할 만큼 크지 않다고 주장하면서 많은 심상 정보들이 실제로는 언어적 의미부호로 저장되며, 심상이 필요할 때 시각적인 심상 정보로 전환된다고 주장한다(Schunk, 1991).

그러나 추상적 단어보다는 구체적인 단어가 기억하기 쉽다는 사실은 이중부호화 이론의 정당성을 뒷받침해 줄 수 있다. 예를 들어, 우리는 부호, 표상, 정보와 같은 추상적인 단어와 시계, 연필, 전화기와 같은 구체적인 단어를 같은 목록에 제시하였을 때 심상으로 그릴 수 있는 시계, 연필, 전화기와 같은 단어를 훨씬 더 쉽게 기억하는 것을 볼 수 있는데, 이것은 장기기억에는 심상부호 체계가 별도로 존재하기 때문이다.

이중부호화 이론가들은 장기기억에 저장되는 심상이 시각적인 영상물을 정확하게 그린 복사판이 아니라고 주장한다. 즉, 심상은 상세한 부분이 생략되고 불완전하거나 부정확하게 기록되기 때문에 정확하지 못하다는 것이다. 또한 그들은 심상부호 체계와 의미부호 체계의 강한 결합을 가정하고 있다.

따라서 학교수업에서 시각적 심상을 시사하는 그림 등 보조물을 제공하거나 교재 내용과 관련된 심상을 형성하도록 지도하는 것 등은 학습효과를 높이는 데 도움을 준다.

이와 같이 장기기억에는 심상부호 체계와 의미부호 체계의 두 가지 기억체계가 존재한다. 그러나 장기기억의 모든 정보가 심상으로 부호화되거나 언어적인 의미로만 부호화되는 것은 아니다. 오렌지 맛을 기억한다든지, 전화 목소리를 듣고 누구인지 기억하는 등 각 감각기관의 부호가 모두 장기기억에 저장될 수 있다.

다만, 많은 심리학자들은 장기기억에서는 대부분 심상부호와 의미부호로 변환하여 정보를 저장한다고 주장하고, 또한 심상이나 의미로 부호화된 정보가 장기기억에 가장 저장되기 쉽다고 주장한다.

③ 장기기억의 유형과 저장

대부분의 인지심리학자들은 장기기억을 저장되는 정보의 내용에 따라 의미기억, 일화기억, 절차기억의 세 가지 유형으로 분류한다.

㉠ 의미기억(semantic memory)

의미기억은 무엇이 어떻다는 그 의미에 대한 일반적인 지식과 어떤 것에 대한 일반화된 개념, 정의, 원리 등이 포함된다. 예를 들어, '봄이 되면 새싹이 돋는다.', '단기기억의 용량은 매우 적다.' 등의 내용을 기억하는 것은 의미기억의 예가 된다.

학교 수업시간에 배운 내용은 대부분 의미기억으로 저장된다. 따라서 교육심리학자들은 의미기억에 가장 관심을 갖고 연구하여 왔다.

언어적 의미가 장기기억에 저장되는 방식은 명제망과 도식의 형태로 저장된다. 물론 영상으로 표상할 수 있는 구체적인 단어나 문장은 앞에 언급한 바와 같이 심상으로 저장된다. 심상에 대해서는 부호화를 설명할 때 언급하였으므로 여기서는 생략하고, 명제망과 도식에 대해서만 설명하기로 한다.

명제(propositions)란 옳고 그름에 대한 논리적 판단을 할 수 있는 가장 작은 정보의 단위를 말한다. 예컨대, '참새는 조류이다.', '참새는 깃털을 가지고 있다.', '참새는 날아다닌다.' 등등은 명제다. 명제망(propositional network)이란 상호 의미적으로 관련 있는 명제가 그물망처럼 연결되어 있는 정보의 단위를 말한다. 서로 관련된 명제들은 공통된 요소를 매개로 하여 연결되어 있다. 이러한 연결 관계를 계속 확대해 나가면 거대한 명제망을 구성하게 된다.

장기기억에 저장된 정보는 활성화 확산(spread of activation)에 의해서 명제망 조직으로부터 인출된다. 어떤 정보가 활성화되어 의식되면 그 정보와 밀접하게 연결된 고리로 확산되어 관련된 다른 정보들이 활성화될 수 있으며, 활성화가 망조직을 통해 계속 확산된다. 이와 같이 정보의 인출은 한 가지 정보의 활성화가 망조직으로 밀접하게 연결된 다른 정보들로 확산됨으로써 일어난다.

의미기억을 표상하는 또 다른 방식으로 도식(圖式) 모형이 있다. 명제망 모형은 개별적인 의미기억을 저장하는 데 적합하다. 반면에 도식 모형은 사물을 속성별로 분류하여 범주화한 의미기억을 저장하는 데 적합하다. 도식이란 용어는 그리스어인 스키마(schema)란 말을 번역한 것으로써 약도, 개요, 형식, 범주(category) 등을 뜻한다. 사람들은 생활 속에서 어떤 정보를 접할 때 과거의 경험과 학습으로 형성된 기존 도식의 틀에 맞추어 그 정보를 이해하려 한다. 이런 의미에서 도식을 이해의 틀이라고 한다. 즉, 도식(schema)은 경험이나 학습을 통하여 인간의 기억 속에 축적된 사고 또는 지식의 기본구조로써 어떤 사물에 대한 세부적인 정보를 담고 있지 않고 일반화된 개념적인 정보를 담고 있다.

도식은 여러 가지 속성들로 구성된다. 예를 들면, 주택에 대한 도식은 특징, 용도, 재료, 크기, 모양 등과 같은 속성별로 범주화하여 형성함으로써 다른 건축물과 구별한다.

도식은 개인의 경험과 학습에 따라 다르게 형성되고, 성장함에 따라 더욱 발달하게 된다. 예를 들어, 건축 분야의 전문가는 비전문가보다 주택에 대한 도식이 더욱 발달되어 있다. 따라서 사람들은 각자의 도식에 따라 동일한 정보에 대해서도 실제로는 다른 의미로 해석할 수 있다.

이와 같이 사람들은 각자 자신이 가지고 있는 수많은 도식과 연결시켜서 정보를 이해하려 한다. 수없이 들어오는 막대한 정보를 도식을 사용하지 않고 학습한다면 효율적인 학습이 이루어질 수 없을 것이다. 즉, 입력되는 모든 정보를 하나하나 이해하여 저장한다면 이해의 속도가 매우 느려 정보를 제때에 처리할 수 없게 될 것이고, 또한 많은 정보가 흩어져 저장됨으로써 인출할 때도 어려움이 따를 것이다.

그러나 새로운 정보를 기존 도식과 연결시키면 더 쉽게 이해되고, 기억되며, 또 많은 정보를 정리해서 저장하기 때문에 그 정보의 인출도 쉽게 이루어진다.

도식은 또한 어떤 사실을 추론하는 역할도 한다. 예를 들어, 친구가 아침에 전화로 밤늦도록 시험공부를 하였다는 말을 했다면 우리는 그 친구가 피곤해서 아침에 늦게 일어났을 것이고, 눈도 충혈되어 있을 것으로 추측하는 등 밤늦도록 공부해 본 경험에 의해서 형성된 도식을 가지고 추론할 것이다.

그러나 이러한 도식은 정보를 왜곡시키는 역할을 하기도 한다. 사실 그 친구는 피곤하지도 않고 늦잠을 자지 않았는데도 그렇게 한 것으로 착각하고 다른 친구에게 사실인 것처럼 전할 수 있다. 즉, 도식에 근거한 추론을 실제로 들은 사실로 착각함으로써 이 추론이 사실인 것처럼 믿게 되는 것이다. 지방색이나 남녀차별과 같은 고정관념도 정보를 왜곡시키는 도식으로 볼 수 있다. 예를 들면, 지방색은 특정 지역 사람들에 대해 가지고 있는 고정관념의 틀에서 그들을 판단하는 것으로 그 틀에 맞는 특성은 두드러져 보이고 그렇지 않는 특성은 과소평가되어 그 지역 사람들의 특성을 왜곡시키는 것이다.

㉡ 일화기억(episodic memory)

일화기억은 개인들이 일상생활을 통하여 경험하는 많은 사건들에 대한 기억을 말한다. 일화기억은 사건이 일어난 시점과 장소를 기초로 조직되는 심상의 형태로 저장된다. 예를 들어, 지난여름에 해수욕장에서 일어났던 일이나 며칠 전 점심 먹을 때 일어났던 일을 기억하는 것은 일화기억의 예에 속한다. 따라서 일화기억을 인출할 때는 장소와 시간적 단서가 중요한 역할을 한다.

그러나 일화기억들은 일상생활에서 반복적으로 일어난 것들이기 때문에 일화가 특별한 사건과 연관되지 않으면 인출하기 어렵다. 예를 들어, 사람들은 일 년 전에 점심 먹었던 일은 기억하지 못할 것이다. 그러나 점심을 먹을 때 사랑하는 사람으로부터 청혼을 받았거나 다이아몬드 반지를 선물로 받았다면 점심 먹었던 때와 장소, 음식 등을 생생하게 기억할 것이다.

이것은 특별한 사건들이 단서가 되어 일화기억의 인출을 도와주기 때문이다. 특히 일화기억은 일의 순서를 그대로 저장해 둘 수 있기 때문에 개인의 생활사, 소설과 영화의 줄거리 등을 저장하기에 적당하다.

㉢ 절차기억(procedural memory)

절차기억은 무엇을 어떻게 하는 방법이나 규칙에 대한 지식을 말한다. 이것은 사고기능, 운동기능과 같은 기능에 대한 기억과 같다. 미적분을 풀거나 자동차 운전을 하는 것 등은 절차기억에 해당된다. 절차기억의 특징은 어떤 방법이나 규칙에 대한 절차를 많이 연습할수록 자동화되고, 오랫동안 잊혀지지 않는 것이다.

절차기억은 자극과 반응의 연합으로 저장되어 있다. 예를 들어, 우리가 비록 오랫동안 자전거를 타지 않았더라도 자전거에 앉으면 그 자극이 반응을 환기시키게 한다. 자전거가 왼쪽으로 기울어지는 자극에 의해 우리는 본능적으로 우리의 무게를 오른쪽으로 옮겨서 균형을 유지하는 반응을 하게 된다(김남순, 1998).

④ 부호화 특수성

장기기억에 아무리 많은 정보가 저장되어 있다고 하더라도 이를 필요할 때 적절히 인출하여 사용하지 못한다면 아무 소용없다. 장기기억에 있는 정보가 잘 인출되기 위해서는 첫째, 부호화가 잘 되어 있어야 하고 둘째, 적절한 인출단서가 있어야 한다.

맥락은 장기기억에 저장된 정보에 대한 최상의 인출단서로 작용한다. 즉, 맥락은 장기기억의 정보를 쉽게 찾아서 인출할 수 있도록 단서를 제공한다. 맥락은 학습할 당시의 장소, 상황, 상대방, 학습자의 생리적 또는 정서적 상태 등을 말한다. 이러한 맥락은 대부분 학습내용과 함께 부호화되어 저장된다.

Thomson과 Tulving(1970)은 장기기억의 인출단서로서 맥락의 효과를 강조한 부호화 특수성의 원리를 주장하였다. 부호화 특수성(encoding specificity)의 원리란 어떤 정보를 부호화하여 저장할 때, 함께 부호화되어 저장되는 맥락이 그 정보에 대한 가장 효과적인 인출단서(retrieval cue)로 작용한다는 원리다. 다시 말하면, 부호화 특수성의 원리는 학습할 때 제시된 맥락과 회상할 때의 맥락이 동일할 때 정보의 인출이 가장 쉽게 이루어진다는 원리를 말한다.

Thomson과 Tulving은 부호화 특수성의 원리를 입증하기 위한 연구에서 피험자들에게 24개의 단어 쌍을 제시해 주고 학습하게 하였다. 단어의 쌍은 강한 연상성(예: 하늘-구름)과 약한 연상성(예: 마당-추운)을 갖는 두 종류의 단어들로 짝지어 구성되는데, 앞의 단어가 맥락단어이고 뒤의 단어가 기억해야 할 표적단어다. 피험자들에게 이 같은 단어 쌍을 학습하게 한 후에 원래의 쌍인 맥락단어(예: 마당)를 제시하며 표적단어(예: 추운)를 회상하도록 요구하고, 한편 원래의 맥락단어를 제시하지 않고 그 표적단어(예: 추운)와 강한 연상성이 있는 '더운'을 회상 시에 별도로 제시하고 그 회상률을 비교하였다.

그 결과 원래의 맥락단어가 표적단어와 강한 연상성을 갖든 약한 연상성을 갖든 모두 회상 시에 제시된 연상단어보다 회상 수준이 더 높게 나타났다. 즉, '더운'이라는 단어는 '추운'이라는 표적단어를 생각나게 하는 강한 연상성을 갖고 있음에도 불구하고 학습 시에 상호 연합이 이루어지지 않았기 때문에 약한 연상성을 갖는 '마당'보다도 회상 수준이 낮게 나타난 것이다. 실험에 의하면 맥락단어가 표적단어와 강한 연상성을 갖는 경우는 표적단어 중 80%가 회상되었고, 약한 연상성을 갖는 경우는 73%가 회상되었다.

정보의 인출 시 맥락의 적용은 일상생활에서도 많이 활용되고 있다. 예를 들어, 옛날 고등학교 수학여행 때의 일화를 회상한다고 하자. 사람들은 그 당시의 수학여

행 장소, 계절, 급우들, 숙박 장소, 선생님 등을 맥락으로 회상하면서 그때의 즐거웠던 일화들을 기억해 낼 수 있을 것이다.

맥락의 활용은 설단현상에서도 찾아볼 수 있다. 설단현상(tip-of-the tongue phenomenon)은 어떤 단어를 정확히 기억해 내지 못하고 그 단어와 의미가 유사하거나 음이 비슷한 단어가 혀끝에서만 맴도는 현상을 말한다. 예를 들어, 오랜만에 초등학교 친구를 만났으나 그의 이름이 생각이 날 듯 말 듯하며 혀끝에서만 맴도는 것을 말한다. 이러한 설단현상은 기억하고자 하는 단어와 의미나 음이 비슷한 단어를 맥락으로 하여 그 정확한 단어를 찾으려는 과정이다.

학습자의 생리적 · 정서적 상태도 기억에 부호화되어 저장됨으로써 맥락으로 작용한다. 따라서 현재의 생리적 · 정서적 상태가 학습할 당시의 상태와 유사할 경우 기억된 정보를 더 인출하기가 쉽다.

예를 들면, 술이 취한 상태에서 했던 이야기들이나 사건을 이튿날 술을 깬 후에는 전혀 기억할 수 없는 경우, 이를 다시 기억하고 싶다면 술을 다시 마시면 도움이 될 수 있다. 술을 마신 생리적 상태가 맥락이 되어 그 당시의 이야기나 사건들과 함께 기억될 것이므로 다시 그 생리적 상태로 돌아가면 장기기억의 인출단서가 되어 쉽게 회상할 수 있기 때문이다.

또한 행복한 상태에서 학습한 내용은 우울한 기분에서보다 행복한 상태에서 더 잘 회상되고, 우울한 상태에서 학습한 내용은 그와 같은 상태에서 더 잘 회상된다. 따라서 부부 싸움을 할 때도 상대방이 자신을 화나게 했던 기억만 자꾸 생각나 더 싸우게 된다. 현재 화가 나 있는 정서상태가 맥락이 되어 그와 비슷한 상태에서의 기억이 자꾸 인출되기 쉽기 때문이다. 반대로 사랑에 빠져 있을 때는 상대방과의 좋은 추억만이 기억에 떠오르게 된다.

한 연구에 의하면, 학습장소와 시험장소의 맥락이 같은 경우에도 정보인출이 보다 쉽게 되는 것으로 밝혀졌다. Smith(1979)는 실험을 통하여 시험장소와 맥락(구조 · 분위기 · 상황 등)이 동일하거나 유사한 환경에서 공부한 학생들이 전혀 다른 환경에서 학습한 학생들보다 점수가 더 높게 나타난 것을 검증하였다. 이것은 학습자가 학습한 내용과 그 당시의 맥락이 부호화되어 함께 장기기억에 저장되었기 때문에 시험장소가 학습장소와 맥락이 같을 경우 그 맥락이 인출단서로 작용하기 때문이다.

여러 연구는 실험실에서 학습한 내용을 다른 장소에서 회상하도록 검사하는 경우 동일한 장소에서 검사하는 경우보다 10～15점 정도 감소하는 것으로 조사되었다(Spear, 1978; Smith, Glenberg, & Bjork, 1978). 따라서 강의를 듣던 교실에서 시험을 보는 학생들은 다른 장소에서 시험을 보는 학생들보다 시험성적이 높게 나타날 수 있다.

이러한 맥락의 효과는 학습자가 학습한 환경과 다른 환경에서 시험을 볼 때도, 학습자로 하여금 학습할 당시의 맥락을 회상하도록 하면 동일한 맥락에서 시험 볼 때와 비슷한 효과가 나타나는 것으로 밝혀졌다. 이 원리는 반대로 학습자가 학습할 때 시험장에서 시험 보는 상황을 상상하고 그 시험장에서 학습내용을 회상한다고 가정하며 학습하는 경우도 학습효과가 높게 나타날 수 있을 것이다.

⑤ 장기기억과 망각

장기기억에 저장된 정보는 영구적으로 보존되는 것으로 알려져 있지만, 최근의 연구는 이러한 주장에 의문을 제기하고 있다(Schwartz & Reisberg, 1991). 장기기억에 대한 망각은 인출 실패, 간섭, 쇠퇴, 동기적 망각 등으로 설명할 수 있다.

㉠ 인출 실패

일부 학자들은 장기기억 속에 저장된 정보는 결코 없어지지 않고, 단지 인출단서의 부재로 인출하지 못하는 것일 뿐이라고 주장한다. 이를 인출 실패(retrieval failure)라고 한다.

장기기억 속의 정보를 인출하는 과정은 도서관에서 도서 분류표에 의해서 필요한 책을 찾는 것과 같다. 수십만 권의 책이 비치되어 있는 도서관에서 아무 단서도 없이 필요한 책을 찾는다는 것은 쉬운 일이 아닐 것이다. 마찬가지로 장기기억의 인출과정에도 적절한 인출단서를 이용하여 필요한 정보를 찾아가는 기억 탐색과정이 필요하다.

앞에서 설명한 설단현상은 기억 탐색과정에서 찾고자 하는 정보에 가까이 접근하였지만, 그 정보를 찾지 못하고 주위만을 맴돌며 정보를 인출하지 못하는 현상이라 할 수 있다. 이와 같이 장기기억 속의 정보는 영구히 보존되어 있기 때문에 소멸되지 않으며, 다만 단서의 부재에 의한 인출 실패로 기억하지 못할 뿐이라는 주장이 오랫동안 지지를 받아 왔다. 그러나 최근에는 장기기억도 단기기억에서와 마찬가지로 간섭과 쇠퇴에 의해서 망각이 일어나는 것으로 보고 있다.

㉡ 간섭

장기기억 속의 정보는 간섭에 의해서 망각된다고 한다. 간섭설을 주장하는 학자들에 의하면 장기기억 속의 정보를 회상하지 못하는 것은 그 기억이 손실된 것이 아니라 기억된 정보가 서로 간섭을 일으켜 인출을 방해한다는 것이다.

간섭은 학습의 내용이나 방법이 유사한 경우에 잘 일어나는 현상이다. 이러한 간섭은 두 가지 방향에서 역행간섭과 순행간섭으로 나뉜다.

역행간섭(retroactive interference)이란 간섭의 방향이 역행적으로 일어나는 것을 말한다. 즉, 나중에 한 학습(후행학습)이 먼저 한 학습(선행학습)을 간섭하여 과거에 학습한 내용을 회상하지 못하게 방해하는 것이다.

순행간섭(proactive interference)은 역행간섭과는 반대로 선행학습이 후행학습에 간섭을 일으켜 새로운 정보에 대한 기억을 방해하는 것이다.

이와 같이 선행학습과 후행학습이 서로 간섭하여 망각을 초래하기도 하지만, 때로는 두 학습이 서로 영향을 주어 학습효과를 촉진하는 역할을 하기도 한다. 이것을 학습의 전이라고 한다.

㉢ 쇠퇴

장기기억 속의 정보는 시간이 경과함에 따라 점점 쇠퇴하여 망각된다는 것이다.

쇠퇴설에 따르면, 기억이란 학습한 기억흔적으로 남는 것이며, 망각은 이러한 기억흔적이 시간의 경과에 따라 쇠퇴한 것이라고 설명한다. 사람들은 오래된 정보일수록 기억하기 어려운 경향이 있다. 이러한 경향성은 쇠퇴설을 뒷받침하는 것으로 볼 수 있다. 그러나 쇠퇴설은 시간이 경과함에 따라 어떤 영향을 받아 기억이 망각되는가를 정확하게 설명하지 못하고 있다.

이러한 쇠퇴에 대한 한 가지 설명은 뇌신경 연결도 마치 근육처럼 사용하지 않으면 약화된다는 것이다. 따라서 오래전에 학습한 내용을 기억하기 위해서는 이를 반복해서 재생하는 연습이 필요할 것이다. 그렇지 않고 그대로 방치해 두면 너무 쇠퇴해져서 결국에는 재생이 어려울 것이다.

㉣ 동기적 망각

동기적 망각은 정신분석이론을 주장한 Freud에 의해 연구되었다. 이를 억압설이라고도 한다. 사람들은 생각하기에 너무나 고통스럽고, 충격적인 경험들은 의도적으로 억압하거나 생각에서 지워 버리려고 한다는 것이다. 이런 결과로 망각이 일어난다고 본다.

그러나 이러한 주장은 어떤 경우에는 고통스럽고 충격적인 경험도 생생하게 기억되기도 하고, 또 어떤 경우는 유쾌한 경험들도 곧 잘 망각하는 현상을 설명하여 주지 못하고 있다.

⑥ 장기기억과 개인차

장기기억의 능력에는 개인차가 있다. 어떤 사람들은 학습한 내용을 잘 기억하는 반면에 어떤 사람들은 잘 기억하지 못한다. 장기기억의 개인차에는 학습자가 습득하고 있는 기존 지식이 가장 많은 영향을 미친다.

장기기억은 대부분 기존 지식을 활용하여 새로운 정보의 의미적 관계를 파악함으로써 기억한다. 따라서 학습자가 지식을 많이 습득하고 있을수록 의미관계를 쉽게 파악할 수 있기 때문에 더 잘 기억할 수 있다.

예를 들어, 우리가 영어 원서를 읽을 때 해당 분야에 대해 사전지식과 영어 단어에 대한 지식이 없다면 문장의 의미를 이해하기 어렵고 단어를 찾는 일에 주의집중을 하기 때문에 학습시간도 오래 걸리고, 중요한 내용도 기억하지 못하게 될 것이다. 그러나 학습자가 풍부한 지식을 갖추고 있다면 학습시간도 단축되고 의미 파악도 쉽게 할 수 있으므로 기억이 훨씬 잘 된다.

4) 정보처리이론에 관한 새로운 접근

앞에서 설명한 기억에 대한 전통적인 정보처리이론(또는 기억저장고 모델)은 기억저장고에 대한 중다저장고(multistore)와 정보처리과정에 대한 중다단계(multistage) 이론을 제안한 Atkinson과 Shiffrin(1968)의 모형을 중심으로 전개되었다. 그러나 이러한 전통적인 정보처리이론은 광범위한 지지를 받고 있으면서도 인간의 기억과정을 전부 설명하지 못한다는 문제점을 가지고 있다. 따라서 정보처리에 관한 새로운 연구가 많이 이루어지고 있다. 그 대표적인 이론으로는 처리수준 이론, 연결주의 이론을 들 수 있다. 다음에서는 이들 이론에 대해서 살펴보고자 한다.

(1) 처리수준 이론

처리수준 이론(levels of processing theory)에서는 별개의 기억저장고나 정보가 몇 단계의 과정을 거쳐서 처리된다는 전통적인 정보처리이론의 주장을 비판하고, 기억은 하나의 단일구조로 이루어져 있으며 정보처리의 수준이 깊을수록 기억은 더 잘 된다고 주장한다. 따라서 이 이론을 처리깊이 이론(depth of processing theory)이라고도 한다. 또 한편에서는 처리수준 이론이 Atkinson과 Shiffrin의 모형과 같이 기억이 비연속적인 일련의 단계로 처리되는 것이 아니라 연속적인 과정으로 처리된다고 보기 때문에 이를 과정이론이라고 부르기도 한다.

처리수준 이론은 Craik와 Lockhart(1972)를 중심으로 하여 발전되었다. 그들은 전통적인 정보처리이론으로는 같은 정보라도 의미를 풍부하게 하고 깊이 생각하면 왜 기억이 더 잘 되는가를 설명하지 못한다고 비판하고 새로운 이론을 제안하였다.

그들은 단기기억과 장기기억이 서로 빈번히 상호작용하고 많은 유사성을 가지고 있는 점으로 보아 기억은 하나의 단일한 기억체계에서 정보를 다르게 사용하는 것이라고 주장하고, 기억의 구조는 몇 단계의 저장고로 구성되어 있는 것이 아니라 하나의 단일구조로 이루어져 있다고 가정하였다. 그들은 단기기억 현상을 하나의 저장기억 모형을 갖고 좀 더 합리적으로 설명할 수 있다고 주장하였다.

또한 그들은 같은 종류의 정보라도 어떤 경우는 기억이 잘 되고 어떤 경우는 기억이 잘 되지 않는 것이 정보처리의 특성의 차이에 기인하는 것으로 가정하였다. 즉, 이 이론의 핵심은 기억이 하나의 단일구조로 구성되어 있고, 정보처리의 수준 또는 깊이가 깊을수록 정보를 처리하기 위하여 동원된 정보의 양이 많아지고 또렷해지며, 강한 기억흔적을 오랫동안 지속시키게 되므로 기억이 잘 된다는 것이다.

Craik 등은 이러한 가정에 따라 정보처리의 수준 또는 깊이의 차이로 개념화하여 처리수준 이론을 제안하였으며, 정보는 물리적, 음운적, 의미적 수준의 세 가지 수준에서 처리된다고 주장하였다.

물리적 수준은 모양, 색깔, 크기 등 시각적으로 지각할 수 있는 물리적 속성을 기준으로 정보를 분석, 처리하는 것으로 가장 얕은 수준(shallow level)이다.

음운적 수준은 소리, 발음 등 청각적으로 지각할 수 있는 음성, 음율적 속성을 기준으로 정보를 분석, 처리하는 것으로 중간 수준(intermediate level)의 정보처리다.

의미적 수준은 단어나 문장을 심도 있고 의미 깊게 분석하여 정보를 처리하는 것으로 가장 깊은 수준(deep level)의 정보처리로서 정보처리의 정교화와 같은 의미로 볼 수 있다. 일반적으로 어떤 정보에서 더 많은 의미를 추출해 내면 낼수록 처리깊이는 더 깊어진다.

이 세 가지 처리수준은 연속적이고 단계적인 것이 아니라 차원적인 것이다.

처리수준 이론에 의하면 각 수준의 정보처리는 기억 속에 흔적(trace)을 남긴다고 한다. 처리수준이 심도 있고 깊을수록 강한 흔적이 오랫동안 남아 기억이 잘 된다는 것이다.

Craik와 Tulving(1975)은 피험자에게 'table'과 같은 한 단어를 보여 주고 세 가지 처리수준으로 분석하도록 요구하고 어느 방법이 기억이 잘 되는지를 실험하였다. 그들은 피험자에게 table이라는 단어가 대문자인지 소문자인지를 판단하도록 하는 물리적 처리수준, 'cable'과 같이 다른 단어에 같은 운율이 있는가를 판단하는 음운적 수준, '그는 접시를 ~에 놓았다.'와 같은 문장에 넣을 적절한 단어를 찾도록 하는 의미적 처리수준으로 단어를 분석하도록 하였다. 이러한 실험 결과, 마지막 의미적 처리수준으로 깊이 처리한 경우가 더 잘 기억된다는 것을 발견하였다.

또한 정보에 의미를 부여할 경우에는 사람들은 자신과 관련 있는 정보를 더 잘 기억하는 경향이 있기 때문에 학습과제에 개인적 의미를 부여하면 기억에 많은 도움이 되고, 특히 정서적 의미가 개입되는 경우에 기억이 가장 잘 된다고 한다.

기억에 관한 이들 전통적인 정보처리이론과 처리수준 이론은 서로 상반된 이론으로 볼 수 있으나 또 한편으로는 상호 보완적인 것으로도 볼 수 있다.

Craik(1979)도 두 이론이 전혀 양립할 수 없는 것이 아님을 지적하였다. 즉, 한 단계에서 다음 단계로 정보를 이동시키는 상이한 전략 또는 처리수준이 있을 수 있을 뿐만 아니라 세 가지 기억저장고의 구분과 유사한 구조적 요소 또는 기억단계들이 있을 수 있다는 것이다.

처리수준 이론은 별개의 기억체계를 가정하지 않고도 기억과정을 설명할 수 있다는 융통성 내지는 이점을 갖고 있다. 그러나 처리수준의 개념이 직관적이고, 처리수준에 따라 파지 정도가 다른 이유에 대한 설명이 불확실하다는 점, 또 우리가 일상생활에서 어떤 정보의 시각적 또는 음운적 특성을 중심으로만 그 정보를 처리하여 기억하는 경우는 드물며, 대부분 정보의 의미를 중심으로 이해하고 기억한다는 점에서 반론이 제기되고 있다.

(2) 연결주의 이론

연결주의 이론(connectionism theory)은 기억의 작용에 관한 가장 최근의 이론으로서, 정보는 낱개 또는 규칙체계로 기억의 한 저장고에 저장되는 것이 아니라 기본적인 정보단위들이 상호 복잡하게 얽힌 신경계의 통로를 통해 연결된 형태로 대뇌의 거대한 신경망 조직 내에 분산되어 저장된다고 주장한다.

이를 병렬 분산 처리 모형(Parallel Distributed Processing model, PDP) 혹은 신경망 모형(Neural Network model)이라고 하기도 한다.

즉, 연결주의 이론에서는 정보처리과정이 단계별(계열적)로 이루어진다고 가정하지 않고, 마치 병렬적으로 연결된 여러 대의 컴퓨터가 동시에 작동하듯이 병렬적으로 분산, 저장된 정보를 동시에 처리한다고 가정하고 정보처리과정을 설명하고 있기 때문에 이를 병렬 분산 처리 모형이라고 부르기도 한다. 또 한편에서는 두뇌에 대한 신경과학적 연구에 기초하여 인간의 기억구조가 뇌의 신경세포들의 연결과 유사한 신경망 형태로 되어 있다고 보고, 이러한 신경세포와 비슷한 기본적인 정보단위들이 연결된 망(networks)을 통해 저장되고 처리된다고 가정하기 때문에 이를 신경망 모형이라고 지칭하기도 한다.

1980년대 중반부터 전통적 정보처리 접근의 대안으로 본격적인 연구가 시작된 연결주의 이론은 인간의 정보처리과정을 '컴퓨터 은유'에서 '두뇌 은유'로 대체하였다(McClelland & Rumelhart, 1985). 즉, 인간의 두뇌는 전통적인 정보처리이론에서 가정한 것과 같이 정보를 컴퓨터처럼 단계적(감각기억 → 단기기억 → 장기기억의 순)으로 처리하지 않고, 거의 동시에 병렬적으로 처리한다는 것이다.

예를 들어, 전통적인 정보처리이론에서는 책을 읽을 때 감각기억에서 개개 글자의 형태를 지각한 다음 단기기억으로 정보를 전달하여 그곳에서 장기기억에 저장되어 있는 기존 정보를 활용하여 그 의미를 분석하고 이해하며, 이를 다시 장기기억에 보내어 저장한다고 가정하지만, 연결주의 이론에서는 이 모든 정보처리과정이 병렬적으로 동시에 수행된다고 가정한다.

연결주의 이론의 특징을 기술하면 다음과 같다.

첫째, 인간의 기억은 별도의 저장고에 저장되고 처리되는 것이 아니라 수많은 기본적인 정보단위들이 상징구조로서 상호 연결선들에 의해 연결된 거대한 연결망(또는 신경망)의 구조를 이루고 있고, 정보는 이러한 연결망에 분산되어 저장된다는 것이다.

예를 들어, 고양이에 대한 기본 정보단위가 동물이고, 쥐를 잡고, 다리가 4개이며, 생선을 좋아한다는 등의 요소로 구성된다고 볼 때 이러한 정보단위들은 두뇌에 분산, 저장되고 서로 선(link)으로 연결되어 거대한 신경망을 형성하고 있다. 따라서 고양이에 대한 기본 정보단위들 사이에 연결이 존재하지 않으면 고양이를 알 수 없게 된다. 신경망에 저장된 기본 정보단위들은 노드(node) 또는 마디를 형성하고 있는데, 이는 두뇌의 기본단위인 신경세포(neuron)에 해당된다.

둘째, 기본 정보단위는 그와 관련된 일정 수준 이상의 자극이 제시되면 활성화되고, 특정 기본 정보단위가 활성화되면 그와 연결된 다른 기본 정보단위들을 활성화시킨다. 연결주의 이론에서는 기본 정보들 사이의 연결강도가 강할수록 활성화가 잘 되는 것으로 보고 정보의 표상은 기본 정보단위들 사이의 연결강도, 즉 활성화 정도에 달렸다고 주장한다.

기본 정보단위들의 활성화 패턴은 우리의 의식에 대응된다. 기본 정보단위들이 신경망 내에서 상호 복잡하게 연결된 각 연결선은 각기 다른 연결강도를 갖고 있다. 만일 두 개의 기본 정보단위가 동시에 활성화되면 그 둘 사이의 연결강도를 증가시킨다.

어떤 기본 정보단위가 어떤 자극에 의해 활성화되면 그와 연결된 망상조직 속의 다른 단위에 계속 전달되어 활성화를 촉발시키는데, 이를 활성화 확산(spreading activation)이라고 한다. 활성화 확산은 활성화된 단위가 그와 연결된 다른 단위로 계속 전달되어 활성화시키는 과정을 말한다. 활성화 과정은 병렬적으로 이루어져 망상조직 속에 상호 연결된 수많은 단위들로 동시에 확산된다. 즉, 정보처리가 동시에 이루어진다.

이와 같이 기본 정보단위를 활성화시키는 것을 점화(prime)라고 하고, 활성화의 결과를 점화효과(priming effect)라고 한다. 예를 들어 [그림 6-7]에서 '상원'이라는 단어가 활성화되면 상원과 연결된 '하원'과 '대통령'이라는 관련 단어까지 활성화가 확산되기 때문에 '상원'이라는 단어는 다른 단위를 활성화시키는 점화의 기능을 한 것이다.

셋째, 연결망 조직은 기본적으로 입력 단위층(input unit layers), 출력 단위층(out unit layers)으로 구성되며, 그들 사이에 은닉 단위층(hidden unit layers)이 있을 수 있다. 입력 단위층은 감각기관이나 다른 단위로부터 들어오는 정보를 받아들이며, 출력 단위층은 외부로 정보를 내보낸다. 은닉 단위층은 외부 환경과는 직접 상호작용하지 않고 해당 연결망 내에서 입력 단위층과 출력 단위층을 연결하면서 그 연결 강도를 변화시키는 등의 역할을 수행한다.

예를 들면, 각각 5개의 입력단위와 출력단위를 가진 연결망 조직은 5×5개의 연결선을 갖게 된다. 연결강도가 강한 단위들은 활성화 확산이 잘 이루어져 쉽게 인출되지만, 연결강도가 약한 단위들은 인출이 어렵다. 연결강도는 기본 정보단위들의 상호 연결에 주어지는 비중과 활성화 수준에 따라 그 정도가 달라진다.

넷째, 연결망 조직은 전체 형태를 완성하여 인지한다. 어떤 형태의 일부가 지워

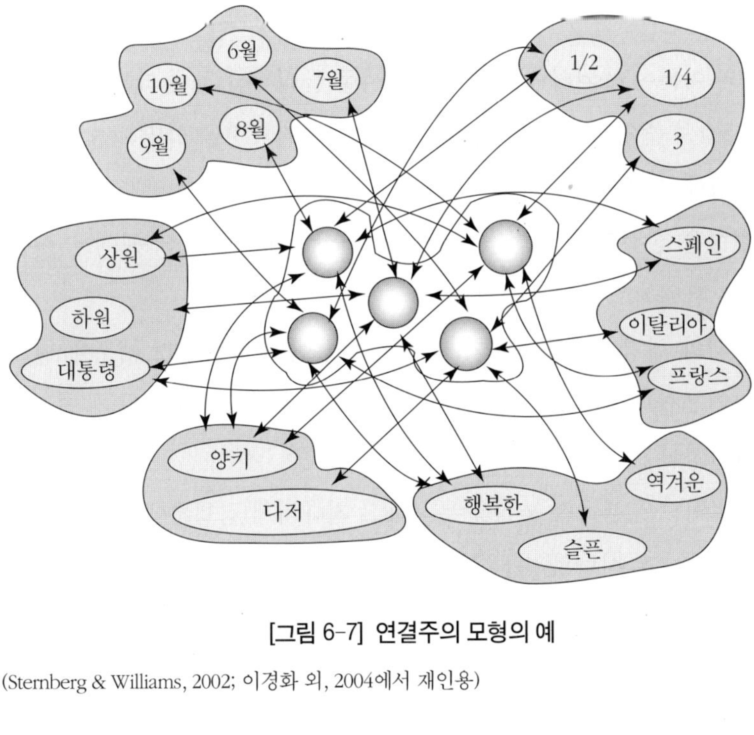

[그림 6-7] 연결주의 모형의 예

(Sternberg & Williams, 2002; 이경화 외, 2004에서 재인용)

져도 그 형태 전체를 재구성하여 인지하고, 또 연결망의 일부가 손상되거나 단위들을 단계적으로 제거하더라도, 이 연결망 조직의 수행은 전통적인 컴퓨터 모형의 체계처럼 급격히 와해되는 것이 아니라 서서히 무너지기 때문에 큰 무리 없이 정보를 처리할 수 있다. 이를 손상에 대한 부드러운 대응(graceful degradation)이라고 한다.

이와 같은 특징을 가진 연결주의 이론에서는 학습이란 기본 정보단위들 사이에 새로운 연결을 형성하고, 그 연결의 강도를 변화시키는 과정이라고 보며, 연결강도가 강한 정보단위일수록 활성화 확산이 잘 이루어져 쉽게 인출된다고 주장한다.

따라서 교사들은 연결의 강도를 높이기 위하여 가능한 관련된 예를 많이 들어 과제를 설명함으로써 활성화 확산을 촉진시키도록 하여야 할 것이다.

연결주의 이론은 두뇌의 신경과학적 연구에 기초하고 있기 때문에 현실성과 실제성이 보다 더 높고, 병렬처리되기 때문에 처리시간이 상대적으로 더 짧으며, 전통적인 정보처리이론보다 융통성 있는 모형이라는 점에서 장점을 가지고 있다.

그러나 연결주의에 대한 비판도 여러 가지가 제기되고 있다. 그 비판들을 요약하면 다음과 같다.

- 연결주의 이론은 두뇌의 신경세포와 유사한 물리적 구조에 의하여 구현 (implementation) 수준의 모형이지 심리 현상이나 인지과정을 설명하지 못하는 부적절한 모형에 지나지 않는다.
- 인지 현상은 신경생리 수준을 넘어서는 현상인데 연결주의 모형은 이를 신경 수준으로 환원시키는 환원주의다.
- 아직 두뇌의 신경과학의 연구가 충분히 이루어지지 않았기 때문에 현재의 신경과학 연구결과로는 충분한 인지 모형을 제시할 수 없기 때문에 연결주의의 모형은 현실성이 없다.
- 연결주의 이론은 생득적 능력을 무시하고 지나치게 경험론에 의존한다.
- 연결주의 이론은 사람과 다른 동물의 지적 차이가 생기는 이유를 설명하지 못한다.
- 연결주의 이론은 운동 통제, 감각, 지각과 같은 낮은 수준의 암묵적(implicit) 지

식 현상만 설명할 수 있고 언어, 사고와 같은 높은 수준의 지식과 관련된 인지적 처리과정을 설명할 수 없다는 등의 비판을 받고 있다.

5) 메타인지(초인지)

(1) 정의

메타인지(metacognition)란 자기 자신의 인지과정을 알고, 그것을 바탕으로 자신의 인지과정을 조절하고 통제하는 사고 작용에 대한 반성을 촉진하는 정신적 정보처리과정이라고 정의할 수 있다. 인지과정은 잘못 인식한 것을 사실로 간주할 수도 있기 때문에 오류의 가능성이 항상 존재한다. 따라서 인지과정에 대해 사고하고 반성하며 조절하는 메타인지가 필요하다. 따라서 메타인지를 인지에 대한 인지라는 의미에서 이를 초인지 또는 상위인지라고도 한다.

메타인지의 개념은 1970년대 초 발달심리학자인 Flavell(1979) 등이 독해 과정, 특히 기억과정과 전략 사용에서 아동들의 지각에 관심을 가지면서 널리 사용되기 시작했다.

그러나 메타인지에 대한 논의는 적어도 고대부터 시작되었다고 볼 수 있다. 고대 그리스 철학사 Socrates(BC 469 ~ BC 399)가 말한 "너 자신을 알라."는 자신의 무지를 깨닫고 옳은 행동을 하라는 의미로서, 메타인지를 함의하고 있는 것으로 볼 수 있다. 또한 중국의 춘추시대 손무(BC 6세기경)가 저술한 손자병법에 나오는 "상대를 알고 나를 알면 백 번을 싸워도 결코 위태롭지 않다(知彼知己, 百戰不殆)."라는 말도 메타인지를 함의하고 있다고 볼 수 있다.

한편, 가까이는 20세기 초 Dewey(1933)와 Thorndike(1917) 같은 학자들에 의해서도 메타인지는 인식되어 왔다. 즉, Dewey는 훌륭한 사고방법으로 반성적 사고작용을 주장하였고, Thorndike는 독해를 추론의 형태로 보았는데, 여기에는 메타인지로 불리는 많은 활동들이 포함되어 있다.

이와 같이 메타인지라는 용어 자체는 새로운 것이지만 메타인지가 함의하는 지식의 형태는 오래전부터 인식되어 왔고, 그 역사적 뿌리도 매우 다양하다. 또한 메타인지는 매우 넓은 인지적 영역에 걸쳐 존재하고, 인지(cognition)의 여러 측면에서 중심적인 역할을 하고 있기 때문에 학자들의 관점에 따라 메타인지에 대해 다양하게 정의하고 있다.

Gardner(1987)는 "메타인지를 인지에 대한 인지"라고 정의하였고, Babbs와 Moe(1983)는 "사고에 대한 사고"라고 간단히 정의하였다. Wellman(1985)과 같은 학자는 메타인지에 대해 "자신의 정신 상태와 과정에 대한 인식"이라고 정의하면서 메타인지를 구속력 있고 한정적인 정의를 내릴 수 없는 애매모호한 개념이라고 주장하기도 하였다.

메타인지의 개념을 널리 보급시키는 데 커다란 역할을 한 Flavell(1979)은 "메타인지란 기본적으로 개인의 인지과정과 그 결과 또는 이들과 관련된 모든 것들에 관한 지식으로서 학습과 관련된 속성"이라고 한다. 또한 그는 인지적인 목표에 관련된 적극적인 감시와 그에 따르는 규제, 그리고 이들 과정들의 조화를 가리켜 메타인지라 한다. 또한 그는 메타인지가 매우 넓은 인지적 영역에 걸쳐 존재하기 때문에 기억, 이해, 주의집중, 의사소통, 그리고 일반적인 문제해결 활동 등 인지과정에 중요한 기능을 한다고 주장하고 있다. 메타인지에 관한 다양한 정의들을 소개하면 다음과 같다.

메타인지에 대한 다양한 정의들

메타인지란 인지과정에 대한 자기 인식(self-awarenss)이나 자기 통제(self-control)를 의미한다(Baker & Brown, 1984).

메타인지란 인지적 과정과 전략을 알려 주고 조정하는 것이다(Borkowski & Krause, 1983).

메타인지란 자신의 사고와 학습 활동에 대한 지식과 통제를 의미한다(Cross & Paris, 1988).

메타인지란 인지적 상태에 대한 개인의 지식이다(Wellman, 1985).

메타인지란 인지에 대한 여러 가지 지식이나 인식이다(Cavanaugh & Perlmutter, 1982).

메타인지란 인지과정에 대한 자아 인식(self-awareness)이다(Brown, 1984).

메타인지란 인지에 대한 체계적인 내적 통찰과정(systematic introspection)과 자기조절 과정(self-regulating process)이다(Schneider, 1986).

오늘날 인지심리학자나 교육심리학자들이 메타인지에 관심을 갖고 매우 중요하게 다루게 된 이유는 기존의 인지전략을 통해 행동을 변화시키려고 한 시도가 한계에 부딪치게 되었기 때문이다.

특히 최근의 학습이론에서는 기존의 인지적 학습전략 훈련이 지속적이고 일반적인 전략 사용이라는 결과를 반드시 가져오지는 않는다고 보고, 전략의 획득, 유지 및 일반화 능력을 증진시키기 위해서는 메타인지적 학습전략 훈련이 필요하다고 주장하고 있다. 여기서 인지전략이란 정보를 처리하는 방식으로 입력되는 정보를 부호화하고, 저장하며, 인출하기 위해 사용하는 정신활동으로 주의, 지각, 시연, 부호화, 인출, 정교화, 조직화 등의 과정을 거친다.

반면에 메타인지전략은 이러한 인지과정에 대한 지식과 인지과정을 어떻게 적용할 것인가에 대한 지식을 의미하는 것으로 인지전략, 기억, 이해, 주의, 의사소통, 문제해결, 학습능력 점검 등 여러 측면의 인지과정을 조절하고 통제하는 중요한 기능을 한다. 또한 인지전략은 구체적인 사고기능과 전략을 사용하여 의미를 만들고 문제를 해결해 가지만, 메타인지 전략은 전체적이고 일반적인 전략이나 계획을 세우고 인지의 전 과정을 조절하고 통제한다는 점에서 큰 차이가 있다.

메타인지는 인지에 관한 지식과 인지에 대한 조절 및 통제의 두 가지 범주가 포함된다.

(2) 메타인지 지식

메타인지 지식은 자기 자신의 인지과정에 대해 스스로 알고 있는 지식으로 자신의 인지과정에 관한 자신의 능력, 과제의 요구 조건, 학습전략 및 문제해결 전략 등에 관하여 알고 있는 것을 말한다.

Flavell은 메타인지 지식은 사람 변인, 과제 변인, 전략 변인으로 구성된다고 한다.

사람 변인은 개인의 인지적 특성에 따른 지식으로 자신이 지니고 있는 인지능력과 한계에 대한 지식을 말한다. 일반적으로 연령이 많을수록 자신의 기억능력과 한계를 더 잘 이해하고 있는 것으로 보인다. 따라서 모든 연령층의 학생들이 기억하는 데 효과적인 전략을 학습할 수 있지만, 나이가 많은 학생들일수록 기억전략을 보다 더 계획적이고 자발적으로 활용한다는 것이다.

어린 아동들은 기억의 제한 때문에 학습한 기억전략을 자발적으로 사용하지 못하고 과제를 단순화시키기 위해 중요한 정보를 빠뜨리거나 옳지 않는 전략을 사용하기도 한다. Case(1985)는 전조작기 아동들이 전형적인 Piaget의 보존성 문제를 풀지 못하는 것은 이러한 이유 때문이라고 하였다. 보통 10세나 11세가 되어야 성인과 비슷한 기억전략을 활용할 수 있게 된다.

과제 변인은 과제의 특성에 관련된 변인으로 학습해야 할 과제의 주제와 내용 등에 대한 것을 말한다. 학습자들이 효과적인 학습전략을 사용하기 위해서는 학습할 과제에 대한 주제와 내용을 어느 정도 파악하고 있어야 한다. 또한 교사들도 특정한 학습전략을 제안하기 위해서는 학습자들이 어느 정도 학습할 내용을 파악하고 있는지 사전 정보를 가지고 있어야 할 것이다.

전략 변인은 메타인지 전략 자체와 관련된 것으로 학습목표를 달성하는 데 필요한 전략에 대한 지식을 말한다. 즉, 학습자가 정보를 효과적으로 부호화하고, 저장하며, 인출하는 데 필요한 메타인지 전략을 얼마나 습득하고 있는가를 말한다. 메타인지 전략은 폭넓은 과제에 두루 활용할 수 있는 일반적인 전략과 특정한 과제에서만 활용할 수 있는 영역 구체적인 전략(과학 과목-실험과 관찰 등)으로 나눌 수 있다.

학습자에게 새로운 과제는 일반적인 전략을 사용하고, 학습 주제와 내용을 파악하고 있는 과제에 대해서는 영역 구체적인 전략을 이용하는 것이 유리하다(Gagné & Driscoll, 1988).

이상과 같은 메타인지 지식의 세 가지 변인은 독립적이기보다는 상호작용의 관계에 있다(Duell, 1986).

(3) 조절 및 통제

인지에 대한 조절 및 통제는 문제해결 과정을 계획하고, 적절한 전략을 선택 · 사용하고, 과정을 점검 · 통제하고, 결과를 반성 · 평가하는 것을 말한다.

메타인지 지식을 가진 사람은 학습과제를 수행할 때 전략을 선택, 실행하고, 그 전략이 과제수행을 잘하고 있는지 점검한다. 이를 통하여 과제수행을 효율적으로 할 수 있도록 인지전략 사용 과정을 조절하고 통제하는 것이다. 적절한 전략의 선택으로 과제를 수행하고, 선택한 전략이 과제를 잘 수행하고 있는지 점검하여 효율적인 과제수행이 이루어질 수 있도록 하는 인지과정에 대한 조절과 통제를 메타인지 자기 조정이라고 한다.

Flavell은 메타인지 자기 조정을 인지 모니터링이라고 하였고, Brown(1980)은 인지 행동을 선택하고, 수행하고, 점검하는 등 자신의 학습을 조절하고 통제하는 것을 인지적 자기 조절이라고 하였다. Brown은 이와 같은 인지에 대한 조절 및 통제의 기능을 메타인지의 중요한 내용으로 보고 이것을 특별히 집행기능(executive function)이라고 불렀다.

메타인지의 연구에서 인지에 관한 지식과 인지에 대한 조절 및 통제의 두 가지 측면 모두가 중요하지만, 최근에는 사고과정이나 문제해결 과정을 점검·조정하고 통제하는 집행적인 인지기능이 보다 강조되고 있다.

인지를 조절하고 통제하는 능력은 계획, 평가, 점검으로 분류된다(Jacobs Paris, 1987).

계획(planning)은 목표를 세우고, 잠재적 장애나 오류를 확인하며, 바라거나 예상하는 결과를 예측할 뿐만 아니라 과제를 분석하여 적절한 사고의 전략과 처리 계획을 설정하는 과정을 말한다. 학습목표를 세우고, 과제를 훑어보고, 질문해 보면서 과제를 분석해 보는 것은 관련된 선행지식을 활성화시켜 적절히 이용할 수 있을 뿐 아니라 보다 적절한 사고의 전략을 선택하고, 처리 계획을 설정하는 데 효과적이다.

평가(evaluation)는 이해 수준을 확인하는 과정으로 과제를 수행해 가면서 주의 집중을 조정하고, 자기 자신을 체크하며, 오류나 장애를 찾아내는 것 등이 포함된다. 점검(monitoring)은 자기 조정 과정으로서 반성적인(reflective) 측면을 많이 가지고 있다. 구체적인 점검 사항으로는 과제의 진행상황, 목표 성취 여부나 성취 정도, 선택한 전략의 적절성, 장애나 오류 판단의 적절성, 계획과 실제 수행의 효율성 등에 대해서 점검하고 판단한다.

학습에서는 과제의 내용을 제대로 이해하고 있는가, 무엇을 알고 무엇을 모르는가를 수시로 점검하는 것이 중요하다. 일부 학생들은 자신이 과제 내용을 제대로 이해하지 못하고 있으면서도 이해하고 있는 것으로 착각하는 경우가 있다. 이를 인식의 착각(illusion of knowing) 또는 제2의 무지(secondary ignorance)라고 한다(Baker, 1989). 시험공부를 열심히 하였는데 시험점수가 낮게 나왔다고 불만을 터뜨리는 학생들의 대부분은 이러한 인식의 착각에 빠진 경우라고 볼 수 있다.

학습의 내용을 제대로 이해하고 있는가를 점검하는 방법으로는 '주제와 원인은 무엇인가?', '어떤 효과와 영향을 미치는가?', '어떤 문제점이 있는가?', '사례를 들어 설명할 수 있는가?', '핵심 내용은 무엇인가?', '다른 학습내용과의 차이점과 공통점은 무엇인가?' 등에 대해서 스스로 질문해 보고 대답하는 것이다. 이와 같이 학습 진행 상황에 맞춰 학습내용에 대해 스스로 질문하고 대답하는 과정에서 자신이 무엇을 알고 무엇을 모르는 가를 알게 될 것이다.

Brown(1980)은 메타인지의 수준이 높은 학습자는 다음과 같이 몇 단계의 과정을 거치면서 학습한다고 주장한다.

- 과제와 관련된 중요한 지시 사항을 확인한다.
- 학습의 방향을 결정한다.
- 중요한 내용에 관심을 가지면서 학습과정을 계속해서 모니터링한다.
- 모니터링 중에 잘못 이해하고 있는 내용이 있는지 없는지 확인하고 잘못 이해하고 있으면 다시 읽거나 내용의 재조직 등을 통해서 잘못된 이해를 교정한다.
- 학습을 마치면서 과정 전체를 평가한다.

6) 학습의 전이

(1) 전이의 의미

전이(transfer)란 학습자가 학습한 내용이 장래에 새로운 학습을 할 때 영향을 미치는 것을 말한다. 다시 말하면, 선행하는 학습 또는 경험의 내용이 후행하는 학습이나 경험에 영향을 미치는 현상을 전이라고 한다. 학습의 일차적인 목적은 한 분야에 대해 학습된 내용을 새로운 내용이나 교과목 등을 학습할 때나 또는 일상생활에 적용하고 활용하는 데 있다고 할 것이다.

만약 학습된 내용이 전이되지 않는다면, 교육은 무의미할 것이고, 우리들은 어떤 상황에서 수행해야 할 행동 하나 하나를 일일이 배워야 할 것이다. 따라서 교육은 궁극적으로 전이의 토대 위에서 이루어지는 것이다. 즉, 학교 학습은 현재 학습한 과제들이 장래의 학습이나 생활 장면에 유용하게 적용될 것이라고 가정하고 이루어지는 것이다.

이와 같이 교육에서 전이의 효과는 매우 중요하기 때문에 학교 교육에서는 전이를 효과적으로 촉진하고 조장하기 위해서 어떤 내용을 어떻게 가르칠 것인가가 중요한 과제 중의 하나가 되고 있다.

(2) 전이의 종류

일반적으로 선행학습은 후행학습을 촉진하는 경향이 있으나 때로는 간섭하는 경우도 있다. 따라서 전이를 선행학습이 후행학습을 촉진하는가 또는 방해하는가에 따라 적극적 전이(positive transfer)와 소극적 전이(negative transfer)로 구별하고 있다. 적극적 전이는 긍정적 전이라고도 하는데, 어떤 상황에서 학습한 내용이 새로운 상황에서도 적용되는 것을 말한다. 소극적 전이는 선행학습이 후행학습을 방해하는 현상을 말하는데, 이를 부정적 전이라고도 한다.

예를 들면, 독일어를 학습한 것이 오히려 영문법의 학습과 영문학의 독해에 혼란을 가져올 수도 있을 것이고, 컴퓨터 게임에 몰두하게 되면 다른 과제를 학습하는 데 방해를 가져올 수도 있을 것이다.

이와 달리 Gagné(1970)는 전이의 현상이 비슷한 수준에서 일어나는가 또는 보다 높은 상위 수준에서 일어나는가에 따라 수평적 전이(lateral transfer)와 수직적 전이(vertical transfer)로 분류하고 있다. 즉, 수평적 전이는 학습자가 서로 비슷한 수준의 과제를 수행할 때 과거에 학습한 내용을 적용하는 것을 말하고, 수직적 전이는 같은 교과라 하더라도 보다 상위 수준의 과제를 학습하는 데 적용하는 것을 말한다.

(3) 전이의 이론

전이에 관하여 중요하게 다루어지는 문제는 어떤 조건하에서 최대의 전이가 일어나는가다. 교사들이 최대의 전이가 일어나도록 가르치기 위해서는 어떤 과목을 학습하면서 습득한 지식, 기술, 이해, 태도 등이 다른 과목을 학습할 때 전이가 어떻게 일어나고, 어느 정도 영향을 미칠 것인가에 대해 이해가 선행되어야 할 것이다.

전이현상을 설명하는 이론으로는 형식도야설이 20세기 초반에 이르기까지 오랫동안 기본적인 견해로 인정되어 왔다. 그러나 그 후 여러 가지 연구가 진행되면서 동일요소설, 일반화설, 형태이조설 등이 주장되고 있다.

다음에서는 전이에 관한 이론으로서 고전으로 통하는 형식도야설에 대해서 살펴보고, 그에 대한 도전으로 주장되고 있는 다른 이론에 대해서 설명하고자 한다.

① 형식도야설

형식도야설(形式陶冶說, formal discipline theory)에서는 인간의 정신이 기억력, 추리력, 주의력, 판단력, 관찰력, 상상력 등 여러 가지 능력으로 구성되어 있다고 보고, 이러한 능력들은 신체의 단련과 같이 집중적인 훈련을 통하여 향상시킬 수 있다고 주장한다. 이 이론은 19세기 초반부터 20세기 초반까지 학교 교육에 지대한 영향을 미쳤다. 따라서 그 당시의 학교 교육에서는 수학, 기하학, 논리학, 라틴어, 역사 등 기본 교양과목을 통한 정신능력을 향상시키는 데 중점을 두고 가르쳤다.

예를 들어, 기하학과 논리학은 추리력, 라틴어는 기억력과 상상력을 향상시키는 데 가장 유용한 교과목이라고 믿었다. 이들 교과는 그 밖의 다른 능력들을 향상시키는 데에도 도움이 된다고 생각했다. 따라서 이러한 기본 교과목을 통하여 정신능력이 향상되면 다른 교과목이나 일생생활에까지 전이가 일어나게 되는 것이다. 이 시기의 교육은 엄격하였다. 학생은 교사에게 정중하고 절대 복종해야만 했다.

그러나 20세기 초에 이르러서 형식도야설을 비판하는 많은 연구결과가 나왔다. 그 첫 번째 연구는 James(1890)에 의하여 수행되었다. 그는 기억훈련과 기억력 향상의 관계를 밝히기 위하여 자신이 스스로 Victor Hugo의 시를 외우는 훈련을 한 후 다른 시를 외우며 기억력 향상을 측정한 결과, 거의 기억력 향상이 나타나지 않은 것으로 결론지었다.

두 번째 연구는 Thorndike(1924)에 의해 수행된 추리능력의 발달에 관한 연구다. 그는 추리력의 향상을 측정하기 위하여 논리학, 수학, 기하학을 학습한 집단과 그것을 학습하지 않은 집단을 비교한 결과, 그 같은 과목을 학습한 집단에서 약간 의 향상이 있는 것으로 나타났으나 그 차이는 무시할 정도 아주 미미한 것이었다.

특정한 학습과제에서 약간의 향상을 보이는 것은 두 학습과제 간에 동일한 요소가 존재하는 것으로 판단하여 아래와 같이 동일요소설을 주장하였다. 그 외에도 Judd(1908)가 주장한 일반화설과 형태심리학자들이 주장한 형태이조설 등에 의해서도 형식도야설은 부정되고 있다.

우리가 주변에서 경험한 것에서도 알 수 있듯이 학교에서 윤리 · 도덕 과목 점수가 높은 학생이 꼭 일상생활에서도 윤리적이고 도덕적이지 않다는 것이다.

② 동일요소설

Thorndike(1901)는 선행학습과 후행학습 과제 간에 동일한 구성요소가 포함되어 있을 때 전이효과가 일어난다고 주장하였다. 그리고 이러한 전이효과는 두 학습 과제 간에 공통적인 구성요소가 많을수록 높게 나타난다는 것이다. 이를 동일요소설(identical elements theory)이라고 한다.

예를 들면, 수학에서의 추리능력은 논리학의 추리에 전이되고, 라틴어의 학습은 라틴어에 어원을 둔 영어 학습에 전이가 될 수 있는데, 이것은 그 내용 사이에 공통적인 요소가 포함되어 있기 때문이라는 것이다. 동일요소로는 내용, 방법, 사실, 원리, 절차, 행동, 태도 등이 포함될 수 있을 것이다,

이 이론은 학교 교육에서 교과목의 구성이나 도입에 많은 영향을 미쳤다. 예를 들어, 고등학교에서 문과나 이과에 따라 교과목을 달리 편성하고, 상업계나 공업계 고등학교에서 졸업 후 사회에서 필요한 기술과 기능 교육에 치중하고 있는 것은 동일요소설에 근거한 것이다. 교사들은 학생들이 학교에서 배운 지식을 일상생활이나 직업활동 등에 활용하기를 기대한다.

그러나 개인의 일상생활과 직업활동은 복잡하고 다양하기 때문에 학교 학습 과제에서는 이를 전부 내용에 포함시킬 수 없기 때문에 전이효과를 기대하기가 어려울 것이다. 또한 오늘날과 같은 지식 정보화 사회에서는 지식과 정보가 대량으로 유통·생산되고 사회가 급변하기 때문에 학교에서 배운 지식들은 졸업 후에는 이미 쓸모없게 된 경우가 많다. 따라서 장차 필요한 지식과 기술이 무엇인지를 예측해서 가르쳐야 할 것이나, 가변적인 미래를 정확히 예측한다는 것은 거의 불가능할 것이다.

이와 같은 이유로 동일요소설이 일면 타당성을 인정받고 교육에 많은 영향을 끼쳤지만, 오늘날과 같은 급변하는 지식 정보화 사회에서는 그 한계점을 드러내고 있다고 하겠다.

③ 일반화설

일반화설(generalization throry)에서는 선행학습을 통하여 새로운 상황에 일반화하여 적용할 수 있는 일반적인 원리를 학습함으로써 후행학습에 전이될 수 있다고 주장한다. 즉, 전이는 선행학습과 후행학습 간의 부분적인 구성요소가 동일한 경우

에 전이가 일어나는 것이 아니라 전체적인 원리의 학습이 전이를 일으키는 가장 중요한 조건이라고 주장한다.

일반화란 Judd가 말한 바와 같이 원리, 규칙, 법칙 등으로 불릴 수 있는 것으로 많은 경험들에 대한 공통된 특성이며, 다양한 경험들에 대해 상호 관련성을 진술할 수 있게 하고 이해를 가능하게 한다.

이 이론을 주장한 대표적인 사람으로는 Judd(1908)를 들 수 있다. 그는 수중에 있는 목표물에 창을 던져 맞히는 실험을 통하여 이를 설명하였다. Judd는 초등학교 5, 6학년 학생들을 두 집단으로 나누어 한 집단에는 빛이 물을 통과할 때 나타나는 굴절의 원리에 관하여 자세히 설명해 주고, 다른 집단에게는 빛의 굴절에 대하여 아무 설명도 해 주지 않고 수중 밑 4인치 깊이에 있는 목표물을 맞히는 실험을 수행하였다.

그 결과, 빛의 굴절의 원리에 대해 학습한 집단은 그렇지 못한 집단에 비하여 훨씬 적중률이 높게 나타났다. 이는 빛에 대한 굴절의 원리, 즉 수중에 있는 표적에서 나오는 빛은 수면을 통과할 때는 굴절하기 때문에 표적의 변화가 일어나는 원리를 학습한 집단은 수중 물체를 맞추기 위해서는 어디에 화살을 겨누어야 할지에 대해 보다 쉽게 적응한 결과라고 할 수 있다.

Judd의 견해는 Kittell(1957)이 수행한 연구에 의해서도 확인되고 있다. Kittell은 초등학교 6학년을 대상으로 전이의 효과에 관한 연구를 실시한 결과, 학습자에게 기본원리의 형태로 정보를 제공하면 학습원리의 전이와 파지가 촉진되며, 앞으로 새로운 원리의 발견을 가능하게 하는 배경이 된다는 것이다.

이 이론은 교육에 많은 시사점을 주고 있다. 특별히 오늘날과 같이 급변하는 지식 정보 사회에서 의미하는 바가 크다고 하겠다. 교사들은 과제의 세부사항에 대해서도 잘 가르쳐야 하지만 그것보다도 새로운 상황에 일반화하여 적용하고 응용할 수 있는 일반원리를 가르치는 것이 무엇보다 중요하다고 할 것이다.

④ 형태이조설

형태심리학자들은 선행학습과 후행학습의 두 가지 학습자료 간에 구성요소의 동일성이나 일반 원리를 이해하는 것이 전이에 영향을 주는 것이 아니라, 학습의 내용, 절차, 원리 등에 대한 전체적인 관계성이나 형태(Gestalt)를 이해하는 것이 전이에 영향을 미친다고 주장한다.

이를 다른 말로 표현한다면, 선행학습을 통하여 형성된 인지구조가 새로운 경험에서의 인지구조의 형성으로 이동함으로써 전이 현상이 나타난다는 것이다. 이 이론을 형태이조설(transposition theory)이라 한다.

형태이조설을 설명하는 실험으로는 명암이 다른 장면에서 닭들의 반응을 관찰한 실험이 있다. A, B 두 장면 중 A장면보다 B장면을 더 밝게 설정한 다음, 닭들이 밝은 B장면 쪽을 선택했을 때만 모이를 주는 것을 반복하여 학습시켰다. 그런 후에 B보다 더 밝은 C장면을 설정하고 관찰한 결과, 이번에는 먹이를 얻기 위하여 B장면이 아닌 C장면을 택하는 것이었다.

이 실험에서 만약 전이가 동일요소설에 근거한다면, 닭들은 먹이를 얻기 위하여 이미 학습한 대로 요소가 동일한 B장면을 선택했을 것이다. 그러나 닭들은 두 장면의 명암관계를 이해하고, 그 관계성을 B와 C의 장면에 적용한 것으로 보인다. 즉, 선행경험의 구도 속에 포함된 인지구조가 새로운 경험에서의 인지구조 형성으로 옮겨짐으로써 전이 현상이 나타난다는 것이다(임승권, 1994).

앞에서 설명한 4가지 전이이론들은 나름대로 근거를 가지고 있으면서도 전이 현상을 완전히 설명하는 데는 모두 한계점을 드러내고 있다. 따라서 전이 현상은 어느 한 가지 이론에 의존하기보다는 이 이론들을 모두 포괄하는 측면에서 이해되어야 할 것이다.

그리고 이들 전이이론들은 학습이론과도 관련을 맺고 있는데, 동일요소설은 학습을 자극과 반응의 연합에 의해 일어난다고 보는 행동주의 학습이론과 관계가 깊고, Judd가 주장한 일반화설은 초기 형태주의 학습이론과 동일하지는 않지만 유사한 점이 있으며, 형태이조설은 형태주의 심리학자들이 주장한 인지주의 학습이론과 관계가 깊다.

전이는 자동적으로 일어나는가? 형식도야설에서는 한 가지 능력이 계발되면 그 능력을 적절히 사용할 때 전이는 언제나 자동적으로 일어난다고 가정하고 있고, 동일요소설도 선행학습과 후행학습 간에 동일요소만 존재하면 전이가 자동으로 일어난다고 주장한다. 또한 일반화설도 적절한 환경이 주어지면 전이가 자동으로 일어난다고 생각하였다.

그러나 실험연구에 의하면 전이는 자동적으로 일어나지 않는 것으로 밝혀지고 있다. 전이는 자동으로 일어나는 것이 아니고 현재의 학습이 다음의 학습에 활용될 수 있다는 자각이 있어야 하고, 학습으로 획득한 지식을 사용하려는 개인의 동기 등이 전이의 중요한 요소로 작용한다는 것이다.

학습과제

1_ 학습에 대한 세 가지 구성요소를 분석, 설명하시오.

2_ Pavlov의 고전적 조건형성의 주요개념 중 다음 용어에 대해 약술하시오.
① 소거 ② 자극 일반화 ③ 변별 ④ 고차적 조건형성

3_ Thorndike의 효과의 법칙에 대해서 설명하시오.

4_ Skinner의 조작적 조건형성과 고전적 조건형성의 차이점을 설명하시오.

5_ 다음 강화계획에 대해 구체적인 실례를 들어 설명하시오.
① 고정간격 강화계획 ② 변동간격 강화계획
③ 고정비율 강화계획 ④ 변동비율 강화계획

6_ 다음 용어에 대해 약술하시오.
① Premack 원리 ② 행동조성(behavior shaping) ③ 토큰제도(token system)

7_ 인지주의 학습이론과 행동주의 학습이론의 차이점을 약술하시오.

8_ 감각기억, 단기기억, 장기기억의 특징을 설명하시오.

9_ 다음 용어에 대해 약술하시오.
① 정보의 결집(chunking) ② 이중부호화이론(dual coding theory)
③ 부호화 특수성(encoding specificity)

10_ 처리수준 이론(levels of processing theory)과 연결주의 이론(connectionism theory)의 특징을 설명하시오.

11_ 학습에서 메타인지(metacognition)의 역할에 대해서 약술하시오.

제 7 장

학습과 동기

1. 동기의 개념
2. 동기의 종류
3. 동기이론
4. 성취동기
5. 학습동기의 유발 방법
6. Keller의 ARCS 모형

학습개요

학업성취는 학습자 특성과 교수방법뿐만 아니라 그들의 동기 수준과 밀접한 관련을 맺고 있다. '말을 물가로 데리고 갈 수는 있지만 물을 먹일 수는 없다.'는 속담과 같이, 하고자 하는 강한 의욕이 없으면 학습효과를 기대할 수 없다. 이와 같이 학습을 촉진하고 유지하는 동기를 학습동기라고 한다.

학습활동은 동기유발에서 시작되며, 학습동기는 학습자가 그 학습에 대한 의욕을 갖고 학습활동을 전개하는 힘이다. 지능과 환경 등 주어진 조건이 같은 학생들의 경우에도 학습에 대한 흥미, 의욕 등과 같은 동기 수준에 따라 학업성취도는 많은 차이를 나타낸다. 더구나 학습의 결과는 다시 동기 수준에 영향을 미치기 때문에 한 번 흥미를 잃어버린 과목은 계속 동기가 저하되는 악순환이 계속된다.

이와 같이 학습동기는 학생들의 학습을 이끄는 중요한 열쇠이며, 학업성취를 예언해 주는 학습자의 정의적 특성 중에서 가장 영향력 있는 변인이다. 따라서 교사들은 학습동기에 관심을 갖고 어떻게 학습동기를 유발시켜 학업성취도를 높일 것인가에 대해 고민해야 할 것이다. 그러나 문제는 학습에서 동기를 유발시키는 것이 생각만큼 쉽지 않다는 것이다. 교사들은 학생들의 학습동기를 유발시키기 위해서 어떻게 해야 할까?

따라서 이 장에서는 먼저 동기의 개념, 동기의 종류와 기능에 대해서 간단히 살펴본 후에 학교 학습에 적용할 수 있는 동기이론을 네 가지 접근법에 따라 분류하여 설명하고자 한다. 또한 학업성취에 가장 많은 영향을 미치는 성취동기에 대해서도 설명하고, 학교 현장에서 활용할 수 있는 학습동기의 유발방법에 대해서 설명한다. 마지막에는 Keller가 제안한 학습동기 설계 및 개발의 구체적이고 처방적인 전략인 ARCS 모형에 대해서도 검토하고자 한다.

1. 동기의 개념

동기(motivation)란 일반적으로 인간의 행동을 유발시키고, 행동의 방향을 제시하고 유지시켜 주는 내적인 힘이라고 정의할 수 있다. 동기는 움직인다는 의미를 가지고 있는 라틴어의 movere에서 유래되었다.

동기의 개념은 학자들에 따라 약간씩 다르게 정의하고 있다.

Atkinson(1958)은 "행위의 방향과 강도 및 지속에 대한 직접적인 영향"이라고 정의하고 있다. Combs와 Snygg(1959)는 "자아개념을 보존하여 주고 향상시키기 위한 지속적인 힘"이라고 하였고, Guthrie(1952)는 "반응의 강도를 높이는 조건"이라고 정의하였다. 또한 Lindsley(1957)는 "어떤 목표를 지향하는 행동을 일으키고, 방향을 잡아 주며 유지시켜 주는 힘의 총합"이라고 정의하였다. Ball(1977)은 "행동을 각성시키고, 방향 지우며 그러한 행동의 강도와 지속성을 결정하는 요소들"이라고 정의하였다.

인간의 다양한 활동 영역 중에서 특히 학습활동에 적극적으로 참여하게 하는 힘을 학습동기라고 한다. 학습동기(motivation to learn)는 학습에 큰 영향을 미치고 있기 때문에 학습심리학에서 중요하게 다루어지고 있다. Brophy(1988)는 학습동기를 "학습활동에 의미와 가치를 부여하고, 학습활동을 통하여 의도된 학습의 이득을 얻으려고 노력하는 경향성"으로 정의하였다.

동기는 대개 다음과 같은 세 가지 상황에서 구체화된다(나동진, 2001).

첫째, 여러 가지 선택 가능한 행동들 중에서 특정한 행동을 선택한 경우다. 예를 들어, 방과 후에 공부와 게임 중에서 마음대로 선택할 수 있는 상황에서 공부를 선택한 학생은 공부에 대한 동기가 강할 것이고, 게임을 선택한 학생은 게임에 대한 동기가 강하다고 할 수 있을 것이다.

둘째, 과제의 수행에 투입되는 시간의 양이다. 어떤 과제에 투입되는 시간이 많을수록 그 과제에 대한 동기가 강하다고 할 것이다. 사람들은 흥미가 있는 과제의 수행에 대해서는 오래도록 지속할 수 있지만, 흥미가 없는 과제에 대해서는 곧 싫증을 낸다.

셋째, 과제에 대한 주의집중 정도다. 과제를 수행하는 데 주의집중을 많이 할 수록 동기의 강도가 높게 나타날 것이다.

2. 동기의 종류

동기는 다양한 유형으로 분류할 수 있지만, 일반적으로 외재적 동기와 내재적 동기로 분류하여 설명하고 있다. 외재적 동기(extrinsic motivation)란 외부적이고 환경적인 요인, 즉 보상, 사회적 압력, 벌 등 외부의 통제로부터 유발되는 동기를 의미한다. 외재적 동기는 행동주의 관점에 근거하고 있다. 그 예로는 학습자가 상품, 칭찬과 같은 외적 보상을 받기 위해서 또는 질책이나 벌을 피하기 위해서 공부하는 것을 들 수 있다.

외재적 동기를 강조하는 행동주의자들은 적절한 외적 보상이나 벌 등을 통해 학습동기를 유발시킬 수 있다고 믿는다. 그러나 외재적 동기는 학습자가 과제 자체에 관심을 갖기보다는 학습의 결과에 대한 보상에 관심을 기울이게 하고, 학습에 수동적으로 참여하게 하는 등 부정적인 영향이 나타날 수 있다.

특히 물질적인 보상을 통한 동기유발을 할 경우 점점 더 보상의 강도를 높여 가야 하므로 나중에는 감당할 수 없게 되며, 또한 보상을 계속 받다 보면 보상받는 것이 목적이 되어 보상이 없으면 활동을 하지 않게 된다는 비판이 있다.

반면에 내재적 동기(intrinsic motivation)란 개인의 내적 요인, 즉 욕구(need), 호기심(curiosity), 흥미(interest), 가치(value), 신념(belief), 포부(aspiration) 등에 의해 유발되는 동기를 의미한다. 이러한 요인들의 영향이 강할수록 동기의 강도는 높게 나타난다. 내재적으로 동기화가 형성된 학습자는 개인적인 흥미를 추구하면서 자발적 · 능동적으로 학습활동에 참여하며 학습목표를 달성해 간다.

이 두 가지 동기를 유발하기 위한 보상 중 어느 것이 강화효과가 높은가에 대해서는 일치된 견해가 없으나 행동주의자들은 외재적 보상을 강조하고, 인지주의자들은 내재적 보상을 강조한다. 내재적 동기화가 강한 학습자는 교사의 동기유발이나 흥미를 제고하기 위한 노력을 거의 필요로 하지 않을 것이다. 그러나 학교 현장에서는 학습자들의 개인차가 많기 때문에 모든 교과목에 대해서 내재적 동기를 유발해 낸다는 것이 쉽지 않을 것이다.

따라서 학교 수업에서는 외재적 보상과 내재적 보상이 모두 필요하다. 실재적으로도 내재적 동기화가 가능한 학습자에게는 내재적 동기화가 효과적이며, 학습에 흥미가 없고 내재적 동기화가 어려운 학습자에게는 외재적 보상에 의한 동기화가 필요할 것이다. 이와 같이 학교 현장에서는 두 가지 동기를 모두 고려해야 한다. 따라서 교사들은 외재적 동기의 수준이 적절한가에 대해 파악하면서 내재적 동기를 조장하고 장려해 주어야 한다(Brophy, 1988).

한편, 외재적 보상이 내재적 동기에 미치는 영향에 대해서는 많은 논란이 있다. 일반적으로 내재적 동기와 외재적 동기를 동시에 적용할 경우 학습효과가 높을 것으로 생각할 수 있다. Cameron(2001)은 외재적 보상은 내재적 동기에 긍정적인 영향과 부정적인 영향을 미칠 수 있고, 전혀 영향을 미치지 않을 수도 있다고 주장하면서 보상을 적절하게 사용한다면 학습자의 내재적 동기와 수행을 향상시킬 수 있다고 한다.

그러나 많은 연구들은 학습자에게 외재적 보상이 주어지는 경우 대체적으로 내재적 동기를 감소시키는 것으로 보고 있다. 어떤 과제에 대해서 비교적 높은 흥미를 갖고 있는 학습자에게 외적 보상을 약속한 결과, 그 과제에 대한 흥미나 즐거움이 감소되었을 뿐만 아니라 그에 대한 지구력이나 질도 낮아졌다고 한다(Deci, 1971; Lepper & Greene, 1975).

또한 Condry(1977)가 외재적 보상과 내재적 보상에 관련된 많은 연구를 조사한 결과에 의해서도, 일반적으로 외적 보상은 쉬운 과제를 선택하는 경향이 있고, 새로운 문제를 해결하는 데 정보의 활용도 비효율적이며, 문제해결의 전략 수립에 있어서도 비논리적인 경향을 보였다는 것이다. 또한 그 활동도 질이 낮은 것이어서 실수가 많았고, 한때 흥미를 가지고 있었던 과제도 그 활동을 마친 후 외재적 보상을 받았던 일에 대해서는 다시 할 확률이 감소하였다.

Johnson(1979)이 수행한 연구에서도 반복적인 외재적 보상이 아동의 내적 흥미를 감소시키는 것으로 나타났다. 그는 책읽기를 좋아하는 아동에게 그 보상으로 과자를 주는 일을 반복하자, 그 아동은 얼마 안 가서 보상이 주어질 때에만 책을 읽는 것이었다.

이와 같은 연구결과는 외재적 보상과 내재적 보상을 동시에 적용하여 동기유발을 할 경우에는 매우 신중하게 해야 한다는 점을 지적해 주고 있다.

그러나 외재적 보상이 항상 내적 동기에 부정적인 영향을 주는 것은 아니다. Ryan과 Mims, 그리고 Korestner(1983)에 의하면 대부분의 외적 보상이 평가적이고 통제적인 구조를 갖고 있기 때문에 부정적인 영향이 나타나는 것이므로 평가적인 압력이나 통제 의도가 없는 상황에서 보상이 긍정적인 능력을 향상시켜 주는 방식으로 제공되면 내재적 동기를 덜 감소시킨다는 것이다.

Stipek(1998)은 외재적 보상의 효과가 그것을 제공하는 방식과 학습자가 그것을 어떻게 지각하느냐에 달렸다는 것이다. 따라서 학습자가 자신에게 주어지는 외재적 보상이 어떤 압력이나 통제 의도가 없이 학습효과를 향상시켜 주는 것으로 지각한다면 학습자의 내재적 동기에 긍정적인 영향을 미칠 수 있을 것이다.

또한 Morgan(1984)은 과제가 적절히 도전적일 때, 보상이 미리 정해진 기준에 의해서 주어질 때, 또 보상 정도가 자신이 지각한 수준에 적절하다고 느낄 때, 학습자의 내재적 동기가 향상된다고 하였다.

한편, 동기는 학습과 관련하여 일반동기와 특수동기로 구분할 수도 있다(Brophy, 1987). 일반동기(general motivation)는 교과목 전반에 광범위하게 영향을 미칠 뿐만 아니라 장기간 지속적으로 유지되면서 학습을 촉진하는 것을 의미한다. 따라서 일반동기가 형성되면 특정 과목에 한정되지 않고 다양한 과목에서 활성화될 수 있고, 학교 학습뿐만 아니라 사회생활에까지 계속 유지될 수 있다. 그러나 특수동기는 특정 과목이나 특정 내용 등 한정된 영역의 학습에서만 학습을 촉진시키게 된다.

3. 동기이론

동기를 설명하는 이론은 바라보는 관점과 강조하는 내용에 따라 다양한 이론들이 존재한다. 여기서는 여러 가지 동기이론 중에서 학교 학습에 적용할 수 있는 동기이론을 행동주의 접근법, 인본주의 접근법, 인지주의 접근법, 사회학습이론적 접근법의 네 가지 접근법에 따라 분류하여 검토하고자 한다.

1) 행동주의적 접근

행동주의 심리학자들은 유기체의 행동이 보상을 통한 외적인 강화에 의해 촉진되고, 방향이 결정되며, 유지된다고 주장한다. 따라서 행동주의 심리학자들은 강화물의 적절한 활용에 의해서 학습동기를 유발시킬 수 있다고 보고, 외재적 보상을 강조한다.

동기에 대한 행동주의적 접근의 대표적인 이론으로는 신행동주의자인 Hull (1951)이 제안한 욕구감소이론을 들 수 있다. 욕구감소이론(drive reduction theory)에서는 인간의 모든 행동이 내적인 욕구(drive)를 감소시키는 방향으로 진행된다고 주장한다. Hull에 따르면 유기체는 생리적인 욕구가 결핍될 경우 내적 긴장이나 흥분 상태를 일으키게 되므로 유기체는 이러한 상태에서 벗어나기 위해서 행동을 한다는 것이다.

따라서 욕구는 그것을 감소시키는 행동을 하도록 동기를 유발하는 역할을 한다. 또한 어떤 행동이 유기체의 욕구를 감소시키면 자극과 반응 간의 연합이 강해져서 그 자극에 대하여 반응하게 하는 하나의 습관을 획득하게 된다. 즉, 유기체가 어떤 욕구를 느끼게 되면 학습된 행동을 습관적으로 다시 하도록 동기화된다는 것이다.

자극과 반응 간의 연합의 정도를 습관강도(habit strength)라고 한다. 습관강도는 자극과 반응 간의 강화 횟수가 증가함에 따라 강해진다. 그러나 습관강도가 강해진다고 해서 그 학습된 행동이 언제 어디서나 발생하는 것은 아니고, 욕구가 있어야 나타나는 것이다. 학습된 행동이 어떤 주어진 순간에 나타날 수 있는 가능성을 반응 잠재력(reaction potential)이라고 하는데, 이것은 욕구와 습관강도의 함수다.

$$\text{반응 잠재력} = \text{욕구} \times \text{습관강도}$$

즉, 욕구가 아무리 강하더라도 습관이 형성되어 있지 않으면 행동이 일어나지 않고, 반대로 습관강도가 아무리 높게 형성되어 있더라도 욕구가 약하면 반응 잠재력은 낮아진다는 것이다

Hull은 욕구를 일차적 욕구와 이차적 욕구로 분류하여 설명하였다. 일차적 욕구(primary drive)는 배고픔, 목마름, 성 등과 같이 유기체의 기본적인 생리적 조건에

서 자극되는 것이며, 이차적 욕구(secondary drive)는 일차적 욕구의 만족과 연합을 통하여 학습된 것으로 다른 사람으로부터 사랑과 인정을 받거나, 재산을 모으려는 욕구 등을 그 예로 들 수 있다.

예를 들어, 사람들이 다른 사람으로부터 인정을 받고 싶은 이차적 욕구를 갖게 된 것은 어릴 때 부모에게 인정받음으로써 먹고 싶은 음식을 얻어먹고, 돌봄을 받았던 경험이 있기 때문이다.

욕구감소이론은 보상이 사람에 따라 다르게 작용한다는 점을 유용하게 잘 설명해 준다. 즉, 동일한 행동을 수행한 두 사람에게 동일한 보상을 제공할 경우, 한 사람에게는 그 보상이 강화물로 작용하여 동기를 유발할 수 있지만 다른 사람에게는 전혀 동기화되지 못하는 경우가 흔히 있다.

예를 들면, 한 사람은 돈에 대한 욕구가 강하고, 다른 사람은 명예에 대한 욕구가 강하다고 하자. 만약 이 두 사람에게 동일하게 돈을 보상으로 제공하면 돈에 대한 욕구가 강한 사람에게는 욕구감소가 나타나 동기가 유발되지만, 명예 욕구가 강한 다른 사람에게는 욕구감소가 나타나지 않을 것이기 때문에 동기를 유발할 수 없을 것이다.

욕구감소이론은 1940년대부터 1950년대 초까지 심리학에서 지배적인 이론으로 각광받았으나 그 후 많은 비판의 대상이 되었다. 대표적인 비판으로는 사람들이 욕구감소와 관계가 없는 행동도 많이 한다는 것이다. 즉, 사람들은 언제나 긴장을 감소시키려고 행동하지 않고 오히려 긴장, 스릴(thrill), 공포를 추구하기도 한다. 예를 들어, 사람들은 번지점프와 공포영화를 즐기고, 위험한 빙벽과 암벽을 오르며, 또한 중요한 목적을 위해 자기 자신을 희생하는 행동을 하기도 한다.

2) 인본주의적 접근

인본주의적(人本主義的) 접근은 개인의 주관적 경험을 중시하는 접근방법으로서 이를 현상학적(現象學的, phenomenology) 접근이라고도 한다. 이 접근방법은 1950년 미국의 심리학자인 Maslow(1908~1970)와 Rogers(1902~1987)가 그 당시 심리학의 두 조류인 행동주의적인 관점과 정신분석적 관점을 비판하면서 과학적인 연구방법을 도외시한 채, 인간이 가치의 중심이 되는 새로운 사상을 주장하기 시작하였다. 즉, 인간은 외부 환경적 자극이나 무의식적인 동기에 의해 수동적으로 움직이는 존재가 아니라 개인의 자기 인식과 자유 의지가 인간행동을 결정짓는 중요한 요소라는 점을 강조하면서 출발하게 되었다. 동기에 대한 인본주의 이론의 특징은 개인의 자각과 내부적 욕구에 의해 동기화된다고 보는 것이다.

인본주의적 접근을 대표할 수 있는 동기이론으로는 Maslow(1970)의 욕구위계이론과 Deci(1986) 등 내재적 동기이론가들이 제시한 자기결단 이론이 있다.

(1) 욕구위계이론

Maslow(1970)는 인간의 모든 행동이 위계적 구조로 형성된 내적 욕구에 의하여 동기화된다는 욕구위계이론(hierarchy of need theory)을 제시하였다. 그에 의하면 인간의 욕구는 가장 하위단계인 생리적인 욕구에서부터 가장 상위단계의 자아실현의 욕구에 이르기까지 그 강도와 중요성에 따라 위계적으로 배열되어 있다는 것이며, 사람들은 이러한 위계화되어 있는 욕구를 충족시키기 위하여 동기화된다는 것이다. 즉, 인간의 욕구는 계층화되어 하위단계의 욕구가 충족이 되면 그 다음 단계의 욕구를 충족시키기 위해서 동기화된다는 것이다. 일단 충족된 욕구는 더 이상 동기로서의 기능을 갖지 않으며, 충족되지 않은 욕구만이 행동을 일으킨다.

Maslow가 제시한 인간의 욕구위계는 [그림 7-1]과 같이 음식, 물, 성, 수면 등의 생리적 욕구(physiological needs), 위험과 고통스런 상황을 피하고 싶고 안전한 환경을 추구하려는 안전의 욕구(safety needs), 타인과 사랑을 나누고 사회집단에 소속하여 친교관계를 맺고 싶어 하는 애정과 소속의 욕구(love and belongingness needs), 타인들로부터 존경받고 자신 스스로도 능력 있고 가치 있는 사람으로 인정받기를 원하는 존중의 욕구(esteem needs), 자신의 잠재력이나 자신다움을 실현하고 자기가 되고 싶어 하는 존재가 되고자 하는 자아실현의 욕구(self-actualization needs)로 분류하고 있다. 최상위의 욕구인 자아실현의 욕구가 잘 충족된 사람이 사회적으로 건강한 사람이라고 할 수 있다.

Maslow는 처음에 욕구위계를 5단계로 분류하였지만, 나중에 세상에 대한 지식을 쌓고 이해를 넓히려는 인지적 욕구(cognitive needs), 아름다움이나 질서, 조화, 완성 등을 추구하려는 심미적 욕구(aesthetic needs)를 자아실현의 욕구 바로 밑에 추가하여 욕구위계를 처음 5단계에서 7단계로 확장하였다. 그는 인지적 욕구와 심

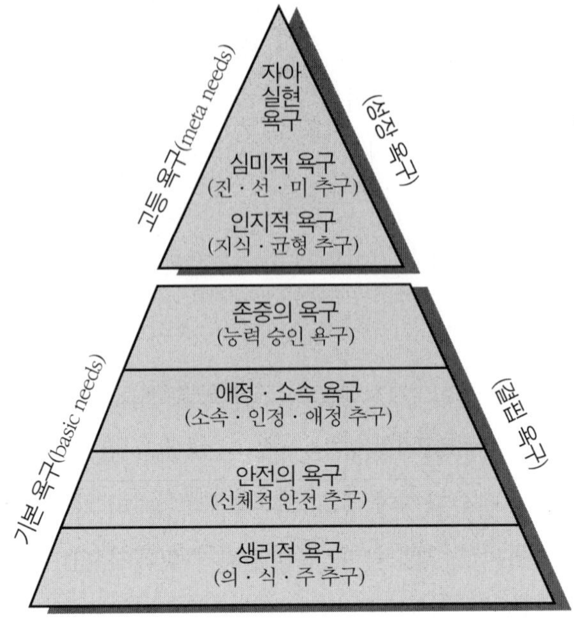

[그림 7-1] Maslow의 욕구위계(임규혁, 1999)

미적 욕구는 다른 욕구처럼 모든 사람이 보편적으로 갖고 있지 않고 소수에게만 있다고 가정하였다.

Maslow는 이와 같이 모든 사람들의 욕구는 위계적으로 배열되어 있기 때문에 하위단계의 욕구가 충족되어야 그 다음 단계의 욕구가 발생하고, 그 욕구들을 충족시키기 위해서 동기가 유발되며, 궁극적으로 자아실현에까지 이르게 된다는 것이다. 또한 그는 상위 욕구일수록 만족도는 더 낮아진다고 보았다. 그는 보통 사람들의 경우 생리적 욕구의 85%, 안전의 욕구의 70%, 애정과 소속의 욕구의 50%, 존중의 욕구의 40%, 자아실현의 욕구의 10% 정도가 만족된다고 추정하였다(이경화 외, 2004).

한편, Maslow는 욕구위계에서 하위 수준에 속하는 생리적 욕구, 안전의 욕구, 애정과 소속의 욕구, 존중의 욕구를 결핍 욕구(deficiency needs)라고 불렀다.

하위 수준에 속하는 네 가지의 결핍 욕구가 충족되지 못하면 부족과 결핍을 느끼기 때문이다. 사람들은 결핍 욕구를 충족시키기 위해서 동기가 유발되고, 이런 욕구들이 충족되면 이를 충족하기 위한 동기는 감소한다.

반면에 상위 수준에 속하는 인지적 욕구, 심미적 욕구, 자아실현의 욕구는 존재 욕구(being needs) 또는 성장 욕구(growth needs)라고 불렀다. 이들 욕구는 결핍되어도 반드시 충족시킬 필요는 없지만 한 인간으로서 존재와 성장을 위해서 필요하다. 존재 욕구는 결핍 욕구가 어느 정도 만족된 경우에 발생한다는 것이다. 음식이나 안전 등과 같은 생존에 필요한 기본적인 욕구를 보장받기 어려운 상황에서는 그러한 욕구를 충족하기 위해 모든 노력을 다할 것이고, 상위 수준에 있는 지적 욕구나 미적 욕구의 추구에는 거의 관심을 기울이지 않을 것이다.

또한 존재 욕구는 결핍 욕구와는 달리 욕구가 충족되면 될수록 그것을 달성하려는 동기가 감소되지 않고, 오히려 증가하는 경향성을 가진다. 존재 욕구는 절대로 완전히 충족시킬 수 없기 때문에 그것을 달성하려는 동기는 끊임없이 유발된다. 예를 들어, 어떤 전문 분야에 대한 지적 욕구가 달성되면 될수록 그것에 대한 지적 욕구 추구는 더 강해질 것이다.

이러한 Maslow의 욕구위계이론은 일반적으로 적용되는 부분이 많이 있지만, 사람에 따라서는 반드시 욕구위계에 따라 행동하지 않는다는 점에서 비판을 받고 있다. 즉, 사람에 따라서는 하위 욕구가 충족된 후에 상위 욕구를 추구하는 것이 아니라 상위욕구를 충족시키기 위하여 하위 욕구를 희생시키기도 하고, 또는 서로 다른 수준의 욕구를 동시에 추구하기도 한다. 예를 들어, 어떤 사람들은 사랑을 위해 자기의 목숨을 희생하는 경우도 있고, 예술가나 학자들은 배고픔까지 참으면서 심미적 욕구나 인지적 욕구를 추구하기도 한다.

욕구위계이론은 교육 현장에 중요한 시사점을 주고 있다. 학습자들이 배고프고, 불안하며, 자존감이 없는 등 기본적인 욕구가 결핍된 경우 학습효과는 분명히 감소될 것이다. 또한 학생이 추구하는 욕구 수준과 교사가 학생에게 요구하는 욕구 수준간에 서로 갈등을 일으킬 수도 있다(Woolfolk, 1990). 따라서 교사들은 학생들의 욕구 결핍 상태를 먼저 점검해야 할 것이다.

한편, Alderfer(1972)는 Maslow의 욕구위계이론의 문제점들을 극복하고자 이를 수정하여 ERG 이론을 제시했다. 그는 Maslow의 욕구위계를 세 단계의 핵심적 욕구, 즉 존재의 욕구(existence needs), 관계의 욕구(relatedeness needs), 성장의 욕구(growth needs)로 통합하였다. 이들의 영문 첫 글자를 모아서 ERG(Existence, Relatedness, Growth) 이론이라 한다.

Alderfer가 분류한 ERG 이론의 세 가지 욕구를 간단하게 설명하면 다음과 같다.

존재의 욕구란 생존에 필요한 생리적이고 물리적인 욕구와 필요를 의미한다. 이는 Maslow의 욕구위계설에서 볼 때, 생리적 욕구와 안전의 욕구에 해당한다.

관계의 욕구는 대인관계와 관련된 모든 욕구로써 대인관계에 있어서 존경과 사랑을 받고 싶어 하거나, 일반 사회생활에서 고립되지 않고, 자율적으로 활동함으로써 심리적 안정을 추구하고 싶어 하는 욕구를 의미한다. 이는 Maslow의 욕구위계설에서 애정과 소속의 욕구와 존중의 욕구에 해당된다.

성장의 욕구는 창조적 성장을 위한 개인의 노력과 관련된 모든 욕구를 포괄하는 것으로써 Maslow의 자아실현의 욕구와 비교될 수 있다. 성장의 욕구는 한 개인이 자기 능력을 최대한으로 이용할 수 있을 뿐만 아니라 새로운 능력 계발을 필요로 하는 일에 종사함으로써 욕구충족이 가능하다고 보았다

Alderfer는 낮은 단계의 욕구가 충족되어야 다음 단계의 욕구가 발생한다는 Maslow의 이론의 가정을 비판하고, 욕구는 반드시 위계적으로만 작용하는 것은 아니고 개인차가 있다고 보았다. 즉, 한 가지 이상의 욕구가 동시에 작용할 수 있고, 또한 현재의 욕구가 만족되지 않거나 좌절되면 다시 낮은 단계의 하위 수준 욕구를 더 많이 충족시켜서 이를 해소하려고 하는 욕구의 퇴행현상이 나타날 수 있다고 보았다. 예를 들어, 안전의 욕구와 존경을 받고 싶다는 욕구가 동시에 작용해서 동기유발이 될 수 있고, 애정과 소속의 욕구가 지속적으로 충족되지 않을 경우 생리적, 물질적인 욕구(예: 음식, 재물 등)에 더 집착할 수 있다는 것이다.

(2) 자기결단 이론

자기결단 이론(self-determining theory)이란 외재적인 보상이나 압력보다는 자율적으로 자신의 행동을 결정하기를 바라는 욕구에 의해서 동기화된다는 이론인데, 이를 자기결정 이론이라고도 부른다. 즉, 사람들은 자신의 행동에 대해 주인이 되고자 하기 때문에 다른 사람들에 의해 만들어진 규칙, 계획, 명령, 제한 등과 같은 외부 통제에서 벗어나 자율적인 결단에 의해서 행동하기를 원한다는 것이다.

DeCharms(1976), Deci와 Ryan(1985) 등과 같은 내재적 동기이론가들에 의하면, 사람들은 자율적인 존재로서 어떤 외부적인 이유 때문에 행동하기보다는 자기의 의지(volition)에 따라 행동하기를 원하는 선천적인 욕구가 있다는 것이다. 또한 이

들은 자기 자신을 행동의 원인으로 인식하는가 아니면 외부요인(보상, 타인의 기대 충족 등) 때문에 행동하는 것으로 인식하는가에 따라 행동의 원인을 내적-외적 소재로 나누고, 사람들은 원인의 소재가 외부에 있을 때보다 내부에 있을 때 동기유발이 더 잘 되고 행동을 적극적으로 수행하려고 한다고 주장한다.

자기결단 이론에서는 외재적 동기가 사회화 과정을 거치면서 점차 내면화되어 내재적 동기로 변화된다고 가정한다. 따라서 직접적인 외재적 보상이나 내적인 흥미가 없는 과제를 수행하기도 한다는 것이다. 여기서 내면화(internalization)란 아동들이 사회화 과정을 거치면서 부모나 교사 등으로부터 획득한 사회에서 가치 있는 것으로 인정되는 가치관이나 태도, 행동 등을 자신의 가치체계 속에 통합시켜 자신의 가치관, 태도, 행동을 변화시키는 과정을 말한다.

이런 관점에서 Deci, Ryan, 그리고 Connel(1985) 등과 같은 동기이론가들은 동기를 내적-외적이라는 이분법적으로 개념화하지 않고, 외적 통제에서부터 내적인 자기결단에 이르는 하나의 연속 체계로 개념화하였다.

따라서 그들은 인간의 행동을 자기설정의 정도에 따라 완전히 외재적 동기에 의해 유발되는 타율적인 행동에서부터 내재적 동기에 의해 유발되는 자율적인 행동까지의 일련의 과정을 몇 가지 유형으로 분류하여 동기를 설명하고 있다. 우리의 어떤 행동은 전적으로 외재적 동기에 의한 타인결단적인 것부터 내재적 동기에 의한 자기결단적인 것의 연속선상의 어느 한 지점에 놓인 것으로 볼 수 있다는 것이다.

예를 들어, 학생들이 영어 자체에 흥미가 없더라도 인내하며 영어 공부를 열심히 하는 것은 자신의 목표를 달성하는 데 영어가 얼마나 중요하다는 것을 외재적 보상이나 사회적 압력 등을 통하여 알고 있기 때문이다. 학생들의 이러한 행동에 대한 동기는 외재적 동기와 내재적 동기의 중간에 있다고 볼 수 있다. 즉, 그 학생들은 영어 공부에 대한 외재적 동기가 내면화된 상태다.

Deci와 Ryan(2000)은 인간의 동기유형을 자기결단의 정도에 따라 다음과 같이 무동기, 외재적 조정, 주입된 조정, 동일시 조정, 통합된 조정, 내재적 동기의 6가지 유형으로 분류하고 있다

① **무동기**(amotivation)

행동에 대한 동기가 없는 상태다. 이러한 상태에 있는 학습자들은 학습 과제수행에 가치를 두지 않고, 스스로 과제해결을 위한 능력이 부족하다고 생각하는 경향을 보인다.

② **외재적 조정**(external regulation)

외재적 동기에 의해서 행동하는 단계로, 아동들에게 내재적 흥미가 없는 특정한 행동을 하도록 하기 위해서는 벌이나 보상 등과 같은 외적 강화가 필요할 것이다. 즉, 이 단계에서는 외재적 보상, 외부의 압력이나 벌 등을 피하기 위하여 타율적으로 행동한다.

③ **주입된 조정**(introjected regulation)

외적 강화에 의해 타율적으로 행동했던 아동들은 점차적으로 타인으로부터 기대되는 행동을 학습함에 따라 사회적으로 바람직한 행동을 내면화하기 시작한다. 이러한 내면화의 결과로 아동들은 순응(compliance)과 불순응(noncompliance)에 수반되는 정서적 반응을 경험하게 되는데, 이것을 정서가 주입된 조정이라고 한다.

따라서 이 단계에서는 자신이나 다른 사람들이 기대하는 행동을 하지 않으면 죄책감, 불안감, 수치감 등을 느끼기 때문에 이를 피하기 위해서 행동하는 단계다. 즉, 외적 강화가 없어도 기대되는 행동을 하는 것은 자기결단보다는 외부의 통제감이나 구속감 등과 같은 정서적 영향에 의해 행동이 조정되는 단계다.

④ **동일시 조정**(identified regulation)

외재적으로 조정되었던 가치관, 태도, 신념, 행동 등을 동일시함으로써 자기 것으로 수용하는 단계다. 동일시(同一視)란 사람들이 성장과정에서 자기가 좋아하거나 중요한 의미를 부여하는 사람을 모델로 삼아 그들의 가치관, 태도, 행동 등을 모방하며 내면화시키는 과정을 말한다. 이러한 동일시 과정을 통하여 개인의 내면에 간직된 동일시 내용들은 그 개인에게 참조준거(frame of reference)로써 기능하게 된다.

우리는 성장과정에서 동일시 내용을 여러 번 바꾸는 일을 반복하게 된다. 즉, 처음 경험한 동일시 내용이 잘 맞지 않을 경우에는 새로운 동일시 내용을 획득하기 위해서 버리게 되는 과정을 거듭하게 된다. 이런 일이 거듭되는 가운데 개인의 가치관, 태도, 신념, 행동 등을 발전시키게 되고, 또한 획득한 동일시 내용들은 개인의 가치체계 속에 집적되어 내면화되는 것이다.

⑤ **통합된 조정**(integrated regulation)

외재적인 동기가 동일시 과정을 통하여 완전히 내면화되어 자신의 가치체계 속으로 통합된 단계다. 통합은 자기 조정이 매우 성숙된 단계이기 때문에 자기 반성적 사고가 가능한 청소년기 이후에 획득할 가능성이 있다(Deci & Ryan, 2000).

통합된 조정에 따른 행동은 완전히 내재적 동기에 의한 행동과 유사한 점이 많지만, 여전히 외재적인 성향(사회적으로 가치 있는 행동 등)을 가진 결과를 얻기 위해서 행동한다는 점에서 차이가 있다. 즉, 과제수행 자체에 내재되어 있는 흥미나 즐거움도 없고, 외적 강화도 없지만, 자신이 가치를 부여하고 원하는 행동을 함으로써 자기결단을 경험하는 단계다.

⑥ **내재적 동기**(intrinsic motivation)

과제 자체에 대한 흥미, 호기심, 즐거움 등 내적이고 개인적인 요인에 의해서 유발되는 동기다. 내재적으로 동기화된 학습자는 과제수행 자체에서 즐거움과 성취감을 느끼기 때문에 자발적이고 능동적으로 행동한다.

한편, DeChams(1976, 1983)는 자기결단과 타인결단 간의 차이를 주인과 노예로 설명하고 있다. 주인으로서의 사람들은 능동적이고 책임감이 있으나 노예로서의 사람들은 수동적이고 책임감이 없으며 무기력하다는 것이다. 따라서 DeChams는 학생들의 자기결단을 지원하도록 돕는 교사들을 위한 프로그램을 개발했다. 이 프로그램은 현실적 목표를 세우고, 그 목표에 도달하기 위한 활동을 스스로 계획하고, 활동에 대한 책임감, 자신감을 가질 것 등을 강조한다(김아영 외, 1997).

학생들이 스스로를 주인처럼 느낄 때 더 높은 자존감을 갖고 더 유능하게 느끼며, 자신의 학습에 대한 책임감을 느끼고, 표준화 검사에서도 더 높은 점수를 나타낸다. 또한 결석이 적음을 몇몇 연구들에서는 보여 준다(DeChams, 1976; Ryan & Grolnick, 1986).

사람들이 외부 통제에 의해 자신을 노예처럼 느낄 때 놀이는 일이 되고, 여가는 의무와 같이 느껴지며, 내재적인 동기는 외재적인 동기로 변한다(Lepper & Greene, 1978). 예를 들면, 공부를 하려고 할 때 부모님이 다른 일을 하라고 시키면 공부하고 싶은 동기가 없어지게 된다. 외부 통제에 의해 자신의 통제감이 박탈되었기 때문에 더 이상 공부하고 싶은 생각이 없어지게 된 것이다.

자기결단 이론은 외재적 동기와 내재적 동기로 명확하게 설명할 수 없는 부분을 잘 설명해 줄 수 있고, 또한 학습자의 동기 성향을 더 구체적으로 파악할 수 있게 해준다(이경화 외, 2004).

3) 인지주의적 접근

인지주의적(認知主義的) 접근은 20세기 초에 게슈탈트(Gestalt) 심리학자들에 의해 주장되었다. 이들은 어떻게 인간의 정신(마음)이 환경으로부터 정보를 받아들이는가 하는 것뿐만 아니라 어떻게 정신이 그 정보를 처리하고 해석하는가에 대한 정신 작용에 관심을 기울였다.

인지주의적 접근에서는 인간이 능동적으로 자극(또는 정보, 지식 등)을 받아들이고, 여러 가지 입력되는 자극을 변형시켜 그것을 부호화하여 기억에 저장시킨 후, 이를 다시 사용할 수 있는 인지기능을 갖고 있다고 보았다. 따라서 인지주의자들은 인간의 심리 현상을 이해하고 설명하기 위해서는 인지기능과 인지과정을 분석함으로써 가능하다고 보았다.

동기에 대한 인지주의자들의 관점을 보면 개인의 사고와 신념, 기대 등에 의해 동기화된다고 주장하고, 개인의 내재적 동기를 강조한다. 인지주의 관점의 대표적인 동기이론으로는 귀인이론이 있고, 그 외에 목표이론과 자기가치 이론이 있다.

(1) 귀인이론

인지주의 동기이론으로서 가장 대표적인 이론이 귀인이론(attribution theory)이다. 귀인이론은 개인이 어떤 특정한 상황에서의 성공 혹은 실패에 대하여 그 원인을 무엇으로 인지하느냐에 따라 그의 행동이 결정된다고 가정한다(Weiner, 1985, 1986, 1992). 사람들은 누구나 일의 결과에 대해 원인을 분석하려는 욕구를 가지고 있는데 그 원인을 추론하는 과정을 귀인(歸因)이라고 한다.

Weiner는 Heider(1958)가 창시한 귀인이론을 학습동기 이론으로 발전시켰다.

학생들은 자신의 성공이나 실패를 다양한 요인에 귀인할 수 있는데, 그 원인들은 학습동기에 중요한 영향을 미친다. 예를 들어, 중간고사 시험의 실패 원인을 자신의 노력 부족이라고 생각하는 학생과 그것이 자신의 능력 부족이라고 생각하는 학생은 각각 다른 동기를 가지고 다음 시험을 준비할 것이다.

Weiner는 학생들이 성공 또는 실패의 원인으로 가장 많이 귀인하는 것으로 능력, 노력, 기분, 행운, 과제의 난이도, 타인의 도움, 교사의 편견을 제시하고, 이 원인들을 원인의 소재, 안정성, 통제 가능성의 세 가지 차원으로 분류하여 설명하고 있다.

Weiner는 Rosenbaum(1972)이 원인지각에 대한 제3차원으로 의도성(intentionality) 차원을 주장하자 이를 비판하고, 의도성 차원 대신에 통제가능성 차원을 제시하였다. Rosenbaum에 의하면, 노력이나 교사의 편견 등은 의도적인 요인이며 기분, 과제의 난이도 등은 비의도적인 요인으로 분류할 수 있다는 것이다. 이에 대해 Weiner는 가령 실패의 원인을 노력 부족으로 돌리는 경우, 이것은 의도적으로 실패하기 위해서 노력하지 않았다는 의미가 아니기 때문에 의도적-비의도적이라는 표현은 적절하지 않다고 보고 그 대신에 통제 가능-통제 불가능이라는 표현을 제시한 것이다.

원인의 소재(locus of causality)란 원인의 출처를 의미하는 것으로 성공 또는 실패의 원인이 개인의 내부에 있는가 아니면 외부에 있는가에 따라 내적-외적 차원으로 분류된다. 예를 들어, 능력이나 노력은 개인의 내부에 존재하기 때문에 내적 요인이고, 반면에 행운이나 과제의 난이도, 교사의 편견 등은 외부에 존재하는 것으로 외적 요인으로 분류된다.

내적-외적 소재는 자아존중감에 영향을 준다. 만약 성공을 내적 요인에 귀인한다면 자아존중감과 자부심이 증가되어 동기가 높아질 것이고, 실패를 내적 요인에 귀인하는 학습자는 자아존중감과 자부심이 손상되어 죄책감을 느끼게 될 것이다.

반면에 성공을 외적 요인에 귀인시키면 그 성공에 영향을 미쳤다고 생각되는 다른 사람이나 요인에 대해 고마움을 느낄 수 있지만, 그 같은 성공을 다음에는 기대할 수 없기 때문에 동기유발에는 별로 영향을 주지 못할 것이다.

안정성(stability)이란 변화 가능성을 근거로 원인을 분류하는 것으로 성공 또는 실패의 원인이 시간의 경과나 상황이 바뀌어도 변화 가능성이 없는 것이냐, 아니면 언제든지 변화될 수 있는 것이냐에 따라 안정적-불안정적 차원으로 분류된다. 예를 들어, 능력은 쉽게 변화시킬 수 없기 때문에 안정적 요인으로 분류되고, 반면에 특정한 노력은 개인이 특별한 상황에서 어떤 목적 달성을 위해 기울이는 것이기 때문에 불안정적인 요인으로 분류된다. 그러나 평소의 지속적인 노력은 안정적인 요인으로 분류된다.

안정성 차원은 미래에 대한 주관적인 기대에 영향을 미친다. 만약 성공의 원인을 능력이나 과제의 난이도와 같은 안정된 요인에 귀인시킨다면 미래에도 그 과제에 대해서는 똑같이 성공을 기대할 수 있기 때문에 동기가 유발되지만, 실패를 안정적인 요인에 귀인시키는 경우에는 미래에도 실패를 예상하고 동기가 감소될 것이다. 그러나 실패의 원인을 불안정한 요인에 귀인시키는 경우에는 미래에 성공을 기대하는 반면에, 성공의 경우에는 미래에 실패를 예상하게 될 것이다.

통제가능성(controllability)이란 원인을 행위자가 통제할 수 있느냐, 아니면 통제할 수 없느냐의 문제로서 통제가능-통제불가능의 차원으로 분류된다. 예를 들어, 외부에서 주어지는 능력이나 과제의 난이도 등은 학습자가 통제불가능한 요인이고, 학습자가 스스로 자신을 변화시켜 요구하는 수준에 도달할 수 있는 노력, 교사의 편견 등은 통제가능한 요인이다.

통제가능성 차원은 자아존중감, 기대와 밀접하게 관련되어 자부심, 죄책감, 수치심, 분노, 고마움과 같은 정의적 특성에 영향을 준다. 통제가능하다고 생각하는 과제를 실패했을 경우 수치심이나 죄책감을 느낄 수 있고, 성공했을 경우에는 자부심을 느낄 것이다. 통제할 수 없는 과제에 실패했을 경우에는 통제하고 있는 사람이나 기관에게 분노를 나타낼 수 있고, 성공했을 경우에는 행운이나 고마움과 연결될 것이다.

〈표 7-1〉은 성공과 실패에 대한 귀인을 세 가지 차원으로 분류한 모형이다 (Weiner, 1979).

〈표 7-1〉 인과적 귀인모형

	내적(內的)		외적(外的)	
	안정	불안정	안정	불안정
통제가능	평소의 노력	특정한 노력	교사의 편견	타인의 도움
통제불가능	능력	기분	과제의 난이도	행운

학습자들이 학습에서의 성공과 실패를 외적 요인보다는 내적 요인에, 안정적 요인보다는 불안정적 요인에, 통제불가능 요인보다는 통제가능 요인에 귀인시킬 때 학습동기가 증가된다고 한다(이성진, 2004).

자신의 시험 실패의 원인을 능력의 부족으로 돌리는 학습자들은 실패의 과정을 변화시킬 가능성이 없고, 또한 통제가 불가능하다고 생각하기 때문에 열심히 노력할 수도 없고 다음 시험에 더 잘할 수도 없다고 생각한다. 따라서 다음 시험에 더 잘하려는 동기가 유발되지 않는다.

반면에 시험 실패의 원인을 자신의 노력 부족과 같이 불안정하고 통제가 가능한 요인으로 돌리는 학습자들은 다음 번에는 시험을 잘 치를 수 있다고 기대한다. 이와 같이 학습동기는 학습목표의 성취를 위한 요인을 학습자 자신이 통제할 수 있고, 변화시킬 수 있다고 지각할 경우에 높아질 가능성이 있다.

따라서 교사는 학생들에게 성적은 자신들의 노력과 효과적인 학습전략의 결과이고, 낮은 능력 때문이 아니라는 것을 알도록 도와주는 수업전략을 활용해야 한다고 Weiner는 강조하였다. 이와 같이 학습에서의 성공과 실패에 대한 원인을 어떻게 지각하느냐에 따라 학습동기, 정서적 반응, 미래학습에서의 성공과 실패에 대한 기대 등에 큰 영향을 미친다는 것이다.

따라서 학습자가 성공 또는 실패에 대한 원인을 어떻게 지각하고 있는가를 알게 되면, 그의 미래 학업성취도를 예측할 수 있을 뿐만 아니라 학습자의 귀인성향을 바람직한 방향으로 변경시킴으로써 학업 성취도를 증진시킬 수 있다는 것이다.

귀인이론가들은 귀인재훈련 프로그램에 의해서 학습자의 귀인성향을 변경시킬 수 있다고 한다. Weiner(1982)는 귀인재훈련 프로그램의 목적은 다음과 같이 바람직하지 못한 귀인성향을 바람직한 귀인성향으로 변경하는 데 있다고 하였다.

- 바람직한지 못한 귀인성향
  실패 → 능력 부족 → 무능력감, 낮은 자존감 → 성취 감소
- 바람직한 귀인성향
  실패 → 노력 부족 → 죄책감, 수치심 → 성취 증가

즉, 귀인재훈련 프로그램은 실패의 원인을 능력 부족 등과 같이 자신의 안정적이

고 통제 불가능한 요인으로 귀인하려는 학습자의 성향을 노력 부족이나 비효과적인 학습전략 등과 같이 교정이 가능한 요인에 귀인하도록 훈련시키는 것이다.

일반적으로 귀인재훈련 프로그램에서는 일련의 체계적 경험, 사회화, 모델링, 연습, 피드백을 통하여 다음과 같은 사항을 가르친다(이경화 외, 2004에서 재인용).

- 실패에 대한 걱정보다는 현재의 과업에 집중하라.
- 수행과정을 점검하여 오류를 탐색하고, 대안적인 방법을 찾기 위해 문제를 분석하여 실패에 대처하라.
- 실패의 원인을 능력 부족보다는 불충분한 노력, 정보의 부족, 비효과적인 전략 사용으로 귀인하도록 하라.

(2) 목표이론

목표이론(goal theory)은 학습자가 학습활동에 참여하는 목적을 어떻게 지각하고, 어떤 목표를 설정하느냐에 따라 동기의 수준에 영향을 미친다는 점에 초점을 맞추고 있는 이론이다.

사람들은 스스로 설정한 목표를 성취하기 위해서 계속 노력하는 경향이 있다. 즉, 목표(goal)는 한 개인이 어떤 목적을 가지고 성취하고자 하는 대상으로서, 사람들로 하여금 그것을 달성하기 위한 활동을 하도록 동기화시킨다.

Locke와 Latham은 목표설정이 수행을 증진시키는 중요한 이유로 네 가지를 제시하고 있다(김아영 외, 1997).

- 목표는 과제로써 학습자의 주의를 집중하게 한다.
- 목표는 노력을 동원시키며 목표가 어려울수록 더욱 많은 노력이 요구된다.
- 목표는 지속성을 증가시킨다. 분명한 목표가 있을 때에는 그 목표에 도달할 때까지 목표 지향적인 활동을 계속할 것이다.
- 목표는 사용해 오던 전략이 부족하다고 인식될 때에 새로운 전략을 적용하도록 한다.

학습자가 설정하는 목표의 유형에 대해서는 연구자들에 따라 다양한 용어를 사용하여 분류하고 있다. 즉, Dweck(1986)은 학습목표와 수행목표로, Ames와Archer(1988)는 숙달목표와 수행목표로, Maeher와 Midgley(1992)는 과제 지향형과 능력 지향형 등으로 분류하고 있다. 동기에 대한 목표이론가들은 이와 같이 학습자가 지향하는 목표의 유형이 무엇이냐에 따라서 학습활동에 많은 영향을 미친다고 주장한다.

다음에서는 목표 유형을 Dweck(1986)이 분류한 방식에 따라 학습목표와 수행목표로 분류하여 설명하고자 한다.

학습목표(learning goal)는 자신의 능력이 다른 학생들과 어떻게 비교되고 평가되는지에는 관심이 없고 자신의 능력 향상을 위하여 새로운 지식을 학습하고 이해하는 데 주로 관심을 갖는 유형이다. 학습목표를 지향하는 학습자들은 자신의 능력 향상을 위한 과제의 숙달에만 관심을 갖는다고 하여 Ames와 Archer는 이를 숙달목표(mastery goal)라고 부르고, Maeher와 Midgley(1992)는 과제 지향형이라고 부르기도 한다. 그들은 학습에 도움이 될 것으로 믿는 도전적 과제를 찾고, 이를 달성하기 위해 지속적으로 노력한다. 또한 그들은 능력보다는 노력을 기초로 만족 또는 불만족을 나타내는 특성이 있다.

반면에 수행목표(performance goal)는 자신의 능력이 다른 사람들에게 어떻게 평가되는가에 관심을 갖는 유형이다. Maeher와 Midgley(1992)는 이 유형을 능력 지향형이라고 부른다. 수행목표 지향형 학습자들은 자신이 무엇을 학습하고 얼마나 열심히 노력했는가보다는 수행결과에 대한 평가에 관심을 갖는다. 따라서 그들은 자신의 능력이 타인들로부터 높게 평가받으려고 노력하며, 무능하게 보일 가능성을 감추기 위하여 학습한다.

그들은 자신의 능력에 대한 자신감이 높을 때만 도전적 과제를 선택하고, 만약 자신감이 없거나 자신의 능력이 높게 평가받지 못할 가능성이 있는 경우에는 자신의 능력을 감추거나 부정적인 평가로부터 자신을 보호하기 위해 그들은 방어적이고 실패 회피적인 전략을 사용하려 한다. 즉, 관심이 없는 척하고, 열심히 노력하지 않는 것처럼 가장하거나 단순히 포기해 버릴지도 모른다(Jagacinski & Nicholls, 1987; Schunk, 1991).

이와 같이 학습자가 지향하는 목표에 대한 두 유형의 차이는 학습자의 신념과 관련이 있다. 학습목표 지향형은 지능이 변화되고 발달될 수 있다는 신념에 근거하고 있다. 따라서 학습목표 지향형을 추구하는 학습자들은 자신의 능력을 향상시키는 전략을 강조하고, 목표를 성취하기 위하여 자신의 능력이 가장 잘 활용될 수 있는 방법을 탐색한다. 그들은 실패에 대해 학습전략의 문제로 받아들이고, 학습전략 수정과 변화의 기회로 활용한다.

반면에 수행목표 지향형은 지능이 고정되어 있고 향상시킬 수 없다는 신념에 근거하고 있다. 따라서 수행목표 지향형을 추구하는 학습자들은 자신의 능력이 학습과제에 적합한지를 묻고, 자신의 능력을 타인과 비교하는 데 관심을 갖는다. 그리고 실패는 능력 부족으로 귀인하고 한 번 실패한 것은 계속 실패할 것으로 생각하는 경향이 있기 때문에 실패나 어려움에 부딪치면 노력을 포기하거나 의기소침해지기 쉽다(Covington & Omelich, 1979; Ames, 1984).

한편, Nicholls(1984)는 학습자의 목표 지향형은 교육의 목적에 대한 학습자의 신념과 관련이 있다고 한다. 학교는 쓸모 있고 지적인 시민을 육성하는 곳이라고 생각하는 학생들은 학습 자체에 가치를 둔다. 그러나 학교는 학생의 사회적 지위와 부를 향상시켜야 한다고 생각하는 학생들은 자신의 동료들에 비하여 얼마나 수행을 잘할 수 있을 것인지에 관심이 있다(이경화 외, 2004).

목표의 설정은 구체적이고 적당히 어렵고 가까운 장래에 도달할 수 있는 것일수록 동기유발과 지속성을 증진시킨다(Schunk, 1991). 목표설정이 구체적이면 목표가 분명하기 때문에 동기유발이 보다 쉽게 되고, 학습자가 목표를 수행할 수 있는 한 보다 어려운 목표를 설정하는 것이 쉬운 목표를 설정하는 것보다 더 강한 지속성을 유지하게 하고 더 나은 수행을 하도록 한다(Locke et al., 1981). 또한 먼 장래보다는 가까운 장래에 도달할 수 있는 목표를 설정하는 것이 쉽게 도달할 수 있기 때문에 동기와 수행을 상당히 높여 주는 것으로 보고되고 있다.

목표이론가들은 대부분 수행목표보다는 학습목표를 지향하는 것이 더 바람직하다고 주장한다. 그러나 학습상황에서 수행목표를 지향하는 것이 반드시 부정적인 것은 아니라는 연구결과도 있다.

Midgley, Kaplian 그리고 Middleton(2001)은 목표 지향성에 관한 선행연구들을 근거로 학습목표가 높은 경우는 수행목표를 촉진시키는 것이 특정상황에서 효과적이라고 주장하였다(이경화 외, 2004). 또한 학습자들은 학습목표와 수행목표 중 하나를 지향하는 것이 아니라 두 유형을 어느 정도 동시에 지향하는 것으로 보인다. 즉,

수행목표(또는 학습목표)를 지향하면서도 학습목표(또는 수행목표)를 지향하고 있다.

(3) 자기가치 이론

자기가치 이론(self-worth theory)이란 사람들은 누구나 자기 자신을 가치 있는 유능한 존재로 평가되기를 원하는 욕구를 가지고 있으며, 이러한 자기가치에 대한 욕구가 인간의 행동을 결정한다는 동기이론의 하나로 Covington(1984)이 주장하였다.

여기서 자기가치는 자아존중감과 유사한 개념으로서 자신의 가치에 대한 평가를 말한다. 자기가치 이론의 기본 가정은 실패에 직면하여 자기가치가 손상될 우려가 있는 경우 자기가치를 보호하기 위하여 사람들은 방어적인 태도를 취한다는 것이다. 이러한 자기가치는 학습자들의 정서와 밀접한 관련을 맺고, 학습활동에 많은 영향을 미친다.

학습자들이 자신의 능력에 대한 자신과 타인의 평가를 통하여 자신을 유능한 존재로 인식하는 경우에는 자아존중감과 자부심이 향상되지만, 무능한 존재로 인식하는 경우에는 수치심과 창피감을 느끼게 된다. 따라서 학습자들은 실패 상황에서 자신의 유능함을 유지하고 무능함을 보여 주지 않기 위하여 다양한 자기보호 전략을 구사한다고 Covington은 주장한다.

학습자들이 실패의 원인을 자신의 능력 부족으로 인식할 경우에 심각한 자기가치의 붕괴를 경험하기 때문에 실패를 능력 부족이 아닌 노력 부족이나 통제 불가능한 다른 외적 요인에 귀인시킬려고 한다. 따라서 어떤 학생들은 능력 부족으로 인식되는 것을 피하기 위해서 의도적으로 노력하지 않거나 노력을 했을지라도 다른 사람에게는 그렇지 않은 인상을 심어 주려고 애를 쓴다. 또한 그들은 시험공부를 열심히 했음에도 시험공부를 하지 않았다고 말하거나 자신이 공부를 포기했다고 말하고 다니면서 공부의 중요성을 격하시키기도 한다(Stipek, 1999).

그러나 노력은 양날의 칼로 비유된다(Covington & Omelich, 1979). 즉, 노력을 많이 했음에도 불구하고 실패한 학생들은 수치심과 창피감을 느끼게 되고, 노력을 하지 않고 실패한 학생들은 교사로부터 질책과 벌을 받는다. 교사들은 학생들이 열심히 노력하기를 원하는 반면에, 학생들은 자신이 유능하다는 이미지를 최대한으로 지각시키기를 원하기 때문에 때때로 노력을 하지 않는다(Stipek, 1999).

따라서 학생들은 열심히 노력하고도 실패하면 무능하게 보인다는 점과 노력하지 않으면 질책과 벌을 피할 수 없다는 점을 고려하여 자신의 노력에 대한 수준을 결정할 것이다. 그들은 능력이 부족했기 때문에 실패했다고 인식될 정도로는 노력하지 않으며, 벌을 피할 수 있을 정도로만 노력할 뿐이다. 또한 그들은 실패를 자신의 능력 부족으로 귀인되지 않도록 하면서 교사의 벌을 피할 수 있는 정교한 전략을 사용한다.

학생들이 학교 현장에서 자기가치를 보호하기 위하여 주로 사용하는 전략들은 다음과 같다.

① 학습활동에 소극적으로 참여한다.

교사의 눈을 피할 수 있는 뒷자리에 앉는 방법, 교사의 질문에 자발적으로 대답하지 않는 방법, 교사의 질문에 대답하지 않고 꾸물거리며 지연하는 방법, 중요한 시험 때 의도적으로 결석을 하는 방법 등은 실패할 수 있는 장면을 피할 수 있는 하나의 방법이다.

② 가장된 노력을 한다.

학습에 열중하는 체하거나 답을 알면서도 질문을 하는 등 자신을 유능하고 집중력 있는 학생으로 보이도록 하기 위한 전략을 사용한다.

③ 실패의 원인을 변명한다.

실패의 원인을 노력 부족으로 돌리거나 질병, 사건, 가정 사정, 집안의 행사 등 통제 불가능한 다른 외적 요인 때문이라고 변명하는 방법은 학생들이 가장 많이 사용하는 방법이다. 또한 어떤 학생들은 시험에 임박해서 공부를 하는 등 스스로 불리한 상황을 만들어서 차후의 실패에 대해 변명할 구실을 미리 준비하기도 한다.

④ 현실적으로 성취 불가능한 학습목표를 설정한다.

쉬운 과제에서의 실패는 자신의 무능력을 드러나게 하지만, 매우 어려운 과제에서의 실패는 자신의 능력이 부족해서 실패했다는 사실을 피할 수 있기 때문이다.

Sears(1940)는 성공 경험이 많은 학생들은 현실적인 수준에서 학습목표를 설정하는 반면에 실패 경험이 많은 학생들은 비현실적으로 높은 학습목표를 설정하는 경향이 있다고 주장하고, 실패를 예견한 학생들이 비현실적인 목표를 설정하는 것은 그들이 유능한 사람으로 인정받기를 원하기 때문이라고 한다.

⑤ 부정행위를 하거나 매우 낮은 학습목표를 설정한다.

학습을 하지 않고 자신의 유능함을 유지할 수 있는 가장 확실한 방법은 시험시간에 부정행위를 하는 방법일 것이다. 또한 자신의 능력에 확신이 없는 어떤 학생들은 미리 성공을 확보하기 위하여 때때로 쉬운 과제만을 선택하거나 자신의 기대수준도 낮추어 설정하기도 한다. 학생들이 쉬운 과목을 선택하는 것은 실패 가능성이 많은 도전적인 과제를 피하고 성공 가능성이 많은 과목을 선택함으로써 자신의 유능함을 유지하기 위한 전략이다.

어떤 학생들은 "나는 이 과목은 잘 못한다.", "수학은 과락만 면해도 다행이다." 등 자신의 기대수준을 미리 낮추어 말하는 경우가 있는데, 이것은 관찰자의 기대수준을 낮추는 효과가 있기 때문에 시험결과가 보통수준만 되더라도 그 학생은 꽤 잘하는 학생으로 인식될 수 있다.

⑥ 예상되는 문제를 미리 연습해 둔다.

다른 사람들이 눈치 채지 못하게 예상되는 시험 문제나 교사의 질문에 대해 미리 연습해 둠으로써 실패를 피하고, 다른 사람들이 자신의 능력에 대해 의심을 갖지 않도록 한다.

이러한 실패회피 전략들은 대부분 자기를 실패로 이끄는 자기 파괴적인 것으로 공부에 노력을 투입하는 것을 방해할 뿐만 아니라 결국에는 자신의 무능력을 인정하고 학업을 포기하게 만든다. 따라서 교사들은 실패회피 학생들이 현실적인 목표를 세우고, 위험 부담을 안고 도전할 수 있도록 격려하며, 실패에 건설적으로 적응하도록 지도해야 할 것이다.

Covington과 그의 동료들은 학생들을 완숙 지향형, 실패 회피형, 실패 수용형의 세 가지 유형으로 분류하고 학생들이 실패 수용형이 되지 않도록 지원해야 한다고 주장한다. 여기서 완숙 지향형 학생들은 자기의 능력에 대해 유능감과 자기가치를 유지하고, 실패를 두려워하지 않으며, 학습목표 달성을 위해 열중하는 학생들을 말한다.

실패회피 학생들은 위에서 언급한 바와 같이 자신의 능력에 확신이 없기 때문에 자기가치를 보호하기 위하여 여러 가지 전략을 사용하는 학생들을 말한다. 이러한 실패 회피 전략들은 결국 자기 파괴적인 실패 수용 학생들을 만들고 만다. 그들은 자아존중감과 가치감을 잃어 가고 실패가 자신의 무능력 때문이라고 인식하고 무기력해지며, 더 이상 자신의 가치를 보호할 수 없게 되고 학습을 포기하고 마는 단계에 이르게 된다.

Woolfolk(1995)는 교사가 학생들의 자기가치를 증진시킬 수 있는 지침을 〈표 7-2〉과 같이 정리하여 제시하고 있다.

〈표 7-2〉 **학생들의 자기가치를 증진시키는 지침**

- 특정 영역에서 학생들의 진보를 강조한다.
  실례: - 복습할 때 이전 자료로 돌아가서 그 내용이 얼마나 쉬운지 보여 준다.
  - 학생들이 더 많이 배웠을 때 프로젝트를 다시 해서 향상시키도록 격려한다.
  - 서류철에 특별히 잘한 과제들을 모아 둔다.
- 향상을 위해 구체적 제안을 하고, 향상을 보였을 때 성적을 고쳐준다.
  실례: - 학생들이 잘한 것은 무엇인지 잘못한 것은 무엇인지, 그리고 실수를 왜 했을 것이라고 생각하는지 등에 대한 언급을 해서 과제를 돌려 준다.
  - 동료들이 피드백을 주는 것을 실험해 본다.
  - 고쳐 준 높은 성적이 학생들의 높은 유능감을 어떻게 반영하는지와 그들의 향상된 성적이 학급 평균을 어떻게 올려 주는지를 보여 준다.
- 과거의 노력과 성취 간의 관계를 강조한다.
  실례: - 어려운 문제를 어떻게 풀었는지를 학생들에게 물어보면서 학생들과 개별적인 목표 수립, 목표 점검 모임을 갖는다.
  - 자기 파괴적, 실패 회피적 전략들에 정면으로 대처한다.
- 학생들을 위한 학습목표를 수립하고, 그들을 위한 완숙 지향성을 시범 보인다.
  실례: - 진보와 향상을 인정한다.
  - 어떤 주어진 영역에서 교사가 스스로의 능력을 어떻게 발달시켰는지에 대한 예를 들려 준다.
  - 신체적, 정신적, 경제적 도전을 극복한 학생들에 관한 얘기를 들려 준다.
  - 학생에게 학교 밖의 문제가 있다는 이유로 그 학생의 실패를 용서하지 않도록 하고, 학생이 학교에서 성공하도록 돕는다.

4) 사회학습이론적 접근

동기에 대한 사회학습이론적 접근은 행동주의적 접근과 인지주의적 접근을 결합한 것으로 외적인 요인뿐만 아니라 인간의 내면에서 일어나는 인지적 요인도 중시한다. 즉, 개인의 모든 행동은 외부 환경의 영향뿐 아니라 개인 내부의 인지적 요인이 함께 상호작용하여 유발된다는 것이다.

또한 사회학습이론에서는 타인의 행동을 주의 깊게 관찰하여 모방함으로써 학습할 뿐만 아니라 자신의 행동을 스스로 관찰하고 평가함으로써 행동을 변화시킬 수 있다고 한다.

사회학습이론적 접근의 대표적인 이론으로는 사회학습이론을 주도한 Bandura가 주장한 자기효능감이론, 그리고 Atkinson이 주장한 기대×가치 이론을 들 수 있다. 일부 학자들은 사회학습적 접근을 인지주의적 접근에 포함시켜서 설명하기도 한다.

(1) 자기효능감이론

Bandura는 동기에 대한 강력한 원천으로 과제의 성과와 곤란도와 관련해서 스스로에 대한 학습자의 신념인 자기효능감에서 비롯된다고 주장하였다(양용칠, 2005). 자기효능감(self-efficacy)이란 어떤 과제를 수행하는 데 일정한 목표를 달성하기 위해 필요한 행위의 과정을 조직하고 실행하는 개인의 능력에 대한 신념이다(Bandura, 1997).

예를 들면, '나는 이 과제를 잘할 수 있다.', '나는 이 과제를 잘할 수 없을 것이다.', '나는 영어연수를 갔다 오면 영어를 유창하게 말할 수 있다.', '나는 영어연수를 갔다 오더라도 영어를 별로 잘할 수 없을 것이다.' 등 자신의 능력에 대한 신념은 동기화에 많은 영향을 미친다는 것이다.

Bandura(1977, 1986, 1997)에 따르면, 자기효능감은 행동의 방향, 성취수준, 노력의 정도, 과제에 대한 지속력, 역경을 극복하는 능력, 긴장감과 압박감의 정도 등에 영향을 준다는 것이다.

사람들은 어떤 과제를 성취하는 데 필요한 능력이 있는지를 스스로 판단하고, 그 판단을 토대로 과제의 수행 여부를 결정한다. 어떤 과제에 대해서 자기효능감이 높은 학습자는 적극적으로 과제를 수행하려 할 것이나 자기효능감이 낮은 학습자는 과제의 수행을 회피하거나 쉽게 포기할 것이다. 또한 자기효능감은 노력의 정도와 지속력에도 영향을 미친다.

Bandura는 자기효능감이 동기를 유발시키는 데는 어떤 행동의 결과에 대한 기대(성공 또는 실패)가 매개역할을 한다고 본다. 즉, 사람들은 어떤 행동에 대한 성과를 기대하고 행동한다는 것이다. 긍정적인 기대는 유인으로 작용하여 동기를 유발하지만, 부정적인 기대는 행동을 억제하게 한다. 이러한 기대는 개인적 효능감에 의해 영향을 받는다는 것이다. 즉, 자기효능감이 높은 사람은 성과 기대가 높을 것이고, 자기효능감이 낮은 사람은 성과 기대를 낮게 형성할 것이다.

사람들은 자기효능감을 어떻게 습득하는가? Bandura는 자기효능감의 습득에 영향을 미치는 주요한 요인으로 직접적인 완성경험, 대리적 경험, 언어적 설득, 생리적 상태의 네 가지를 제시하고 있다.

① **직접적인 완성경험**(enactive mastery experiences)

어떤 과제에 대해 학습자가 과거에 성공적으로 성취했던 직접적인 완성경험은 자기효능감에 가장 큰 영향을 미친다. 자기효능감에 대한 직접적인 완성경험의 영향력은 과제의 난이도가 높을수록, 투입되는 노력의 양이 많을수록 높게 나타날 것이다. 만약 과제의 수준이 낮거나 별로 노력을 하지 않는 가운데 성공한 경험은 자기효능감의 변화에 영향을 주지 못한다.

② **대리적 경험**(vicarious experiences)

학습자가 직접 경험한 과제뿐만 아니라 어떤 과제에서 성공하는 다른 사람들의 모습을 관찰한 대리적 경험도 자기효능감의 형성에 영향을 미친다.

예를 들어, 성격이 소심하여 발표를 잘 못하는 학생들도 동료 학생들이 비록 틀리더라도 똑똑하게 발표하는 모습을 보고 나면 자신도 발표할 수 있다는 자기효능감을 높일 수 있을 것이다. 역할모델의 영향에 관한 많은 연구들은 자기효능감을 높일 수 있는 역할모델의 특성에 대해 다음과 같은 결론을 내리고 있다(Schunk, 1987).

- 역할모델의 연령 차이에서는 별로 영향을 받지 않은 것으로 보인다. 그러나 예외적으로 Schunk와 Hanson(1985)의 연구에서는 그의 동료들을 관찰하는 것이 교사를 관찰하는 것보다 더 효능감이 높게 나타났다. 교사를 관찰하는 것은 역할모델이 없는 경우보다 다소 높았을 뿐이다.
- 아동은 유능한 것으로 지각되는 모델의 행동을 관찰할 때 그 과제를 더 잘 수행하였다.
- 많은 모델을 관찰할수록 자기효능감이 높게 나타났다. 많은 모델을 관찰하면

자기와 유사한 사람을 발견할 확률이 더 높기 때문이다.

③ **언어적 설득**(verbal persuasion)

어떤 과제에 성공할 수 있는 능력이 있음을 다른 사람이 말로 설득하는 것은 개인의 능력에 대한 믿음을 갖게 하고 스스로 노력하도록 지지해 준다. 예를 들어, "너는 이 과제를 충분히 수행할 능력이 있어." "자, 한번 해보자. 너는 잘할 수 있을 거야." 등과 같이 학습자가 과제의 수행능력이 있다는 믿음을 갖도록 부모나 교사가 옆에서 칭찬, 격려, 권유하는 것은 자기효능감을 높일 수 있다.

그러나 언어적 설득은 과제의 수준이 너무 높거나 실제 경험에 의해서 강화받지 않으면 효과적이지 못하고 오히려 자기효능감에 부정적인 영향을 미칠 수 있다.

Bandura는 학습자의 수준에 적절할 때만 설득의 영향력이 가장 유효하다고 지적하였고, 또한 학습자의 학습능력을 입증하는 방법을 알려 주는 평가적 피드백(evaluative feed-back)도 자기효능감을 높일 수 있다고 하였다(양용칠, 2005).

④ **생리적 상태**(physiological states)

불안, 두려움, 긴장 등과 같이 학습자가 어떤 상황에서 느끼는 본능적 감정 상태인 생리적 상태를 토대로 자기효능감을 판단한다. 예를 들어, 시험을 앞두고 몹시 불안한 감정 상태는 자기효능감을 떨어뜨린다. 그러나 환경에 따라 생리적 상태가 동일하더라도 신경과민증으로 자기효능감을 떨어뜨릴 수 있고, 각성으로 되어서 수행에 긍정적인 영향을 미칠 수도 있다.

이와 같이 사람들은 상이한 분야에서 다양한 정도로 자기효능감을 발달시킨다. 이것은 기능 수준이 유사한 사람들이 동일한 과제에 대해 각기 다르게 수행할 수 있는 이유와 다른 환경에서 서로 다르게 수행할 수 있는 이유를 설명하는 데 도움을 준다(양용칠, 2005).

(2) 기대×가치 이론

동기의 강도는 성공에 대한 개인의 기대와 그 성공이 자신에게 가져다 줄 가치에 의해 결정된다는 것이 기대×가치 이론(expectancy×value theory)이다. 기대×가치 이론의 대표적인 학자로는 성취동기를 가장 완전하게 이론화한 Atkinson을 들 수 있다.

기대×가치 이론에 따르면 사람들이 어떤 과제를 열심히 수행하는 것은 자신이 그것을 성공할 수 있을 것이라고 믿는 기대와 그 성공으로부터 얻는 가치가 높기 때문이라는 것이다. 여기서 기대란 자신의 행동의 결과 성공할 것이라고 믿는 성공의 기대를 의미한다. 이를 성공 가능성 또는 성공확률이라고도 한다. 가치란 행동의 결과로 얻은 목표나 보상에 대해 개인이 부여하는 주관적 가치를 의미한다.

Atkinson은 가치를 성공에서 경험할 수 있는 자부심과 실패로 인한 수치심의 관점에서 매우 협의적으로 개념화했다. 그러나 다른 이론가들은 가치를 학업성취가 학생들의 자아개념에 미치는 영향과 특별한 종류의 성취가 학생들의 학교 밖의 삶에 얼마나 유용한가와 같이 보다 폭넓게 설명하였다(Stipek, 1999).

이와 같이 동기는 기대와 가치 두 요인의 영향을 받는 함수 관계에 있다. 만약 성공의 기대나 성공의 가치 중 하나라도 없다면 목표를 달성하기 위해 과제를 수행할 동기가 없어진다. 즉, 사람들이 어떤 과제에 대해 아무리 노력해도 성공할 가능성이 없다거나 성공할 가능성이 높더라도 그 성공이 별로 가치가 없다고 지각한다면 노력을 하지 않을 것이다.

따라서 기대×가치 이론에서는 교사들이 학생들의 행동을 예측하거나 그것을 변화시키려 한다면, 먼저 성공 가치에 대한 학생들의 지각을 파악해야 한다고 강조한다. 예를 들어, 학습에서 성공경험이 없어 자부심이 낮은 학생들에게는 난이도가 적절한 과제를 주어 성공을 경험하게 함으로써 성공에 대한 자부심을 길러 주어야 할 것이다. 또한 학습능력이 있는데도 학교공부에 열의가 없는 학생들은 공부를 통하여 장래 얻게 되는 보상에 대해 알려 줌으로써 학교공부에 많은 가치를 부여할 수 있도록 지도해야 한다는 것이다.

Atkinson은 이러한 기대×가치 이론을 토대로 후술하는 성취동기를 설명하였다.

4. 성취동기

성취동기(Achievement Motivation)란 도전적이고 어려운 과제를 성공적으로 수행하려는 욕구다(Atkinson, 1980, 1983). 앞에서 학습상황에서 많이 등장하는 동기이론들을 설명하였지만, 성취동기는 특별히 성취 장면에서 유발되는 행동에 관한 것이다. 성취 장면은 학습뿐만 아니라 스포츠, 업무, 작업, 게임, 취미 등 다양한 활동에서 찾아볼 수 있다. 그러나 여기서는 주로 학습장면에서의 성취행동에 초점을 맞추고 설명하려 한다.

성취동기는 학교 학습과 밀접한 관계를 맺고 있으며 성취동기를 높임으로써 학업성적을 높일 수 있다. 성취동기가 높은 학생들은 성취동기가 낮은 학생들에 비해 좀 더 많은 문제를 풀려고 하고, 완수하려고 하며, 과제를 기억하거나 다시 회복하기 쉽고, 장애나 해결하지 못하는 문제에 직면할 때 끈기 있게 지속할 수 있다.

성취동기는 Murray(1938)에 의해서 처음으로 개념화되었다. 그는 인간의 행동이 요구(need)와 환경의 압력(press)의 상호작용에 의해서 결정된다고 보았다.

성취동기는 Murray가 소개한 이후 Atkinson과 McClelland에 의해 더 깊이 연구, 발전되었다. 그들은 성취동기의 연구에서 기대×가치를 강조하였으며, 성취동기의 강도가 개인의 학습과 행동을 결정한다고 보았다.

Atkinson(1964)은 전술한 기대×가치 이론을 토대로 성취동기를 설명하고 있다. 그는 성취행동을 과제에 접근하려는 경향성과 회피하려는 경향성 간의 갈등으로 개념화하였다. 즉, 그는 모든 인간은 무의식석으로 유발되는 성공에 대한 기대와 실패에 대한 두려움을 갖고 있다는 점에 주목하여 성취행동에서 성공동기(또는 성취욕구)와 실패회피동기를 함께 고려할 것을 제안하였으며, 인간의 성취 관련 행동은 이러한 두 가지 요인의 상대적 강도에 의해서 결정된다고 하였다.

만약 어떤 과제수행에서 성공동기가 실패회피동기보다 크다면 실패에 대한 위험부담이 있더라도 성취를 위해 노력할 것이다. 그러나 실패회피동기가 성공동기보다 크다면 과제에 도전하기보다는 실패를 회피하려는 행동을 할 것이다.

Atkinson은 또한 사람들이 성취과제에 접근하도록 하거나 회피하게 하는 것은 무의식적으로 유발되는 성공동기와 실패회피동기뿐만 아니라 특별한 상황에 관한 의식적인 신념에서 유발되는 성공(또는 실패) 가능성과 성공(또는 실패) 유인가에 의해서도 영향을 받는다고 하였다.

따라서 어떤 학습자가 성취과제에 접근하려는 경향성을 갖고 있는가, 아니면 회피하려는 경향성을 갖고 있는가는 성취과제에 접근하려는 경향성에 영향을 미치는 요인들을 곱한 값에서 성취과제를 회피하려는 경향성에 영향을 미치는 요인들을 곱한 값을 공제함으로써 예측하게 된다.

그 계산 방정식은 다음과 같다.

1) Ta = Ts − Taf

2) Ta = (Ms × Ps × Is) − (Maf × Pf × If)

Ta: 성취과제에 접근 또는 회피 경향성(tendency to approach or avoid an achievement-task)
Ts: 성취과제에 접근 경향성(tendency to approach an achievement-task)
Taf: 실패회피 경향성(tendency to avoid failure)
Ms: 성공동기(motive for success)
Ps: 성공 가능성(probability of success)
Is: 성공 유인가(incentive value of success)
Maf: 실패회피동기(motive to avoid failure)
Pf: 실패 가능성(probability of failure)
If: 실패 유인가(incentive value of failure)

이와 같이 사람들이 성취과제에 접근하려는 경향성은 성공동기, 성공 가능성, 성공 유인가에 의해서 결정된다. 여기서 성공동기(Ms)는 성취상황에서 무의식적으로 개인이 성공하기 위해 노력하려는 비교적 안정된 욕구를 말하는데, 기대×가치 이론에서는 성취상황에서 자부심을 경험할 능력을 의미한다(Atkinson, 1964). Atkinson은 성공동기가 아동 초기에 부모의 양육태도에 의해서 발달한다고 한다. 즉, 성취하려는 노력에 대하여 부모로부터 격려받고, 능력을 확인받을 수 있었던 아동들은 성공동기가 높다. 성공 가능성(Ps)은 특정 과제에 대해 성공할 수 있을 것이라는 기대를 말하는 것으로 이를 성공확률이라고도 한다. 성공 유인가(Is)는 성공을 통하여 느끼게 될 자부심을 의미한다. 기대×가치 이론에 따르면 특정 과제를 수행할 때 성공할 수 있을 것이라고 기대하는 사람은 그렇지 않은 사람보다 그 과제를 기꺼이 수행하려고 한다는 것이다.

Atkinson은 성공 가능성이 높은 쉬운 과제에서 성공할 때보다 성공 가능성이 낮은 어려운 과제에서 성공할 때 더 큰 자부심을 느끼게 된다고 한다. 즉, 쉬운 과목에서의 A학점보다 어려운 과목에서의 A학점이 성공 유인가가 더 높다. 따라서 성공 가능성(Ps)과 성공 유인가(Is) 중 하나는 다른 것에 의해서 결정되는 반비례 관계에 있다. 이를 공식으로 표현하면 Ps + Is = 1, 즉 Ps = 1−Is, Is = 1−Ps의 관계가 성립된다.

반면에 사람들을 성취과제로부터 회피하게 하고, 성취노력을 억제시키는 작용을 하는 요인으로는 위에서 언급한 바와 같이 실패회피동기, 실패 가능성, 실패 유인가가 있다. 여기서 실패회피동기(Maf)는 사람들로 하여금 성취과제를 기피하게 하는 비교적 안정된 무의식적인 욕구를 말하는데, 기대×가치 이론에서는 실패 상황에서 수치심과 창피함을 참아 내는 능력을 의미한다. 일반적으로 실패 회피 동기는 시험 상황에서 유발되는 불안으로 정의되기도 한다.

실패회피동기도 성공동기와 마찬가지로 아동 초기에 부모의 양육태도에 의해서 발달한다. 부모로부터 성취노력에 대해 벌을 받았던 경험이 있는 아동들은 실패를 회피하려는 동기를 형성하게 된다. 실패 가능성(Pf)은 특정 과제에 대해 실패할 것이라고 기대하는 것을 말하는데, 이를 실패확률이라고도 한다. 실패 유인가(If)는 실패로부터 느끼게 될 수치심과 창피함을 의미한다.

실패 가능성이 아주 낮은 쉬운 과제일수록 실패에 대한 수치심과 창피함을 많이 느끼고, 실패가능성이 아주 높은 어려운 과제일수록 실패에 대한 수치심과 창피함을 덜 느끼게 된다. 즉, 어려운 과목에서의 F학점이 쉬운 과목에서의 F학점보다 덜 창피할 것이므로 실패 유인가가 더 낮다. 따라서 실패 가능성(Pf)과 실패 유인가(If) 중 하나는 다른 것에 의해서 결정되는 반비례 관계에 있다. 이를 공식으로 표현하면 $Pf + If = 1$, 즉 $Pf = 1 - If$, $If = 1 - Pf$의 관계가 성립된다.

이와 같이 Atkinson은 성공동기와 실패회피동기뿐만 아니라 기대와 정서적 특성(자부심과 수치심) 요인을 고려하여 성취동기이론을 전개함으로써 성취동기와 관련된 이론의 발전에 많은 기여를 하였다.

그러나 Atkinson이 제안한 성취동기를 예측하기 위한 방정식의 효과에 대해 일부 연구가들이 검증하였으나 그 결과는 일관성이 없는 것으로 나타났고, 또한 그 방정식은 다음과 같은 문제점들 때문에 고도로 통제된 실험실 상황에서만 성취행동을 어느 정도 예측할 수 있을 뿐이라는 비판이 가해지고 있다(Stipek, 1999).

첫째, 성공동기와 실패회피동기는 측정하기 어렵다는 비판이다.

둘째, 성공과 실패의 유인가는 전적으로 성공(또는 실패) 가능성에 의해서 결정되고 과제의 중요성은 서로 다르지 않다고 가정한다는 비판이다. 예를 들어, 퍼즐 맞추기와 수능시험의 성공 가능성이 같다면 이 두 과제의 성공은 동일한 자부심을 준다고 가정한다. 그러나 수능시험이 퍼즐 맞추기보다 더 중요하기 때문에 자부심이 더 클 것이다.

셋째, 사람들은 성공 가능성이 높은 과제보다 실패 가능성이 높은 과제에 성공의 가치를 더 높게 부여한다고 가정하고 있다는 비판이다. 사람들은 자신이 더 잘할 수 있다고 믿는 과제에 가치를 더 부여하기 때문에 이 가정은 가치를 매우 협의적으로 정의한 것으로 볼 수 있다.

한편, Atkinson에 의하면 성공동기가 높은 학생은 중간 정도의 난이도의 과제, 즉 달성 가능하면서도 자부심을 느낄 수 있는 과제를 선택하는 경향이 두드러지게 높게 나타난다고 한다. 이 경향은 과제가 너무 쉽기 때문에 자부심을 거의 주지 않는 과제와 성공할 가능성이 희박한 어려운 과제는 도전하지 않으려는 것이다.

반면에 실패회피동기가 높은 학생들은 쉬운 과목을 선택하거나 과목에 대한 실패를 감수하면서도 아주 어려운 과목을 선택하는 경향이 있다는 것이다. 아주 쉬운 과목은 실패할 위험 부담이 없이 성취할 수 있고, 아주 어려운 과목은 성공 가능성은 없더라도 실패에 대한 변명을 과목의 난이도에 귀인시킬 수 있기 때문이다.

따라서 성공동기가 높은 학생들은 적절한 학습동기를 형성함으로써 학습과제의 수행능력을 향상시킬 수 있다. 그러나 성취동기가 낮거나 실패회피동기가 높은 학생들은 자신의 능력에 비해 지나치게 낮거나 높은 목표를 설정하고 과제수행에 심혈을 기울이지 않는 결과를 나타낸다(임규혁, 1999).

또한 Atkinson은 성공 가능성이 매우 높거나 너무 낮으면 오히려 성취동기를 침해할 수도 있다고 지적했다. 과제가 너무 쉬우면 학생들은 굳이 공부할 필요성을 느끼지 못할 것이고, 반대로 과제가 너무 어려우면 성공 가능성이 매우 낮으므로 도전을 포기하고 말 것이다. 이처럼 최소의 노력으로 성공할 수 있거나 최대의 노력으로도 성공할 수 없을 때 학생들은 동기화되기 매우 어렵다. 따라서 과제는 너무 쉽지도 혹은 너무 어렵지도 않아야 한다.

성취동기에 대한 Atkinson의 연구는 후에 Weiner에 의해 귀인이론과 통합되어 연구되었다. Weiner(1985)는 귀인동기를 설명하면서 성취동기가 높은 학생들과 낮은 학생들이 나타내는 학습과제의 수행결과에 대한 구인형태를 분석하였는데, 대체로 성취동기가 높은 학생들은 성공과 실패의 원인을 내적으로 귀인시키는 반면에 성취동기가 낮은 학생들은 외적으로 귀인시키는 경향이 있다는 것이다(임규혁, 1999).

또한 Weiner(1980)는 성공동기(Ms)가 높은 학생들과 실패회피동기(Maf)가 높은 학생들이 각각 어떤 과제의 수행에서 성공 또는 실패의 경험에 따라 성취동기 수준에 미치는 영향이 정반대로 나타나는 것을 발견하였다. 즉, 〈표 7-3〉에서 보는 바와 같이 성공동기(Ms)가 실패회피동기(Maf)보다 큰 학생들은 어떤 과제에서 실패했을 때 성취동기가 증가하고, 반대로 실패회피동기(Maf)가 성공동기(Ms)보다 큰 학생들은 어떤 과제에서 성공했을 때 성취동기가 증가한다.

〈표 7-3〉 동기유형과 과제의 성공 또는 실패에 따른 성취동기의 변화

	Ms > Maf	Ms < Maf
성공	성취동기 감소	성취동기 증가
실패	성취동기 증가	성취동기 감소

일반적으로 성취욕구가 높은 학생들은 도전적인 과제물, 높은 기준, 명백한 피드백, 재도전의 기회 등에 의해 동기화되는 경향이 있으며, 실패회피 욕구가 높은 학생들은 성공을 위한 여러 강화, 자유로운 평가, 실패로 인한 당황으로부터의 방어 등에 의해 동기화된다(임규혁, 1999).

McClelland(1965)는 높은 성취동기의 원천은 가족과 그 아동이 속해 있는 문화적 요인에 의해서 육성되는 것으로 가정한다. 즉, 그는 만일 가정에서 성취와 경쟁, 주도성이 강조되고 강화되며, 부모가 아동의 미숙함을 질책하지 않고 스스로 문제를 해결하도록 격려하고 너그럽게 지도해 준다면 그 아동들은 성취에 대한 높은 욕구를 발달시킬 수 있다고 한다.

그는 성취동기가 높은 사람의 행동특성으로 다음 7가지를 들고 있다. 즉, 성취동기가 높은 사람들은 과제지향성을 갖고 있고, 적절한 모험성과 자신감을 소유하고 있으며, 정력적이며, 자기책임감이 강하고, 결과에 대해 관심을 갖고 미래지향적이다.

① **과제 지향성**(task oriented)

자신의 능력을 발휘할 수 있는 과제에 흥미를 느끼고, 과제를 성취해 나가는 과정 그 자체를 즐기고 만족스럽게 여기는 성향을 가지고 있다

② **모험성**(adventuresome)

자신의 능력을 발휘하여 적절히 도전감과 성취감을 맛볼 수 있는 모험적인 과제에 흥미를 느낀다. 따라서 너무 쉽기 때문에 모험성을 발휘할 수 없거나 지나치게

어려워 위험 부담이 큰 과제에는 흥미를 갖지 않는다.

③ 성취 가능성에 대한 자신감(self-confidence)

과제의 성취 가능성에 대해 높은 자신감을 갖는다.

④ 정력적, 혁신적 활동(energetic, revolutional activity)

정열적으로 과제를 수행하고, 새로운 과제를 더 많이 찾아 계획하며 이를 성취해 가는 활동에 열중한다.

⑤ 책임감(responsibility)

자신이 수행하는 과제에 대해서는 일체의 책임을 지고, 실패했더라도 책임을 회피하려 하지 않는다.

⑥ 행동결과에 대한 정보(knowledge of the result) **추구 경향성**

과제수행의 진행 상황과 예상되는 결과에 대한 정보를 계속 추구하여 정확한 예측을 하려는 경향이 있다.

⑦ 미래지향성(future-orientation)

과제를 수행하는 데 장기적인 계획을 세우고 미래에 얻게 될 성취만족을 기대하면서 끈기 있게 지속해 나간다.

성취동기는 고정되어 있는 것이 아니고 육성 프로그램을 통하여 향상시킬 수도 있다. McClelland는 성취동기를 향상시킬 수 있다는 믿음에 따라 성취동기육성 프로그램을 개발하기도 하였다.

Kolb(1965)는 육성 프로그램을 통하여 성취동기가 높아지고 성적이 향상될 수 있는지를 분석하였다. 그는 성취동기육성 프로그램을 실시한 집단(실험집단)과 그렇지 않은 집단(통제집단)의 학업성취를 비교연구하였다. 그 결과, 프로그램을 실시하고 난 6개월 후에 성취동기육성 프로그램을 실시한 집단은 통제집단에 비해 성취동기가 높게 나타났으나, 성적은 별 차이가 없었다. 그러나 1년 6개월 후에는 성취동기육성 프로그램을 실시한 집단이 성적도 월등히 높아졌다.

이와 같이 성취동기는 개인차가 있을 뿐만 아니라 고정되어 있는 것도 아니다.

즉, 학습자가 경험한 성취결과에 의해서 변화될 수 있고, 과제의 성격이나 환경, 개인의 능력에 의해서도 변화될 수 있다.

따라서 교사들은 성취동기의 특성을 이해하고 학생들의 동기유형과 수준을 파악하여 학생에게 성공 혹은 실패의 경험을 적절히 조정하여 주면서 성취동기를 향상시킬 수 있도록 하고, 도전적이며 성취할 수 있는 적절한 과제를 부여함으로써 학생에게 실패에 대한 두려움을 줄여 주고, 학생들이 자신의 능력에 자신감을 갖고 개인적 성취감을 맛보게 한 후, 점차적으로 어려운 과제를 부여하여 도전할 수 있게 해야 할 것이다.

성취동기는 대개 Murray가 창안한 주제통각검사(Thematic Apperception Test, TAT)로 측정한다. 이 검사는 피험자가 제시된 그림을 보고 해석할 때 자신의 성취가치를 투사한다고 가정한다. 따라서 피험자가 그림을 보고 마음에 연상된 생각을 자유롭게 기술하면 그 내용에 투사된 성취노력들(예: 성취, 성취 관심, 목표, 성취에 관련된 정서의 표현 등)을 채점하여 측정하게 된다. 이러한 검사는 동기가 무의식적인 상상 속에서 표현된다는 Freud적 관점을 반영한 것이다(McClelland, 1961).

5. 학습동기의 유발 방법

동기유발이란 일정한 동기가 발생, 발동하는 상태 또는 어떤 행동의 근원이 되는 힘인 동기를 촉발시키는 것이다. 학습을 촉진하는 동기를 학습동기라고 하며, 학습활동은 학습동기의 유발에서부터 시작된다.

교사는 학습의 현장에서 어떤 사회 환경보다도 동기를 유발시키는 데 가장 강력한 위치에 있는 사람이다. 학습동기 유발은 학습에 영향을 주고, 학습의 결과는 학습동기의 유발에 영향을 미친다. 따라서 학생들이 학교 학습에서 주어지는 과제에 관심을 갖고 적극적으로 참여하게 하기 위해서는 그들의 학습동기를 높여 주는 일이 중요한 교육과제인 동시에 교사의 중요한 사명이기도 하다

앞에서 우리는 동기를 증진시키는 데 영향을 미치는 여러 가지 동기이론들을 살펴보았다. 여기서는 이러한 동기이론을 토대로 학교 현장에서 학습동기를 유발시킬 수 있는 구체적인 방법에 대해서 교사의 변인, 교수방법의 변인, 과제의 변인으

로 나누어 설명한다.

1) 교사의 변인

학생들의 학습동기 증진에는 부모뿐만 아니라 담당 교사들의 역할이 매우 중요하다. 학생들을 동기화시키는 교사의 중요한 변인으로는 자기효능감, 배려와 조력, 열정, 기대 등을 들 수 있다.

첫째, 교사가 갖는 자기효능감은 학생들의 동기화와 학업성취에 많은 영향을 미친다. 자신의 능력에 신뢰감을 갖고 있는 교사와 그렇지 않는 교사는 학생들의 학업성취에 상이한 영향을 미친다(Dembo & Gibson, 1985). 자기효능감이 높은 교사는 자신과 학생들을 믿고, 학생들의 학업성취를 위해 적극적인 도움을 준다. 이들 교사들은 학생이 실패한 경우에도 학생의 능력이나 환경에 귀인시키지 않고 자신이 학습을 촉진시킬 수 있다는 신념에 따라 열정적으로 노력한다.

교사의 효능감은 다른 교사나 학교 운영자들이 학생들에게 높은 기대를 갖고 있으며, 교사가 교장으로부터 지도와 운영 문제에 대해 도움을 받을 수 있는 학교에서 더 높게 나타난다(Hoy & Woolfolk, 1993). 또한 교사의 자기효능감은 학생들의 실제 성공에 의해서 영향을 받기도 한다.

둘째, 교사의 열정과 열의는 학생들에게 과제에 대해 흥미와 관심을 불러일으킴으로써 학생들의 동기를 증진시키게 된다. 교사는 말과 행동을 통해 학습에 대한 열정을 학생들에게 전달한다. 높낮이에 변화를 주는 목소리, 친근하게 학생들과 눈을 맞추는 시선, 머리와 팔을 적당히 움직이는 교사의 몸짓 등은 모두 열정을 표현하는 방법들이다(Collins, 1978; 임규혁, 1999, 재인용).

아무리 학습내용이 중요하고 흥미가 있다고 하더라도 교사가 열정과 열의를 갖고 가르치지 않는다면, 학생들의 학습동기에 부정적인 영향을 주게 될 것이다. 그러나 학습내용이 별로 흥미가 없더라도 교사가 열정과 열의를 갖고 가르친다면 학생들의 학습동기는 높아질 것이다. 열정적인 교사가 가르치는 학생들은 주의집중을 더 잘하고, 수업 참여를 더 잘하는 것으로 보고되고 있다(Gillett & Gall, 1982).

또한 교사가 어려운 학습과제에 대해 다양한 접근을 시도하고, 열심히 탐구하며 자신감 있게 가르치는 모습은 학생들에게 좋은 모델이 될 것이다.

셋째, 교사가 학생에 대해 배려하고 조력하는 것 또한 학습동기의 유발에 많은 영향을 미친다. 학생들을 대하는 교사의 태도나 행동, 언어 등은 학생 자신이나 학습활동에 큰 영향을 미치기 때문에 교사들은 학생들이 성장하도록 배려하고 조력하는 역할에 충실해야 한다. 따라서 교사는 학생들을 인격체로 대우하고 존중하며, 그들과 공감하며, 그들의 학습과 발달을 촉진하기 위하여 노력해야 할 것이다.

넷째, 교사의 기대 역시 학생의 동기유발뿐만 아니라 학업성취, 포부수준, 자아개념에 중요한 영향을 미친다. 교사의 기대가 학생들의 학업성취에 긍정적인 영향을 미친다는 사실은 Rosenthal과 Jacobson(1968)의 연구에서 처음 밝혀진 이후 교사의 기대에 대한 다양한 연구가 이루어지고 있다.

Rosenthal과 Jacobson은 1968년 샌프란시스코의 초오크 초등학교에서 전교생을 대상으로 지능검사를 실시한 후, 담당 교사들에게는 이 지능검사 점수와는 상관없이 무작위로 뽑은 학생들의 명단을 주면서 지적 능력이 우수한 것으로 판명된 학생들이라는 거짓 정보를 주고 교사의 기대가 학생들에게 어떤 영향을 미치는가를 연구하였다. 몇 개월 후에 이들은 다시 전체 학생들의 지능검사를 실시하여 처음과 비교해 본 결과, 놀라운 사실을 발견하였다.

실험집단에 들어간 학생들은 지극히 평범한 학생이라도 다른 일반학생들보다 지능지수가 높아졌을 뿐만 아니라 예전에 비하여 성적이 큰 폭으로 향상되었다. 그 이유는 교사들이 실험집단의 학생들이 지적 발달과 학업성적이 향상되리라는 기대와 관심을 가지고 가르치자 그 학생들이 용기와 자신감을 갖고 더욱 분발함으로써 태도도 변하고 공부에 대한 관심도 높아져 다른 학생보다 더 우수하게 변화된 것이다. 이 연구에서 교사의 기대효과는 저학년, 중간 능력을 갖는 학생, 하류계층 학생들에게 더 뚜렷하게 나타났다.

Rosenthal과 Jacobson은 사람들의 믿음, 기대, 예측이 대상자에게 영향을 미쳐 그대로 실현되는 현상을 피그말리온 효과(pygmalion effect)라고 불렀다.

피그말리온 효과는 그리스신화에 나오는 조각가 피그말리온의 이름에서 유래한다. 조각가였던 피그말리온은 볼품없는 외모 때문에 사랑을 포기하고 조각에만 정열을 바치던 인물이다. 그는 언젠가는 사랑을 얻을 수 있으리라는 기대를 버리지 않고 자신이 사랑할 수 있는 아름답고 사랑스런 여인상을 조각했다. 꽤 오랜 세월이 흐른 후에 드디어 아름다운 여인상 갈라테이아를 완성했지만 그는 그만 그 여인상과 사랑에 빠지고 말았고 하루 종일 그 조각품만을 바라보면서 살았다. 사랑의 아픔에 시달리던 피그말리온은 아프로디테 여신의 신전(神殿)을 찾아가 자신의 사랑을 이루게 해 달라고 간절히 기도했다. 그의 간절한 소원에 감동한 여신(女神) 아프로디테는 여인상(갈라테이아)에게 생명을 불어넣어 주어 사랑을 이루게 된다는 내용의 신화이다. 이처럼 피그말리온 효과는 실제로 아무런 근거가 없지만 타인의 기대나 관심으로 인하여 능률이 오르거나 자기가 예언한 대로, 자기가 바라는 것이 실제로 현실에서 충족되는 현상을 말한다.

따라서 피그말리온 효과는 자기충족적 예언(self-fulfilling prophecy) 또는 자성적 예언이라고도 한다. 자기충족적 예언이란 어떤 예언이나 기대가 근거가 없는 것이라도 행위자가 분발하고 노력함으로써 결국 그 기대를 실현시키게 된다는 이론이다. 즉, '무슨 일이든 기대한 만큼 이루어진다'는 것이 자기충족적 예언이다.

Braun(1976)은 교사의 기대를 형성하는데 영향을 미치는 요인으로 IQ검사, 의학적 심리학적 검사보고, 성별, 신체적 특성, 이전의 학업성취, 사회 경제적 계층, 학생들의 실제 행동 등을 들고 있다. 성별에 대해서 대부분의 교사들은 여학생보다는 남학생들이 행동에 문제가 더 많을 것이라고 생각하고 있으며, 신체적 특성에 대해서도 매력적인 학생들에게 더 높은 기대를 갖고 있다는 것이다.

교사들은 높은 기대를 갖고 있는 학생들을 일반적으로 더 격려하는 경향이 있으며, 그들에게 보다 자주 미소 짓고 그쪽으로 기대거나 그들이 말할 때 머릴 끄덕임으로써 따뜻함을 더 많이 보여 준다. 반대로 낮은 기대를 갖는 학생들에게는 더 쉬운 질문을 하고, 대답에 더 짧은 시간을 허용하며, 단서를 제공하는 경우가 훨씬 적다(Woolfolk, 1995).

피그말리온 효과의 상대적 개념으로 stigma 효과(또는 golem 효과)가 있다. 스티그마 효과란 남들에게 무시당하고 부정적인 낙인이 찍히면 자신도 모르게 나쁜 쪽으로 변해 가는 것을 말하는데, 이를 낙인효과라고 한다. 교사가 자신을 긍정적으로 생각해 주면 기대에 부응하려고 노력하지만, 부정적으로 평가해 낙인을 찍게 되면 낙인대로 행동하게 된다.

교사의 기대에 대한 또 다른 부정적인 효과로는 지속되는 기대효과(sustaining expectation effect)가 있다. 이 기대효과는 교사가 학년 초기에 학생 개개인의 능력을 비교적 정확히 측정하고 그 결과에 따라 어떤 기대수준을 형성하게 되면, 그 기대수준에 고착되어 학생들의 능력이 향상되더라도 교사의 기대가 변화되지 않고 그대로 유지되는 현상을 말한다.

교사들이 갖는 이러한 지속되는 기대효과 때문에 학생들의 능력이 향상되더라도 교사가 그 수준에 따라 기대를 높이고, 더 높은 성취를 장려할 수 있는 기회가 없어지고 만다. 실제로 지속효과는 자기충족적 예언보다 더 보편적인 현상이다(Cooper & Good, 1983).

따라서 교사들은 학생들의 능력이 고정되어 있다는 고정관념이나 편견에서 벗어나 학생들이 변화될 수 있다는 신념에 따라 학생 개개인을 존중하고 배려하면서 기대 수준을 바꾸어 가고, 학생들이 자신의 능력에 맞게 학업성취를 할 수 있도록 적극적으로 도와주는 자세를 가져야 할 것이다.

교사는 학생들을 조각하는, 교실 안의 피그말리온이라 할 수 있다. 교사가 학생에 대해 지적 성장에 관한 기대를 하면, 그 기대에 부응하기 위하여 학생의 지적 수행능력도 향상된다. 교사의 기대는 학생의 학습력을 향상시키는 직접적 동인이다.

2) 교수방법의 변인

교수방법에 따라서도 학생들의 학습동기는 많은 영향을 받는다. 학습동기를 유발시키는 교수방법으로는 협동학습, 흥미와 호기심 유발, 학습목표와 학습결과의 확인, 적절한 보상과 벌, 자율성이 지원되는 학습 분위기 조성 등을 들 수 있다.

첫째, 협동학습을 통하여 학습동기를 유발할 수 있다. 협동학습(cooperative learning)이란 학습능력이 각기 다른 학생들이 학습집단을 구성하고, 집단 간의 상호작용을 통해 집단에 부여된 학습목표를 공동으로 달성하는 수업방법이다. 협동학습은 교육 현장에서 일반화되어 있는 개인주의에 토대를 둔 경쟁학습, 개별학습 구조의 대안으로서 최적의 학습동기를 유발할 수 있는 수업방법으로 새롭게 주목받고 있다.

협동학습은 학습능력이 서로 다른 학생들을 보통 4~6명 정도로 팀을 구성하여 팀원들이 서로 힘을 합쳐 학습한다. 팀원들은 서로 의견과 정보를 교환 및 공유하고, 과제에 대한 질의와 응답을 하며, 팀원들 간에는 서로 칭찬을 통해 협동을 격려받는다. 또한 교사는 학생들의 활동을 격려하고 활발한 상호작용이 이루어지도록 관찰하고 개입하는 등 수업환경에서 각자의 역할을 충실히 함으로써 소집단의 공통된 학습목표를 달성해 간다.

이와 같은 협동학습 상황에서는 학습과제의 해결을 효율적으로 할 수 있고, 각 개인이 팀의 학습목표 성취를 위하여 맡은 역할이나 임무를 성실히 수행하며, 팀원 모두가 성취경험을 쌓게 된다.

이러한 성취경험은 학습태도나 학습동기 유발에 결정적 역할을 할 수 있다. 특히 능력이 낮은 학생들이 어려운 과제를 학습할 경우는 경쟁보다는 협동을 하는 수업 방식이 더 높은 성취에 도달하는 것으로 밝혀졌다(Johnson & Johnson, 1985; Slavin, 1995).

많은 심리학자들은 1920년대부터 협동과 경쟁 문제에 대한 다양한 실험들을 통하여 학습에서 협동의 중요성을 발견하였다. 학생들이 공통된 학습목표를 향하여 서로 협동할 때 서로 학습을 격려하게 되고, 결석이 줄며, 학습태도가 개선되며, 자아존중감이 고양된다는 것이다. 또한 학생들이 공동의 목표를 향해 서로 협력함으로써 서로 친밀하고 긍정적인 유대관계를 형성하는 등 인간관계도 향상되고, 타인의 관점에서 세상을 보는 능력이 향상된다는 점을 밝혀냈다.

협동학습에서 주의할 점은 팀원 모두가 학습목표 달성에 기여하도록 해야 하기 때문에 모든 구성원이 주어진 과제를 다룰 수 있어야 하고, 또한 교사는 협동학습이 잘 이루어질 수 있도록 조정하고 감독해야 한다. 그렇지 않는다면 협동학습이 한두 사람에 의해서 주도되고 별 효과가 없이 끝나 버리고 말 것이다.

둘째, 학생들의 흥미와 호기심은 학습동기를 유발하는 가장 강력한 원천이다. 교사가 학생들의 흥미와 호기심을 자극할 수 있는 방법을 안다는 것은 학습의 효과를 높이는 데 매우 중요한 요소다. 교사는 신기하거나 예상치 못한 수업방법, 다양한 강의 음성 조절, 개인적 경험과 유머, 학생들이 관심 있는 대중스타와 관련된 문제의 제기, 게임 등을 활용하여 학생들의 호기심을 자극할 수 있다. 이와 같은 전략이 성공적이면 학생들은 수업에 주의를 계속 집중하게 될 것이다.

그 외에도 학교 현장에서 사용할 수 있는 학습동기를 유발하는 효과적인 전략으로는 교사나 학생들에 따라 다양한 방법을 활용할 수 있다.

Woolfolk(1995)는 어린 학생들에게는 학습할 내용과 관련 있는 물체를 탐색하고 조작할 수 있는 기회를 주고, 좀 더 성장한 학생들에게는 잘 구성된 질문, 논리적 퍼즐, 역설 등이 흥미와 호기심을 자극하는 효과적인 방법이 될 수 있다고 제안하였다. Kolenik(1978)은 교사가 수업에 앞서 자신이 이 학습과제에 어떻게 흥미를 갖게 되었는가에 대한 경험을 학생들에게 말해 주는 것도 학생들로 하여금 흥미와 학습동기를 유발시킬 수 있다고 한다.

셋째, 학습동기를 유발할 수 있는 또 다른 방법은 학습목표와 학습결과를 확인시켜 주는 것이다. 사람들은 목표지향적이기 때문에 학습목표를 인식시켜 주면 그것을 달성하기 위하여 계속 노력할 것이다. 구체적이고 적당히 어렵고 가까운 장래에 달성할 수 있는 목표는 동기와 지속성을 향상시켜 준다(Schunk, 1991).

장기적인 목표를 세울 때는 여러 단계의 하위 목표를 설정하여 단계적으로 달성해 가면서 성취감을 맛보게 해야 한다. 목표는 개인이 스스로 설정하는 것이 동기유발에 효과적이다. 교사는 학생의 성취 수준을 파악하여 직접 지도하고, 실패감을 갖지 않도록 도와주어야 한다(이성진, 2004). 동기유발을 촉진하기 위해서는 학생이 부과한 목표와 교사가 부과한 목표가 서로 조화를 이루는 것이 중요하다(Bigge, 1976).

학습결과를 확인시켜 주는 것은 학습자 스스로 그 결과를 평가하고 검토해 봄으로써 학습의욕을 높여 주는 효과적인 방법이다. 학습결과에 만족한 학생들은 성취감을 맛볼 수 있지만, 학습결과가 좋지 않는 학생들은 실패감, 열등감, 좌절감을 맛보고 학습의욕을 상실할 수 있다. 그러나 학습결과가 비록 좋지 않더라도 자신의 능력에 자신감을 갖고 있는 학생들은 더욱 노력하고 분발하려 할 것이다.

따라서 교사들은 실패한 학생들을 적당한 방법으로 격려하여 주고, 성적은 자신들의 노력과 효과적인 학습전략의 결과이고 낮은 능력 때문이 아니라는 것을 주지시켜 줌으로써 학생들로 하여금 자신감을 갖고 더욱 노력할 수 있도록 지도해야 할 것이다.

넷째, 상과 벌은 가장 일반적으로 사용되는 외재적 동기유발 전략이다. 상은 성공감, 만족감을 주고 사회적 승인의 욕구를 충족시켜 주기 때문에 학습을 촉진시켜 주고 동기유발에 도움을 준다(이성진, 2004). 반면에 벌은 학생들의 수치심, 불쾌감, 공포감을 자극하여 그릇된 학습을 방지하고 바람직한 학습을 하도록 강제하는 수단으로 이용된다.

상과 벌의 효과는 학생들의 특성에 따라 다르게 나타난다. 많은 연구결과들을 종합해 보면, 지능이 낮은 학생에게는 칭찬이나 상이 효과가 높지만, 지능이 높은 학생에게는 벌도 효과적이다. 학습자가 내향적 성격이냐 외향적 성격의 소유자냐에 따라서도 상과 벌의 효과는 다르다. 외향적인 학생은 벌이 동기유발에 효과적이지만, 내향적인 학생에게는 상이 효과적이다. 연령에 따라서도 차이가 나는데, 저학년일수록 상이 효과적이고, 고학년일수록 벌의 효과가 현저하게 높게 나타나고 있다.

그리고 성별에 따라서도 벌은 남학생에게 더 효과적이고, 여학생에게는 상이 보다 더 효과적인 것으로 밝혀졌다. 따라서 상과 벌을 통한 동기유발은 학생들의 특성에 따라서 적절하게 사용되어야 한다.

다섯째, 학생들의 자율성과 자기결단이 지원되는 학습 분위기를 조성하는 것 또한 학습동기를 유발시키는 효과적인 방법이다. 학생들에게 자율성과 자기결단이 장려되는 학습 분위기는 흥미, 유능감, 자아존중감, 창의력 등이 촉진되어 학습동기를 유발시킨다. 그러나 자율성과 자기결단이 지원되지 않고 압력과 통제를 받을 때 학생들은 보다 적은 통제감과 성취감을 맛볼 것이고, 따라서 그들의 내재적 동기는 감소할 것이다. 그럼에도 불구하고 오늘날 학부모들은 과제수행에 대해 통제적이고 압력을 행사하는 교사를 선호하는 경향이 있다.

3) 과제의 변인

학습동기를 증진시키는 과제의 변인으로는 과제의 흥미, 과제가치, 도전적인 과제 등을 들 수 있다.

첫째, 과제는 흥미를 유발하고 호기심을 자극할 수 있도록 구성한다.

학생이 관심 있는 분야나 실제 상황과 연결된 과제, 호기심을 자극하는 과제는 학생들의 학습에 대한 동기화를 촉진시킨다. 또한 담당 교사가 매력적인 경우 그 과목에 대해서 흥미를 갖고 열심히 하는 경향이 있다. 그러나 모든 과제에 대해 학생들이 흥미를 갖는다는 것은 어렵기 때문에 교사는 과제를 학생들이 흥미를 갖도록 잘 조직하고 설계하는 동시에 수업을 흥미롭게 진행하는 것이 무엇보다 중요하다.

둘째, 학습과제가 학생들에게 얼마나 가치가 있는가에 따라 학습동기는 큰 영향을 받는다.

과제가치는 과제에 대해 학생들이 느끼는 주관적 가치로서 그 과제가 학생들에게 얼마나 의미 있는가에 의해 결정된다. 과제가치는 흥미가치, 효용가치, 획득가치의 세 가지 가치로 분류할 수 있다(Eccles & Wigfield, 1985).

흥미가치(intrinsic or interest value)는 과제 자체가 주는 가치를 말하는 것으로 이를 내재적 가치라고도 한다. 효용가치(utility value)는 과제가 실제 상황에 적용할 수 있고, 실제 현실과 관련되어 있으며, 자신의 장·단기 목표를 달성하는 데 유용한 것을 말한다. 획득가치(attainment value)는 그 과제를 잘함으로써 얻는 이익에 대한 가치를 말한다. 획득가치는 유능해 보이고 인기를 얻는 것과 같은 개인적 욕구와 개인이 느끼는 성공의 의미와 밀접하게 관련된다.

예를 들어, 유능한 교사가 되는 것이 꿈인 학생은 교사 임용고시에 합격하는 것을 성공한 것으로 생각할 것이므로 임용고시는 그 학생에게 높은 획득가치를 갖게 될 것이다. 어떤 과제에 대해 효용가치와 획득가치를 부여한 학생들은 과제 자체에 흥미가 없더라도 높은 학습동기가 유발될 수 있다.

최근에는 참과제의 사용이 부각되고 있다. 참과제(authentic task)란 교실 밖의 실제 생활에 적절성이나 유용성을 지니고 있는 과제를 말한다. 다시 말하면, 참과제는 학생들로 하여금 실제 생활에서 필요한 지식을 습득할 수 있도록 하는 과제다. 참과제의 사용은 학생들이 '내가 왜 이 내용을 배워야 하나?', '실제로는 별 쓸모가 없는 것 같은데!'와 같은 의문을 갖지 않게 하고 학습동기를 높이는 데 유용하다. 교사가 학생들에게 실제 생활에서 아무 소용없는 내용을 암기하도록 하거나 막연히 시험에 나올지 모르니 학습하라고 한다거나 또는 이미 이해한 내용을 반복하라고 한다면 학습동기는 감소되고, 곧 학습에 대한 의욕을 잃게 되고 말 것이다. 그러나 만약 그 과제가 참과제라면 학생들은 그 과제의 진정한 효용가치를 이해하게 되고, 또한 그 과제에 대해 보다 의미 있고 흥미 있게 느낄 것이다(Woolfolk, 1995).

셋째, 학습동기를 유발시키는 또 다른 방법으로는 도전감을 느낄 수 있도록 적절한 난이도가 있는 학습과제를 제공하는 것이다.

사람들은 모두 적당히 어려운 과제에 도전하여 자신의 노력으로 얻은 성공을 가치 있게 생각한다. 도전적인 학습과제에서 성공한 학생들은 유능감, 자아존중감,

성취감 등이 높아져 학습동기가 향상된다. 도전감은 불확실성과 노력의 정도에 의해 결정된다. 별로 노력하지 않고 수행할 수 있는 쉬운 과제나 자신의 능력으로는 도저히 해결할 수 없는 너무 어려운 과제는 도전감이 없고 동기도 감소하게 된다.

따라서 학교 현장에서는 학생들이 어느 정도 노력하여야 성취할 수 있도록 개별 학생들의 수준에 알맞게 적정 수준의 난이도가 있는 학습과제를 제공함으로써 도전감을 갖도록 하는 것이 중요하다.

6. Keller의 ARCS 모형

Keller(1984)가 제안한 ARCS 모형은 교수-학습 상황에서 학습동기를 유발시키고 유지시키기 위한 학습동기 설계 및 개발의 구체적이고 처방적인 전략들을 제시하고 있다. Keller는 동기에 관한 기존의 각종 이론 및 연구들을 네 가지 범주로 통합하여 체계화시킴으로써 ARCS 모형을 제안하였다.

그동안 많은 연구자들은 특정 학습이 일어나기 위해서는 학습동기가 반드시 필요하다는 것에 동의하고, 동기의 특성이나 다양성에 대해 많은 연구들을 해왔다. 그러나 교사가 실제로 수업을 설계하는 데 동기의 요소들을 어떻게 활용할 것인가의 문제에 대해서는 구체적인 제안이 거의 없는 실정이었다.

따라서 ARCS 모형은 교사들이 학교 현장에서 학생들의 학습동기를 효과적으로 유발 · 유지시키는 데 필요한 체계적이고 구체적인 지침을 제공하고자 개발된 것이다.

ARCS 모델을 논의하기에 앞서 그의 이론의 바탕이 되는 동기와 노력 수행결과의 관계를 이해할 필요가 있다. Keller는 그동안 동기이론들이 노력이라는 개념을 경시하고 오직 수행에만 초점을 맞추어 온 점을 지적하고, 노력에 초점을 두고 동기를 설명하고 있다.

Keller에 의하면, 노력은 동기(또는 가치)와 기대에 의해 직접 영향을 받기 때문에 노력이 동기와 직접적인 관련이 있다고 주장한다. 이에 비해 수행은 노력뿐만 아니라 학습자의 능력, 지식, 기능과 같은 내적인 특성 및 환경적 요인(좋은 예, 연습의 기회, 다양한 수업활동 등)에 의해서 영향을 받는다는 것이다.

따라서 노력이 동기의 직접적인 지표가 되고, 수행은 동기를 측정하는 데 간접적으로 관련이 된다고 주장한다. 한편, 학습자가 수행한 결과는 만족 또는 불만족을 가져올 것이다. 만일 환경으로부터 적절한 피드백 및 보상이 제공되면 학습자들은 행동을 강화하게 된다. 학습자들은 결과를 평가하고, 그에 따라 그들의 가치를 재조정할 것이며, 재조정된 가치는 다시 동기와 노력에 영향을 미치게 된다.

Keller는 이러한 생각을 바탕으로 학습동기를 유발시키는 ARCS 모형의 구성요소로서 주의(Attention), 관련성(Relevance), 자신감(Confidence), 만족감(Satisfaction)의 네 가지를 제시하고, 그 요소들은 다시 각각 세 가지 하위를 포함하고 있다. 이 네 가지 요소의 머리글자를 따서 ARCS 모형이라고 한다.

Keller는 학습동기의 유발을 다음과 같이 계열적 과정으로 보고 있다.

첫째, 수업에 들어가기 전에 먼저 학습자가 학습에 몰두할 수 있도록 주의를 집중 시킨다.

둘째, 학습자가 학습활동 과정에서 '이 과제를 왜 배워야 하는가?' 하고 의문을 품지 않도록 그 수업이 개인적 목표 및 욕구 등과 관련성을 확인시켜 주는 것이 중요하다.

셋째, 불안감 등 계속 학습을 수행하는 데 방해가 되는 요소들을 제거하고 학습에 대해 긍 정적 기대를 갖도록 자신감을 고취시켜야 한다.

넷째, 학습을 통해서 계속적인 학습동기를 유지하도록 그 수행결과에 대해 보상 등을 해 주어 만족감을 갖도록 해 주어야 한다.

다음에서는 Keller가 제안한 ARCS 모형의 구성요소 내용에 대해서 구체적으로 설명한다.

1) 주의

주의(attention)는 동기의 요소이면서 학습의 선행조건이다. 학습이 일어나기 위해서는 먼저 학습자가 학습에 주의를 집중하여야 한다. 주의는 호기심, 관심, 주의환기, 감각추구 등의 개념들과 연관되어 있으며, 특히 호기심은 학습자의 주의를 유발 · 유지시키는 중요한 요인으로 지적되고 있다. 학습의 결과는 학습자들이 학습상황에 보다 의미를 부여하고 보다 흥미를 느낄 때 더 높은 성취도를 보일 수 있다. 호기심에는 지적 호기심과 감각적 호기심이 있다. 따라서 학습과정에서는 지적인 호기심으로 관심을 끄는 것만이 아니라 단순한 감각적인 호기심을 유발하여 학습자가 학습에 주의를 계속 유지시킬 수 있다.

Keller는 학습자의 주의를 끌고 유지하기 위한 구체적인 방법으로 다음과 같은 세 가지의 하위 전략을 제시하고 있다.

① 지각적 주의환기 전략

지각적 주의환기 전략은 '학습자의 주의를 끌기 위해서는 무엇을 해야 하는가?' 와 연관되는 전략이다. 예를 들어, 새롭고 신기하며 놀라운 사건 또는 정보의 활용, 개인적 경험이나 유머의 활용, 애니메이션이나 삽화, 도표 및 그래픽 등 시청각 자료의 활용 등 감각적 내용을 활용하여 학습자의 주의를 끄는 방법이다.

② 탐구적 주의환기의 전략

이 전략은 '호기심과 탐구심을 어떻게 자극할 수 있을까?' 와 연관된 것으로서 학습자를 보다 탐구적인 과정에 몰입하게 함으로써 학습과제에 주의를 계속 집중하게 하려는 전략이다. 즉, 학습자의 주의를 끈 후에 더욱 심화된 수준의 호기심과 탐구심을 자극하여 학습에 대한 기대감을 계속 갖게 하고 학습자 스스로 새로운 정보와 문제를 추구하도록 하는 전략이다.

예를 들면, 학습자 스스로 문제를 내어서 풀어보게 하기, 과제를 문젯거리로 만들어 제시하기, 역설적인 사건 활용하여 설명하기, 모순되는 경험 또는 예기치 못한 의견 제시하기, 지적 갈등을 일으키는 과제를 제시하기, 도전적인 과제를 제시하기, 구체적인 비유나 흥미 있는 실제적인 예를 들기, 해결책이 있을 수도 없을 수도 있는 신비감 있는 문제 제시하기 등과 같이 호기심과 탐구심을 계속 지속할 수 있도록 하는 것을 말한다.

③ 다양성의 전략

다양성의 전략은 '학습자들의 주의를 어떻게 계속 유지시킬 수 있을까?' 와 연관된다. 즉, 교사가 수업활동을 다양하게 변화시킴으로써 수업이 지루해지는 것을 방지하고 학습자들의 흥미를 유지시키기 위한 전략이다.

예를 들어, 간결하고 다양한 형태의 수업 진행하기, 수업자료의 다양한 변화를 추구하기(여백 두기, 글자 크기, 제목 붙이기, 밑줄 치기, 그림이나 다이어그램 등의 활용), 다양한 매체를 활용하여 과제 내용을 제시하기, 강의식 수업과 토론식 수업을 적절히 혼합하여 사용하기, 소집단 토의나 학급 전체가 참가하는 토론 활용하기 등의 다양한 형태로 구성할 수 있다.

이 전략 사용에서 주의할 점은 이 모든 활동이 어디까지나 학습목표와 수업의 주안점을 가르치는 것과 일관성 있게 통합되어야 한다.

2) 관련성

관련성(relevance)이란 '왜 내가 이것을 공부해야 하는가?' 에 대한 답으로서 학습자가 학습과제와 학습활동을 통하여 자신의 목표를 달성하고 욕구를 충족시키는 유용한 도구로 자각하는 것을 말한다. 즉, 관련성이란 어떤 과제가 학습자의 개인적인 목적이나 욕구와 어떻게 관련되는가에 대해 긍정적인 해답을 제시해 주는 것을 말한다. 학습동기는 학습자가 학습에 대한 관련성을 인식할 때 유발되고 유지된다는 것이다.

관련성을 제시해 주는 방식으로는 첫째, 현재와 미래의 일들을 수행하는 데 현재의 학습이 도움이 된다는 것을 보여 주는 방식, 둘째, 학습 그 자체에서 즐거움을 찾고 가치를 알도록 도와주는 방식, 셋째, 결과보다 학습의 과정에 초점을 맞추도록 하는 방식으로 분류된다.

Keller는 관련성을 높이기 위한 하위 전략으로 다음과 같이 목적지향성, 동기와 가치의 부합성, 친숙성을 제시하고 있다.

① 목적 지향성의 전략

목적지향성의 전략은 결과적 측면에서 학습내용이 학습자의 목표를 달성하고 욕구를 충족하는 데 유용하다는 점을 설득하는 전략이다. 학습자들은 학습의 결과, 학습내용이 자신의 미래의 목적달성 또는 욕구충족을 위해 도움이 된다고 생각될 때 높은 학습동기가 유발될 것이다.

이 전략은 학습자들에게 결과 측면의 관련성을 높일 수 있는 구체적 방법을 제시해 주는 것으로, 예컨대 실용성에 중점을 둔 목표를 제시하거나 목적지향적 학습형태를 활용할 수 있고, 또한 학습자 스스로에게 성취목적이나 그 기준을 세우도록 목적에 대한 선택 가능성을 부여할 수 있다.

② 동기와 가치의 부합성 강조의 전략

목적지향성의 전략이 결과 측면의 관련성을 강조한 반면, 이 전략은 학습의 과정 또는 방법 측면의 관련성을 강조하고 있다. 즉, 이 전략은 학습자의 동기와 가치에 부합되는 수업전략을 사용할 것을 강조한다.

Keller는 학습자가 가진 욕구 중 성취욕구와 소속감의 욕구를 중시하고 있는데, 학습의 과정에서 이러한 욕구가 충족된다면 학습동기가 높아질 것이다. 동기와 가치의 부합성 강조의 전략의 예로는 다양한 수준의 목표 제시, 협동적 · 자율적 학습기회의 제공, 리더십을 발휘할 수 있는 기회의 제공, 개별적 · 집단별 프로젝트에 선의의 경쟁을 유발할 수 있는 기회의 제공, 학업성취 여부의 기록체제 활용 등을 들 수 있다.

③ 친숙성의 전략

친숙성 전략이란 학습내용에 대해 학습자가 이미 경험한 내용이나 현상 등을 예를 들어 가면서 설명하는 등 친숙하게 함으로써 학습동기를 높이는 전략이다. 예를 들어, 친숙한 인물 혹은 사건의 활용, 구체적이고 친숙한 그림의 활용, 친숙한 예문 및 배경지식의 활용 등을 들 수 있다.

3) 자신감

자신감(confidence)은 학습자가 과제를 성공적으로 마칠 수 있을 것이라는 확신과 기대를 갖게 될 때 유발된다. 자신감은 학습자로 하여금 과제수행을 계속하게 하고 과제수행 그 자체에 영향을 미치기 때문에 학습동기의 중요한 요건이다.

어떤 목표를 성취하는 데 자신의 능력에 대한 자신감이 높은 사람은 실제 능력 수준보다는 더욱 높은 성취를 이루는 경향이 있다.

Keller는 자신감에 영향을 미치는 여러 가지 요인 중에서 특히 중요한 것으로 지각된 능력, 성공에의 기대, 지각된 통제감을 들면서 자신감을 높이기 위한 3가지 전략을 제안하였다.

① 분명한 학습목표 제시의 전략

이 전략은 교사가 학습자에게 학습목표를 분명하게 알려 줌으로써 학습자가 성공의 가능성 여부를 짐작하도록 도와주려는 것이다.

Keller는 너무 자세한 수행의 필요조건과 평가기준으로 인하여 의욕을 상실할 수 있으므로 이들 요건을 점차적으로 조금씩 제시하거나 그것을 이해할 수 있을 때 학습자에게 알려 줄 것을 제안하였다.

또한 복잡하거나 어렵다고 생각되는 목표는 하위목표와 작은 단계로 나누어 제시하는 것도 효과적인 방법이 될 것이다.

② 성공기회 제공의 전략

이 전략은 학습자에게 의미 있는 성공의 경험을 제공하는 것이다. 학습자가 노력을 통해서 성공할 수 있다고 생각하는 적절한 도전적인 과제에서 실제로 성공했을 경우 자신감을 갖게 되고 높은 학습동기가 유발된다.

따라서 교사는 학습자들의 능력에 따라 적정 수준의 난이도가 있는 과제를 제공하고, 또 쉬운 것에서 어려운 것으로 과제를 다양한 수준의 난이도로 계열화하여 제공함으로써 성공을 경험하도록 하고 자신의 능력에 자신감을 갖도록 하여야 할 것이다.

학습자가 도달하기 어려운 과제의 수행에 대해 충분한 도움을 받을 때에도 자신감을 얻을 수 있다. 교사는 어려운 과제수행에 대해 도움을 줄 경우 학습자 스스로 그 과제를 수행할 수 있을 때까지 도움을 점진적으로 줄여 나간다.

자신감은 건설적인 실패의 경험에 의해서도 고취될 수 있는데, 도전적인 과제와 학습자의 능력 간에 조화를 이루고, 학습자의 수행이 자기주도적이며, 학습자가 실패의 원인을 적합한 학습전략을 제대로 활용하지 못한 탓으로 돌리는 경우 실패의 경험은 건설적일 수 있다(Clifford, 1984; 양용칠, 2005에서 재인용).

③ 통제감 증대의 전략

이 전략은 학습자가 자신의 통제하에 성공할 수 있다고 느끼도록 하여 자신감을 심어 주려는 것이다. 학습자가 적절한 통제감을 가지고 학습을 수행하는 경우 자신감이 향상되고 높은 동기를 유발시킬 수 있다.

따라서 교사는 학습자 자신의 학습속도로 학습할 수 있게 해 주고, 학습자 자신이 학습하기를 원하는 것을 쉽게 선택할 수 있게 해 주는 등 학습자에게 개인적 학습전략과 통제전략을 적용하여 학습을 수행하도록 하여야 한다.

학습은 학습자 자신의 노력과 효과적인 학습전략의 직접적인 결과라는 사실을 학습자가 인정하도록 도와줌으로써 자신감을 구축할 수 있다. 교사들은 과제를 평가할 때 단순히 점수만 부여하지 말고 다양한 측면(예; 맞춤법, 띄어쓰기, 주제선택, 문법, 자료활용 등)에서 분석하여 점수를 부여하는 것이 필요하다.

이러한 방법으로 점수를 부여하면 학습자들은 잘한 부분에 대해서는 자신감을 얻고, 잘못한 부분에 대해서는 바로잡을 수 있는 구체적인 문제로 생각할 수 있다(양용칠, 2005).

4) 만족감

만족감(satisfaction)은 학습자가 스스로 수행한 것에 대하여 만족스럽게 느낄 때 유발된다. 학습의 결과가 기대와 일치하고 학습자가 만족한다면 학습동기는 유지되고 수행에도 영향을 미치게 될 것이다.

Keller는 학습의 만족감을 생성하기 위한 전략으로 자연적 결과, 긍정적 결과, 공정성의 세 가지를 제안하였다.

① 자연적 결과 강조의 전략

이 전략은 수행결과에 대하여 다양한 피드백을 제공함으로써 그 수행결과에 대한 적절성 여부를 스스로 확인해 볼 수 있도록 할 것을 강조한다. 즉, 학습자가 새로 습득한 지식이나 기술을 실제 또는 시뮬레이션 상황에 적용하고 응용해 볼 수 있는 기회를 제공하여야 한다는 것이다.

학습자가 이러한 적용 기회를 통하여 학습결과에 만족감을 얻으면 내적 동기가 더욱 증가되고 유지된다. 새로 학습한 수학 계산 문제를 모의 상황이나 연습문제에 적용해 볼 수 있도록 하는 것 등은 자연적 결과 강조 전략의 좋은 예가 될 것이다.

② 긍정적 결과 강조의 전략

이 전략은 바람직한 행동을 계속 유지시키기 위하여 성공적인 학습결과에 대하여 긍정적 피드백이나 보상을 제공하는 것을 강조한다. 학습자들이 현실세계에 유용한 지식이나 기능을 학습했다고 느끼거나 학습한 내용을 다른 학습과제에 적용하거나 전이할 때에 만족감을 경험하게 되고 학습동기가 증대된다.

학생들에 따라서는 과제에 흥미가 없더라도 외적인 보상 때문에 학습할 수 있다. 이러한 학습자의 경우는 칭찬이나 상장, 상품과 같은 강화물을 통하여 만족감을 유발할 수 있다.

그러나 Keller는 보상을 절대적인 것으로 생각하지 않는다. 즉, 사람들은 학습경험을 하면서 자신과 다른 사람을 비교하고, 다른 사람이 더 잘 수행하거나 대등하게 수행한 것을 알면 특정한 성취에 대한 만족감이 감소될 수 있다고 지적하였다.

③ 공정성 강조의 전략

이 전략은 학습자들이 공정하고 정당한 대우를 받고 있다고 느낄 때 만족감이 증대된다는 것을 강조한다. 학습자가 설정한 학습목표와 기대가 학습결과와 일치하고, 학습자의 학업성취에 대한 기준과 결과가 일관성 있게 유지되어야 학습자의 만족감이 유발될 수 있다.

따라서 교사는 학습자의 학업수행에 대한 판단을 공정하게 하고, 수업목표와 내용이 일관성을 유지하며, 학습내용과 시험내용이 일치하며, 성공에 대한 보상 등의 강화 또한 기대한 대로 공정하게 주어야 할 것이다.

이러한 ARCS 모형은 학습동기를 유발하고 유지하기 위한 실제적이고 처방적인 전략으로서 초·중등학교, 대학에서는 물론 기업, 관공서, 사회단체, 군대 등에서도 유용하게 활용되고 있으며, 많은 연구에서 그 타당성과 유용성이 보고되어 왔다.

그러나 이 모형에 관한 최근의 연구에서는 ARCS 모형의 네 가지 범주 중 관련성에 속하는 전략이 과제수행에 가장 강한 긍정적인 관계를 나타낸 반면에 보상 및 벌과 관련 있는 만족감 전략은 과제수행과 부적 상관을 나타내었다(양용칠, 2005).

학습과제

1_ 외재적 동기와 내재적 동기의 학습효과에 대해서 약술하시오.

2_ 다음 동기이론에 대해 약술하시오.
① 욕구위계이론(hierarchy of need theory) ② 귀인이론(attribution theory)
③ 자기효능감이론(self-efficacy theory)

3_ Maslow의 욕구위계이론과 Alderfer의 ERG 이론의 유사점과 차이점을 설명하시오.

4_ 성취동기에 영향을 미치는 요인을 들고, 학교 현장에서 성취동기를 증진시키는 지도방법에 관하여 설명하시오.

5_ 학생들이 학교 현장에서 자기가치를 보호하기 위하여 주로 사용하는 전략들을 들어 보고, 교사가 학생들의 자기가치를 증진시킬 수 있는 지도방법에 대해 설명하시오.

6_ 학교 현장에서 학습동기를 유발시킬 수 있는 구체적인 방법에 대해서 여러 가지 동기이론을 토대로 교사, 교수방법, 과제의 변인으로 나누어 설명하시오.

7_ 지금까지 학교생활을 하면서 자신의 학습동기를 유발시키는 데 가장 효과적인 방법을 생각해 보고, 그 이유를 동기이론을 적용하여 분석해 보면서 자신에게 좀 더 효과적인 동기유발 방법을 찾아보시오.

제 8 장

학습에 영향을 미치는 변인

1. 자아개념
2. 기대수준
3. 불안
4. 학습된 무력감
5. 연습

학습개요

우리는 동기이론에서 성취감, 기대, 가치, 자아존중감, 자부심, 죄책감, 수치심 등의 변인이 학습에 중요한 영향을 미친다는 것을 살펴보았다. 그 외에도 학습에 영향을 미치는 변인은 다양하지만, 이 장에서는 그중에서도 중요하게 생각되는 자아개념, 기대수준, 불안, 학습된 무력감, 연습 등에 대해서 설명하고자 한다.

학습에 대한 자신감이 있어야 학습이 잘 이루어진다. 따라서 자아개념은 학습을 위한 필수적인 학습동기로서 인본주의 학습이론에서 중요하게 다루고 있다.

기대수준은 학습자가 어떤 과제에서 성취하고자 하는 예상 목표 수준이라고 할 수 있다. 기대수준은 학업성취를 향상시키고자 하는 인지적 동기 요소 중의 하나이다. 초조, 긴장, 두려움, 걱정 등의 심리적 반응을 나타내는 불안도 학습상황에 많은 영향을 미치고 있다. 특히 시험이라는 특수한 상황에서 생기는 시험불안은 학습효과나 성취수준에 큰 영향을 미친다.

학습된 무력감 또한 학습동기에 큰 영향을 미치는 요인 중의 하나이다. 학습된 무력감은 학습자가 학습활동에 최선을 다했음에도 불구하고 계속 실패를 경험하게 될 때 형성된다. 거듭된 실패의 경험을 통하여 무력감을 지니게 된 학습자들은 자신의 능력으로는 아무리 노력해도 원하는 결과를 성취할 수 없다고 생각하고 학습에 의욕을 상실하고, 무기력한 태도를 보이게 되며, 시도해 보지도 않고 학업을 쉽게 포기해 버리는 경향이 있다.

연습은 학습내용을 되풀이 시행하는 것을 말한다. 학습과정에서 한 번 시행해서 습득하기 어렵기 때문에 여러 번 되풀이 연습함으로써 학습효과를 높일 수 있다. 연습의 효과는 처음에는 미숙하기 때문에 적게 나타나지만 연습횟수가 증가할수록 학습효과가 증가하는 것이 일반적이다.

그러나 일정 시점에 이르면 연습을 계속해도 더 이상 그 효과가 나타나지 않고 일시적으로 정체되는 고원현상이 나타난다. 이러한 연습에 대한 고원현상은 학습자의 의지와 노력으로 극복해 나가야 할 것이다.

1. 자아개념

1) 자아개념의 정의

자아개념(自我概念, self concept)이란 한 인간의 자기지각, 즉 자기가 자신을 어떻게 보는가 하는 것이라 할 수 있다. 다시 말하면, 자아개념은 자기가 자기 자신을 주관적으로 보는 자기감(自己感)으로서 '나는 누구이며 무엇인가', '나는 어떤 능력을 가지고 있는가', '나는 가정, 학교, 사회에서 어떤 존재인가' 등을 깨닫는 자기인식(自己認識)이라 할 수 있다.

자아개념이라는 용어는 초기부터 철학적 · 심리학적 관점에서 모호하고 불분명하게 개념화되어 왔다. 따라서 학자들마다 자아개념을 다양하게 정의하고 있다.

심리학의 아버지라 불리는 James(1890)는 자아개념을 "한 개인이 자기 것이라고 말할 수 있는 모든 것"이라고 정의하였다. 그는 사회적 평가의 대상이 되는 자아를 물질적, 사회적, 심적 자아로 나누어 분석하고 그들 사이에는 위계성이 있다고 주장한다. 그에 의하면 물질적 자아는 다른 자아를 위한 기초적 역할을 하기 때문에 가장 하위 차원에 있고, 심적 자아가 가장 상위 차원에 위치한다는 것이다. 즉, 심적 자아는 너무나 가치 있는 것이기 때문에 그것을 잃게 되면 친구, 명예 그리고 소유물을 포기하고, 더 나아가 삶 자체를 포기해야만 된다는 것이다.

Rogers(1951)는 "자아개념이란 개인의 의식 속으로 들어올 수 있도록 용인된 자기지각의 조직된 형태이며, 개인은 이러한 자아개념을 계속 유지하고 환경적 요인이 허용하는 한 그 자아를 실현하고 신장하려는 경향이 있다."라고 주장하였다.

Byme(1963)은 "자아개념이란 한 개인이 자기의 행동, 능력, 신체 및 한 인간으로서의 자기가치에 관련하여 지니고 있는 태도, 판단 및 가치의 전체 집합체로서 자기 자신을 어떻게 평가하고 지각하느냐 하는 것"이라고 정의하였다.

Atkinson과 Hilgard(1979)는 "사람들이 자신에 대해 갖는 생각과 감정, 그리고 태도의 복합물"이라고 정의하고 있다.

이와 같이 자아개념은 다양하게 정의되고 있으나 이들 속성들을 종합하면, 결국 자아개념이란 자기 자신에 대해 가지는 생각, 태도, 감정, 신념 등 자기지각에 대한 총체를 의미한다고 정의할 수 있을 것이다.

이러한 자아개념은 우리의 성격형성뿐만 아니라 행동의 방향과 강도, 그리고 학업성취를 결정하는 데 중요한 역할을 한다. 따라서 자아개념의 향상은 교육심리학의 핵심적 관심사이며, 특히 학습과의 연관성에 대해서 많은 연구가 이루어지고 있다.

2) 자아개념의 분류

자아개념은 자신을 좋게 평가하느냐, 나쁘게 평가하느냐에 따라 긍정적 자아개념과 부정적 자아개념으로 분류한다.

성장과정에서 부모, 교사, 동료들의 긍정적인 평가와 계속적인 성공경험을 하는 사람들은 자기 자신을 긍정적인 관점에서 보는 반면에 부모, 교사, 동료들의 부정적인 평가와 계속적인 실패경험은 자기 자신을 부정적으로 보는 경향이 생긴다.

긍정적인 자아개념은 개인이 자신을 유능하고 중요하며 성공적이고 가치 있다고 생각하게 한다. 이러한 긍정적인 자아개념은 개인의 내면에 지니고 있는 강력한 힘으로써 인간의 건전한 성격발달에 필수적이고, 원만한 인간관계를 유지하게 하며, 성취에도 결정적인 영향을 미친다.

3) 자아개념의 발달

자아개념은 여러 가지 다른 상황에서 지속적인 자기평가를 통해 발달한다(Shavelson & Bolus, 1982). 즉, 자아개념의 발달에는 부모, 가족구성원, 교사, 동료 등과 같이 자기에게 의미 있는 사람들의 언어적·비언어적인 강화나 평가, 그리고 자기 기준과 또래 친구들과의 비교, 장기간에 걸친 성공과 실패의 경험 등이 중요한 영향을 미친다. 어린 시절의 자아개념 발달은 초기 부모나 가족구성원의 영향을 많이 받지만, 점차 성장하면서 또래 친구나 학교 동료, 교사의 영향을 많이 받는다.

자아개념은 대략 7세 이전에 자기 자신을 전체적으로 보기 시작하며 발달하는데, 어린 아동의 자아개념은 총체적이고 미분화되어 있다. 그러나 점차 성장함에 따라 그가 접한 환경과 그 자신에 대한 지각이 증가하면서 자아개념은 다양하게 분화되어 다면성과 구조화가 이루어진다. 이러한 분화를 통해 학문적 자아개념과 비학문적 자아개념 등 다양한 영역으로 분리된 자아개념을 형성하게 된다.

James(1890)는 자아개념를 경험적 차원에서 개인과 사회 환경과의 상호작용을 통해 형성되는 것이라고 주장한다.

미국의 사회학자인 Cooley(1909)는 우리는 '나' 를 어떻게 알아 가는가? 라는 명제에 대해서 거울자아(Looking glass self)라는 유명한 개념을 만들어 설명하고 있다.

즉, 인간은 주위 사람들을 거울로 삼고 그 거울에 자신을 비춤으로써 나를 알아간다는 것이다. 그에 의하면 거울자아는 첫째, 내가 남들에게 어떻게 보이는가에 대한 나의 상상, 둘째, 남들에게 그렇게 보여지고 있는 내가 그들에게 어떻게 평가되고 있는가에 대한 나의 상상, 셋째, 남들의 그러한 평가에 대한 나 자신의 느낌, 이 세 가지 요소가 자아의식을 형성한다고 한다.

다시 말하면, 남들의 반응이라고 하는 거울 없이는 '나' 라고 하는 자기의식의 형성이 불가능하다는 것이며, 따라서 자신의 가치에 대한 느낌은 타인의 평가에 의해서 형성된 것이다.

사회비교이론을 주장한 Festinger(1957)는 한 개인의 자아개념이 그가 속한 사회집단 내의 다른 사람들과 비교하여 자기가 그들보다 어떤 특성이 있어서 우월하거나 또는 열등하다고 생각하는 주관적 지각에 의해 형성된다고 주장한다. 이러한 비교는 상대적이기 때문에 집단에 따라 다르게 평가된다. 따라서 집단이 어떤 집단이냐에 따라 개인의 자아개념은 달라진다는 것이다.

자아개념의 발달은 양육과정, 신체적 성장과 발달 및 학교경험에 의해서 크게 영향을 받는다(유기섭, 2004).

① 양육의 과정

부모가 어린이들이 믿음을 갖고 자기의 환경을 탐색할 수 있도록 허용적인 분위기를 유지하며, 약간의 실패를 할지라도 책망 대신에 격려와 용기를 주는 것은 어린이들의 정체감을 발달시키는 데 매우 중요한 역할을 한다. Coopersmith(1967)는 높은 자아개념과 관련이 있는 양육조건에는 세 가지가 있다고 말한다. 어린이에 대한 부모의 수용, 부모가 행동하는 한계와 규율을 분명히 알도록 지도하는 것, 주어진 한도 내에서 어린이의 자유를 부모가 존중해 주는 것 등이 그것이다.

② 신체적 성장과 발달

어린이들에게 남녀 모두 자기의 신체에 대한 이미지와 자기 자신에 대한 이미지 간에는 높은 상관이 있다. 즉, 좋은 신체조건을 가지는 것이 자기 평가의 중요한 요인이 되고 있는 것이다. 빈약한 몸매로 고민하는 청소년들이 그 증거다(Lerner & Gielert, 1969).

③ 학교에서의 경험

어린이들의 자기 능력에 대한 개념이 주로 학업을 통해서 형성된다는 것은 교사가 항상 유념해야 할 매우 중요한 사실이다. 학생을 이해하고 우수한 학생과 비교하지 않고 그 개인의 입장에서 학습상황을 판단하고 작은 성공이라도 인정하며 격려하는 것은 학생들의 긍정적인 자아개념의 발달에 많은 영향을 미치는 것이다.

4) 자아개념의 구조

자아개념의 구조에 대해서는 학자에 따라 다양하게 분류하고 있다. 그중에서도 Shavelson, Hubner 그리고 Stanton(1976)이 제시한 자아개념의 위계적 구조모형이 가장 광범위하고 포괄적인 것으로 알려져 있다.

[그림 8-1]에서 보는 바와 같이, 이들은 일차원적 요인인 일반적 자아개념을 위계의 정점에 두고, 그 밑에 이차원적 요인인 학문적 자아개념과 비학문적 자아개념으로 분류하는 모형을 제시하고 있다.

학문적 자아개념이란 자기 자신의 학습능력을 어떻게 보는가를 말하는 것으로 그 하위영역은 다시 각 학과 영역(예: 국어, 역사, 수학, 과학 등)으로 나누고 있다. 비학문적 자아개념의 하위영역은 사회적, 정서적, 그리고 신체적 자아개념으로 분류하고, 각각의 하위영역으로는 동료와 중요한 타인, 특수한 정서, 신체적 능력과 외모를 제시하고 있다. 이러한 하위영역들은 특정한 상황에서의 행동 평가에 의해서 형성된다고 한다. 그리고 위계 서열상 위로 올라갈수록 자아개념은 안정적이고, 밑으로 내려갈수록 불안정하고 쉽게 변한다고 한다.

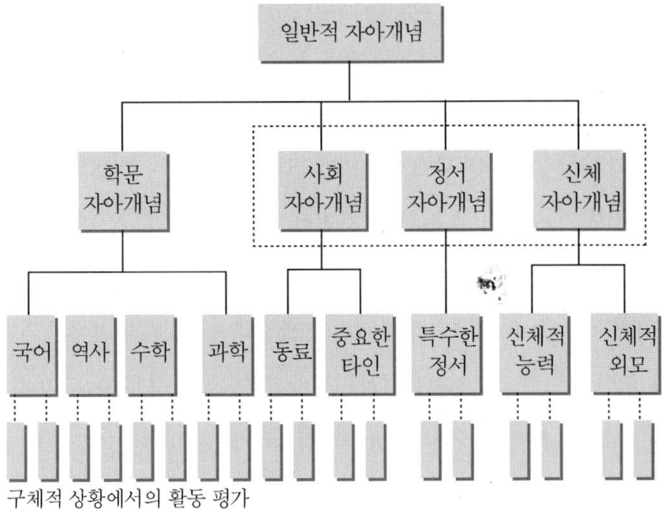

[그림 8-1] 자아개념의 위계적 구조모형

(Shavelson, Hubner & Stanton, 1976)

5) 자아개념과 학업성취

자아개념이 학업성취에 미치는 영향에 대해서는 많은 연구가 이루어지고 있다.

여러 연구를 종합해 보면, 비록 학생들의 특성과 연구방법의 사용에 따라 상관관계의 정도가 다르게 나타나기도 하지만, 일반적으로 학교 학습에서 학습자들의 학습성취는 그들의 자아개념과 밀접한 상관관계가 있는 것으로 나타났다.

자아개념과 학업성취 간의 상관 연구의 대표적인 것으로는 Brookover, Patterson 그리고 Thomas(1964)의 연구를 들 수 있다. 이들은 중학교 1학년을 대상으로 한 자아개념과 학업성취와의 관계를 밝히는 연구에서 지능지수의 영향을 제거했음에도 불구하고, 자아개념과 학업성취 간에는 밀접한 상관관계가 있다는 것을 발견하였다.

김혜순(1997)이 고등학생을 대상으로 한 자아개념과 학업성취 간의 상관 연구결과에서도 학문적 자아개념과 학업성취 간에는 밀접한 상관관계가 있는 것으로 나타났다.

또한 여러 연구결과는 학업성적에 영향을 미치는 자아개념의 형성에는 교사의 평가가 많은 영향을 미치고 있음을 보여 주고 있다. Woolfolk(1995)는 교사가 자신이 담당하는 교과목에 대해서만큼은 학생들이 자신의 능력을 어떻게 느끼는지를 변화시킬 수 있으며, 또 그러한 책임을 느껴야 한다고 주장한다.

Purkey(1971)는 과거의 여러 연구를 검토하면서 거의 모든 연구에서 학업성적이 우수한 학생들은 자아개념이 긍정적이어서 자기 자신을 가치 있고 바람직하고 유능한 사람으로 지각하는 데에 반해서, 학업성적이 좋지 않은 학생들은 한결같이 자아개념이 부정적이며 자신감이 부족하고 자기를 비하하고 열등감에 사로잡혀 있을 뿐만 아니라, 타인이 자기를 승인하지 않는다는 지각을 하고 있다고 결론 내렸다.

이러한 결과가 나오는 이유에 대해 Rosenthal과 Jacobson(1966)은 교사가 얼굴 표정, 제스처, 말 등을 통해 은연중 학생들에게 더 학습하도록 도와주었기 때문이라고 하고, 교사들에 의해서 지적으로 잘 하리라고 기대된 학생들은 잘 하리라고 기대되지 않는 학생들보다 1년 뒤에 실제로 지적 성취도가 높게 나타났다고 주장한다(이성진, 2004).

Kifer(1973)가 실시한 연구에 의해서도 자아개념은 학업성취에 대한 교사의 평가에 의해 영향을 받는 것으로 나타났으며, 자아개념 점수는 학년이 올라갈수록 더 커지는 것으로 조사되었다. 즉, 학년이 올라갈수록 교사의 평가에 의해 우수한 학생은 자아개념이 더욱 높아지고, 반대로 학업성취가 낮은 학생은 자아개념이 점점 더 낮아짐으로써 그 차이가 더 커지는 것으로 나타났다. 이것은 학업성취가 높은 학생들은 학년이 올라갈수록 더욱 긍정적인 자아개념을 형성하고, 반대로 학업성취가 낮은 학생들은 더욱 낮은 자아개념을 형성하게 된다는 것을 의미한다.

이와 같이 교사의 평가에 의한 성공과 실패의 경험이 누적되어 감에 따라 더욱 긍정적 또는 더욱 부정적 자아개념으로 고착되어 가는 경향이 있기 때문에 초기에 실패를 경험한 학생들에게는 그 실패경험이 연속되지 않도록 학습의 결손을 보충해 주는 것이 중요하다

Hoge, Smit 그리고 Hanson(1990)은 6학년 학생을 대상으로 한 연구에서도 학교에 대한 만족도, 수업에 대한 흥미, 교사가 잘 보살펴 준다는 느낌, 그리고 교사의 적절한 피드백과 평가는 학생의 긍정적인 자아개념의 형성에 영향을 미친다는 것을 발견하였다. 또한 특정과목에서도 교사의 피드백과 성적은 그 과목에 대한 자아개념에 영향을 주는 것으로 조사되었다.

이러한 연구결과를 종합하여 볼 때, 자아개념과 학업성취 간의 관계는 일방적이 아니라 상호작용하는 것으로 볼 수 있다. 즉, 자아개념은 학업성취에 영향을 주고, 학

업성취는 다시 자아개념에 영향을 미치는 과정을 통하여 계속적으로 상호작용한다.

이와 같이 자아개념은 학업성취와 밀접한 관련이 있지만, 많은 연구들은 학업성취와의 관계가 일반 자아개념이나 비학문적 자아개념보다 학문적 자아개념과의 관계가 더 높은 것으로 보고하고 있다. Bloom(1976)은 학교성적을 예언하는 데는 학문적 자아개념이 가장 강력한 측정치라고 하였다. 특히 구체적인 학문적 자아개념에 관련된 과목 분야의 수행과 가장 높은 상관관계가 있다.

Marsh, Relich 그리고 Smith(1983)는 영어, 수학, 과학 성취점수와 상응하는 자아개념과의 관계가 일반 자아개념과의 관계보다 더 높은 상관이 있음을 보고하였고, 후속 연구에서 Marsh, Smith, Barnes 그리고 Butler(1983)는 학문적 능력이 같은 영역에서의 자아개념과 보다 높은 상관이 있으며, 다른 학문적 자아개념과는 상관을 덜 나타내며, 비학문적 자아개념과는 가장 낮은 상관이 있다고 주장하였다(송인섭, 2004).

자아개념은 비단 학생들의 학업성취에만 영향을 미치는 것이 아니다. 여러 연구들은 높은 자아존중감을 가진 학생일수록 학교생활에 보다 잘 적응한다는 결과를 제시하고 있다. 즉, 자아존중감이 높은 학생들은 학교에 대하여 더 호의적인 태도를 보이며, 학급에서 더 긍정적인 행동을 하고, 그리고 학생들 사이에서 더 높은 인기를 얻는 경향이 있다(Cauley & Tyler, 1989; Metcalfe, 1981; Reynolds, 1980). 물론 두 변인이 상관관계가 높다고 해서 두 변인이 반드시 인과관계에 있는 것은 아니다. 그러나 높은 학업성취와 인기는 긍정적 자아개념으로 이끌기 쉽고, 또한 긍정적 자아개념은 높은 학업성취와 인기를 이끌게 되는 것 같다. 사실 이 두 변인은 상호 영향을 준다(Marsh, 1987; Shavelson & Bolus, 1982).

이와 같이 긍정적인 자아개념은 학업성취와 학교생활에 영향을 미칠 뿐만 아니라 인간의 건전한 성격발달의 기반이 되고 원만한 대인관계의 유지를 위해서도 필수적이기 때문에 부모나 교사 등 학생들의 학습을 조장하는 입장에 있는 사람들은 학생들이 긍정적인 자아개념을 갖도록 최선을 다해서 지도해야 할 것이다.

Woolfolk(1995)는 교사가 학생들의 자아존중감을 증진시키는 방안으로 〈표 8-1〉과 같이 정리하여 제시하고 있다.

〈표 8-1〉 자아 존중감 증진을 위한 제안

- 학생의 성취뿐만 아니라 시도에 대하여 학생들을 존중하고 수용하라.
- 학생을 위해 물리적으로 그리고 심리적으로 안전한 분위기를 창출하라.
- 자기 자신의 개인적 편견(모두가 조금의 편견을 가지고 있다)과 기대를 인식하도록 하라.
- 가르치기 위한 절차와 학생을 집단편성하는 일이 단지 문제 학생을 다루는 데 편리하거나 또는 어떤 학생들과의 접촉을 회피하는 편리한 방법이 아니라 정말로 필요한 방법이라는 것을 확실히 하라
- 평가의 기준을 명백히 하라. 학생에게 그 자신의 성취를 평가하는 방법을 배우도록 하라.
- 적절한 자기비판, 인내, 그리고 자기 보상의 방법에 대해 모범을 보여라.
- 파괴적 비교와 경쟁을 피하라. 학생이 이전의 성취수준과 경쟁하도록 격려하라.
- 특정 행동과 결과를 거부해야 할지라도 학생은 수용하라. 예를 들어, 학생은 시험의 실패라든지 질책을 받는다는 것이 그를 나쁜 사람으로 만들지 않는다는 확신이 있어야 한다.
- 긍정적 자아개념은 세상에서의 성공으로부터 비롯되며 또한 그 환경 내의 중요한 사람들에게 가치 있게 여겨지는 것으로부터 자란다는 것을 기억하라.
- 사건에 대한 자신의 반응에 대하여 책임을 지도록 격려하라. 그에게 어떻게 반응해야 하는지에 대해 선택권이 있다는 것을 보여 주라.
- 학교에서 지지 집단 또는 '공부친구'를 설정하고 상호 격려하는 것을 가르쳐라.
- 학생이 명확한 목적과 목표를 설정하도록 도우라. 그의 목표를 가르치기 위해 그가 갖고 있는 자원에 대한 창조 능력 계발법(브레인스토밍)을 사용하라.
- 다른 소수 집단의 문화와 성취 그리고 가치를 강조하라.

2. 기대수준

1) 기대수준의 의미

기대수준(level of aspiration)이란 학습자가 어떤 과제에서 성취하고자 하는 목표의 예상 수준을 말한다. 이를 포부수준이라고 부르기도 한다. 기대수준은 독일의 심리학자 Hoppe(1930)에 의해 처음 소개되면서 학습과 관련된 연구가 시작되었다.

기대수준은 개인의 행동에 대한 개인의 기대, 포부, 열망이고 개인이 어떤 과제에서 달성하고자 하는 신념의 표현이며 성취를 향상시키고자 하는 인지적 동기 요소라 할 수 있다.

이성진(1965)은 "학습자가 어떤 특수한 학습과제에 당면했을 때 어느 정도의 성취를 하겠느냐를 결심하는 것, 즉 구체적 과제에서의 구체적 성취도 또는 포부의

수준을 기대수준" 이라고 정의하고 있다.

2) 기대수준의 형성

기대수준은 성공과 실패의 경험에 의해 가장 많은 영향을 받는다.

Hoppe에 의하면 한 개인이 어떤 과제에서 성공한 뒤에는 그 과제수행에 대한 기대수준을 높이며, 실패한 뒤에는 낮추는 경향이 있다고 한다. 이러한 경향이 있기 때문에 계속적 실패를 피할 수 있고, 또 성취감을 주지 않는 너무 쉬운 과제에서의 성취도에 만족하지 않게 된다는 것이다.

Sears(1940)는 초등학생을 대상으로 한 기대수준 연구를 통하여 과거의 성공 혹은 실패의 경험이 기대수준에 많은 영향을 미치고 있다는 점을 밝혔다.

그는 초등학교 4~6학년 학생을 대상으로 성공집단, 실패집단, 혼합집단의 세 집단으로 구분하였다. 성공집단은 모든 학과목에서 성적이 우수하고 과거의 학습에서도 계속 성공경험이 있는 학생들이다. 실패집단은 성공집단과 반대인 학생들로 구성하였다. 혼합집단은 읽기에서는 성공경험을 계속해 왔으나 산수과목에서는 실패를 경험한 학생들로 구성하였다. 이 학생들에게 익숙한 읽기 및 산수 문제를 풀도록 한 뒤에 다음 과제에서 그들이 기대하는 성취수준(소요시간)을 예상케 한 결과, 학생들이 과거에 성공 혹은 실패한 경험에 따라 기대수준의 설정에 많은 차이가 있는 것으로 밝혀졌다.

즉, 성공집단의 기대수준은 일관성 있게 과거보다 좀 더 높고, 현실적인 목표설정을 하였을 뿐만 아니라 그 목표는 충분히 달성되고 있는 것이었다. 반면에 실패집단은 과거의 성취도와 기대수준 사이에 불안정성을 보였다. 즉, 과거의 성취수준보다 더 높거나 낮게 정하는 등 기대수준의 설정에 일관성이 결여되었고, 목표달성이 거의 불가능하게 기대수준을 너무 높게 정하는 등 비현실적인 태도를 보였다. 혼합집단은 읽기에서는 성공집단과 유사했고, 산수과목에서는 실패집단과 유사한 결과를 보였다.

두 번째 실험에서는 학생들에게 첫 실험에서의 성취결과와 관계없이 성공집단에게는 아주 잘했다고 칭찬해 주는 반면에 실패집단의 학생들에게는 잘못했다고 말해 줌으로써 앞에서 성공한 집단에게는 한 번 더 성공을 경험하게 하고, 실패한 집단에게는 실패를 경험하게 한 후에 이들 학생들에게 다시 읽기와 산수 과제를 푸는 데 예상 소요시간을 물어서 그들의 기대수준을 다시 확인하였다.

그 결과 성공집단의 기대수준은 첫 실험에서 소요된 시간보다 일관성 있게 약간 더 짧게 예상한 반면에, 실패집단은 첫 실험과 비교하여 더 위축되거나 비관적으로 과장되게 목표를 설정하는 등 기대수준의 범위가 다양한 경향을 보였다.

성공 및 실패의 경험이 기대수준 또는 목표설정에 미치는 영향은 많은 연구에서 이와 유사한 경향을 보여 주고 있다.

Slovin(1963)은 대학생을 대상으로 한 연구의 결과를 다음과 같이 요약하고 있다(유기섭, 2004).

- 성공은 일반적으로 기대수준을 높여 주며, 실패는 기대수준을 낮춰 준다.
- 성공의 정도가 높을수록 기대수준은 높아지며, 실패의 정도가 클수록 기대수준을 낮출 가능성은 크다.
- 기대수준을 바꾸는 것이 부분적으로는 목표달성의 능력에 대한 자신감의 변화에 영향을 받는다.
- 기대수준에 대한 실패경험의 효과는 성공경험의 효과보다 더 다양하게 나타나는 경향이 있다.

이와 같이 성공 혹은 실패의 경험은 기대수준에 많은 영향을 미치고 있다. Travers (1967)는 학업성취를 강조하는 교육 장면일수록 성공과 실패의 경험이 기대수준에 미치는 영향은 보다 크게 나타난다고 지적하였다.

기대수준은 이러한 성공 혹은 실패의 경험뿐만 아니라 기타 학습자의 특성, 과제의 성질, 학습장면 등의 변인에 따라서도 영향을 받는다. 김정희 등(1993)은 기대수준에 영향을 미치는 변인으로 다음과 같은 7가지를 정리하여 제시하고 있다.

- 개인이 소속되어 있는 집단과 그 집단의 기준이다. 비록 그 집단의 기준이 자기가 소속하고 있는 가족의 기준이든, 동료집단의 기준이든 간에 이 기준은 기대수준의 설정에 영향을 준다.
- 개인의 정서적 안정성이다. 정서적으로 불안정한 사람은 안정된 사람에 비해

자기 능력에 맞는 적당한 목표를 설정하기보다는 자기의 능력을 고려하지 않고 희망적이거나 환상적으로 기대수준을 설정하는 경향이 높다.

- 당면한 과제에 대해 자아관여가 이루어지느냐의 여부에 따라 기대수준은 다르게 설정된다. 해결해야 하는 과제가 너무 어렵거나 쉬우면 그 과제의 수행에 따른 성공감이나 실패감이 안 생기고 자아관여도 이루어지지 않는다. 자기의 능력에 따라 적합한 수준의 과제에 한해서만 자아관여가 되고 이에 맞는 기대수준을 설정하게 된다.
- 개인의 지위와 이 지위에 대한 자신의 느낌이다. 즉, 어떤 지위에 대한 역할기대와 이 역할기대를 개인이 어떻게 받아들이느냐 하는 것이 기대수준의 설정에 영향을 미친다.
- 개인의 지능과 성취동기의 수준이다. 지능과 성취동기가 높은 사람은 자기의 능력보다 약간 높으나 중간 정도의 난이도를 가진 과제를 선택하는 경향이 강하다. 그러나 지능이 높지만 그에 상응하는 만큼 성취동기가 높지 않을 때는 자기의 능력에 약간 미달하는 과제를 선택하는 경향이 있다.
- 개인의 과거 업적이나 경력에 의해 기대수준은 영향을 받는다. 과제수행을 통해 빈번한 성공경험을 한 사람은 자기의 기대수준을 높이는 경향이 있는 반면에 성공하지 못한 사람은 자기의 현재 기대수준을 그대로 고수하려 하거나 낮추려는 경향이 있다.
- 성공을 하려는 동기와 실패를 회피하려는 동기에 따라 기대수준의 설정 행위가 달라진다. 성공하려는 동기보다 실패를 회피하려는 동기가 더 강한 사람은 중간 정도의 난이도를 가진 과제를 선택하려는 경향성이 낮다. 그 이유는 실패로 인한 불쾌감을 경험하고 싶지 않기 때문이다. 이런 사람은 가장 쉽거나 가장 어려운 과제를 선택하려고 하지만, 실패를 회피하려는 동기보다 성공하려는 동기가 강한 사람은 중간 정도 혹은 그 보다 약간 어려운 과제를 선택하려는 경향이 강하다.

이와 같이 기대수준은 다양한 변인에 의해 영향을 받고 있다. 가장 이상적인 기대수준의 설정은 자기의 수준보다 약간 어렵지만 자신의 노력으로 달성함으로써 도전감과 성취감을 가질 수 있는 수준을 학습자 스스로 설정하는 것이다. 즉, 달성

가능하면서도 적절히 도전적인 기대수준을 설정할 때 과제수행에 대한 동기가 가장 높아지고 성취도도 높게 나타날 가능성이 많다.

이성진(2004)에 의하면 기대수준은 두 가지의 상반되는 경향 간의 절충으로 설정된다고 한다. 즉, 실패에 수반하는 실망감을 피하고자 하는 욕망으로 인하여 기대수준을 낮추려는 경향과, 가능한 한 높은 수준의 성공을 하려는 욕망으로 인하여 기대수준을 높이려는 경향 간의 절충이 어떤 과제를 당면했을 때 진술하는 또는 의도하는 기대수준이 되는 것이다.

그러나 경우에 따라서는 이와 같은 자기보호기제가 균형을 잃을 수도 있다. 만일 어떤 학생이 과도하게 높은 목표를 세웠다면 그는 실패할 가능성이 증가하고 과도하게 낮은 목표를 세웠다면 성공감을 경험하지 못할 것이다. 달성 가능한, 그러면서 적절히 도전적인 기대수준을 설정할 때 수행에 대한 동기가 가장 높아진다는 것이다.

3. 불안

1) 불안의 의미

불안(anxiety)이란 현실적인 위협과는 관계없이 막연한 대상에 대해 주관적으로 무슨 나쁜 일이 곧 일어날 듯이 느끼는 정서적 반응을 말한다. 그 주요 특징으로는 초조, 긴장, 두려움, 걱정 등의 심리적 반응을 나타내는데, 흔히 숨이 가쁘고 식은땀이 나며 손발이 떨리는 등의 신체적 증상을 함께 경험하기도 한다. 불안은 위협이나 위해가 실제로 존재하지 않는다는 점에서 공포와 구별된다.

사람들은 상황에 따라서 서로 다른 정도의 불안을 느끼고, 동일한 상황에서도 사람에 따라 불안 수준은 다르게 나타난다.

2) 불안의 원인

불안의 원인에 대해서는 다양하게 설명하고 있지만, 대표적으로 정신분석학에서는 사회적으로 용납될 수 없는 성적 혹은 폭력적인 충동이 무의식에서 의식 세계로 뚫고 들어오려 함으로 인하여 자아가 위협을 느끼게 되는 데서 근원한다고 본다. 따라서 무의식 속의 충동이 특별히 강해지거나 자아의 방어기제가 약화되었을 때 불안감을 경험하게 된다는 것이다.

행동주의자나 사회심리학자들은 불안을 학습된 것으로 보고 있다. 그러나 행동주의자들은 자극과 반응의 연합에 의해 학습된 것으로 보는 반면에, 사회심리학적 관점에서는 대응할 수 없다고 느끼는 과제나 대상을 접했을 때 나타나는 반응으로 직접 혹은 간접적인 경험에 의해 불안이 학습될 수 있다고 설명한다.

구체적으로 Phillips 등(1972)은 불안의 원인을 두 가지로 설명한다.

첫째, 즉각적으로 또는 직접적으로 불안반응을 일으키는 상황이다. 상황적으로 보아 다가오는 위협을 회피할 수 없는데, 이를 효과적으로 대처할 능력이 부족할 때 생기는 불안이다.

둘째, 간접적으로 불안반응을 일으키는 상황이다. 어린 시절에 경험한 위협적인 자극이나 심한 충격, 사회 경제적인 고통, 결손 가정에서 느끼는 불안감 등의 영향이 밀리 훗날까시 계속되거나 또는 확산되어 나타나는 경우이다.

Sarason(1960)은 어린 시절에 불안을 형성하는 초기의 원인으로 주로 부모의 태도를 들고 있다. 높은 불안을 보이는 어린이들의 어머니는 자신감이 부족하기 때문에 다른 사람의 의견을 많이 따르는 특성을 가지고 있다. 그러한 어머니들은 자녀들에게 높은 기대를 하고 성취압력을 계속 가함으로써 자녀들이 기대에 부응하지 못함으로 인하여 좌절과 실패를 경험하게 한다는 것이다. 이러한 결과로 자녀들은 결국 빈약한 자아상을 발달시키고 불안을 형성하게 된다는 것이다.

3) 불안과 학업성취

불안은 행동상에 많은 영향을 미치고 심한 경우 신경증적, 정신병적 증세와 같은 심각한 장애를 야기하기도 한다. 하지만 최근에는 학습문제와 관련하여 관심이 높아지면서 많은 연구가 이루어지고 있다. 특히 불안은 동기의 수준과 강도에 영향을 미치는 것으로 보고 있다.

불안과 학습의 관계에 대한 연구에서 밝혀진 사실은, 불안수준이 높은 사람에게는 학습과제가 점차 어려워지고 복잡해지거나 혹은 시간적으로 여유가 없는 상황에서 학습장애가 오며, 불안 수준이 낮은 사람에게 유리하다는 것이다(임승권, 1994).

이와 비슷한 결과는 Sarason(1961)이 초등학교 수준의 학생을 대상으로 실시한 연구에서도 나타났다. 그에 의하면 시간적 제한이 가해지거나 여유가 없을 때 또는 복잡한 과제로 옮겨갈수록 불안수준이 높은 학생들은 불리해지고 불안 수준이 낮은 학생들이 유리해진다는 것이다. 즉, 불안수준이 높은 학생들은 쉽고 단순한 학습과제나 시간을 제한하지 않을 때 유리하다는 것이다.

Spielberger(1966)는 불안수준이 기억에도 영향을 미치는 것을 밝혔다. 즉, 불안수준이 높은 학생은 기억하는 데 실수의 가능성이 낮은 간단한 학습과제에서 높은 점수를 얻는 반면에, 불안이 낮은 학생은 비교적 복잡하여 기억실수의 가능성이 높을수록 높은 점수를 얻었다.

그는 또한 불안이 지능 수준에 따라서도 학업성취도에 미치는 영향이 다르다는 것을 밝혔다. 그에 의하면 불안수준이 높은 경우 지능이 우수한 학생들에게 보다 긍정적인 영향을 미친다는 것이다. 즉, 지능 수준이 우수한 학생의 경우 불안 수준이 높을 때가 불안수준이 낮을 때보다 학업성취도가 높게 나타났다. 그러나 평균수준의 지능지수를 가진 학생들은 불안 수준이 낮은 학생이 오히려 높은 학생보다 학업성취도가 높았고, 지능 수준이 낮은 학생의 경우에는 불안수준이 성취도에 아무런 영향도 미치지 못한다.

불안은 학습상황에 영향을 미치지만, 많은 연구결과들은 시험과도 밀접한 관련이 있는 것으로 나타났다. 시험불안은 시험이라는 특수한 상황에서 생기는 불안으로서 학습효과나 성취수준에 영향을 미친다.

Mandler와 Sarason(1961)은 시험상황에서의 불안을 측정하는 척도인 시험불안척도(Test Anxiety Scale, TAS)를 개발하여 시험불안과 성취수준의 관계를 연구하였다. 이들은 학생들이 시험불안척도에 답할 때 시험 전이나 도중에 일어나는 걱정, 가슴 두근거림, 불편감, 땀이 흐르는 것과 같은 정서적인 반응을 말하게 했다. 이들은 일련의 연구에서 불안이 낮은 학생은 시험답안지가 채점이 된다고 예측할 때와 학습과제가 적절히 어려워서 도전적일 때 좋은 성적을 얻는 경향을 보였다. 그러나 불안이 높은 학생은 이런 상황하에서 성적이 나쁜 경향이 있는 반면 과제가 어렵지 않을 때와 시험결과가 평가되지 않을 때 성적이 좋다는 것을 밝혔다(이성진, 2004).

Gaudy와 Spielberger(1971)의 연구에서는 초등학교 저학년 시기에 시험과 불안 간에 형성된 부정적인 관계가 학년이 올라가도 계속 영향을 미치는 것으로 나타났다. Hill과 Wigfield(1984)도 시험불안은 유치원이나 초등학교 시절에 시작된다고 주장한다. 그 시절에 부모가 비현실적인 요구를 하고 지나치게 높은 기대를 하기 때문이라는 것이다. 부모들이 자녀의 성취에 대해 부정적으로 평가하면 자녀들은 시험상황에서 더 많은 고통을 느끼고 앞으로 자신의 성적에 대한 부모들의 반응에 불안감을 갖게 되며, 이러한 상태가 계속 진행되면 시험에 대한 불안이 상급학교에 올라갈수록 더욱 심화된다는 것이다.

앞에서 살펴본 바와 같이 불안이 언제나 학업성취도에 방해가 되는 것은 아니다. 불안의 수준이나 과제의 난이도에 따라 학업성취에 긍정적인 영향을 미치기도 하고 부정적인 영향을 미치기도 한다. 일반적으로 불안은 학습의 장애요인이며 부적응의 원인으로 작용하지만, 많은 연구에서 단순한 과제나 시간적 여유가 있을 때는 불안수준이 높은 경우에 학업성취도가 높게 나타났다.

불안과 지능 수준을 고려한 Spielberger의 연구에서도 지능 수준이 우수한 학생의 경우가 오히려 불안수준이 높을 때 학업성취도가 높게 나타나기도 하였다. 따라서 학습상황에서 불안을 언제나 제거시켜야 하는 부정적인 요인으로만 보아서는 안 될 것이다. 적절한 수준의 불안은 학업성취에 긍정적인 영향을 주고, 학습동기의 유발에도 좋은 영향을 미친다. 적절한 불안이 학생들이 최선을 다하는 데 도움이 되기도 한다. 불안이 심하지 않고 감당할 만한 경우에는 그것을 극복하기 위한 노력을 할 것이고, 그것을 달성했을 때에는 자신감과 성취감을 경험하게 될 것이다. 따라서 적당한 정도의 불안은 사회성의 발달을 위해 불가결의 에너지라고 보는 학자도 있다(Santrock, 1981). 그러나 과도한 불안을 가지고 있는 학생의 경우는 학습에 악영향을 미칠 것이고, 또한 그것은 매우 고통스러운 일이기 때문에 도피행동이나 갈등을 초래하게 될 것이다.

그러면 학업성취에 긍정적인 영향을 주는 불안수준은 어느 정도가 적당한가?

이성진(2004)은 불안과 학습의 관계에 대한 연구를 분석해 본 결과 불안의 중간 수준에서 학습활동은 가장 활발하다고 한다. 그에 의하면 불안과 학습 간에는 다양한 과제에서 역U형 함수관계를 가지는데, 불안의 정도가 낮으면 학습량도 적고, 불안의 정도가 높아지면서 학습량도 증가하지만, 학습량의 증가는 불안의 중간 수준까지이며, 불안의 정도가 더욱 높아지면 학습량은 다시 저하된다는 것이다. 이 관계를 '역U' 함수관계라고 말한다.

[그림 8-2]는 여러 과제에서의 불안과 학습의 관계를 나타낸 것이다. [그림 8-2]에서 본 바와 같이 불안 수준이 아주 높거나 낮을 때는 학습활동이 극히 저조하고, 중간 수준에서 학습활동이 가장 활발하게 나타난다. 그 이유는 불안수준이 아주 낮을 때에는 학습에 열의가 없고, 불안수준이 아주 높을 때에는 흥분하고 서두르는 나머지 오히려 사고 작용이 적절하지 못하며 흐트러지기 때문에 나타나는 현상이다(유기섭, 2004).

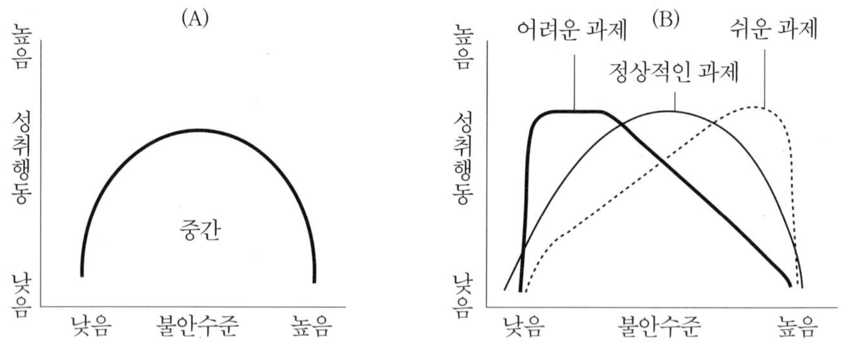

[그림 8-2] 불안과 학습의 관계

4. 학습된 무력감

1) 학습된 무력감의 의미

학습된 무력감(learned helplessness)이란 자신의 삶에서 마주치는 사건이나 결과에 대해 자신의 능력으로는 어떠한 영향도 미칠 수 없다고 느끼고 자포자기하는 상태를 말한다. 이 같은 무력감은 대부분 실패의 경험에서 학습된다고 하여 학습된 무력감이라고 부른다.

2) 학습된 무력감의 형성

학생들이 학습에서 겪는 무력감은 학습활동에 최선을 다했음에도 불구하고 계속 실패를 경험하게 될 때 생겨난 것으로 학생들의 학습동기에 큰 영향을 미치는 요인 중의 하나이다. 이와 같이 학생들은 거듭된 실패의 경험을 통하여 무력감이 발달되면 시도해 보지도 않고 쉽게 학업을 포기하고 만다.

즉, 학습된 무력감을 지니고 있는 학생들은 자신의 능력으로는 아무리 노력해도 원하는 결과를 성취할 수 없다고 생각하고 학습에 의욕을 상실하여 학습에 적극적으로 임하는 경우가 거의 없으며 자신이 해결할 수 있는 과제에 대해서도 노력을 기울이지 않고 무기력한 태도를 보이게 된다.

학습된 무력감은 실험을 통해서도 밝혀지고 있다.

Dweck과 Reppucci(1973)는 초등학교 5학년을 대상으로, 한 교사는 학생들이 풀 수 있는 간단한 퍼즐 문제를 풀게 하고, 다른 교사는 풀기 어려운 퍼즐 문제를 풀게 하였다. 그런 다음, 풀기 어려운 퍼즐 문제를 제공한 교사가 이번에는 학생들이 풀 수 있는 퍼즐 문제를 제공했는데도 학생들은 그것을 시도해 보지도 않고 포기해 버렸고, 어떤 학생들은 이전에 풀었던 문제까지도 풀려고 하지 않는 것이었다.

이러한 실험결과는 대학생을 대상으로 한 실험에서도 나타났다.

Hiroto(1974)는 대학생들을 세 집단으로 나누어 실험하였다. 먼저 처음 단계의 실험에서 한 집단은 시끄러운 벨소리가 들리면 버튼을 네 번 눌러서 멈출 수 있게 하였고, 두 번째 집단은 어떤 방법으로도 시끄러운 벨소리를 멈출 수 없게 하였으며, 세 번째 집단은 벨소리를 전혀 들려 주지 않았다.

실험의 다음 단계에서는 소음이 고통스러우면 즉시 멈추게 할 수 있는 장치가 된 장소에 세 집단을 모아 놓고 시끄러운 소음을 들려 주자, 첫 번째와 세 번째 집단의 학생들은 곧바로 소음을 꺼버렸지만, 두 번째 집단은 고통스러운 소음을 참고 앉아 있었다.

앞의 실험에서 밝혀진 바와 같이 실패를 반복 경험한 학생들은 그것을 극복하려는 노력을 하지 않고 포기해 버리는 무력감을 발달시키게 되는 것이다.

Carol, Diener 그리고 Dweck(1978)은 연구를 통하여 무력감에 빠진 어린이들과 성취욕이 강한 어린이들 사이에는 실패를 대하는 태도에서 많은 차이가 나는 것을 발견하였다. 무력감에 빠진 어린들은 실패의 원인을 생각해 보려 하지도 않고, 설령 생각한다고 하더라도 실패의 원인을 자신들이 통제할 수 없는 요인에 귀인시키기 때문에 실패를 극복하려는 노력을 하지 않는다는 것이다.

3) 학습된 무력감의 극복

Dweck(1975)은 학습된 무력감을 감소시킬 수 있는 귀인훈련(attribution training) 프로그램을 개발하였다. 귀인훈련의 내용은 무력감에 빠져 있는 학생들로 하여금 자신들의 실패 원인을 능력 부족보다 동기 또는 노력 부족에 귀인시키도록 하고, 또한 학생들이 적절한 노력을 하여 성취했을 때 격려함으로써 성취감을 맛보게 하는 동시에 자신들의 노력에 따른 결과를 믿을 수 있는 신념을 갖도록 훈련시키는 것을 내용으로 한다. 그에 의하면 귀인훈련을 받은 학생들은 실패를 극복하려는 행동에 괄목할 만한 향상이 있었다는 것이다(유기섭, 2004).

따라서 학습된 무력감을 극복하기 위해서는 적절한 노력으로 성취할 수 있는 과제에 학생들이 참여할 수 있게 해야 하며, 자신들의 능력에 따른 결과를 믿게 하고, 또한 현실적인 목표를 만들어 나가도록 해야 한다. 물론, 가장 좋은 방법은 교사가 학생 개개인에 따라 달성 가능한 목표의 수립, 다양한 문제해결 전략의 작성, 실패에 대한 대안 작성 등을 마련하여 학습된 무력감을 예방하기 위해 노력하는 것이다(임규혁, 1999).

5. 연습

1) 연습의 의미

연습(practice)이란 일정한 새로운 경험이나 행동의 획득을 목표로 하여 그 목표에 도달하기 위하여 학습이나 행동을 반복하는 과정과 그 효과를 포함하는 전체과정이다. 학습과정에서 한 번의 시행으로는 습득하기 어렵기 때문에 여러 번 되풀이 연습함으로써 학습효과를 높일 수 있다.

그러나 연습은 단순한 반복을 의미하지 않고, 매 시행에 행동이 점진적으로 변화되는 것을 의미한다. Thorndike가 처음 제안했던 연습의 법칙에서는 시행을 반복함에 따라 학습효과가 향상된다고 보았으나, 그 후 Thorndike는 적절한 보상이 수반되지 않는 단순한 반복은 효과가 극히 제한적일 뿐만 아니라 피로, 짜증, 싫증 등 부정적인 결과를 초래할 수 있는 점을 발견하고, 이 법칙을 폐기하였다. 따라서 행동을 반복 시행하여 변화될 때마다 강화를 수반하면 더욱 효과적일 것이다.

연습을 통하여 행동은 질적, 양적으로 변화된다. 즉, 연습을 통하여 행동은 세련되고 숙련되어 노력과 오류가 감소되고, 의식작용이 자동화됨으로써 학습능률이 향상될 뿐만 아니라 학습속도도 빨라지게 된다.

연습은 학습에 대한 준비성과는 다른 개념이다. 학습에서 준비성이란 학습에 필요한 조건이 갖추어져 있는 상태를 의미한 것으로서 연습뿐만 아니라 성숙, 학습 등에 의해 영향을 받는다. 학습에 필요한 조건으로는 신체적 및 정신적 성숙, 지적 및 기능적 성숙, 경험 및 연습의 정도, 기존지식의 습득 정도, 흥미와 욕구의 정도, 동기유발 정도, 환경적 성숙 등을 들 수 있다. 학습은 이러한 학습에 필요한 조건이 갖추어진 알맞은 시기에 하여야만 그 효과를 높일 수 있다.

2) 연습곡선

연습곡선이란 특정한 학습과제를 계속적으로 연습할 경우 그 학습효과의 변화과정을 그래프로 표시한 것을 말하는데, 학습곡선이라고도 한다. 다시 말하면, 연습곡선은 학습의 결과를 종축으로 하고, 연습횟수를 횡축으로 하여 연습에 따라 학습효과가 어떻게 변화되고 있는가를 나타낸다. 연습에 의한 학습의 효과나 능률의 향상은 일반적으로 학습자의 능력, 동기, 교양, 기능, 체질과 과제의 성질, 난이도, 장소 및 상황 등에 따라 차이가 난다.

일반적으로 연습의 결과를 측정하는 준거로는 다음과 같은 요인을 들 수 있다.

- 일정한 시간 내에 할 수 있는 학습량의 증가 정도
- 일정한 학습량을 달성할 수 있는 시간 감소의 정도
- 학습결과에 대한 정오비율에서 착오 수의 감소 정도

- 학습결과와 목표에 대한 성공과 실패의 비율
- 학습결과의 우열성 비교

보통 연습은 처음에는 미숙하기 때문에 학습효과가 적게 나타나지만 연습횟수가 증가할수록 학습효과가 상승하는 것이 일반적이다. 따라서 연습곡선은 연습횟수에 비례하여 학습효과도 상승하는 것으로 표시된다. 그러나 한참 상승하다가 일정시점에 이르면 연습을 계속해도 더 이상 연습곡선은 상승되지도 않고, 내려가지도 않는 상태가 지속되는데, 이를 고원현상(phenomenon)이라고 한다. 이 상태에서 연습을 계속하면 피로상태에 빠져 연습곡선은 하강하게 된다. [그림 8-3]은 연습곡선을 표시한 것이다.

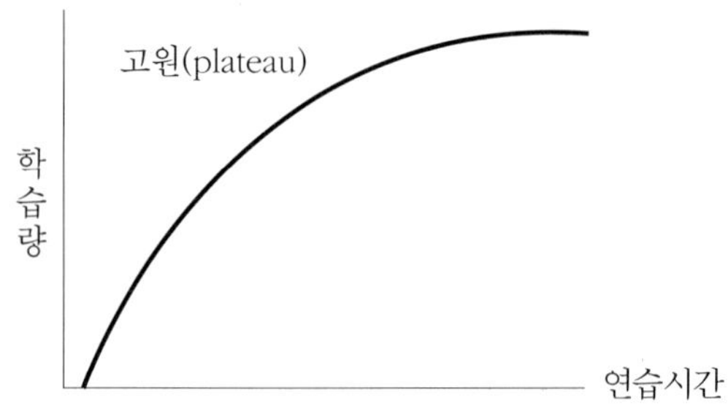

[그림 8-3] 연습곡선

(1) 연습곡선과 망각곡선의 관계

망각곡선이란 학습된 내용이 시간의 흐름에 따라 잊혀 가는 정도, 즉 망각률 또는 파지량의 변화를 나타내는 곡선을 말한다. 학습한 내용을 보존하는 것을 파지(retention)라고 한다. 학습한 것을 장기간 파지할 수는 없다. 망각곡선을 반대로 보면 파지곡선이 된다.

망각의 원인에 대해서는 시간의 경과에 따라 기억흔적이 쇠퇴해 가는 현상으로 보는 흔적쇠퇴설(또는 불용설), 학습 후에 파지를 방해하는 외부적 영향에 의해 간섭이 일어나서 망각이 촉진된다고 보는 간섭설, 불쾌한 경험과 같이 의식적으로 기억하지 않기 때문에 망각이 일어난다고 보는 의도적 망각설 등이 주장되고 있다.

[그림 8-4]는 Ebbinghaus가 제안한 망각곡선을 표시한 것이다.

독일의 심리학자 Ebbinghaus(1850~1909)는 무의미 철자를 기초로 기억 현상을 실험하고, [그림 8-4]와 같은 망각곡선을 만들었다. Ebbinghaus는 학습 후 10분 후부터 망각이 시작되며, 1시간 뒤에는 50%, 하루 뒤에는 70%, 한 달 뒤에는 80%가 망각된다는 것을 실험을 통해 밝혀냈다.

또한 그는 기억에 대한 여러 실험을 통하여 학습내용을 장기기억(Long Term Memory)에 영구히 보존하기 위해서는 망각곡선의 주기(circle)에 따라서 적절한 시점에 반복 연습하는 것이 무엇보다 중요하다는 점을 밝혀냈다. 즉, 같은 횟수라도 한번 종합하여 연습하는 것보다는 일정시간의 범위에 분산하여 연습(4회 주기)하는 것이 훨씬 더 기억에 효과적이라는 것이다. 그는 10분 후에 연습하면 1일 동안 기억되고, 다시 1일 후에 연습하면 1주일 동안, 1주일 후에 연습하면 1달 동안, 1달 후에 연습하면 6개월 이상 기억된다고 주장하였다.

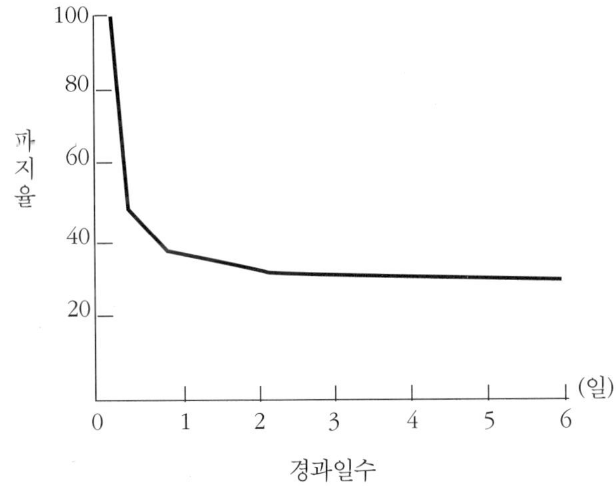

[그림 8-4] Ebbinghaus의 망각곡선

[그림 8-5]는 연습곡선과 망각곡선의 관계를 표시한 것이다.

망각은 연습의 정도에 따라 그 양이 달라진다. 즉, 연습의 초기상태인 무반응권에서는 망각이 심하지만, 최대반응권에 갈수록 망각의 정도는 작아진다. [그림 8-5]를 보면, 연습시간이 적은 A, B의 경우는 빨리 망각되지만, 연습시간이 많은 C, D의 경우는 망각이 줄어들고 있다. 이와 같이 망각은 연습시간이 증가할수록 감소하는 반비례 관계에 있다.

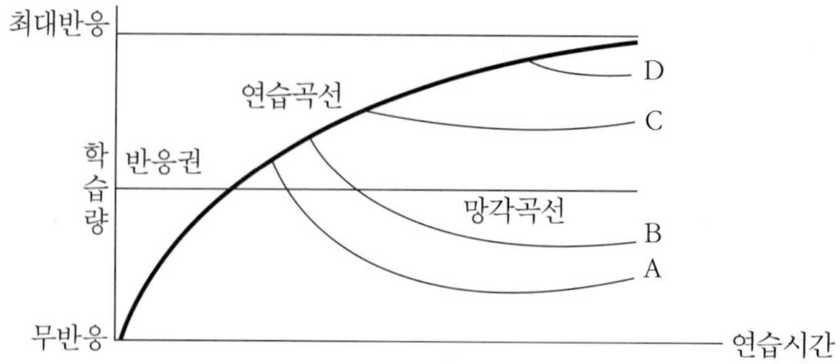

[그림 8-5] 연습곡선과 망각곡선의 관계

(2) 고원현상

고원현상(高原現象, plateau phenomenon)이란 연습에 따라 학습효과가 상승하다가 일정시점에 이르면 연습을 계속해도 더 이상 그 효과가 나타나지 않고 일시적으로 정체되는 현상을 말한다. 이러한 고원현상은 연습곡선이 상승하다가 어느 시점에서 수평을 이루어 고원 모양을 보인 데서 유래한다. 이 현상은 학습자나 학습환경에 따라 지속기간에 많은 차이가 나기도 하고, 전혀 나타나지 않는 경우도 있다.

고원현상의 원인으로는 학습의 종류에 따른 학습자의 긴장이나 불안, 피로나 권태, 흥미의 상실, 실패에 대한 부담감, 학습과제의 곤란도 증가, 학습에 대한 나쁜 습관의 고집 또는 형성, 주의의 이동, 적절한 학습방법 또는 전략의 실패 등을 들 수 있다.

이러한 고원형상을 극복하는 방법은 다음과 같다.

첫째, 무리한 연습은 피하면서 노력은 계속한다.

둘째, 기분 전환을 하며 피로나 권태감에서 회복하는 등 고원현상의 원인을 찾아 그 원인을 제거한다.

셋째, 올바른 연습방법을 강구한다.

3) 연습의 방법

연습방법은 학습효과를 향상시키는 데 커다란 영향을 미치게 한다.

연습방법에는 두 가지의 연습에 대한 분배문제가 따른다. 첫째는 연습을 한번에 집중적으로 하는 것이 좋은가 아니면 일정시간의 범위로 나누어 분산적으로 하는 것이 좋은가 하는 연습의 분배문제이고, 둘째는 일정한 과제 전체를 통해서 연습하는 것과 과제를 부분으로 나누어 연습하는 것 중 어느 편이 효과적인가 하는 과제의 분배문제가 있다.

연습의 분배, 즉 연습과정의 휴식시간 유무와 관련된 연습방법은 집중연습과 분산연습이 있고, 과제의 분배와 관련된 연습방법은 전습법과 분습법이 있다.

(1) 집중연습과 분산연습

집중연습(massed practice)의 방법은 연습기간이 길다는 것을 의미한 것으로 연습과정에 휴식기간을 두거나 다른 형태의 활동을 하지 않고 계속해서 반복 연습하는 것을 말한다. 학습의 탐색 단계에서는 집중연습이 필요한 것으로 밝혀지고 있다.

집중연습이 유리한 경우는 다음과 같다.

- 학습자료가 의미 있고 생산적인 경우
- 통찰학습이 가능한 경우
- 시, 산문, 유의미 철자의 기억 등 자료가 쉽고 짧은 경우
- 학습한 내용이 적극적으로 전이가 가능한 경우
- 깊은 사고와 광범위한 탐색을 요구하는 학습과제인 경우
- 학습하기 전에 준비가 필요한 경우
- 잘 알고 있거나 어느 정도 이해하고 있는 학습자료일 경우
- 짧은 시간에 많은 내용을 학습해야 할 때
- 이미 학습한 내용이 높은 학습효과를 나타내고 있는 경우
- 분산연습을 하면 휴식시간에 망각이 쉽게 일어나는 경우
- 분산연습을 하는 경우 휴식 후의 시행이 전혀 새로운 시행으로 변용될 수 있는 경우

그러나 집중연습의 경우는 피로와 싫증 등으로 주의집중을 떨어뜨릴 수 있으며, 장시간 단순 반복 연습으로 연습효과를 저하시킬 수 있는 단점이 있다.

분산연습(distributed practice)은 연습과정을 일정한 간격을 두고 짧은 연습기간으

로 나누어 연습하는 것을 말한다. 많은 연구들은 일반적으로 분산연습이 효과적이라고 보여 주고 있다. 많은 경우에 분산연습은 사실상 학습과정을 가속화시킨다.

분산연습이 유리한 경우는 다음과 같다.

- 학습과제가 유의성이 없는 경우
- 학습내용이 학습자의 수준에 비해 어렵고 복잡한 경우
- 학습이 초보단계일 경우
- 무의미 철자나 숫자의 기억 등 자료가 길고 어려운 경우
- 동기유발이 낮고 많은 노력과 시간이 투입되어야 할 경우
- 어린 학생들과 같이 주의집중을 오래하지 못하는 학습자의 경우

(2) 전습법과 분습법

전습법(whole method)은 학습과제를 전체로 모아서 학습하는 방법으로서 형태주의 학습방법이다. 예를 들어, 컴퓨터 키보드에서 한글타자를 연습할 때 자음과 모음의 자리 연습부터 단계별로 숙달한 후에 문장 연습을 하지 않고, 긴 문장을 일명 독수리 타법으로 연습하는 경우이다.

또 다른 예로는 시(詩)를 학습할 경우에 한 단어씩 또는 한 행씩 분석하며 의미를 파악하는 것이 아니라 시 전체를 읽고서 전반적인 의미를 파악하는 경우이다. 전습법은 망각이 적고 반복이 적으며, 과제 사이에 상호 연합 작용이 잘 생기고, 시간과 노력이 적게 든다는 장점이 있다.

전습법이 효과적인 경우로는 전체적으로 정리되어 있는 유의미한 학습과제의 경우, 전체적인 파악 능력이 있는 지능이 높은 학습자나 연령과 경험이 많은 고학년인 경우, 선행 연습이 어느 정도 이루어진 경우, 논리적 순서가 뚜렷하고 구조화가 잘 되어 있는 과제인 경우 등을 들 수 있다.

분습법(part method)은 학습과제를 몇 부분으로 나누어 조금씩 학습하는 방법이다. 예를 들어, 컴퓨터 키보드에서 한글타자를 연습하는 경우에 먼저 자판에서 기본 자리를 읽히고, 왼손과 오른손 윗글쇠, 검지글쇠, 왼손과 오른손 밑글쇠, 왼손 쌍자음 순으로 단계별로 자리를 숙달한 다음에 음절, 단어, 구, 문장 순으로 나누어 연습하는 경우를 들 수 있다.

분습법이 효과적인 경우로는 연습 초기의 경우, 지능이 낮은 경우, 인내와 끈기가 없는 경우, 주의와 집중력이 낮은 저학년인 경우, 집중학습인 경우, 상호 관련성이 적고 분과적인 과제의 경우, 무의미하거나 길고 복잡한 과제일 경우가 해당한다.

분습법은 다시 다음과 같이 분류할 수 있다.

① 순수한 분습법

학습내용의 각 부분을 일정한 수준에 도달할 때까지 각각 학습하고, 그 후 각 부분을 전체로 모아서 동시에 학습함으로써 목표를 달성하는 방법이다.

② 점진적 분습법

학습내용의 각 부분을 따로따로 학습해 가면서 점차 각각의 부분을 합해서 다시 전체를 학습해 가는 방법이다. 즉, A부분과 B부분을 따로따로 학습하고 일정한 수준에 달한 다음 A와 B를 전체로 모아서 동시에 학습함으로써 전체를 형성하고, 그 다음에 C부분을 학습한 다음 다시 A, B, C부분을 동시에 학습하는 것을 말한다.

③ 반복적 분습법

A부분을 먼저 학습하고 나서 A와 B를 함께 학습하고 그 다음에 A와 B와 C를 함께 학습하는 것을 말한다.

4) 연습의 원리

효과적인 연습을 위한 원리는 다음과 같이 정리할 수 있다.

- 학습자에게 연습의 필요성을 알도록 한다.
- 연습의 의미와 효과를 이해시킨다.
- 학습의 결과 또는 진전 상태를 옳게 이해시킨다.
- 개인차를 고려해서 연습시킨다.
- 학습자료의 내용을 분석해서 그에 맞는 연습방법을 사용하여 연습시킨다.
- 연습목표를 성취하려는 동기를 갖도록 지도한다.
- 분산적 학습일 때는 전습법을 사용하고, 집중적 학습일 때는 분습법을 사용하

는 것이 유리하다. 즉, 연습시간이 짧을 경우에는 학습과제를 나누지 않는 전습법을 사용하고, 연습시간이 긴 경우에는 학습과제를 소량으로 나누어 학습하는 분습법이 효과적이다.

- 새로운 학습과제는 가능한 한 소량으로 학습자에게 소개되어야 한다.
- 짧은 연습기간과 짧은 휴식시간은 학습과제의 도입단계에서 유효하며, 학습의 정도와 성질에 따라서 점차적, 단계적으로 연습기간을 연장하는 것이 좋다. 일반적으로 연습기간이 짧은 것이 보다 큰 학습량을 갖게 한다.

학습과제

1_ 다음의 변인이 학습에 미치는 영향에 관하여 설명하시오.

① 자아개념(self concept)

② 기대수준(level of aspiration)

③ 불안(anxiety)

④ 학습된 무력감(learned helplessness)

2_ 연습곡선과 망각곡선의 관계를 설명하시오.

3_ 다음의 연습방법에 대하여 실례를 들어 설명하고, 각 방법의 장단점을 약술하시오.

① 집중연습(massed practice)

② 분산연습(distributed practice)

③ 전습법(whole method)

④ 분습법(part method)

제 9 장

수업이론

1. 수업의 개념
2. 수업이론과 모형

학습개요

수업은 학습과 마찬가지로 교육심리학의 핵심적 관심사이다. 학습이 학습자가 배우는 과정에 관련된 개념이라면, 수업은 학습자를 가르치는 과정에 관련된 개념이다. 이와 같이 수업이 학습과 함께 교육심리학의 핵심적 관심사가 되는 것은 학교교육에서 가장 중심이 되는 활동이기 때문이다. 우리는 제6장에서 교사가 채택할 수 있는 여러 가지 학습이론들을 살펴보았다. 이러한 각 학습이론들은 수업원리 및 절차와 밀접한 관련을 맺고 있다.

학교 현장에서 교사들에게 수업을 효과적으로 실시하기 위한 처방적이고 규범적인 전략을 제공하고자 개발된 수업이론들은 각 이론마다 강조하는 바는 다르지만 궁극적으로 학습자의 학습효과를 극대화하기 위한 목적은 같다고 볼 수 있다.

이 장에서는 먼저 수업의 개념을 정의하고, 1960년대 이후 활발하게 연구, 개발되고 있는 여러 가지 수업이론과 모형에 대해서 살펴보고자 한다.

1. 수업의 개념

1) 수업과 교수

수업(授業)이란 학습자를 가르치는 과정으로서 학습자로 하여금 효율적으로 학습목표를 달성하도록 학습자의 내적 · 외적 환경을 조성하여 주는 활동이라 할 수 있을 것이다. 그러나 수업이 무엇인가에 대해서는 교수(敎授)라는 용어와 혼용하여 사용되고 있다. 즉, 학자에 따라서는 instruction을 수업으로, teaching을 교수로 번역하는가 하면, 그 반대로 번역하기도 하고, 또한 교수를 수업보다 포괄적인 개념으로 보는가 하면, 수업을 교수보다 더 포괄적인 개념으로 파악하여 구별하기도 한다. 국어사전에는 교수를 학문이나 기예를 가르치는 일로, 수업은 교사가 학생에게 지식이나 기능을 가르쳐 주는 일 또는 학습을 촉진시키는 모든 활동이라고 설명하고 있다.

그러나 수업과 교수는 모두 가르치는 활동으로서 양자를 특별히 구별해서 사용해야 할 이유는 없다고 본다.

굳이 그 차이점을 찾는다면 용어의 유래에서 찾아볼 수 있을 것이다. 교수란 용어는 교사를 중심으로 한 학교교육이 강조되었던 과거 몇 세기 동안 가장 많이 사용되어 왔다. 그러나 제2차세계대전 이후 교육이 학교뿐만 아니라 기업체 직원, 군인, 성인 교육 등으로 다양화되면서 수업이라는 용어가 등장하기 시작하였다.

특히 최근에는 교육공학이 발달하면서 각종 시청각 매체, 인터넷 등을 이용하여 교사라는 인격체와 상호작용을 하지 않고 수업이 이루어지는 상황에서 수업이라는 용어가 보편적으로 사용되는 것으로 보인다.

이러한 상황을 검토해 볼 때 교수의 개념에는 교사의 역할이 포함되지만, 수업에는 교사의 역할을 전제하지 않는 것으로 보인다. 즉, 수업은 교사와 학습자 사이의 상호작용에 의해서 이루질 뿐만 아니라 잘 조직된 학습자료와 학습자 사이에서도 이루어질 수 있다.

따라서 이 장에서는 최근의 경향에 맞추어 수업이라는 용어를 사용하여 개념을 정의하고자 한다.

2) 수업의 개념

수업이란 학습자로 하여금 일정한 학습목표를 달성하도록 하기 위한 의도적 · 계획적 활동 과정이라고 할 수 있다. 수업이 무엇인가에 대해서는 학자에 따라 다양하게 개념을 정의하고 있다.

Corey(1967)는 "수업이란 개인으로 하여금 특정한 조건하에서 또는 특정한 상황에 대한 반응으로서 특정한 행동을 나타내도록 학습하게 하거나, 또는 그 특정 행동에 참여할 수 있도록 개인을 둘러싼 환경을 계획적으로 조작하는 과정" 이라고 정의하였다. Gagné(1977)는 "수업이란 학습자 외부에서 학습의 내적 과정을 지원하기 위해 고안된 일련의 사상" 이라고 정의하였다.

진위교(1984)는 "수업이란 목표로 설정한 행동유형의 변화, 즉 학습이 학습자에게 일어나도록 그의 내적 과정에 맞추어 그의 외적 상황과 조건을 설계, 개발, 관리하는 과정" 이라고 정의하고 있으며, Robertson(1987)은 "수업이란 상대에게 의도한 학습이 유도되도록 하기 위해 수행하는 행동"으로 정의하였다.

이 같은 수업에 대한 정의들이 내포하고 있는 핵심적인 내용은 첫째, 무엇을 가르칠 것인가에 대한 명확한 학습목표가 전제되어야 하고, 둘째, 그 학습목표를 달성하도록 환경조건을 의도적 · 계획적으로 조작한다는 점을 강조하고 있다.

이러한 핵심적인 내용을 바탕으로 수업에 대한 개념을 정의한다면, 수업이란 일정한 학습목표를 달성하기 위해 학습자의 내적 · 외적 조건을 의도적 · 계획적으로 구성하고 조작하는 활동 과정이라고 정의할 수 있을 것이다.

2. 수업이론과 모형

수업이론이란 학습목표의 달성에 필요한 조건을 설정하는 지침을 말해 주는 일반화된 원리를 말하는 반면에, 수업모형이란 이러한 수업이론을 이해하기 쉽도록 단순화시키고 구체화시킨 것을 의미한다. 즉, 변인들 간의 관계에 대한 진술의 형식과 내용이 일반적이면 이론이라 하고, 반면에 진술의 형식과 내용이 구체적이면 모형이라고 할 수 있다.

그러나 변인 간의 관계를 진술하는 형식과 내용의 일반성과 구체성을 분간하는 척도가 주관적 판단에 의하여 결정되고, 또한 이론과 모형은 서로 깊은 관련을 맺고 있기 때문에 이론과 모형을 구분하지 않고 혼용하여 사용하기도 한다.

다음에서는 20세기 이후 활발하게 연구, 개발되고 있는 여러 가지 수업이론과 모형 중에서 현대의 많은 수업이론의 모델이 되고 있는 Glaser의 수업의 일반모형, 학습과정에 정보처리이론을 도입한 Gagné의 수업이론, 발견학습을 중요시하는 Bruner의 수업이론, 유의미 학습이론인 Ausubel의 수업이론 그리고 Carroll이 개발한 학교학습 모형에 대해서 살펴보고자 한다.

1) Glaser의 수업모형

Glaser(1962)는 수업과정을 교사에 의한 연속적인 의사결정 과정으로 보고 4단계의 처방적인 수업모형을 제안하였다. Glaser의 수업모형은 수업과정을 교사의 계속적인 의사결정 과정으로 파악하고, 이를 일반화하여 객관화 · 표준화시켰다. 따라서 Glaser의 수업모형은 복잡한 여러 가지 수업과정을 이해하는 기본모형이 되고 있으며, 오늘날 개발되고 있는 대부분의 수업이론들은 이 모형을 표본으로 하고 있다.

(1) 수업모형의 특징

Glaser 수업모형의 특징을 살펴보면 다음과 같다.

- 수업과정의 한 단계는 후속되는 다음 단계의 내용을 결정하도록 구성되어 있다.
- 각 단계는 피드백에 의해서 유기적으로 상호 관련되어 있다.
- 수업 전개 과정에서 적절히 교정 가능하다.
- 학습자의 다양한 소질, 능력 등의 개인차를 수업에 반영시킬 수 있다.

(2) 수업모형의 4단계

Glaser는 수업의 구성요소와 수업과정을 수업목표의 설정, 투입행동의 진단, 수업절차의 선정, 학습성과의 평가라는 4단계로 분류하고 이들 상호관계를 [그림 9-1]과 같이 도식화하였다.

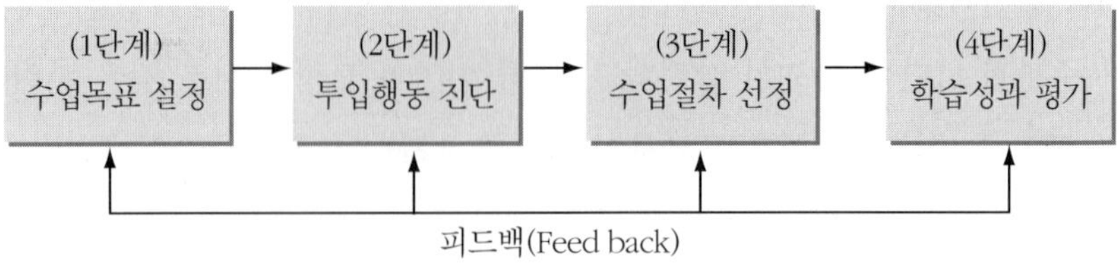

[그림 9-1] Glaser의 수업모형(Glaser, 1964)

① 1단계: 수업목표의 설정

수업목표는 수업의 방향을 규정한 것으로서 구체적이고 명시적이어야 한다. 다시 말하면, 수업목표는 일련의 수업과정에 대한 지표가 되고, 수업 성과를 평가하는 기준으로서 가장 중요한 기능을 하기 때문에 구체적으로 세분화되고 명시적으로 진술되어야 한다.

Kibler(1973)는 수업목표를 그 세분화의 정도에 따라 일반적 교육목표, 정보목표, 계획목표의 세 가지 유형으로 구분하였다. 세 가지 유형의 교육목표는 가장 일반적이고 포괄적인 수준으로부터 고도로 세분화되고 구체적인 수준까지의 연속적인 과정으로 구성되어 있다.

예를 들어, 우리나라 교육법에 제시된 교육목표나 교육방법 등은 교육에 대한 일반적인 방향이나 원리를 제시한 것으로 일반적 교육목표에 해당된다. 정보목표는 일반적 교육목표와 계획목표의 중간에 위치하여 수업계획, 교육과정, 단원학습계획을 전달하기 위하여 진술되는 목표로서 대단원의 목표에 해당된다. 계획목표는 고도로 세분화되어 있어 수업을 계획하거나 실제로 수업활동을 전개해 나가는 데에 필요한 목표이다. 따라서 계획목표는 수업의 직접적 목표이며 학생들이 그 수업이 끝난 뒤에 무엇을 할 수 있을지를 명시해 주는 목표이다(이성진, 2004).

② 2단계: 투입행동의 진단

투입행동(entering behavior)이란 수업활동이 시작되기 전에 학습자가 갖추고 있어야 할 지적 · 정의적 요인을 의미하는 것으로, 이를 출발점 행동이라고도 한다. 학습자가 갖추어야 할 지적 · 정의적 요인으로는 지적 능력, 발달수준, 선행학습 정도, 동기유발 정도, 흥미, 태도, 자아개념 등 학습에 영향을 미치는 다양한 요인을 들 수 있다. 이러한 투입행동의 진단을 통하여 적절한 수업계획을 수립하고 수업절차를 선정하게 된다.

③ 3단계: 수업절차의 선정

수업절차는 수업활동을 본격적으로 전개하는 과정이다. 이 단계에서는 설정된 수업목표와 투입행동의 진단 결과를 바탕으로 적절한 수업방법을 선정하고, 학습자들이 학습을 능률적으로 할 수 있도록 지원해야 한다. 특히 수업절차에서는 학습자의 개인차가 고려되어야 할 것이고, 형성평가를 실시하여 그 결과를 토대로 수업방법이나 수업전략 등을 개선해 나가는 것이 중요하다.

④ 4단계: 학습성과의 평가

학습성과의 평가는 설정된 수업목표를 어느 정도 달성하였는가를 평가하는 것을 말한다. 학습성과의 평가는 학기말이나 학년말에 수업내용에 대한 학업성취도를 평가하는 것으로, 이 평가 결과는 다시 수업과정의 각 단계에 피드백함으로써 수행결과를 점검하고 수정하는 기능을 하게 된다. 이 피드백 흐름은 수업목표에 도달할 때까지 계속적으로 순환된다.

2) Gagné의 수업이론

Gagné(1972)의 수업이론은 5가지 학습결과의 유형, 학습결과를 획득하는 데 요구되는 학습조건, 9가지의 수업사태 등 세 가지 주요한 요소로 구성되어 있다. 그는 행동주의 심리학자이면서도 학습과정에 정보처리이론을 도입하여 학습결과의 유형에 따른 학습조건과 수업사태를 설명하고 있다.

Gagné의 이론은 '단순히 무엇을 가르칠 것인가에 대한 계획이 아니라 학습자가 어떻게 학습하는지에 기초를 두어 학습의 조건을 어떻게 충족시킬 것인가'에 대한 계획과정을 제시한 것이라 할 수 있다.

그는 학습에 의해 획득하는 결과물을 5가지 능력, 즉 언어정보, 지적 기능, 인지전략, 운동기능, 태도로 분류하고, 그 각각의 결과물들을 수업활동을 통해 가르쳐야 하는 수업목표로 본다. 이러한 수업목표가 무엇인가에 따라 수업 형태와 방법 및 절차 등 학습조건이 달라진다고 주장하고, 학습결과의 유형에 따라 학습조건을 제안했다.

이러한 이유로 Gagné의 수업이론을 목표별 수업이론, 또는 학습조건적 수업이론이라고 부르기도 한다. 또한 그는 수업의 실행단계에서 학습을 촉진하기 위한 구체적 수업방법 및 절차로서 9가지의 수업사태를 제시하기도 했다.

Gagné의 수업이론의 특징을 살펴보면 다음과 같다.

- 인간의 학습능력은 낮은 차원에서 높은 차원의 단계로 축적되기 때문에 높은 수준의 지식이나 기능을 학습하기 위해서는 반드시 그보다 낮은 단계의 지식이나 기능부터 순차적으로 학습해야 한다.
- 학습에는 학습결과의 유형, 학습조건, 학습사태의 세 가지 요소가 관여한다.
- 학습결과의 유형에 따라 적절한 학습조건을 설정하여야 한다.
- 학습자의 내재적 조건과 개념, 법칙 등 지적 기능의 학습을 강조한다.
- 수업목표는 학습결과의 유형에 따라 분석되고 설계되어야 한다.
- 수업목표의 도달을 위한 구체적 수업절차인 9가지 수업사태는 각 학습결과의 유형별로 요구되는 학습조건을 기초로 구성되어야 한다.

이와 같은 Gagné의 수업이론은 수업을 위한 구체적인 처방을 제시하고 있어 타 교수모형에 비해 그 적용범위가 광범위하다. 따라서 현재 교육과 훈련의 실제 현장에서 가장 많이 활용되고 있는 교수이론 중의 하나이다.

다음에서는 Gagné가 제안한 수업이론의 핵심적 내용을 구성하고 있는 학습결과의 5가지 유형과 학습의 내·외적 조건, 그리고 수업방법의 구체적인 처방에 관한 9가지 수업사태에 관하여 살펴보고자 한다.

(1) 학습결과의 유형

Gagné는 학습결과인 인간능력의 범주를 다섯 가지 유형, 즉 언어정보, 지적 기능, 인지전략, 태도, 운동기능의 영역으로 분류하였다. 이들 다섯 가지 학습결과의 유형은 수업목표로서 Gagné의 수업이론의 토대가 되었다.

Bloom은 인간의 학습된 능력은 인지적 영역(cognitive domains), 정의적 영역(affective domains), 정신운동적 영역(psychomotor domains) 등 세 가지의 중요한 영역으로 구성된다고 주장하였다. 인지적 영역은 다시 지식, 이해, 적응, 분석, 종합, 평가의 하위영역으로, 정의적 영역은 수용, 반응, 가치화, 조직화, 인격화의 하위영역으로, 정신운동적 영역은 지각, 상태, 안내된 반응, 기제, 복잡한 반응, 적응, 창안의 하위영역으로 분류하였다.

Gagné는 이와 같이 Bloom이 분류한 영역들을 모두 통합하여 다섯 가지 학습결과의 유형을 제시하였다.

① 언어정보

언어정보(verbal information)란 '~라는 것을 아는 것'으로서 선언적 지식에 해당된다. 사실, 개념, 원리와 같은 이전에 학습한 내용을 언어로 진술할 수 있다는 것을 말한다. 언어정보는 학교교육, 서적, 인터넷, 텔레비전 등과 같은 다양한 매체를 통하여 습득하는 방대한 지식이다.

언어정보는 첫째, 사고를 위한 도구가 되고, 둘째, 일상생활과 사회생활에서 의사소통을 위한 중요한 도구가 되며, 셋째, 학습은 일반적으로 가장 초보적인 수준을 제외하고 학습자의 경험을 근거로 해서 언어정보의 맥락 안에서 일어나기 때문에 언어정보는 다른 종류의 학습을 위한 구성요소가 된다.

언어정보는 Bloom이 분류한 인지적 영역의 하위영역 중 지식과 이해를 통합한 것으로 보인다. 학습자들은 그 의미를 이해하지 못하고도 정보를 기억할 수 있다. 의미를 이해하지 못한 정보는 암송할 수는 있다고 하더라도 그 의미를 언어로 진술할 수는 없다. 따라서 의미를 언어로 진술할 수 없는 정보는 획득되었다고 볼 수 없다. 그러나 정보의 의미를 이해하고 기억하는 경우에는 그 의미를 자신의 말로 진술할 수 있고, 응용할 수도 있다.

이와 같이 그 의미를 이해하고 기억하는 경우에 그 정보는 독립적으로 기억되지 않고 관련된 아이디어 속에서 더 큰 맥락으로 통합된다. 따라서 이해는 일반적으로 지식을 기억하는 것보다 더 바람직한 교육목표이다(양용칠, 2005). 언어정보의 평가는 학습된 정보의 단순한 재생 혹은 재인을 통해서 가능하다.

② 지적 기능

지적 기능(intellectual skill)은 절차적 지식으로서 어떤 것을 수행하는 방법을 알고 있는 것을 말한다. 다시 말하면, 상징(숫자, 문자, 도표, 그림 등)이나 기호를 사용하여 환경과 상호작용할 수 있는 능력이 지적 기능이다. Gagné는 학교에서 학습되는 가장 중요한 것이 언어정보가 아니라 지적 기능이라고 주장하면서 지적 기능을 강조하였다.

지적 기능은 다시 지적 조작의 복잡성에 따라 위계상으로 신호학습, 자극-반응 학습, 운동연쇄학습, 언어연합학습, 변별학습, 개념학습, 규칙학습, 고차적 규칙학습 등 8가지 유형의 하위 기능으로 분류한다. 이러한 지적 기능의 하위분류는 학습위계의 연구에서 나왔다(Gagné, 1968, 1977). 학습위계란 학습은 차원이 낮은 단계에서 높은 단계로 이루어진다는 것으로 복잡한 학습을 위해서는 하위 능력에서부터 순차적으로 학습해야 한다는 것을 의미한다.

Gagné가 전제한 학습위계론의 기본 가정은 다음과 같다.

- 모든 학습과제는 세분화될 수 있으며, 세분화된 내용단위는 서로 상, 하의 위계 관계를 가지고 형성되는 구조를 이룰 수 있다.
- 효율적인 학습을 위해서는 하위 능력에서부터 순차적으로 학습해야 한다.
- 어떤 과제든 나중의 학습을 위해 필요한 단순 능력과 개념이 미리 완전하게 학습될 수 있도록 위계적으로 배열해야 한다는 것 등이다.

Gagné의 지적 기능은 Bloom이 분류한 인지적 영역의 하위영역 중 적용, 분석, 종합, 평가를 통합한 것으로 볼 수 있다. 적용은 개념과 규칙학습의 활용에서 나타나고 분석 및 종합, 평가는 고차적 규칙학습의 활용에서 나타난다.

Gagné는 개념학습, 규칙학습, 고차적 규칙학습이 학교교육 수준에서 가장 중요한 학습유형이라고 주장한다. 그 밖의 학습은 단순형태로서 저학년 또는 학령기 전의 수준에서 흔히 볼 수 있는 학습형태라고 한다. 지적 기능의 획득 여부를 평가하는 방법은 학습목표인 개념이나 규칙이 적용되는 문제를 풀어 보게 하면 될 것이다.

㉠ 신호학습

신호학습(signal learning)이란 학습위계상 가장 단순한 형태로서 고전적 조건형성 과정을 통해 수동적으로 행동이 획득되는 것이다. 특정 동물에 대한 공포 반응과 같이 인간의 감정적 반응은 이 유형의 학습으로 이루어진다.

㉡ 자극-반응학습

자극-반응학습(stimulus-response learning)이란 조작적 조건형성 과정을 통해 자극과 반응이 연결되는 학습으로서 이때의 반응은 능동적이라는 점에서 신호학습과 구별된다. 이러한 학습이 이루어지기 위해서는 강화가 주어질 때 반응을 할 수 있어야 한다. 반응에 대해 강화를 하면 학습의 효과를 높일 수 있다.

㉢ 운동연쇄학습

운동연쇄학습(motor chaining learning)이란 여러 가지 운동기능을 정해진 순서에 따라 동시에 연결하여 사용할 수 있는 능력을 학습하는 것을 의미한다. 운동연쇄학습의 예로는 현미경을 조절하여 물건을 관찰하기, 열쇠를 열쇠구멍에 넣고 돌려서 문을 열기, 농구공을 드리블하여 바스켓에 던져 넣기 등의 학습을 들 수 있다.

㉣ 언어연합학습

언어연합학습(verbal association learning)이란 언어를 연결하여 사용할 수 있는 능력을 학습하는 것을 말한다. 이 학습의 예로는 화학에서 사용하는 기호의 암기하기, 영어의 낱말 뜻을 우리말로 외우기 등을 들 수 있다.

㉤ 변별학습

변별학습(discrimination learning)이란 지각을 사용하여 유사한 여러 대상의 속성을 구별할 수 있는 능력을 학습해 가는 과정을 말한다. 예를 들어, 여러 무양의 삼각형, 사각형, 오각형을 제시했을 때, 삼각형을 다른 것과 구별할 수 있는 능력을 말한다. 이때 삼각형이라는 개념이 형성되지 않은 수준에서도 식별은 가능하다. 사람들은 일생 동안 물체, 얼굴, 문자, 숫자, 그림 등 수많은 사물들에 대해 변별학습을 해야 한다.

이 학습은 가장 먼저 일어나는 학습으로서 어떤 차이를 말이나 글로 표현하지 못하더라도 그 차이점을 구별하고 반응하는 것을 의미한다. 예를 들어, 유아가 옷감의 질에 대한 차이를 부드럽다거나 거칠다는 식의 말로 표현을 하지 못하더라도 그 차이를 느끼고 반응할 수 있는 것을 말한다. 변별학습은 경험이 점차 쌓여 가면서 더 세밀하고 정교하게 된다.

또한 어떤 특수한 환경에서는 매우 정교한 변별능력이 계발되기도 한다. 예컨대, 농부나 선원들은 바람이나 안개 등의 자연현상을 보고 그날의 날씨를 감지할 수 있는 능력이 있다.

ⓗ 개념학습

개념학습은 구체적 개념학습과 정의된 개념학습으로 나눈다.

구체적 개념학습(concrete concepts learning)이란 여러 대상의 공통된 속성을 이해하고 단일 유목으로 분류할 수 있는 능력을 학습하는 것을 말한다. 어떤 주어진 대상의 내적 성질을 표현하는 방법이 구체적 개념학습이라 할 수 있는데, 구체적 개념은 지각적 특성으로 구별되고, 명칭으로 확인된다. 즉, 구체적 개념학습은 책, 컴퓨터, 달력 등과 같이 구체적 개념들에 대해서 그 성질이나 관련성을 분류할 수 있고, 또한 몇 가지 실례를 제시할 수 있는 능력을 획득하기 위한 것이다.

변별이 대상 간의 차이점에 대해 반응하는 것임에 반하여, 개념을 학습한다는 것은 대상 간의 공통성, 유사성에 대해 반응하는 것이다. 개념이 지니는 중요한 가치는 사고와 의사전달의 수단이 되고, 구체적 참조사항을 제공해 준다. 이전에 학습한 언어적 연결이 잘 기억되면 개념학습이 촉진된다.

정의된 개념학습(defined concepts learning)이란 의미의 정의를 통하여 식별하는 능력을 학습하는 것을 말한다. 예를 들어, 평화, 자유 등과 같은 추상적인 개념을 의미 있게 설명하고 정의하며 예시하고 적용할 수 있는 능력을 말한다.

Gagné는 정의된 개념은 학교학습에서 중요한 부분을 차지한다고 주장하면서 학습자가 정의된 개념을 학습하는 데는 새로운 보기를 분류하는 것이 효과적이라고 강조하였다. 이러한 Gagné의 주장에 대해 Tesmer, Wilson 그리고 Driscoll(1990)은 개념 분류의 대안으로써 학습자에게 학습할 개념을 포함하고 있는 어떤 문제를 통해서 추리나 이유를 생성하도록 요구할 것을 제안하였다(양용칠, 2005).

ⓢ 규칙학습

규칙학습(rule learning)이란 규칙적 · 원리적인 수행을 가능하게 하는 추론능력을 학습하는 것으로, 이를 원리학습이라고도 한다. 영어 문장을 독해하고, 문법에 맞게 작문하고, 수학 방정식을 푸는 것뿐만 아니라 사람들이 생활하는 모든 공간이 규칙으로 이루어져 있다. 규칙이란 어떤 문제를 해결하기 위한 원리 또는 절차로서 개개인의 행동을 규제하는 내적 상태이다. 정의된 개념은 가장 단순한 규칙이라 할 수 있는데, 일반적으로 규칙은 두 개 이상의 개념의 연결로 정의된다. 따라서 이 학습을 위해서는 먼저 규칙을 구성하는 개념의 이해가 필요하다. 예를 들면, '지구는 둥글다.' 라는 규칙을 학습시킬 경우 학습자는 지구라는 개념과 둥글다는 개념을 먼저 이해하고 있어야 한다.

규칙학습은 한 유목에서 규칙을 획득하면 그 사물의 유목에 속하는 사물 전체에 반응할 수 있게 된다. 예컨대, 구두점에 관한 규칙을 학습하게 되면 그것을 이용하여 문장을 읽고 구두점이 잘못된 곳을 찾아 바로 잡을 수 있게 되는 것을 말한다.

규칙학습에서 중요한 것은 학습자들이 규칙을 언어로 진술할 수 있어야 한다는 것이 아니라 학습자들이 규칙을 문제해결에 적절하게 응용함으로써 규칙의 활용을 보여 줄 수 있어야 규칙이 학습되었다고 말할 수 있다는 점이다. 그러나 새로운 규칙의 학습에서는 언어적 진술도 중요하다. 대부분의 성인은 서적이나 기타 다른 자료와 같은 인쇄된 언어적 진술을 통하여 규칙을 학습한다.

규칙학습은 개념학습과 함께 학교에서 학습되는 것의 대부분을 차지하고 있다.

⑥ 고차적 규칙학습

고차적 규칙학습(higher-order rule learning)이란 복잡한 문제에 대해 여러 개의 규칙을 조합하여 해결할 수 있는 능력을 학습하는 것으로, 이를 문제해결 학습이라고도 한다. 학습자가 이미 알고 있는 일반적 규칙들을 새롭게 조합해서 새로운 문제에 적용할 때 고차적 규칙이 획득되는 것으로 보인다.

예를 들어 아동들이 이미 배운 덧셈의 규칙을 사용하여 곱셈의 규칙을 학습하는 것과 같다. 또 다른 예를 들면, 사다리꼴의 넓이를 계산할 경우에 이미 알고 있는 사각형과 삼각형의 넓이를 계산하는 규칙을 조합해서 적용해야 할 것이다.

③ 인지전략

인지전략(Cognitive Strategies)이란 학습자가 주의집중, 학습, 기억, 사고 등 자신의 정신활동 과정을 조정 · 통제하는 기능, 즉 내적인 정보처리과정을 말한다. Gagné는 인지전략을 정보처리의 실행 · 통제 기능을 나타내는 것으로 보았다. 학습자는 인지전략들을 획득하고 사용함으로써 주의집중과 선택적 자각, 시연, 유입되는 정보의 부호화와 저장, 인출 등과 같은 내적 처리 과정들을 조정 · 통제할 수 있게 되고, 또한 자신이 경험하지 못한 새로운 문제 상황에 직면할 경우 자신의 다양한 지식과 기능을 활용하여 새로운 해결방안을 모색하게 된다.

인지전략은 일반적인 전략으로부터 특수한 영역에 적용되는 영역특수 전략까지 다양한 전략들이 있다. 이러한 전략들은 언제, 어떻게 사용하는 것이 효과적인가를 아는 것이 중요하다. Gagné가 말하는 인지전략은 자신의 인지과정을 알고, 그것을 바탕으로 자신의 인지과정을 조절하고 통제하는 메타인지(metacognition) 기능과 매우 유사한 개념으로 보인다. 메타인지(metacognition)에 대해서는 제6장 학습이론에서 설명한 바 있다.

학습자의 인지전략을 향상시키는 것은 교육의 현장에서 해결되어야 할 하나의 중요한 과제이다. 인지전략을 향상시키기 위한 수업은 많은 지적 기능의 학습을 통해서 가능하고, 또한 반성적 사고와 생산적 사고, 창의적 사고의 계발을 위한 연습의 기회를 많이 제공하는 것이다.

④ 태도

태도(attitude)란 개인의 행동 선택에 영향을 미치는 학습된 내적 상태를 말한다. Gagné(1985)는 태도를 사물, 사람 또는 사건에 대한 개인적 행위의 선택에 영향을 주는 습득된 내적 상태라고 정의하였다. 앞에서 살펴본 언어정보, 지적 기능, 인지전략은 모두 인지적 영역에 속하는 반면에 태도는 학습목표 중 정의적 영역에 속한다. 태도는 Bloom이 분류한 정의적 영역의 하위영역 중 수용과 반응의 두 수준을 통합한 것으로 보인다. 태도와 유사한 개념으로 가치관(value orientation)이 있는데, 가치관은 여러 가지 태도들이 종합적으로 체계화된 것으로서 행동의 목표와 양식을 지배하는 일관성 있는 철학, 인생관, 세계관으로 나타난다. 태도가 보다 구체적이고 정서적인 개념이라 한다면, 가치관은 보다 추상적이고 평가적인 개념이라고 할 수 있다.

그러나 태도는 일반적으로 인지적 요소, 정의적 요소, 행동적 요소의 세 가지로 구성된 것으로 본다. 인지적 요소는 특정 대상에 대해 개인이 갖고 있는 여러 가지 지식들을 말한다. 예를 들어, 음주가 인체에 미치는 영향, 술의 성분, 술의 종류 등 술에 대한 여러 가지 지식은 인지적 요소를 구성한다. 태도의 정의적 요소는 특정 대상에 대한 여러 가지 정서적 반응, 즉 감정들을 말한다.

특정 대상에 대한 정서적 반응은 긍정적 반응과 부정적 반응을 양 극단으로 하는 연속선 사이의 어떤 위치에 있게 된다. 학습자가 흥미가 있는 과제에 대해서는 긍정적 태도를 갖게 될 것이고, 반대로 흥미가 없는 과제에 대해서는 부정적인 태도를 갖게 될 것이다. 태도의 행동적 요소는 특정 대상과 관련되어 행동을 하려는 의도나 준비성을 말한다. 특정 대상에 대한 어떤 행동 의도는 접근경향과 회피경향으로 나타난다. 태도의 학습에서는 이러한 세 가지 요소가 모두 고려되어야 한다.

긍정적인 태도를 형성시키고 변화시키는 것은 거의 모든 종류의 교육 프로그램에서 매우 중요하다. 태도는 부모, 교사 또는 또래의 태도를 관찰 · 모방하고 동일시과정을 통하여 학습된다. 교사들은 학습자들이 학습과제에 대해 긍정적 태도를 갖게 되길 기대할 뿐만 아니라 전반적인 학습활동에 대해서도 긍정적인 태도를 형성하기를 기대한다. 학교 및 학습과제, 교사 등에 대해 긍정적인 태도를 형성하고 있는 학습자들은 수업이 흥미가 있든 지루하든 관계없이 모든 수업시간에 규칙적으로 참여하는 경향이 있다.

⑤ 운동기능

운동기능(motor skill)은 근육을 활용해서 정교하고 유연하게 엄정한 시간 내에 실행하는 것을 의미한다(Gagné & Driscoll, 1988). 운동기능은 Bloom이 분류한 정신운동적 영역과 일치하는 것으로서 정교함과 유연함, 적시성을 갖추어야 한다.

운동기능은 스포츠뿐만 아니라 인간의 여러 활동(운전, 인터넷 게임, 글자 쓰기, 전화걸기, 수술 등)과 관련된 기능으로서 단순한 것부터 복잡한 절차를 요구하는 것까지 다양하다. 운동기능은 여러 가지 부분 동작으로 구분할 수 있지만, 하나의 유연한 동작으로 연속적인 계열에 따라 수행하도록 하는 것이 목표이다.

운동기능의 학습을 위한 수업을 설계할 경우에 반드시 고려해야 할 점은 운동기능에는 단순한 근육운동 이상의 의미가 포함되어 있다는 점이다. 즉, 운동기능은 다양한 지적 기능과 인지기능이 포함되어 있다. 예를 들어, 축구경기를 할 경우 단지 축구공을 발로 잘 차는 것뿐만 아니라 경기규칙을 알아야 하고, 감독의 작전을 이해하고 잘 소화해야 하며, 경기의 흐름을 잘 읽고 상대의 전략에 잘 대처해야 한다.

운동기능의 학습에는 반복연습이 필수적이다. 따라서 교사들은 운동기능의 학습에는 적절한 연습기간을 설정해야 한다.

(2) 학습조건

Gagné는 다양한 유형의 학습목표들을 달성하기 위해서는 그에 알맞은 다양한 학습조건, 즉 학습결과의 유형별로 적절한 학습조건을 설정하여야 한다고 강조하고 최적의 학습조건을 제시하고자 했다.

Gagné는 학습의 조건을 내재적 조건과 외재적 조건으로 분류하고 있다. 내재적 조건이란 학습자 내부에서 일어나는 정보처리과정을 의미한다. 학습의 내재적 조건들에는 학습자가 이전에 습득한 선수학습 능력과 내적 인지과정(학습동기, 자아개념, 긍정적인 태도, 주의집중 등)이 포함된다. 외재적 조건이란 학습자의 내재적 조건을 충족시키고 활성화시켜 주기 위하여 학습자 외부에서 가해지는 강화, 연습과 같은 조건들을 말한다.

Gagné는 Skinner와 같이 학습에는 강화 등과 같은 외적 요인이 영향을 미친다는 점을 인정하면서도 Skinner와는 약간 다른 견해를 가지고 있다. 즉, Skiner가 강화와 같은 외재적 요인이 모든 종류의 학습과 모든 연령층의 학습자에게 보편적으로 적용될 수 있다고 보는 것과 달리 Gagné는 외재적 요인의 효과가 학습과제의 종류와 학습자의 연령에 따라 달라진다고 생각한다.

① 언어정보의 학습조건

새로운 언어정보의 학습은 이미 학습된 내용을 바탕으로 이루어진다. 즉, 언어정보의 학습을 촉진시키기 위해서는 새로운 정보에 의미를 부여하는 과정이 중요하다. 새로운 정보에 의미를 부여하는 과정은 학습자가 이미 알고 있는 내용과 관련시켜 새로운 정보를 의미 있게 조직하는 것이다. 따라서 언어정보의 학습에서는 관련된 내용을 장기기억에서 회상 또는 인출하는 것이 가장 중요한 내재적 조건이다.

이와 같이 새로운 언어정보의 학습은 선행지식의 정도에 달려 있기 때문에 학습자가 더 많이 알수록 새로운 지식을 얻기가 더 용이해진다는 것을 의미한다. 이것을 학습의 누적효과라고 부른다. 이러한 학습의 누적효과는 학습상황에서 쉽게 관찰된다. 감각기억에서 유입된 정보와 장기기억에서 인출된 정보를 결합하는 정신적 작업을 실행하는 기억을 단기기억 혹은 작업기억이라고 한다. 그러나 단기기억은 정보처리 용량이 제한되어 있고, 지속시간이 짧다는 특징이 있다. 따라서 단기기억에 과도한 부담을 주지 않기 위해서는 다수의 정보를 의미 있거나 익숙한 것끼리 하나의 단위로 결집(chunking)하여 제시하는 것이 학습의 외재적 조건으로서 중요하다.

또 다른 외재적 조건으로는 시연과 부호화가 있다. 단기기억에 있는 정보는 활성화되어 있지 않으면 빠르게 사라지기 때문에 단기기억에서 정보의 손실을 막고, 계속 활성화된 상태로 유지시키기 위해서는 시연과 부호화 과정이 필요하다.

시연이란 반복 연습하는 것을 말하고, 부호화(encoding)란 기억체계에 들어온 정보를 보다 잘 기억될 수 있는 청각적 · 시각적 · 의미적인 형태로 전환시키는 과정을 말한다. 효과적인 부호화를 위한 대표적인 것으로는 심상, 정교화, 조직화, 기억술, 자문자답 등이 제시되고 있다. 기억에 관한 자세한 내용은 제6장 학습이론의 정보처리이론에서 설명하였다.

그 외에 학습자의 주의를 학습내용에 집중할 수 있도록 수업을 진행하는 것도 중요한 외재적 조건이다. 교재의 중요한 내용은 굵은 글자나 색깔을 활용하여 눈에 잘 띄게 하는 방법, 억양의 높낮이 조절, 상황에 맞는 적절한 제스처 등은 학습자의 주의를 환기시키는 데 효과적인 수업전략이 될 것이다.

② 지적 기능의 학습조건

지적 기능의 학습도 언어정보의 학습조건과 마찬가지로 단기기억의 정보처리 용량의 한계를 넘지 않는 분량과 속도로 제시되어야 하고, 또한 학습자의 주의집중을 유도하며 반복연습을 해야 한다는 점에서는 유사하다.

그러나 이 학습유형은 상호 간에 위계적 성격을 띠고 있기 때문에 지적 기능이 이전에 학습된 하위기능을 바탕으로 학습된다는 점에서 차이가 있다. 지적 기능의 학습이 효과적으로 이루어지기 위해서는 하위기능의 학습이 먼저 선행되어야 한다는 것이 지적 기능 학습에 대한 가장 중요한 외재적 조건이라 할 수 있다. 따라서 규칙학습을 위해서는 개념학습이 선행되어야 하고, 개념학습을 하기 위해서는 먼저 유사한 여러 대상의 속성을 변별할 수 있는 학습능력이 선행학습으로 요구된다.

또한 지적 기능을 습득하였더라도 이를 새로운 상황에 다양하게 활용하는 데에는 어려움이 따른다. 따라서 다양한 보기와 문제로 연습하는 것이 전이와 파지의 내적 과정을 촉진하기 위한 필수적인 외재적 조건이다(양용칠, 2004).

③ 인지전략의 학습조건

인지전략의 습득에 필요한 내재적 조건으로는 광범위하게 적용되는 매우 일반적이고 단순한 개념과 규칙에 관한 선행지식뿐만 아니라 과제에 관련된 영역특수적인 개념이나 규칙, 정보에 대한 사전지식 등을 들 수 있다.

인지전략의 외재적 학습조건으로는 다음과 같이 여러 가지를 들 수 있다.

- 단순하고 과제 지향적인 인지전략은 문제를 해결하거나 학습내용을 기억하려는 노력만으로도 습득될 수 있다(Gagné, 1985).
- 많은 인지전략들은 언어적 지시나 시범을 통해서도 습득될 수 있다. 예컨대, 교사가 학습자에게 "과제의 개념을 자신의 말로 정의하여 보아라." 하고 언어적으로 지시하는 것이다. 그러나 어려운 과제에 대한 중심 개념은 간단한 언어적 지시만으로는 쉽게 습득할 수 없기 때문에 교사가 그 중심 개념을 작성하는 등 시범을 보여 주면 쉽게 습득할 수 있을 것이다.
- 인지전략의 습득을 위해서는 충분한 연습의 기회를 많이 제공해야 한다. 학습자들이 습득한 인지전략을 실제 문제 상황에 잘 적용하도록 하기 위해서는 복잡한 문제를 보다 다양한 상황과 맥락 내에서 연습을 하여야 한다. 또한 Derry와 Murphy(1986)는 다양한 상황에 대한 문제해결 능력을 촉진하기 위해서는 여러 가지 교과목을 담당하는 교사들이 협력하여 상이한 교과목 간에 통용될 수 있는 인지전략을 개발할 것을 권장하였다.
- 정보적 피드백 제공 또한 효과적인 인지전략의 학습을 위한 조건으로서 매우 중요하다. 학습자들이 자신들의 전략적 노력이 효과적이고 창의적이며 효율적 인지를 검토 · 분석 · 수정할 수 있도록 정보를 제공해야 한다. 학습자들은 이러한 피드백을 통하여 반성적 사고와 생산적 사고를 촉진할 수 있다.

인지전략의 개발을 위해 흔히 사용하는 방법을 소개하면 다음과 같다.

- 가능한 많은 아이디어를 인출하도록 자극한다.
- 아이디어의 적절성을 평가하는 기법을 알려 준다.
- 새롭고 독창적인 방법으로 문제를 보는 연습을 시킨다.
- 다른 사람이 전혀 인식하지 못한 문제에 대한 해결책을 찾는 연습을 시킨다.
- 적절한 질문을 던지는 연습을 시킨다.
- 유용한 단서에 민감하도록 연습을 시킨다.

• 문제의 본질을 명료하게 하는 방법 등을 익히도록 연습시킨다.

④ 태도의 학습조건

긍정적인 태도를 학습하기 위한 내재적 조건으로는 그 태도에 대한 사전지식을 갖추고 있어야 한다는 것이다. 예컨대, 음주운전을 거부하는 태도를 학습할 경우 음주가 운전에 미치는 영향, 음주운전의 사고율 및 피해사례, 술의 성분, 음주운전을 하게 되는 요인 등 음주운전에 관련된 여러 가지 정보와 영향을 사전에 습득하고 있어야 한다.

이러한 내재적 선행조건을 갖추고 있을 경우 태도는 여러 가지 외재적 조건에 의해서 습득된다. 태도의 학습에 대한 외재적 조건으로는 강화(보상), 관찰 및 모방 등을 들 수 있다. 태도는 부모나 교사가 목표로 하는 긍정적인 행동을 했을 때 일관성 있게 강화하는 경우에 습득된다. 강화에 대한 자세한 내용은 제6장 학습이론을 참고하기 바란다.

또한 태도는 자신이 동일시하고 싶은 사람(부모나 교사 등 자신이 좋아하거나 존경하는 사람)을 모델로 삼고 관찰 · 모방함으로써도 습득된다.

Gagné와 Driscoll(1988)은 강화나 모델이 태도를 형성하는 데 가장 효과적인 학습조건으로 다음과 같은 점을 제시하고 있다.

• 선택한 행동이 성공할 것이라는 기대를 학습자가 갖도록 주지시켜 준다.
• 모델이나 학습자가 수행할 태도와 관련된 구체적인 행동을 제시한다.
• 성공적인 수행에 필요한 피드백을 제공한다.

⑤ 운동기능의 학습조건

운동기능의 학습을 위한 내재적 조건으로는 운동기능의 최종 수행을 습득하기 전에 그것을 구성하고 있는 여러 가지 하위기능들의 단계별 습득이 선행되어야 한다는 것이다. 예를 들면, 하위기능들이 별도로 분리된 운동기능(예: 볼륨댄스 등)이나 연속 동작으로 형성된 운동기능(예: 공차기 등)이거나 모두 구분 동작들을 먼저 하나하나 습득한 다음에 이를 결합하여 최종적인 운동기능을 습득하는 것이 효율적이다. 또 다른 내재적 조건으로서 중요한 것은 실행규칙과 동작의 순서, 절차 등을 언어정보의 학습과 같이 장기기억에서 회상(또는 인출)하는 것이다.

Gagné는 운동기능을 습득단계에 따라 인지단계, 연합단계, 자동화단계의 세 단계로 구분하였다. 이러한 세 가지 습득과정은 운동기능의 학습에 대한 외재적 조건으로써 중요한 위치를 차지한다.

인지단계는 운동의 수행 초기에 학습자가 동작의 원리, 규칙과 같은 이전에 학습한 선언적 지식들을 하나하나 회상하면서 기능을 수행하는 단계이다. 이 단계에서는 부분적인 하위기능에 대한 설명과 시범이 요구된다.

연합단계는 하나의 최종 운동기능을 구성하는 하위기능들에 대한 연습을 결합하여 최종 운동기능의 연습으로 바꾸는 단계로서 이를 중간단계라고도 한다. 이 단계에서는 부분적인 하위기능과 최종 운동기능에 대한 반복적인 연습이 이루어져야 하고, 또한 잘못된 동작을 교정하고, 나쁜 습관의 형성을 배제하기 위하여 즉각적인 피드백을 제공하여야 한다.

연습할 경우에도 학습자가 점차 세련되게 수행할 수 있도록 하기 위해서는 간단한 것에서 복잡한 것으로 접근하고, 일반적인 것에서 구체적인 것으로 접근하는 방법이 효과적이다(Gallahue & Ozmun, 1995).

학습자들이 시행착오를 거듭하다가 많은 경험이 쌓이면 문제해결 속도가 점점 빨라지고 운동기능 수행이 거의 자동적으로 이루어지는 자동화단계에 도달하게 되는데, 이 단계를 자율적 단계라고도 한다. 이 단계에서는 기능수행의 전 과정을 머릿속으로 상상해 보는 정신적 시연 방법이 매우 효과적인 것으로 입증되고 있다.

(3) Gagné의 9가지 수업사태

Gagné는 학습자의 내부에서 진행되는 인지과정(내재적 인지과정)을 주의, 형태재인, 시연, 부호화, 인출, 파지 등의 정보처리과정으로 분류하고, 학습은 이러한 인지과정이 활성화될 때만 일어난다고 주장한다. 따라서 그는 이러한 과정을 이해하고 그 활성화를 촉진하는 것이 수업목표가 되어야 한다고 강조하고, 이것을 실행하기 위하여 9가지 내재적 인지과정에 대응하는 9가지 외재적 수업사태(또는 수업절차)를 제안하였다.

이러한 수업의 9가지 사태들은 하나의 학습능력을 습득하기 위하여 수업을 계열화하는 기본적 원리를 제공한 것이다. 그러나 Gagné는 이 순서를 절대적인 것으로는 보지 않는다. 즉, 수업사태들의 계열적 순서는 고정된 것이라기보다는 수업목표

〈표 9-1〉 내재적 인지과정에 따른 9가지 수업사태

내적 과정	수업사태	실행
수용	주의집중	갑작스런 자극 변화를 활용하라.
기대	학습목표의 통지	학습 후에 무엇을 할 수 있는지 학습자에 말해 주어라.
작동기억으로 인출	선행학습의 회상 자극	이전에 학습한 지식이나 기능의 회상을 요구하라.
선택적 지각	내용 등 자극의 제시	내용을 특징 있게 제시하라.
의미적 부호화	학습안내의 제공	유의미한 조직화를 제안하라.
반응	수행의 유도	학습자에게 수행하도록 요구하라.
강화	피드백 제공	정보적 피드백을 주어라.
인출 및 강화	수행의 평가	피드백에 따라 학습자에게 추가적 수행을 부과하라.
인출 및 일반화	파지와 전이 높이기	다양한 연습과 시간간격을 둔 복습을 시켜라.

(Gagné & Medsker, 1996; 양용칠, 2005에서 재인용)

나 수업전달방식(예: 판서 중심으로 설명하는 수업방법, 컴퓨터를 이용한 개별 지도방법) 등에 따라 어느 정도 유동성 있는 것으로 이해되어야 한다. 〈표 9-1〉은 내재적 인지과정과 함께 9가지 수업사태를 열거한 것이다.

① 주의집중 유도하기

학습자가 들어오는 정보에 주의를 기울이고 내적으로 수용하여야 학습이 이루어질 수 있다. 따라서 수업의 시작뿐만 아니라 수업진행 전 과정에 학생들의 주의를 이끌어 내는 것이 중요하다.

학교 현장에서 학생들의 시선을 교사에게 모으고 학습내용에 관심을 갖게 하는 방법으로는 언어적, 비언어적 자극이나 시 · 청각적 자극 등으로 학습자의 흥미를 유발하는 방법이 많이 사용된다. “자, 여기 보세요.” 와 같은 언어적 신호방법, 갑자기 목소리를 높이거나 낮추는 방법, 재미있는 유머나 이야기를 들려 주는 방법, 적절한 제스처와 얼굴표정을 사용하는 방법, 책상을 두드리는 방법, 깜짝 쇼에 해당하는 시범을 보여 주는 방법, 학습과제와 관련 있는 행동을 보여 주는 방법 등으로 학습자의 흥미를 유발하여 수업의 진행에 주의를 기울이게 할 수 있다.

② 학습목표 일러 주기

학습자들이 자신이 달성해야 할 목표를 인지하고 기대를 갖게 되면 학습동기가 유발된다. 따라서 학습과제를 다루기에 앞서 학습목표를 학습자에게 제시해 주면 학습자들은 기대를 갖고 학습내용에 더욱 주의를 집중하게 될 것이다. 기대는 간단한 수업목표의 진술, 수업 후에 학습자들이 할 수 있게 될 내용의 언급, 또는 예상되는 학습결과의 시범으로 쉽게 설정될 수 있다(양용칠, 2005).

학습목표가 분명하게 제시되지 않을 경우에는 시험에 출제될 내용에서 학습목표를 찾는 것으로 보인다. 학습목표는 학습자들이 쉽게 이해할 수 있는 언어나 도구를 활용하거나 시범을 통하여 전달하는 것이 효과적이다.

③ 선행학습의 회상 자극하기

새로운 학습은 관련된 선행학습의 내용에 크게 의존하여 이루어진다. 따라서 학습자로 하여금 이전에 배운 관련 내용을 단기기억에 회상하도록 자극함으로써 새로운 정보를 이해하고 기억하는 데 활용되도록 하는 것이 매우 중요하다.

예를 들어, 지적 기능을 학습할 경우 새로 학습할 개념, 법칙 등의 구성요소가 되는 하위 개념이나 원리 등을 재생시켜 주는 것이다. 선행학습을 자극하는 방법은 수업을 시작하면서 이미 배운 관련 내용을 복습함으로써 회상을 도울 수 있고, 또 복습만으로는 충분하지 않을 경우에 필수적인 선행지식이나 기능에 대해 연습을 시키면서 그 내용을 다시 설명해 줄 필요가 있다(Gagné & Driscoll, 1988). 학습에 대한 학습자의 출발 및 준비 상태를 확인하는 이 단계는 후술하는 Ausubel이 말한 포섭자에 해당한다고 볼 수 있다.

④ 자극 제시하기

자극의 제시는 학습과제를 다루는 구체적인 활동이 시작되는 첫 단계에 필요한 것으로써 학습할 내용을 제시하는 것이다. 학습할 내용을 제시할 때는 학습자의 형태재인이나 선택적 지각의 과정을 돕는 데 초점을 맞추어야 한다. 교사는 학습목표나 내용에 따라 교재와 방법 등을 다양하게 활용하여 자극을 제시할 수 있다.

예를 들어, 언어정보의 학습은 인쇄자료나 청각적인 정보들에 대하여 각각의 특징을 중심으로 설명하고, 지적 기능에 대한 학습에서는 개념이나 규칙의 중요한 특징들을 다양한 자료나 도구를 사용하여 명쾌하게 제시되어야 하며, 인지전략이나 운동기능의 학습에서는 기대한 결과를 보여 주거나 언어적 지시로 제시된다. 또한 태도의 학습에서는 모델이 시범을 보여 주는 것으로 자극을 제시할 수 있다.

⑤ 학습안내 제시하기

학습안내의 제공은 과제 내용을 보다 유의미하게 만들어 효과적인 부호화를 돕기 위한 것이다. 부호화를 통해 수업의 내용이 명확하게 획득되어야 비로소 기억 속에 저장이 가능해진다. 학습자들이 학습내용을 장기기억에 효과적으로 잘 저장할 수 있도록 교사들은 수업과정에서 적절한 학습안내를 통하여 배려하는 자세가 필요하다.

학습안내를 제공한다는 것은 교사가 학습자에게 해답을 가르쳐 주는 것이 아니라 여러 가지 구체적이고 친밀한 실례, 학습방법, 과제수행에 관련된 정보, 질문이나 힌트 등의 자극을 제시함으로써 효과적인 부호화를 돕고, 학습자의 학습을 능률적으로 유도하기 위한 것이다. 각 학습결과의 유형에 따른 학습조건은 이 단계에서 제공된다.

학습안내를 어느 정도로 제시할 것인가는 학습자의 능력, 전문성, 수업의 사용시간, 학습목표 등에 따라 달라질 것이다. 매우 유능하고 전문성이 있는 학습자에게는 학습안내가 거의 필요하지 않을 것이다. 또한 문제해결 과정이나 경험이 강조되는 학습에서는 지시적인 학습안내를 최소화하고 발견학습을 통하여 스스로 문제를 해결하도록 도와야 할 것이다.

⑥ 수행 유도하기

이 단계는 학습과정에서 학습의 진척상황을 확인해 보는 것이다. 학습한 결과는 학습자의 행동이나 반응으로 나타난다. 따라서 교사들은 학습자에게 성취한 행동을 수행해 보도록 요구함으로써 학습에 대한 성취 정도를 확인할 수 있다. 또한 이 단계에서 학습자들도 스스로 성취 정도를 확인해 보고 미진한 부분은 다음 수행에서 교정하고 수정할 수 있게 된다. 교사들이 학습자의 수행 정도를 확인하는 방법은 학습결과의 유형에 따라 다를 수 있다.

예를 들어, 언어정보는 언어로 진술하게 하거나 질문을 하여 확인할 수 있고, 또 지적 기능의 학습은 실제 적용해 보도록 하여 확인할 수 있으며, 태도나 운동기능의 학습은 학습된 행동을 수행하도록 하여 확인할 수 있다.

⑦ 피드백 제공하기

피드백(feedback)은 학습을 마친 후에도 최종평가를 통하여 하기도 하지만, 수업과정에서 학업성취도를 확인하고 그 결과를 학습자에게 알려 주는 것을 말한다.

수업과정에서 학습자의 학습결과에 대한 피드백을 제공하는 이유는 자신의 수행이 얼마나 성공적이고 정확한지에 대한 정보를 제공함으로써 학습자에게 다음 수행과정에서 잘못된 부분을 개선하도록 하기 위한 것이다. 피드백을 통하여 학습목표를 달성한 학습자는 강화를 받고, 만족하지 못한 학습자는 더욱 노력하여 잘못된 부분을 수정하게 된다.

⑧ 수행 평가하기

수행의 평가는 수업의 마무리 단계로써 학업성취도를 평가하여 학습목표의 도달정도를 측정하는 것이다. 이 평가에서 중요한 것은 평가의 신뢰도와 타당도이다.

수행의 평가는 일반적으로 시험, 기능시범, 실제 적용 등을 통하여 이루어지는데, 학습결과의 유형에 따라 그 방법이 달라질 것이다. 예를 들어, 언어정보는 학습된 정보를 시험을 통하여 평가할 수 있고, 지적 기능은 학습된 개념, 법칙들을 새로운 상황에 적용하여 보도록 함으로써 수행결과를 평가할 수 있다. 인지전략의 학습은 문제 상황을 제시하여 해결책을 창조해 보도록 할 수 있고, 태도의 학습은 학습자에게 실제상황이나 모의상황에서 행동선택을 해보도록 하며, 운동기능의 학습은 학습된 최종 수행을 하도록 하여 그 수행결과에 대한 정확성의 정도, 시간 등을 평가할 수 있다.

학습을 마친 후에도 수업의 마무리 단계로서 수행결과에 대한 피드백 또한 매우 중요하다. 수행평가가 만족스러운 학습자는 강화를 받을 것이고, 그렇지 못한 학습자는 더욱 분발하는 기회로 삼아야 할 것이다.

⑨ 파지와 전이 높이기

평가 후에는 학습자들의 파지력과 전이를 강화하는 노력이 필요하다. 여기서 파지(把持)란 학습한 내용을 기억하고 있는 것을 말하고, 전이(轉移)란 새롭게 학습된 정보를 다른 상황으로 일반화하거나 적용할 수 있는 것을 말한다.

교사들은 학습자들의 기억을 오랫동안 지속케 하는 동시에 이를 즉각적으로 재생시킬 수 있도록 도와야 한다. 또한 일단 습득된 새로운 지식이나 태도 및 기능을 새로운 절차에 능동적으로 적용할 수 있는 전략을 구사해야 한다.

전이는 학습의 가장 중요한 목표일 수 있다. 만약 수업한 내용 그 자체만이 학습되고 그에 대한 전이가 이루어지지 않는다면 학습자는 평생 학습을 하지 않으면 안 될 것이다. 보편적인 내용을 학습하고 특수한 상황마다 보편적인 내용을 전이하여 이해하는 과정은 학습의 최종 목표가 된다.

파지와 전이를 증진시키는 방법은 학습결과의 유형에 따라 다르다. 예를 들면, 언어정보는 학습자에게 배운 정보를 다른 말로 진술해 보게 하거나 더 발전시켜 보라는 연습의 기회를 제공하고, 지적 기능은 일정한 간격을 두고 복습의 기회를 적절히 제공함으로써 증진시킬 수 있다. 또한 인지전략은 여러 가지 다양한 문제 상황을 제시하여 해결책을 찾도록 기회를 부여하고, 태도는 역할놀이나 컴퓨터기반 시뮬레이션을 활용할 수 있으며, 운동기능은 계속적인 동작 연습이 파지와 전이를 증진시키는 데 도움이 될 것이다.

3) Bruner의 수업이론

Bruner(1960, 1962, 1964)는 미국의 대표적인 인지주의 심리학자로서 인지발달 이론과 수업이론은 동반되어야 한다고 주장하였다. 아동의 인지발달이 낮은 수준에서 보다 높은 수준으로 단계적으로 진행된다는 것을 인정하는 점에서 Bruner는 Piaget와 견해를 같이한다. 그러나 Bruner는 인지발달이 생물학적으로 내부에서 외부로 성장할 뿐만 아니라 환경과의 상호작용에 의해 외부에서 내부로 성장한다고 하여 Piaget와는 견해가 다르다.

외부에서 내부로의 발달은 환경이나 문화를 전수받은 사람에게서 받은 기법과 인지적 도구의 숙달의 영향을 받는다. 따라서 인지발달은 효과적인 수업을 통해서 촉진되고 가속화될 수 있다는 것이 Bruner의 생각이다. Bruner는 이러한 기본사고를 바탕으로 아동의 인지발달과 수업이론을 통합하여 설명하고 있다.

Bruner는 Piaget의 인지발달 단계 개념을 교과과정에 도입하여 수업이론을 전개하였으며, 그의 저서 『The Process of Education』(1960)은 1960년대 이후 미국의 교육과정 및 수업의 개혁운동에 가장 큰 영향을 미쳤다. 이 저서에서 그는 어떤 과목이라도 적절한 방식으로 제시하기만 하면 어떤 발달단계에 있는 어떤 아동도 가르칠 수 있다고 주장하였다. 그러나 Bruner는 하나의 완성된 수업이론을 제시하기보다는, 수업이론의 형성을 위한 일련의 명제 혹은 일반적 원리로서 수업이론에 대한 자신의 접근방법을 설명하였다.

다음에서는 Bruner가 제안한 수업이론의 핵심적인 내용인 수업의 세 가지 계열, 수업이론의 다섯 가지 구성요소, 그리고 수업의 다섯 가지 구성요소를 가장 잘 반영하고 있는 발견학습에 대해서 설명하고자 한다.

(1) 수업의 세 가지 계열

Bruner는 가장 효과적인 수업의 계열은 일반적으로 동작적 표상에서 영상적 표상으로, 그리고 상징적 표상으로 진행되는 지적 발달의 세 가지 과정으로 수행된다고 보았다. 그는 어떤 영역의 지식도 이들 세 가지 양식으로 표현될 수 있다고 주장하였다. 이 세 가지 계열을 표상양식(modes of representation)이라고 한다. 이것을 표현양식 또는 표현방식이라고도 한다.

Bruner는 Piaget의 인지발달 이론을 기초로 하여 아동의 인지발달은 사물이나 현상의 구조를 파악하는 방식에서 질적인 차이를 나타낸다고 보았으며 이러한 차이를 지식의 표상양식으로 개념화하였다.

인간은 인지발달 수준에 따라 습득한 세 가지 표상양식을 통하여 지식, 개념, 아이디어 등을 이해하고 학습한다는 것이다.

① 동작적 표상

동작적 표상(enactive representation)이란 적절한 운동 반응을 통하여 어떤 대상의 실체를 표상하는 것을 말한다. 지식의 표상양식 중 가장 먼저 발달하는 것으로 어린이가 세계를 경험하는 방법은 환경과의 직접적인 상호작용을 통해서 이루어진다.

이 시기는 실제 행함으로써 학습하는 Piaget의 감각-운동기에 속한다. 동작적 표상을 획득한 학습자는 언어나 심상을 사용하지 않고서도 실물 그대로를 알 수 있다. 이 양식의 특성은 개인의 단일통로, 주의집중으로 구성되며, 이 양식 내에서 안다는 것은 주로 무엇을 어떻게 하는가 하는 그 절차를 아는 것이다.

동작적 표상의 예를 들면, 아동이 세발자전거를 타는 방법을 말로 표현할 수는 없지만 자전거를 어떻게 타는지를 알고 있다. 따라서 자전거 타는 수업은 언어보다는 동작으로 가르쳐야 효과적이다. 이와 같이 동작적 표상양식에 의한 지식의 습득은 행동을 통해 환경과 직접적으로 접촉하여 지식을 획득해 나간다. 따라서 이 시기의 어린이들에게는 나무토막 쌓기와 같은 대상에 대한 조작이나 직접적인 경험이나 촉감을 활용한 수업전략이 효과적이다. 또 다른 예를 들면, 정신을 잃을 정도로 만취한 취객이 심야에 자신의 집을 정확히 찾아가기도 하는데, 이 사례도 집의 방향이 이전 경험에 의해 동작적 표상으로 기억되었다고 볼 수 있다.

Bruner는 이해의 어떤 유형은 근육 내에 표상되는 것 같다고 주장하였고, 또한 대부분의 조건형성이나 S-R 학습은 동작적 표상이 적절하다고 보았다.

② 영상적 표상

영상적 표상(iconic representation)은 주로 지각적 조직의 원리에 의하여 지식을 심상(또는 이미지, 도식)으로 표상하는 것을 말한다. 예를 들어, 집에서 아이스크림 가게까지의 길을 도식으로 표현하는 약도를 그릴 수 있는 아동은 영상적 표상으로 그 길의 경험과 이해를 표상하고 있다고 볼 수 있다.

Bruner는 영상적 표상이 형태심리학과 관련된다고 보았다. 아동의 영상적 표상의 발달은 대개 5~7세에 높게 나타난다. 영상적 양식을 활용하여 수업을 진행할 경우에는 영상을 통하여 내용을 이해할 수 있도록 도해, 그림, 사진, 시범, 견학 등과 같이 아동의 시각적 경험이나 감각적 경험을 이용하는 것이 효과적이다.

③ 상징적 표상

상징적 표상(symbolic representation)은 언어, 기호, 부호와 같은 상징으로 지식을 이해하고 표상하는 것을 말한다. 상징적 표상을 획득하면 개인이 경험한 것이나 추상적인 개념에 대해서도 언어나 부호로 표현할 수 있게 된다.

이 단계에서는 Piaget가 제안한 발달단계의 후기인 형식적 조작기에 발달하는 사고를 할 수 있다. 개인이 성장함에 따라 언어가 사고의 수단으로 중요하게 사용되고, 지각적 심상에 근거한 영상적 표현으로부터 추상적, 임의적, 그리고 더욱 융통성 있는 사고체계에 근거한 상징적 표현의 사용으로 이행된다. 아동의 지식의 표상양식 중에서 가장 세련된 표현수준으로서 아동은 대상이나 경험을 단순히 영상화하는 수준을 넘어서 그것을 조작하여 새로운 개념을 만들어 내기도 한다.

Bruner에 의하면, 언어는 심상이나 행위로 수행할 수 있는 것을 훨씬 초월한다고 하였다. 학습자가 학습자료를 상징적 양식으로 표상할 수 있는 경우에는 언어나 기호 등을 통하여 추상적으로 사고하고 이해할 수 있기 때문에 어떤 개념이나 원리를 가르치고 그것의 구조를 파악하도록 지도하는 것이 효과적이고, 또한 새로운 개념을 가르칠 때에는 친숙한 상징체계를 활용하여 수업의 효율성을 높일 수 있다.

(2) 수업이론의 구성요소

Bruner는 수업이론의 주요한 구성요소로서 학습의 경향성, 지식의 구조화, 학습자료의 계열화, 강화, 학습자 사고의 자극 등을 들고 있다.

① 학습 경향성

수업이론은 학습자에게 학습에 대한 의욕을 효과적으로 불어넣는 구체적인 경험들을 명백히 제시하여야 한다는 것이다. 즉, 학습 경향성(predisposition toward learning)이란 학습하고자 하는 의욕, 동기 또는 경향을 의미하는 것으로서 학습에 필요한 조건이 갖추어져 있는 상태를 의미하는 학습의 준비성과 투입행동(혹은 출발점 행동)과 유사한 개념이다.

Bruner는 학습을 향한 경향성을 기다릴 것이 아니라 수업을 통하여 적극적으로 가르쳐야 한다고 주장한다. 그는 학습자가 의욕을 가지고 과제에 도전하도록 하기 위해서는 탐구에 대한 실패의 위험 부담을 극소화하여 안심하고 탐구할 수 있도록 도전감을 자극시키고, 부모나 문화가 속박해 왔던 학습자의 탐구심과 호기심을 자극하며, 학습자가 학업성취에 대해 확신을 갖도록 고취하며, 학습목표가 학습자의 목표달성을 위해 유용하다는 것을 주지시키고, 효과적인 학습방법에 대해서도 학습시킨다.

그는 효과적인 학습을 위해서는 가까이 있는 자료를 학습할 뿐만 아니라 학습한 정보를 문제해결에 사용할 수 있는 그런 방법으로 수업할 것을 권한다.

② 지식의 구조

수업이론은 지식이 학습자에 의해서 쉽게 이해될 수 있도록 구조화하여 제시하여야 한다는 것이다. 지식의 구조(structure of knowledge)란 한 교과를 이루고 있는 기본 개념 또는 원리의 상호 관련된 체계로써 교과의 구조 또는 학문의 구조와 동일한 의미를 갖는다. Bruner는 동일한 성격의 지식이 위계적 구조를 가지고 있고, 수업의 궁극적 목적은 지식의 구조에 대한 일반적 이해라고 하였다.

따라서 지식을 구조화한다는 것은 한 교과의 개념이나 원리 등을 학습자의 발달 단계가 높아짐에 따라 그 지적 성격의 동일성을 유지하면서 점점 심화, 확대된 형태로 가르칠 수 있도록 조직한다는 것을 말한다. 지식의 구조를 이해한다는 것은 지식에 대한 기본적인 개념과 원리를 이해하는 것으로서, 이를 통해 학습자는 내용을 쉽게 파악하고 이해할 수 있고 쉽게 기억할 수 있다. 또한 학습 이외의 일반적인 상황에 적용할 수 있을 뿐만 아니라 수준이 낮은 지식과 높은 지식 간의 간극을 좁힐 수 있다.

지식의 구조는 동작적 표상양식과 영상적 표상양식, 상징적 표상양식으로 지식을 학문의 체계 속에서 학습자의 수준에 알맞게 표상된다. Bruner는 이러한 표상양식을 통하여 "어떤 학습과제이든지 아동의 발달단계에 맞도록 구조화하여 제시한다면 어떤 아동이라도 효과적으로 가르칠 수 있다."라는 유명한 명제를 발표했다.

다시 말하면, 아무리 어려운 지식의 구조라 할지라도 아동의 지적 수준에 맞게 적절하게 구조화하여 표현하면 누구나 쉽게 이해하고 배울 수 있다는 것이다. 이와 같이 Bruner는 Piaget가 인지발달 단계 내에서 논리적 조작이 가능한 과제만을 학습할 수 있다고 주장한 것과는 달리 어떤 발달단계에 있는 어떤 아동에게도 그 아동이 이해할 수 있는 용어로 설명하는 등 수업방법을 달리하면 어떤 과제라도 효과적으로 가르칠 수 있다고 주장하였다. 이러한 신념에서 Bruner는 지식의 구조화 방법으로써 소위 나선형 교육과정을 제안하였다.

나선형 교육과정(spiral curriculum)이란 학습자의 발달단계에 따라 지식의 구조, 즉 교과 내용의 기본원리, 기본개념 등을 학습자의 사고양식에 알맞게 잘 조직하면 어떤 내용이라도 가르칠 수 있기 때문에 동일한 내용을 처음에는 쉽게 제시하고 학년이 올라감에 따라 점차 심화, 확대해 가면 나중에는 어려운 내용을 완전히 이해하게 되는 교육과정을 말한다. 예를 들면, 고등학교에서 다루고 있는 수학교과의 집합 개념을 초등학교 저학년에서도 다룰 수 있는데, 고등학교에서 다루는 집합 개념과 본질상 동일한 것을 초등학생의 지적 수준에 알맞도록 쉽게 조직하여 지도하고, 초등학교에서 중학교로, 또 고등학교로 올라갈수록 점진적으로 더 어려운 내용으로 심화, 확대해 가도록 교육과정을 배열하는 것을 말한다.

Bruner는 어떤 단계를 막론하고 가르쳐야 할 교육내용인 지식의 구조는 동일하다고 본다. 따라서 표상양식의 수준을 학생의 지적 발달수준에 맞추기만 하면 어떠한 학생이든지 지식의 구조를 이해할 수 있다는 것이다.

이와 같은 동일한 성격의 지식의 구조에 대해 발달단계가 점차 높아짐에 따라 질적으로 더 깊이 있게, 양적으로 더 넓게 가르치는 과정이 마치 달팽이 껍질의 입구 쪽으로 갈수록 나선형의 선이 더 깊고 더 넓어지는 것과 같다고 하여 나선형 교육과정이라고 부르고 있다.

나선형 교육과정의 조직은 학년이 올라갈수록 쉬운 것에서 어려운 것으로, 구체적인 것에서 추상적인 것으로 조직하는 것이다. 즉, Bruner는 발달단계에 따라 동작적 표상에서 영상적 표상으로, 영상적 표상에서 상징적 표상의 순으로 가르쳐야 한다는 것이다. 따라서 수업에서 어떤 표상양식이 가장 적합한가를 결정하는 데에는 학습자의 선행지식과 학습자가 어떤 표상양식을 소유하고 있는가가 중요한 요인이 될 것이다.

③ 학습자료의 계열화

학습자료의 계열화는 학습과제를 효과적으로 조직하여 제시하는 순서를 적절히 배열하는 것을 말한다. 교사의 임무는 지식을 학습자가 이해하기 쉽도록 발달단계에 적합한 형태로 변환시켜 가르치는 것이다.

앞에서 언급한 것과 같이 Bruner는 어떤 학습과제라도 아동의 발달단계에 맞도록 이해하기 쉽게 변환하여 제시한다면 어떤 아동이라도 효과적으로 가르칠 수 있다고 하였다. 따라서 교사는 수업활동에서 학습자료를 학습자가 습득하고 있는 표상양식에 맞추어 적절한 형태로 조직하고 계열화하여 제시하는 것이 중요하다.

학습자 모두에게 적용되는 최적계열은 없으며, 최적계열은 학습자의 학습경험, 발달단계, 학습자료의 성질, 개인차 등에 따라 다르다(임규혁, 1999).

④ 강화

Bruner는 수업과정에서 강화의 역할을 중요하게 생각한다. 그러나 사람은 자기환경을 능동적으로 조작하고, 문제에 대처함으로써 만족을 성취하는 존재로 보고, 외재적 강화보다는 내재적 강화를 보다 더 중요하게 생각한다.

그는 외재적 강화의 효과에 대해 다음과 같이 지적하고 있다.

• 외재적 강화에 의해서 특정한 활동을 일시적으로 유발시키고 그 활동을 되풀

이하게 할 수는 있을지라도 학습의 장기적 과정을 조장할 수는 없다.

- 외재적 보상의 강도만큼 성취 자체로부터 받은 보상은 감소한다.
- 성공 다음의 강한 외재적 보상은 동일한 행동을 되풀이할 가능성을 증가시키지만, 그 결과는 바람직할 수도, 바람직하지 않을 수도 있다.

반면에 내재적 강화는 일반적으로 학습에 대한 성공과 실패에 의해 영향을 크게 받는다. 또한 학습자가 과제 자체에 대해 호기심과 흥미를 느낄 때도 내재적으로 강화된다. 학습자는 과제를 성공적으로 달성함으로써 능력감과 성취감, 도전감 등을 맛볼 수 있다. 이와 같이 학습자가 내재적으로 강화된 경우에는 학습이 장기적으로 조장되고, 능력 지향적이 되며, 내재적 동기가 유발이 된다.

이와 같이 Bruner는 내재적 강화를 중요하게 생각하고 있다. 그러나 학교 수업에서는 학습자들의 개인차가 많기 때문에 외재적 강화와 내재적 강화가 모두 필요하다. 학습에 흥미가 없고 내재적 동기화가 어려운 학습자에게는 외재적 강화가 더 효과적일 것이기 때문이다.

⑤ 학습자 사고의 자극

Bruner는 수업활동에서 학습자 스스로 발견하는 발견자가 될 수 있도록 학습자의 사고과정을 자극할 것을 강조한다. 즉, 교사들은 학습자들이 학교교육을 마치면 자기 스스로 계속 학습할 수 있는 자율적이고 추진력 있는 사고자(思考者)가 될 수 있도록 촉진시키는 방향으로 수업을 진행하여야 한다는 것이다.

따라서 교사들은 학습자의 사고를 자극할 수 있는 문제를 제시하고, 학습자는 이에 대해 의문을 갖고 탐구하고 실험할 수 있도록 수업을 조직해야 한다. 또한 교사들은 학습자들로 하여금 예감을 사용하고, 심지어 대담하고 돌발적이며 비현실적인 아이디어까지도 제안할 수 있도록 격려해야 한다.

(3) 발견학습

Bruner는 위에서 말한 수업의 다섯 가지 구성요소를 가장 이상적으로 반영하고 있는 수업방법으로 발견학습을 제안하였다. 발견학습(Discovery Learning)이란 교사의 지시를 최소화하고 학습자 스스로 자발적 학습을 통하여 학습목표를 달성하도록 하는 학습방법을 말한다. 다시 말하면, 발견학습은 기본 개념이나 원리를 학습자 스스로가 발견하고 탐구능력과 태도를 기를 수 있게 하는 학습자 중심의 학습 방법이다.

Bruner는 발견(Discovery)이란 자신의 생각을 활용해서 스스로 지식을 획득하는 모든 형태를 말한다고 하였다. 발견은 우연히 일어나는 것이 아니라 학습자가 이미 알고 있는 지식을 능동적으로 재조직, 재구성하는 작업을 의미한다. 따라서 Bruner는 발견수업이란 학습자의 생각 밖에 있는 것보다는 오히려 학습자의 생각 안에 있는 것을 발견하도록 인도하는 과정이라고 정의하였다. 그는 지적 발달에서 발견의 과정은 매우 중요하며, 발견학습법은 문제를 해결하는 연습을 통하여 습득될 수 있다고 보았다.

발견학습은 지적인 탐구과정으로써 학습자의 탐구적인 사고방법의 형성을 그 목표로 한다. 지적인 탐구과정을 통해 탐구적인 사고의 방식을 학습자에게 형성케 하는 것이 발견학습의 주요 목표이다.

발견학습은 학습자가 스스로 연구하고 해답을 찾는 과정이기 때문에 무엇보다도 학습자의 적극적인 수업참여가 요청되고, 탐구하려는 학습 경향성을 갖추는 것이 중요하다. 학습자는 제시된 문제를 해결하기 위해서 어떤 변인이 관련되고, 그 변인에 관해서 어떤 정보가 수집되어야 하며, 정보가 획득되면 그것으로 무엇을 수행해야 하는지를 결정해야 한다. 대체로 이것을 쉽게 수행하는 것은 이 문제와 관련된 선행지식의 범위에 달렸다. 따라서 이러한 선행지식을 갖추고 있지 않는 학습자는 발견학습의 환경에 좌절감이나 낭패감을 분명히 느낄 것이다(양용철, 2005).

발견학습에서 교사의 역할은 지식을 전달하기보다 학생들이 주도적으로 문제해결을 탐구하고 발견하도록 돕는 것이다. 즉, 교사는 수업과제를 정하고, 학습자료를 준비하며, 학생들이 능동적으로 수업에 참여할 수 있도록 전체적으로 수업을 조직하여 진행하는 조력자의 역할을 담당한다.

발견학습의 장점으로는 학습자의 자발적인 수업참여를 유도하고, 탐구적인 사고방법을 습득하게 하며, 발견 그 자체가 하나의 보상이 되어 내적으로 만족감과 유능감을 경험하게 함으로써 학습에 흥미를 갖게 하고 높은 학습동기를 유발시키며, 학습내용을 보다 깊이 있게 이해할 수 있도록 하며, 학습자가 교실 밖에서 계속해서 학습을 할 수 있는 일반화된 전략을 갖추게 하며, 오래 기억될 수 있고, 다양한 장면으로 전이된다는 점을 들 수 있다. 이러한 장점들 때문에 근래에 발견학습이 특히 강조되고 있다.

그러나 지나치게 학습자의 자발성을 강조함으로써 교사의 체계적인 지식 전달을 경시하고 있고, 모든 지식을 학생 스스로 발견하기 어려우며, 문제해결력만이 교육의 목표가 아니며, 수업을 진행하는 데 시간이 오래 걸리고, 학생들이 높은 참여 동기를 가지고 있지 않은 경우에는 수업이 잘 진행되지 않으며, 발견학습만이 후속 학습을 위한 효과적 방법이라 할 수 없다는 등의 단점도 가지고 있다.

4) Ausubel의 유의미 학습이론

Ausubel(1968)은 미국의 인지심리학자로서 실제 학교학습에서 사용되고 있는 현실적인 수업모형을 제시하였다. 그는 학습에 가장 큰 영향을 미치는 것은 학습자의 선행지식이라고 보고, 새로 학습할 내용이 학습자의 인지구조 속에 존재하고 있는 선행지식과 인지적 조작을 통하여 상호 관련을 맺음으로써 어떤 의미를 갖게 될 때 유의미한 학습이 이루어진다고 보았다.

따라서 Ausubel은 이러한 학습에 대한 인지적 조작 과정, 그리고 효과적인 인지적 조작을 위한 수업방법과 교재 내용의 효율적인 조직화 등을 체계화하여 유의미 학습이론을 제안하였다. 유의미 학습은 학습자들이 수업내용을 의미 있게 수용할 수 있도록 교사가 언어적으로 제시하고 설명하는 형식으로 이루어지기 때문에 유의미 수용학습, 유의미 언어학습 또는 설명식 수업이라고 부르기도 한다.

(1) 유의미 학습

유의미 학습(meaningful learning)이란 학습자가 이미 알고 있는 선행지식에 새로운 지식을 관련시킴으로써 기존의 인지구조에 새로운 의미를 구성하는 학습을 말한다. Ausubel은 교실에서 전형적으로 진행되는 다른 학습의 유형과 구별하며 유의미 학습을 설명하였다. 그는 먼저 지식이 획득되는 방식에 따라 수용학습(reception learning)과 발견학습(discovery learning)으로 구분하였다.

그는 학습할 모든 내용을 최종적인 형태로 학습자에게 제시하고 설명하는 것을 수용학습이라고 하며, 대부분의 학교학습은 이러한 수용학습의 형태로 이루어진다고 하였다. 수용학습에서는 학습자가 발견하거나 탐구할 것을 요구하지 않으며, 학습자에게는 단지 제시된 학습내용을 활용 가능한 형태로 내면화하거나 통합하는 것만이 요구된다. 따라서 수용학습은 설명식 수업과 본질적으로 동일한 원리로 진행된다. 설명식 수업이란 교사가 학습할 내용을 조직화하여 제시하며, 학생들이 수업내용을 의미 있게 수용할 수 있도록 언어로 설명하는 방법을 말한다.

반면에 발견학습이란 교사가 학습할 모든 내용을 최종적인 형태로 학습자에게 제시하는 것이 아니라 학습자 스스로 자발적 학습을 통하여 해답을 발견하도록 조장하기 위하여 교사의 개입을 최소화하고, 또한 지식을 내면화하는 과정에서도 학습할 내용을 우선 발견한 후에 수용학습에서처럼 발견한 내용을 내면화한다는 점에서 수용학습과 차이가 있다.

한편, Ausubel은 새로운 지식을 학습자 자신의 인지구조에 통합시키는 방식에 따라 유의미 학습(meaningful learning)과 기계적 학습(rote learning)으로 구분하였다. 앞에서 설명한 바와 같이 유의미 학습은 새로운 개념이나 학습과제가 학습자의 기존 인지구조와 관련을 맺고 새로운 의미를 부여하여 이해하는 학습을 말한다.

그러나 기계적 학습은 제시된 학습내용을 기존의 인지구조와 관련을 맺어 의미를 기억하는 유의미 학습과는 달리 학습내용을 그대로 반복하여 암기하는 암기학습을 말한다. 기계적 학습은 무의미 철자를 학습하는 경우와 같이 학습과제가 이해되지 않은 채 학습자의 인지구조에 임의적으로 관련을 맺거나, 개인의 인지구조에 새로 학습할 과제와 관련된 개념이 존재하지 않을 때, 또는 단지 기계적인 반복을 통해서 암기될 때 일어난다. 기계적 학습이 되면 학습된 내용이 기존 인지구조와 결합하지 못하고 고립된 상태에서 각각의 지식 조각으로 저장되는 것이다. 따라서 새로 획득한 정보와 이미 저장된 인지구조 속에 있는 정보 사이에 어떠한 상호작용도 이루어지지 않기 때문에 파지가 오래 지속될 수 없게 된다.

Ausubel에 의하면, 교실 학습에서 전형적으로 일어나는 네 가지 학습유형은 각각 양분되는 학습이 아니라 서로 연결될 수 있다고 주장하였다. 즉, 기계적 학습은 의미 있는 유의미 학습으로, 수용학습은 유의미 수용학습이나 발견학습으로 연결될 수 있다는 것이다. 예를 들어, 수용학습에서 교사가 제시한 잠재적으로 유의미한 학습과제가 학습자의 인지구조에 유의미하게 연결될 때는 유의미 수용학습으로 연결되는 것이다.

(3) 유의미 학습의 과정

유의미한 새로운 학습내용은 학습자의 기존 인지구조 속에 자리 잡고 있는 관련 정착지식에 어떻게 포섭되어 정착되는 것일까? 새로운 학습내용이 관련 정착지식에 포섭되는 방법은 세 가지 유형으로 나눌 수 있다.

즉, 새로운 학습내용이 관련 정착지식의 하위에 포섭되는 방법(종속적 포섭), 상위에 포섭되는 방법(상위적 포섭), 대등한 수준으로 포섭되는 방법(결합적 포섭)으로 나눌 수 있다. 이러한 학습과정의 분류는 학습내용도 인지구조와 마찬가지의 위계를 이루고 있다는 것을 가정한 것이다.

① 종속적 포섭

종속적 포섭(subordinate subsumption)이란 학습위계상 학습할 내용보다 더 상위에 있는 일반적이고 포괄성이 높은 관련 정착지식이 그보다 하위에 있는 학습내용을 포섭함으로써 유의미 학습이 이루어지는 것으로, 하위적 포섭 또는 종속적 학습이라고도 한다. 종속적 포섭의 경우 새로운 내용은 기존 관련 정착지식에 예속되고 마는 수준의 학습으로 가장 능률적인 포섭이라 할 수 있다.

종속적 포섭은 다시 학습내용이 인지구조 내부에 있는 기존 관련 정착지식의 한 특수한 보기나 예가 될 경우에 일어나는 파생적 포섭(derivative subsumption)과 새로운 학습내용이 이미 학습된 명제에 대한 부연, 정교화, 응용, 수정, 확대 등의 성격을 지니면서 일어나는 상관적 포섭(correlative subsumption)으로 나눌 수 있다.

상관적 포섭에 의한 학습은 새로운 내용이 기존의 관련 정착지식에 새로운 특성이나 개념, 원리 등을 추가하며 기존의 선행지식을 변화시키게 된다. Ausubel은 대부분 전형적인 학습방법은 상관적 포섭이라고 보았다.

② 상위적 포섭

상위적 포섭(superordinate subsumption)은 기존의 관련 정착지식을 포괄하는 새로운 내용을 학습하는 것을 말한다. 다시 말하면, 상위적 포섭은 종속적 포섭과는 반대로 관련 정착지식보다 위계상 상위에 있는 보다 일반적 · 추상적 · 포괄적인 새로운 학습내용을 포섭하는 것을 말한다. 예를 들어, 이미 경험한 구체적인 사례들을 통하여 귀납적으로 일반적인 개념이나 원리를 학습하는 것은 상위적 포섭에 해당된다.

③ 결합적 포섭

결합적 포섭(combinatorial subsumption)은 학습위계상 관련 정착지식과 수평적 관계에 있는 새로운 학습내용을 포섭하는 방법이다. 결합적 포섭에서 중요한 점은 새로운 학습내용이 기존의 관련 정착지식과 밀접하게 관련되지 않는다는 점이다.

일반적으로 결합적 포섭은 광범위하고 유사한 배경지식과 관련이 있을 때 일어난다. Ausubel 등은 그 예로 기독교에 대해서 많이 아는 것은 불교에 대한 새로운 지식을 습득하고 이해하는 데 많은 도움을 준다는 점을 들었다. 다른 예를 들면, 민주주의에 대한 선행지식이 있는 학습자는 상호 대등한 관계에 있는 독재정치, 과두정치, 전제정치 등을 새로 학습할 경우 쉽게 이해할 수 있을 것이다.

(4) 선행조직자

선행조직자(advance organizer)란 학습할 내용을 논리적으로 조직하여 유의미 학습을 할 수 있도록 본 수업에 들어가기 전에 제시하는 학습내용과 관련된 기초적인 내용 또는 자료를 말한다. 다시 말하면, 선행조직자는 새로운 학습내용보다 일반적이고 포괄적인 주요 개념, 원리, 법칙 등이라고 말할 수 있다.

대부분의 학습자들은 학습할 내용과 관련된 정착지식, 즉 선행지식을 소유하고 있어도 이를 활성화시켜 적절히 활용하지 못하는 경우도 많다. 따라서 Ausubel은 교사들이 수업장면에서 유의미 학습이 일어날 수 있도록 새로운 학습내용과 관련된 선행조직자를 제공하여 선행지식을 회상시켜 주는 것이 무엇보다 중요하다고 보고, 선행조직자라는 개념을 제안하였다.

선행조직자는 새로 학습할 내용보다 일반성, 추상성, 포괄성의 정도가 높은 내용으로서 학습자가 이미 알고 있는 내용(선행지식)과 꼭 알아야 할 내용(학습과제) 사이에 놓여 있는 간극을 연결해 주는 역할을 한다(Ausubel et al., 1978).

학습자들은 각기 독특한 인지구조를 형성하고 있는 등 다양한 특성들을 가지고 있다. 따라서 선행조직자는 다양한 학습자에게 적용될 수 있도록 일반성, 추상성, 포괄성이 있는 내용이어야 한다.

Ausubel은 나아가 학습할 내용 자체에 있는 개념들 간의 유사성과 차이점을 명확하게 구별할 수 있도록 하기 위하여 비교조직자(comparative organizer)를 제안하기도 하였다. 비교조직자는 친숙하지 않고 잠재적으로 혼동을 일으킬 수 있는 개념을 비교하고 대조함으로써 학습을 촉진하는 역할을 수행한다.

선행조직자의 효과에 대한 연구결과는 긍정하는 것과 부정하는 것이 서로 대립되고 있다. 선행조직자의 효과에 대한 연구결과들이 일관성이 없고 분명하지 못한 주요한 이유 중의 하나로 선행조직자에 대한 정의가 모호하다는 점이 지적되고 있다. 따라서 구체적으로 무엇이 선행조직자의 역할을 하는지를 밝히기 위해 많은 연구들을 수행한 결과, 선행조직자로는 학습할 과제와 관련된 내용에 대한 개요 및 요약정리, 사례, 그림, 도표, 다이어그램 등 다양한 자료가 효과적인 역할을 수행한다고 한다.

West 등(1991)은 Ausubel의 제안을 보다 최근의 연구결과와 종합하면서 선행조직자를 구성하는 절차를 다음과 같이 제시하였다.

- 필요한 수행지침을 찾기 위해서 새로운 주제나 단원을 검토 및 열거한다. 필요하다면 다시 가르친다.
- 학습자들이 이러한 선행요건에 해당하는 내용을 알고 있다면 찾아낸다.
- 새로운 주제나 단원에서 주요한 일반적 원리나 아이디어를 열거하거나 요약한다.
- 주요한 일반적 원리, 옛 주제와 새 주제 간의 유사성을 강조하는 문단(선행조직자)을 작성한다. 이 교재에서 보기를 검토한다. 보기를 모델로 활용한다.
- 주제나 단원의 주요한 소주제는 선행조직자에게서 제시된 것과 동일한 계열로 가르쳐야 한다.

Ausubel은 유의미 학습을 촉진시키기 위해서는 가장 일반적이고 포괄적인 선행조직자로 수업을 시작하고, 점진적으로 세분되고 특수하며 정교한 내용으로 진행할 것을 권장하였다. 그는 이 학습과정을 점진적 분화(progressive differentiation)라고 하였다.

앞에서 설명한 바와 같이 유의미 학습과 파지에 결정적인 영향을 미치는 인지구조는 가장 일반적이고 포괄적이며 추상적인 개념이 그 정점을 차지하고, 점차 그 밑으로 내려갈수록 덜 일반적이고 포괄적인 하위개념으로 구성된다. 그리고 가장 밑바닥에는 구체적이고 특수한 지식이 위치하고 있다. 따라서 이와 같이 인지구조가 계열적으로 구조화되어 있기 때문에 수업에서도 일반적이고 포괄적 개념을 먼저 제시하고, 점차 분화되는 명제, 개념, 사실 등을 계열적으로 제시하여야 학습자가 더 쉽게 파악하고 이해할 수 있다는 것이다.

Ausubel의 유의미 학습에서 강조하는 선행조직자 모형을 적용하는 수업은 교사의 지도하에 수업내용이 체계적이고 조직적으로 학습자들에게 전달되기 때문에 수업내용을 학습자들에게 보다 쉽게 이해시키고, 그와 관련된 새로운 내용의 학습에 결정적 영향을 미칠 수 있다.

그러나 유의미 학습의 문제점은 선행조직자가 무엇을 말하는지 명확하지 않고, 기존 인지구조를 바탕으로 새로운 의미를 구성하는 학습의 과정만을 강조하고, 인지구조의 획기적 변화과정을 충분히 설명하지 못하는 점이다. 또한 선행조직자를 강조함으로서 교사 위주의 수업이 될 수 있고 수업이 교사의 능력이나 자질에 따라 좌우될 수도 있다는 문제점이 있다. 그리고 수업을 진행하는데 학생들의 관심과 흥미를 유발해야 한다는 부담이 있다. 따라서 유의미 학습을 보다 더 수업에 잘 적용시키기 위해서는 학생들의 참여를 이끌어 낼 수 있는 다양한 전략의 활용이 요구된다.

5) Carroll의 학교학습 모형

Carroll(1963)이 개발한 학교학습 모형(model of school learning)은 전체 교육과정에 관심을 둔 완전학습을 위한 모형으로서 학교학습의 여러 형태 중 지적 학습에 작용하는 중요한 변인들을 추출하고 그 변인들 간의 상호관계를 기초로 하여 체계화한 것이다.

(1) 학교학습 모형

Carroll은 학습자가 주어진 학습과정을 학습하기 위해 실제로 사용한 시간에 따라 학습의 성취 정도가 결정된다고 보았다. 다시 말하면, 학습자가 성취한 학습의 정도는 주어진 과제를 학습하는 데 필요한 시간의 양에 대한 학습자가 실제로 학습에 사용한 시간의 양의 비율로 결정된다는 것이다.

이를 공식으로 나타내면 다음과 같다.

학습의 정도 = f{(학습에 사용한 시간)/(학습에 필요한 시간)}

여기서 학습의 정도란 수업목표에 진술된 도달 기준에 비추어 실제로 학습과제를 성취한 정도를 말하고, 학습에 필요한 시간의 양이란 학습과제를 완전히 학습하여 수업목표로 진술된 수준까지 도달하는 데 필요로 하는 시간의 양을 의미하며, 학습에 사용한 시간의 양이란 학습자가 능동적으로 학습과제에 주의를 집중시키며 학습에 열중한 시간을 의미한다.

이 공식이 시사하는 바는 학습의 성취 정도가 학습자가 주어진 과제를 학습하는 데 필요한 시간에 비해서, 실제로 얼마만큼의 시간을 주의를 집중하여 학습했느냐에 의해 결정된다는 것이다. 학습에 필요한 시간과 실제로 사용한 시간이 같을 때, 즉 학습자가 학습에 필요한 시간을 실제 학습에 모두 사용하면 100% 완전학습이 이루어질 것이고, 학습자가 학습에 주의를 집중하고 몰두한 실제 시간이 학습에 필요한 시간보다 적을 때는 학습의 정도가 낮아질 것이다.

(2) 학습시간의 결정 변인

Carroll은 학습에 필요한 시간과 학습에 사용한 시간을 결정하는 변인을 개인차 변인과 수업 변인으로 분류한 다음 이를 다시 다섯 가지 하위변인으로 분류하였다. 즉, 개인차 변인을 다시 적성, 수업이해력, 학습지속력으로, 수업 변인은 수업의 질과 학습기회로 나누고 있다.

① 개인차 변인

㉠ 적성

적성(aptitude)이란 최적의 학습조건하에서 주어진 학습과제를 목표수준으로 완전히 성취하는 데 필요로 하는 시간을 의미한다. 다시 말하면, Carroll은 학습자 각자가 주어진 학습과제를 완전히 습득하는 데 필요로 하는 시간의 차이를 적성으로 규정하였다. 학습자의 적성은 학습에 필요한 시간을 결정하며 학업성취를 결정하는 데는 간접적으로 작용한다. 적성이 높으면 주어진 과제를 좀 더 빨리 학습해 낼 수 있는 반면에 적성이 낮으면 학습에 소요되는 시간도 길어진다는 것이다.

따라서 여기서 말하는 적성의 의미는 교육학과 심리학에서 어떤 일에 대한 적응

능력이나 소질 등을 적성으로 보는 것과는 상당한 차이가 있다. 이처럼 적성은 개인차가 있을 뿐만 아니라 특정한 학습과제의 종류와 성질에 따라 달라질 수 있기 때문에 개인 내에서도 차이(예: 수학과 영어의 적성 차이)가 있고, 또한 선행학습의 정도에 의해서도 차이가 나타날 수 있는 특수한 변인이다.

㉡ 수업이해력

수업이해력(ability to understand instruction)은 학습자가 수업의 내용이나 교사의 설명을 이해하는 학습능력을 말한다. 수업이해력은 학습자의 일반지능과 학생의 언어능력에 의해 결정된다. 적성이 과제의 종류와 성질에 따라 변화하는 특수한 능력임에 반해, 수업이해력은 여러 과제에 거의 공통적으로 적용되는 일반적인 능력이다.

㉢ 학습지속력

학습지속력(perseverance)은 학습자가 특정한 과제를 학습하는 데 실제로 사용한 시간을 말한다. 학습지속력은 학습자의 학습동기, 인내력, 흥미, 태도, 보상 등에 크게 영향을 받는다. 학습목표를 달성하는 데는 학습자가 학습과제에 주의를 집중하며 몰두하는 학습시간, 즉 학습지속력에 의해서 결정된다고 해도 과언이 아니다.

② 수업 변인

㉠ 수업의 질

수업의 질(quality of instruction)이란 학습과제를 개개 학습자에게 효과적으로 구성하여 제시하는 정도를 의미한다. 즉, 수업내용과 방법이 학생의 학습을 용이하게 해 줄 수 있도록 정비되어 있느냐 하는 것이다.

수업의 질을 높이기 위해서는 학습목표와 방법을 미리 학습자에게 이해하기 쉽게 설명하여 학습과제의 가치를 인식하게 함으로써 학습동기를 유발시키고, 학습과제를 적절하게 계열화하여 효율적인 학습이 이루어질 수 있도록 해야 한다.

또한 학습자의 능동적인 참여를 유도하기 위하여 가능하면 개개 학습자의 흥미와 욕구를 충족시킬 수 있도록 수업을 계획하고 실행해야 하며, 수업 결과에 대하여 적절한 피드백이 제공되는 것 등이 필요하다.

㉡ 학습기회

학습기회(time allowed for learning)란 일정한 학습과제를 학습할 수 있도록 학습자들에게 허용된 시간을 의미한다. 지구력이 학습자 스스로의 의지에 따라 학습에 투입하는 시간의 양을 의미하는 반면에, 학습기회는 학습자의 의사와는 관계없이 외부로부터 학습자에 부여되는 학습시간을 말한다.

이 변인은 Carroll의 학교학습 모형에서 완전학습을 성취하는 데 가장 핵심적인 변인으로 볼 수 있다. 그 이유는 학습기회, 즉 실제 학습시간이 적으면 적을수록 학습의 정도는 그만큼 낮아지기 때문이다. 만약 학습기회가 전혀 없다면 학습의 정도는 0에 가까워지고 말 것이다. 또한 학습 적성에는 개인차가 있기 때문에 각 학습자에게 주어지는 학습기회는 달라져야 할 것이다. Carroll은 학습자 각 개인에게 실제 필요한 학습시간을 부여해 준다면 완전학습에 도달할 수 있다고 보았다.

Carroll은 앞에서 살펴본 다섯 개의 변인 중에서 학습에 필요한 시간을 결정하는 변인이 학습 적성, 수업이해력, 수업의 질이고, 학습에 사용한 시간을 결정하는 변인은 학습지속력과 학습기회라고 하였다. 이들 다섯 개의 변인을 학습의 정도 함수식에 대입하면 다음과 같다.

학습의 정도 = f{(학습지속력)(학습기회)/(학습 적성)(수업이해력)(수업의 질)}

Carroll은 이러한 다섯 가지 변인들 사이의 상호관계를 잘 조절함으로써 학교학습의 효과를 극대화할 수 있다고 주장한다. 수업의 질이 좋으면 수업에 대한 이해력이 높아지고, 또한 학습지속력을 높일 수도 있기 때문에 학습의 정도를 높일 수 있다. 또한 학습기회와 지속력이 다소 낮더라도 적성이 높으면 학습과제를 일정한 시간 내에 달성할 수 있다. 그러나 적성이 낮은 학습자가 다른 학습자와 동일한 시간 내에 주어진 학습과제를 달성하려면 수업의 질을 적절히 재구성하여 수업의 이해력을 높여 주고, 학습지속력과 학습기회도 증대시켜야 할 것이다.

Carroll의 학교학습 모형은 학교학습을 촉진하고 개선하는 데 필요한 실질적이고 구체적인 전략을 제공했을 뿐만 아니라 완전학습의 가능성을 뒷받침하는 이론적 토대를 제공하였다.

한편, Bloom(1968)은 Carroll의 학교학습 모형에 영향을 많이 받아 완전학습

(mastery learning) 이론을 제시하였다. 즉, Bloom은 Carroll이 제안한 학교학습 모형을 학교 현장에 적용하기 위하여 다양한 수업전략을 구상하고 재조직하여 완전학습에 관한 이론을 발표하였다.

Bloom은 학생들의 대부분(약 95%)이 주어진 학습과제의 약 90% 이상 학습하는 것을 완전학습이라고 보고, 이를 달성할 수 있는 학습전략을 찾고자 했다. Bloom은 학교의 교육 실태를 볼 때 약 3분의 1은 학교에서 학습과제를 충분히 학습하고, 1/3은 실패하거나 겨우 실패를 모면하는 수준이며, 1/3은 중간 수준을 유지한다고 지적하고, 이것이 오늘날의 교육에서 가장 낭비적이고 파괴적인 현상이라고 주장하고 있다.

그는 학습을 하는 데 극복할 수 없는 신체 또는 능력 면에서의 결함을 가진 극소수의 학생(약 5%)을 제외한 대부분의 학생들이 학습자의 적성, 수업이해력, 또는 학습지속력에 알맞은 최상의 수업조건과 적절한 도움이 주어진다면 자신의 학습을 충분히 완성해 낼 수 있을 것이라고 하였다. 즉, 적성과 수업이해력, 수업의 질을 높여 학습에 필요한 시간을 줄이고, 보충학습을 포함한 학습기회를 충분히 제공하여 학습에 사용된 시간을 늘리면 완전학습을 이룰 수 있다는 것이다. 이를 위해서는 철저한 개별화 수업이 이루어져야 한다고 그는 주장한다.

학습과제

1_ Glaser가 제안한 수업모형의 4단계에 대하여 설명하시오.

2_ Gagné가 제시한 학습결과의 유형에 다른 최적의 학습조건을 설명하시오.

3_ Ausubel이 제안한 유의미 학습의 조건에 대하여 설명하시오.

4_ Bruner가 제안한 수업이론의 핵심적인 내용인 수업의 세 가지 계열에 관하여 설명하시오.

5_ 다음 용어에 대하여 약술하시오.
① 지식의 구조화(structure of knowledge)
② 관련 정착지식(relevant anchoring idea)
③ 선행조직자(advance organizer)

6_ 수용학습(reception learning)과 발견학습(discovery learning)을 비교 설명하시오.

7_ 자신이 중·고등학교 시절에 경험한 수업 중 가장 좋았던 수업과 싫었던 수업을 생각해 보고, 그 이유를 수업이론을 토대로 분석, 설명해 보시오.

제 10 장

생활지도와 상담

1 생활지도

2 상담

학습개요

현대 사회에서 인간은 많은 문제들에 봉착하게 됨으로써 긴장과 스트레스가 쌓이고, 삶의 의욕을 상실하게 되며, 정신건강에도 심각한 문제가 야기되고 있다. 이러한 환경 속에서 성장하는 학생들은 극심한 경쟁관계 속에서 적응과 선택의 문제로 고민과 갈등 속에 있다. 생활지도와 상담은 바로 이러한 학생들의 당면한 문제와 어려움을 도와주기 위해서 발전되어 온 것이다. 지금까지 우리나라 학교교육에서는 교과지도가 중심을 이루고, 생활지도와 상담은 특별히 문제 학생만을 지도하는 임상적 활동으로 인식되어 온 측면이 있다.

그러나 컴퓨터와 통신기술을 포함한 정보통신기술의 혁신적인 발전에 따라 도래된 정보사회에서 거의 모든 학생들이 부적응 등으로 심각한 위기감을 겪고 있기 때문에 학교 현장에서는 새로운 인식을 가지고 생활지도와 상담에 임해야 할 것이다.

학교 현장에서는 이러한 정보화 시대의 청소년들이 안고 있는 문제를 적극 해결하는 것도 중요하지만, 더욱 중요한 것은 사전에 예방하는 활동이라 할 수 있다. 따라서 생활지도와 상담 활동은 모든 학생을 그 대상으로 하여야 할 것이고, 학생들이 다양한 환경과 다양한 영역에서 건전하게 활동하고 적응할 수 있도록 도와주어야 할 것이다.

이 장에서는 먼저 생활지도에 대해서 살펴본 후, 생활지도의 가장 핵심적인 활동인 상담에 대해서 살펴보고자 한다.

1. 생활지도

학교교육은 학업성취뿐만 아니라 학생의 모든 면에서 건전한 성장과 발달을 촉진하도록 돕는 것을 목적으로 한다. 이를 위해 필요한 교육방법의 하나가 생활지도이다. 생활지도는 학생들이 사회의 일원으로서 학교와 사회에서 잘 적응하고 행복한 생활을 영위하며, 다가올 미래의 생활에 대해서도 준비하도록 지도하는 기능을 가지고 있기 때문에 학교교육에서 생활지도 활동은 매우 중요하다 할 것이다.

따라서 다음에서는 생활지도의 개념, 생활지도의 목표와 원리, 생활지도의 영역과 활동 등에 대해서 설명하고자 한다.

1) 생활지도의 개념

생활지도란 간단히 말하면 학생들이 건전하게 성장 발달함으로써 학교뿐만 아니라 가정이나 사회에서 바람직한 생활을 영위할 수 있도록 돕는 것이라 할 수 있다. 생활지도는 영어의 guidance(안내, 지도, 교도)를 우리말로 번역한 것으로 1907년 Parsons가 실업상태에 있는 청소년을 위한 진로지도를 하면서 청소년들이 자신의 적성과 능력에 맞는 직업을 선택할 수 있도록 도운 데서 처음으로 체계화되었다.

그러나 오늘날에 와서는 학생들의 장래 직업을 선택하는 데 도움을 주는 활동뿐만 아니라 생활의 다양한 영역에서 학생들을 돕는 것으로 확대되고 있다. 이와 같이 생활지도는 다양한 영역으로 확대, 발전되고 있고, 또한 생활이라는 용어가 내포하고 있는 의미기 광범위하기 때문에 학자마다 다양하게 개념을 정의하고 있다.

대표적인 국내외 학자들의 생활지도에 대한 정의를 소개하면 다음과 같다.

Miller(1968)는 “생활지도란 학교와 가정, 지역사회에서 잘 적응하기 위하여 필요한 자기이해(self understanding)와 자기지도(self direction)를 할 수 있도록 개인을 돕는 과정”이라고 정의하였고, Jones(1966)는 “생활지도란 현명한 선택과 적응을 위해 주어지는 조력”이라고 하면서 조력이 필요한 사람에게는 어디든지 생활지도가 필요하다고 하였다.

Traxler와 North(1966)는 “생활지도란 학생 각자로 하여금 자기가 가지고 있는 능력과 흥미, 여러 가지 인격적 특성을 이해하며 이를 최대한으로 발전시켜 나가고, 또한 자신의 생활목표와 결부시켜 마침내 민주사회의 바람직한 시민으로서 원만하고 성숙한 자기지도를 이루어 나가게 하는 과정"이라고 하였고, Shertzer와 Stone(1981)은 "생활지도란 개인들이 자기 자신과 자신의 세계를 이해할 수 있도록 도와주는 과정"이라고 정의하였다.

황응연(1984)은 "생활지도란 학생 개인의 성장 발달을 극대화시키고, 잠재력을 개발해서 현재는 물론 장차 어떠한 난관에 봉착하더라도 그것을 자신의 힘으로 유효적절하게 해결해 나가도록 힘을 길러 주는 일"이라고 하였고, 박성수(1986)는 "생활지도란 인간 개개인의 인지적, 정의적, 신체적 특성과 잠재 가능성을 바르게 이해하고 발달시켜서 개인이 교육적, 직업적, 사회적, 심리적 발달을 가능한 최고 수준까지 도달할 수 있도록 원조하는 즉, 자아실현을 원조하는 봉사활동을 지칭한다."라고 하였다.

이재창(1988)은 "생활지도란 개인으로 하여금 자기 자신과 주위 세계를 잘 이해하고 현명한 선택과 적응을 하여 건전한 사회의 일원으로 성장 발달을 할 수 있도록 하는 일련의 지속적인 조력과정"이라고 하였다.

또한 김충기(2000)는 "생활지도란 교육의 목적을 달성하기 위한 방법으로 학생들이 일상생활에서 해결해야 할 여러 가지 문제, 즉 교육적, 가정적, 사회적, 직업적, 신체적, 도덕적, 정서적 문제를 자력으로 해결할 수 있도록 도우며 각자 가지고 있는 흥미, 적성, 능력, 성격 등 인격적 특성과 잠재력을 이해하고 발견하도록 하여 이를 최대한으로 발전시켜 나가며 개인에게 합리적인 사고와 의사결정을 통하여 현명한 선택과 적응을 위해 조직적이고 체계적인 봉사가 이루어지며 자유롭고 책임감 있는 민주사회의 육성과 자기지도 및 자아실현을 통한 올바르고 행복한 삶의 추구가 가능하도록 지원해 주는 계속적인 과정"이라고 하였다.

이와 같이 여러 학자들의 정의를 종합해 볼 때, 생활지도란 학생들로 하여금 자기 자신을 바르게 이해하고 발전시킴으로써 개인생활의 모든 영역에 잘 적응하여 자신의 능력을 극대화할 수 있도록 조력하는 조직적이고 의도적인 교육활동이라 할 수 있을 것이다.

그리고 생활지도의 영역에는 현실생활뿐만 아니라 최근 새로운 생활환경으로 등장한 사이버 공간에 잘 적응하여 보다 더 윤택하고 원만한 인간생활을 영위할 수 있도록 지원하는 활동도 포함되어야 할 것이다. 선택의 여지없이 우리 생활에서 새로운 생활환경으로서 큰 비중을 차지하게 된 사이버 공간에서 활동하는 많은 사람들은 현실공간에서와는 전혀 다른 행동을 하고, 새로운 심리적 경험을 하며, 다양한 심리적 갈등과 고민에 빠지기도 하고, 심지어 사이버 공간에 과도하게 탐닉함으로써 현실세계와 사이버 세계를 혼동하고, 일상생활 즉 학교, 직장, 사회생활 및 대인관계 등에서도 장애를 초래하면서 심각한 청소년 문제를 야기하고 있는 실정이다. 따라서 교사들은 사이버 세상을 이해하고 이를 바탕으로 학생들이 사이버 세상에 잘 적응하도록 지도해야 할 것이다.

2) 생활지도의 목표와 원리

생활지도의 목표는 앞에서 설명한 여러 학자들의 다양한 개념 정의에 따라 다르게 규정할 수 있다. 그러나 생활지도의 궁극적인 목적은 학생들의 자율적 성장 발달을 촉진하여 개인생활의 적응력과 문제해결 능력을 키워 주고 자아실현을 할 수 있도록 하는 것이라고 할 수 있다.

생활지도를 통하여 학생 개개인은 자기 자신을 바르게 이해하고 자기를 성장, 발전시키는 데 필요한 도움을 받을 뿐만 아니라 이를 통하여 개인생활의 모든 영역에 잘 적응하여 자신의 능력을 극대화할 수 있다.

(1) 생활지도의 목표

Humphreys와 Traxler(1954)는 생활지도의 목표를 다음과 같이 제시하고 있다.

- 학생의 정확한 자기이해를 돕는다.
- 학생 스스로의 노력으로 자기 능력과 흥미, 기타 여러 가지 좌절을 발견하고 최대한으로 발전시키도록 돕는다.
- 학생 각 개인이 수시로 직면하는 자신의 문제를 정확히 파악하고 자력으로 해결할 수 있도록 도와준다.
- 학생 각 개인이 다양하고 복잡한 생활환경 속에서 현명하게 선택하고 적응할 수 있도록 돕는다.

- 학생 각 개인이 앞으로 보다 건전하게 성장하고 적응할 수 있는 영구적인 기초를 구축하도록 돕는다.
- 학생 각 개인이 신체적, 지적, 정서적, 사회적으로 잘 조화되고 통합된 인생을 즐길 수 있도록 돕는다.
- 학생 각 개인이 소속된 국가사회에 공헌할 수 있도록 돕는다.

(2) 생활지도의 원리

생활지도의 목표를 효과적으로 달성하기 위해서는 생활지도의 기본원리를 이해하고 적용하여야 한다. 생활지도의 기본원리는 학교 현장에서 생활지도를 수행할 때 기본적인 지침의 역할을 한다. 생활지도의 기본원리는 다음과 같다.

① 생활지도는 모든 학생을 대상으로 한다.

생활지도는 문제 학생들뿐만 아니라 정상적인 학생들을 포함한 모든 학생을 대상으로 한다. 정상적인 학생들도 장래의 진로문제에 대해서 조언을 받을 필요가 있고, 또한 이성관계, 적응문제, 효과적인 학습방법, 신앙문제 등에 대해서도 생활지도가 필요하기 때문에 생활지도는 모든 학생을 대상으로 한다. 따라서 생활지도는 특수한 학생만을 대상으로 하는 심리치료나 심리상담과는 구별된다.

② 생활지도는 모든 연령층의 학생을 대상으로 한다.

인간의 전인적인 성장과 발달은 출생하면서부터 시작하여 성인이 되어서도 계속되고, 또한 인간이 삶 속에서 부딪치는 여러 가지 고민과 갈등도 거의 모든 연령층에서 겪고 있는 문제이기 때문에 생활지도의 대상은 취학 전 아동에서부터 일반 성인까지 모든 연령층을 대상으로 하여야 한다.

③ 생활지도의 초점은 주로 개인의 존엄성과 개성 발달에 두어야 한다.

생활지도는 개인의 존엄성과 가치를 인식하고, 학생 각 개인이 가지고 있는 독특한 개성을 발달시켜서 자아실현을 이루도록 하여야 한다.

④ 생활지도는 협동적인 방향으로 이루어져야 한다.

생활지도는 압력이나 강제성을 배제하고 상호 승낙에 의한 협동적인 방향에서 자율적으로 지도하여야 한다.

⑤ 생활지도는 자율성을 키워 주는 데에 역점을 두어야 한다.

민주사회는 모든 개인이 능동적이고 자율적인 참여를 바탕으로 한다. 따라서 생활지도는 학생 개인의 지적, 정서적, 사회적 제 문제를 스스로 해결할 수 있는 능력을 키워 주어 민주시민의 일원으로 육성시키는 데 초점을 두어야 한다. 생활지도 과정에서 학생들의 자율성을 키워 주기 위해서는 점진적으로 도움을 줄여 나가는 것이 필요할 것이다.

⑥ 생활지도는 처벌보다는 선도를 통하여 건전한 성장을 도와주어야 한다.

생활지도는 학생들의 건전한 성장을 도와주는 데 목적이 있다. 처벌의 효과는 즉각적으로 나타나지만 어떤 그릇된 행동을 못하게 할 뿐이고 대안적인 새로운 행동을 가르치지 못하며, 때때로 그릇된 행동뿐만 아니라 다른 행동까지도 억압을 가져올 수 있는 등 많은 문제점을 내포하고 있다. 따라서 생활지도는 학생의 바람직하지 못한 행동을 찾아내어 처벌함으로써 행동변화를 모색하는 것이 아니라 바람직한 성장과 발달을 촉진하도록 도와주어야 한다.

⑦ 생활지도는 치료나 교정보다 예방에 중점을 두어야 한다.

생활지도는 이미 발생한 문제를 해결하는 데 도움을 주는 활동도 중요하지만, 문제 발생 후의 지도보다는 앞으로 발생할 소지가 있는 문제를 사전에 미리 예방 지도하는 것이 시간이나 비용, 노력 등의 측면에서 효과적일 것이다.

⑧ 생활지도는 과학적 근거를 바탕으로 하여야 한다.

생활지도의 신뢰성과 효과성은 학생 개인의 정확한 이해가 선행되어야 보장된다. 따라서 생활지도는 학생 개인에 대한 표준화 검사 자료 등 객관적이고 과학적인 자료를 기초로 이루어져야 한다.

⑨ 생활지도는 학교교육의 통합된 일부여야 한다.

생활지도는 교과지도와 별도로 이루어지는 것이 아니라 교과지도와 함께 전체 학교교육 프로그램 속에 통합하여 수행하여야 한다. 따라서 카운슬러나 교사, 학교 행정가는 학교행정의 뒷받침을 받아 원활한 생활지도 활동을 개발시켜야 한다.

3) 생활지도의 영역과 활동

(1) 생활지도의 영역

생활지도는 광범위한 영역에서 학생들을 돕는 활동이다. 다음에서는 문제별로 생활지도의 영역을 교육지도, 직업지도, 성격지도, 건강지도, 사회성지도, 여가지도 등으로 분류하여 설명하고자 한다.

① **교육지도** (educational guidance)

교육지도는 주로 학교생활과 학교학습에 관련된 영역이다. 여기에는 신입생을 위한 오리엔테이션, 각종 교육정보의 제공, 진학지도, 학업부진아 지도, 학습방법 지도, 독서지도, 장학제도 관련 정보제공 및 이용방법 지도, 학생복지 및 학교시설 등의 이용방법 지도 등이 포함된다.

② **직업지도** (vocational guidance)

직업지도는 생활지도에서 중요한 위치를 차지한다. 직업지도는 학생들이 장래 직업에 대해 탐색해 보고 준비할 수 있도록 직업선택, 직업준비, 취업알선 등 장래 직업과 관련된 정보를 제공하고 지도하는 활동을 말한다.

③ **성격지도** (character guidance)

성격지도는 학생 개개인이 건전한 성격을 형성함으로써 학교 및 사회생활, 그리고 대인관계 등에서 잘 적응하도록 지도하는 것을 말한다. 여기에는 정서적 불안, 욕구불만, 정신건강, 신경과민, 개인적 습관 · 태도 등 개인적 또는 심리사회적 적응문제에 관련된 영역이 포함된다.

④ **건강지도** (health guidance)

건강지도는 신체적 · 정신적 건강을 증진시키고 유지할 수 있도록 지도하는 것으로 신체적 결함, 운동부족, 영양관리, 위생관념, 정신질환 등의 예방과 치료에 관련된 지도가 포함된다. 그 외에 건강지도에는 청소년들의 흡연과 음주문제가 포함되어야 하고, 또한 최근 청소년들이 인터넷 게임이나 채팅 등에 과도하게 탐닉하는 인터넷 중독이 사회문제화되고 있는데, 이에 대한 예방과 치료가 건강지도에 포함되어야 할 것이다.

⑤ **사회성지도**(social guidance)

가정과 학교, 사회에서 건강하고 원만한 구성원으로 성장할 수 있도록 지도하는 것으로 여기에는 가족관계, 교우관계, 이성관계, 교양과 윤리관, 인간존중, 타인배려, 의사전달의 합리적인 방법, 집단활동 등 다른 사람과의 관계에서 발생하는 여러 가지 문제에 대한 지도가 포함된다.

⑥ **여가지도**(leisure time guidance)

여가지도는 학교나 사회에서 개인이 자유롭게 사용할 수 있는 여가시간을 쾌락으로서가 아니라 개인의 성장과 발달에 의미 있게 이용할 수 있도록 지도하는 것을 말한다. 여가란 공부시간, 노동 등의 업무시간, 수면시간, 식사시간 이외에 개인이 자유롭게 사용할 수 있는 시간을 의미한다. 여가시간을 낭비하지 않고 유용하게 사용함으로써 개인은 심신을 건강하게 할 뿐만 아니라 교양을 높이고, 사회성과 대인관계가 향상되며, 즐겁고 행복한 삶을 영위할 수 있다. 여가지도에는 오락, 스포츠, 게임, 음악, 창작, 미술, 독서, 취미, 특별활동 등 개인의 성장과 발달에 도움을 줄 수 있는 활동에 대한 지도가 포함된다.

(2) 생활지도 활동의 유형

생활지도는 활동방법에 따라 다음과 같이 학생조사활동, 정보활동, 상담활동, 정치활동, 추수활동으로 분류할 수 있다.

① **학생 조사활동**(student inventory service)

학생조사활동은 학생들에 대한 정확한 이해와 지도에 필요한 기초 정보자료를 수집하는 활동으로서 자료조사와 검사활동이 포함된다. 학생조사활동에서는 가정환경, 학업성취도, 지적 능력, 신체적 · 정신적 건강상태, 성격적 특성, 흥미와 적성, 교우관계, 장래계획, 종교, 특기적성 등 생활지도에 필요한 학생 개인에 대한 모든 자료를 조사한다. 자료를 수집하고 분석하는 방법으로는 질문지조사법, 면접조사법, 관찰조사법, 사례연구법, 검사연구법 등이 활용된다. 검사연구법으로 수집되는 자료로는 지능검사, 적성검사, 학력검사, 흥미검사, 성격검사 등의 자료가 있다.

② **정보활동**(information service)

정보활동은 학생들이 스스로 문제를 해결하고 의사결정을 하는 데 필요로 하는 각종 정보와 자료를 제공하는 활동을 말한다. 학생들에게 제공되는 정보는 크게 교육정보, 직업정보, 개인적 · 사회적 정보로 분류할 수 있다. 교육정보는 입학이나 등록조건, 교육과정, 교육방법, 학교생활, 학교교칙, 특별활동, 진학정보 등 학교교육 활동에 필요한 모든 정보가 포함된다. 직업정보는 학생의 직업선택에 필요한 정보로서 여기에는 직업의 종류, 적성, 직종에 필요한 자격조건, 근로조건, 교육정도, 보수, 노무형태, 승진관계, 현재 또는 미래의 전망 등에 대한 정보가 포함된다. 개인적 · 사회적 정보는 개인이 학교생활이나 사회생활에 잘 적응할 수 있도록 도움을 주는 정보를 말한다, 여기에는 대인관계, 예의범절, 외모와 복장, 건강생활, 가치관 등에 대한 정보가 포함된다.

③ **상담활동**(counseling service)

상담활동은 생활지도의 활동 가운데 가장 중심이 되는 활동으로 상담자와 내담자가 대면하여 당면한 문제에 대해 상담함으로써 학생들이 자율성과 문제해결 능력을 촉진시키도록 도움을 주는 활동이다. 상담활동은 개인상담과 집단상담으로 분류할 수 있는데, 현대 생활지도는 집단상담을 강조하는 경향이 있다. 상담활동에 대한 자세한 내용에 대해서는 뒤에서 자세하게 설명하기로 한다.

④ **정치활동**(定置活動, placement service)

정치활동은 학생이 자신의 가능성을 정확히 인식하고 자신이 가야 할 방향을 바르게 선택하도록 도움을 주는 활동으로, 배치활동이라고도 한다. 이 활동에는 학교나 학과 선택, 특별활동, 동아리활동과 같은 교육적 정치활동과 직업선택이나 직업알선, 아르바이트 알선 등과 같은 직업적 정치활동으로 대별된다.

⑤ **추수활동**(追隨活動, follow-up service)

추수활동은 생활지도를 받은 학생들의 추후 적응상태를 점검하고 보다 잘 적응하도록 돕는 활동으로, 추후활동이라고도 한다. 이 활동은 생활지도 대상 학생이 지속적으로 성장 발달하도록 관심을 갖고 지도하는 것으로, 이는 학교의 전체 생활지도 프로그램의 평가와 개선을 위해 필요한 활동이다. 추수활동의 대상은 재학생뿐만 아니라 서신이나 전화연락, E-mail이나 홈페이지, 동창회 등을 통하여 휴학생, 졸업생, 퇴학생까지도 지도할 수 있다.

2. 상담

상담은 생활지도에서 가장 핵심적이고 전문적인 활동으로 영어의 counseling을 우리말로 번역한 것이다. 상담은 생활지도 등과 혼동하여 사용하는 경향이 있으나 상담은 생활지도와는 구별되는 개념이다. 다음에서는 상담의 개념, 생활지도, 심리치료와의 차이점, 상담활동에서 중요한 상담의 목표와 기본조건, 그리고 상담에 대한 다양한 이론들에 대해서도 살펴보기로 하자.

1) 상담의 개념

상담이란 전문적인 소양을 갖춘 상담자가 도움을 필요로 하는 내담자의 여러 가지 문제를 해결하도록 도와주는 활동이라 할 수 있다. 상담이 정확히 무엇인가에 대해서는 보는 관점에 따라 상담이론가들마다 견해가 다양하다.

상담에 관한 다양한 정의 중에서 음미해 볼 만한 대표적인 국내외 학자들의 정의를 소개하면 다음과 같다. 1939년에 『학교상담의 방법』이란 책을 출간하여 학교상담을 처음으로 체계화한 Williamson(1939)은 "상담이란 훈련과 기술, 신용으로서 상담자와 내담자가 직면하고 있는 적응문제를 해결하는 면대면의 관계"라고 정의하였다.

Gustad(1953)는 "상담이란 단순한 개인 대 개인의 사회적 관계 속에서 이루어지는 학습 지향적인 과정이며, 그 속에서 전문적인 심리학적 지식과 기술을 지니고 있는 상담자가 내담자의 욕구에 적합한 방법으로 그를 도와주려는 것"이라고 하였다.

인간주의 상담이론을 주장한 Rogers(1962)는 자아개념의 변화를 상담의 핵심으로 보고, "상담을 상담자와 안전한 관계에서 내담자가 과거에 부정했던 경험을 자각해서 새로운 자아로 통합하는 과정"이라고 하였다.

Traxler(1966)는 "상담이란 학생 각자가 자신에 대한 이해와 통찰을 깊게 하여 자주적이고 자율적인 생활습관을 가지고 보다 안정되고 통합된 성장 발달을 하도록 도와주는 것"이라 하였고, Frank와 Miller(1970)는 "상담이란 가정과 학교와 사회에 최대한으로 적응할 수 있도록 자기이해와 필요한 자기지도를 할 수 있도록 개인을 돕는 과정"이라고 정의하였다.

또한 Krumboltz와 Thoresen(1976)은 "상담이란 사람들이 가지고 있는 문제를 해결하도록 도와주는 과정"이라고 정의하였으며, Shertzer와 Stone(1981)은 "상담이란 개인이 자신과 자신의 대인관계를 이해하고, 개인의 발달을 향상시킬 수 있는 행동을 하도록 만드는 학습과정"이라고 하였다.

상담에 관한 국내 학자들의 정의를 살펴보면 다음과 같다.

황응연과 윤희준(1984)은 "상담이란 도움을 필요로 하는 사람을 다른 사람이 도와주는 상호작용의 인간관계이고, 이 상호작용 관계는 한 사람과 한 사람과의 관계, 언어적 수단에 의한 역동적인 상호작용 관계, 전문적인 조력의 관계, 사적이고 비밀스런 관계"라고 규정하였다.

박성수(1986)는 "상담이란 내담자와 상담자 간에 수용적이고 구조화된 관계를 형성하고 이 관계 속에서 내담자가 자기 자신과 환경에 대해 의미 있는 이해를 증진하도록 함으로써 내담자 스스로가 효율적으로 의사결정을 하고 여러 심리적인 특징을 긍정적인 방향으로 변화시키도록 원조하여 결과적으로 내담자의 성장과 발전을 촉진하는 심리적인 조력의 과정"이라고 하였다.

이장호(1986)는 "상담이란 도움을 필요로 하는 사람이 전문적 훈련을 받은 사람과의 대면관계에서 생활 과제의 해결과 사고, 행동 및 감정 측면의 인간적 성장을 위해 노력하는 학습과정"이라고 하였다.

또한 이재창(1988)도 "상담이란 전문적인 훈련을 받은 자가 도움을 필요로 하는 내담자에게 자신과 주위 환경에 대한 이해를 촉진시킴으로써 적응과 발달을 할 수 있도록 행동의 변화를 가져오게 하는 상호작용의 학습과정"이라고 정의하였다.

김충기(2000)는 "상담이란 교육적, 직업적, 인성적, 사회적 문제를 갖고 있는 개인에게 전문적인 입장에서 훈련과 전문적인 소양을 갖춘 전문가에 의해 개인 대 개인, 개인 대 집단의 관계 속에서 계획적, 전문적으로 도와주는 임상적인 봉사 과정 및 활동"이라고 정의하고 있다.

이러한 여러 학자들의 상담에 관한 정의들을 토대로 정의한다면, 상담이란 전문적인 소양을 갖춘 상담자와 도움을 필요로 하는 내담자 사이에 안전하고 친밀한 관계를 형성하면서 내담자의 문제를 해결하고, 성장 발달을 촉진하도록 도와주는 계획적, 전문적인 활동이라 할 수 있을 것이다.

2) 생활지도, 심리치료와의 구별

상담은 생활지도, 심리치료와 종종 혼동하여 사용하는 경향이 있다. 이러한 경향은 생활지도가 대부분 상담활동을 통하여 이루어지고 있고, 역사적으로도 상담과 생활지도는 함께 발전하여 왔기 때문이다. 또한 심리치료가 내담자의 심리적 장애를 상담과정을 통하여 치료하기 때문에 상담을 심리치료와도 혼동하여 사용하는 경향이 있다. 그러나 상담은 생활지도, 심리치료와 구별되는 개념이다. 그 차이점을 간단히 설명하면 다음과 같다.

첫째, 생활지도는 대부분 학교 장면에서 이루어지지만, 상담은 학교뿐만 아니라 직장, 군대 등에서도 이루어지고 있다. 반면에, 심리치료는 주로 전문 치료기관이나 병원 등에서 환자를 대상으로 이루어진다.

둘째, 생활지도는 모든 학생을 대상으로 광범위한 영역에서 학생들을 도와주는 반면에, 상담은 부적응 문제를 가지고 있는 학생을 대상으로 상담자와 내담자 간에 특수한 관계를 맺고 문제해결을 도와주는 활동이다. 심리치료는 심리적 장애를 가지고 있는 환자를 대상으로 치료자와 환자 간에 상담에서보다 더 특수한 관계를 형성하며 치료나 재활을 목적으로 이루어지는 활동이다.

셋째, 생활지도는 생활지도의 전문가뿐만 아니라 담임교사, 교장과 교감, 학교행정가 등이 담당할 수 있다. 그러나 상담과 심리치료는 훈련과 전문적인 소양을 갖춘 전문가에 의해 이루어진다.

넷째, 생활지도의 영역은 학생들의 이해와 지도에 필요한 기초 정보자료를 수집하고, 문제의 해결과 의사결정에 필요한 각종 정보와 자료를 제공하는 동시에 건전한 사회의 일원으로서 성장 발달할 수 있도록 조언 · 조력해 주는 활동이 중심이 되고 있다. 반면에, 상담의 영역은 사고, 심리적 갈등의 해결 문제를 주로 다루고 있고, 심리치료의 영역은 심리적 · 정신적 장애 문제의 극복에 중점을 둔다는 점에서

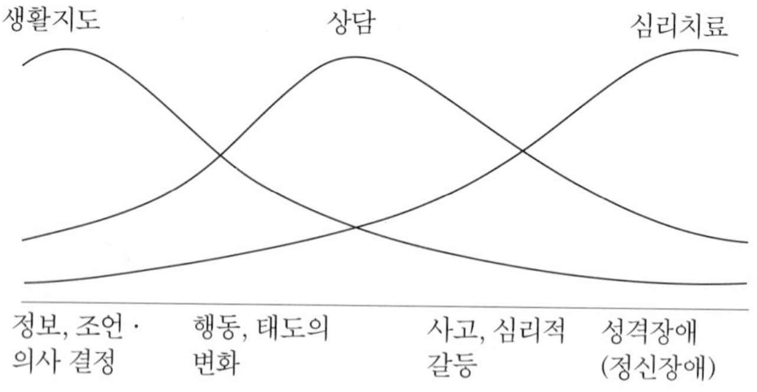

[그림 10-1] 생활지도, 상담, 심리치료 영역의 비교(이장호, 1986)

차이가 있다. [그림 10-1]은 생활지도, 상담, 심리치료 영역을 비교한 것이다.

3) 상담의 분류

상담은 내담자 수에 따라 개인상담과 집단상담으로 나누고, 상담의 주도권을 누가 잡고 있느냐에 따라 지시적 상담과 비지시적 상담으로 분류된다. 그리고 상담자와 내담자의 대면 여부에 따라 대면 상담과 비대면 상담으로 분류한다. 그 밖에도 자진상담과 호출상담 등이 있다. 이러한 상담의 종류들은 서로 혼합하여 사용된다. 예를 들어, 개인상담-비지시적 상담-대면 상담-자진상담을 서로 혼합하여 상담이 이루어는 것이다.

(1) 개인상담과 집단상담

개인상담이란 내담자와 상담자의 관계가 1:1로 이루어지는 상담을 말한다. 개인상담은 대인관계보다는 그 내담자의 중요한 부적응문제를 상담자와 1:1로 상담해 가는 것으로서 상담과정도 구체적이다. 개인상담은 상담자와 내담자의 친밀한 인간관계를 통한 솔직하고 진실된 의사소통이 무엇보다 중요하다.

개인상담은 특히 문제가 위급하거나 원인과 해결이 복잡하고, 내담자의 신상이나 비밀을 보호할 필요가 있을 경우, 또는 대인기피증이 있거나 집단에서 발표할 때 심한 공포나 불안이 있는 내담자에게 효과적인 상담 유형이다.

집단상담은 일반적으로 한 사람의 상담자가 5~8명의 내담자를 소집단으로 묶어서 동시에 행하는 상담을 말한다. 상담자는 전문적인 훈련을 받은 1명이지만 보조자를 두기도 한다. 집단상담에서는 비교적 정상범위의 적응 수준에 속하는 사람들을 대상으로 하며, 내담자들의 병리적 문제보다는 주로 발달의 문제를 다루거나 생활과정의 문제를 다룬다.

집단상담의 장점으로는 비슷한 문제를 안고 있는 내담자를 소집단으로 만듦으로써 동시에 많은 사람에 대한 상담을 할 수 있고, 상담자와 내담자의 관계뿐만 아니라 내담자끼리도 역학관계가 생기며, 이에 따라 원조적 효과를 거둘 수 있다. 특히 내담자의 문제가 대인관계에서 유발된 것일 경우에는 대인관계가 있는 집단장면에서 해결할 수 있으므로 개인상담보다 현실에 적용하기 쉽다.

또한 개인상담에서는 내담자가 상담자에게 일방적으로 도움을 받는 데 비해, 집단상담은 참여자들이 다른 사람들로부터 도움을 받을 수 있을 뿐만 아니라 참여자 자신이 다른 사람을 도와주는 경험을 가질 수 있는 이점이 있다. 따라서 집단상담은 자기이해가 필요하고, 타인의 조언과 반응이 필요한 사람, 타인과 관계를 맺는 사회적 기술이 필요한 사람에게 효과적인 방법이다.

(2) 지시적 상담과 비지시적 상담

상담은 상담자의 주도하에 내담자의 문제를 해결하고자 하는 지시적 상담과, 내담자가 주체가 되어 내담자 스스로 문제를 해결하도록 도와주는 비지시적 상담이 있다. 지시적 상담을 상담자 중심 상담 또는 이성적 · 지시적 상담이라고도 부른다.

지시적 상담이란 상담자가 상담 목표를 설정하고 적극적으로 진단을 하며, 그 진단을 토대로 문제해결을 위한 정보를 제공하고, 제언이나 충고 또는 처방적 지시를 하는 반면에, 내담자는 수동적으로 참여하고 반응하는 상담이다. 그 대표적인 것으로는 Williamson이 제안한 특성요인 상담이론을 들 수 있다.

지시적 상담을 주장하는 사람들은 내담자를 스스로 문제를 해결할 수 없는 나약한 존재로 본다. 따라서 상담자가 적극적으로 개입해서 내담자의 문제를 종합 · 진단하고 정보를 제공해 주어야 한다는 입장이다. 지시적 상담은 과학적 방법에 의한 객관적 자료수집과 분석, 그리고 종합 진단과 정보제공을 통하여 내담자가 최선의 선택을 할 수 있도록 도와주는 전통적인 상담방법으로서 어느 정도 효율성과 효과성이 인정된다.

그러나 지시적 상담과정에서 내담자는 더욱 의존적이 되고 새로운 적응문제를 해결하는 능력이 저하되며, 지나치게 객관적인 자료에만 의존하는 경향이 강하여 내담자의 주관적 · 정서적 경험을 소홀히 다루는 단점이 있다. 또한 상담과정에서 상담자와 내담자의 친밀한 인간관계의 형성에 대한 관심이 부족하고, 내담자가 모든 종류의 감정과 태도를 표현할 수 있는 완전한 자유가 없고 적극적인 역할이 제한된다는 점이 문제점으로 지적되고 있다.

비지시적 상담이란 상담자와 수용적 관계에서 내담자가 주체적으로 책임감을 가지고 스스로 목표를 설정하고, 현명한 선택을 하여 문제를 해결해 가도록 도와주는 과정으로 이루어지는 상담을 말한다. 따라서 비지시적 상담과정에서는 상담자가 개입을 최소한 줄이고, 내담자의 의견을 경청하고, 내담자의 문제를 비판 없이 있는 그대로 수용한다. 비지시적 상담의 대표적인 것으로는 Rogers가 제안한 인간중심적 상담이론을 들 수 있다.

비지시적 상담의 관점에서는 인간의 존엄성을 존중하고, 인간을 긍정적인 성장 가능성과 잠재력을 가진 존재임과 동시에 주체성과 책임감을 가지고 스스로 자신의 문제를 독자적으로 해결할 수 있는 능력을 지닌 존재로 본다. 따라서 상담자는 내담자가 자신의 문제를 가장 잘 알고 가장 잘 해결할 수 있는 사람이라고 믿고 내담자 스스로 당면한 문제를 해결하도록 도와주는 역할을 담당한다. 비지시적 상담은 내담자 스스로 자신의 태도와 감정, 행동을 자각하고 자기이해를 통하여 스스로 문제를 해결해 가도록 돕는다.

그러나 비지시적 상담은 지나치게 내담자의 주관적인 측면을 강조함으로써 과학적이고 객관적인 자료의 중요성을 간과하는 경향이 있다는 비판이 제기되고 있다.

(3) 기타 상담의 분류

상담은 상담자와 내담자가 서로 대면하느냐에 따라 대면 상담과 비대면 상담으로 분류된다.

대면 상담은 상담자와 상담이 필요한 내담자가 서로 직접 만나서 이루어지는 것으로, 전형적인 상담방식이며 면담 또는 내방상담이라고도 한다. 비대면 상담은 상담자와 내담자가 직접 만나지 않고 다른 매체를 이용하여 상담이 이루어지는 방식으로 주로 인터넷, 전화, 서신, 팩스(fax) 등을 이용한다. 특히 인터넷을 이용한 상담을 사이버상담이라고 한다. 사이버상담은 사이버 공간의 특성인 익명성, 시간과 공간의 무제약성 등으로 얼굴을 맞대고 상담하기 어려운 문제들(성적인 문제 등)을 시간이나 공간의 제약을 받지 않고 편안하게 상담할 수 있는 장점이 있다.

그 밖에 내담자가 상담을 요청하느냐, 상담자가 호출하느냐에 따라 자진상담과 호출상담이 있다. 자진상담은 상담의 필요성을 느낀 내담자가 자신의 문제해결을 위해 상담자에게 요청함으로써 이루어지는 상담을 말하고, 호출상담은 내담자의 의지와 상관없이 상담자가 상담의 필요성을 느끼고 요청하여 이루어지는 상담을 말한다.

4) 상담의 목표

상담의 목표는 상담의 방향을 제시하고 상담의 효과를 평가하는 기초가 되기 때문에 상담과정에서 목표를 수립하는 것은 매우 중요하다. 상담의 목표는 내담자의 부적응 내용이나 상태, 적용하는 상담방법 등에 따라서 다양하게 수립될 수 있다.

Shertzer와 Stone(1979)은 상담의 목표로 다음과 같이 행동의 변화, 정신건강의 증진, 문제해결, 개인적 효율성의 증진, 자주적인 의사결정 등 종합적인 목표를 제시하고 있다.

(1) 행동의 변화

상담의 목표 중 가장 기본적이고 중요한 목표는 내담자의 부적응 행동을 변화, 수정시키는 것이다. 즉, 상담의 가장 중요한 목표는 개인이 가정, 학교, 직장, 사회생활 가운데서 겪고 있는 부적응 행동을 감소시키거나 제거시켜서 적응적인 행동으로 변화시키고, 개인의 건전한 성장과 발달을 촉진하는 것이다.

이와 같이 상담은 내담자의 부적응 행동을 변화시키는 것을 목표로 하지만, 욕구좌절이나 갈등의 상황에 대한 태도나 타인에 대한 태도, 또는 감정을 변화시키는 것 등과 같이 보이지 않는 추상적이고 비가시적인 것을 목표로 할 수도 있다.

(2) 정신건강의 증진

상담의 목표는 정신건강의 촉진과 증진이다. 상담은 단순히 부적응 행동의 변화나 수정으로 끝나는 것이 아니라 적극적으로 정신건강을 촉진하고 증진시키는 데 목표가 있다. 또한 여기에는 정신건강에 방해가 되는 요인을 사전에 예방하는 활동도 포함된다.

정신적으로 건강한 사람은 주체적이고 독립적이며 책임감이 있고 인격적으로 성숙한 사람이다. 개인의 정신적인 문제는 정신적 장애뿐만 아니라 심리적 · 사회적인 문제에서 유발될 수도 있고, 또한 신체적인 문제에서 비롯될 수도 있다.

따라서 상담은 다양한 동기에서 유발되는 인간의 부적응 행동과 정신적 장애를 수정함으로써 건전한 성격으로 발달시키고, 자신의 가능성과 잠재력을 발견하여 긍정적이고 주체적인 삶을 살아갈 수 있도록 정신건강을 촉진하고 증진하는 것을 목표로 한다.

(3) 문제해결

상담의 목표는 내담자의 문제를 해결하려는 데 있다. 문제가 있는 곳에 상담이 있고, 상담이 있는 곳에 문제가 있다고 할 것이다. 상담자를 찾아오는 사람은 자신의 문제해결에 상담자가 도움이 될 수 있다고 믿는 사람들이다. 그러므로 상담은 내담자의 문제를 해결하는 것을 목표로 하여야 한다.

내담자가 안고 있는 문제는 사소한 것에서부터 복잡한 것까지 다양하다. 다른 사람에게는 전혀 문제가 되지 않는 것도 내담자에게는 심각한 문제로 다가오는 것도 있다. 따라서 상담자는 자신의 시각에서 문제를 보지 말고 내담자의 시각에서 문제를 분석해야 할 것이고, 내담자가 호소하는 문제를 해결해 주어야 할 것이다. 상담자와 내담자의 문제에 대한 시각이 불일치한다면 상담과정에서 해결해야 할 문제에 대해 합의하고, 문제해결을 위하여 상담자와 내담자가 항상 함께 노력하여야 한다.

(4) 개인적 효율성의 증진

상담의 또다른 목표는 개인의 사고, 행동, 의사결정, 잠재력 등을 효율적으로 증진시키는 데 있다. 효율성을 습득한 개인은 다양한 문제 상황에서 효과적으로 문제를 정확하게 인지하고 해결하며 대처할 수 있는 능력이 있으며, 주체적 · 독창적으로 책임감을 가지고 사고하고 행동할 수 있고, 주어진 역할을 일관성 있게 수행하며 자기 자신을 적절하게 통제하는 특성을 가지고 있다.

Blocher(1966)는 효율적인 인간이란 경제적, 심리적, 신체적 모형을 계획하고,

이를 위해 시간과 정열을 투자하기 위해 자신을 헌신하며, 그러한 모험을 기꺼이 감수한다고 하였다. 따라서 상담의 목표는 생산적인 사고를 증진시키고 적응적인 인간관계를 형성하며, 다양한 문제 상황에 효과적으로 대처할 수 있는 능력의 증진, 즉 개인의 효율성을 증진시키는 것이다.

(5) 자주적인 의사결정

상담은 내담자의 자아실현의 능력을 믿고 스스로 선택하고 결정하도록 하며, 의사결정이 합리적이고 주도적으로 이루어질 수 있도록 도와주는 것을 목표로 한다. 따라서 상담에서는 개인이 스스로 선택하고 결정하는 데 필요한 정보를 제공하고, 의사결정에 개입하는 정서적인 문제나 심리적인 특성을 확인하고 분석하며, 장애가 되는 측면을 극복하도록 돕는다(김충기, 2000).

상담자는 상담관계 속에서 내담자로 하여금 자기의 부적응문제를 수용하고 이해하도록 도와주고, 내담자가 자주적으로 자신의 문제를 인식하고 스스로 변화할 수 있도록 온화하고 관대한 태도를 가지는 것이 중요하다.

5) 상담의 기본조건

상담의 과정은 상담자와 내담자 간에 진정한 인간관계의 형성 과정이라 할 수 있다. 상담자와 내담자 간에 진정한 인간관계가 형성될 때 상담의 효과를 기대할 수 있다. 상담자와 내담자가 진정한 인간관계를 유지하고 상담효과를 기대하기 위해서는 긍정적 존중, 공감적 이해, 인간적인 신뢰감, 수용적 태도, 솔직성 등 기본적인 조건이 마련되어야 한다.

(1) 긍정적 존중

긍정적 존중(positive regard)이란 내담자를 한 인간으로서 가치와 존엄성을 존중하고, 그의 잠재력과 가능성을 인정하며, 그의 감정 · 사고 · 행동을 평가하거나 판단하지 않고 있는 그대로 받아들이는 것을 말한다. 상담효과는 내담자와 상담자 간에 맺는 인간관계의 질과 내담자를 대하는 상담자의 태도에 의해서 결정된다고 할 수 있다.

따라서 상담자는 내담자의 능동적인 변화 가능성과 자아실현의 능력을 믿고, 개인의 가능성과 잠재력을 스스로 발견하고 자아를 실현할 수 있도록 도와주어야 한다. 이를 달성하기 위해서 상담자는 내담자를 대할 때 온화하고 관대하며 수용하고 이해하는 태도를 가지는 것이 중요하다.

(2) 공감적 이해

공감적 이해(empathy understanding)란 내담자의 의견, 감정, 생각, 태도 등에 대하여 상담자도 그렇게 느끼고 이해하는 것을 말한다. 공감적 이해에는 내담자의 의견, 감정, 생각, 태도 속에 내포된 동기나 의미까지도 이해하는 것을 포함한다. 상담자가 내담자의 입장에서 내담자의 문제를 이해하고 그대로 공감할 때 그것은 내담자의 고통에 대한 자기체험으로 인식될 수 있고, 거기서 문제해결의 단서를 찾을 수 있을 것이다.

따라서 상담자는 상담과정에서 내담자의 문제를 그가 보는 그대로 보고 이해하며 내담자가 표현하는 말뿐만 아니라 그 밑에 숨겨져 있는 내담자의 감정, 신념, 가치관을 포착하여 소통할 수 있어야 한다.

(3) 신뢰

신뢰(trust)는 상담과정에서 상담자와 내담자 서로가 상대에 대하여 깊은 인간적인 신뢰와 존경이 형성되어야 한다는 것을 말한다. 서로 상대에 대하여 불신하거나 존중하지 않으면 친밀한 상담관계가 형성되지 못하고 상담효과 또한 기대할 수 없게 된다.

내담자는 상담자를 믿고 협력해야 하지만, 상담자도 내담자의 능력을 믿고 솔직하고 믿음직한 감정과 태도로 자신을 솔직하고 진실하게 개방하며, 내담자를 온화하고 관대하게 대하면서 내담자와 친밀한 관계(rapport)를 형성해야 할 것이다.

(4) 수용

수용(acceptance)이란 상담자가 편견이나 판단 없이 내담자의 인간적 가치나 존재를 존중하고 내담자의 의견, 감정, 생각, 태도 등 그의 모든 것, 즉 부정적인 것이든 긍정적인 것이든 모두를 그대로 하나의 사실로 받아들이는 것을 말한다.

여기에서 수용의 의미 속에는 내담자의 존재 그 자체를 수용하고, 내담자가 가지고 있는 신체적, 지적, 정의적 제 특성을 수용하며, 내담자의 행동 · 태도 등을 그대로 수용하는 것이 포함된다. 상담자의 수용적인 태도야말로 상담의 성패를 가름하는 중요한 관점이 된다. 상담의 전 과정을 통해서 편파적인 감정이나 태도 없이 시종일관 수용적 자세를 가져야 내담자가 확신을 가지고 상담에 응할 자세를 갖게 되는 것이다(김충기, 2000).

(5) 솔직성

솔직성(genuineness)이란 상담자가 상담과정에서 순간순간 느끼는 감정이나 경험에 대해 솔직해야 한다는 것으로, 진지성, 순수성, 일치성이라고도 한다. 이것은 상담자의 내적인 경험과 그에 관한 인식이 일치되어야 하고, 그 일치된 경험이 그대로 솔직하게 표현되어야 한다는 것을 말한다.

따라서 상담자는 상담과정에서 자신이 경험하는 내용에 주의를 집중하고, 내담자의 부적응문제에 대하여 진지하고 솔직하게 의사를 교환해야 한다. 솔직한 표현에는 언어적 표현뿐만 아니라 얼굴 표정, 몸짓 등과 같은 비언어적 표현도 포함된다. 상담자가 내담자를 솔직하고 진지하게 대하지 않고, 가식과 허구, 불순한 태도로 대할 때는 상담이 실패할 수밖에 없을 것이다.

6) 상담이론

상담이론은 다양한 상담의 정의와 목표 아래 상담과정을 좀 더 효율적으로 이끌기 위해 각 학파의 여러 학자들의 임상경험과 연구에 의해 점차적으로 발전되어 온 것들이다. 상담이론은 다양한 상담의 지침이 되고 상담기술을 제공하고 있기 때문에 상담자가 내담자를 상담하기 위해서는 상담이론에 관한 체계적 지식을 갖추는 것이 무엇보다 중요하다고 할 것이다.

다음에서는 정신분석적 상담이론, 개인심리 상담이론, 인간중심 상담이론, 행동주의 상담이론, 교류분석 상담이론, 합리적 · 정서적 상담이론, 형태주의 상담이론, 기타 다양한 이론에 대해서 살펴보고자 한다.

(1) 정신분석적 상담이론

정신분석적 상담이론은 가장 오랜 역사를 가진 이론으로 Freud(1856~1939)의 정신분석이론에 근거한다. 1896년에 Freud의 정신분석이론이 등장하면서 처음으로 인간의 마음의 병에 대해 과학적으로 접근하게 되었고, 그 후 상담과 심리치료의 발달에 큰 영향을 미치게 되었다.

정신분석이론에서는 인간의 부적응 행동이나 정신장애를 무의식 세계에 억압되어 있는 유아기 때의 감정에서 비롯된 결과라고 생각하였다. 즉, 정신분석이론에서는 무의식이 우리가 인식하지 못하는 가운데 실제로 우리의 행동에 영향을 미칠 뿐만 아니라 무의식의 세계야말로 인간이해 및 심리치료의 관건이 된다고 주장하고 무의식을 중요하게 취급한다. 이 무의식의 개념은 인간이 그동안 이해하기 어려웠던 행동의 원인들을 설명하는 데 큰 도움을 주었다.

따라서 정신분석적 상담이론에서는 무의식의 형성에 영향을 미친 과거의 생활을 이해하는 것이 무엇보다 중요하다고 보고, 내담자의 무의식 세계에 억압되어 있는 갈등을 의식 수준으로 끌어올려 내담자가 행동의 동기를 인식하도록 만들고 그것들을 보다 더 이성적이고 현실적인 방식으로 처리하게 함으로써 건전한 성격으로 변화할 수 있도록 조력하는 것을 상담으로 본다.

정신분석적 상담에서는 무의식적 동기에 의해서 유발되는 인간의 부적응 행동과 정신장애를 수정하기 위해서 무의식적 동기를 확인하여 이해하고 현실적으로 다루도록 여러 가지 정신분석 기술을 활용한다. 그 주요 기법은 다음과 같다.

① 자유연상

자유연상(free association)이란 내담자가 마음에 떠오르는 대로 아무런 억제나 제약 없이 자유스럽게 생각이나 감정을 이야기하도록 하는 방법이다. 이 자유연상을 통하여 무의식에 억압되어 있는 과거의 감정을 의식 수준으로 발산하게 함으로써 문제 발생의 원인을 찾아내려는 것이다.

② 해석

해석(interpretation)이란 여러 가지 분석기법을 통해 찾아낸 내담자의 사고, 감정, 꿈, 저항 등에 대한 정보들이 지니고 있는 상징적 의미를 내담자에게 설명해 주는 방법이다. 내담자는 이를 통해 자신의 부적응 행동의 동기를 이해하게 된다.

③ 꿈의 분석

꿈의 분석(dream analysis)은 내담자가 꾼 꿈의 내용에 잠재된 상징적 의미를 찾아내고자 하는 기법이다. 정신분석이론에서는 꿈을 무의식의 표현이라고 보고 그 의미를 해석함으로써 내담자의 부적응 행동의 단서를 찾아내려고 한다.

꿈의 내용에는 나타난 그대로의 현재몽과 그 현재몽이 상징하고 있는 잠재몽의 두 가지가 있다. 상담자의 임무는 현재몽 속에 상징적으로 감추어진 잠재몽의 정체를 밝혀내는 것이다(김헌수, 2001).

④ 전이

전이(transference)란 대개 아동기에 부모나 가족들에 대해 지니고 있던 내담자의 애착, 증오, 질투, 수치 등의 감정과 상념이 상담과정에서 상담자에게 옮겨지는 것을 말한다. 내담자의 과거 감정이 현재의 치료과정에서 전이되는 현상은 부적응 행동의 치료에 중요한 요소이다. 따라서 상담자는 상담과정에서 내담자가 상담자에게 보이는 태도나 행동, 감정 등을 주의 깊게 관찰하여 그것의 의미를 분석해야 한다.

⑤ 저항

저항(resistance)이란 상담과정에서 자신의 고통스런 생각이나 감정을 심리적 저항으로 인하여 드러내지 못하고 오히려 억압하는 것을 말한다. 이러한 저항이 어떤 이유로 인해 생기는가를 분석해 내는 것을 저항분석이라 한다. 저항은 내담자가 죄의식, 불안, 수치 등과 같은 고통스런 감정을 피하고 지금까지 사용해 오던 방어기제를 그대로 사용하려 할 때 나타난다. Freud는 자유연상 속에서 막힘이나 저항은 민감한 영역들에 대한 개인의 무의식적 통제에서 생기게 되며 바로 이것들이 상담자가 탐색해 내야만 되는 영역들이라고 믿었다.

(2) 개인심리 상담이론

개인심리(individual psychology) 상담이론은 Freud의 정신분석이론으로부터 발전된 것으로 Adler(1870~1937)에 의하여 창시되었다. Adler도 Freud와 마찬가지로 한 개인의 성격을 형성하는 데 생의 초기 5년 동안의 영향이 크다고 믿었다. 그러나 Freud가 인간의 성격이 유아기 때 형성된 무의식적인 본능의 힘에 의해 결정된다고 보는 반면, Adler는 어린 시절의 가족관계나 사회적 요인이 개인의 성격형성에 많은 영향을 미친다고 보았다. 특히 Adler는 인간이란 자기실현을 위하여 합

목적적으로 추구하는 존재라는 점을 강조하였다.

Adler는 개인이 유아기 시절의 가족관계나 사회적 관계를 통하여 작고 무기력한 상태를 경험하면서 신체적인 것뿐 아니라 심리·사회적인 열등의식(inferiority complex)을 형성하게 된다고 하였다. 이 열등의식을 극복하고 우월감과 권력을 추구하는 데서 성격이 발달하고, 그 사람의 생활양식을 변화시키게 된다는 것이다. Adler에 의하면, 모든 개인은 열등감에 대한 보상으로 우월감과 권력을 추구하는 것이 삶의 목표와 연결되며, 그것을 추구하는 방식을 포함한 개인의 성격구조는 생활양식(life style)으로 표현된다.

즉, 모든 사람은 자기 나름의 우월감과 권력을 추구하는 삶의 목표를 갖고 있으며 이를 달성하기 위하여 각자의 독특한 방법으로 노력하는 생활양식을 갖고 살아간다. 바로 이 생활양식이 다른 사람과 구별하게 하는 것이며 그의 성격구조를 결정하는 것이라고 하였다.

Adler는 생활양식을 사회적 관심과 활동수준이라는 두 가지 차원을 중심으로 지배형, 획득형, 회피형, 사회형의 4가지 유형으로 분류한다.

지배형이란 사회적 관심이 거의 없으면서 활동수준이 높아 자기 주장적이고 공격적인 성향을 가진 사람을 말하고, 획득형은 기생적인 방법으로 외부세계와 관계를 맺으며 다른 사람에게 의존하여 욕구를 충족하려는 성향을 가진 사람을 말하며, 회피형은 사회적 관심과 활동도 적고 인생의 모든 문제를 회피하고 실패의 가능성을 모면하려는 성향을 가진 사람을 말한다. 사회형은 심리적으로 가장 건강한 성격의 소유자로서 활동수준과 사회적 관심이 높아 타인과 사회적 유대 관계를 맺고 자신과 다른 사람의 행복과 성공을 위해서 협력하려는 의지를 가진다.

이와 같은 관점에서 개인심리 상담에서는 상담자가 내담자의 열등감과 생활양식의 형성 과정을 깨닫도록 해 주고, 그것이 내담자의 성격과 행동에 어떻게 영향을 미치고 있는가를 해석해 준 다음에, 내담자의 장점을 지적하고 격려하면서 그의 사회적 관심을 활성화시켜 주며 새로운 생활양식을 발달시키도록 도와주는 것을 강조한다.

개인심리 상담에서 사용하는 상담기법은 다음과 같다. 개인심리 상담에서는 내담자가 능동적으로 변화하려는 능력이 있다고 믿고, 자신감을 갖도록 다양한 기법을 사용한다.

① 언어적 기술

충고를 사용하되, 내담자의 의존성을 부추기지 않도록 해야 하며 내담자의 자기 지도력과 자립 능력을 격려하도록 충고해야 한다.

② 격려하기

내담자 스스로의 능력에 대한 신뢰를 갖고 자신의 개발을 촉진하며 긍정적인 방향으로 나아갈 수 있는 용기를 북돋아 주어야 한다.

③ 시범 보이기

상담자는 모델로서 내담자가 바라는 행동에 대해서 진실하고 보통 인간의 모습으로 시범을 보여 준다.

④ 가상행동

내담자가 바라는 행동을 실제 장면이 아닌 가상 장면에서 '마치 ~인 것' 처럼 해 보게 한다.

⑤ 역설적 의도

바꾸고 싶은 행동을 의도적으로 반복 실시하게 함으로써 역설적으로 그 행동을 제거하거나 벗어날 수 있게 한다.

⑥ 상상하기

바람직한 자신의 모습을 상상함으로써 실제로 그렇게 되도록 한다.

⑦ 초인종 누르기

자의적으로 마음의 초인종을 누르면 자신이 원하는 정서를 스스로 만들 수 있도록 한다.

⑧ 기타 상담기법

역할연기(role playing), 빈 의자 대화 등을 활용한 행동 기술, 과제장면 설정하기 등이 있다.

(3) 인간중심적 상담이론

인간중심적(person centered) 상담이론은 Rogers(1902~1987)에 의해 창안된 상

담이론이다. 이 이론은 처음에는 비지시적(non directive) 상담으로 불렸는데, 이론의 발전과정에서 70년대까지는 내담자 중심적(client centered) 상담으로 불렸고, 그 이후로는 인간중심적 상담으로 불리고 있다.

인간중심적 상담이론의 관점에서는 모든 사람들이 이미 태어나는 순간부터 무한한 가능성과 잠재력, 그리고 자아를 실현할 수 있는 능력을 가지고 있는 것으로 가정한다. 인간의 가능성과 잠재능력에 대한 이러한 믿음이 인간중심적 상담이론의 핵심을 이룬다. 어떤 한 사람이 현재 시점에서 좌절을 겪고 있는 경우 그것은 가능성이나 잠재력이 부족한 때문이 아니라 그가 자신의 가능성과 잠재력을 발견하지 못하고, 또한 그것을 제대로 실현하지 못하고 있기 때문이라는 것이다.

또한 사람들은 수많은 가능성과 잠재력을 타고났으면서도 왜 그것을 실현하지 못하고 여러 가지 심리적 문제를 경험하게 되는가? 그것은 사람들이 살아가는 동안 올바르지 못한 사고 때문에 자신의 경험을 있는 그대로 받아들이지 못하고 왜곡하거나 부정하게 된다는 것이다.

따라서 인간중심적 상담이론에서는 상담의 목적이 개인의 가능성과 잠재력을 스스로 발견하고 실현할 수 있도록 도와주는 것이라는 입장을 취한다. 그렇기 때문에 인간중심적 상담이론에서는 구체적인 문제해결 기법보다는 내담자와 상담자 간의 관계의 질에 의해 상담효과가 결정된다고 보고, 내담자를 대하는 상담자의 태도를 더 중요하게 생각한다.

인간중심적 상담이론에서는 상담과정에서 내담자와의 인간관계, 즉 rapport의 형성을 중요하게 생각한다. 상담자는 내담자의 자아실현의 능력을 믿고, 온화하고 관대하며 수용하고 이해하는 태도를 가지는 것이 중요하다. 이러한 상담관계 속에서 내담자로 하여금 자기의 경험, 가치, 감정, 태도 등을 수용하고 이해하도록 원조하고, 내담자가 주도적으로 자신의 문제를 인식하고 스스로 변화할 수 있도록 허용된 분위기를 조성해 준다.

김충기(2000)는 상담자가 내담자와의 상담관계에서 지켜야 할 필수조건으로 진실성, 무조건적인 긍정적 관심, 정확한 공감적 이해를 제시하고 있다.

① **진실성**(genuineness)

Rogers는 상담자의 태도로서 진실성 또는 일치성의 조건을 중시하고 있다. 상담자는 상담면접 동안에 부정적인 감정을 느끼더라도 진실성과 순수성을 가지고 솔직하고 자연스럽게 표현하여야 한다. 상담면접 동안에 상담자가 경험한 모든 감정들이 그대로 일치되어 표현될 때 내담자와의 관계가 원만해지고 상담을 성공으로 이끌 수 있다.

② 무조건적인 긍정적 관심(unconditioned positive regard)

상담자는 상담관계에서 내담자를 구별하거나 비교, 평가하지 말고, 내담자의 모든 면을 있는 그대로 받아들여 소중히 여기고 존중하는 태도를 가져야 한다.

③ 정확한 공감적 이해(accurate empathic understanding)

상담과정에서 상호작용하는 동안 내담자의 경험과 감정, 그리고 상담의 과정 순간에 내담자를 민감하고 정확하게 이해하는 노력을 하여야 한다.

(4) 행동주의 상담이론

행동주의 상담이론은 객관적으로 관찰할 수 있는 측정 가능한 행동을 상담 대상으로 삼으며 학습이론에 기초를 두고 있다. 즉, 이 이론은 인간의 모든 행동은 후천적인 학습에 의해 습득된 것으로 보고, 부적응 행동은 학습과정을 통해서 교정될 수 있다고 가정한다.

행동주의 상담이론은 Krumboltz가 1964년 미국 심리학회 연차 대회에서 공식적으로 처음 제안한 것으로서 Pavlov의 고전적 조건형성 이론, Skinner의 조작적 조건형성 이론, Wolpe의 상호제지적 상담이론, Bandura의 사회학습 이론, 그리고 인지행동치료 등에 기초를 두고 있다. Wolpe(1958)는 상호제지가 실제의 심리치료에 매우 효과가 있다는 점을 밝혀내어 행동주의적 접근의 발전에 많은 영향을 미치게 되었다.

Bandura는 직접 경험을 통해 일어나는 학습의 대부분이 다른 사람의 행동을 관찰함에 의해서도 얻어진다고 지적하면서 내담자가 모방을 통해 새로운 행동을 배우는 것을 상담의 기본 과정이라고 하였다. 또한 고전적 조건형성이나 조작적 조건형성에서는 사고과정을 배제하였으나 최근의 경향은 행동의 문제를 이해하고 상담하는 데 인지적 요인을 중요하게 다루고 있다.

행동주의 상담의 주요 목표는 학습된 구체적인 부적응 행동을 소거시키고, 보다 효과적이고 바람직한 행동을 재학습시키는 것이다. 행동주의 상담에서의 초기 과제는 내담자가 제시하는 문제를 확인하고 이해하는 것을 중요하게 다룬다.

상담자는 문제가 언제 시작되었고 얼마나 심하며 얼마나 자주 발생하는지와 같은 문제의 구체적인 차원에 대하여 상세한 정보를 수집한다. 내담자가 자신의 문제를 어떻게 생각하고, 그 문제에 어떻게 대처해 왔는가 등에 대한 탐색적인 질문에 답을 얻으려면 우선 양자 간에 상호 신뢰 관계가 구축되어 있어야 한다. 따라서 상담자는 내담자에게 주의를 집중하고 정서적으로는 객관적이 되려고 노력하며 공감적인 경청자가 되어 내담자의 부적응 행동을 규명하고 현재 상태를 파악해야 한다. 이러한 정보를 토대로 문제행동을 분석함으로써 상담의 목표를 설정하고 방향을 제시하게 된다.

상담 목표는 상담과정을 안내하는 것으로서 명료하고 구체적이고 이해하기 쉽게 작성하되, 내담자와 상담자의 상호 합의를 거쳐서 설정하는 것이 중요하다. 그 이유는 상담자와 내담자가 공동으로 협력할 기회를 보장해 주고, 내담자가 수동적이고 방관자적인 태도를 갖는 대신 상담과정에 능동적으로 참여하는 것이 중요하다는 것을 알게 해 주려는 것이다. 이와 같이 상담의 목표는 상담자와 내담자의 합의하에 결정되는 것이지만, 되도록이면 상담의 효과를 구체적으로 평가할 수 있는 것으로 설정하는 것이 도움이 된다.

행동주의 상담에서의 상담자와 내담자의 관계를 흔히 기계적이고 조작적이며 극히 비인간적이라고 비판한다. 그러나 행동주의 상담에서도 다른 상담법에서처럼 상담관계가 상호 신뢰적이고 협력하는 관계로 형성되어야 한다. 따라서 상담과정에서의 진실성, 공감성, 수용성, 인정 등은 내담자의 행동변화를 위한 필수조건이다.

행동주의 상담과정에서 상담자는 능동적이고 지시적인 역할을 담당하며 내담자의 부적응 행동을 진단하고 개선된 방향으로 인도한다. 또한 상담자는 자신이 내담자의 행동을 수정하고 통제하고 있으며, 의도적이건 비의도적이건 간에 자신의 행동이 역할모델로서 내담자의 행동에 커다란 영향을 미치고 있으며, 내담자가 보여주는 바람직한 행동을 적절히 강화해 주어야 한다는 점을 명심해야 한다. 한편, 내담자도 수동적이고 방관자적인 태도를 갖는 대신 상담과정에 능동적으로 참여하는 것이 중요하다.

행동주의 상담기법으로는 현재 다양한 기법이 개발되어 사용되고 있다. 그 주요 기법으로는 체계적 둔감화, 자기표현 훈련, 행동조성, 긍정적 강화, 혐오치료, 모방학습, 토큰법, 역할연기 훈련법, 행동계약(유관계약) 등이 있다.

① 체계적 둔감화

체계적 둔감화(systematic desensitization)란 고전적 조건화가 적용된 기법의 대표적인 것으로서, 체계적 점감법이라고도 한다. 이 기법은 주로 불안과 공포 등을 제거하는 데 활용되며, 불안이나 공포와 양립할 수 없는 이완 반응을 끌어낸 다음 불안이나 공포를 유발시키는 자극을 상상하게 함으로써 그 자극의 영향을 약화시키는 방법이다.

이 방법은 크게 세 가지 절차에 의해 이루어진다. 먼저 불안을 유발하는 자극 장면을 분석하여 불안의 정도에 따라 그 위계 목록을 만들고, 다음에는 근육이완 훈련을 시키며, 마지막으로는 내담자가 눈을 감고 이완된 상태에 도달하면 불안 위계에서 불안을 가장 적게 유발하는 자극 장면에서부터 상상하기 시작하여 점차 높은 자극 장면으로 옮겨간다. 이 기법의 사용 중에 내담자가 심한 불안 반응을 보이는 경우에는 다시 이완 상태로 유도하는 과정을 반복한다.

이 기법은 대인공포, 신경증적 공포, 또한 성기능 장애와 같은 불안을 유발시키는 광범위한 상황에 효과적으로 적용될 수 있다.

② 자기표현 훈련

자기표현 훈련(assertiveness training)은 내담자가 자기 주장적인 행동을 할 수 있도록 상담자가 돕는 기법으로, 주장 훈련이라고도 부른다. 예를 들면, 내담자로 하여금 불안 이외의 감정, 즉 분노, 시기, 질투 등과 같은 부정적인 감정이나 사랑, 우정, 긍지 등과 같은 긍정적인 감정을 표출하도록 하여 내담자의 불안을 제지하는 기법을 말한다.

대부분의 사람들이 특수한 상황에서는 자신을 주장하는 데 어려움을 갖고 있기 때문에 자기표현 훈련은 모든 사람들에게 적용할 수 있다. 특히 어떤 특정한 개인 간의 상황에서 자신을 주장하는 데 어려움을 가진 개인들에게 효과적이다. 자신의 불쾌한 감정이나 분노를 제대로 표현하지 못하는 사람, 거절을 잘하지 못하는 사람, 혹은 애정이나 호감을 잘 표현하지 못하는 사람들에게 주로 사용되고 있다.

이 훈련은 보통 집단 장면에서 실시되며, 자기표현은 자신의 생각과 감정을 직접적이고 정직하며 적절한 방법으로 표현하도록 한다.

③ 행동조성

행동조성(shaping)은 적응 행동을 여러 단계로 나누어 쉬운 단계부터 점차적으로 달성해 가도록 함으로써 부적응 행동을 수정하는 기법이다. 이를 점진적 접근법이라고도 한다. 이 기법에서 중요한 것은 내담자가 적응 행동에 접근해 가는 단계마다 내담자가 좋아하는 보상물로 강화시킴으로써 점진적으로 적응 행동에 도달하도록 유도하는 것이다.

이 기법은 복잡한 행동을 수정하거나 학습자가 한 번도 해보지 않은 새로운 행동을 학습시키는 데 매우 유용한 방법이다.

④ 긍정적 강화

긍정적 강화(positive reinforcement)란 적응 행동을 할 때마다 보상을 주어 그 행동을 강화시키는 기법이다. 상담자는 먼저 바람직한 적응 행동을 세부적으로 조사하고, 내담자 개인에게 보상이 될 수 있는 것을 찾아낸 다음, 내담자가 적응 행동을 할 때마다 체계적으로 보상을 준다.

강화물은 크게 음식물, 돈, 포상과 같은 물질적인 것과 비물질적인 것으로 분류할 수 있다. 비물질적인 강화물로는 칭찬이나 격려와 같은 언어적 표현, 포옹, 미소, 부드러운 목소리, 머리 쓰다듬기 등과 같은 비언어적 표현, 성적이나 평점과 같은 상징적인 보상, 좋아하는 일(친구와 놀기, TV보기, 인터넷 게임 등)을 할 수 있는 기회를 제공하는 것 등이 사용된다.

⑤ 혐오치료

혐오치료(aversion therapy)는 부적응 행동이 나타날 때마다 구토제나 전기 충격 또는 불쾌한 상상 등과 같은 혐오 자극을 사용하여 부적응 행동을 소거시키는 기법이다. 이 기법은 혐오 자극으로 부적응 행동을 처벌하면서 다른 대체할 수 있는 적응 행동을 강화해 줄 때 효과가 더 크다. 혐오치료는 자폐증, 알코올 중독, 약물 중독, 흡연, 강박증, 성도착증, 도박, 동성애 등에 주로 사용된다.

예를 들면, 알코올 중독자의 경우 술에 구토제를 타서 마시게 하거나 담배를 끊고자 하는 사람에게는 담배를 피워 폐결핵에 걸린 흉측한 폐 사진을 보여 주는 방법을 사용할 수 있다.

⑥ 모방학습

모방학습(modeling, 대리학습)이란 모델이 행동하는 것을 보고 이를 모방함으로써 적응 행동을 학습하는 것을 말한다. 모방학습은 내담자가 본받아야 할 어떤 행동을 하는 모델을 제시하여 내담자로 하여금 그 모델과 쉽게 동일시하여 적응 행동을 모방할 수 있게 만드는 기법이다. 예를 들면, 뱀을 무서워하는 사람에게 뱀을 자유롭게 부리는 사람의 행동을 관찰하게 하여 뱀에 대한 공포를 감소시키는 방법이다.

모방학습 기법은 특히 상담과정에서 내담자가 어떻게 행동해야 할지 모를 때 모범적인 모델의 행동을 제시함으로써 효과를 높일 수 있다. 모방학습에서 사용되는 모델로는 내담자가 좋아하는 인물이나 영화나 TV, 비디오, 책 등을 사용할 수 있다.

⑦ 토큰법

토큰법(Token System)은 Skinner의 강화 원리를 적용한 기법으로서 적응 행동을 인정해 주는 것만으로 별 효과가 없을 때, 토큰을 주어 내담자가 원하는 물건이나 권리로 바꿀 수 있게 함으로써 적응 행동을 강화시키는 기법이다. 때로는 토큰을 뺏음으로써 바람직하지 못한 행동을 소거시키려는 목적으로도 사용된다. 토큰 강화물로서는 스티커, 아이템, 사이버머니, 별표, 점수, 도장 등이 사용된다.

토큰법은 특정 문제행동의 수정뿐만 아니라 일상생활을 체계적으로 잘 정돈시키고 좋은 생활습관을 가지도록 길들이는 데도 효과가 높다. 토큰으로 적응 행동을 강화할 경우에 토큰을 벌 수 있는 기회를 많이 만들어 주고, 약속된 벌칙 이외의 처벌이나 야단을 쳐서는 안 된다.

상담자는 예방적인 경고는 가끔 해도 되지만 항상 중립을 유지해야 한다. 자폐적 성향의 아동 중에는 호기심조차 안 보이는 경우가 있는데, 토큰 한 개와 좋아하는 음식을 맞교환하는 연습을 여러 번 실시함으로써 토큰을 좋아하게 만든 후에 토큰 보상을 실시한다.

⑧ 역할연기 훈련법

역할연기(role playing) 훈련법은 내담자가 실제적인 상황에서 부딪히게 되는 문제와 역할을 가상적으로 설정하여 놓고 내담자로 하여금 그 역할을 시험적으로 연기하게 하여 그 과정에서 문제점을 파악하거나 바람직한 행동을 습득하는 기법이다.

이 훈련법은 내담자가 역할연기를 통해 문제 상황이나 타인의 역할을 경험해 봄으로써 자신과 타인을 이해하는 데 도움을 주고자 극화된 놀이로, 심리치료 방법으로 많이 이용되고 있다. 역할연기법은 시간과 장소가 필요하지만, 간접 체험을 통해 내담자의 태도나 행동의 변화를 일으킬 수 있다. 역할연기 기법의 유형으로는 그림자 역할연기(Shadow Role Playing)법과 집단 역할연기(Group Role Playing)법이 있다.

그림자 역할연기법은 문제 상황이나 역할이 목전(目前)에서 일어난다고 가정하고 실제처럼 연기를 하거나 또는 거울 앞에 서서 자신의 표정, 동작, 자세를 관찰하며 행하는 방법을 말한다. 집단 역할연기법은 3인 이상을 한 팀으로 하여 실연하는 방법으로 여러 가지 역할을 설정하여 실연하는 방법이다

⑨ **행동계약**(유관계약)

행동계약(contingency contracting)이란 상담자와 내담자 간에 내담자가 바람직한 행동을 할 때 어떤 보상을 주겠다는 것을 구체적으로 계약서에 명시하는 기법으로, 유관계약이라고도 한다. 예를 들면, 아침 7시에 일어나면 1,000원을 줄 것을 상호 협의하여 약속하는 것을 말한다.

이 방법의 특징은 상담자와 내담자 간에 목표행동과 보상방법 등을 사전에 합의에 의해서 계약서에 명문화하고 각각 서명날인을 한다는 점이다.

행동계약은 지능이 정상 수준에 가깝고 부적응 행동이 심한 경우에 주로 많이 사용하는 기법이다. 행동계약의 장점으로는 상담자와 내담자가 함께 프로그램을 계획하고 실행함으로써 내담자의 참여를 높일 수 있고, 계약서에 명문화함으로써 행동준거가 분명하며, 계약의 조건들이 상호 합의에 따라 변경될 수 있는 융통성이 있다는 점이다.

행동계약에서 주의할 점은 약속한 보상이 즉시 지불되어야 하고, 이것은 계약이 시작된 초기단계에서 더욱 중요하다는 것이다. 시간이 오래 지난 후에 큰 보상을 받도록 하는 것보다는 목표행동을 내담자가 정해진 시간에 충분히 해 낼 수 있는 수준으로 조금씩 작은 단위로 나누어 제시하고, 그것에 성공하면 즉시 보상할 수 있

도록 하는 것이 바람직하다. 또한 수행해야 할 행동의 양과 보상의 양 사이에 어느 한쪽이 지나치게 불리한 조건을 제시하면 안 되고 양자 간에 균형을 이루어야 한다.

(5) 교류분석 상담이론

교류분석(TA, Transactional Analysis) 상담이론은 정신분석이론과 행동주의 이론에 기초를 두고 1950년대 중엽 미국 정신과 의사인 Berne(1910~1970)에 의해 집단치료의 한 방법으로 개발되었다. 이를 의사거래 분석적 상담이라고도 한다. 교류분석은 인간관계의 교류를 분석하는 것으로 개인의 성장과 변화를 위한 체계적인 심리치료이론이며 성격이론인데, 현재 개인상담이나 심리치료의 방법으로 사용되고 있다.

교류분석이론의 기본 철학은 인간은 긍정적인 존재이고 사고할 능력을 지닌 합리적인 존재이며, 자신이 내린 과거의 결정을 이해하고 변화와 성장을 위해 재결단할 수 있는 능력이 있다는 것이다. 교류분석은 자기 성격을 이해하고, 타인 성격을 이해하며, 자기와 타인과의 관계를 이해하고, 그리고 조직과 사회의 이해를 통해 인간관계의 이해를 깊게 하고 그것에 의해 사고, 감정, 행동의 변화를 도모할 수 있다고 본다. 이 이론은 다양한 하위이론 체계들로 구성되어 있다. 이러한 하위이론들은 상호 유기적으로 관련되어 있다. 이러한 다양한 하위이론 중에서도 교류분석 상담이론의 가장 기초를 이루고 있는 이론으로는 생활자세(life position) 분석이론과 자아상태(ego state) 분석이론을 들 수 있다.

Berne(1964)은 기본적이고 생리적인 욕구와 유아기의 경험에 의해 형성된 심리적 욕구들이 인간행동의 동기로 작용하고, 개인의 성격도 이러한 욕구를 충족하는 과정에서 환경과 상호작용하여 형성된다고 본다. 교류분석은 이러한 인간행동의 이면에서 그 행동에 동기를 부여하는 숨겨진 배경들과 그 배경들이 나타나는 과정들을 분석하는 것이다.

Berne은 특히 심리적 욕구에 관심을 갖고 분석하고 있다. 그는 심리적 욕구를 자극의 욕구, 구조의 욕구, 자세의 욕구로 분류하고 있다. 그중 자세의 욕구가 개인의 생활자세를 형성하는 데 영향을 미친다.

① **자극의 욕구**(stimulus hunger)

이것은 다른 사람으로부터 인정을 받으려는 욕구이다. 사람들은 인정을 받으려는 욕구가 강한데, 이 욕구충족은 인정 자극(strokes)을 통하여 이루어진다. 인정 자극은 한 개인이 다른 사람에게 주는 신체적 접촉 또는 심리적인 인정을 통하여 존재를 인정해 주는 것이다. 이러한 인정 자극은 자아존중감을 느끼게 하고 자신을 긍정적인 존재로 인식하며 애정과 보살핌에 기초하여 건전한 인간관계를 맺을 수 있게 한다.

인정 자극은 신체적인 것과 상징적인 것, 긍정적인 것과 부정적인 것, 조건적인 것과 무조건적인 것으로 나눌 수 있다. 이 세 가지 인정 자극의 유형은 병합으로 나타난다. 즉, 언어적, 긍정적, 조건적 인정 자극의 병합 유형을 들 수 있다. 사람들은 성숙할수록 신체적인 것에서 상징적인 것(언어, 표정, 관심, 자세, 미소 등)으로 대치된다. 긍정적인 인정자극은 건강한 심리 발달을 촉진하지만, 부정적인 인정 자극은 성장 발달을 방해한다.

사람들은 인정 자극을 받기 위해 자신의 생활을 구조화하며, 아동기에 기대했던 종류의 인정 자극을 생의 후반기에도 계속 추구하게 된다.

② **구조의 욕구**(structure hunger)

사람들은 필요한 인정 자극이 충족되지 않으면 이 욕구를 충족시키기 위해서 자신의 시간 사용방법을 최대한 구조적이며 효율적으로 사용하려 한다. 이를 구조의 욕구라고 한다. Berne은 일상생활에서 찾아볼 수 있는 일반적인 시간 구조의 형태에 대해 다음과 같이 여섯 가지를 제시하였다.

- 차단(withdrawal): 타인으로부터 인정 자극을 포기하고, 타인과의 인간관계를 차단하는 시간 구조의 형태이다.
- 의식(ritual): 의식, 예배 등에 참여하는 것을 말하며, 고도로 구조화된 시간 구조이나 다른 사람과의 관계에서는 낮은 수준의 인간관계와 인정 자극을 받을 뿐이다.
- 소일(passtime): 특별한 목적 없이 날씨, 자녀, 운동경기 등에 대한 이야기를 나누며 다른 사람과 관계를 맺는 형태이다.
- 활동(activities): 특별한 목적을 가지고 활동하며, 이 활동을 통하여 상호 인정 자극을 주고받는다.

- 게임(game): 진실한 교류가 아니라 인정받기 위하여 수단 방법을 가리지 않고 숨은 의도를 가지고, 반복해서 트러블을 일으키는 심리적 게임 형태로 교류하는 형태이다. 이 게임의 경우 분노, 우울, 죄책감과 같은 부정적인 정서를 수반한다.
- 친밀한 관계(intimacy): 서로의 감정을 자유롭게 표현할 수 있는 구조로서 인정 자극을 가장 많이 받을 수 있는 구조이다.

③ **자세의 욕구**(position hunger)

이 욕구는 개인이 삶에 대해 어떤 확고한 생활자세를 계속적으로 유지하려는 욕구를 말한다. 이 욕구는 개인의 생활자세 형성에 영향을 미친다. 개인의 생활자세는 6세 이전에 성장 발달하면서 부모의 양육태도, 즉 허용과 금지령에 따라 아동이 내리는 결단에 의해 영향을 받아 형성된다. 이러한 아동기 때의 결단이 세상과 타인에 대해 긍정적 또는 부정적인 생활자세를 갖게 한다.

사람들이 갖는 생활자세는 4가지 유형으로 나누어질 수 있다. 사람들은 아동기 때 부모 또는 기타 다른 사람과의 관계에서 어떤 태도를 취했을 때 부모로부터 필요한 인정 욕구를 충족할 수 있다고 생각했는가를 스스로 인시하고 네 가지 유형 중 하나의 자세를 형성한다는 것이다.

- 자기부정-타인긍정자세(I'm not OK-You're OK)
- 자기부정- 타인부정자세(I'm not OK-You're not OK)
- 자기긍정-타인부정자세(I'm OK-You're not OK)
- 자기긍정-타인긍정자세(I'm OK-You're OK)

이 같은 생활자세는 유아기에 그 기초가 형성되며, 그 뒤에 수정되지 않는 한 일생 동안 이 같은 태도로 살아간다. 교류분석 상담에서는 재결단을 통해 사람들이 변할 수 있다고 믿고, 내담자가 재결단을 통하여 바람직한 생활자세인 자기긍정-타인긍정 태도를 갖고 교류할 수 있도록 도와주는 것을 목적으로 한다.

자아상태(ego state) 분석이론은 교류분석 상담의 가장 핵심을 이루는 이론이라 할 수 있다. Berne은 그의 임상경험을 통해서 모든 사람이 어버이(parent, P), 어른

(adult, A), 어린이(chilren, C) 등 세 가지 유형의 자아 상태를 가지고 있다고 분석하였다. 이러한 세 가지 P, A, C 세 가지 자아상태 중 어느 하나가 상황에 따라 개인의 성격과 행동을 지배한다는 것이다.

㉠ 어버이 자아

5세 이전에 부모를 비롯한 의미 있는 사람들의 말이나 행동을 무비판적으로 모방 또는 학습함으로써 내면화시킨 것이다. 이것은 기능상 비판적 어버이 자아와 양육적 어버이 자아로 나누어진다.

비판적 어버이 자아는 부모의 행동이나 태도가 그대로 내면화된 것으로, 이 자아가 강한 사람은 조소적, 단정적, 강압적인 태도를 나타내고, 자신이 제일이라는 의식이 강하며, 명랑성이나 유머감각이 없고 배우자나 자녀들을 늘 불안하게 하는 경향이 있다.

양육적 어버이 자아는 자녀를 사랑하고 돌보는 등 자녀를 양육하는 말이나 행동이 내면화된 것으로, 말과 행동이 온화하고 부드러우며 보호적이다. 이러한 자아는 원만한 인간관계 형성에 반드시 필요하지만, 너무 지나치면 상대방이 부담을 느끼고 떠나갈 수 있다.

㉡ 어른 자아

자신에 대한 자각과 능력감을 가지고 객관적, 논리적, 합리적, 이성적, 분석적, 현실적으로 사고하는 모습을 나타낸다. 이를 위해 어른 자아는 외부세계는 물론 내부세계, 그리고 다른 자아상태로부터 정보를 수집, 저장하고 이용하는 정보처리, 즉 컴퓨터와 같은 사고를 하게 된다.

㉢ 어린이 자아

생득적인 충동과 감정, 그리고 5세 이전에 부모와의 관계에서 경험한 감정과 그에 대한 반응 양식이 내면화된 것이다. 따라서 어린이 자아를 형성한 사람은 자신의 사고, 감정, 행동을 어렸을 때와 같이 그대로 재연한다.

어린이 자아는 기능적인 측면에서 자유로운 어린이 자아와 적응적 어린이 자아로 구분된다. 자유로운 어린이 자아는 부모나 어른들의 반응에 구애됨이 없이 느끼는 대로 자유롭게 표현하는 자아로서 불쾌한 것은 피하고 즐거움만을 추구하며, 너무 지나치면 경솔하다는 말을 듣게 된다. 적응적인 어린이 자아는 부모나 어른들에 의해 훈련된 것으로서 충동, 감정 등에 적응적인 모습을 나타낸다.

이와 같은 자아상태에 있는 사람은 자신의 솔직한 반응보다는 타인이 원하는 요구에 맞추어 자신의 사고, 감정, 행동을 변조시켜 반응한다. 이 자아는 죄의식, 부끄러움, 두려움 등의 모습을 나타내는 경우도 있고 때로는 반항적인 모습을 보이는 경우도 있다.

자아 중에서 어느 자아가 개인의 동력으로 작용하느냐에 따라 인간관계의 양상이 달라지고 부적응문제를 낳을 수 있다.

교류분석 상담은 앞에서 설명한 분석을 기초로 하여 한 개인이 다른 사람과의 교류과정에서 각자의 어떤 자아가 관여, 작용하고 있으며, 또한 어떤 유형의 생활자세를 가지고 있는가를 확인함으로써 내담자가 인간관계의 과정에서 일으키고 있는 문제점이 무엇인가를 분석, 확인하여 그 문제의 해결을 돕고자 하는 것이다.

교류분석 상담의 목표는 자율성의 성취와 통합된 어른 자아의 확립이다.

인간행동의 동기로 작용하고 있는 생활자세와 개인의 성격을 구성하고 있는 자아상태를 바르게 인식하면 자신의 성격 부조화를 발견하게 되고, 자신의 자화상을 알게 되며, 타인이 자신을 어떻게 보는가에 대해 이해하는 동시에 자신의 객관적인 모습을 파악할 수 있게 된다. 내담자는 이를 토대로 자신의 생활자세와 자아상태의 양식을 보다 적절한 것으로 선택, 결단함으로써 건전한 인간관계를 증진할 수 있게 된다.

교류분석 상담기법으로는 상담분위기의 조성 및 상담자의 능력과 관계되는 기법으로서 허용, 보호, 잠재력, 조작이 있다.

㉠ 허용

부모의 금지령을 해제시키고, 내담자의 모든 자아상태가 기능하도록 허용하는 것을 말한다.

㉡ 보호

상담과정에서 내담자가 자신의 문제를 털어놓을 때 어린이 자아가 위협을 받을 수 있기 때문에 이를 보호해 주어야 한다.

㉢ 잠재력

상담자는 권위와 능력을 가지고 내담자가 필요로 하는 도움을 줄 수 있어야 한다.

㉣ 조작

구체적인 기법으로서 질의, 특별 세부반응, 맞닥뜨림, 설명, 실증, 확인, 해석, 구체적 종결 등의 순으로 수행된다.

(6) 합리적 · 정서적 상담이론

합리적 · 정서적 상담이론(rational emotive therapy, RET)은 Ellis(1962)에 의해 인지적 측면의 합리성과 정의적 측면의 정서, 그리고 행동주의 원리를 기초로 하여 창안된 이론으로서 대표적인 인지이론이다. 이 이론의 기본 관점은 사람들이 합리적이고 바람직한 사고를 하기도 하지만, 왜곡되고 비합리적인 사고를 할 수도 있다는 가정에 기초를 두고 있다.

즉, 인간은 자기를 보호하고, 행복을 누리고, 사고하고, 말하고, 사랑하며, 다른 사람과 친분을 맺고, 스스로 성장시키고 자아를 실현하는 경향성을 가지고 있음과 동시에 스스로 파괴하고, 일을 뒤로 미루고, 실수를 계속 반복하고, 허황된 미신에 빠져들고, 참을성 없고, 완벽하려 하며, 자기를 비난하고, 자신의 성장 가능성을 회피하려는 경향성도 가졌다고 본다(대학카운슬러 연구협의회, 1987).

이러한 왜곡되고 비합리적인 사고로 인하여 심리적인 여러 가지 문제가 인간에게 발생한다는 것이다. 즉, 어떤 사건에 대해 자신이 이미 가지고 있는 기존의 비현실적, 비합리적인 사고틀에 비추어 해석하기 때문에 그 결과로 정서적 문제를 경험하게 된다는 것이다.

따라서 Ellis는 상담의 목적은 내담자에게 심리적인 문제가 왜곡된 지각과 비합리적인 생각으로 인해서 생긴다는 점을 보여 주고, 이러한 지각과 생각을 합리적이고 현실적이면서 논리적이고 융통성 있는 신념으로 재조직하도록 교육하는 것이라고 하였다(김충기, 2000).

합리적 · 정서적 상담의 과정은 주로 다음과 같은 네 가지 단계를 거친다(Patterson, 1980; 이형득 외, 1984에서 재인용).

첫째, 상담자는 내담자가 비합리적이라는 것을 깨우쳐 주고 그가 어떻게, 왜 그렇게 되었는가를 알려 줌으로써 그의 비합리적인 신념들과 정서적 혼란의 관계를 설명한다.

둘째, 비합리적인 신념은 자신의 재교육에 의한 것임을 자각하게 한다.

셋째, 내담자의 비합리적인 신념을 바꾸도록 한다.

넷째, 합리적이고 능률적인 인생관을 갖게 한다.

합리적 · 정서적 상담의 일반적 기법을 설명하면 다음과 같다(김충기, 2000).

① **기분 전환**(diversion)

스포츠, 미적, 창조적 활동과 같이 다른 활동을 통하여 기분을 전환하도록 하는 기법이다.

② **욕구 충족**(satisfying demands)

내담자의 욕구를 만족시키기 위하여 인정 또는 사랑을 베푼다든가 성공에 대한 안도감을 주는 등의 기법을 말한다.

③ **미술**(magic)

마술을 통하여 확신을 얻도록 하는 방법이다. 예를 들어, '현실에서 고통받은 사람은 천국에 들어갈 수 있다.' 또는 '노력 끝에 성공' 등을 믿게 함으로써 현재의 고통을 잊게 하는 것이다.

④ **욕구의 포기**(giving up demandingness)

내담자의 욕구를 최소화하고 인내심을 기르도록 권하는 기법이다.

(7) 형태주의 상담이론

형태주의(Gestalt) 상담이론은 Perls(1898~1970)에 의해 창안된 상담이론으로서 정신분석학, 형태심리학, 현상학적 실존주의에 많은 영향을 받았다.

Gestalt란 전체 또는 형태를 의미한다. Perls는 인간을 사고, 감정, 느낌과 지각의 모든 측면들이 분리될 수 없는 전체로서의 하나의 형태를 이루는 존재로 본다. 또한 인간을 자신의 사고, 감정, 느낌과 지각의 전체를 완전히 인식하고 어떤 결정을 선택하며 자신의 삶을 주도적으로 이끌어 나갈 수 있는 존재이며, 과거나 미래보다는 현재의 느낌과 감정을 경험하는 존재로서 근본적으로 선하지도 악하지도 않는 존재로 본다(Hansen, Stevic, & Warner, 1997; 김태호, 2004).

형태주의에서는 형태를 완성하는 능력의 부족, 각성의 결여, 책임감 결여 등의 원인으로 부적응의 결과를 초래하는 것으로 본다. 따라서 상담자의 주요 과제는 내담자들이 현재에서 느끼고 경험하는 것을 자신들 스스로가 어떻게 방해하고 있는가를 자각하도록 도움으로써 지금-여기(here-and-now)에서 그들 자신의 존재를 완전한 형태로 경험하도록 돕는 데 있으며, 또한 모든 과정에서 내담자 자신이 책임을 지고 스스로 해석을 하고, 직접적인 진술을 하고 그들 자신의 의미를 발견하며 자신의 길을 찾아가게 하는 것이다. 즉, 형태주의 상담의 목표는 현재를 중심으로 각성시키고, 지금-여기의 자신을 진실되게 살아갈 수 있도록 도와주려는 것이다.

형태주의 상담기법으로는 언어적 기법, 빈 의자 기법 등이 활용된다.

① 언어적 기법

이 기법은 우선 내담자의 질문이 대부분 자신의 숨겨진 진술이라는 신념에 입각하여 의문문보다는 서술문으로 바꾸어 말하도록 내담자를 격려한다. 또한 내담자가 모호하게 진술하는 문장, 즉 '그것(it)', '너(you)', '우리(we)' 등을 '나(I)'로 바꾸어 진술하게 함으로써 개인적인 확인과 구체적인 경험을 증가시키며, 책임감을 느끼도록 한다. 그리고 '할 수 없다(can't)'를 '하지 않겠다(won't)'로, '그러나(but)'를 '그리고(and)'로 바꾸고, '왜(why)'라는 질문보다는 지적인 대답을 유도하는 '어떻게(how)'와 '무엇(what)'을 사용해서 질문하도록 격려한다.

② 빈 의자 기법

빈 의자(empty chair) 기법은 형태주의 상담에서 가장 효율적인 방법으로 통한다. 내담자와 갈등관계에 있는 사람을 내담자 앞에 있는 빈 의자에 앉아 있다고 상상하고 그 사람에게 자신의 감정을 이야기하도록 요구한다. 내담자가 이야기를 마치면 역할을 바꾸어 내담자가 그 상대편이 되어 의자에 앉아 느끼는 감정을 이야기하는 방법이다. 이 역할연기를 통하여 내담자는 자신의 감정을 보다 충분히 경험하고 이해하게 된다(김태호, 2004).

(8) 기타 상담이론

앞에서 설명한 상담이론 이외에도 현실치료 상담이론, 특성요인 상담이론, 절충적 상담이론, 상호제지적 상담이론, 실존주의 상담이론 등이 있다.

① 현실치료 상담이론

현실치료(reality therapy) 상담이론은 상담과 심리치료에 대한 새로운 접근법으로서 정신과 의사인 Glasser(1925~)에 의해 창안된 이론이다. 현실치료에서는 정체감을 중요시하고 내담자가 성공적인 정체감을 형성하도록 돕는 것을 상담의 목적으로 한다.

이 이론에서는 인간의 기본적인 욕구로서 두 가지 욕구, 즉 사랑을 하고 사랑을 받고 싶은 욕구와 자신 또는 타인으로부터 가치 있게 인정받고 싶은 욕구를 가지고 있다고 가정한다. 이러한 욕구를 충족시키는 행동은 책임 있는 행동으로 보고, 그렇지 못한 행동은 무책임한 행동으로 본다. 그리고 이 두 가지 욕구를 충족한 사람은 성공적인 정체감을 발달시키지만, 그렇지 못한 사람은 패배적 정체감을 형성하고 극도의 고독감과 불안한 생활을 하는 등 부적응을 경험하게 된다.

따라서 이 상담의 구체적 목표는 내담자로 하여금 성공적인 정체감을 형성하도록 하고, 자신의 행동에 대해서 책임감을 갖게 함으로써 장단기에 걸쳐 자신의 구체적인 삶의 목적을 설정하도록 돕는 것이다. 현실치료에서는 감정보다는 내담자의 행동변화가 더 쉽기 때문에 내담자의 현재 행동에 초점을 둔다.

상담과정에서 상담자는 내담자와 친밀한 관계, 즉 rapport를 형성하고 온화하고 관대하며 공감적인 사람이 되어야 한다. 또한 내담자가 자신의 행동에 대해 평가하고 가치 판단을 토대로 자신의 행동변화를 가져오게 하기 위한 구체적이고 자세한 계획을 수립하도록 도와주어야 한다. 그리고 상담자는 내담자가 계획을 실천하지 않은 것에 대해서 어떠한 변명도 허용하지 말아야 하고, 비록 내담자가 행동변화에 실패를 했더라도 처벌하거나 포기하지 말고 바람직한 결과를 기대하여야 한다.

② 특성 요인 상담이론

특성 요인 상담이론(Trait and factor theory)은 Williamson(1950)에 의해서 창안된 상담 유형으로 주로 직업상담의 토대 위에서 발전된 상담방법이다. 이 상담에서는 상담자의 적극적인 지시나 정보제공이 주어지는 것을 강조하기 때문에 지시적 상담, 상담자 중심 상담이론이라고도 불리고 있다.

이 이론은 인간의 행동이나 성격이란 능력, 흥미, 태도, 기질 등의 복잡한 특성 요인이 상호작용하여 나타난 결과라고 보고, 부적응의 원인을 내담자의 비합리적인 특성과 환경 간의 부적합성에서 찾는다.

따라서 Williamson은 합리성을 개인의 주요 자원으로 보고 계획과 의사결정에 있어서 합리적인 과정의 활용을 강조하고 있다. 특성 요인 상담이론의 목표는 합리적 행동의 증진이다. 즉, 내담자로 하여금 여러 가지 대안 중에서 합리적인 평가를 하고 선택하도록 돕는 것을 상담의 목표로 보고 있다.

특성 요인 상담의 과정은 주로 6단계를 거친다. 첫 번째 단계는 내담자의 이해를 증진시키기 위한 정보 또는 자료를 수집하는 분석(analysis) 단계, 두 번째 단계는 내담자의 현재 상태 및 미래 가능성 등을 종합적으로 이해하기 위해 수집 한 정보를 체계적으로 정리하는 종합(synthesis) 단계, 세 번째 단계는 내담자의 현재 문제와 그 문제의 원인을 밝히는 진단(diagnosis) 단계, 네 번째 단계는 특정한 문제해결을 위한 내담자의 미래에 관련된 성공이나 실패 가능성을 예측하는 예견(prognosis) 단계, 다섯 번째 단계는 밝혀진 문제해결을 위해서 직접적으로 조력하는 상담(counseling) 단계, 여섯 번째 단계는 마지막으로 상담 종료 후 일상생활에서 적용할 때 그 진보를 강화하고 재평가하며 점검하는 추수지도(follow-up)로 이루어진다.

Patterson(1980)은 특성 요인 상담을 실행하는 기법으로 rapport의 형성, 자기이해의 개발, 조언이나 실행계획의 수립, 계획의 실천, 다른 전문가에게 의뢰 등을 들고 있다.

③ 개인구념 상담이론

개인구념이론(Personal Construct Theory)은 Ellis의 합리적 정서이론과 함께 인지적 상담이론의 대표적인 것이다. Kelly에 의하면 문제행동이나 심리적 장애란 그 개인이 지니고 있는 구념이 현실 세계에서 효과적으로 적용될 수 없음에도 불구하고 계속적으로 그 구념을 사용하는 데서 일어난다.

여기서 구념이란 현실을 지각하고 해석하는 일관된 양식으로 개인의 행동을 지배하는 사고범주라고 할 수 있다. 예를 들어, 국회의원에 대해 신뢰성 없는 집단이라는 구념 체계를 가지고 있는 사람은 새로 당선된 국회의원에 대해서도 신뢰성이 없는 집단으로 판단하게 된다는 것이다. 따라서 개인구념 상담에서는 현재 그 사람이 지닌 구념 체계를 더욱 효율적이고 합리적이며 현실적인 구념 체계로 발전시키려는 것이다.

주요 상담기법으로는 역할연기, 고정역할 치료가 있다. 역할연기법은 내담자로 하여금 여러 사람의 역할을 바꾸어 시연하게 함으로써 그가 가지고 있는 어떤 대상에 대한 그릇된 구념을 인식하고 변화시키도록 하는 기법을 말한다. 고정역할 치료란 집중적이고 장기적인 노력을 통해서 구념 체계를 변화시키는 기법으로서 내담자가 일상생활과는 전혀 다른 행동을 자신의 구념 체계에 입각하여 시행함으로써 구념을 재구성하도록 하는 기법을 말한다.

④ 절충적 상담이론

절충적 상담이론은 상담과 치료에 관한 여러 가지 이론을 종합하여 체계화한 것으로서 다양한 특성이 있는 내담자의 문제에 하나의 이론에만 의지하지 않고 적절한 방법을 사용할 수 있다는 장점이 있다.

절충적 상담이론은 Thorne(1950)이 가장 처음 체계를 세웠고, Brammer와 Shostrum(1968)에 의해 계속 발전하였으며, 1980년대에 들어서는 Ivey, Simek 그리고 Downing(1980)에 의해 활발하게 전개되었다.

이러한 절충적 접근은 부적응 행동의 원인을 광범위하게 취급하고 하나의 이론에 관련된 독단과 과오를 극소화할 수 있다. 또한 문제행동의 유형에 따라 가장 효과적인 방법을 선택적으로 사용하므로 상담 자체를 효율화할 수 있다(김충기, 2000).

⑤ 상호제지적 상담이론

상호제지적 상담이론은 Wolpe(1958)에 의해 창안된 이론으로서 불안, 공포 등의 행동을 Pavlov의 고전적 조건형성에 의해 학습된 것으로 보고, 다른 행동을 통해 제지함으로써 소멸될 수 있다고 주장한다. 특히 Wolpe는 성인 신경증 장애에 대하여 여러 조건형성 이론들을 활용하여 짧은 치료 기간 동안의 높은 성공률을 주장하기도 했다.

상담의 주요 기법으로는 행동주의 상담기법에서 설명한 체계적 둔감화, 자기표현 훈련이 사용된다.

⑥ 실존주의 상담이론

실존주의 상담이론은 자기 존재의 의미, 자기책임, 자기의 결정을 강조하는 이론으로서 실존철학 사상에 기초하고 있다. 실존주의 상담이론의 대표자는 Binswanger와 Boss, Frankle, Marcel 등이다.

실존철학에서는 인간을 어디까지나 개별적인 존재로 보아 인간의 일반적, 추상적 본질보다도 개별적, 구체적인 인간 개개인의 실존, 즉 다른 사람과 대치할 수 없는 주체적 존재로서 인간이 당면하고 있는 실존 문제를 강조한다.

실존철학의 대표적 학자인 Kierkeggard는 인간을 합리적 체계 속에 해소될 수 없는 구체적, 개별적 단독자로서의 존재로 보았다. 그는 실존(existence)이란 이러한 현실존재를 가리킨다고 하였다. 따라서 실존의 의미는 단순한 존재를 말하는 것이 아니라 개별적, 단독적, 구체적인 주체적 존재를 의미한다. 즉, 실존은 주체적 존재로서 자주적 결단에 의한 행동을 감행하며, 언제나 진정한 자기를 선택에 의해서 만들어 간다. 실존은 자기 존재에 대한 물음과 자각을 가지고, 행동의 자유를 가지며, 행동의 결과에 대한 책임을 스스로 짊어진다. 이와 같이 실존은 자각, 자유, 선택, 책임의 주체라는 것이 Kierkeggard의 주장이다.

이러한 기본 사상을 바탕으로 실존철학은 오늘날 자기상실, 자기소외 등의 상태를 자각하고, 자기회복을 하여 본래적 자기 모습을 되찾고자 한다.

따라서 실존주의 상담이론에서는 내담자의 부적응 문제는 내담자 자신의 존재 의미를 상실한 데서 유발된 것으로 보고, 그 해결방법을 인간 존재의 의미를 찾는 데서 출발한다. 실존주의적 상담의 목표는 내담자가 자신의 존재 의미를 자각하고 실존의 바탕에서 반응할 수 있는 자기능력과 잠재력을 자각하도록 도와주는 것이다. 상담자는 상담과정에서 내담자의 현실을 그대로 이해하고, 내담자의 세계를 그가 보는 대로 보며, 내담자를 특수하고 구체적, 개별적인 존재로 인식하고 이해하여야 한다. 또한 상담자는 내담자를 온정과 공감적 이해로 대함으로써 그 자신의 성찰 기회를 제공하고, 상담자는 계속 수용적이고 허용적이며 적극적인 경청을 해 주어야 한다.

상담기법으로는 역설법과 반감법이 활용된다.

㉠ **역설법**(paradoxical intention)

역설법이란 내담자가 두려워하는 바로 그 행동을 의도적으로 반복 실시하게 함으로써 역설적으로 그 행동을 제거하거나 벗어날 수 있게 하는 것을 말한다. 예를 들면, 불안이나 공포로부터 도피하지 않고 직면하게 하여 자신도 모르는 사이에 불안으로부터 벗어나게 하는 것이다. 불안이나 공포로부터 도피하려 하면 오히려 과잉 의도를 가져오기 때문에 결과적으로 불안증이 더 심화된다는 것이다.

㉡ **반감법**(dereflection)

반감법이란 사람들이 지나치게 몰두하는 문제와 부정적인 감정에서 벗어나 다른 일에 몰두하게 함으로써 자신을 잊고 긍정적인 생각으로 전환하게 하는 기법이다. 이 기법은 Frankl(1955)이 개발한 것으로 암환자가 자기 자신의 문제에 몰입하기보다는 다른 사람들을 돕는 생활을 하는 과정에서 자신의 문제를 잊고 긍정적인 삶을 찾을 수 있도록 하는 것이다.

이상에서 제각기 다른 관점과 특징을 지닌 수많은 상담이론에 대해서 살펴보았다. 상담전문가뿐만 아니라 일반 교사들도 상담에 대한 효과적인 아이디어와 지침을 제공해 주는 상담이론을 체계적으로 이해하고 습득하는 일은 무엇보다 중요하다 할 것이다.

오늘날 우리나라 학교교육은 입시위주의 교과지도에 치중하고 상대적으로 상담활동이 소홀하게 다루어지는 경향이 있다. 그러나 오늘날 급변하는 정보사회는 마땅히 인간 중심의 사회가 되어야 함에도 불구하고, 정보사회에서 나타날 수 있는 여러 가지 문제점(비인간화, 정보의 재화화, 정보격차, 개인정보의 오 · 남용, 사생활 침해, 가상과 현실의 혼돈 등)은 인간의 존엄성과 인간의 본래적 가치를 위협함으로써 상당한 가치관의 혼란을 겪고 있다.

따라서 앞으로 학교 현장에서는 기존의 신체적, 정신적 부적응문제뿐만 아니라 새로 도래한 정보사회를 살아가는 청소년들이 사회 구성원으로서 올바른 가치관과 행동양식을 갖추고 새로운 삶의 영역에서 건전하게 살아갈 수 있도록 상담활동이 교과지도 못지않게 중요하게 인식되어야 할 것이다. 특히 정보화 사회에서 세분화되고 전문화된 직업세계에 대한 올바른 이해와 선택은 가장 중요하고 어려운 문제가 되고 있다.

따라서 조직화되고 체계적인 진로상담을 통하여 학생들로 하여금 자신의 적성, 흥미, 가치관, 능력 등에 대해서 정확한 이해를 할 수 있도록 도와주고, 또한 다양한 진로나 직업에 대한 정보를 제공하는 등 청소년들이 합리적이고 현명한 선택을 할 수 있도록 돕는 것은 상담전문가뿐만 아니라 일반 교사들에게도 매우 중요한 임무로 대두되고 있다.

학습과제

1_ 생활지도의 목표와 원리에 대하여 설명하시오.

2_ 생활지도 활동의 5가지 유형을 열거하고 설명하시오.

3_ 상담의 개념을 설명하고 생활지도, 심리치료와의 차이점을 설명하시오.

4_ 다음을 비교 설명하시오.
① 개인상담과 집단상담
② 지시적 상담과 비지시적 상담

5_ 상담자와 내담자가 진정한 인간관계를 유지하고, 상담효과를 극대화하기 위한 기본적인 조건에 대해 약술하시오.

6_ 다음의 상담이론에 관하여 약술하시오.
① 인간중심 상담이론
② 행동주의 상담이론
③ 교류분석 상담이론

7_ 다음의 상담기법에 관하여 약술하시오.
① 체계적 둔감화(systematic desensitization)
② 자기표현 훈련(assertiveness training)
③ 반감법(dereflection)
④ 빈 의자(empty chair) 기법

• 참고문헌 •

구광현 · 가영희 외(2006). 교육심리학. 동문사.

권대훈(2006). 교육심리학의 이론과 실제. 학지사.

김경중 외(2002). 아동발달(개정판). 학지사.

김남순(1998). 교육심리학. 교육과학사.

김동일 · 김신호 외(2000). 아동발달과 학습. 교육출판사.

김아영 · 백화정 외 공역(1997). 교육심리학. 학문사

김영채 역(2003). 학습심리학. 박영사.

김인식 · 문선모 공역(1986). 학습이론과 교육. 교육과학사.

김정희 · 남기덕 · 박영호 외(1999). 심리학의 이해. 학지사.

김제한 · 공석영 외(2004). 교육심리학. 양서원.

김충기(1997). 생활지도와 상담. 교육과학사.

김충기(2000). 생활지도와 상담. 교육과학사.

김태호(2004). 학생생활지도와 상담. 학지사.

김헌수 · 김옥엽 · 원유미 외(2001). 상담심리학. 한국학술정보.

나동진(2001). 교육심리학. 학지사.

대학카운슬러 연구협의회(1987). 상담의 이론과 실제. 중앙적성출판사.

박성수(1986). 생활지도. 정민사.

박아청(2004). 교육심리학의 이해. 교육과학사.

송명자(2003). 발달심리학. 학지사.

송인섭 · 김정원 외(2000). 교육심리학. 양서원.

신명희 · 박명순 외(2004). 교육심리학의 이해. 학지사.

신용일(1994). 교육심리학신강. 동문사.

양용칠 역(2005). 수업설계를 위한 학습심리학. 교육과학사.

오세진 · 김형일 외(2004). 인간행동과 심리학. 학지사.

유기섭 · 김태호(2004). 교육심리학. 동문사.

윤종건(1994). 창의력-이론과 실제-. 정민사.

이경화 · 고진영 외(2004). 효과적인 교수-학습을 위한 교육심리학. 교육과학사.

이관용 · 김기중 공역(2005). 학습심리학-행동과 인지. 교육과학사.

이상노 · 이관용 공역(1985). 성격의 이론. 중앙적성출판사.

이성진(2004). 교육심리학 서설. 교육과학사.

이성진 · 김계현(1999). 교육심리학의 새로운 쟁점과 이론. 교육과학사.

이용남 · 강만철 외(2003). 신교육심리학. 학지사.

이장호(1986). 상담심리학 입문. 박영사.

이재창(1988). 생활지도. 문음사.

이춘재 외(1988). 청년심리학. 중앙적성출판사.

이해춘 · 박정환(2006). 네티즌의 행동과 심리. 갈채출

판사.
이형득 외(1984). 상담의 이론적 접근. 형성출판사.
이혜경 · 이양 외(2004). 교육심리학. 양서원.
임규혁(1999). 학교학습을 위한 교육심리학. 학지사.
임승권(1994). 교육의 심리학적 이해. 학지사.
임창제(2005). 교육심리학. 학지사.
전성연 · 최병연 공역(2006). 학습동기. 학지사.
정채기(2004). 교육심리학. 학문사.
진위교 · 장언효 · 이종승 외(1984). 현대수업의 원리. 정민사.
황응연(1984). 현대 생활지도. 교육출판사.
황응연 · 윤희준(1983). 현대 생활지도론. 교육출판사.
황정규(1998). 학교학습과 교육평가. 교육과학사.

Adler, A. (1948). *Studies in analytics psychology*. NY: Norton.
Adler, A. (1969). *The practice and theory of individual psychology*. Paterson, NJ: Littlefield.
Alderfer, C. P. (1972). *Existence, Relatedness and Growth: Human Needs in organizations setting*. New York: The Free Press.
Allport, G. W. (1961). *Pattern and growth in personality*. NY: Holt, Rinehart and Winston.
Ames, C. (1984). Competitive, cooperative and individualistic goal structures: A cognitive motivational analysis. In R. Ames & C. Ames (Eds.), *Research on motivation in education,* Vol. 1. *Student motivation* (pp. 177-207). New York: Academic Press.
Ames, C. (1985). Attributions and cognition in motivation theory. In M. Alderman & M. Cohen (Eds.), *Motivation theory and practice for preservice teachers*. Washington, DC: ERIC Clearinghouse Teacher Education.
Anastasi, A. (1988). *Psychological testing* (6th ed.). New York: Macmillan.
Atkinson, J. W. (1958). *Motives in fantasy, action, and society*. Prinston, NJ: Van Nostand.
Atkinson, J. W. (1964). *An introduction to motivation*. Princeton, NJ: Van Nostrand
Atkinson, J. W. (1980). Motivational effects in so-called tests of ability and educational achievement. In L. Fyans (Ed.), *Achievement Motivation: Recent trends in theory and research*. NY: Plenum Press.
Atkinson, J. W. (1983). *Personality, Motivation and action*. NY: Pareger.
Atkinson, J. W., & Shiffrin, R. M. (1968). Human memory: A proposed system and its control processes. In K. Spence & J, Spenee (Eds.), *The psychology of learning and motivation*(Vol.2). New York: Academic Press.
Ausubel, D. P. (1963). *The psychology of meaningful verbal learning*. New York: Grune and Stratton.
Ausubel, D. P. (1968). *Educational Psychology: A cognitive view*. New York: Grune and Stratton.
Baker, L. (1986). Sex differences in classroom interaction in secondary science. *Journal of Classroom Interaction, 22*, 212-218.
Baker, L., & brown, A. L. (1984). Metacognitive skills and reading. In P. D. Pearson, M. Kamil, R. Barr, & P. Mosenthal (Eds.), *Handbook of reading research* (pp. 353-394). New York: Longman.
Baldwin, J. (1891). *Elementary Psychology and education*. NY: Appleton.
Bandura, A. (1969). *Principles of Behavior*

Modification. New York: Holt.

Bandura, A. (1977). *Social learning theory*. Englewood Cliff, NJ: Prentice-Hall.

Bandura, A. (1986). *Social foundations of thought and action*. Englewood Cliff, NJ: Prentice-Hall.

Bandura, A. (1993). Perceived self-efficacy in cognitive development and functioning. *Educational Psychologist, 28*, 117-148.

Bandura, A. (1997). *Self-efficacy: The exercise of control*. New York: Freeman.

Berne, E. (1961). *Transactional Analysis in Psychotherapy*. New York: Grove Press.

Berne, E. (1964). *Games People Play*. New York: Grove Press.

Bigge, M. L. (1976). *Learning Theories for Teachers* (3rd ed.). NY: Haper & Row.

Bigge, M. L., & Shermis. (1999). *Learning theories for teachers* (6th ed.). New York: Longman.

Blocher, D. H. (1966). *Developmental Counseling*. New York: Ronald Press. Company.

Bloom, B. S. (1956). *Taxonomy of educational objectives: Cognitive domain*. (Handbook 1). New York: David Mickag.

Bloom, B. S. (1976). *Human characteristics and school learning*. New York: McGraw-Hill.

Bloom, B. S. (1981). *All our children learning*. New York: McGraw-Hill.

Bousfield, W. A. (1953). The occurrence of clustering in recall of randomly arraged associats. *Journal of General Psychology, 49*, 229-240.

Brammmer, L. W., & Shostrum, E. L. (1977). *Therapeutic Psychology* (3rd ed.). Englewood Cliffs, NJ: Prentice-Hall.

Braun, C. (1976). Teacher expectation: Sociopsychological dynamics. *Review of Educational Research, 46*(2), 185-212.

Brookover, W. B., Patterson, A., & Thomas, S. (1964). *Self-concept of ability and school achievement*. East Lansing, MI: Michigan State University.

Brophy, J. E. (1987). On motivating students. In D. Berliner & Rosenshine (Eds.), *Talks to teachers* (pp. 201-245). New York: Random House.

Brophy, J. E. (1988). On motivating students. In D. Berliner & B. Rosenshine (Eds.), *Talks to teachers* (pp. 201-245). New York: Random House.

Brown, A. (1980). Metacognitive Development and Reading. In R. J. Spriro, B. C. Bruce, and W. F. Brewer (Eds.), *Theoretical Issue in Reading Comprehension: Perspective from Cognitive Psychology, Linguistic Artificial Intelligence and Education*. Hillsdale, NJ: Erlbaum.

Brown, F. G. (1983). *Principles of educational and Psychological measurement* (3rd ed.). New York: Holt, Rinehart and Winston.

Bruner, J. S. (1959). Learning and thinking. *Harvard Educational Review, 29*, 184-192.

Bruner, J. S. (1960). Readiness for learning. In J. S. Bruner, *The process of education*. Cambridge, MA: Harvard University Press.

Bruner, J. S. (1961). The act of discovery. *Harvard Educational Review, 31*(1), 21-32.

Bruner, J. S. (1962). *The process of education*. Cambridge, MA: Harvard University Press.

Bruner, J. S. (1964). The course of cognitive growth. *American Psychologist, 19*, 1-15.

Cameron, J. (2001). Negative effects of reward on intrinsic motivation-A limited phenomenon: Comment on Deci, Koestner, and Ryan (2001). *Review of Educational Research, 71*(1), 1-27.

Carroll, J. B. (1963). A Model of School Learning. *Teachers College Records, 64*, 723-742.

Case, R. (1984). The process of stage transition: A neo-Piagetian view. In R. J. Sternberg (Ed.), *Mechanisms of cognitive development* (pp. 56-84). New Yok: W. H. Freeman.

Case, R. (1985). *Intellectual development.* New Yok: Academic Press.

Cattell, R. B. (1963). Theory of fluid and crystallized intelligence: A critical experiment. *Journal of Educational Psychology, 54.*

Cauley, K., & Tyler, B. (1989). The relationship of self-concept to prosocial behavior in children. *Early Childhood Research Quarterly, 4*, 51-60.

Charles, D. C. (1987). The emergence of educational psychology. In J. A. Glover & R. R. Ronning (Eds.), *Historical foundations of educational psychology* (pp. 17-38). NY: Macmillan.

Clifford, M. M. (1984). Educational psychology. *In Encyclopedia of Education* (pp. 413-416). New York: Macmillan.

Cohen, E. (1986). *Designing groupwork.* New York: Teachers College Press.

Collins, M. (1978). Effects enthusiasm training on preservice elementary teachers. *Journal of Teacher Education, 29*(1), 53-57.

Combs, A. W. (1984). *A personal approach to teaching: Beliefs that make a difference.* in Boston: Ahyn and Bacom.

Condry, J. (1977). Enemies of exploration: Self-initiated versus other-initiated learning. *Journal of Personality and Social Psychology, 35*, 459-477.

Cooper, H. M., & Good, T. (1983). *Pygmalion grows up: Studies in the expectation communication process.* New York: Longman.

Corey, M. S. (1967). The natural of instruction. In D. C. Lange (Eds.), *Programmed instruction.* The sixty-sixth. Chicago: University of Chicago Press.

Covington, M., & Omelich, C. L. (1979a). Effort: The double-edged sword in school achievement. *Journal of Educational Psychology, 71*, 169-182.

Covington, M., & Omelich, C. L. (1979b). It's best to be able and virtuous too: Student and teacher evaluative responses to successful effort. *Journal of Educational Psychology, 71*, 668-700.

Covington, M., & Omelich, C. L. (1984). An empirical examination of Weiner's critique of attribution research. *Journal of Educational Psychology, 76*, 1214-1225.

Craik, F. I. M. (1979). Human memory. *Annual Review of Psychology, 30*, 63-102.

Craik, F. I. M., & Lockart, R. S. (1972). Levels of processing: A framework for memory research. *Journal of verbal Learning and Verbal Behavior, 11*, 671-684.

Craik, F. I. M., & Tulving, E. (1975). Depth of processing in the retention of words in episodic memory. *Journal of Experimental Psychology: General, 104*, 268-294.

Crow, L. D., & Crow, A. (1948). *Educational Psychology.* American Book Co.

Davidson, J. E. (1990). Intelligence recreated. *Educational Psychologist, 25*(3 & 4), 337-354.

DeCharms, R. (1976). *Enhancing motivation*. New York: Irvington.

DeCharms, R. (1983). Intrinsic motivation, peer tutoring, and cooperative learning: Practical maxims. In J. Levine & M. Wang (Eds.), *Teacher and student perceptions: Implications for learning* (pp. 391-398). Hillsdale, NJ: Erlbaum.

Deci, E. (1971). The effects of externally mediated rewards on intrinsic motivation. *Journal of Personality and Social Psychology, 18*, 105-115.

Deci, E. L. (1975). *Intrinsic motivation*. New York: Plenum.

Deci, E. L., & Ryan, R. M. (1985). *Intrinsic motivation and self-determination in human behavior*. New York: Plenum.

DeLisi, R., & Staudt, J. (1980). Individual differences in college students performance on formal operations tasks. *Journal of Applied Developmental Psychology*, 201-208.

Dembo, M., & Gibson, S. (1985). Teachers' sence of efficacy: An important factor in school improvement. *The Elementary School Journal, 86*, 173-184.

Deshler, D. D., Lowery, N., & Allerg, G. R. (1972). *Programming alternatives for learning disabled adolescent: A nationwide survey*. Academic Therapy.

Dewey, J. (1933). *How we think: Restatements of the relation of reflective thinking to the educative process*. Boston: Heath.

Dexter, T. F., & Garlick, A. H. (1908). *Psychology in the schoolroom*. NY: Longmans, Green.

Dunlap, J. M. (1975). The education of children with high mental ability. In W. M. Cruikshank & G. O. Johnson (Eds.), *Educational of Exceptional Children and youth*. Englewood Cliffs, NJ: Prentice-Hall.

Dweck, C. S. (1975). The role of expectations and attributions in the alleviation of learned helplessness. *Journal of Personality and Social Psychology, 31*, 674-685.

Dweck, C. S. (1986). Motivational processes affecting learning. *American Psychologist, 41*, 1040-1047.

Dweck, C. S., & Reppucci, N. (1973). Learned helplessness and reinforcement responsibility in children. *Journal of Personality and Social Psychology, 25*, 109-116.

Ebbinghaus, H. (1913). *Memory*. New York: Teachers College, Columbia University.

Eggen, P. D., & Kauchak, D. (1992). *Educational psychology: Classroom connections*. NY: Macmillan Publishing Co.

Eggen, P. D., & Kauchak. D. (2001). *Educational psychology* (5th ed.). NJ: Merrill Prentice Hall.

Ellis, A. (1973). *Humanistic Psychology: The Rational-emotice Approach*. New York: Julian Press.

Erikson, E. H. (1959). Identity and the life cycle. *Psychological Issue, monograph, 1*, 1-171. New York: International Universities Press.

Erikson, E. H. (1963). *Childhood and society* (2nd ed.). New York: Norton.

Erikson, E. H. (1968). *Identity, youth, and crisis*

(2nd ed.). New York: Norton.

Erikson, E. H. (1980). *Identity and the life cycle* (2nd ed.). New York: Norton.

Estes, W. K. (1972). Reinforcement in human behavior. *American Scientist, 60*, 723-729.

Festinger, L. (1957). *A Theory of cognitive dissonance*. Evanston: Row Paterson.

Flavell, J. (1979). Metacognition and cognitive monitoring: A new area of cognitive developmental inquiry. *American Psychologist, 34*, 906-911.

Flavell, J. (1985). *Cognitive development* (2nd ed.). New York: Prentice-Hall.

Freud, S. (1905). The contributions on the theory of sex. *The basic writings of Sigmund Freud*. N.Y.: Random House.

Fromm, E. (1956). *The same society*. London: Routledge & Kegan Paul.

Gagné, R. M. (1968). Learning hierarchies. *Educational Psychologist, 6*, 1-9.

Gagné, R. M. (1970). *The conditions of learning*. New York: Holt, Rinehart and Winstom.

Gagné, R. M. (1977). *The conditions of learning* (3rd ed.). New York: Holt, Rinehart & Winston.

Gagné, R. M. (1985). *The conditions of learning and theory of instruction* (4rd ed.). New York: Molt, Rinehart & Winston.

Gagné, R. M., & Driscoll, M. P. (1988). *Essentials of learning for in instruction* (2nd ed.). Englewood Cliffs, NJ: Prentice-Hall.

Gagné, R. M., & Briggs, L. J. (1979). *Principles of instructional design* (2nd ed.). New York: Holt Rinehart & Winston.

Gallagher, J. J. (1985). *Teaching the gifted*. Boston: Allyn and Bacin.

Galton, F. (1869). *Hereditary genius: An inquiry into its laws and consequences*. London: Macmillan.

Gardner, H. (1983). *Frames of mind: The theory of multiple intelligences*. New York: Basic Books.

Gardner, H. (1991). *The unschooled mind: How children think and schools should teacher*. New York: Basic Books.

Garner, R., Hare, V. C., Alexander, P., Haynes, J., & Winogard, P. (1984). Inducing use of a text look-back strategy among unsuccessful readers. *American Educational Research Journal, 21*, 789-798.

Gates, A. I. (1917). Recitation as a factor in memorizing. *Achieves of Psychology, 6*(40).

Gaudy, E., & Spielberger, C. D. (1971). *Anxiety and Educational Achievement*. Sydney: John Willey & Son's.

Gearheart, B. R. (1976). *Teaching the Learning Disabled: A Combined Task-Process Approach*. Saint Louis: The C. V. Mosby Co.

Gelman, R. (1979). Preschool thought. *American Psychologist, 34*, 900-905.

Gelman, R., Meck, E., & Merkin, S. (1986). Young children's numerical competence. *Cognitive Development, 1*, 1-29.

Gillett, M., & Gall, M. (1982). *The effects of teacher enthusiasm on at-behavior of students in the elementary grades*. Paper presented at the annual meeting of the American Educational Research Association, New York.

Gilligan, C. (1982). *In a different voice: Psychological theory and woman's Development*. Cambridge, MA: Havard

University Press.

Gilligan, C., & Attanucci, J. (1988). Tow moral orientations: Gender differernces and similarities. *Merrill-Palmer Quarterly, 34*, 223-237.

Glaser, R. (1962). Psychology instructional technology. In R. Glaser, (Ed.), *Training Research and Education*. Pittsburgh: University of Pittsburgh Press.

Glasser, W. (1965). *Reality Therapy*. New York: Harper & Row.

Glasser, W. (1969). *School without failure*. New York: Harper & Row.

Glover, J. A., Ronning, R. R., & Bruning, R. H. (1990). *Cognitive psychology for teachers*. Macmillan Publishing Company.

Goetz, E. T., Alexander, P. A., & Ash, M. J. (1992). *Education Psychology: A classroom perspective*. NY: Merrill.

Good, T. L., & Brophy, J. E. (1984). *Looking in classroom* (3rd ed.). New York: Harper and Row.

Glover, J. A., & Ronning, R. R. (Eds.) (1987). *Historical foundations of educational psychology*. NY: Plenum Press.

Graubard, P. (1973). Children with behavioral disabilities. In L. Dunn (Ed.), *Exceptional Children in the Schools: Special education in transition*. NY: Holt, Rinehart & Winston., 1973.

Guilford, J. P. (1950). Address of the president of the American Psychological Association at Pennsylvania State College.

Guilford J. P. (1959). The three faces of intellect. *American Psychologist, 14*, 469-479.

Guilford, J. P. (1967). *The nature of human intelligence*. New York: McGraw-Hill.

Guilford, J. P. (1988). Some changes in the Structure-of-Intellect model. *Educational and Psychological Measurement, 48*, 1-4.

Guthrie, E. R. (1952). *The Psychology of Learning*. NY: Harper & Row.

Hall, G. S. (1891). The content of children's minds on entering school. *Pedagogical Seminary, 1*, 139-173.

Hallahan, D. P., & Kauffman, J. M. (1994). *Exceptional children Introduction to special education* (6th ed.). Boston: Ally & Bacon.

Hansen, J. C., Stevic, R. R., & Wamer, R. W. Jr. (1986). *Counseling: The oy and Press* (4th ed.). Boston: Allyn & Bacon. Inc.

Haynes, M., & Jenkins, J. (1986). Reading instruction in special education resource rooms. *American Educationak Research Journal, 23*, 161-190.

Hergenhahan, B. R. (1982). *An Introduction to Theories of Learning*. N.J.: Prentice Hall.

Hergenhahan, B. R., & Olson, M. H. (2001). *Introduction to theories of learning* (6th ed.). Prentice Hall, Inc.

Hill, K., & Wigfield, A. (1984). Test anxiety: A major educational problem and what can be done about it. *The Elementary School Journal, 85*, 105-126.

Hopkins, L. (1886). *Educational Psychology*. Boston: Lea and Shepard.

Hull, C. L. (1951). *Essential of behavior*. New Haven, CT: Yale University Press.

Hunt, J. McV. (1961). *Intelligence and experience*. New York: Ronald.

Hunt, J. McV. (1964). The psychological basis for using preschool enrichment as an antidote for cultural deprivation. *Merrill-Palmer*

Quarterly, 10, 209–248.

Humphreys, J. A., & Traxler, A. E. (1954). *Guidance Services*. Chicago: Science Research Associates.

Ingram, C. P. (1953). *Education of the Slow Learning Child*. The Ronald Press Co.

Ivey, A., & Simek-Downing, L. (1980). *Counseling and Psychotherapy: Skills, the ories, and practice*. Englewood Cliffs, N.J.: Prentice-Hall.

Jagacinski, C. M., & Nicholls, J. G. (1987). Competence and affect in task involvement and ego involvement: The impact of social comparison information. *Journal of Educational Psychology, 76*, 107–114.

James, W. (1890). *Principles of Psychology*. NY: Dover.

James, W. (1899). *Talks to teachers on Psychology and to students on some of life's ideals*. NY: Holt.

Jensen, A. R. (1969). How much can we boost IQ and scholastic achievement? *Havard Educational Review, 39*, 1–123.

Jensen, A. R. (1979). *Bias in mental testing*. Riverside, NJ: Free Press.

Johnson, D. W., & Johnson, R. T. (1985). Motivational processes in cooperrative, competitive, and individuralistic learning situations. In C. Ames & R. Ames (Eds.), *Research on motivation in education*, Vol. 2: The classroom milieu (pp. 249–286). New York: Academic Press.

Jones, B. H. (1988). Learning computer systems by analogy: Mental models research. *International Journal of Instructional Meadia, 15*, 59–65.

Judd, C. H. (1908). The relation of special training to general intelligence. *Educational Review, 36*, 28–42.

Judd, C. H. (1939). *Educational Psychology*. NY: Houghton Mifflin.

Kauffman, P. (1976). The effects of nonverbal behavior on performance and attitudes in a college classroom. *Dissertation Abstracts International, 37* (1–A), 235.

Kauffman, P., & Hullahan, D. P. (1976). *Teaching Children with Learning Disabilities: Personal perspective*. Ohio: Charles E. Merill Publishing Co.

Kelly, G. A. (1955). *A theory of personality: The psychology of personal constructs*. New York: W. W. Norton

Kimble, G. A. (1961). *Hilgard and Marquis' conditioning and learning* (2nd ed.). New York: Appleton-Centuey-Crotfs.

Kimble, G. A. (1994). A new formula for behaviorism. *Psychological Review, 101*, 254–258.

Kirk, S. A. (1962). Diagnosis and remediation of learning disabilities. *Exceptional Children, 29*, 71–78.

Kirk, S. A., & Gallagher, J. J. (1990). *Educating exceptional students* (5th ed.). Boston: Houthton Mifflin.

Klausmeier, H. J. (1976). Instructional design and the teaching of concepts. In J. Levin & Vallen (Eds.), *Cognitive learning in children: Theories and strategies*. New York: Academic Press.

Kohlberg, L. (1963). Moral development and identification. In H. W. Stevenson (Ed.), *Child Psychology*. University of Chicago Press.

Kohlberg, L. (1975). The cognitive-developmental approach to moral education. *Phi Delta Kappam, 56*, 670-677.

Kohlberg, L. (1981). *The Philosophy of moral development*. New York: Harper and Row.

Kohlberg, L. (1984). *Essays on moral development*. San Francisco: Harper and Row.

Köhler, W. (1925). *The mentality of apes*. NY: Liveright.

Krumboltz, J. D. (1965). Behavioral counseling: Rationale research. *Personnel and Guidance Journal, 44*, 383-387.

Krumboltz, J. D., & Thoresen, C. E. (1976). *Counseling, Method*. New York. Holt, Rinehart & Winston, Inc.

LaBerge, D., & Samuels, S. J. (1974). Toward a theory of automatic information processing in reading. *Cognitive Psychology, 6*, 293-323.

Lepper, M. R., & Greene, D. (1978). *The hidden costs of rewards: New perspectives on the psychology of human motivation*. Hillsdale, NJ: Erlbaum.

Lerner, J. W. (1976). *Children with learning disabilities: The ories, diagnosis, and teaching strategies*. Boston: Houghton Mifflin Co.

Lewin, K. (1942). Field theory and learning In 41st. year book of N.S.S.E. 2. *The psychology of learning*.

Lindsley, D. B. (1957). Psychophysiology and motivation. In M. R. Jones (Ed.), *Nebraska symposium on motivation*. Lincolin: University of Nebraska Press.

Mandler, G., & Sarason, S. B. (1952). A study of anxiety and learning. *Journal of Abnormal and Social Psychology, 47*, 166-173.

Marcia, J. E. (1966). Development and validation of ego identity status. *Journal of Personality and Social Psychology, 3*, 551-558.

Marcia, J. E. (1980). Ego identity development. In J. Adelson (Ed.), *The handbook of adolescent psychology*. New York: Wiley.

Marsh, H. W., Relich, J. D., & Smith, I. D. (1983). Self-concept: The construct validity of interpretations based upon the SDQ. *Journal of Personality and Social Psychology*.

Maslow, A. H. (1970). *Motivation and Personality* (2nd). NY: Harper and Row.

Mayer, R. E. (1987). *Educational Psychology: A Cognitive Approach*. Boston: Little, Brown.

McClelland, D. C. (1965). Toward a theory of motive acquisition. *American Psychologist, 20*, 321-333.

McClelland, D. C. (1973). Testing for competence rather than for intelligence. *American Psychologist*, 28-14.

McClelland, D. C. (1993). Intelligence is not the best predictor of job performance. *Current Directions in Psychological Science, 2*, 5-6.

McClelland, J. L., & Rumelhart, D. E. (1985). Distributed memory and the representation of general and specific information. *Journal of Experimental Psychology: General, 114*, 159-188.

McKinnon, D. W. (1978). *In Search of human effectiveness*. NY: Creative Education Foundation, Inc.

Midgley, C., Kaplian, A., & Middleton, M. (2001). Performance approach goals: Good for what, for whom, under what circumstance, and at what cost?. *Journal of Educational Psychology, 93*, 78-86.

Mill, J. (1829). *The analysis of the phenomena of the human mind*. London: Baldwin and Cradock.

Miller, C. (1971). *Foundations of Guidance* (2nd ed.). New York: Harper & Row.

Morgan, C. T., & King, R. A. (1966). *Introduction to Psychology*. NY: McGraw-Hill.

Murray, H. A. (1938). *Explorations in personality*. New York: Oxford University Press.

Murray, F. B. (1982). Teaching through social conflict. *Contemporary Educational Psychology*, 7, 257-271.

Myers, D. L., & Hammil, D. D. (1976). *Methods for Learning Disorders*. NY: John Wiley & Soons, Inc.

Nelson, S. A. (1980). Factors influencing young children's use of motives and outcomes as moral criteria. *Child Development, 51*, 823-829.

Nelson, K. (1981). Individual differences in language development: Implications for development and language. *Developmental Psychology, 17*, 170-187.

Newman, H. H., Freeman, F. N., & Holzinger, K. J. (1937). *Twins: A study of heredity and environment*. Chicago: University of Chicago Press.

Ornstein, P. A., & Naus, M. J. (1985). Effects of the knowledge base on children's memory strategies. In H. W. Reese (Ed.), *Academics in child development and behavior* (Vol. 19). New York: Academics Press.

Papalia, D. F. (1972). The status of several conservative abilities across the life-span. *Human Development, 15*, 229-243.

Parsons, F. (1909). *Choosing a Vocation*. Boston: Houghton Mifflin.

Patterson, C. H. (1980). *Theories of Counseling and Psychology* (3rd ed.). New York: Haper & Row Publishers.

Pascual-Leone, J. (1987). Organismic processes for neo-Piagetian theories: A dialectical causal account of cognitive development. *International Journal of Psychology, 22*, 531-570.

Pascual-Leone, J., Goodman, D., Ammon, P., & Subelman, I. (1978). Piagetian theory and neo-Piagetian analysis as psychological guides in education. In J. M. Gallger & J. A. Easley,. Jr. (Eds.), *Knowledge and development: Piagetian and education*. New York: Plenum Press, 243-289.

Perls, F. S. (1969). *Gestalt Therapy Verbatim*. Moab. Utah: Real People Press.

Pfiffer, L., Rosen, L., & O'Leary, S. (1985). The efficacy of an all positive approach to classroom management. *Journal of Applied Behavior Analysis*.

Phillips, J. L. (1975). *The Origins of intellect: Piaget's theory* (2nd ed). San Francisco: W. H. Freeman.

Piaget, J. (1932). *The Moral judgment of the child*. New York: Free Press.

Piaget, J. (1950). *The Psychology of intelligence*. London: Routhedge.

Piaget, J. (1952). *The Origins of Intelligence in Children*. New York: International

University Press.

Piaget, J. (1954). *The construction of reality in the child* (M. Cook, Trans.). New York: Basic Book.

Piaget, J. (1962). *Play dreams and imitation in childhood*. New York: Norton.

Piaget, J. (1964). *The moral judegement of the child*. New York: Free Press.

Piaget, J. (1970). *The science of education and the psychology of the child*. New York: Orion Press.

Piaget, J. (1973). *The psychology of Intelligence*. Totowa, N.J.: Littlefield, Adams.

Purkey, W. W. (1971). *Self-concept and achievement*. Englewood Cliffs, NJ: Prentice Hall.

Premack, D. (1959). Toward empirical behavior laws: 1. Positive reinforcement. *Psychological Review*, *66*, 219-233.

Premack, D. (1965). Reinforcement theory. In D. Levince (Ed.), *Nebraska symposium on motivation, 13* (pp. 3-41). Lincoln: University of Nebraska Press.

Renzulli, J. S., & Reiss, M. (1991). The school-wide enrichment model: A comprehensive plan for the development of creative productivity. In N. Colangelo & G. Davis (Eds.), *Handbook of gifted education* (pp. 111-141). Boston: Ally and Bacon.

Rogers, C. R. (1951). *Client-centered therapy*. Boston: Houghton Mifflin.

Rogers, C. R. (1961). *On Becoming a Person*. Boston; Houghton Mifflin.

Rogers, C. R. (1963). The concept of fully functioning person. *Psychotherapy: theory, research, and practice, 1*, 17-26.

Rogers, C. R. (1970). *Carl Rogers on Encounter Groups*. New York: Haper & Row.

Rogff, B., & Moreiji, G. (1989). Perspectives on children's development from cultural psychology. *American Psychologist, 44*, 343-348.

Rosehan, D. (1972). Prosocioal behavior in children. In W. Hartup (Eds.), *The young child*, vol. 2. Washington: National Association for the Education of Young Children.

Rosenthal, R., & Jacobson, L. (1966). Teachers expectancies: Determinants of pupils' IQ gains. *Psychological Reports, 19*, 119-118.

Rosenthal, R., & Jacobson, L. (1968). *Pygmalion in the classroom: Teacher expectations and pupil's intellectual growth*. NY. Holt, Rinehart and Winston.

Rubin, K. H., Attewell, P. W., Tierney, M. C., & Tumolo, P. (1973). Development of spatial egocentrism and conservation across the life-span. *Developmental Psychology, 9*, 432.

Ryan, R. M., & Grolnick, W. S. (1986). Origins and pawns in the classroom: Self-report and projective assessments of individual differences in the children's perception. *Journal of Personality and Social Psychology, 50*, 550-558.

Santrock, J. W. (1992). *Children*. Dubuque, IA: Brown/ Banchmark.

Sarason, I. G. (1960). Empirical findings and theoretical problems in the use of anxity scales. *Psychological Bulletin, 57*, 403-415.

Schunk, D. H. (1991). *Learning theories: An educational perspective*. New York: Macmillan.

Schunk, D. H., & Hanson, A. R. (1985). Peer

models: Influence on childrence's self-efficacy and achievement. *Journal of Educational Psychology, 77*, 313-322.

Sears, P. S. (1940). Levels of aspiration in academically successful and unsuccessful children. *Journal of Abnormal and Social Psychology, 35*, 498-536.

Shavelson, R. J., & Bolus, R. (1982). Self-concept: The interplay of theory and methods. *Psychology, 74*, 3-17.

Shavelson, R. J., Hubner, J. J. & Stanton, J. C. (1976). Self- concept: Validation of construct interpretations. *Review of Educational Research, 46*, 407-441.

Shertzer, B., & Stone, J. (1980). *Fundamentals of Counseling* (3rd ed.). Boston: Houghton Mifflin.

Shertzer, B., & Stone, J. (1981). *Fundamentals of Counseling* (4th ed.). Boston: Houghton Mifflin.

Shiffrin, R. M., & Schneider, W. (1977). Controlled and automatic human information processing, II. Perceptual learning, automatic attending, and a general theory. *Psychological Review, 84*, 127-190.

Simon, H. A. (1980). Problem soving and education. In D. T. Tuma & F. Reif (Eds.), *Problem soving and education: Issue in teaching and learning*. Hillsdate, N. J.: Erlbaum.

Skinner, B. F. (1938). *The behavior of organisms*. NY: Appleton Century.

Skinner, B. F. (1948). *Walden two*. NY: Macmillan.

Skinner, B. F. (1953). *Science and human behavior*. NY: Macmillan.

Skinner, B. F. (1954). The Science of Learning and the art of teaching. *Harvard Educational Review, 24*, 86-97.

Skinner, B. F. (1957). *Verbal behavior*. NY: Prentice-Hall.

Skinner, B. F. (1958). Teaching machines. *Science, 128*, 969-977.

Skinner, B. F. (1968). *The technology of teaching*. NY: Appleton Century Crofts.

Skinner, B. F. (1971). *Beyond freedom and dignity*. NY: Knopf.

Skinner, B. F. (1974). *About behaviorism*. NY: Knopf.

Slavin, R. E. (1994). *Educational psychology*. Boston: Allyn & Bacon.

Slavin, R. E. (1995). *Cooperative learning* (2nd ed.). Boston: Allyn & Bacon.

Slovin, D. I. (1985). *The crosslinguistic of language acquisition*, Vol. 2. *Theoretical issues*. Hillsdale, NJ: Erlbaum.

Smetana, J. G. (1983). Social-cognitive development: Domain distinctions and coordinations. *Developmental Review, 3*, 131-147.

Smith, C. L. (1979). Chidrens understaning of natural language hierarchies. *Journal of Experimental Psychology, 27*, 437-458.

Snarey, J. R. (1987). A question of morality. *Psychology Today*, 6-8.

Spearman, C. (1927). *The abilities of man: Their nature and measurement*. New York: Macmillan.

Spear, P., & Armstrong, S. (1978). Effects of performance expectancies created by peer comparison as related to social reinforcement, test difficulty and age of child. *Journal of Experimental and Child Psychology, 25*, 254–266.

Spence, I., Hiverly, W. (1993). What makes Chris practice? *Educational Technology, Special Issue: Behaviorism Today, 33*, 15–20.

Spielberger, C. D. (1966). The effect of anxiety on complex learning and academic achievement. In C. D. Spielberger (Ed.), *Anxiety and behavior*. New York: Academic Press.

Sternberg, R. J. et al. (1981). Peaple's conception of intelligence. *Journal of Personality and Social Psychology.*

Sternberg, R. J. (1985). *Beyond IQ: A triarchic theory of humam intelligence*. NY: Cambridge University Press.

Sternberg, R. J. (1987). Teaching intelligence: The application of cognitive Psychology to the improvement of intellectual skills. In J. B. Baron & R. Sternberg (Eds.), *Teaching thinking skills: Theory and practice*. NY: Viking.

Sternberg, R. J. (1988). *The triarchic theory*. NY: Viking.

Sternberg, R. J. (1990). T & T is Explosive Combination: Technology and Testing. *Educational Psychologist, 25*(3 & 4), 201–222.

Sternberg, R. J., & Wager, R. K. (1993). The egocentric view of intelligence and job performance is wrong. *Current Directions in Psychological Science, 2*, 1–5.

Sternberg, R. J., & Williams, W. M. (2002). *Educational psychology*. Boston: Allyn & Bacon.

Stipek, D. J. (1993). *Motivation to learn* (2nd ed.). Boston: Allyn and Bacon.

Stipek, D. J. (1998). *Motivation to learn: From theory to practice* (3rd ed.). Allyn and Bacon.

Taylor, C. W. (1961). Finding the creative. *Scientific Research, 38*, 6–11.

Terman, L. M. (1916). *The measurement of intelligence*. Boston: Houghton.

Terman, L. M., Baldwin, B. T., & Bronson, E. (1925). Mental and physical traits of thousand gifted children. In L. M. Terman (Ed.), *Genetic studies of genius* (Vol. 1). Stanford, CA: Stanford University Press.

Thomson, D. M., & Tulving, E. (1970). Associative encoding and retrieval: Weak and strong cues. *Journal of Experimental Psychology, 86*, 255–262.

Thorndike, E. L. (1913). *Psychology of learning: Educational Psychology*. NY: Teachers College Press.

Thorndike, E. L. (1920). Intelligence and its issue. *Haper's Magazine, 140*, 227–235.

Thorndike, E. L. (1921). *Educational Psychology* (Vol. 1–3). NY: Columbia University Teachers College Press.

Thurstone, L. L. (1938). *Primary mental abilities*. Chicago: University of Chicago Press.

Tolman, E. C. (1948). Cognitive maps in rats and men. *Psychological Review, 55*, 1–4.

Torrance, E. P. (1970). *Encouraging creativity in the classroom*. Dubuque, IA: Wm. C. Brown.

Torrance, E. P. (1971). Creativity in the educational practice. In G. S. Lesser (Eds.), *Psychology and educational practice* (pp. 217–241). Glenview, IL: Scott.

Tulving, E. (1962). Subjective organization in

free recall of "unrelated" words. *Psychological Review, 69*, 344-354.

Tulving, E. (1968). Theoretical issue in free recall. In T. R. Dixon & D. L. Horton (Eds.), *Verbal behavior and general behavior theory*. Englewood Cliffs, NJ: Prentice-hall.

Vygotsky, L. S. (1978). *Mind in Society: The development of Processes*. Cambridge, MAS:, Harvard University Press.

Vygotsky, L. S. (1986). *Thought and Langage*. Cambridge, MA: MIT Press.

Walberg, H., & Haertel, G. D. (1992). Educational Psychology's First Century. *Journal of Educational Psychology, 84*(1), 6-19.

Watson, J. B. (1919). *Psychology from the standpoint of a behaviorist*. Philadelphia: J. B. Lippincott.

Watson, J. B. (1926). *Behaviorism*. NY: Norton.

Wechsler, D. (1958). *The measurement and appraisal of adult intelligence*. Baltimore, Md: Williams & Wikins.

Weiner, B. (1985). An attributional theory of achiement motivation and emotion. *Psychological Review, 92*, 548-573.

Weiner, B. (1986). *An attributional theory of motivation and emotion*. NY: Springer.

Weiner, B. (1991). Metaphors in motivation and attribution. *American Psychologist, 46*, 921-930.

Weiner, B. (1992). *Human motivation: Metaphors, theories, and research*. Newbury Park, CA: Sage.

Wellman, H. M. (1985). *Children's searching*. Hillsdale. NJ: Erlbaum.

Williamson, E. G. (1939). *How to Counsel Students*. New Yok: McGraw-Hill.

Williamson, E. G. (1950). *Counseling Adolescents*. New Yok: McGraw-Hill. Book Company.

Wolf, R. M. (1964). The identification and measurement of environmental process variables related to intelligence. Unpublished doctorial dissertation, University of Chicago.

Wolpe, J. (1958). *Psychotherapy by reciprocal inhibition*. Stanford, CA: Stanford University Press.

Woolfolk, A. E., & Hoy, W. K. (1988). *Efficacy, belief and control orientations of prospective teachers'*. Paper presented at the Annual Meeting of the American Educational Research Association, New Orleans.

Woolfolk, A. E., & Hoy, W. K. (1990). Prospective teachers' sence of efficacy and beliefs about control. *Journal of Educational Psychology, 82*, 81-91.

Woolfolk, A. E. (1995). *Educational Psychology*. Boston, NY: Allyn & Bacon.

Woolfolk, A. E. (김아영 외 공역, 1997). 교육심리학, 학문사.

Zimmerman, B. J. (1977). Modeling In H. L. Hom., & P. A. Robinson(Eds.), *Psychological processes in early education*. New Yok: Academic Press.

• 찾아보기 •

인 명

내 용

저자소개

• 이건인

인하대학교 대학원에서 교육학박사 학위(교육심리학 전공)를 취득하였고, 현재 원광대학교 사범대학 교육학과 교수이자 학생상담센터소장으로 재직 중이다. 저서로는 『교육학개론』, 『교육심리학』 등이 있고, 주요 논문으로는 「사범대학 교육과정 및 교육실습 프로그램 개선을 위한 기초연구」, 「성격에 관한 사회생물학적 접근」, 「인간본성 실현을 위한 인성교육의 한 원리」 등이 있다.

• 이해춘

원광대학교 대학원에서 교육학박사 학위(교육심리학 전공)를 취득하였고, 현재 원광대학교 사범대학 교육학과 강의 교수로 재직하고 있으며, 원광대학교 교육대학원과 우석대학교 교육대학원에서 강의하고 있다. 저서로는 『네티즌의 행동과 심리』가 있고, 논문으로는 「성격형성과 창의성의 관계」, 「정체성 형성에 있어서 사이버공간의 역할」, 「사이버공간에서 공격성이 활성화되는 원인과 그 대응 방안」 등이 있다.

교육심리학

2008년 3월 18일 1판 1쇄 발행
2016년 1월 20일 1판 4쇄 발행

지은이 • 이건인 이해춘
펴낸이 • 김 진 환
펴낸곳 • (주) 학지사
121-838 서울특별시 마포구 양화로 15길 20 마인드월드빌딩 5층
대표전화 • 02) 330-5114 팩스 • 02) 324-2345
등록번호 • 제313-2006-000265호

홈페이지 • http://www.hakjisa.co.kr
페이스북 • https://www.facebook.com/hakjisa

ISBN 978-89-5891-654-3 93370

정가 **19,000**원